皇帝와 瓷器
—宋代官窯研究

皇帝와 瓷器
―宋代官窯硏究

2016년 1월 20일 초판 1쇄
2016년 8월 30일 초판 2쇄

저　　자　李喜寬
발 행 인　한정희
발 행 처　景仁文化社
출판신고　제406-1973-000003호
주　　소　경기도 파주시 회동길 445-1 경인빌딩
대표전화　031-955-9300　팩 스　031-955-9310
홈페이지　http://kyungin.mkstudy.com
이 메 일　kyungin@kyunginp.co.kr

ISBN 978-89-499-1178-6 93630
값 45,000원

※ 파본 및 훼손된 책은 교환해 드립니다.

皇帝와 瓷器

宋代官窯研究

―李喜寬 著―

景仁文化社

차 례

前言 송대관요를 바라보는 시각 8

서장 송대관요 연구 서설 15
　　—『坦齋筆衡』과 『負暄雜錄』 "窯器" 관련 기록의 사료적 검토

　　1. 문제의 제기—송대관요 연구의 궤적과 『탄재필형』 및 『부훤잡록』
　　2. 『탄재필형』과 『부훤잡록』 "窯器" 관련 기록의 상호관계에 대한
　　　 연구사적 검토
　　3. 『탄재필형』과 『부훤잡록』 "窯器" 관련 기록의 사료적 가치
　　4. 나머지말

제Ⅰ부 송대관요 성립의 전야 : 汝窯 연구

　　제1장 여요의 성립과 그 의의 46

　　　　1. 문제의 所在
　　　　2. 여요 성립의 계기—"定州白磁器有芒, 不堪用"의 재검토
　　　　3. 여요의 성립시기
　　　　4. 여요의 성립과 어용자기 조달방식의 변화
　　　　5. 여요의 성립과 휘종
　　　　6. 나머지말—여요의 전개와 관련된 몇 가지 문제들

　　제2장 여요와 그 성격 문제 100

　　　　1. 머리말
　　　　2. "汝窯, 宮中禁燒"의 신해석
　　　　3. "汝州新窯器"에 대한 이해
　　　　4. 여요의 성격
　　　　5. 나머지말—"供御"와 "出賣"의 의미에 대한 재음미

제3장 여요자기의 실체에 대한 인식의 궤적과 이른바 傳世汝窯瓷器 144

1. 문제의 제기―이른바 전세여요자기에 대한 의문
2. 암흑기의 여요자기 실체에 대한 인식
3. 郭葆昌이 세운 오늘날 여요자기 실체에 대한 일반적 인식의 토대
4. 이른바 전세여요자기는 진정 여요자기인가?
5. 나머지말―이른바 전세여요자기와 북송관요자기

제Ⅱ부 관요시대의 개막 : 北宋官窯와 그 주변 문제의 연구

제1장 북송관요와 "京師" 그리고 "惟用汝器" 188
― 북송관요 연구 서설

1. 문제의 제기―북송관요에 대한 연구, 무엇이 문제인가
2. "京師"와 汴京 그리고 朝廷
3. "惟用汝器"의 해석
4. 나머지말

제2장 12세기 초기의 고려청자와 여요 및 북송관요 228
― 북송관요자기의 실체를 찾아서

1. 문제의 제기―한중도자사상의 12세기 초기
2. 12세기 초기의 고려청자와 淸凉寺汝窯址出土瓷器의 비교
3. 12세기 초기 고려의 북송 자기제작기술과 조형 수용의 실상
4. 고려에서의 여요와 북송관요자기 倣製의 역사적 배경
5. 나머지말

제3장 汝州 張公巷窯의 운영시기와 성격 문제 302

1. 문제의 所在—장공항요 연구의 현상과 문제점
2. 장공항요지 퇴적층의 해석
3. 장공항요의 운영시기—H101 출토 청자의 분석을 중심으로
4. 장공항요의 성격 문제—장공항요는 금대관요였는가
5. 나머지말

제Ⅲ부 송대관요의 중흥 : 南宋官窯 연구

제1장 『百寶總珍集』과 『雲麓漫鈔』에 보이는 남송관요 관련 기록의 재검토 358

1. 문제의 제기
2. 『백보총진집』 靑器條의 "新窯"와 修內司
3. 『운록만초』에 보이는 "近臨安亦自燒之, 殊勝二處"의 신해석
4. 나머지말—"自燒" 의미의 재음미

제2장 杭州 老虎洞窯와 남송전기관요 385

1. 문제의 제기
2. 노호동요는 과연 최초의 남송관요인가?
    —노호동요지와 교단하관요지 출토품의 조형적 비교
3. 최초의 수내사관요는 어디에 있었는가?
4. 노호동수내사관요의 성립과 그 배경
5. 나머지말

제3장 남송후기관요의 전개 430

1. 머리말
2. 『咸淳臨安志』青器窯條에 대한 해석
3. "雄武營山"과 남송관요
4. "雄武營山上" 관요와 수내사관요 및 교단하관요
5. 남송후기의 수내사관요―그 성립시기와 성립원인
6. 나머지말―남은 과제

제4장 남송관요의 자기제작기술 470

1. 문제의 제기―『탄재필형』에 보이는 남송관요자기와 관련된 기록의 분석
2. "澄泥爲範 極其精緻"에 대한 새로운 이해
3. "油色瑩徹"의 도자공예적 기초―釉와 초벌구이의 관계에 대한 검토
4. 맺음말

결 론 522

中文提要 535
도판출처 543
참고문헌 563
後記 597

 송대관요를 바라보는 시각

    도자사는 도자의 역사이다. 때문에 도자사 연구자는 도자와 관련된 다양한 자료들을 수집하고 그것을 분석하여 특정한 연구성과를 창출한다. 여기에서 우리는 도자가 오로지 인간의 손이나 인간이 만든 도구나 기계를 통해서만 만들어지고, 아울러 인간에 의해 사용됨으로서 그 존재 의미를 가지게 된다는 지극히 기본적인 사실을 잊어서는 안 된다. 역사상 때와 장소에 따라 다양한 종류와 조형의 도자가 존재하였던 것은 곧 그것을 만들고 사용한 사람들이 한결같지 않았기 때문이다. 이 점에서 도자사는 그것을 만들고 사용한 인간의 역사이기도 하다. 오늘날의 도자사 연구는 도자 자체에 지나치게 경도된 경향이 있다. 우리는 좀 더 인간 중심의 도자사 연구를 추구할 필요가 있다고 생각한다. 이것이 필자가 지향하는 기본적인 연구 방향이다.

    이 연구의 큰 주제는 관요이다. 관요는 관부가 설립하고 운영한 요장이다. 그 관부가 중앙관부이면 그 요장은 중앙관요, 즉 御窯가 될 것이고, 지방관부면 그것은 지방관요가 될 것이다. 그런데 역대의 많은 문헌에 언급되어온 관요는 거의 다 전자를 가리킨다. 이 점에서 역사상의 관요는 사실상 중앙관요를 의미한다고 보아도 거의 틀리지 않다. 이 연구의 대상이 되는 관요도 바로 이러한 의미의 관요, 즉 御窯이다.

중국 역사상 적지 않은 관요(어요)가 있었지만 그곳에서 생산한 도자의 양은 그다지 많지 않다. 아마도 양적인 측면에서 볼 때 동시기의 총 도자생산에서 차지한 비중은 미미한 수준이었을 것이다. 이 점에서 보면, 관요의 연구가 중국도자사 전반을 이해하는 데 있어서 얼마나 큰 의미가 있는 것일까 하는 회의를 가질 수 있을지도 모른다. 그리고 왜 그렇게 많은 연구자들이 관요 연구를 중국도자사를 이해하는 핵심적인 과제의 하나로 생각하는지 다소 의아할 수 있다.

여기에서 생각해야 할 점이 바로 그 관요자기를 사용한 인간의 문제이다. 관요는 기본적으로 오로지 황제를 위하여 자기를 생산하는 곳이었으며, 거기에서 생산된 자기는 원칙적으로 황제와 그의 일족만이 사용할 수 있었다. 즉, 관요자기는 황제를 위해 만들어진, 황제의 자기였던 것이다. 황제 이외의 사람들이 관요자기를 손에 넣을 수 있는 길은 원칙적으로 황제의 恩賜뿐이었다. 이 점에서 관요자기는 황제의 상징과 같은 위세품 가운데 하나였다. 굳이 말할 필요도 없이, 청대에 이르기까지 황제는 국가권력의 핵심이었다. 당연히 관요와 관요자기는 황제 권력의 속성과 그가 지배하던 사회의 성격을 들여다 볼 수 있는 유익한 창이 된다.

뿐만 아니라 관요자기는 품질적인 측면에서 동시기의 다른 요장에서 생산된 자기들과 견주어 크게 뛰어난 것으로 인식되었다. 게다가 최고 권력자인 황제의 상징의 하나로 간주된 관요자기의 조형과 제작기술은 흔히 다른 요장의 모방의 대상이 되었다. 남송시기에 용천요가 관요자기를 방제한 것이 그 대표적인 예 가운데 하나이다. 말하자면 관요는 질적인 측면에서 동시기의 도자생산을 선도하였다고 할 수 있다. 필자가 중국도자사와 관련된 허다한 문제 가운데 굳이 관요를 연구 대상으로 삼은 까닭은 바로 이러한 점들과 관련이 있다.

다 아는 바와 같이, 송대는 중국의 도자산업이 질적인 측면과 양적인 측면 모두에서 비약적인 발전을 이룩한 시기였다. 그리고 또한 당을 비롯한 그 이전의 왕조들보다 제도적인 측면에서 상대적으로 국가권력이 황제에게 크게 집중된 시기이기도 하다. 이러한 송대에 오직 황제를 위하여 자기를 생산하는 요장이 최초로 설립되었다. 그리고 그것을 관요로 명명하였다. 이렇게 마련된 관요제도는, 시기에 따라 부침이 있었지만, 청대에까지 지속되었다. 송대 관요는 중국 청대까지 관요의 원형인 셈이다. 그러므로 중국 역대 왕조의 관요의 실체와 성격을 체계적으로 이해하기 위해서는 그 출발점에 있는 송대관요의 그것부터 제대로 파악할 필요가 있다. 이것이 중국의 역대 관요 가운데 굳이 송대관요에 주목한 주된 이유이다.

자료적인 측면에서 송대관요 연구의 두 축은 전세자기나 요지 발굴품과 같은 실물자료와 역대 문헌자료일 것이다. 전자가 주로 송대관요의 생산실태나 관요자기의 조형적 특징 등을 파악하는 데 긴요하다면, 송대관요의 성격과 전체적인 구조 및 전개과정 등을 이해하는 데에는 후자가 더 도움이 된다고 생각한다. 즉, 굳이 비교하여 설명하자면, 전자는 미시적인 관점에서, 후자는 거시적인 관점에서 송대관요를 파악하는 데 더욱 유리하다고 볼 수 있다. 그러므로 송대관요를 제대로 이해하기 위해서는 그 토대가 되는 두 부류의 자료에 대한 균형 잡힌 시각을 견지할 필요가 있다.

20세기에 접어든 이후 실물자료의 양이 그 이전과 비교하기 힘들 정도로 크게 증가하였다. 1950년대 이후에 두 곳의 南宋官窯址, 즉 郊壇

下官窯址와 老虎洞窯址뿐만 아니라 송대관요와 직접·간접적으로 깊은 관련이 있는 清涼寺汝窯址·張公巷窯址·定窯址·龍泉窯址 등이 발굴되었으며, 杭州卷烟廠遺蹟·南宋皇宮遺蹟·南宋太廟遺蹟 등에서 다량의 송대관요 실물자료가 출토된 것이다. 이 시기의 송대관요 연구가 큰 발전을 이룩한 것은 이러한 실물자료의 비약적인 증가와 불가분의 관계가 있다고 할 수 있다.

이에 반해서 송대관요와 관련된 문헌자료의 발굴은 거의 답보 상태에 있는 형편이다. 18세기의 건륭제나 20세기 초기의 Percival David가 참고한 문헌자료와 오늘날 우리가 참고하는 자료가 크게 다를 바가 없는 것이다. 게다가 오늘날 송대관요와 관련된 문헌자료의 분석 수준 역시 거의 한 세기 이전인 Percival David의 수준에서 크게 높아졌다고 보기 힘들다. 송대관요와 관련된 當代, 즉 송대의 새로운 문헌자료의 출현을 기대하기 힘든 상황에서, 이와 같은 문헌자료에 의지한 송대관요 연구의 부진은 사실상 피하기 힘든 일인지도 모르겠다. 그러나 우리는 이러한 상황을 타개할 필요가 있다. 새로운 문헌자료의 출현을 기대하기 힘든 상황 아래에서, 우리가 택할 수 있는 무엇보다도 효과적인 방법은 기존의 문헌자료에 보이는 기록을 보다 정치하게 분석하는 것이다. 이러한 관점에서 보면, 그 기록들에 대한 기존의 해석 가운데 재검토해야할 것들이 적지 않다고 생각한다.

필자는 이러한 시각에서 송대관요를 분석하고자 한다. 이 연구에서 구체적으로 검토할 내용을 다음과 같다.

서장에서는 송대관요 연구의 서설로서 『坦齋筆衡』과 『負暄雜錄』 "窯器" 관련 기록의 사료적 가치를 살펴볼 것이다. 이 연구의 첫머리에서 문헌기록을 검토하는 것은, 많은 연구자들이 양자를 송대관요 연구에 있어서 가장 중요한 문헌자료로 인식하고 있기도 하거니와 그렇게 함으로써 실물자료와 문헌자료의 균형추가 전자로 기울어져 있는 것을 바로잡아 그 균형을 맞추려는 생각 때문이다. 이러한 검토를 통하여 우리는 양자 가운데 어느 쪽에 의지하여 송대관요를 연구해야할 지를 알 수 있게 될 것이다.

제Ⅰ부의 주제는 여요이다. 여요는 관요는 아니지만, 북송관요 설립의 제도적·기술적 토대가 되었다는 점에서 송대관요 연구에서 빼놓을 수 없는 주제이다. 여기에서는 먼저 여요의 성립과 성격과 관련된 문제들을 검토하게 될 것이다. 특히 전자와 관련해서는 여요 성립의 계기나 구체적인 시점 그리고 그것으로 말미암은 어용자기 조달체제의 변화 문제 등과 더불어 그 과정에서 핵심적인 역할을 한 휘종의 의도를 새로운 시각에서 파헤쳐 여요 성립의 의미를 재해석하게 될 것이다. 그리고 후자와 관련해서는 각별히 송대 문헌자료에 보이는 여요 관련 기록들을 원점에서 재검토하여 여요의 성격을 보다 구체적으로 드러낼 것이다. 여요 연구와 관련하여 빼놓을 수 없는 또 하나의 주제가 이른바 傳世汝窯瓷器이다. 이 주제와 관련된 허다한 문제들이 있지만 여기서는 각별히 오늘날 우리들이 여요자기로 알고 있는 유형의 자기를 여요자기로 인식하게 되는 과정을 추적하고 그 토대 위에서 이른바 전세여요자기가 과연 진정 여요자기인가 하는 문제를 중점적으로 검토하게 될 것이다.

제Ⅱ부에서의 논의는 북송관요에 그 초점이 맞추어져 있다. 북송관요는 중국 역사상 최초의 관요(어요)라는 점만 알려져 있을 뿐, 그곳에서 생산한 자기의 실체는 물론이고 그 요장이 어디에 있었는지에 대해서조차 일치된 견해가 없다. 이 문제들은 북송관요지를 찾아내고 나아가 그곳을 발굴하기 전에는 근본적인 해결이 불가능할지도 모르겠다. 그렇다고 어느 날 갑자기 북송관요지가 우리 눈앞에 나타나는 요행을 바랄 수만은 없는 일이 아니겠는가. 이와 같은 입장에서 북송관요 연구의 서설

격으로 현재까지 알려진 문헌자료를 분석하여 북송관요가 어디에 있었는가 하는 점부터 분명히 해두려고 한다. 북송관요가 어디에 있었는지조차 확실히 모르는 상태에서 북송관요자기의 실체를 추적한다는 것은 칠흑 같은 어둠 속에서 길을 찾는 격이라고 생각하기 때문이다. 이 문제에 대한 검토를 통하여, 한때 많은 연구자들이 북송관요로 지목하였던 여주 장공항요가 과연 북송관요인가 하는 점도 자연히 드러나리라 믿는다. 이러한 토대 위에서, 비록 試論의 범주를 벗어나기 힘들겠지만, 12세기 초기의 고려청자에 남아 있을 북송관요자기의 흔적을 추적해볼 것이다. 이 과정에서 북송관요자기의 실체 파악으로 나아갈 수 있는 단서를 포착할 수 있게 되기를 기대한다. 그리고 그 과정에서 각각 고려청자의 비약적 발전과 북송관요의 설립을 주도한 두 인간, 즉 고려 예종과 북송 휘종이 어떻게 자기를 매개로 교감하였는가 하는 점까지를 파악할 수 있다면 그것은 망외의 소득이겠다.

제Ⅲ부에서 검토할 대상은 중흥기의 송대관요, 즉 남송관요이다. 남송관요에 대한 연구 역시 문헌자료의 검토로부터 시작할 것이다. 남송 중엽경에 쓰여진 『百寶總珍集』과 『雲麓漫鈔』에는 『탄재필형』에 보이는 남송관요에 대한 기록과 상치되는 듯한 내용이 실려 있어 오랫동안 연구자들을 혼란스럽게 하였다. 이 문제를 분명하게 정리해둠으로써 보다 진전된 남송관요 연구를 가로막고 있던 해묵은 장애물을 치우려는 것이다. 이러한 토대 위에서 수내사관요와 교단하관요의 구체적인 전개과정을 검토할 것이다. 이 과정에서 수내사관요—또는 수내사관요 가운데 하나—로 알려진 노호동요와 교단하관요의 선후관계나, 이 두 요장 이외에 항주에서 남송관요 풍격의 자기와 요도구들이 출토된 몇 곳의 요장의 성격도 어느 정도 드러나리라 믿는다. 남송관요와 관련하여 마지막으로 검토할 것은 남송관요의 자기제작기술에 대한 것이다. 여기에서는

『탄재필형』에 "極其精緻, 油色瑩徹"로 표현된 남송관요자기의 제작을 가능하게 한 기술적 토대가 무엇인지를 구체적으로 검토할 것이다.

 사실, 이 연구에서 검토하려는 것은 그 대부분이 송대관요를 이해하는 데 있어서 매우 기초적인 문제들이다. 송대관요와 관련된 기본 사료나 특정 관요의 소재지에 대한 문제 등이 다 그러한 것들이다. 이제까지 이러한 기초적인 문제들에 큰 관심을 기울여왔다고 보기는 힘들다. 송대관요와 관련된 적지 않은 문제들에서 보이는 이해의 난맥상은 무엇보다도 이러한 상황과 깊은 관련이 있다고 믿는다. 이와 같은 기초적인 문제들에 대한 더욱 폭 넓고 깊이 있는 연구가 토대가 되지 않는다면, 송대관요를 제대로 이해하기 어렵다는 것이 필자의 기본적인 생각이다. 이 연구가 그러한 토대를 다지는 데 조금이라도 기여할 수 있게 되기를 기대한다.

서장 송대관요 연구 서설
— 『坦齋筆衡』과 『負暄雜錄』
"窯器" 관련 기록의 사료적 검토

1. 문제의 제기―송대관요 연구의 궤적과 『탄재필형』 및 『부훤잡록』

도자사의 연구는 주로 문헌기록과 고고 발굴 및 조사 자료 그리고 傳世되어 오는 실물자료 등을 토대로 이루어진다. 송대관요 연구의 경우도 마찬가지이다. 오랜 기간에 걸쳐 송대관요와 관련된 문헌기록들이 수집되고 아울러 여러 窯址 및 유적들이 발굴되어 많은 자료들이 축적되었으며, 적지 않은 전세 실물자료들이 알려졌다. 이러한 자료들의 분석을 토대로 송대관요 및 그 성립과 전개 과정 등에 대한 많은 사실들을 이해할 수 있게 되었다.

그런데 이제까지의 송대관요 연구는, 방법론적인 측면에서 볼 때, 대체로 문헌기록의 분석을 토대로 얻어진 송대관요와 관련된 내용들을 고고학적으로 확인하고 아울러 구체화시키는 방식으로 이루어져 왔다고 볼 수 있다. 말하자면 문헌기록을 송대관요 연구의 가장 기본적인 토대로 삼은 셈인데, 필자는 이러한 시각이 기본적으로 타당하다고 생각한다.

송대관요와 관련된 가장 풍부한 내용을 전하는 기록은 남송시기에 찬술된 葉寘의 『坦齋筆衡』과 顧文薦의 『負暄雜錄』의 "窯器" 관련 기록으로 알려져 있다. 이제까지 연구자들이 송대관요 연구와 관련하여 문헌적인 측면에서 가장 중시해 온 것도 이 두 기록이라고 할 수 있다. 지금까지의 송대관요에 대한 이해의 골격도 사실상 이 두 기록을 토대로 하여 구축되었다고 하여도 그다지 과언이 아니다.

하지만 『탄재필형』과 『부훤잡록』의 원본은 전해지지 않는다. 『탄재필형』의 경우, 본래 6권으로 구성되어 있었는데,[01] 그 일부 조목이 원말에 陶宗儀가 찬한 『說郛』 권18에 초록되어 있으며,[02] 그의 또 다른 저작인 『南村輟耕錄』 권29 "窯器"조에 『탄재필형』에서 인용하였다는 한 조목이 전해올 뿐이다.[03] "窯器" 관련 기록은 후자에 실려 있다. 다만 이 조목이 『탄재필형』에서 인용한 것이 분명하다면 그 표제가 있었을 터인데,[04] 도종의는 이 점을 밝혀놓지 않았다. 하지만 이 조목이 『남촌철경록』의 "窯器"조에 인용되어 있다거나, 이 조목과 거의 동일한 내용이 『부훤잡록』의 "窯器"조에 실려 있다는 점 등으로 미루어 보면, 『탄재필형』의 이 조목의 표제 역시 "窯器"였을 가능성이 높다고 생각한다. 『부훤잡록』은 본래 4권으로 이루어져 있었는데,[05] 이 책 역시 그 일부 조목만이 『설부』 권18에 초록되어 있으며,[06] 그 가운데 "窯器"조가 포함되어 있다. 그러므로 현재 우리가 접하고 있는 두 문헌의 "窯器" 관련 기록은, 엄밀히 말하면, 후대에 도종의의 손을 거친 2차 사료인 셈이다.

(A) (宋葉寘坦齋筆衡云), 陶器自舜時便有, 三代迄于秦漢, 所謂甓器是也.

今土中得者, 其質渾厚, 不務色澤. 末俗尙靡, 不貴金玉而貴銅磁, 遂有秘色窯器. 世言錢氏有國日, 越州燒進, 不得臣庶用, 故云秘色. 陸龜蒙詩, "九秋風露越窯開, 奪得千峯翠色來, 如向中霄盛沆瀣, 共嵇中散鬪遺桮." 乃知唐世已有, 非始於錢氏. 本朝以定州白磁器有芒, 不堪用, 遂命汝州造靑窯器, 故河北唐・鄧・耀州悉有之, 汝窯爲魁. 江南則處州龍泉縣, 窯質頗麤厚. 政和間, 京師自置窯燒造, 名曰官窯. 中興渡江, 有邵成章提擧後苑, 號邵局, 襲故京遺製, 置窯于修內司, 造靑器, 名內窯, 澄泥爲範, 極其精緻, 油色瑩徹, 爲世所珍. 後郊壇下別立新窯, 比舊窯大不侔矣. 餘如烏泥窯・餘杭窯・續窯, 皆非官窯比. 若謂舊越窯, 不復見矣.[07]

(B) 陶器自舜時便有, 三代迄于秦漢, 所謂甓器是也. 今土中得者, 其質渾厚, 不務色澤. 末俗尙靡, 不貴金玉而貴銅磁, 遂有秘色窯器. 世言錢氏有國日, 越州燒進者, 不得臣庶用, 故云秘. 陸龜蒙詩, "九秋風露越窯開, 奪得千峯翠色來, 如向中霄盛沆瀣, 共嵇中散鬪遺桮." 廼知唐世已有, 非始於錢氏. 本朝以定州白磁器有芒, 不堪用, 遂命汝州造靑窯器, 故河北唐・鄧・耀州悉有之, 汝窯爲魁. 江南則處州龍泉縣, 窯質頗麤厚. 宣政間, 京師自置燒造, 名曰官窯. 中興渡江, 有邵成章提擧後苑, 號邵局, 襲徽宗遺製, 置窯于修內司, 造靑器, 名內窯, 澄泥爲範, 極其精緻, 油色瑩徹, 爲世所珍. 後郊下別立新窯, 亦曰官窯, 比舊窯大不侔矣. 餘如烏泥窯・餘姚窯・續窯, 皆非官窯比. 若謂舊越窯, 不復見矣.[08]

사료(A)는 도종의의『남촌철경록』에 수록된『탄재필형』의 "窯器" 관련 기록이고, 사료(B)는『설부』에 초록되어 있는『부훤잡록』의 "窯器"조이다. 두 기록은 몇 대목에서만 차이를 보일 뿐 字句까지 거의 동일하다. 이는 양자가 동일한 계통의 사료임을 의미한다. 이 때문에 많은 연구자들은 양자 가운데 어느 한 쪽이 다른 한 쪽을 베낀 것으로 파악하고 있다.[09] 일반적으로 베끼는 대상이 된 쪽은 原文으로서 높은 사료적 가치를 지니지만, 베낀 쪽은 그 사료적 가치가 떨어진다고 볼 수 있다. 그런데 지금까지 위 두 기록에 주목한 연구자들은 흔히 구체적인 사료적 검토 없이 양자 가운데 어느 한 쪽을 취하거나 양 쪽을 다 취하기도 하였다. 두 기록이 송대관요 연구상에서 차지하고 있는 사료적 비중에 비추어 보면, 이러한 태도는 올바른 것이라고 보기 힘들다.

게다가 두 기록은 내용상으로도 몇 군데 차이가 있다. 예컨대, 북송관요의 설립시기에 대하여 『탄재필형』의 "窯器" 관련 기록[사료(A)]에서는 "政和間"(1111~1117)이라고 한 반면 『부훤잡록』의 "窯器"조[사료(B)]에서는 "宣政間"(1111~1125)이라고 하였으며, 이른바 교단하관요의 소재지에 대해서도 전자의 경우 "郊壇下"라고 한 반면 후자의 경우는 "郊下"라고 하여 일정한 차이를 보인다. 교단하관요의 명칭의 경우도, 전자에는 이에 대한 언급이 없는 반면 후자의 경우는 그것이 "官窯"라고 명기하였다. 그리고 관요의 비교 대상으로 꼽은 요장의 하나를 전자는 "餘杭窯"라고 한 반면 후자는 그것을 "餘姚窯"라고 하였다. 이러한 차이는 공교롭게도 거의 예외 없이 송대관요와 관련된 대목에서 발견된다.

이러한 관점에서 볼 때, 송대관요 연구의 토대를 보다 굳건히 하기 위해서는 무엇보다도 먼저 각각 『남촌철경록』과 『설부』에 실려 있는 『탄재필형』과 『부훤잡록』의 "窯器" 관련 기록의 사료적 가치부터 구체적으로 규명할 필요가 있다고 생각한다. 이 과정을 거쳐 응당 사료적 가치가 높은 자료를 바탕으로 하여 송대관요 연구를 진행해나가야 할 것이다. 이것이 필자가 『탄재필형』과 『부훤잡록』의 "窯器" 관련 기록의 사료적 검토를 송대관요 연구의 첫걸음으로 삼은 까닭이다.

2. 『탄재필형』과 『부훤잡록』 "窯器" 관련 기록의 상호관계에 대한 연구사적 검토

『남촌철경록』과 『설부』에 실려 있는 『탄재필형』과 『부훤잡록』의 "窯器" 관련 기록 가운데 과연 어느 쪽이 원문일까? 이 의문을 해결하기 위해서 우리는 먼저 두 기록의 상호관계에 대한 여러 견해들부터 살펴볼 필요가 있다고 생각한다.[10]

양자의 상호관계에 대해서 가장 먼저 견해를 피력한 연구자는 아마도 中尾萬三이 아닐까 한다. 그는 먼저 『설부』 권18의 첫머리에 『탄재필형』이 초록되어 있고 공교롭게도 그것에 바로 뒤이어 『부훤잡록』이 초록되어 있다는 점과, 여기에 초록된 『탄재필형』에는 문제의 "窯器" 관련 기록이 보이지 않는 반면 『부훤잡록』에는 문제의 "窯器"조가 포함되어 있다는 점에 주목하였다. 이러한 점들을 토대로 하여, 그는 도종의가 『남촌철경록』의 "窯器"조를 찬할 때 『설부』에 초록해 놓은 『부훤잡록』의 "窯器"조를 인용하고도 그것을 『부훤잡록』의 바로 앞에 초록되어 있던 『탄재필형』의 조목으로 착각하여 『남촌철경록』에 『탄재필형』에서 인용하였다고 誤記하였을 것이라고 주장하였다.[11] 그는 명시적으로 언급하지는 않았지만, 사실상 『탄재필형』에는 문제의 "窯器" 관련 기록이 포함되어 있지 않았을 것으로 판단한 듯하다.

뒤이어 Percival David도 『탄재필형』에는 문제의 "窯器" 관련 기록이 포함되어 있지 않았을 것이라는 입장에서 中尾萬三의 주장과 거의 궤를 같이 하는 견해를 피력하였다. 즉 그도 『남촌철경록』의 "窯器"조에 『탄재필형』에서 인용한 것으로 되어 있는 "窯器" 관련 기록이 『설부』에는 『탄재필형』이 아니라 『부훤잡록』의 조목에 포함되어 있다는 점을 근거로 하여, 『남촌철경록』 "窯器"조에 인용된 "窯器" 관련 기록이 사실은

『탄재필형』이 아니라『설부』에 초록된『부훤잡록』의 "窯器"조에서 옮긴 것이라고 주장하였다.[12] 그 역시 도종의가『남촌철경록』의 "窯器"조를 찬술할 때 인용한 書目을 잘못 기록하는 착오를 범했을 것으로 이해한 셈이다.

中尾萬三과 Percival David의 주장은 다음과 같은 전제를 토대로 하고 있다. 그것은『남촌철경록』"窯器"조에 인용된 "窯器" 관련 기록이『탄재필형』과『부훤잡록』의 일부 조목들이 초록된『설부』에서 옮겼을 것이라는 점이다. 이 전제가 성립된다면, 그들의 주장대로 도종의가『남촌철경록』의 "窯器"조를 찬할 때『설부』에 초록한『부훤잡록』의 "窯器"조를 인용하고도 그 조목을 바로 앞에 초록되어 있던『탄재필형』의 그것인 것으로 착각하여『탄재필형』에서 인용하였다고 기록하는 잘못을 범하였을 가능성을 충분히 상정할 수 있다고 판단된다.『남촌철경록』의 "窯器"조에 인용된 "窯器" 관련 기록이, 앞서 언급한 바와 같이,『설부』에 초록되어 있는『탄재필형』에는 보이지 않는 반면, 같은 책에 초록되어 있는『부훤잡록』에는 포함되어 있기 때문이다. 단, 이 전제가 성립된다는 것을 밝히려면, 의당 그에 앞서『설부』의 찬술시기가『남촌철경록』의 그것보다 이르다는 점부터 입증하여야 할 것이다.

『남촌철경록』에는 "至正丙午夏六月"에 孫作이 쓴 序가 첨부되어 있다.[13] 그러므로 이 책은 원이 멸망하기 직전인 至正 26년(1366)에 찬술되었음을 알 수 있다. 한편,『설부』에는 楊維楨의 序가 첨부되어 있는데, 거기에서 양유정이 "天台의 陶君九成(陶宗儀)은 經·史·傳記 뿐만 아니라 百氏雜說之書 千餘家를 모아 一百卷으로 편성하였다.……그것의 書名을『說郛』라고 하였다"[14]고 한 점으로 미루어 그가 序를 쓸 때『설부』는 이미 탈고되었음을 알 수 있다. 하지만 유감스럽게도 양유정의 序에는 자신이 序를 쓴 시점을 명기해 놓지 않았다. 그런데 양유정은 洪武

3년(1370)에 死去하였다.[15] 이 점에서 보면, 『설부』의 찬술시기는 의당 1370년 이전이라고 해야겠지만, 문제는 그렇게 간단하지 않다. 『설부』에는 1370년 이후에 찬술된 책들도 초록되어 있기 때문이다. 『설부』 권87에 초록되어 있는 曹昭의 『格古要論』이 그 한 예이다.[16] 이 책은 洪武 20년(1387)에 찬술되었다.[17] 이 『격고요론』의 경우 도종의가 『설부』를 탈고한 이후에 그 자신이 첨부한 것인지, 아니면 『설부』가 후대에 초록되는 과정에서 다른 사람에 의해서 첨부된 것인지는 알 수가 없다. 아무튼 현재까지 알려진 자료만으로는 『설부』의 찬술시기가 『남촌철경록』의 그것보다 앞선다고 단정할 수가 없다.[18]

설사 『설부』의 찬술시기가 『남촌철경록』의 그것보다 앞선다고 하더라도, 『설부』와 『남촌철경록』의 내용을 잘 살펴보면, 『남촌철경록』의 "窯器"조가 반드시 『설부』에서 인용했다고 단정하기에는 어려운 면이 있다. 『남촌철경록』 권18의 "敍畵"조에 주목해 보기로 하자.

이 조목에는 "우리나라 東楚의 湯垕는 字가 君載이고 號가 采眞子이다. 『畵鑒』一卷을 저술하여 역대의 名畵를 논하였는데, 모두 그 근거가 있었다. 그 雜論에 말하기를……"[19]이라 하여 원대에 湯垕가 찬한 『畵鑒』 "雜論"조의 일부 내용이 인용되어 있다. 그리고 『설부』와[20] 『四庫全書』에는[21] "雜論"조를 포함한 『화감』의 전체 내용이 수록되어 있다. 그런데 『남촌철경록』 "敍畵"조에 인용된 『화감』 "雜論"조의 조목과 『설부』에 초록되어 있는 그것을 비교해보면, 해당 조목의 표제뿐만 아니라 몇몇 글자나 구절에서도 차이를 보인다. 반면 『사고전서』에 실려 있는 그것과 비교해보면, 해당 조목의 표제가 같을 뿐만 아니라, 자구에서도 『설부』의 경우와 비교하여 상대적으로 차이가 훨씬 적다(〈표1〉 참조). 도종의는 『남촌철경록』의 "敍畵"조를 찬술할 때 『설부』에 초록해 놓은 『화감』이 아니라 『화감』의 원본을 인용했을 가능성이 높다. 이 예로 미루어 보면, 비록 『남촌철경록』 "窯器"조의 내용이 『설부』에 초록된 『부훤잡록』의 조목에 포함되어 있지만, 반드시 거기에서 옮겼다고 볼 이유는 없다. 도종의가 명시해 놓은 바대로 『탄재필형』의 원본에서 인용했을 가능성도, 그것을 부정할 아무런 근거가 없기 때문이다.

〈표 1〉 『남촌철경록』·『설부』·『사고전서』에 실려 있는 『화감』 "雜論(論畵)" 조의 비교

『남촌철경록』	『설부』	『사고전서』	비고
雜論	論畵	雜論	표제
今人看畵, 出自己見, 不經師授	今人看畵, 不經師授	今人看畵, 不經師授	전문
見圖畵	見畵	見圖畵	
徧借記錄	遍借記錄	徧借記錄	
參考古說	參巧古說	參考古說	
蓋其草草不經意處	蓋艸艸不經意處	蓋其草草不經意處	
有肌體之外者	在支體之外者佳	有在肌體之外者	
此弊自高宗朝莊宗古始也	此弊自高宗莊宗始也	此弊自高宗朝莊宗古始也	

이상의 검토를 통하여 볼 때, 中尾萬三과 Percival David의 주장의 토대가 되는, 『남촌철경록』의 "窯器"조가 『설부』에서 옮겼을 것이라는 전제를 뒷받침해줄 수 있는 실제적인 증거는 찾기 힘들다. 이 전제를 구체적으로 입증할 수 있는 증거가 제시되지 않는 한, 이 전제 위에 서 있는 그들의 주장, 즉 『남촌철경록』 "窯器"조에 『탄재필형』에서 인용하였다고 한 "窯器" 관련 기록이 사실은 『탄재필형』이 아니라 『부훤잡록』의 "窯器"조를 옮긴 것이었으리라는 주장도 추측의 범주를 넘어서는 것으로 보기 어렵다고 생각한다.

근래에 劉未는 약간 다른 견지에서 『남촌철경록』 "窯器"조에 인용된 "窯器" 관련 기록의 來源이 『부훤잡록』일 것이라는 견해를 제출하였다. 즉 그는 『설부』에 초록된 『탄재필형』과 『부훤잡록』의 조목 가운데 전자

에는 "窯器"조가 포함되어 있지 않다는 점과 더불어, 전자에는 주로 朝野의 逸話와 관련된 조목이 수록된 반면, 후자에는 白光玻璃·鹽·紙·石炭·瑪瑙·墨 등과 같은 수공업이나 박물과 관련된 조목이 다수 포함되어 있다는 점에 주목하였다. 그리고 이를 근거로 도종의가 『남촌철경록』을 찬술하는 과정에서 "窯器"와 관련된 내용을 『부훤잡록』에서 옮겼음에도 불구하고 『탄재필형』에서 인용하였다고 誤記했을 가능성이 있다고 주장한 것이다.[22] 그도, 中尾萬三 및 Percival David와 마찬가지로 『탄재필형』의 원본에 『남촌철경록』에 인용된 "窯器" 관련 기록이 포함되어 있지 않았을 것으로 생각한 듯하다.

하지만 6권으로 구성된 『탄재필형』 가운데 『설부』에 초록된 조목은 고작 도종의가 임의로 선별한 21개뿐이다. 게다가 그 21개 조목 가운데에서도 "窯器"조와 같이 수공업이나 박물과 관련된 조목을 전혀 찾을 수 없는 것도 아니다. 예컨대, 그 가운데 "品香"조는 수공업이나 박물과 일정한 관련이 있다고 볼 수 있을 것이다.[23] 이러한 점에서 볼 때, 『탄재필형』의 원본에 『남촌철경록』에 인용된 "窯器" 관련 기록이 포함되어 있지 않았으리라고 보는 것은 지나친 억측이다. 『남촌철경록』 "窯器"조에 인용된 "窯器" 관련 기록을 반드시 『부훤잡록』에서 옮겼을 것이라고 보아야 할 이유는 없다. 그것을 『탄재필형』의 원본에서 인용했을 가능성도 얼마든지 있기 때문이다. 도종의가 『남촌철경록』의 "窯器"조에 『탄재필형』에서 인용하였다고 명시해놓았다는 점을 중시하면, 오히려 후자의 가능성이 훨씬 크다고 보는 것이 타당하지 않을까?

한편, 鄭建華는 『탄재필형』과 『부훤잡록』을 찬술한 시점을 추적하여 앞서 언급한 연구자들과 상반되는 결론을 도출하였다.[24] 그가 먼저 주목한 것은 『설부』에 초록된 『탄재필형』의 "太學不出相"조이다.[25] 그는 "太學不出相"조에서 "中興" 이래 6~70년("自中興以來六七十載") 동안 태학에서 재상을 배출하지 못했다고 한 내용에 의거하여, "中興"으로부터 6~70년 이후가 『탄재필형』의 찬술시기라고 판단하였다. 그리고 "中興"의 시점이 곧 남송의 태학이 창건된 紹興 13년(1143)을 가리킨다고 추정하고 그로부터 70년 후인 寧宗 嘉定 5년(1212) 전후가 『탄재필형』을 찬술한 해라고 파악하였다. 나아가 그는 『부훤잡록』의 "金石毒"조에 "내가 景定 庚申年에 陳德公을 방문하여……"라고[26] 한 대목에 의거하여 『부훤잡록』의 찬술시기가 理宗 景定 庚申年(1260)보다 이를 수 없으므로, 이 책은 『탄재필형』보다 수 십 년 뒤에 찬술되었다고 주장하였다. 찬술시기에서 『탄재필형』이 『부훤잡록』에 앞서므로, 『부훤잡록』의 "窯器"조는 『탄재필형』의 "窯器" 관련 기록을 옮긴 것이리라는 것이 그의 결론이다.[27]

『설부』에 초록되어 있는 『탄재필형』과 『부훤잡록』의 조목을 통하여 볼 때, 전자의 찬술시기가 후자의 그것보다 앞설 것이라는 鄭建華의 주장은 충분히 설득력이 있다고 판단된다. 많은 연구자들도 그럴 것이라고 생각하고 있다.[28] 하지만 이러한 사실이 곧 『부훤잡록』의 "窯器"조가 『탄재필형』의 "窯器" 관련 기록을 옮긴 것임을 말해주는 것은 아니다. 『탄재필형』의 원본에 과연 "窯器" 관련 기록이 실려 있었는지 여부조차 아직 확인되지 않았기 때문이다. 게다가, 앞서 살펴본 바와 같이, 『남촌철경록』의 "窯器"조에 『탄재필형』에서 인용하였다고 되어 있는 "窯器" 관련 기록이 사실은 『설부』에 초록되어 있는 『부훤잡록』 "窯器"조에서 옮긴 것이었으리라는 견해가 있다는 점도 잊어서는 안 된다.

요컨대, 『탄재필형』과 『부훤잡록』의 "窯器" 관련 기록의 상호관계에 대해서는 후자가 전자에서 왔을 것이라는 견해와 오히려 전자가 후자를 옮긴 것이라는 견해가 대립하고 있는 형국이다. 양자의 사료적 가치에 대한 입장도 정반대일 수밖에 없는 것은 당연한 귀결이다. 하지만, 앞서 살펴본 바와 같이, 두 견해 모두 굳건한 논리적 토대 위에 서 있다고 보기 어렵다. 그러므로 두 견해 가운데 어느 쪽이 더 타당하다고 말하기도 어려운 형편이다.

3. 『탄재필형』과 『부훤잡록』 "窯器" 관련 기록의 사료적 가치

앞서 언급한 바와 같이, 『탄재필형』과 『부훤잡록』의 원본은 전해지지 않는다. 『탄재필형』의 경우, 그 일부 조목이 도종의가 찬한 『설부』나 그의 또 다른 저작인 『남촌철경록』에 초록되어 있을 뿐이다. "窯器" 관련 기록은 후자에만 실려 있고 전자에는 보이지 않는다. 『부훤잡록』 역시 그 일부 조목만이 『설부』에 초록되어 있으며, 그 가운데 "窯器"조가 포함되어 있다. 두 문헌의 "窯器" 관련 기록은 모두 도종의의 손을 거쳐 오늘에 전해지고 있는 셈이다.

그렇다면 우리는 양자의 관계에 대하여, 汪慶正이 언급한 바와 같이, 대략 다음 세 가지 가능성을 상정할 수 있을 것이다. 첫째, 본래 섭치의 『탄재필형』과 고문천의 『부훤잡록』 모두에 문제의 "窯器" 관련 기록이 실려 있었는데, 『설부』에 초록될 때 전자는 누락되고 후자만 실렸을 가능성이다. 둘째, 『탄재필형』의 "窯器" 관련 기록이, 『설부』를 찬술할 때, 『부훤잡록』의 조목에 잘못 편입되었을 가능성이다. 셋째, 『남촌철경록』을 찬술할 때, 도종의가 『부훤잡록』의 "窯器" 관련 기록을 인용하고 『탄재필형』으로부터 인용한 것으로 오기하였을 가능성이다.[29]

첫 번째 가능성에서 상정한 바와 같이 섭치의 『탄재필형』과 고문천의 『부훤잡록』 모두에 문제의 "窯器" 관련 기록이 실려 있었다면, 섭치가 고문천이 쓴 것을 보고 베꼈거나, 그 반대로 고문천이 섭치가 쓴 것을 베겼을 것이다. 도종의의 『설부』와 『남촌철경록』에 실려 있는 "窯器" 관련 기록은 의당 각각 『부훤잡록』과 『탄재필형』의 원본에서 초록하였으리라고 보는 것이 자연스럽다.

두 번째 가능성, 즉 『탄재필형』의 "窯器" 관련 기록이, 『설부』를 찬술할 때, 『부훤잡록』의 조목에 잘못 편입되었을 가능성은 도종의가 착오를 범했으리라는 점을 전제로 한다. 그런데 도종의는 『남촌철경록』 "窯器" 조에서 문제의 "窯器" 관련 기록을 『탄재필형』에서 인용하였다고 밝혀놓았다. 따라서 만약 『남촌철경록』과 『설부』 가운데 전자가 먼저 찬술되었다면, 그가 『설부』를 찬술할 때 『탄재필형』의 "窯器" 관련 기록을 『부훤잡록』의 조목에 잘못 편입하였을 가능성은 매우 낮다. 그는 이미 『남촌철경록』의 "窯器"조를 찬술하면서 문제의 "窯器" 관련 기록이 『탄재필형』에 실려 있는 것이라는 점을 알고 있었을 것이기 때문이다. 반대로, 만약 후자가 먼저 찬술되었다면, 그는 『남촌철경록』의 "窯器"조를 찬술할 때 『탄재필형』의 "窯器" 관련 기록을 인용하면서, 『설부』를 찬술할 때 이 조목을 『부훤잡록』의 조목에 잘못 편입하였다는 사실을 알아차렸을 가능성이 높다. 이 경우 그는 자신이 범한 착오를 바로잡았을 공산이 크다. 『설부』는 도종의의 생전에 간행되지 않고 草本의 상태로 있었으므로,[30] 자신이 착오를 범한 사실을 인지했을 경우 그것을 바로잡는 것은 그다지 어려운 일이 아니었을 것이다. 요컨대, 도종의가 『설부』를 찬술할 때 『탄재필형』의 "窯器" 관련 기록을 『부훤잡록』의 조목에 잘못 편입하였거나, 설사 잘못 편입하였다고 하더라도 그것을 그대로 방치했을 가능성은 매우 낮다고 여겨지는 것이다. 그러므로 두 번째 가능성은 배제하여도 사실상 무방하다고 판단된다.[31]

세 번째 가능성, 즉 『남촌철경록』을 찬술할 때, 『부훤잡록』의 "窯器" 관련 기록을 『탄재필형』의 그것으로 기록하였을 가능성도, 두 번째 가능성의 경우와 마찬가지로, 도종의가 착오를 범했을 것이라는 점을 전제로 한다. 단, 두 번째 가능성의 경우와 달리,『설부』에 초록된『탄재필형』에는 문제의 "窯器" 관련 기록이 보이지 않는 반면『부훤잡록』에는 그것이 포함되어 있다는 점과,『탄재필형』의 원본에 그 "窯器" 관련 기록이 포함되어 있었는지 확인할 길이 없다는 점에서 보면, 도종의가 그러한 착오를 범했을 가능성은 충분히 상정할 수 있을 법하다. 이러한 입장에서 보면, 오늘날까지 전해오는『탄재필형』의 "窯器" 관련 기록은 결과적으로『부훤잡록』으로부터 온 것이라는 이야기가 되는 셈이다.

이상의 검토를 통하여 볼 때, 만약『탄재필형』의 "窯器" 관련 기록이『부훤잡록』으로부터 옮긴 것이라면, 그렇게 한 사람은 섭치이거나 도종의였을 것이다. 그 반대로『부훤잡록』의 "窯器" 관련 기록이『탄재필형』으로부터 베낀 것이라면, 그렇게 한 사람은 고문천이었을 것이다. 즉 본래 하나였던 "窯器" 관련 기록이 이 세 사람 가운데 어느 한 사람의 손을 거쳐 둘이 된 셈인데, 과연 실제에 있어서 누구의 손을 거쳐서 그렇게 된 것일까? 이 점에 대한 해답을 찾음으로서『탄재필형』과『부훤잡록』의 "窯器" 관련 기록의 사료적 가치를 파악하는 데에 한 걸음 더 다가설 수 있게 될 것이다.

문제의 "窯器" 관련 기록처럼 원문과 그것을 베낀 관계에 있는 고대 문헌기록의 경우, 양자 사이에 크고 작은 자구상의 차이가 있는 경우를 흔히 발견할 수 있다. 이는 원문을 옮기는 과정에서 의도적으로 고치거나 착오를 범하거나 하여 생긴 것인데, 양자의 차이를 면밀하게 분석해 보면 경우에 따라 어느 쪽이 원문이고 어느 쪽이 그것을 베낀 쪽인지를 판별할 수 있는 실마리를 찾을 수가 있다. 〈표2〉는 각각『남촌철경록』과『설부』에 수록되어 있는『탄재필형』과『부훤잡록』의 "窯器" 관련 기록의 자구상의 차이를 정리한 것이다[사료 (A)·(B) 참조].

〈표 2〉『탄재필형』과 『부훤잡록』의 "窯器" 관련 기록의 비교

번호	『남촌철경록』에 수록된 『탄재필형』의 "窯器" 관련 기록	『설부』에 수록된 『부훤잡록』의 "窯器" 관련 기록
①	越州燒進	越州燒進者
②	故云秘色	故云秘
③	乃知唐世已有	迺知唐世已有
④	政和間	宣政間
⑤	京師自置窯燒造	京師自置燒造
⑥	襲故京遺製	襲徽宗遺製
⑦	郊壇下別立新窯	郊下別立新窯
⑧		亦曰官窯
⑨	餘杭窯	餘兆窯

　『탄재필형』과 『부훤잡록』의 "窯器" 관련 기록 가운데 자구상의 차이를 보이는 곳은 모두 9군데이다. 이들 차이는 대체로 다음과 같이 세 가지 유형으로 나누어 볼 수 있다.

　먼저, 同意異字를 씀으로써 차이가 발생한 경우가 있다. ③이 여기에 해당한다. 그런데 이러한 유형의 차이는 당시 원문을 옮기는 과정에서 종종 발생하는 것으로서, 어느 쪽이 원본이고 어느 쪽이 그것을 베낀 쪽인지 판별하는 데 별 도움이 되지 않는다.

　다음으로, 특정한 글자가 빠지거나 더해진 경우가 있다. ①·②·⑤·⑦이 여기에 해당한다. ①은『탄재필형』에 비해서『부훤잡록』에 "者"라는 글자가 더해져 있고, ②·⑤·⑦은 거꾸로『탄재필형』에는 있는 "色"·"窯"·"壇" 등의 글자가『부훤잡록』에는 빠져 있다. ①의 경우는 "者"자가 빠진 것이든 더해진 것이든, 거기에 특별한 의미를 부여하기 힘들다. 자연히 그 차이에서 어느 쪽이 원문이고 어느 쪽이 베낀 것인지 짐작할 만한 단서를 찾기도 어렵다. 이에 반해서 ②·⑤·⑦에 보이는 "色"·"窯"·"壇" 등의 글자는 그것이 문장에 포함되어 있을 때 문맥이 훨씬 자연스럽고 의미도 정확하게 파악된다. 따라서 이 글자들이『부

훤잡록』에는 없고『탄재필형』에는 있는 것을 두고『부훤잡록』의 찬자인 고문천이『탄재필형』의 기록을 옮기면서 의도적으로 뺀 결과라고 해석하기는 다소 억지스럽다.『탄재필형』의 찬자인 섭치나『남촌철경록』의 찬자인 도종의가『부훤잡록』의 기록을 베끼면서 문맥상의 오류나 어색함을 바로잡기 위해 이 글자들을 첨가해 넣었다고 보는 것도 마찬가지이다. 도리어 고문천이『탄재필형』의 기록을 옮기는 과정에서 실수로 이 글자들을 빠뜨렸다고 보는 편이 가장 개연성이 높아 보인다. 이러한 실수는 새로운 내용을 찬술하는 과정보다는 이미 찬술되어 있는 기록을 옮기는 과정에서 쉽게 범할 수 있는 착오이기 때문이다. 이렇게 볼 때 ②·⑤·⑦의 사례는『탄재필형』과『부훤잡록』의 "窯器" 관련 기록 가운데 전자가 원문이고 후자가 그것을 옮긴 쪽이었을 가능성에 무게를 실어주는 것이라고 할 수 있겠다.

　마지막으로, 원문을 옮긴 사람이 의도적으로 자구를 고친 경우가 있다. ④·⑥·⑨가 여기에 해당하는데, 경우에 따라서는 ⑧도 여기에 포함되는 것으로 볼 수 있다. ④는 북송관요의 설립시기와 관련된 구절인데, "政和間"(1111~1117)과 "宣政間"(1111~1125) 가운데 북송관요의 설립시기로서 "政和間"이 좀 더 구체적이다. ⑥은 남송의 수내사관요가 북송관요의 遺製를 이었다고 언급한 구절에 보이는 차이인데, 북송관요의 遺製를 두고『탄재필형』과『부훤잡록』에서는 각각 "故京遺製"와 "徽宗遺製"로 달리 표현하였다. 남송시기에는 북송을 흔히 故京 또는 古都로 일컬었다.[32] "故京遺製"의 경우 북송관요가 북송시기에 설립되었다는 점에 주목하여 그렇게 표현하고, "徽宗遺製"의 경우 그것이 휘종연간에 설립되었기 때문에 그렇게 표현한 것이다. "故京遺製"와 "徽宗遺製" 가운데 후자가 훨씬 더 구체적이다. 결국 ④는『탄재필형』이, ⑥은『부훤잡록』의 경우가 상대적으로 더 구체적인 정보를 담고 있는 셈이어서, 이 점만 가지고는 두 기록 가운데 어느 쪽이 원문이고 어느 쪽이 베낀 것인지 짐작하기 어렵다.

이들에 반해서 ⑨에 보이는 "餘杭窯"와 "餘姚窯"는 각각이 가리키는 바의 내용이 확연히 달라서 두 기록 가운데 어느 쪽이 원문이고 어느 쪽이 베낀 것인지를 판별하는 데 중요한 실마리가 될 수 있다. "餘杭窯" 혹은 "餘姚窯"는 "烏泥窯"·"續窯"와 더불어 관요(남송관요)의 비교 대상으로 언급되었다. 이들 요장이 관요의 비교 대상으로 언급된 것은 그것들이 당시의 대표적인 民窯(私窯)였기 때문이었을 것이다. 여요요는 월요를 가리킨다. 월요는 당송시기에 명요로서 그 이름이 자자했으며, 그 중심지가 여요현이었다. 반면에 여항요는 역대 문헌기록에 거의 보이지 않는 요장이다. 오직 『탄재필형』의 "窯器" 관련 기록과 이것을 토대로 후대에 재생산된 문헌기록에만 보일 뿐이다. 게다가 고고학적인 측면에서도 남송대에 여항요에서 청자를 소조했는지조차 현재까지 확인된 바가 없다. 晉代에 德淸窯 풍격의 黑瓷를 생산하였음이 확인되었을 뿐이다.[33] 과연 "餘杭窯"와 "餘姚窯" 가운데 어느 쪽이 원문에 있던 것이고, 어느 쪽이 옮기는 과정에서 고쳐진 것일까?

먼저, 『탄재필형』에 "餘杭窯"라고 되어 있는 것을 고문천이 『부훤잡록』에 옮기면서 "餘姚窯"로 고쳤을 가능성부터 살펴보기로 하자. 여항요와 관련된 내용을 전하는 남송대의 기록이 『탄재필형』의 "窯器" 관련 기록뿐이라는 점에서 보면, 고문천은 이 기록을 접하기 전에는 여항요의 존재를 잘 모르고 있었을 공산이 크다. 반면에 월요는 비색자를 생산한 요장으로서 널리 알려져 있었다. 또한 월요 및 비색자와 관련된 내용은 당시 많은 문헌에 실려 있었다.[34] 이러한 점들로 미루어 보면, 고문천은 월요에 대하여 알고 있었을 가능성이 매우 높다. 만약 고문천이 『탄재필형』의 "窯器" 관련 기록을 초록하는 입장이었다면, 생소한 여항요가 남송관요의 비교 대상으로 언급되어 있는 것을 의아하게 생각하고, 아울러 그것이 널리 알려져 있던 명요 가운데 하나인 월요, 즉 여요요를 오기한 것이 아닐까 하는 생각을 품었을 가능성이 있다. 그리고 그러한 견지에서 고문천이 "餘杭窯"를 "餘姚窯"로 고쳤을 가능성은 충분히 상정할 수 있는 일이라고 생각한다.

"餘姚窯"를 "餘杭窯"로 고쳤을 가능성은 어떠할까? 이 경우 그렇게 고친 사람은 섭치 혹은 도종의가 될 것인데, 그들 중 한 사람이 "餘姚窯"를 "餘杭窯"로 고쳤을 것이라는 가정이 설득력을 얻으려면, "餘姚窯"가 착오라고 생각할 만한 상당한 이유 즉, 여요요가 관요의 비교 대상으로 적합하지 않다고 생각할 만한 충분한 이유가 있어야 한다. 그러나 앞서 언급한 바와 같이, 당시 여요요는 명요로서 널리 알려져 있었다. 이에 반해서 "餘杭窯"는 잘 알려져 있지 많을 뿐만 아니라 당시까지의 문헌기록에도 보이지 않는 요장이었다. 그러므로 섭치와 도종의 가운데 어느 한 사람이 "餘姚窯"가 착오라고 여겼을 가능성이나 나아가 그것을 "餘杭窯"의 오기라고 인식했을 공산은 거의 없다고 생각한다. 요컨대, 섭치 혹은 도종의가 "餘姚窯"를 "餘杭窯"로 고쳤을 가능성은 실제적으로 매우 희박하다고 판단된다. 그렇다면 ⑨의 경우 역시 앞서 살펴본 ②·⑤·⑦의 사례와 마찬가지로 『탄재필형』과 『부훤잡록』의 "窯器" 관련 기록 가운데 전자가 원문이고 후자가 그것을 옮긴 쪽이었을 가능성에 무게를 실어주는 것이라고 할 수 있다.

결국 『탄재필형』과 『부훤잡록』의 "窯器" 관련 기록에 보이는 자구상의 차이점에 대한 분석을 통해 볼 때, 전자가 후자를 베꼈다기보다는 후자가 전자를 옮기는 과정에서 잘못 글자를 빠뜨리거나 의도적으로 수정을 가하였을 가능성이 훨씬 높다고 할 수 있다. 요컨대, 전자가 원문이고 후자는 그것을 베낀 것이라는 이야기가 되는 셈이다. 그렇다면 『탄재필형』 "瓷器" 관련 기록의 사료적 가치가 『부훤잡록』의 그것보다 더욱 높다고 보는 것은 당연한 이치일 것이다.

그러나 그럼에도 불구하고, 적지 않은 연구자들은 『부훤잡록』 "瓷器"조의 특정 대목들이 『탄재필형』의 "瓷器" 관련 기록보다 고고학적 사실과 더 부합하거나, 더 명확한 사실을 전한다고 주장한다.[35] 그들이 대표적인 예로 제시하는 것은 〈표2〉의 ⑨와 ⑧이다. 즉 그들은 ⑨의 "餘杭窯"와 "餘姚窯" 가운데 후자가 고고학적으로 확인된 사실과 더 부합하며, ⑧의 경우 "亦曰官窯"라는 구절을 첨부함으로써 내용이 더 명확해졌다고 이해하는 것이다. 이러한 이해는 타당한 것일까?

필자 역시 적어도 고고학적인 관점에서는 "餘杭窯"보다 "餘姚窯"가 역사적 사실에 더 부합한다고 이해할 만한 여지가 있다는 점을 부정하지는 않는다. "餘杭窯"에서 남송시기에 청자를 제작하였다는 사실 자체가 고고학적으로 확인되지 않은 반면, 여요현의 영역에서는 수많은 월요요지가 발견되고 게다가 이 요장에서 남송 전기 무렵에 남송관요자기와 비견할만한, 이른바 "低嶺頭類型"의 청자를 소조하였다는 것이 확인되었다는 점 등에서 그러하다.[36] 그렇지만 "餘杭窯"에서 남송시기에 청자를 제작하였다는 점이 아직 고고학적으로 확인되지 않았다고 하여 그 시기에 여항요가 존재하였다는 사실 자체를 부정하는 것은 온당하지 않다고 본다. 북송관요의 존재나 위 두 기록에서 남송관요의 비교 대상으로 여항요와 함께 언급된 烏泥窯와 續窯의 존재도 고고학적으로는 확인되지 않았지만, 누구도 이들 요장이 존재하였다는 사실 자체를 부정하지 않는 것과 같은 이치이다. 남송시기 여항요의 존재는 향후 고고학적 조사나 발굴을 통하여 얼마든지 확인될 가능성이 있다고 생각한다.

더욱 문제가 되는 것은 "餘杭窯"를 "餘姚窯"로 고친 것이 과연 타당성이 있는가 하는 점이다. 이렇게 고친 것이 타당하려면, 섭치가 이 대목을 撰하면서 "餘姚窯"를 "餘杭窯"로 誤記할만한 충분한 개연성이 담보되어야 한다. 이와 관련하여 섭치가 "窯器" 관련 기록에서 "餘杭窯"를 언급하고 난 뒤 바로 이어서 "혹 舊越窯를 일컫지만, 다시 볼 수 없다(若謂舊越窯, 不復見矣)"고 하였다는 점에 주목할 필요가 있다[사료(A) 참조]. 섭치는 餘姚縣을 중심으로 요업을 운영하던 요장 또는 그곳에서 생산한 자기를 "越窯"로 칭한 것이다. 만약 "餘杭窯"가 "餘姚窯"의 誤記라면, 섭치가 그러한 착오를 범하지 않았을 경우, 동일한 요장을 앞뒤로 연결된 문장에서 서로 다른 이름으로 칭하였다는 이야기가 되는 셈이다. 그러나 이는 어색하기 짝이 없기도 하거니와, 실제에 있어서 그러했을 가능성도 매우 낮다고 판단된다. 무엇보다도 『부훤잡록』을 제외하면, 당시의 문헌에서 이 요장을 "餘姚窯"라고 부른 예 자체를 찾을 수가 없기 때문이다. 필자가 조사한 바에 따르면, "餘姚窯"라는 명칭은 오직 『부훤잡록』에만 보일 뿐, 그 밖의 문헌에서는 모두 "越窯"로 칭하였다. 요컨대, 섭치가 월요를 "餘姚窯"로 칭하였을 가능성 자체가 거의 없다고 생각한다. 게다가 "餘姚窯"의 "姚"와 "餘杭窯"의 "杭"은 字體뿐만 아니라 음도 전혀 다르다. 이 점에서 보아도 섭치가 "餘姚窯"를 "餘杭窯"로 오기했을 가능성은 희박하다고 믿는다. 도리어 고문천이 이 대목의 내용을 제대로 파악하지 못하고 "餘杭窯"를 "餘姚窯"로 고쳤을 것이라는 것이 필자의 생각이다. 그리고 이러한 판단에 무리가 없다면, 결국 고문천은 이 대목에서 『탄재필형』의 잘못을 바로잡는다는 명분 아래 원문을 훼손하는 과오를 범한 셈이 된다.

그러면 『부훤잡록』에서 『탄재필형』에는 없는 "亦曰官窯"라는 구절을 첨부한 것은 어떻게 이해될 수 있을까? 과연 이 구절을 첨부함으로써, 문제의 "窯器" 관련 기록의 내용이 더 명확해진 것일까? "亦曰官窯"는 말 그대로 "郊壇下"에 별도로 설립한 "新窯"(이른바 교단하관요)도 역시 "官窯"로 命名하였다는 뜻이다. 그런데 "亦"이라는 글자에 주목해서 보면, 의당 이 대목의 앞에 "新窯"에 앞서 설립된 "舊窯"를 "官窯"로 명명하였다는 내용이 나오는 것이 순리이다. 하지만 『탄재필형』과 『부훤잡록』의 "窯器" 관련 기록 가운데 "舊窯", 즉 이른바 수내사관요에 대하여 서술한 대목[사료(A)·(B) 참조]에서 그 요장을 "官窯"로 명명했다는 기록은 보이지 않는다. 수내사관요를 "內窯"로 명명하였다는 기록만이 보일 뿐이다. 그러므로 고문천이 "亦曰官窯"를 첨부한 것은 문맥의 측면에서 볼 때 어색하기 짝이 없는 일이라고 할 수 있다.

단정지어 말할 수는 없지만, 수내사관요와 교단하관요가 모두 남송시기에 어용자기를 전문적으로 소조한 동일한 성격의 요장으로서, 전자가 먼저 설립되고 후자가 그것에 뒤이어 설립되었다는 점이 다를 뿐이라는 점에서 보면, 후자도 전자와 마찬가지로 "內窯"로 명명되었을 가능성이 높다고 생각된다.[37] 즉 남송관요는 수내사관요든 교단하관요든 그 명칭이 본래 "內窯"였을 것이라는 뜻이다.[38] 이렇게 볼 때, 남송관요의 명칭이 "內窯"라는 점은 이미 수내사관요를 설명하는 대목에서 언급하였으므로 교단하관요를 설명하는 대목에서 다시 그 점을 명기하지 않은 『탄재필형』의 서술 방식은 지극히 자연스러운 것이라고 할 만하다. 이에 반해서 교단하관요도 "官窯"라고 불렀다는 구절을 첨가한 『부훤잡록』의 기록은 그 찬자인 고문천의 오해에서 비롯된 "畵蛇添足"에 불과하다고 생각된다.

4. 나머지말

이제까지 송대관요 연구의 핵심적인 문헌기록으로 인식되어온 『탄재필형』과 『부훤잡록』의 "窯器" 관련 기록의 상호관계를 통하여 그 사료적 가치에 대하여 검토해 보았다. 그 결과 전자가 원문이고, 후자는 그것을 옮긴 것인데, 옮기는 과정에서 몇 군데 중대한 착오를 범하기도 하였다는 결론에 이르렀다. 이러한 입장에서 『탄재필형』 "窯器" 관련 기록의 사료적 가치가 『부훤잡록』의 그것보다 훨씬 크다고 보는 것은 당연한 귀결이다.

사실 『탄재필형』과 『부훤잡록』의 "窯器" 관련 기록 가운데 어느 한 쪽이 다른 한 쪽을 옮겼으며, 『탄재필형』이 『부훤잡록』보다 먼저 찬술되었을 것이라는 입장에서 보면, 양자의 사료적 가치를 판별하는 것은 전혀 어려운 일이 아닐 것이다. 이 경우 먼저 찬술된 전자가 원문이라는 것은 누구나 다 알 수 있는 일이기 때문이다. 그럼에도 불구하고 아직까지도 적지 않은 연구자들이 후자가 원문이었을 것이라는 견해를 지지하고 있는 것은 도종의가 『남촌철경록』의 "窯器"조를 찬술하는 과정에서 문제의 "窯器" 관련 기록을 『부훤잡록』에서 인용하였음에도 불구하고 그것을 『탄재필형』에서 인용하였다고 기록하는 착오를 범했을 것이라고 믿기 때문이다. 하지만, 앞서 살펴본 바와 같이, 그것은 막연한 추측의 범주를 넘어서는 것으로 보기 어렵다.

도자사 연구자들은 도자와 관련된 고대 문헌 기록을 분석하면서 경우에 따라 여러 가지 이유로 그 기록의 찬자가 착오를 범하거나 그 기록이 후대에 전해지는 과정에서 잘못 초록되었을 것이라고 생각하곤 한다. 본고에서 검토한 『남촌철경록』에 인용된 "窯器" 관련 기록과 더불어 또 다른 대표적인 예가 周煇의 『淸波雜志』에 보이는 汝窯와 관련된 핵심적인 기록, 즉 "又汝窯, 宮中禁燒, 內有瑪瑙末爲油, 唯供御, 揀退方許出賣, 近尤難得"[39]이다. 많은 연구자들은 이 대목의 문맥이 잘 통하지 않는다는 점을 근거로 『청파잡지』의 찬자인 주휘나 후대의 초록자가 "宮禁

中燒"를 "宮中禁燒"로 오기했을 것이라고 간주한다.[40] 하지만 이 경우 역시 "宮中禁燒"에 착오가 있다는 명백한 근거는 전혀 찾을 수가 없다. 착오를 범한 쪽은 그 기록의 찬자나 후대의 초록자가 아니라, 오히려 그렇게 생각하고 있는 오늘날의 연구자들이리라.[41] 『탄재필형』과 『부훤잡록』의 "窯器" 관련 기록의 사례가 도자사와 관련된 문헌기록을 분석하는 연구자들에게 울리는 경종을 주의 깊게 새겨들을 필요가 있다고 생각한다.

[이 장은 『美術資料』 제88호(2015)에 게재된 「송대관요 연구 서설—『坦齋筆衡』과 『負暄雜錄』 "窯器" 관련 기록의 사료적 검토」의 일부 내용을 수정 및 보완한 것이다]

서장 주석

01 [元]陶宗儀 纂,『說郛』卷18(제10책), 涵芬樓本, 商務印書館, 1927, 73쪽.

02 [宋]葉寘 撰,『坦齋筆衡』, [元]陶宗儀 纂,『說郛』卷18(제10책), 涵芬樓本, 商務印書館, 1927, 73~85쪽.

03 [元]陶宗儀 撰,『南村輟耕錄』卷29 窯器, 中華書局點校本, 中華書局, 1959, 362~363쪽.

04 『說郛』에 抄錄되어 있는『坦齋筆衡』의 각 조목은 모두 표제가 붙어 있다. [宋]葉寘 撰,『坦齋筆衡』, [元]陶宗儀 纂,『說郛』卷18(제10책), 涵芬樓本, 商務印書館, 1927, 73~85쪽 참조.

05 [元]陶宗儀 纂,『說郛』卷18(제10책), 涵芬樓本, 商務印書館, 1927, 85쪽.

06 [宋]顧文薦 撰,『負暄雜錄』, [元]陶宗儀 纂,『說郛』卷18(제10책), 涵芬樓本, 商務印書館, 1927, 85~112쪽.

07 [元]陶宗儀 撰,『南村輟耕錄』卷29 窯器, 中華書局點校本, 中華書局, 1959, 362~363쪽: "([宋]葉寘의『坦齋筆衡』에 말하기를) 陶器는 舜임금 때부터 있었는데, 三代를 거쳐 秦漢에 이르렀다. 이른바 甓器가 그것이다. 지금 나오는 것들은 그 품질이 거칠고 色澤에 신경을 쓰지 않는다. 일반백성들은 아직도 널리 쓰는데, 金器나 玉器보다는 귀하지 않지만 銅器나 磁器보다는 귀하게 여겨 드디어 秘色窯器가 출현하게 되었다. 세상 사람들이 말하기를 錢氏가 나라를 다스릴 때 越州에서 進貢한 것으로 臣庶는 사용할 수 없었기 때문에 秘色이라고 하였다고 한다. 陸龜蒙의 시에 "가을 風露 속에 越州窯가 열리니, 千峰의 翠色을 빼앗아 온 듯하구나. 그 越器로 깊은 밤 이슬을 받아 稽康과 함께 잔을 나누리라"고 하였으므로, 唐代에 이미 있었고 錢氏로부터 시작된 것이 아님을 알 수 있다. 本朝에 定州白磁器가 有芒하여 쓰기에 마땅치 않으므로, 드디어 汝州에 명하여 청요기를 만들도록 하였다. 예전에 河北의 唐州·鄧州·耀州에 모두 靑窯器가 있었지만, 汝窯瓷器가 으뜸이다. 江南에는 處州의 龍泉縣이 있는데, 瓷器의 품질이 자못 투박하다. 政和 연간에 京師에 스스로 요장을 설립하여 燒造하였는데, 이름붙이기를 官窯라고 하였다. 宋이 南遷한 후, 邵成章이 提擧後苑이 되어 邵局으로 칭하였는데, 故京의 遺制를 이어서 修內司에 窯를 설치하고 靑器를 제작하여 內窯라고 이름하였다. 잘 수비한 흙으로 成形하여 극히 精緻하고, 釉色이 瑩徹하여, 세상 사람들이 귀하게 여겼다. 후

에 郊壇下에 별도로 新窯를 세웠는데, 舊窯에 비하여 크게 떨어진다. 그 밖에 烏泥窯·餘杭窯·續窯 같은 것들은 모두 官窯에 비할 바가 되지 못한다. 혹 옛 越窯를 일컫지만, 다시는 볼 수 없다고 하였다." 한편, 이 版本은 여러 종의 『南村輟耕錄』元刻本과 明刻本 그리고 1923년에 武進陶가 影印한 元刻本을 底本으로 하여 校訂하고 標點을 찍어 간행한 것이다([元]陶宗儀 撰, 『南村輟耕錄』, 中華書局點校本, 中華書局, 1959, 1쪽). 上海 涵芬樓에서 吳縣潘氏滂 憙齋藏元刊本을 간행한 四部叢刊本과 대조해보면, 교단하관요를 설명한 대목에서 中華書局點校本에서는 "比舊窯大不侔矣"라고 한 반면, 四部叢刊本에서는 "比舊窯不侔矣"라고 한 점이 다를 뿐이다([元]陶宗儀 撰, 『南村輟耕錄』卷29 窯器(제5책), 四部叢刊本, 臺灣商務印書館, 1966, 쪽수 불명). 본고에서는 中華書局點校本을 분석의 底本으로 삼았다.

08 [宋]顧文薦 撰, 『負暄雜錄』窯器, [元]陶宗儀 纂, 『說郛』卷18(제10책), 涵芬樓本, 商務印書館, 1927, 92쪽: "陶器는 舜임금 때부터 있었는데, 三代를 거쳐 秦漢에 이르렀다. 이른바 甓器가 그것이다. 지금 나오는 것들은 그 품질이 거칠고 色澤에 신경을 쓰지 않는다. 일반백성들은 아직도 널리 쓰는데, 金器나 玉器보다는 귀하지 않지만 銅器나 磁器보다는 귀하게 여겨 드디어 秘色窯器가 출현하게 되었다. 세상 사람들이 말하기를 錢氏가 나라를 다스릴 때 越州에서 進貢한 것으로 臣庶는 사용할 수 없었기 때문에 신비하다고(秘) 하였다고 한다. 陸龜蒙의 시에 "가을 風露 속에 越州窯가 열리니, 千峰의 翠色을 빼앗아 온 듯하구나. 그 越器로 깊은 밤 이슬을 받아 稽康과 함께 잔을 나누리라"고 하였으므로, 唐代에 이미 있었고 錢氏로부터 시작된 것이 아님을 알 수 있다. 本朝에 定州白磁器가 有芒하여 쓰기에 마땅치 않으므로, 드디어 汝州에 명하여 청요기를 만들도록 하였다. 예전에 河北의 唐州·鄧州·耀州에 모두 青窯器가 있었지만, 汝窯瓷器가 으뜸이다. 江南에는 處州의 龍泉縣이 있는데, 瓷器의 품질이 자못 두박하다. 宣政 연간에 京師에 스스로(요장을) 설립하여 燒造하였는데, 이름붙이기를 官窯라고 하였다. 宋이 南遷한 후, 邵成章이 提擧後苑이 되어 邵局으로 칭하였는데, 徽宗의 遺制를 이어서 修內司에 窯를 설치하고 青器를 제작하여 內窯라고 이름하였다. 잘 수비한 흙으로 成形하여 극히 精緻하고, 釉色이 瑩徹하여, 세상 사람들이 귀하게 여겼다. 후에 郊下에 별도로 新窯를 세웠는데, 역시 官窯로 불렸다. 舊窯에 비하여 크게 떨어진다. 그 밖에 烏泥窯·餘姚窯·續窯 같은 것들은 모두 官窯에 비할 바가 되지 못한다. 혹 옛 越窯를 일컫지만, 다시는 볼 수 없다." 한편, 이 版本은 張宗祥이 1919~1922년에 여러 明抄本 『說郛』를 근거로 校訂을 거쳐 100卷本으로 묶은 것이

다. 이 판본에 대해서는 渡邊幸三,「說郛攷」,『東方學報』9, 1938, 225~231쪽; 昌彼得,『說郛考』, 文史哲出版社, 1979, 35~37쪽 참조.

09 단 언제 누가 베꼈는지에 대해서는 서로 다른 두 가지 견해가 있다. 그 하나는 『坦齋筆衡』과『負暄雜錄』을 찬술할 당시에 두 문헌의 撰者인 葉寘와 顧文薦 가운데 어느 한 사람이 다른 쪽의 기록을 베꼈으리라는 견해이고, 또 다른 하나는 陶宗儀가『南村輟耕錄』을 찬술할 때『說郛』에 실려 있던『負暄雜錄』으로부터 베꼈을 것이라는 견해이다. 이 점에 대해서는 제2절에서 자세히 설명하게 될 것이다.

10 각각『南村輟耕錄』과『說郛』에 실려 있는『坦齋筆衡』과『負暄雜錄』"窯器" 관련 기록의 상호관계에 대한 대표적인 연구로 中尾萬三,「南宋代に於ける陶磁の記文の略解 輟耕錄揭出「窯器」解」,『陶磁』제3권 제6호, 1931, 2~4쪽; Percival David, "A Commentary on Ju Ware", *Transaction of the Oriental Ceramic Society*, vol. 14, 1937, pp.27~28; 汪慶正,「宋官窯研究中存在的問題」,『文物考古論叢—敏求精舍三十周年紀念論文集』, 敏求精舍・兩木出版社, 1995;『中國陶瓷研究』, 上海人民出版社, 2008, 286~287쪽; 鄭建華,「關于修內司官窯問題的思考」,『南宋官窯文集』, 文物出版社, 2004, 48~50쪽; 方龍驤,『《坦齋筆衡》解讀」,『歷史文物月刊』제14권 제4기, 2004, 13쪽; 謝明良,「北宋官窯研究現狀的省思」,『故宮學術季刊』제27권 제4기, 2010;『陶瓷手記』2, 石頭出版, 2012, 190쪽; 劉未,「邵諤、王晉錫與修內司窯」,『故宮博物院院刊』2010년 제5기, 111~113쪽; 項坤鵬,「亂花漸欲迷人眼—淺析記載宋官窯的古文獻」,『故宮博物院八十五華誕宋代官窯及官窯制度國際學術研討會論文集』下, 故宮出版社, 2012, 462~463쪽 등이 있다.

11 中尾萬三,「南宋代に於ける陶磁の記文の略解 輟耕錄揭出「窯器」解」,『陶磁』제3권 제6호, 1931, 2~4쪽.

12 Percival David, "A Commentary on Ju Ware", *Transaction of the Oriental Ceramic Society*, vol. 14, 1937, pp.27~28.

13 [元]陶宗儀 撰,『南村輟耕錄』南村輟耕錄敍, 中華書局點校本, 中華書局, 1959, 3쪽.

14 [元]陶宗儀 纂,『說郛』說郛序 (제1책), 涵芬樓本, 商務印書館, 1927, 4~5쪽: "天台陶君九成, 取經史傳記, 下迨百氏雜說之書千餘家, 纂成一百卷……名之曰『說郛』."

15 楊維楨의 일생에 대해서는 劉倩,「楊維楨生平述略」,『淮北煤炭師範學院學

報(哲學社會科學版)』제28권 제2기, 2007 참조.

16 『說郛』에는 『格古要論』이 『格古論』이라는 書名으로 초록되어 있다. [元]陶宗儀 纂, 『說郛』卷87(제36책), 涵芬樓本, 商務印書館, 1927, 64~72쪽 참조.

17 [明]曹昭 撰, 『格古要論』格古要論原序, 文淵閣四庫全書本, 『景印文淵閣四庫全書』제490책, 臺灣商務印書館, 1986, 86쪽.

18 단 昌彼德은 孫作이 『南村輟耕錄』에 첨부되어 있는 南村小傳에서 陶宗儀의 저작을 열거하면서 『說郛』를 앞에 두고 『南村輟耕錄』을 그 뒤에 둔 것 등을 근거로 『說郛』의 찬술시기가 『南村輟耕錄』의 그것보다 앞설 것이라고 주장하였다. 昌彼得, 『說郛考』, 文史哲出版社, 1979, 12~13쪽 참조.

19 [元]陶宗儀 撰, 『南村輟耕錄』卷18 敍畫, 中華書局點校本, 中華書局, 1959, 219~220쪽: "國朝東楚湯垕, 字君載, 號采眞子, 著『畫鑒』一卷, 論歷代名畫, 悉有依據, 其雜論曰, ……"

20 [元]湯垕 撰, 『畫鑒』, [元]陶宗儀 纂, 『說郛』卷13(제8책), 涵芬樓本, 商務印書館, 1927, 2~42쪽.

21 [元]湯垕 撰, 『畫鑒』, 文淵閣四庫全書本, 『景印文淵閣四庫全書』제814책, 臺灣商務印書館, 1986, 420~440쪽.

22 劉未, 「邵諤·王晉錫與修內司窯」, 『故宮博物院院刊』2010년 제5기, 111~113쪽.

23 [宋]葉寘 撰, 『坦齋筆衡』品香, [元]陶宗儀 纂, 『說郛』卷18(제10책), 涵芬樓本, 商務印書館, 1927, 79~81쪽.

24 鄭建華, 「關于修內司官窯問題的思考」, 『南宋官窯文集』, 文物出版社, 2004, 48~50쪽.

25 [宋]葉寘 撰, 『坦齋筆衡』太學不出相, [元]陶宗儀 纂, 『說郛』卷18(제10책), 涵芬樓本, 商務印書館, 1927, 75쪽.

26 [宋]顧文薦 撰, 『負暄雜錄』金石毒, [元]陶宗儀 纂, 『說郛』卷18(제10책), 涵芬樓本, 商務印書館, 1927, 110쪽: "予景定庚申訪陳德公……"

27 成彩虹과 劉冬梅도 『坦齋筆衡』이 『負暄雜錄』보다 먼저 찬술되었을 가능성이 크기 때문에 후자가 전자를 옮겼을 것이라고 주장하였다. 成彩虹·劉冬梅, 『五大名窯史話』, 百花文藝出版社, 2007, 126~127쪽 참조.

28 汪慶正, 「宋官窯研究中存在的問題」, 『文物考古論叢—敏求精舍三十周年紀

念論文集』, 敏求精舍·兩木出版社, 1995;『中國陶瓷研究』, 上海人民出版社, 2008, 286~287쪽; 方龍驤,「《坦齋筆衡》解讀」,『歷史文物月刊』제14권 제4기, 2004, 13쪽; 謝明良,「北宋官窯硏究現狀의 省思」,『故宮學術季刊』제27권 제4기, 2010:『陶瓷手記』2, 石頭出版, 2012, 190쪽.

29 汪慶正,「宋官窯硏究中存在的問題」,『文物考古論叢—敏求精舍三十周年紀念論文集』, 敏求精舍·兩木出版社, 1995;『中國陶瓷研究』, 上海人民出版社, 2008, 287쪽.

30 渡邊幸三,「說郛攷」,『東方學報』9, 1938, 222~223쪽.

31 실제에 있어서도 지금까지『坦齋筆衡』의 "窯器" 관련 기록이,『說郛』를 찬술할 때,『負暄雜錄』의 조목에 잘못 편입되었을 것이라고 주장하는 연구자는 없는 것으로 알고 있다.

32 [宋] 陸游 撰(李劍雄·劉德權 點校),『老學庵筆記』卷2, 中華書局, 1979, 23쪽: "古都時, 定器不入禁中, 惟用汝器, 以定器有芒也."

33 葉宏明,「浙江古代黑釉瓷器—兼論我國黑釉瓷器的起源」,『中國陶瓷』1982년 제1기, 54~56쪽.

34 남송시기의 월요와 비색자와 관련된 문헌기록에 대해서는 李喜寬,「秘色瓷相關宋代文獻記載新思考—宋人對秘色瓷的認識」,『東方博物』제30집, 2009, 46~51쪽 참조.

35 이러한 입장을 견지한 대표적인 연구자로 鄭建華를 꼽을 수 있다. 鄭建華,「關于修內司官窯問題的思考」,『南宋官窯文集』, 文物出版社, 2004, 50쪽 참조.

36 低嶺頭類型에 대해서는 각별히 沈岳明,「修內司窯的考古學觀察—從低嶺頭談起」,『中國古陶瓷研究』제4집, 1997, 84~92쪽;「低嶺頭類型再認識」,『南宋官窯文集』, 文物出版社, 2004, 79~86쪽; 謝純龍,「低嶺頭類型瓷器硏究」,『越窯靑瓷與邢窯白瓷硏究』, 故宮出版社, 2013, 53~74쪽을 참조하라.

37 李喜寬,「北宋官窯與"京師"及"惟用汝器"—北宋官窯研究序說」,『故宮博物院院刊』2010년 제5기, 66쪽.

38 그렇다고 해서 필자가 당시 남송관요를 "官窯"로 부르기도 했다는 것 자체를 부정하는 것은 아니다.『坦齋筆衡』과『負暄雜錄』에 남송관요에 대하여 언급한 뒤에 "餘如烏泥窯·餘杭窯·續窯, 皆非官窯比"라는 구절이 나오므로 남송관요를 "官窯"로 부르기도 하였다는 점은 의문이 없다. 다만 필자는 顧文薦이 "亦曰官窯"라는 구절을 첨부한 것이 타당성이 있으려면 의당 그 앞에 舊窯, 즉

수내사관요를 "官窯"로 명명하였다는 언급이 있어야 함에도 불구하고, 거기에 그러한 언급은 보이지 않는다는 점을 강조하고자 할 뿐이다. 여기에서 한 가지 添言하고 싶은 것은 "皆非官窯比"에 보이는 "官窯"가 특정한 요장을 가리키는 명칭이 아니라 民窯에 대비되는 의미로서의 일반 명사라고 판단된다는 점이다.

39 [宋]周輝 撰(劉永翔 校注),『淸波雜志校注』卷5, 中華書局, 1994, 213쪽.

40 그 대표적인 연구자가 李民擧이다. 李民擧,「宋官窯論稿」,『文物』1994年 제8기, 48쪽 참조.

41 "汝窯, 宮中禁燒"의 실제적인 의미에 대해서는 李喜寬,「北宋 汝窯와 그 性格 問題—宋代 文獻記錄에 대한 再檢討를 중심으로—」,『역사와 담론』64, 2012, 240~248쪽 참조.

제Ⅰ부 송대관요 성립의 전야
: 汝窯 연구

제1장　여요의 성립과 그 의의
제2장　여요와 그 성격 문제
제3장　여요자기의 실체에 대한 인식의 궤적과
　　　 이른바 傳世汝窯瓷器

제1장 여요의 성립과 그 의의

1. 문제의 所在

　북송후기에 어용자기의 생산 및 공급과 관련하여 매우 중요한 의미를 가지는 두 가지 사건이 있었다. 여요의 성립과 북송관요의 설립이 그것이다. 북송관요가 설립되기 이전에 어용자기는 민간요장에서 생산한 자기를 여러 가지 방식으로 조달하여 충당하였다. 그러나 북송관요의 설립을 기점으로 이러한 체제는 크게 변화하였다. 어용자기만을 전문적으로 생산한 관요가 어용자기 공급의 중심 요장으로 자리잡았으며, 이러한 체제는 기본적으로 청대에까지 이어졌다. 북송관요의 설립을 시작으로 관요시대의 막이 오르게 된 것이다.

　북송관요보다 약간 이른 시기에 성립된 여요는 비록 民窯였지만, 기본적으로 供御를 목적으로 자기를 생산한 요장이었다.[01] 그리고 이러한 여요의 토대 위에서 북송관요가 설립되었다. 따라서 여요의 성립은 곧 북송관요의 설립으로 대표되는 북송후기 어용자기 생산·공급 체제의 변화의 시발점이 되었다고 할 수 있다. 여요의 성립에 주목해보아야 하는 이유가 여기에 있다.

여요의 성립과 관련하여 가장 구체적인 내용을 전하는 기록은 남송 중엽경에 葉寘가 찬한『坦齋筆衡』일 것이다. 이 문헌에는 여요의 성립에 대하여 다음과 같이 기록되어 있다.

> (A) 宋葉寘『坦齋筆衡』云……本朝以定州白磁器有芒, 不堪用, 遂命汝州造靑窯器, 故河北唐·鄧·耀州悉有之, 汝窯爲魁.[02]

위 기록은 정요백자가 "有芒"하여 쓰기에 적합하지 않으므로 汝州로 하여금 "靑窯器", 즉 여요자기를 소조하도록 명하였다고 하여, 여요가 정요백자의 "有芒"으로 말미암아 성립하게 되었음을 전하고 있다.[03] 즉, 이 기록에 따르면, 정요백자의 "有芒"은 여요 성립의 가장 중요한 계기 혹은 배경이 되었다. 이와 비슷한 내용은『탄재필형』보다 약간 이른 시기에 찬술된『老學庵筆記』에도 실려 있다.

> (B) 古都時, 定器不入禁中, 惟用汝器, 以定器有芒也.[04]

위 기록은 "古都時", 즉 북송시기에 궁정에서 정요자기를 들이지 않고 여요자기를 사용하게 된 이유를 설명한 대목인데, 여기에서도 그것을 정요자기의 "有芒" 때문이라고 명시해 놓았다. 이 기록은 직접적으로 여요의 성립에 대해서 언급한 것은 아니지만, 내용상 앞서 살펴본 사료(A)와 동일한 이야기를 전하고 있다고 볼 수 있다. 아마도 두 사료는 동일한 계통의 자료나 정보를 토대로 하여 서술된 것이 아닐까 한다.[05]

사료(A)와 (B)는 여요의 성립 문제를 검토하는 데 가장 기본이 되는 기록이라고 할 수 있다. 하지만 그 내용의 핵심에 해당하는 정요백자의 "有芒"이 구체적으로 무엇을 가리키는지에 대해서는 아직 일치된 견해가 없다. 심지어 일부 연구자들은 두 기록의 내용 자체가 역사적 사실과 그다지 부합하지 않는다고 주장하기도 한다. 과연 "有芒"은 무엇을 의미하는 것일까? 그리고 여요 성립의 계기를 정요백자의 "有芒"에서 찾고 있는 두 기록은, 일부 연구자들의 주장과 같이, 사료적 가치에 문제가 있는 것일까? 여요의 성립 문제를 해결하기 위해서는 이 의문들부터 해명할 필요가 있다.

2. 여요 성립의 계기—"定州白磁器有芒, 不堪用"의 재검토

사료(A)에 따르면, "定州白磁器有芒, 不堪用"과 "遂命汝州造靑窯器", 즉 여요의 성립은 인과관계를 이루고 있다. "定州白磁器有芒, 不堪用"은 여요 성립의 계기가 되는 셈인데, 이 대목이 우리에게 알려주는 내용은 두 가지이다. 하나는 당시 정요백자가 "有芒"하였다는 것이고, 다른 하나는 그 때문에 정요백자가 어용자기로 사용하기에 적합하지 않은 것으로 문제시되었다는 점이다. 이제까지 연구자들은 주로 전자에 주목하였지만, 여요 성립의 계기를 제대로 파악하기 위해서는 이 두 가지 사실을 모두 염두에 두어야 할 필요가 있다.

정요백자의 "有芒"이 내포하고 있는 구체적인 내용과 의미를 파악하는 데 관건이 되는 사항은 "有芒"의 "芒"이 무엇을 가리키는가 하는 점이다. 이 점에 대해서는 크게 두 가지 견해가 있다. 그 하나는 "芒"이 芒口, 즉 기물의 구연부의 유약을 닦아내어 거칠어진 부분을 가리킨다는 견해이다(도1).⁰⁶ 이러한 芒口가 주로 覆燒法과 관련이 있다는 점은 잘 아는 사실이다. 또 다른 하나는 "芒"이 기본적으로 光芒을 가리킨다는 견해이다.⁰⁷ 光芒은 사물이 반짝거리는 현상을 의미하므로, "芒"을 光芒의 의미로 이해한다면, 정요백자가 "有芒"하다는 것은 그것의 광택

[도1] 芒口된 定窯白瓷雙鳳紋盤, 定州市博物館

이 강하다는 뜻이 된다. 많은 연구자들은 첫 번째 견해를 지지하지만, 두 번째 견해를 지지하는 연구자도 적지 않다. 과연 어느 견해가 타당한 것일까?

이 의문을 풀기 위해서 다시 사료(A)와 (B)에 주목해보기로 하자. 이 두 기록이 전하는 내용의 핵심은 어용자기가 정요백자에서 여요자기로 바뀌었다는 점이다. 이른바 "棄定用汝"이다. 그리고 그 계기가 된 것이 바로 정요백자의 "有芒"이었다. 이것은, 역으로 말하면, 정요백자가 어용자기로 사용되던 시기에는 "有芒"이 없었거나, 설사 있었다고 하더라도 크게 문제가 될 정도는 아니었다는 이야기가 된다.⁰⁸ 그러던 것이 북송후기의 어느 때에 이르러 정요백자에 "有芒"현상이 나타나거나 심화되고, 그것이 문제가 되어 정요백자가 어용자기에서 밀려나고 여요자기가 그 자리를 차지하게 되었다고 할 수 있다.

정요백자에서 망구 현상이 관찰되기 시작하는 것은 대략 오대시기부터이다.⁰⁹ 하지만 북송후기에 접어들기 이전 시기의 정요백자 가운데 망구를 한 기물은 매우 드물다. 그리고 이들 가운데에는 소성하기 전에 구

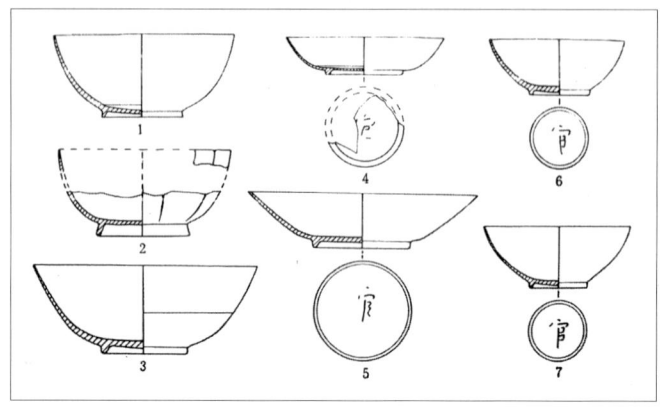

[도2] 元德李后陵(1000) 출토 定窯白瓷(1)

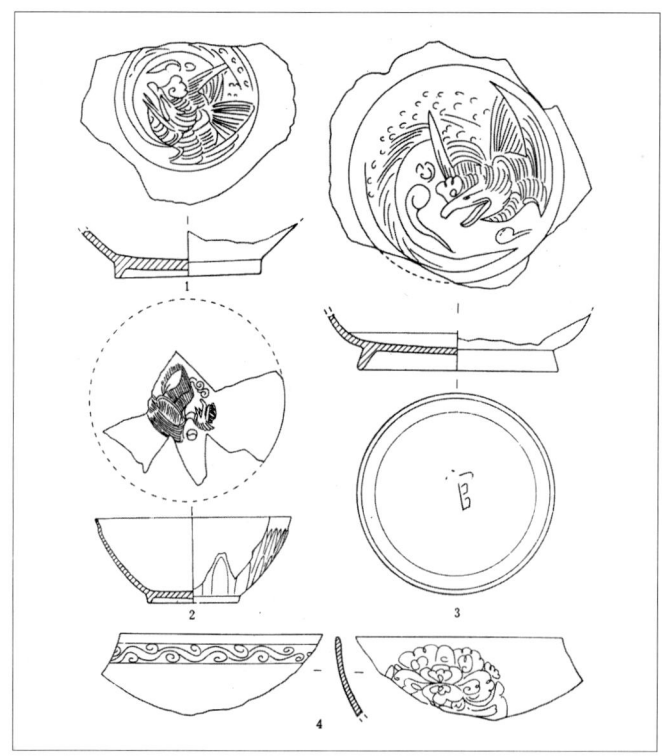

[도3] 元德李后陵(1000) 출토 定窯白瓷(2)

[도4] 定窯白瓷托盞, 定州市靜志寺塔(977) 출토, 定州市博物館

연부의 유약을 닦아낸 것도 있지만, 소성한 후에 금속테를 씌우기 위하여 釉를 갈아낸 경우도 있다.[10] 후자의 경우는 覆燒와는 전혀 관계가 없다. 전자의 경우라 할지라도 모두 복소법으로 소성한 것은 아니다. 이 점을 잘 보여주는 것이 元德李后陵(1000)에서 출토된 정요백자이다(도2·3).

元德李后陵에서는 모두 37점의 정요백자가 출토되었는데, 碗이 26점이고, 盤이 11점이다. 모두 품질이 매우 높으며, 적지 않은 기물의 저부에 "官"銘이 있다.[11] 37점의 정요백자 가운데 6점만이 구연부에 시유되었고, 그 나머지 31점은 모두 구연부가 露胎되어 있다.[12] 즉 그 대부분이 망구인 셈이다. 어느 연구자는 이들 31점의 망구 현상이 복소법과 관련이 있다고 파악하였다.[13] 하지만 이 능에서 출토된 정요백자의 저부를 잘 살펴보면, 37점 가운데 구연부에 시유된 것뿐만 아니라 망구된 것까지 모두 굽다리의 접지면이 노태되어 있다. 만약 망구된 기물들을 복소하였다면 굳이 굽다리 접지면의 유약을 닦아낼 까닭이 없다. 이 점에서 볼 때, 元德李后陵에서 출토된 망구된 정요백자들은 모두 仰燒法으로 소성되었다고 판단된다.[14] 이와 같이 망구되었지만 앙소된 사례는 定州市 淨志寺塔(977)에서 출토된 정요백자탁잔에서도 찾아볼 수 있다(도4).[15] 이것도 품질이 매우 높다.

앙소했음에도 불구하고 구연부의 유약을 닦아낸 것이 소성한 후에 금속태를 씌울 때 마찰력이나 접착력을 높이기 위해서였을 것이라는 점은 이미 蔡玟芬이 지적한 바가 있다.[16] 元德李后陵과 淨志寺塔에서 출토된 망구된 정요백자가 하나같이 품질이 높고, 당시 금속태를 씌운 기물들이 그러한 고급 기물들이었다는 점에서 볼 때, 그러한 견해는 타당성이 있다고 생각된다. 이러한 관점에서 보면, 이 시기에 망구가 하나의 결함으로 인식되었을 가능성은 배제하여도 좋을 것 같다. 요컨대, 북송후기 이전에는 정요백자 가운데 망구된 기물이 매우 드물었을 뿐만 아니라, 망구가 있는 경우에도 그것이 어용자기로서의 결함으로 문제화되었을 가능성은 희박하다고 생각된다. 정요백자의 망구가 문제가 되었다면, 그것은 정요백자에서 망구가 유행하기 시작한 북송후기에 접어든 이후의 일일 공산이 매우 크다.

한편, 자기의 광택은 빛이 기물의 표면에 반사하여 생기는 것으로, 주로 釉의 투명도·굴절률·구조 등의 요인들이 다양하게 조합되어 각기 다른 종류의 광택을 내게 된다. 정요백자의 경우, 광택의 종류나 강도 등에 대하여 과학적으로 분석한 자료를 찾을 수 없기 때문에, 북송후기에 접어들기 이전과 이후의 광택이 어떠한 차이가 있는지 구체적으로 언급하기는 힘들다. 하지만 필자가 양 시기의 정요백자 표본들을 관찰한 바에 따르면, 북송후기에 접어든 이후에 정요백자의 광택의 종류가 달라지거나 그 강도가 현저하게 높아진 현상은 발견되지 않는다.

북송후기의 어느 때에 이르러 정요백자에 "有芒" 현상이 나타나거나 심화되고, 그것이 문제가 되어 정요백자가 어용자기의 주류에서 밀려나고 여요자기가 그 자리를 차지하게 되었을 것이라는 관점에서 볼 때, "定州白磁器有芒, 不堪用"에 보이는 "芒"이 光芒을 가리킬 가능성은 희박하다고 생각된다. 정요백자의 光芒 현상은 북송후기에 접어든 이후에 나타났다거나 보다 심화되었다거나 하는 모습 자체가 관찰되지 않기 때문이다. 이에 반해서 정요백자의 망구 현상은 북송후기에 접어들기 이전에는 문제가 되지 않다가 그 이후에 그러한 현상이 보편화되면서 문제가 되었을 가능성이 크다. 그러므로 문제의 "芒"은, 많은 연구자들이 이해해온 바와 같이, 망구를 의미한다고 보는 것이 사실에 가까울 듯싶다. 요컨대, 정요백자의 망구가 그것이 어용자기에서 밀려나는 데 주요한 빌미를 제공하였다는 이야기가 되는 셈이다.

그러나 적지 않은 연구자들은 이러한 이해에 의문을 제기한다. 그들은 북송후기에 정요백자가 어용자기로서 "不堪用"하였다는 내용이 역사적 사실과 부합하지 않는다고 주장한다. 그리고 정요백자의 망구 현상도 금속테를 씌우거나 아예 앙소법으로 소성함으로써 근본적으로 극복할 수 있었기 때문에 그것이 "棄定用汝"의 계기가 되었다고 보기 어렵다고 한다.[17] 이러한 주장은 과연 타당한 것일까?

사실 여요가 성립된 이후에도 정요백자가 어용자기에서 완전히 배제된 것은 아니었다. 『宋會要輯稿』에 보이는 다음 기록이 이를 증명한다.

(C) 宣和七年六月二十六日詔, 近命有司考不急之務·無名之費, 特加裁定. ……應殿中省六尙局諸路貢物, 可止依今來裁定施行. ……尙食局……中山府瓷中樣矮足裏撥盤龍湯盞一十隻……幷罷貢.[18]

이 기록은 휘종이 崇寧 2년(1102)에 설치한 尙食·尙藥·尙醞·尙衣·尙舍·尙輦 등 六尙局[19]에 대한 공물, 즉 이른바 "六尙局貢"과 관련된 내용이다.[20] 이에 따르면, 휘종은 宣和 7년(1125)에 詔를 내려 "六尙局貢" 가운데 일부를 폐지시키거나 그 액수를 감하였다. 이때 폐지된 공물 가운데 中山府에서 尙食局에 공납하던 瓷中樣矮足裏撥盤龍湯盞

[도5a] "喬位"銘定窯白瓷碟, 개인(胡雲法)　　[도5b] 도5a의 底部

10隻이 포함되어 있었다. 중산부는 본래 定州로서, 政和 3년(1113)에 부로 승격되었다.[21] 문제의 瓷中樣矮足裏撥盤龍湯盞 10隻은 의당 정요백자였을 것이다. 그리고 이 조치가 취해진 선화 7년(1125)은 이미 여요가 성립된 이후였다. 정요백자잔 10척이 당시 中山府에서 공납한 정요백자의 전부였는지 아니면 그 일부였는지는 판단하기 힘들지만, 아무튼 이 조치는 여요가 성립된 이후에도 정요백자가 어용자기로 쓰였다는 점을 분명하게 알려준다.

그리고 망구된 정요백자가 이 시기에 어용자기로 쓰였다는 사실도 실물자료로 확인된다. 항주에서 출토된 "喬位"銘定窯白瓷碟이 그 하나의 예다(도5).[22] 이 碟은 작고 평저이며 내면에는 蛟龍紋이 刻花되어 있다. 여요자기나 고려청자에서도 흔히 볼 수 있는 기종이다.[23] "喬位"銘은 이 기물을 소성하기 전에 새겨 넣은 것이다. 구연에는 금속테가 씌워져 있기 때문에(銅釦) 구연의 상태를 확인하기가 힘들지만, 저부에 支燒나[24] 墊燒의[25] 흔적이 보이지 않는다는 점으로 미루어 볼 때, 복소되었음이 분명하다. 그러므로 당연히 망구되었을 것이다. 이러한 유형의 定窯白瓷碟은 대체로 북송말기에서 금대에 이르는 시기에 유행하였는데,[26]

문제의 "喬位"銘定窯白瓷碟은 문양이나 제작공예 등의 측면에서 북송 말기의 풍격을 지니고 있다.[27] "喬位"는 喬氏 성을 가진 妃의 處所를 가리키는데, 이 시기에 교씨 성을 가진 비는 휘종의 喬貴妃 밖에 없다.[28] 그러므로 이 定窯碟은 휘종대에 교귀비의 처소에서 사용하던 것으로 판단된다. 즉 북송말기에 교귀비의 처소에서 사용하던 것이 어떤 경로를 통하여 남송시기에까지 전해진 셈이다.[29]

이상의 문헌기록과 고고학 자료를 근거로 보면, 북송후기에 정요백자가 어용자기로서 "不堪用"하였다는 『탄재필형』 기록의 신빙성에 의문을 제기한 것은 어느 정도 수긍이 가는 면이 있다. 이 점은 "定器不入禁中, 惟用汝器"라고 한 『노학암필기』의 기록의 경우도 마찬가지이다. 그러나 『탄재필형』과 『노학암필기』의 기록을 과도하게 문자 그대로 해석하여 그 사료적 신빙성 자체를 의심할 필요는 없다고 생각한다. 사실 두 문헌에 보이는 해당 기록을 말 그대로 각각 여요의 성립 이후 실제로 궁중에서 전혀 정요백자를 사용하지 않고 오직 여요자기만을 사용하였다는 의미로 이해하는 사람은 많지 않으리라 믿는다. 궁중에서는 다양한 종류의 자기가 필요했을 터이고 그것들을 여요에서 모두 소조할 수도 없었을 것이거니와 그럴 필요도 없었을 것이기 때문이다. 실제에 있어서도 궁중에서 앞서 설명한 정요 이외에도 용천요·건요·湖田窯(경덕진) 등 다양한 요장에서 생산한 기물들을 사용했음은 문헌이나 고고학 자료에서 확인된다.[30] 『탄재필형』과 『노학암필기』의 해당 기록은 북송후기의 어느 시점에 어용자기의 주류가 정요백자에서 여요자기로 바뀐 현상을 어느 정도 과장되게 서술한 것일 뿐, 역사적 사실을 왜곡한 것으로 판단되지는 않는 것이다.

한편, 망구된 정요백자에 금·은·동의 금속테를 씌운 예는 흔히 볼 수 있다(도6). 그리고 이 시기에 정요에서는 복소법 뿐만 아니라 앙소법도

[도6] 定窯白瓷刻花蓮花紋碗, 東京國立博物館

채용되고 있었기 때문에[31] 복소법 대신 앙소법으로 공어용백자를 소성하는 것은 어려운 일이 아니었다. 그러므로 정요백자의 망구 현상이 금속테를 씌우거나 아예 앙소법으로 소성함으로써 근본적으로 극복할 수 있었다는 지적은 일정한 설득력을 갖는다. 어느 연구자는 이러한 점 등에 근거하여 "定州白磁器有芒, 不堪用"은 "棄定用汝"를 위한 핑계거리에 지니지 않는다고 보기도 한다.[32] 말하자면, "定州白磁器有芒, 不堪用"이 "棄定用汝"의 실제적인 계기가 되었다고 보기 힘들다고 이해한 셈이다. 그러나 이러한 견해에는 몇 가지 의문이 있다.

당시 어느 요장의 기물을 어용자기로 사용할 것인가를 결정하는 것은 조정이나 궁정이었다. 그러므로 어용자기의 주류를 바꾸기를 원했다면, 조정이나 궁정이 결정하면 그만이었을 뿐 굳이 핑계를 댈 필요는 없었을 것이다. 설사 특별한 사정, 예컨대, "棄定用汝"를 반대하는 사람들이 있었거나 하여 "棄定用汝"의 구실을 찾을 필요가 있었다고 하더라도, 만약 정요백자의 망구 현상이 실제적으로 "棄定用汝"의 구실로서 타당성이 없었다면 그러한 핑계는 효과를 보기 어려웠을 것이다. 북송의 조정이나 궁정이 그렇게 타당성이 없는 구실을 찾았을 리는 만무하다. 결

[도7] 定窯白瓷刻花蓮花紋蓋碗(碗), 曲陽縣定窯窯址 출토, 河北省文物研究所

[도8] 龍泉窯蓮瓣紋蓋碗(碗), 遂寧金魚村南宋窖藏 출토, 四川宋瓷博物館

[도9] 汝窯蓋碗(碗), 淸凉寺汝窯址 출토, 河南省文物考古研究所

[도10] 高麗靑瓷蓋碗(碗), 泰安 대섬 出水, 國立海洋文化財硏究所

[도11] 南宋官窯蓋碗(碗), 老虎洞南宋官窯址 출토, 杭州博物館

국, 어떻게 보더라도 정요백자의 망구 현상이 "棄定用汝"의 주요한 계기가 되었을 것이라는 점은 부정할 수 없다고 믿는다.

이러한 관점에서 보면, 어용자기의 생산에 있어서 정요의 역할을 이어받은 여요에서 망구를 한 기물을 거의 찾아볼 수 없다는 점이 흥미롭다. 碗이나 盤과 같은 일반적인 기물은 물론이거니와, 정요나 용천요 등에서 흔히 발견되는 망구를 한 蓋碗의 경우도(도7·8) 여요의 경우는 망구를 한 예가 전혀 발견되지 않는다(도9).[33] 심지어 여요의 전통을 이은 고려청자와 남송관요의 蓋碗의 경우도 망구를 한 예가 전혀 발견되지 않는다(도10·11). 필자는 이러한 현상이 "定州白磁器有芒, 不堪用"과 일정한 관련이 있다고 생각한다.

많은 연구자들은 일찍부터 망구가 기물에 있어서 일종의 결함이라는 점을 지적하였다. 망구를 한 기물이 망구를 하지 않은 기물보다 상대적으로 유약이 없는 구연부가 거칠고 아울러 미관상으로도 떨어지게 마련이라는 점에서 볼 때, 망구를 한 기물의 결점에 대한 지적은 기본적으로 타당하다. 그러나, 앞서 언급한 바와 같이, 그러한 결점은 구연에 금속테를 두르거나 아예 앙소를 함으로서 어렵지 않게 극복할 수 있었다. 이 점에서 볼 때, 망구가 "棄定用汝"의 주요한 계기가 되었다는 점은 부인할 수 없지만, 당시의 조정이나 궁정이 단지 그러한 망구의 결점만으로 정요백자가 어용자기로서 "不堪用"하다는 판단을 내렸다고 보기에는 석연치가 않다. 망구와 관련된 또 다른 요인이 조정이나 궁정으로 하여금 그러한 판단을 내리게 하는 데 영향을 미쳤던 것을 아닐까? 이 점을 추적하기 위해서는 망구의 기능과 그것이 정요백자에 미친 영향 등에 주목할 필요가 있다.

앞서 언급한 바와 같이, 정요의 경우 대략 북송전기까지는 어용백자와 같은 품질이 높은 기물의 구연에 금속테를 씌우는 데 용이하게 하기

[도12] 碗形支圈, 曲陽縣定窯窯址 출토, 河北省文物硏究所

위하여 의도적으로 망구를 하였다. 그러므로 그것은 복소법과 전혀 관련이 없었을 뿐만 아니라 결함으로 인식되지도 않았다. 오히려 이 시기의 망구는 극히 한정된 고급정요백자에서만 나타나는 현상이었다.

이러한 정요백자의 망구에 커다란 변화가 생기기 시작한 것은 대략 북송중기의 일로 이해된다.[34] 이 시기에 이르러 그 이전 시기의 망구와 전혀 다른 기능의 망구가 출현한 것이다. 그것은 支圈을 사용한 복소법의 출현과 직접적인 관련이 있었다(도12). 기물을 복소하기 위하여 口沿의 유약을 닦아내면서 금속테를 씌울 목적의 망구와는 전혀 다른 기능의 망구가 출현하게 되었던 것이다.

복소법이 유행하면서 망구는 더 이상 고급백자의 전유물이 아니었다. 그보다 품질이 떨어지는 일반백자들에까지 망구가 확산되었다. 복소법을 채용하는 한, 정요백자의 망구 현상은 이제 피할 수 없는 일이 된 것이다. 하지만 그렇게 생산된 망구 기물들에 모두 금속테를 씌울 수는 없는 일이었다. 이 시기의 정요백자의 출토 예를 통하여 볼 때, 금속테를 씌운 경우는 그 일부에 한정되었다. 국가에서는 특정 재질의 금속테를 씌우는 것은 법으로 제한하기도 하였다.[35] 금속테를 씌우지 않은 기물에 있어서 망구는, 말할 나위도 없이, 일종의 결함이었다. 적어도 망구를 하지 않은 기물을 기준으로 볼 때는 그러하다. 아마도 당시 사람들도 그렇게 인식하였을 것이다. 이러한 인식은 남송시기에까지 이어졌다고 판단되는데, 『탄재필형』[사료(A)]이나 『노학암필기』[사료(B)]의 기록이 그 근거가 될 것이다. 금속테를 씌우지 않은 채로 사용한 정요백자의 수량이 늘어날수록 그러한 인식은 심화되고, 아울러 정요백자가 결함을 가진 기물이라는 인식이 확산되었을 공산이 높다.

북송의 조정이나 궁정이 망구의 결함을 극복할 수 있는 길이 있었음에도 불구하고 결국 "棄定用汝"의 조치를 취한 것은 바로 이러한 당시의 정요백자에 대한 인식과 밀접한 관련이 있다고 생각한다.[36] 조정이나 궁정으로서도 당시 사람들이 결함이 있다고 인식하는 기물을 계속 주된 어용자기로 사용할 수는 없는 노릇이었을 것이기 때문이다. 이러한 관점에서 볼 때, 정요백자에 뒤이어 어용자기의 주류가 된 여요자기에서 망구 현상을 거의 찾아볼 수 없는 것은 지극히 당연한 일로 여겨진다.

3. 여요의 성립시기

『탄재필형』에 보이는 여요 및 북송시기의 그 밖의 요장과 관련된 기록은 여요의 성립시기에 대한 시간적 기준을 제시한다.

(D) 宋葉寘『坦齋筆衡』云……本朝以定州白磁器有芒, 不堪用, 遂命汝州造靑窯器, 故河北唐·鄧·耀州悉有之, 汝窯爲魁. 江南則處州龍泉縣, 窯

質頗薙厚. 政和間, 京師自置窯燒造, 名曰官窯.[37]

즉, 이 기록에 의하면, 여요가 성립한 것은 정요백자의 망구 현상이 나타나고 아울러 북송의 조정이나 궁정에서 그것을 문제 삼은 이후의 일이 분명하다. 또한 그것이 북송의 조정이 "京師自置窯", 즉 북송관요를 설립한 정화연간(1111~1117) 이전이라는 점도 의문의 여지가 없다. 그러므로 우리는 먼저 정요에서 복소법의 채용에 따른 망구 현상이 유행하기 시작한 시점이 언제인지 검토할 필요가 있다. 여기에서 유의해야 할 것은 정요백자의 많은 기종 가운데 완·반·발·碟 등과 같은 일부 기종에서만 복소가 행하여졌다는 사실이다. 응당 우리가 관심을 기울여 보아야 할 것도 이들 기종이 될 것이다.

많은 연구자들은 정요에서 복소법으로 기물을 소성하기 시작한 것이 북송중기의 일로 파악하고 있다.[38] 정요백자가 출토된 이 시기의 대표적인 유적으로는 天津薊縣獨樂寺塔(1058)이 있다.[39] 이 유적에서는 35점의 정요백자가 출토되었는데, 大盤이 2점, 菊花瓣圈足小碟이 19점, 六瓣圈足小碟이 3점, 圓口圈足小碟이 1점, 六瓣平底小碟이 6점, 圓口小碟이 2점, 小罐이 2점이다. 발굴보고자는 이 기물들의 망구 여부나 裝燒工藝에 대하여 구체적으로 언급해놓지 않았다. 그런데 이 가운데 六瓣平底小碟을 제외한 나머지는 모두 圈足의 接地面에 유약이 입혀져 있지 않다고 기술되어 있다. 이 점으로 미루어 볼 때, 이것들은 모두 앙소되었을 것으로 판단된다. 이것들과 달리 六瓣平底小碟의 경우 기물의 전면에 유약이 입혀져 있는 것으로 보고되어 있다. 그런데 다른 연구자가 관찰한 바에 의하면, 문제의 六瓣平底小碟이 망구되어 있다고 한다(도13).[40] 이 두 가지 현상에 의거하면, 이 六瓣平底小碟은 복소법으로 소성되었음이 분명하다.

[도13] 定窯白瓷六瓣平底小碟, 天津薊縣獨樂寺塔(1058) 출토, 天津博物館

　필자가 조사한 바에 따르면, 天津薊縣獨樂寺塔에서 출토된 六瓣平底小碟은 복소법으로 소성된 망구의 정요백자 가운데 가장 이른 시기의 기년명 자료이다. 그렇지만 이 유적에서 출토된 33점의 반과 碟 가운데 복소법으로 소성된 것은 六瓣平底小碟 6점에 불과하다. 이는 이 시기에는 대부분의 기물을 앙소하고 平底小碟과 같은 일부 한정된 기형의 기물만을 복소하였음을 보여준다. 天津薊縣獨樂寺塔보다 약간 늦은 시기의 유적인 庫倫前勿力布格1號墓(1080)의 출토품에서도 이러한 현상이 확인된다.[41] 이 유적에서는 모두 18점의 정요백자가 출토되었는데, 그 가운데 기형을 복원할 수 있는 것은 총 10점으로, 완이 7점이고 발이 3점이다. 완은 모두 망구가 되어 있지 않으므로 앙소된 것이 분명하다. 발은 모두 망구되었지만, 보고서의 서술만으로는 저부의 상태를 알 수가 없기 때문에 앙소하였는지 복소하였는지 판단하기가 힘들다. 하지만 이러한 유형의 定窯白瓷鉢의 경우 비록 망구가 되었다고 하더라도 蓋碗과 마찬가지로 앙소하는 것이 일반적이다. 그러므로 이 발들의 경우도 앙소하

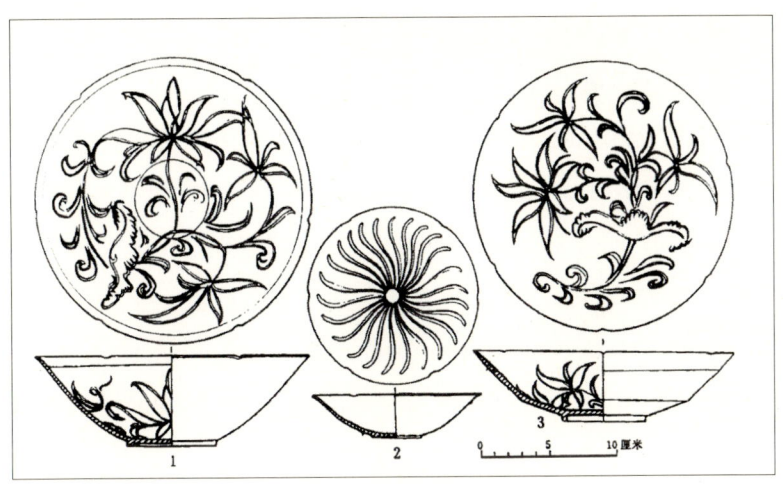

[도14] 定窯白瓷碗(1·2) 및 盤(3), 敖漢旗羊山2號墓(劉祜墓)(1099) 출토

였을 가능성이 높다고 생각된다. 요컨대, 庫倫前勿力布格1號墓에서 출토된 정요백자완과 발은 모두 앙소되었거나 앙소되었을 공산이 크다고 판단된다.

 발굴 자료에 따르면, 이러한 현상은 북송말기에 접어든 이후에도 한동안 지속되었던 것으로 보인다. 法庫肯袍魯墓(1090)에서와 같이 복소한 망구정요백자만 출토된 경우도 있지만[42] 이러한 경우는 예외적이고, 대다수 유적에서의 복소한 망구정요백자의 출토 상황은 그 이전과 크게 다르지 않다. 예컨대, 敖漢旗羊山2號墓(劉祜墓)(1099)에서는 定窯産으로 판단되는 3점의 백자완과 2점의 백자반이 출토되었다(도14).[43] 이것들 가운데 망구를 한 기물은 확인되지 않으므로, 이것들은 모두 앙소되었을 것으로 판단된다. 昭烏達盟遼尙暐符墓(1099)에서는 白瓷平沿大碗 2점과 백자대반 1점 그리고 백자대완 1점이 출토되었는데,[44] 보고문에는 북방명요산품으로 파악되어 있지만, 현재의 시점에서 보면, 정요산으로 판단된다.[45] 이들 가운데에서도 망구를 한 예는 확인되지 않으며, 白瓷平

제1장 여요의 성립과 그 의의 63

沿大碗의 경우는 권족의 접지면에 받침 흔적이 남아 있는 것으로 미루어[46] 앙소되었음이 분명하다.

이러한 현상은 12세기에 접어든 이후의 유적에서도 확인된다. 懷安西坪山窖藏이 여기에 해당된다.[47] 이 窖藏에서는 大觀重寶가 한 점 출토되었는데, 이 금속화폐의 구체적인 주조연대는 분명하지 않지만, 대관연간(1107~1110)에 주조된 것만은 확실하다. 따라서 이 窖藏의 연대는 1107~1110년 이후의 어느 때가 되는 셈이다. 연구자들은 이 窖藏의 연대가 遼의 멸망 이전일 것으로 추정하므로,[48] 결국 이 窖藏은 1107~1110년부터 1125년 사이의 어느 때에 조성되었다고 볼 수 있다. 이 窖藏에서는 총 19점의 백자가 출토되었는데, 그 가운데 7점이 정요백자로 판단된다.[49] 이들 정요백자 가운데 망구의 기물은 확인되지 않는다. 그러므로 이것들도 모두 앙소되었다고 보는 것이 타당하다.

그렇지만 대략 휘종 정화연간(1111~1117)에 이르러 복소한 망구정요백자의 출토 상황은 그 이전과 크게 다른 양상을 보이기 시작한다. 예컨대, 江西省의 鄱陽施氏墓(1111)에서는 총 5점의 정요백자가 출토되었는데,[50] 그 가운데 한 점이 발이고 2점이 완이다. 완과 발 모두 전형적인 정요의 각화모란문이 시문되었으며, 망구이다. 단, 발이 구연부만 노태되어 있는 것과 달리, 완들의 경우는 구연과 굽이 모두 노태되어 있기 때문에, 이 유물을 직접 관찰하지 못한 필자로서는, 과연 그것들을 어떠한 방식으로 소성하였는지 가늠하기가 쉽지 않다. 그렇지만 보고자는 그것들을 복소한 것으로 보고 있다. 보고자의 견해에 따르면, 3점의 정요백자는 모두 복소되었다는 이야기가 된다.

易縣淨覺寺舍利塔地宮(1115)에서도 백자화형반 1점이 출토되었다.[51] 보고문에서는 그 산지와 장소공예에 대해서 별다른 설명이 없지만, 彭善國의 견해에 따르면, 그것은 정요백자이며 망구되었다고 한다.[52] 이러한 기형은 북송말기부터 정요에서 크게 유행하였고 일반적으로 복소법으로 소성되었다는 점에서 볼 때, 그의 견해는 신뢰할 만하다고 생각한다. 요컨대, 이 화형반도 응당 복소된 것으로 판단된다. 한편, 林州劉朝宗墓(1112)에서는 총 28점의 정요백자가 출토된 것으로 보고되었는데,[53] 그 가운데 15점의 花口碟과 3점의 碗이 포함되어 있다. 花口碟은 모두 복소된 반면, 완은 앙소되었다. 복소된 기물의 수량이 앙소된 것들보다 훨씬 많은 것이다. 그러하기는 望都沈家庄遺蹟의 경우도 마찬가지이다. 이 유적에서는 정요백자와 더불어 19점의 금속화폐가 출토되었는데, 가장 시기가 늦은 것은 정화 원년(1111)에 주조된 정화통보이다. 그러므로 이 유적의 연대는 1111년 이후가 되는데, 이곳에서 출토된 정요백자의 연대가 북송말기를 벗어날 것으로 판단되지는 않는다.[54] 말하자면 이 유적에서 출토된 정요백자는 북송 최말기에 제작된 것이 되는 셈이다. 이곳에서 출토된 정요백자는 총 9점인데, 합 1점을 제외하면 모두 완(6점)과 반(2점)이다. 보고문에 따르면, 완과 반 가운데 6점의 완은 복소되고 한 점의 반은 앙소되었음이 확실하다. 그렇지만 나머지 한 점의 반, 즉 평저의 6판화형반의 경우는, 보고문의 내용만으로는 망구의 여부와 장소공예의 방법을 알 수가 없다. 하지만 이 반과 같은 기형의 정요백자반이 이 시기에 일반적으로 복소된 것으로 미루어 보면, 이 반의 경우도 복소되었을 공산이 크다.

이상의 검토를 통하여 알 수 있는 바와 같이, 복소한 망구의 정요백자는 북송중기의 유적에서부터 출토되기 시작하지만, 대체로 정화연간에 접어들기 이전까지의 유적에서는 그 출토 예가 그다지 많지 않다. 수량적인 측면에서 앙소를 한 정요백자의 비중이 훨씬 크다. 그런데 정화연간에 접어들 무렵부터 복소한 망구정요백자가 출토되는 유적이 크게 늘어나고 복소한 망구정요백자의 수량 또한 현저하게 증가하는 것이다. 이

[도15] 天靑釉汝窯瓷器片, 淸凉寺汝窯址 출토, 河南省文物考古硏究所

러한 사실에 근거하여 보면, 복소에 따른 정요백자의 망구 현상이 보편화되고 아울러 북송의 조정이나 궁정이 그것을 문제 삼은 시점은 정화 연간 무렵이었을 개연성이 높다. 즉, 이 무렵에 여요가 성립되었을 가능성이 크다는 이야기가 되는 셈이다. 이 점은 淸凉寺汝窯址의 발굴결과를 통해서도 확인할 수 있다.

역사적으로 여요자기라고 일컬어 온 것은 여주의 많은 요장에서 소조한 자기들 가운데 각별히 공어용으로 제작한 것들을 의미한다. 이 공어용의 여요자기가 청량사여요에서 제작되었다는 것은 다 아는 일이다. 이 요지는 2000년에 발굴되었는데,[55] 발굴보고자는 이 요장의 발전단계를 "初期段階"와 "成熟期段階"로 구분하였다. 각각의 단계는 소성한 자기의 양상뿐만 아니라 窯爐의 구조와 규모 등의 측면에서 크게 다르다. 전자의 경우, 다양한 종류의 자기, 즉 우리가 흔히 臨汝窯靑瓷로 부르는 요주요계 청자를 비롯하여 백유자기·흑유자기 등을 제작하였으며, 天

青釉瓷器는 극히 소량만이 제작되었을 뿐이다. 窯爐는 규모가 비교적 큰 馬蹄形窯爐를 사용하였다. 반면에 후자의 경우는, 소성한 자기의 거의 대부분(99% 정도)이 품질이 지극히 높은 천청유자기이고(도15) 그 밖의 자기는 겨우 1% 정도를 차지할 뿐이다. 요로도 "초기단계"의 馬蹄形窯爐보다 규모가 훨씬 작은 橢圓形窯爐를 사용하였다.

이러한 발굴결과를 통하여 여요의 성립시기를 가늠하기 위해서는 먼저 청량사여요의 발전단계에서 어느 시점부터 공어용의 여요자기를 제작하기 시작하였는가 하는 점부터 분명히 해둘 필요가 있다. 이때가 곧 여요가 성립된 시점이 되기 때문이다. 필자는 이미 별도의 논고에서 "성숙기단계"에 접어들면서 비로소 공어용 여요자기를 제작하기 시작하였다는 점을 자세히 언급한 바가 있다.[56] 이러한 관점에서 보면, "성숙기단계"가 시작된 시점이 곧 여요의 성립시기가 되는 셈이다.

청량사여요지에서는 "성숙기단계"가 시작된 구체적인 시점을 파악하는 데 단서를 제공하는 중요한 유물이 출토되었다. 이 요지에서 출토된 금속화폐들이 그것이다. 보고서에 따르면, 이 요지 T11의 ③층에서 원부통보와 정화통보가 각각 한 점씩 출토되었는데,[57] T11은 이 요지 발굴구역의 북쪽 중앙부에 위치하고 있으며 그것들이 출토된 퇴적층은 "성숙기단계"에 형성된 것이다. 원부통보와 정화통보는 각각 元符 원년(1098)과 政和 원년(1111)에 주조되었다.[58] 그렇다면 이 퇴적층은 정화 원년(1111) 이후에 형성되었다는 이야기가 된다. 그런데 T11이 위치한 곳은 본래 "성숙기단계"의 작업장(F1)이 있던 곳이었다. T11의 ③층은 이 작업장의 활동지면 위에 형성된 퇴적이다. 그러므로 이 작업장(F1)은 T11의 ③층이 형성되기 시작한 시점보다 이른 시기에 건립되었음이 분명하다. 하지만 보고서에 따르면, 문제의 원부통보와 정화통보는 T11 ③층 퇴적의 최하층에서 출토되었기 때문에 F1이 건립된 시점과 그것들이 출토된 퇴적층이 형성된 시점 사이의 시간적 격차는 그다지 크지 않았을 것으로 판단된다.

"성숙기단계"의 작업장은 이곳(F1) 한 곳뿐이다. 그러므로 이 작업장(F1)은 "성숙기단계"의 요업이 시작될 당시에 건립되었을 가능성이 매우 높다. 그렇다면 "성숙기단계"가 시작된 시점의 상한은 정화 원년(1111)보다 약간 이른 시기가 될 것이다. 대체로 대관연간(1107~1110)이 여기에 해당될 수 있을 것으로 생각한다. 그리고 "성숙기단계"가 시작된 시점이 곧 여요의 성립시기라는 관점에서 보면, 그 하한은 북송관요가 설립된 정화연간(1111~1117) 이후로 내려갈 수가 없다. 여요가 북송관요가 설립되기 이전에 성립된 것은 누구나 아는 일이기 때문이다. 이 점을 고려하면, 청량사여요의 "성숙기단계"가 시작된 시점의 하한은 대략 정화연간의 전반기에 해당할 공산이 높다. 결국 청량사여요는 휘종 대관연간(1107~1110)에서 정화연간의 전반기(1111~1114)에 이르는 기간의 어느 시점에 "성숙기단계"로 진입하였을 것이라는 것이 필자의 생각이다. 청량사여요의 "성숙기단계"가 시작된 시점이 곧 여요의 성립시기라는 관점에서 볼 때, 이 시점이 곧 여요의 성립시기가 되는 셈이다.

4. 여요의 성립과 어용자기 조달방식의 변화

여요의 성립으로 북송 어용자기의 주류는 정요백자에서 여요자기로 바뀌었다. 게다가 어용자기의 조달방식 자체에도 큰 변화가 있었던 것으로 보인다.

여요가 성립되기 이전에 어용자기는 다양한 방식으로 조달되었다. 그 가운데 먼저 주목해보아야 할 것은 土貢이다.⁵⁹ 토공은 『尙書』 禹貢條에 나오는 "任土作貢", 즉 전국 각지의 토산물을 통치자에게 진상하는 것을 의미한다. 다 아는 바와 같이, 자기도 일찍부터 토공품에 포함되어 있었다. 북송시기의 자기의 공납과 관련해서는 다음 기록부터 검토할 필요가 있다.

(E) 瓷器庫在建隆坊, 掌受明·越·饒州·定州·靑州白瓷器及漆器以給用, 以京朝官三班內侍二人監庫.⁶⁰

『宋會要輯稿』에 실려 있는 이 기록은 북송시기의 瓷器庫와 관련된 것인데, 이 기록 가운데 "靑州白瓷器"는 잘못 抄錄되었을 것이라는 견해가 유력하다. 이 대목은 응당 "靑白瓷器"나 "靑瓷白瓷器", 또는 "靑州瓷器"로 바로잡아야 될 것으로 판단된다.⁶¹ 이렇게 보면, 자기고의 임무는 明州·越州·饒州·定州 또는 明州·越州·饒州·定州·靑州에서 자기 및 칠기를 수납하여 급용하게 하는 것이었음을 알 수 있다. 이것들은 응당 토공품으로서 수납되었을 터인데,⁶² 월주와 요주 그리고 정주의 경우, 당시 각각 품질이 높은 청자·청백자·백자를 생산하고 있었다는 점에서 볼 때, 자기와 칠기 가운데 자기를 공납했을 것으로 판단된다. 그렇지만 이 기록만으로는 이들 주에서 구체적으로 언제부터 자기를 공납하기 시작하였는지를 알 수가 없다. 하지만 자기고 자체가 神宗 熙寧 3년 (1070)에 雜物庫에 편입되었으므로,⁶³ 늦어도 희녕 3년 이전부터 자기를 공납하기 시작한 것은 분명하다. 이렇게 공납된 자기들이 주로 어용자기로 쓰였음은 다 아는 사실이다. 앞서 언급한 元德李后陵에서 출토된 37점의 정요백자의 전부 혹은 일부도 이러한 방식으로 조달되었을 가능성이 높다고 판단된다.

그런데 각각 熙寧 원년(1068)과 元豊 3년(1080)의 토공의 내역이 기록되어 있는 『宋會要輯稿』와 『元豊九域志』에는 定州의 경우 토공에 자기가 포함되어 있지 않다.[64] 그리고 숭녕연간(1102~1106)의 토공 내역을 알려주는 것으로 판단되는 『宋史』 지리지의 중산부조에도 자기가 토공으로 기재되어 있지 않다.[65] 이것은 정요백자가 공납되기 시작한 이후 언제인가 토공에서 제외되었음을 말해준다.

그런데, 앞서 인용한 사료(C)에 따르면, 휘종은 선화 7년(1125)에 정주의 후신인 중산부에서 尙食局에 "六尙局貢"의 명목으로 바치던 瓷中樣矮足裏撥盤龍湯盞 10隻의 공납을 파하는 조치를 내렸다. 이는 "六尙局貢"이 제정되면서 정요백자가 다시 공납되기 시작하였음을 알려준다. "六尙局貢"이 출현한 시점은 일반적으로 六尙局이 설치된 휘종 숭녕 2년(1103)으로 알려져 있지만, 蔡京이 『殿中省六尙局供奉庫務勅令格式』을 修成하여 올린 숭녕 3년(1104)일 가능성도 배제할 수 없다고 생각된다.[66] 아무튼 숭녕 2년(1103) 또는 3년(1104)에 정요백자가 다시 공납되기 시작하였음은 분명한 일이다.

토공에 의한 어용자기의 조달방식에서 간취되는 한 가지 특징은 공납 자기의 수량이 그다지 많지 않다는 점이다.[67] 문헌기록을 통하여 볼 때, 적어도 북송후기의 경우는 그러하다. 예컨대, 元豊 3년의 토공 내역을 알려주는 『원풍구역지』에 의하면, 자기를 공납한 주부는 河南府·邢州·耀州·越州뿐이었으며, 그 수량도 각각 200事·10事·50事·50事에 불과하였다.[68] 물론 이것은 토공 가운데 常貢의 액수에 한정된 것이지만, 부정기적인 雜貢의 액수를 감안한다고 하더라도 그 액수가 그다지 크게 달라지리라고 판단되지는 않는다. 황궁에는 황제를 비롯한 다수의 황실구성원들이 거주하였으며, 아울러 수많은 의례가 거행되고 연회가 개최되었다. 게다가 자기질 기물은 파손되기 쉬운 소모품이다. 따라서 상당한 수량의 어용자기가 필요했을 것이라는 점은 추측하기 어렵지 않다. 휘종시기의 연회 모습을 그린 〈文會圖〉를 보면,[69] 10여 명이 참가한 궁중의 작은 연회에도 무려 150개에 가까운 자기그릇이 소용된 것으로 묘사되었다.[70] 그렇다면 어용자기의 조달방식에서 토공이 차지한 비중은 상당히 작았다고 보는 것이 타당할 것이다. 어용자기의 대부분은 다른 방식으로 조달되었다는 이야기가 되는 셈이다.

어용자기의 조달방식으로서 다음으로 살펴볼 것은 購買에 의한 방식이다. 북송시기에는 궁정에서 필요로 하는 많은 물품을 시장에서 구매하여 조달하였다.[71] 심지어는 토공품의 상당량도 구매하여 진상하였다.[72] 본래 궁정용품의 공급 임무를 맡은 관부는 환관기구인 內東門司이고,[73] 그 물품을 직접 구매하는 임무를 맡은 관부는 雜買務였다.[74] 그러나 실제에 있어서는 內東門司가 직접 그 물품들을 구매하기도 하였다.[75] 熙寧 5년(1072)에 王安石의 주도로 市易法이 시행되면서 이와 같이 궁정 물품을 구매하여 조달하는 방식이 차지하는 비중은 훨씬 커지게 되었다.[76] 그리고 정부에서 특정 상인에게 대금을 지급하고 물품의 구매와 공급을 위임하는 請負制도 시행되었다.[77]

북송시기에 어용자기를 구매의 방식으로 조달하였음을 직접적으로 알려주는 문헌기록이나 고고학 자료는 눈에 띄지 않는다. 그러나 우리는 그것을 남송시기의 고고학 자료를 통하여 유추해 볼 수 있다. 근래 杭州에서는 많은 수량의 정요백자편들이 발견되었는데, 그 가운데 일부 편들에는 "殿"·"德壽"·"奉華"·"皇太后殿"·"壽成殿"·"坤"·"壽慈殿"·"東宮"·"婉儀位閤子庫"·"後苑"·"內苑"·"德壽苑"(도16)·"苑"·"苑天"·"後苑三" 등의 명문이 새겨져 있다.[78] 이러한 명문들은 이들 정요백자가 궁정에서 사용된 후 폐기되었음을 말해준다. 이것들 가운데 송 황실이 金에게 쫓겨 南遷하면서 가지고 온 것들이 포함되어 있을 가능성

[도16] "德壽苑"銘定窯白瓷片, 南宋官窯博物館

도 배제할 수는 없지만, 아마도 그 대부분은 송 황실이 오늘날의 항주인 臨安에 자리잡고 난 후에 조달된 것들이었을 것이다. 문제의 정요 백자 가운데 금대 풍격의 인화문양이 시문되어 있는 것들이 많다는 점도 이를 뒷받침해준다.[79] 그런데 당시 정요는 금의 지배 아래에 있었다. 그러므로 남송의 궁정이 토공 등의 방식으로 정요백자를 조달했을 가능성은 아예 없다. 그것들은 필경 구매의 방식으로 조달되었을 것이다. 이렇게 어용자기를 조달하는 방식이 남송시기에 접어들어 비로소 시작되었다고 볼 이유는 없는 것이어서, 북송시기에도 이러한 구매 방식의 어용자기 조달방식이 중요한 한 부분을 차지하고 있었음은 의심의 여지가 없다고 생각한다.

구매 방식으로 어용자기를 조달할 경우, 그 임무를 담당한 雜買務나 內東門司가 어용자기의 생산 과정에 관여할 수 있는 길은 매우 제한적이었을 것이다. 원칙적으로 그 관부들은 단지 구매자의 입장이었을 뿐이기 때문이다. 그리고 이 경우 어용자기와 일반상품자기 사이에 품질 등의 측면에서 차이는 있었을 개연성이 있지만, 그 밖의 측면, 예컨대, 기형이나 문양 및 유색 등에서 차이가 있었을 가능성은 희박하다고 판단된다. 그러한 요소들을 결정하는 것은 요장의 窯主나 도공들이었을 것이라는 점에서 그러하다. 더 나아가 특정 요장에서 일반상품자기와 별도로 어용자기를 생산하여 판매하거나 했을 가능성도 높지 않다고 생

[도17] "供御"銘建盞片, 福建博物院

각된다.⁸⁰

어용자기를 조달하는 또 다른 방식으로 떠올릴 수 있는 것은 注文制의 방식이다. 이는 궁정이 특정 민간요장에 어용자기의 제작을 위탁하여 조달하는 방식이다. 이 경우 궁정이 見樣을 특정 민간요장에 내리고(降樣), 그 요장에서는 그 견양에 의거하여 자기를 제작한 후 특정 官員의 품질검사(選品)과정을 거쳐 공급하는 것이 일반적이었다.⁸¹ 그리고 자기를 주문한 궁정은 어떠한 형태로든지 그 요장에 경제적 대가를 지불하였을 것이다. 이러한 방식으로 어용자기를 조달한 가장 확실한 실례는 다음 기록에 보이는 용천요의 경우가 아닐까 싶다.

(F) 處州龍泉縣……又出青瓷器, 謂之秘色, 錢氏所貢, 蓋取於此. 宣和中, 禁庭製樣須索, 益加工巧.⁸²

위 기록은 남송초기에 莊綽이 저술한『鷄肋編』에 보이는 용천요에 대한 내용이다. 이 기록에 따르면, 용천요의 "青瓷器"는 선화연간(1119~1125)에 "禁庭"이 "製樣須索"을 하면서 더욱 工巧해졌다고 한다. "製樣須索"은 말 그대로 "製樣", 즉 견양을 제작하고 "須索", 즉 그

제1장 여요의 성립과 그 의의 73

[도18] 定窯白瓷"尙藥局"銘盒, 曲陽縣定窯窯址 출토, 定窯遺址文物保管所

[도19] 定窯白瓷"尙食局"銘碗, 曲陽縣定窯窯址 출토, 河北省文物研究所

견양에 의거하여 제작한 자기를 거두어들이는 것을 의미한다. 제양수색의 주체는, 사료(F)에 명시되어 있는 바와 같이, "禁庭", 즉 궁정이었다. 궁정이 견양을 제작해 내려보낸 것은 자신들의 의도에 부합하는 자기를 주문하기 위해서였을 것이다.[83] 이 기록은 제양수색이 일종의 주문생산을 통하여 어용자기를 조달하는 방식이었음을 알려준다.

한편, 福建省 建陽縣 水吉鎭의 建窯址와 그 밖의 유적에서는 "御件" 및 "進琖"銘建盞片들이 발견된 바가 있다(도17).[84] "御件"과 "進琖"은 이것들이 공어용으로 제작되었음을 말해준다. 顧文璧의 정치한 연구에 따르면, 이들 "御件" 및 "進琖"銘建盞은 휘종 정화 2년(1112)경부터 제작되었다고 한다.[85] 당시 궁정이 이 건잔들을 어떠한 방식으로 조달하였는지는 구체적으로 알려져 있지 않다. 하지만 일단 그것들이 토공의 명목으로 공어되었을 가능성은 매우 낮다고 생각한다. 문헌기록 등에서 건요에서 건잔을 공납하였다는 사실 자체가 전혀 확인되지 않을 뿐만 아니라, 공납품에 이러한 내용의 명문을 새긴 실례 또한 찾을 수가 없기 때문이다. 구매의 방식으로 조달하였을 가능성도 그러하기는 마찬가지이다. 상품용의 건잔에 "御件"이나 "進琖"銘을 새겨 넣었을 리가 없기 때문이다. 그러므로 필자는 이들 건잔이 주문제의 방식으로 제작되었을 가능성이 높다고 생각한다. 더 나아가 공어하는 건잔에 각별히 "御件"이나 "進琖"銘을 새겨 넣은 것으로 미루어 보면, 건요에서는 아마도 궁정에서 제공한 견양을 토대로 이것들을 제작하지 않았을까 추측된다. "御件"이나 "進琖"銘도 견양에 의거하여 새겨 넣었을 것으로 믿어지는 것이다. 요컨대, 이들 건잔도 제양수색의 방식으로 조달되었을 것으로 짐작된다.

정요백자에서도 북송시기의 어용자기 조달방식과 관련이 있는 것으로 보이는 명문이 확인되었다. 그 대표적인 것이 "尙藥局"·"尙食局"銘과, 앞서 언급한 바 있는 "喬位"銘이다. 이들 가운데 "尙藥局"(도18)·"尙食局"銘定窯白瓷(도19)는 "六尙局貢"의 명목으로 각각 尙藥局과 尙食局에 바치기 위하여 제작한 것들이다.[86] 그러나 "喬位"銘定窯白瓷(도5)는 "六尙局貢"의 명목으로 제작된 것이 아니다. 그렇다고 해서 일반적인 토공품으로 보기도 힘들다. 황제에게 공납하는 토공품에 특정 后妃

제1장 여요의 성립과 그 의의 75

의 처소명을 새긴다는 것이 매우 어색하거니와 그러한 예도 찾을 수 없다. 그렇다고 해서 그것들이 판매용으로 제작되었을 가능성도 희박하다. 상품용자기에 "喬位"銘을 새겨 넣었을 까닭이 없기 때문이다. "喬位"는 필경 이 명문이 새겨진 백자의 注文處, 즉 교귀비의 처소를 표시한 것이리라. 결국, "喬位"銘定窯白瓷도 "御件"이나 "進琖"銘建盞과 마찬가지로 주문제 방식의 하나인 제양수색의 방식으로 조달되었을 것으로 판단된다.[87]

그런데 교귀비가 자신의 처소명을 새긴 전용기물을 주문·제작하여 사용하였다는 점은 당시 그녀가 궁중에서 상당히 높은 지위에 있었음을 시사한다.[88] 교귀비는 휘종 치세 전반기 무렵에는 義姉妹를 맺은 高宗의 母인 韋妃와 함께 주로 鄭皇后를 모셨다.[89] 위비가 대관(1107~1110) 초에 이르러서야 겨우 內命婦의 5品 가운데 하위에 속하는 婕妤가 되었다는 점[90]으로 미루어 볼 때, 이 시기 교귀비의 지위도 그다지 높지 않았을 것으로 추측된다. 그녀의 지위가 높아지게 된 것은 아마도 휘종치세 후반기에 접어든 이후의 일이었을 것이다. 이렇게 보면, 문제의 "喬位"銘 定窯白瓷는 여요가 성립되고 난 후에 제작되었을 가능성이 높다.

제양수색과 같은 주문제 방식이 구체적으로 언제부터 시작되었는지는 분명하지 않다.[91] 그런데 앞서 살펴본, 북송시기에 어용자기를 주문제의 방식으로 조달하였거나 조달하였을 가능성이 높은 실례들은 모두 여요가 성립되고 난 후이거나 정화·선화연간의 것들이다. 이는 이러한 조달방식이 이 시기에 접어든 이후에 성행하기 시작하였음을 시사한다. 즉, 그 이전 시기에는 설사 주문제 방식이 있었다고 하더라도 그것이 어용자기의 조달방식에서 차지하는 비중은 그다지 크지 않았을 것으로 판단된다.

이제까지의 논의를 통하여 볼 때, 북송시기의 어용자기 조달방식, 즉 토공·구매·주문제의 방식 가운데, 적어도 여요가 성립되기 바로 전 시기에는 토공과 주문제작방식에 의한 조달은 그 비중이 그다지 크지 않았다고 할 수 있다. 다시 말하면, 이 시기에는 주로 구매의 방식으로 어용자기를 조달하였을 것으로 여겨지는 것이다. 정요백자의 경우도 이 시기에 어용자기의 주류를 이루고 있었기 때문에 여기에서 예외였다고 볼 까닭이 없다.

이러한 어용자기의 조달방식은 여요의 성립을 계기로 크게 변화하였다. 여요는 일반 상품용자기를 주로 생산하던 정요와는 성격이 크게 다른 요장이었다.[92] 즉 여요는 본래 민요였지만, 기본적으로 궁정이 제공한 견양에 따라 공어를 목적으로 자기를 제작한, 전문적인 제양수색요였다. 여요가 성립되고 여요자기가 어용자기의 주류가 되면서 주문제작방식의 일종인 제양수색이 어용자기의 주요 조달방식으로 자리 잡은 것이다. 공어에서 탈락한 일부 여요자기가 일반에 판매되었지만, 그것들도 본래는 공어용으로 제작되어 특정 관원의 選品 과정을 거친 것들이었으며, 여요의 전체 생산량에서 차지하는 비중도 그다지 크지 않았다. 이러한 여요의 성격에 걸맞게 여요와 여요자기에 대한 조정이나 궁정의 관리도 매우 엄격하였다. 조정이나 궁정은 그 요장에서 자기를 생산하고 공어하는 과정뿐만 아니라 낙선품을 일반에 판매하는 것도 사실상 통제하였다.

결과적으로, 여요의 성립을 계기로 어용자기를 조달하는 주된 방식은 구매 방식에서 주문제 방식의 일종인 제양수색의 방식으로 바뀌었다고 할 수 있다. 이러한 변화는 중대한 의미를 지닌다. 이와 관련하여 각별히 여요와 여요자기의 관리체제를 다시 한 번 음미해볼 필요가 있다.

여요의 성립 이후 북송의 궁정은 청량사여요 이외의 요장에서는 여요자기를 생산하는 것을 금지시켰다.[93] 이것은 청량사여요에서만 여요자기를 독점적으로 생산·공급하게 하기 위한 것이었다. 이 조치를 통하여 여요자기의 생산과 공급은 사실상 조정이나 궁정이 통제하게 되었다고 할 수 있다. 그리고 여요자기의 殘次品을 깨뜨려버림으로써,[94] 그것들이 외부로 유출되는 것을 원천적으로 차단하였다. 그 결과 이제 황실 이외의 사람들이 여요자기를 소유할 수 있는 기회는 극히 제한되었다. 자연히 여요자기가 점점 황실 이외의 사람들은 손에 넣기 힘든 진귀한 공어용자기로 인식되어갔을 것임은 짐작하기가 어려운 일이 아니다.

사실 여요가 성립되기 전에는 특정 요장의 자기가 공어용으로 선정되었다고 하더라도 황실 이외의 사람들이 그 요장의 자기를 사용하는 데 제한이 없었다.[95] 심지어 공납되어 자기고에 입고된 자기 가운데 일정 수량의 공어용을 제외한 나머지를 일반에게 판매하기도 하였다.[96] 이 시기에 어용자기의 주류를 이루고 있던 정요백자의 경우도 마찬가지였다. 예컨대, 어용자기의 범주에 속하는 元德李后陵 출토 정요백자와 비어용자기인 定州市 靜志寺塔과 淨衆院塔의 地宮에서 출토된 정요백자는 기형이나 문양 등의 측면에서 큰 차이를 찾을 수 없을 뿐만 아니라 품질의 측면에서도 우열을 가리기가 힘들다.[97]

요컨대, 여요의 성립을 계기로 동일한 요장에서 생산한 자기를 황실과 황실 이외의 사람들이 공유하던 시대는 막을 내리기 시작하였다. 그것은 御用瓷器와 非御用瓷器의 차별화의 시작을 알리는 일이었다. 그리고 그러한 현상은 곧 이어 북송관요가 설립되고 관요시대가 열리면서 더욱 공고해졌다. 적어도 明 嘉靖年間까지 관요자기는 원칙적으로 황제와 한정된 그의 일족만이 사용할 수 있었다.[98] 신료들과 민간인은 원칙적으로 관요자기의 사용이 엄금되었다. 관요가 설립되면서 황실과 신료·민간인들 사이에 瓷質器皿의 사용에 있어서 명확한 경계가 생기게 된 것이다. 그 서막을 연 것이 여요의 성립이었던 셈이다.

5. 여요의 성립과 휘종

이제까지 검토한 바에 따르면, 정요백자의 망구 현상이 문제가 되어 휘종 대관연간(1107~1110)에서 정화연간의 전반기(1111~1114)에 이르는 시기에 여요가 성립되면서 북송 어용자기의 주류는 정요백자에서 여요자기로 바뀌었다. 이 과정에서 어용자기의 주요 조달방식도 구매 방식에서 제양수색의 방식으로 변화하였다. 그 결과 조정이나 궁정은 어용자기의 생산이나 조달 과정에 보다 깊숙이 관여하고 더욱 체계적으로 관리할 수 있게 되었다. 어용자기의 전개과정에서 볼 때, 이러한 여요의 성립은 空前의 개혁으로 평가할 수 있는 것이다. 그 개혁의 중심에 있는 인물로 당시의 황제인 휘종을 떠올릴 수 있다.

실제로 많은 연구자들은 이러한 변화에 휘종의 의중이 깊숙이 반영되어 있었으리라고 보고 있다. 그러나 그들은 대부분 그가 여요자기를 선택한 의도를 주로 그의 예술적 심미안에서 찾고 있다. 하지만 필자는 여요 성립의 의미를 제대로 파악하기 위해서는, 여요의 성립 과정에 있어서 휘종의 역할과 그것이 지니는 정치적 의미에 좀 더 관심을 기울일 필요가 있다고 생각한다.

휘종은 기명에 깊은 관심을 기울인 황제로 유명하다. 그

[도20] 徽宗 宣和 3년(1116)에 三代의 鼎을 倣製한 宣和三年山尊, 故宮博物院

는 수많은 古銅器를 수집하였으며, 그것을 토대로 『宣和博古圖』를 편찬하고, 그것에 의거하여 三代의 고동기를 방제하였다(도20).⁹⁹ 이른바 新成禮器가 그것이다. 이러한 일련의 일들이 그가 추진한 예제개혁과 깊은 관련이 있다는 것은 다 아는 사실이다. 즉 그러한 일들은 예제개혁의 일환으로 추진된 것이었다.

> (G) 大觀三年三月六日, 上御集英殿, 試禮部奏名進士, 內出制策曰, 昔者, 先王治定而制禮, 功成而作樂, 以合天地之化. 禮之數伍, 施之七敎, 形之八政, 有典有職, 定親疎, 決嫌疑, 別同異, 明是非, 然後小大貴錢("賤"의 誤記)之分定. ……¹⁰⁰

위 기록은 휘종이 대관 3년(1109) 3월에 있었던 殿試에서 낸 制策의 내용을 담고 있다. 여기에서 휘종은 禮는 "親疎를 정하고(定親疎), 의문을 풀고(決嫌疑), 同異를 구분하며(別同異), 시비를 밝히는(明是非)" 것이라는 『예기』의 문구를 인용하고, 예가 만들어진 후에야 "大小貴賤의 本分을 정할 수 있다(小大貴賤之分定)"고 하여, 制禮의 핵심을 大小貴賤의 本分을 정하는 것이라고 밝히고 있다. 이러한 그의 인식은 당시 사람들의 그것과 다르지 않은 것이다. 즉 制禮는 군주통치체제 아래의 전통적인 중국 왕조에서 일종의 사회질서를 설정하고 세우는 일이었다.¹⁰¹ 사회 구성원들은 각자의 신분이나 사회적 지위 등에 따라 서로 행하거나 지켜야 할 예가 다르게 마련이었다. 황제와 신료들이 거행하는 의례의 종류가 다르고 아울러 거기에 사용하는 기명(禮器)의 종류와 수량이 다르게 규정된 것도 그러한 이유에서였다. 예제는 사회적 차별을 제도화한 장치의 하나였으며, 기명의 사용도 거기에서 예외가 아니었던 것이다.

여요의 성립도 기명과 관련된 개혁의 결과물이었다. 여요의 성립을 계기로 비로소 황실과 신료·민간인들 사이에 瓷質器皿의 사용에 있어서 명확한 경계가 생기기 시작하였다. 물론 이러한 자질기명 사용상의 엄격한 차별화가 구체적으로 어떠한 제도적 토대 위에서 이루어졌는지는 분명하지 않다. 하지만 예제에서 황제와 신료들 사이에 의례에 사용하는 기명의 종류와 수량을 다르게 규정하였다거나, 휘종이 추구한 制禮의 궁극적인 목적이 大小貴賤 등 사회적 질서를 바로 정하는 것이었다는 점 등으로 미루어 보면, 이것 역시 예제에 근거하였을 가능성이 높다. 자질기명 사용에 있어서의 차별화의 시발점이 된 여요의 성립도 휘종이 추구한 예제개혁의 큰 틀 안에서 이루어진 것으로 믿어지는 것이다.

요컨대, 여요는 휘종이 주도한 예제개혁의 일환으로 누구보다도 그의 의도에 따라 성립되었다고 생각한다. 그 결과, 황실이 아닌 신료나 민간인이 여요자기를 손쉽게 취득할 수 있는 길은 사실상 차단되었다. 그들은 공어되고 난 후 조정이나 궁정에 의해 "出賣"가 허락된 소수의 여요자기만 구입할 수 있을 뿐이었다. 이와 같이 한정적이나마 황실이 아닌 집단이 여요자기를 구입할 수 있는 길을 열어 놓은 것은, 여요의 성립이 가져온 개혁에 대한 반발을 고려한 조치가 아니었을까 싶다. 하지만 곧이어 북송관요가 설립되면서 그러한 길마저 차단되었다. 이제 신료들은 원칙적으로 황제의 恩賜에 의해서만 관요자기를 손에 넣을 수 있게 되었다. 황실과 신료·민간인들 사이에 자질기명의 사용에 있어서의 경계를 명확히 하려는 휘종의 개혁은 여요의 성립에서 시작하여 북송관요의 설립에 이르러 성공적으로 마무리된 것이다.

역사는 흔히 휘종을 두고 문약하고 정치적 소양이 부족하였을 뿐만 아니라 황음무도하여 결국 북송을 몰락의 길로 몰아넣은 "昏君"으로 평가한다.[102] 많은 연구자들이 휘종이 어용자기의 주류로 여요자기를 택한 까닭을 그의 예술적 심미관에서 찾고 있는 것도[103] 그에 대한 이러한 역사적 평가와 무관하지 않다고 본다. 그러나 적어도 이제까지 살펴본 여요의 성립이 가지는 개혁적인 성격에 주목해 보면, 그러한 휘종에 대한 일방적인 평가는 재고의 여지가 있다는 것이 필자의 생각이다. 여요의 성립은 어용자기와 관련된 空前의 개혁이라고 평가할 만한 것으로서, 그것을 주도한 휘종의 정치적 소양이 부족하거나 그의 정치권력이 미약했다면 이루어지기 힘든 일이었을 것이기 때문이다. 오히려 그는 강력한 정치권력을 기반으로 각종 개혁을 통하여 더욱 강력한 황권을 추구한 황제였다고 보는 것이 사실에 가깝지 않을까 싶다. 우리는 이제 휘종이 비록 예술가적 기질은 있지만 정치적 역량이 미달된 황제라거나, 심지어는 황제가 되어서는 안 될 사람이었다는 오랜 편견에서 벗어날 때가 되었다고 생각한다. 그것은 단지 휘종시기가 끝나고 곧바로 북송이 금에게 함락되었다는 역사적 사실 때문에 내려진 결과론적인 평가일 뿐이라고 판단된다. 같은 맥락에서, 휘종이 단행한 그 밖의 많은 개혁들 역시 그 역사적 의미를 적극적으로 재해석할 시점이 되었다고 생각한다.

6. 나머지말—여요의 전개와 관련된 몇 가지 문제들

여요가 성립되고 난 후의 상황에 대해서는 명확하게 밝혀진 바가 거의 없다. 예컨대, 여요의 성립에 뒤이어 정화연간(1111~1117)에 북송관요가 설립되면서 여요에 어떤 변화가 있었을 법도 하지만, 그것에 대하여 구체적으로 드러난 것은 거의 없다고 하여도 과언이 아니다. 여요가 언제 소멸되었는가 하는 문제도 마찬가지이다. 이러한 여요의 전개과정과 관련된 문제에 대한 간단한 생각을 덧붙이는 것으로 이 장에서의 논의를 마무리하고자 한다. 편의상 여요의 소멸시기 문제부터 살펴보았

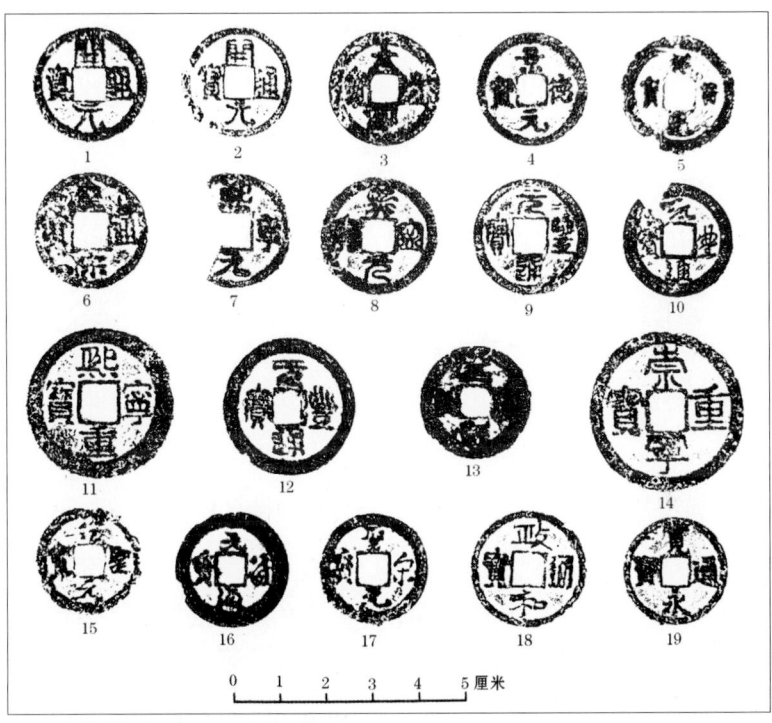

[도21] 金屬貨幣各種(탁본), 淸凉寺汝窯址 출토

으면 한다.

여요에 대한 가장 신뢰할만한 내용을 전하는 『탄재필형』에도 여요의 소멸시기에 대한 구체적인 언급이나 그것을 추정할 만한 단서는 남아 있지 않다. 서긍이 『선화봉사고려도경』에서 "汝州新窯器"를 언급하였지만,[104] 이것이 언제 존재하였는지는 분명히 알 수 없을 뿐만 아니라 그 실체에 대해서도 다양한 견해가 대립하고 있어서 이 역시 여요의 구체적인 소멸시기를 파악하는 데에는 일정한 한계가 있다. 때문에 현 시점에서 우리가 의지할 수 있는 가장 신뢰할 만한 자료는 역시 고고학 자료이다.

현재까지 발견된 고고학 자료 가운데 여요의 소멸시기와 관련하여 가장 주목해 보아야 할 것은 청량사여요지에서 출토된 다수의 금속화폐이

제1장 여요의 성립과 그 의의 83

다(도21). 이 요지에서는 모두 31점의 금속화폐가 출토되었는데, 북송시기의 것이 가장 많고(16점), 다음으로 청대(12점)·당대(2점)·명대일본 금속화폐(1점)의 순이다.[105] 북송시기의 금속화폐 가운데 가장 시기가 늦은 것은 정화 원년(1111)에 주조된 정화통보이다. 이 정화통보는, 앞서 언급한 바와 같이, 이 요장의 "성숙기단계"의 퇴적층에서 출토되었는데, 이 점은 청량사여요의 소멸시기가 정화 원년 이후였음을 의미한다. 그런데 청량사여요지의 발굴 결과에 따르면, 이 요장은 "성숙기단계"의 시작부터 끝까지 줄곧 공어용의 천청유자기(여요자기)를 생산하였다. 이 "성숙기단계"의 끝이 여요의 소멸시기라는 점은 다 아는 일이다. 말하자면 이 요장은 공어용 여요자기의 생산이 중단되면서 종말을 맞이한 셈이다.

    정화 원년 이후에 공어용 여요자기 생산의 중단을 초래했을 가능성이 있는 일로는 다음의 두 가지 경우를 떠올릴 수 있다. 그 하나는 북송관요의 설립이다. 즉, 북송관요가 설립되고 이 요장에서 전문적으로 어용자기를 생산하기 시작하면서 여요에서 공어용 여요자기의 생산이 중단되었을 가능성을 상정할 수 있는 것이다. 이 경우 북송관요를 설립한 시점, 즉 정화연간(1111~1117)이 여요의 소멸시기가 되는 셈이다. 또 다른 하나는 북송정권의 붕괴이다. 이때까지 여요에서 공어용 여요자기를 생산하고 있었다면, 북송정권의 몰락과 함께 공어용 여요자기의 생산도 중단되었으리라는 점은 누구나 쉽게 추론할 수 있는 일이다. 이 경우에는 북송정권이 붕괴된 1127년이 여요의 소멸시기가 되는 셈이다. 과연 이 두 가지 가능성 가운데 실제에 있어서는 어느 쪽이었을까? 이 문제를 해결할 수 있는 중요한 열쇠는, 앞서 언급한 바 있는, 청량사여요지에서 출토된 정화통보가 쥐고 있다.

    이 정화통보는 청량사여요 "성숙기단계"의 요업을 시작할 당시에 건립한 작업장(F1)의 최하층에서 출토되었다.[106] 즉 문제의 정화통보는 이 요장에서 막 공어용 여요자기를 제작하기 시작한 시점에 형성된 퇴적층에서 출토된 셈이다. 이 퇴적층의 위에 초벌구이편과 유약 등 적지 않은 "성숙기단계"의 요업폐기물이 쌓인 점으로 미루어 보면,[107] 이 퇴적층이 형성된 후에도 일정한 기간 동안 어용자기의 제작이 지속되었음을 알 수 있다. 정화통보는 정화 원년(1111)에 주조되었으므로, 이 정화통보가 출토된 퇴적층이 형성된 上限은 정화 원년이거나 그보다 약간 이른 시기가 될 것이다. 물론 그 하한은 정화 원년 이후가 될 것이다.

그런데 북송관요는 정화연간에 설립되었다. 그렇다면 정화통보가 출토된 퇴적층의 형성과 북송관요의 설립 사이에는 시간적 격차가 거의 없다는 이야기가 된다. 청량사여요에서 정화통보가 출토된 퇴적층이 형성되고 난 후에도 일정 기간 동안 공어용 여요자기의 제작이 지속되었다는 관점에서 보면, 북송관요가 설립되고 난 후 곧바로 공어용 여요자기의 생산이 중단되었을 가능성은 그다지 높지 않다. 북송관요가 설립되고 난 후에도 여요는 여전히 공어용 여요자기를 제작하였을 것으로 여겨지는 것이다. 그렇다면 결국 여요는 북송정권의 붕괴와 함께 여주 지역이 금의 수중에 들어가면서 여요에서의 공어용 자기 생산이 중단되고 아울러 요업도 끝이 나게 되었을 가능성이 매우 높다. 요컨대, 여요는 북송정권이 붕괴된 欽宗 靖康 2년(1127)경에 소멸되었을 것으로 판단된다.

한편, 이제까지 적지 않은 연구자들은 청량사여요가 북송관요가 설립된 정화연간을 기점으로 성격이 크게 변화한 것으로 이해하고 있다. 특히 북송관요가 곧 청량사여요라고 주장하는 연구자들이 그러하다. 그들은 정화연간 이전의 청량사여요는 공어용 자기를 생산하던 민요였지만, 그 이후에는 관부의 전속요장 즉, 관요로 성격이 변화하였으며, 이것이 곧 북송관요라고 주장하는 것이다.[108] 이 견해에 따르면, 정화연간에 민요인 청량사여요을 接收한 것이 곧 북송관요이며, 이것이 북송관요 설립의 실제적 내용이라는 이야기가 되는 셈이다. 과연 이러한 이해는 타당한 것일까?

앞서 인용한 사료(D)에 보이는 『탄재필형』에서 섭치는 북송관요의 설립에 대해서 "政和間, 京師自置窯燒造, 名曰官窯"라고 언급하였다.[109] "京師"는 지리적 개념으로 오늘날의 開封市에 해당하는 東京을 가리킨다는 견해와 북송의 조정을 가리킨다는 견해가 대립하고 있는데, 두 견해에 대해서는 別稿에서 자세히 검토한 바가 있으므로 여기서는 되풀이하지 않기로 한다.[110] 이 기록에서 우리의 논의와 관련하여 주목해 보아야 할 대목은 "自置窯燒造"라고 생각한다. "自置窯"는 북송의 조정이 스스로 요장을 설립하였다는 의미이다. 즉, 북송관요는 북송의 조정이 직접 새로 설립한 요장이었다. 그러므로 이 『탄재필형』의 내용을 부정하지 않는 한, 북송관요가 민요인 청량사여요를 접수한 것이라는 주장은 성립되기 어렵다.[111] 이 대목이 북송관요와 관련된 최초의 기록으로, 가장 사료적 가치가 높다는 것은 다 아는 사실이다. 따라서 북송관요가 설립되고 난 후에도 청량사여요의 성격에는 변함이 없었다고 보는 것이 옳다고 여겨진다. 청량사여요는 북송관요가 설립된 후에도 그 이전과 마찬가지로 공어용 자기를 생산하는 민요의 성격을 유지하고 있었다고 생각되는 것이다.

이렇게 보면, 북송관요가 성립된 후 북송 어용자기의 생산체제는 사실상 여요(청량사여요)와 북송관요의 二元的인 체제로 되었다고 할 수 있을 것이다. 관요체제가 확립되고 아울러 북송관요에서 전문적으로 어용자기를 생산하기 시작했음에도 불구하고 청량사여요에서 여전히 공어용 자기를 생산하였다는 점을 다소 의아하게 생각할 수 있을지 모르겠다. 그러나 그렇다고 해서 그러한 이원적인 어용자기 생산체제를 불가능한 것으로 간주하여 그 자체를 의심할 필요는 없다고 생각한다.[112] 남송시기에도 그러한 예가 있기 때문이다. 우리가 잘 아는 수내사관요와 교단하관요의 이원적인 어용자기 생산체제가 그것이다.

[이 장은 『야외고고학』 제23호(2015)에 게재된 「汝窯와 휘종—북송 여요의 성립과 그 의의」의 제목을 고치고 일부 내용을 수정 및 보완한 것이다]

제1장 주석

01 李喜寬,「北宋 汝窯와 그 性格 問題─宋代 文獻記錄에 대한 再檢討를 중심으로─」,『역사와 담론』 64, 2012, 260~270쪽.

02 [元]陶宗儀 撰,『南村輟耕錄』卷29 窯器, 中華書局點校本, 中華書局, 1959, 362~363쪽: "[宋]葉寘의『坦齋筆衡』에 말하기를, ……本朝에 定州白磁器가 有芒하여 쓰기에 마땅치 않으므로, 드디어 汝州에 명하여 청요기를 만들도록 하였다. 예전에 河北의 唐州·鄧州·耀州에 모두 靑窯器가 있었지만, 汝窯瓷器가 으뜸이다고 하였다."

03 사료(A)에는 당시 정요백자가 어느 용도로 사용하기에 적합하지 않다는 것인지 명시적으로 언급하고 있지 않지만, 일반적으로 연구자들은 그것이 어용자기로 사용하기에 부적합하다는 의미로 파악하고 있다. 이 점은『老學庵筆記』에 사료(A)와 사실상 동일한 내용을 전하면서 "古都時, 定器不入禁中, 惟用汝器, 以定器有芒也"[사료(B) 참조]라고 한 것으로 미루어 의문의 여지가 없다고 판단된다.

04 [宋]陸游(李劍雄·劉德權 點校),『老學庵筆記』卷2, 中華書局, 1979, 23쪽: "古都時에 定窯瓷器를 宮中에 들이지 않고 오로지 汝窯瓷器를 썼는데, 定窯瓷器가 有芒하였기 때문이다."

05 李喜寬,「北宋官窯與"京師"及"惟用汝器"─北宋官窯硏究序說」,『故宮博物院院刊』2010년 제5기, 68~71쪽.

06 대다수의 연구자들은 이 견해를 따르고 있는데, 이 견해가 구체적으로 누가 언제 제창하였는지는 알 수가 없다.

07 이 견해 역시 누가 언제 제창하였는지는 알 수 없지만, 이미 淸 乾隆帝가 문제의 "芒"을 "光芒"의 의미로 이해한 것이 그의 御製詩에서 확인된다. 예컨대, [淸]淸高宗 撰,「詠定窯小甁」,『淸高宗御製詠瓷詩錄』,『中國古代陶瓷文獻輯錄』3, 全國圖書館文獻縮微復制中心, 2003, 1196쪽: "定州粉色厭光芒, 特建官窯珍異常, 此日小甁同致貴, 中庸卄九注來詳"을 참조하라.

08 혹 정요백자가 어용자기로 사용되던 시기에도 "有芒"현상이 있었지만, 별다른 문제가 되지 않다가 북송후기의 어느 때에 이르러 갑자기 그것이 문제화되었을 가능성을 떠올릴 수 있을지 모르겠다. "芒"이 光芒을 가리킨다고 주장하는 일부 연구자들은 사실상 이러한 입장을 견지하고 있다고 판단된다. 예컨대, 陳

文平·方石平 등은 여요가 휘종대에 성립되었다는 전제 위에서 휘종이 玉과 같은 색조와 질감을 선호한 반면 정요백자의 색조나 질감을 싫어하는 심미관을 가지고 있었기 때문에 이때에 이르러 정요백자의 "有芒"이 문제가 되었다고 주장한다(陳平平, 『中國古陶瓷鑑賞』, 上海科學普及出版社, 1990, 65~66쪽; 石方平, 「"定窯有芒"指光芒」, 『中國文物報』2001년 8월 22일 제5판). 그러나 휘종이 그러한 심미관을 가지고 있었는지는 전혀 확인되지 않는다. 이러한 점에서 그들의 주장은 결과론적인 해석에 지나지 않는다고 생각한다. 한편, 鄭嘉勵는 元豊 元年(1078)에 여요가 성립되었으며, 북송조정이 "不堪用"하다고 판단한 것은 정요백자 전체가 아니라 그 가운데 제사용백자에 한정되었다는 생각을 가지고 있다. 이러한 인식의 토대 위에서 그는 정요백자의 색조와 질감 자체가 제사용으로 사용하기에 적합하지 않았기 때문에 도자제기를 사용하기 시작한 元豊 元年경에 이르러 정요백자의 "有芒"이 문제가 되었다고 주장하였다(鄭嘉勵, 「定窯 "尙食局" 款瓷器及 "有芒不堪用"」, 『中國古陶瓷硏究』 제11집, 2005, 257~259쪽). 만약 鄭嘉勵의 주장이 타당하다면, 정요백자의 "有芒"이 문제가 되어 그 결과로 성립된 여요에서 제작한 기물들의 주류는 의당 祭器여야 할 것이다. 그러나 청량사여요지에서 출토된 기물들이나 전세여요자기 가운데 제기형 기물은 극히 희소하다. 그러므로 그의 견해에도 동의하기 어렵다. 요컨대, 정요자기의 "有芒"이 한동안 별다른 문제가 되지 않다가 북송후기의 어느 시점에 이르러 갑자기 그것이 문제화되었을 실제적인 가능성은 희박하다고 생각한다.

09 孫新民, 「宋陵出土的定窯貢瓷試析」, 『文物春秋』1994년 제3기, 48쪽.

10 穆靑, 『定窯藝術』, 河北敎育出版社, 2002, 160~161쪽.

11 河南省文物考古硏究所 編, 『北宋皇陵』, 中州古籍出版社, 1997, 324~326쪽.

12 孫新民, 「宋陵出土的定窯貢瓷試析」, 『文物春秋』1994년 제3기, 48쪽.

13 孫新民, 「宋陵出土的定窯貢瓷試析」, 『文物春秋』1994년 제3기, 48쪽.

14 한편, 劉淼는 元德李后陵에서 출토된 망구된 정요백자가 합구식 겹쳐쌓기의 방식으로 소성하였을 것으로 추정하였다(對口疊燒)(劉淼, 『金代定窯瓷器的硏究』南開大學博士學位論文, 2006, 122쪽). 그렇지만 이제까지의 발굴이나 조사 결과에 따르면, 정요에서 합구식으로 소성한 것은 盒과 같은 특수한 기종에 한정되었으며, 합구식 겹쳐쌓기의 방식으로 소성한 실례는 확인되지 않는다. 북송초기의 경우, 元德李后陵에서 출토된 것과 같은 고급정요백자는 갑발 안에 한 개의 기물을 놓고 소성하였다(匣鉢單件裝燒). 정요의 장소공예에 대

해서는 李鑫,「定窯分期研究」北京大學碩士研究生學位論文, 2012, 266~
268쪽을 참조하라.

15 北京藝術博物館 編,『中國定窯』, 中國華僑出版社, 2012, 94쪽.

16 蔡玫芬,「定窯瓷器之研究」國立臺灣大學歷史研究所(藝術史組) 碩士論文,
    1977, 137쪽.

17 尾崎洵盛,「汝窯考」,『大和文華』16, 1955, 29쪽; 陳文平,『中國古陶瓷鑑賞』,
    上海科學普及出版社, 1990, 65~66쪽; 蔡玫芬,「論"定州白瓷器,有芒不堪用"
    句的眞確性及十二世紀官方瓷器之諸問題」,『故宮學術季刊』제15권 제2기,
    1997, 67~75쪽; 石方平,「"定瓷有芒"指光芒」,『中國文物報』2001년 8월 22
    일 제5판; 呂成龍,「汝窯的性質及相關諸問題」,『中國古陶瓷研究』제7집,
    2001, 41쪽; 李建毛,「汝窯及相關問題三則」,『中國古陶瓷研究』제7집, 2001,
    59~62쪽; 鄭嘉勵,「定窯"尙食局"款瓷器及"有芒不堪用"」,『中國古陶瓷研究』
    제11집, 2005, 257~258쪽; 李仲謀,「上海博物館藏宋金定窯白瓷及相關問
    題」,『中國古代白瓷國際學術研討會論文集』, 上海書畫出版社, 2005, 395~
    397쪽; 胡志剛,「對北京出土邢、定、龍泉務窯白瓷的幾點認識」,『中國古代
    白瓷國際學術研討會論文集』, 上海書畫出版社, 2005, 353쪽; 秦大樹·李鑫·
    高美京,「定窯の歷史的位置づけと考古發掘の新たな成果」,『定窯·優雅なる
    白の世界—窯址發掘成果展』, 株式會社アサヒワールド, 2013, 43쪽.

18 [淸]徐松 輯,『宋會要輯稿』崇儒 7之59~61, 中華書局, 1957: "宣和 7年 6月
    26日에 詔하기를, "근래 有司에 명하여 급하지 않은 일과 쓸데없는 비용을 살
    펴서 특별히 다시 裁定하라고 하였다. ……응당 殿中省六尙局諸路貢物에서
    폐지할 수 있는 것은 지금 다시 裁定한 바에 따라 시행하라. ……尙食局……
    中山府瓷中樣矮足裏撥盤龍湯盞 10隻은……모두 貢納을 罷하라"고 하였다."

19 [淸]徐松 輯,『宋會要輯稿』職官 19之4, 中華書局, 1957: "徽宗崇寧二年二月
    十二日, 中書省修立到殿中監尙食·尙藥·尙醞·尙衣·尙舍·尙輦官制等下
    項……"

20 "六尙局貢"에 대해서는 單鵬,「宋代土貢初探」河北大學碩士學位論文, 2006,
    22~25쪽; 鄭嘉勵,「定窯"尙食局"款瓷器及"有芒不堪用"」,『中國古陶瓷研究』
    제11집, 2005, 257쪽 참조.

21 [元]脫脫 等 撰,『宋史』卷86 地理 2 中山府, 中華書局點校本, 新華書店上海
    發行所, 1977, 2127쪽.

22 胡雲法・金志偉,「定窯白瓷銘文與南宋宮廷用瓷之我見」,『中國古代白瓷國際學術硏討會論文集』, 上海書畫出版社, 2005, 293쪽.

23 河南省文物考古硏究所,『寶豊淸凉寺汝窯』, 大象出版社, 2008, 99~101쪽; 조선관요박물관 편,『靑磁의 色과 形』, (재)세계도자기엑스포, 2005, 도183.

24 支燒는 굽의 안쪽 면에 墊圈이나 支釘을 받치고 소성하는 것을 의미한다. 이 경우는 굽다리 바닥에 받침의 흔적이 남지 않는다. 12세기 이후의 고려청자에 흔히 보이는 규석받침도 여기에 해당한다.

25 墊燒는 굽다리 바닥의 유약을 닦아내고 그곳에 내화토를 받치고 소성하는 것을 의미한다. 이 경우 소성한 후에 굽다리 바닥에 내화토 자국이 남는다.

26 劉淼,『金代定窯瓷器的硏究』南開大學博士學位論文, 2006, 49~53쪽.

27 胡雲法・金志偉,「定窯白瓷銘文與南宋宮廷用瓷之我見」,『中國古代白瓷國際學術硏討會論文集』, 上海書畫出版社, 2005, 293쪽.

28 [元]脫脫 等 撰,『宋史』卷243 列傳 2 喬貴妃, 中華書局點校本, 新華書店上海發行所, 1977, 8643~8644쪽.

29 胡雲法・金志偉,「定窯白瓷銘文與南宋宮廷用瓷之我見」,『中國古代白瓷國際學術硏討會論文集』, 上海書畫出版社, 2005, 293쪽.

30 龍泉窯의 경우는 "處州龍泉縣……又出靑瓷器, 謂之秘色, 錢氏所貢, 蓋取於此. 宣和中, 禁庭製樣須索, 益加工巧"([宋]莊綽 撰(蕭魯陽 點校),『雞肋編』卷上, 中華書局, 1983, 5쪽)라는 기록을 통하여 알 수 있는 바와 같이, 宣和年間(1119~1125)에 製樣須索의 방식으로 궁정용자기를 제작・공급하였다. 建窯의 경우도 建盞에 새겨진 "供御"와 "進琖"의 명문을 통하여 공어용자기를 생산했음이 확인된다. 顧文璧의 연구에 따르면, 이러한 建盞을 공어한 기간은 政和 2년(1112)~乾道 6년(1170)이다(顧文璧,「建窯"供御"‟進琖"的年代《宣和遺事》"建溪異毫琖"正誤」,『東南文化』1986년 제1기, 133~138쪽). 1997년에는 景德鎭湖田窯址의 宋代堆積層에서 "迪功郎浮梁縣丞臣張昂措置監造"라는 명문이 있는 공납용 청자완편이 발견되었는데, 肯發標의 정치한 연구에 의하면, 이 청자완은 政和 6년(1116)~重和 元年(1119)에 제작된 것으로 판단된다(肯發標,「再論"張昂監造"貢瓷的燒造年代」,『故宮博物院院刊』2006년 제6기, 29~39쪽).

31 李鑫,「定窯分期硏究」北京大學碩士硏究生學位論文, 2012, 258~265쪽.

32 蔡玫芬,「論"定州白瓷器,有芒不堪用"句的眞確性及十二世紀官方瓷器之諸問

題」,『故宮學術季刊』제15권 제2기, 1997, 67~75쪽; 胡志剛,「對北京出土邢、定、龍泉務窯白瓷的幾點認識」,『中國古代白瓷國際學術研討會論文集』, 上海書畵出版社, 2005, 353쪽.

33 河南省文物考古硏究所,『寶豊淸涼寺汝窯』, 大象出版社, 2008, 75~76쪽.

34 이 점에 대해서는 이 장의 제3절 참조.

35 [元]脫脫 等 撰,『宋史』卷153 輿服 2 士庶人車服之制, 中華書局點校本, 新華書店上海發行所, 1977, 3575쪽: "(仁宗景祐三年) 凡器用毋得表裏朱漆・金漆, 下毋得襯朱. 非三品以上官及宗室・戚里之家, 毋得用金稜器, 其用銀者毋得塗金. 珉瑎酒食器, 非宮禁毋得用. 純金器若經賜者, 聽用之."

36 한편, 王建保는 망구가 "棄定用汝"의 원인이 되었을 가능성을 완전히 배제할 수 없다는 전제 아래, 거리 및 교통운수조건의 제약과 자연재해 그리고 전쟁 등이 "棄定用汝"의 중요한 요인이 되었을 것이라고 주장하였다. 王建保,「宋徽宗"棄定用汝"的背景因素探討—以定窯爲中心」,『中國定窯』, 中國華僑出版社, 2012, 364~370쪽 참조.

37 [元]陶宗儀 撰,『南村輟耕錄』卷29 窯器, 中華書局點校本, 中華書局, 1959, 362~363쪽: "[宋]葉寘의『坦齋筆衡』에 말하기를, ……本朝에 定州白磁器가 有芒하여 쓰기에 마땅치 않으므로, 드디어 汝州에 명하여 靑窯器를 만들도록 하였다. 예전에 河北의 唐州・鄧州・耀州에 모두 靑窯器가 있었지만, 汝窯瓷器가 으뜸이다. 江南에는 處州의 龍泉縣이 있는데, 瓷器의 품질이 자못 투박하다. 政和 연간에 京師에 스스로 요장을 설립하여 燒造하였는데, 이름붙이기를 官窯라고 하였다고 하였다."

38 中國硅酸鹽學會 編,『中國陶瓷史』, 文物出版社, 1982, 234쪽; 謝明良,「金銀扣瓷器及其有關問題」,『故宮文物月刊』38, 1986; 同改題「金銀釦陶瓷及其有關問題」,『陶瓷手記』, 石頭出版, 2008, 164~165쪽; 俞永柄,「宋遼金紀年墓葬和塔基出土的瓷器」,『考古』1994년 제1기, 74쪽.

39 天津市歷史博物館考古隊 等(紀烈敏 執筆),「天津薊縣獨樂寺塔」,『考古學報』1989년 제1기, 83~119쪽.

40 張栢 主編,『中國出土瓷器全集』2, 科學出版社, 2008, 7쪽 圖7(劉健・姜佰國 執筆).

41 吉林省博物館 等(陳相偉・王健群 執筆),「吉林哲里木盟庫倫旗一號遼墓發掘簡報」,『文物』1973년 제8기, 2~18쪽; 王健群・陳相偉,『庫倫遼代壁畵墓』,

文物出版社, 1989.

42 法庫肖袍魯墓에서는 총 4점의 定窯白瓷碟과 碗이 출토되었는데, 모두 口沿部에 유약이 입혀져 있지 않은 것으로 미루어 복소된 것으로 판단된다. 馮永謙,「遼寧法庫前山遼肖袍魯墓」,『考古』1983년 제7기, 627~628쪽 참조.

43 邵國田,「敖漢旗羊山1—3號遼墓淸理簡報」,『內蒙古文物考古』1999년 제1기, 8~9쪽.

44 鄭隆,「昭烏達盟遼尙暐符墓淸理簡報」,『文物』1961년 제9기, 51쪽.

45 謝明良,「定窯白瓷槪說」,『定窯白瓷特展圖錄』, 國立故宮博物院, 1987, 12쪽; 喩珊,「出土定窯瓷器硏究」北京大學碩士學位論文, 2010, 附表 13쪽 참조.

46 鄭隆,「昭烏達盟遼尙暐符墓淸理簡報」,『文物』1961년 제9기, 51쪽.

47 劉建華·徐建忠,「懷安縣西坪山發現遼代窖藏瓷器」,『文物春秋』1990년 제3기, 91쪽 및 83쪽.

48 劉建華·徐建忠,「懷安縣西坪山發現遼代窖藏瓷器」,『文物春秋』1990년 제3기, 91쪽 및 83쪽; 喩珊,「出土定窯瓷器硏究」北京大學碩士學位論文, 2010, 附表 13쪽.

49 喩珊,「出土定窯瓷器硏究」北京大學碩士學位論文, 2010, 附表 13쪽.

50 范鳳妹,「記江西出土的北方名窯瓷器」,『江西歷史文物』1986년 제2기, 120~122쪽.

51 河北省文物管理處(石永士 執筆),「河北易縣淨覺寺舍利塔地宮淸理記」,『文物』1986년 제9기, 76~80쪽 및 83쪽.

52 彭善國,「定窯瓷器分期新探—以遼墓、遼塔出土資料爲中心」,『內蒙古文物考古』2008년 제2기, 46~47쪽.

53 張增午·李銀錄,「河南林州市北宋墓葬出土陶瓷器考略」,『中國古陶瓷硏究』제8집, 2002, 84~93쪽.

54 喩珊,「出土定窯瓷器硏究」北京大學碩士學位論文, 2010, 54~59쪽.

55 2000년도의 발굴결과는 河南省文物考古硏究所,『寶豊淸凉寺汝窯』, 大象出版社, 2008을 참조하라. 청량사여요지의 발굴결과에 대한 이하의 서술은 이 보고서에 의거한 것이다.

56 李喜寬,「北宋 汝窯와 그 性格 問題—宋代 文獻記錄에 대한 再檢討를 중심으로—」,『역사와 담론』64, 2012, 257~259쪽.

57　이 元符通寶와 政和通寶의 출토 상황은 河南省文物考古研究所,『寶豊清凉寺汝窯』, 大象出版社, 2008, 35~36쪽 및 121쪽 참조.

58　彭信威,『中國貨幣史』, 上海人民出版社, 1958, 990~991쪽.

59　송대의 土貢制度에 대해서는 특히 單鵬,「宋代土貢制度考略— 以常貢爲中心」,『江蘇科技大學學報(社會科學版)』제7권 제3기, 2007, 27~31쪽;「述宋代土貢之特點—以"元豊貢"、"紹興貢"爲中心」,『大慶師範學院學報』 제29권 제1기, 2009, 135~138쪽을 참고하라.

60　[清]徐松 輯,『宋會要輯稿』食貨52之37, 中華書局, 1957: "瓷器庫는 建隆坊에 있다. 明州·越州·饒州·定州·青州의 白瓷器와 漆器를 수납하여 給用하는 일을 관장하였는데, 京朝官三班內侍 2인이 瓷器庫를 監督한다."

61　鄭建華는 문제의 "青州白瓷器"를 "青白瓷器"나 "青瓷白瓷器"로 바로잡아야 역사적 사실과 부합한다고 주장하였다(鄭建華,「越窯貢瓷與相關問題」,『紀念浙江省文物考古研究所建所二十周年論文集』, 西泠印社, 1999, 182쪽). 하지만 필자는 그것이 "青州瓷器"를 잘못 초록하였을 가능성도 있다고 생각한다.

62　鄭建華,「越窯貢瓷與相關問題」,『紀念浙江省文物考古研究所建所二十週年論文集』, 西泠印社, 1999, 182쪽.

63　[清]徐松 輯,『宋會要輯稿』食貨52之37, 中華書局, 1957: "神宗熙寧三年三月詔, 併瓷器庫入雜物庫管勾."

64　[清]徐松 輯,『宋會要輯稿』食貨41之40~41, 中華書局, 1957; [宋]王存 撰 (王文楚·魏嵩山 點校),『元豊九域志』上 卷2 河北路 定州, 中華書局, 1984, 78~79쪽.

65　[元]脫脫 等 撰,『宋史』卷86 地理 2 中山府, 中華書局點校本, 新華書店上海發行所, 1977, 2127쪽.

66　[元]脫脫 等 撰,『宋史』卷164 職官 4 殿中省, 中華書局點校本, 新華書店上海發行所, 1977, 3881쪽: "初, 權太府卿林顏因按內藏庫, 見乘輿服御雜貯百物中, 乃乞復殿中省六尙, 以嚴奉至尊. 至是徽宗乃出先朝所圖殿中省圖, 命三省行之, 而其法皆左正言姚祐所裁定, 是歲崇寧二年也. 三年, 蔡京上修成殿中省六尙局供奉庫務勅令格式幷看詳凡六十卷, 仍冠以崇寧爲名. 政和元年, 殿中省高伸上編定六尙供奉式. 靖康元年, 詔六尙局幷依祖宗法. 又詔六尙局旣罷, 格內藏貢品物萬數, 尙爲民害, 非祖宗舊制, 其幷除之."

67　貢物의 수량이 매우 한정적이고 재정적 의미도 크지 않았던 것은 자기뿐만 아

니라 송대 土貢의 일반적 특징이었다. 單鵬,「述宋代土貢之特點—以"元豊貢"、"紹興貢"爲中心」,『大慶師範學院學報』제29권 제1기, 2009, 237쪽.

68 [宋]王存 撰(王文楚·魏嵩山 點校),『元豊九域志』上 卷1 西京 河南府; 卷2 河北路 邢州; 卷3 陝西路, 耀州; 卷5 兩浙路 越州, 中華書局, 1984, 4쪽; 80쪽; 111쪽; 208~209쪽.

69 〈文會圖〉는 일반적으로 휘종의 작품으로 알려져 있으나, 일부 연구자들은 그 것이 휘종의 眞蹟이 아니거나, 徽宗畫院의 所作일 가능성이 있다는 견해도 있다. 하지만 그것이 휘종시기의 작품이라는 점에는 대다수의 연구자들이 동의하고 있다. 〈文會圖〉의 작가와 제작시기에 대해서는 林柏亭 主編,『大觀—北宋繪畫特展』, 國立故宮博物院, 2006, 161~163쪽의 〈文會圖〉의 작품해설(陳韻如 執筆) 참조.

70 林柏亭 主編,『大觀—北宋繪畫特展』, 國立故宮博物院, 2006, 156~160쪽; 靳靑萬,「宋徽宗《文會圖》中所繪瓷器辨析」,『漳州師範學院學報(哲學社會科學版)』2007년 제4기, 103쪽.

71 李曉,『宋朝政府購買制度研究』, 上海人民出版社, 2007, 138~142쪽.

72 單鵬,「宋代土貢制度考略—以常貢爲中心」,『江蘇科技大學學報(社會科學版)』, 제7권 제3기, 2007, 29쪽.

73 [清]徐松 輯,『宋會要輯稿』職官36之28, 中華書局, 1957:"(內東門司勾當官), 凡寶貨名物·貢獻品數·市易件直, 咸宣索於有司, 受而納於禁中, 凡禁中須索·修造·宴設, 皆先期排辦."

74 [清]徐松 輯,『宋會要輯稿』職官27之3, 中華書局, 1957:"……雜買務, 掌和市百物, 凡宮禁·官府所須, 以待供納."

75 李曉,『宋朝政府購買制度研究』, 上海人民出版社, 2007, 141쪽.

76 市易法과 궁정의 구매제도의 관계에 대해서는 각별히 李曉,「王安石市易法與政府購買制度」,『歷史研究』2004년 제6기, 54~68쪽을 참조하라.

77 궁정의 구매제도에 있어서의 請負制 문제는 특히 李曉·姜雪燕,「宋朝政府購買制度中的承包制」,『學術研究』2006년 제11기, 106~112쪽을 참조하라.

78 胡雲法·金志偉,「定窯白瓷銘文與南宋宮廷用瓷之我見」,『中國古代白瓷國際學術研討會論文集』, 上海書畫出版社, 2005, 285~296쪽; 杭州南宋官窯博物館 編,『清·雅—南宋瓷器精品』, 中華書局, 2010, 160~163쪽.

79 胡雲法·金志偉,「定窯白瓷銘文與南宋宮廷用瓷之我見」,『中國古代白瓷國際學術研討會論文集』, 上海書畫出版社, 2005, 287~293쪽 참조.

80 예컨대, 정요의 경우도 수많은 요장(窯戶)에서 공어용백자와 一般商品白瓷를 같이 생산한 것으로 추측된다. 秦大樹,「定窯的歷史地位及考古工作」,『中國定窯』, 中國華僑出版社, 2012, 269쪽.

81 徐颷,『兩宋物質文化引論』, 江蘇美術出版社, 2007, 115~116쪽.

82 [宋]莊綽 撰(蕭魯陽 點校),『鷄肋編』卷上, 中華書局, 1983, 5쪽: "處州의 龍泉縣은……또 青瓷器가 나는데, 秘色이라고 부른다. 錢氏가 進貢한 것은 모두 여기에서 취하였다. 宣和年間에 禁庭이 製樣須索을 하여 더욱 工巧해졌다."

83 沈岳明,「"官窯"三題」,『故宮博物院院刊』 2010년 제5기, 18쪽.

84 中國硅酸鹽學會 編,『中國陶瓷史』, 文物出版社, 1982, 278쪽; 海のシルクロードの出發點"福建"展開催實行委員會 編,『東アジアの海とシルクロードの據點福建』, 海のシルクロードの出發點"福建"展開催實行委員會, 2008, 72쪽.

85 顧文璧,「"建窯"供御"、"進琖"的年代問題《宣和遺事》"建溪異毫琖"正誤」,『東南文化』 1986년 제1기, 136~138쪽.

86 鄭嘉勵,「定窯"尙食局"款瓷器及"有芒不堪用"」,『中國古陶瓷研究』 제11집, 2005, 257쪽.

87 沈岳明도 북송의 궁정이 정요로부터 제양수색의 방식으로도 백자를 조달하였을 것이라는 점을 지적하였다. 沈岳明,「"官窯"三題」,『故宮博物院院刊』 2010년 제5기, 18쪽.

88 李仲謨,「上海博物館藏宋金定窯白瓷及相關問題」,『中國古代白瓷國際學術研討會論文集』, 上海書畫出版社, 2005, 397쪽.

89 [元]脫脫 等 撰,『宋史』卷243 列傳 2 韋賢妃 및 喬貴妃, 中華書局點校本, 新華書店上海發行所, 1977, 8640~8641쪽 및 8643~8644쪽.

90 [元]脫脫 等 撰,『宋史』卷243 列傳 2 韋賢妃 및 卷163 職官3 吏部 司封郎中, 中華書局點校本, 新華書店上海發行所, 1977, 8640쪽 및 3837쪽.

91 沈岳明은 製樣須索이 五代 後周時期부터 시작되었을 것이라고 주장하였다. 沈岳明,「"官窯"三題」,『故宮博物院院刊』 2010년 제5기, 18쪽.

92 여요의 성격에 대해서는 李喜寬,「北宋 汝窯와 그 性格 問題―宋代 文獻記錄에 대한 再檢討를 중심으로―」,『역사와 담론』 64, 2012, 237~278쪽을 참조

하라.

93 李喜寬,「北宋 汝窯와 그 性格 問題―宋代 文獻記錄에 대한 再檢討를 중심으로―」,『역사와 담론』 64, 2012, 240~248쪽.

94 陸明華,「寶豊汝窯出土標本及有關問題探討―兼述汝州市文廟窯址的屬性」,『中國古陶瓷研究』 제7집, 2001, 131~132쪽; 王光堯,「汝窯與北宋汴京官窯―從汝窯址考古資料看宋代官窯的出現及官窯制度的形成」,『故宮博物院院刊』 2010년 제5기, 91~93쪽.

95 단 蔡玫芬은 龍紋 등은 황실을 상징하는 것이기 때문에 그러한 문양이 시문된 자기의 경우 황실 이외의 사람들은 사용할 수 없었다고 주장하였다(蔡玫芬,「論「定州白瓷器,有芒不堪用」句的眞確性及十二世紀官方瓷器之諸問題」,『故宮學術季刊』 제15권 제2기, 1997, 72쪽). 하지만 李仲謀의 견해에 따르면, 龍紋定窯白瓷의 경우 모두 궁정용은 아니었다고 한다(李仲謀,「上海博物館藏宋金定窯白瓷及相關問題」,『中國古代白瓷國際學術硏討會論文集』, 上海書畵出版社, 2005, 396쪽). 定州 法興寺遺蹟에서 12점의 定窯白瓷龍紋盤·碗·缸이 출토된 것을 비롯하여(妙濟浩·薛增福,「河北曲陽北鎭發現定窯瓷器」,『文物』 1984년 제5기, 86~88쪽) 적지 않은 유적에서 龍紋定窯白瓷가 출토된 점으로 미루어 보면, 李仲謀의 주장이 더 타당성이 있다고 판단된다.

96 [清]徐松 輯,『宋會要輯稿』食貨 52之37, 中華書局, 1957: "瓷器庫在建隆坊……眞宗景德四年九月, 詔瓷器庫除揀封樁供進外, 餘者令本庫將樣赴三司, 行人估價出賣."

97 李仲謀,「上海博物館藏宋金定窯白瓷及相關問題」,『中國古代白瓷國際學術硏討會論文集』, 上海書畵出版社, 2005, 395~396쪽.

98 權奎山,「江西景德鎭明淸御器(窯)廠落選御用瓷器處理的考察」,『文物』 2005년 제5기, 61~62쪽 참조.

99 휘종의 古銅器 수집과『宣和博古圖』의 편찬 그리고 고동기의 방제에 대해서는 陳芳妹,「宋古器物學的興起與宋仿古銅器」,『國立臺灣大學美術史研究集刊』 제10기, 2001, 37~160쪽; 韓巍,「宋代仿古製作的"樣本"問題」,『宋韻―四川窖藏文物輯粹』, 中國社會科學出版社, 2006, 288~296쪽 참조.

100 [清]徐松 輯,『宋會要輯稿』選擧 7之32, 中華書局, 1957: "大觀 3년 3월 6일에 황제가 集英殿에 거둥하여, 禮部에서 奏名한 進士를 시험하였는데, 출제한 制策에 말하기를, "예전에 先王은 정치가 안정되면 禮를 제정하고, 功을 이루

면 音樂을 지어 天地의 변화에 부응하였다. 禮는 다섯 가지가 있는데, 7敎로서 시행하고, 8政으로 이루어지며, 法과 職이 있다. 親疎를 定하고, 의문을 풀고, 同異를 구분하며, 시비를 밝힌 然後에 大小貴賤의 本分을 정할 수 있다. ······" 고 하였다."

101 劉靜貞, 「法古? 復古? 自我作古?—宋徽宗文化政策的歷史觀照」, 『開創典範 : 北宋的藝術與文化硏討會論文集』, 國立故宮博物院, 2008, 461쪽.

102 이러한 시각을 견지한 근래의 대표적인 연구로 張邦煒, 「宋徽宗角色錯位的來由」, 『四川師範大學學報』 2002년 제1기; 『宋代政治文化史論』, 人民出版社, 2005, 2226~241쪽을 참조하라.

103 陳文平, 『中國古陶瓷鑑賞』, 上海科學普及出版社, 1990, 65~66쪽; 呂成龍, 「汝窯的性質及相關諸問題」, 『中國古陶瓷硏究』 제7집, 2001, 41~42쪽.

104 "汝州新窯器"에 대해서는 李喜寬, 「北宋 汝窯와 그 性格 問題—宋代 文獻記錄에 대한 再檢討를 중심으로—」, 『역사와 담론』 64, 2012, 249~269쪽 참조.

105 河南省文物考古硏究所, 『寶豊淸凉寺汝窯』, 大象出版社, 2008, 119~121쪽.

106 河南省文物考古硏究所, 『寶豊淸凉寺汝窯』, 大象出版社, 2008, 35~36쪽 및 이 장의 제3절 참조.

107 河南省文物考古硏究所, 『寶豊淸凉寺汝窯』, 大象出版社, 2008, 35~36쪽.

108 이들의 견해에 대한 더욱 자세한 내용은 謝明良, 「北宋官窯硏究現狀的省思」, 『故宮學術季刊』 제27권 제4기, 2010; 『陶瓷手記』 2, 石頭出版, 2012, 207~209쪽 참조.

109 [元]陶宗儀 撰, 『南村輟耕錄』 卷29 窯器, 中華書局點校本, 中華書局, 1959, 362~363쪽.

110 李喜寬, 「北宋官窯與"京師"及"惟用汝器"—北宋官窯硏究序說」, 『故宮博物院院刊』 2010년 제5기, 55~62쪽.

111 혹 북송의 조정이 청량사여요를 접수한 이후에 기존의 요장을 철거하고 그 자리에 새로 북송관요를 설립했을 가능성을 떠올릴 수 있을지 모르겠다. 하지만 다음 두 가지 점에서 볼 때, 실제에 있어서 그러했을 가능성은 희박하다고 생각한다. 첫째, 당시 북방지역은 남방지역과 달리 요장의 입지조건이 그다지 까다롭지 않았다는 점이다. 남방지역은 일반적으로 窯爐가 龍窯이기 때문에 일정한 경사도가 있는 곳이 아니면 사실상 요장을 설립하기가 힘들다. 하지만 북방지역은 기본적으로 요로가 馬蹄型이어서 평평한 곳이라면 어렵지 않게 요

장을 설립할 수 있다. 그럼에도 불구하고 굳이 요업을 운영하고 있는 청량사여요를 접수하여 그것을 철거하고 새로운 요장을 설립하였을까? 둘째, 만약 북송의 조정이 공어용 자기를 생산하던 청량사여요를 철거하고 그 자리에 새로운 요장(북송관요)를 설립하였다면, 이 요장에서 공어용 자기를 생산하던 "성숙기단계" 중간의 어느 시점의 遺構에서 새로운 요장을 설립한 흔적이 발견되어야 한다. 하지만 그러한 흔적은 전혀 발견되지 않았다. 요컨대, 청량사 여요를 접수한 이후에 기존의 요장을 철거하고 그 자리에 새로 북송관요를 설립했을 가능성은 배제해도 좋다고 생각한다.

112 이 점은 이미 王光堯가 언급한 바가 있다. 王光堯, 「汝窯與北宋汴京官窯—從汝窯址考古資料看宋代官窯的出現及官窯制度的形成」, 『故宮博物院院刊』 2010년 제5기, 99쪽.

제2장 여요와 그 성격 문제

1. 머리말

중국의 역사상 수많은 요장이 있었지만, 여요[01]만큼 명성이 높고, 아울러 큰 주목을 받아온 것도 드물 것이다. 중국 역대의 名窯瓷器를 언급할 때 여요자기의 이름을 빠뜨린 경우를 찾아볼 수 없으며, 적지 않은 사람들은 여요자기를 중국의 명요자기들 가운데 가장 높게 평가해 왔다. 더구나 남송시기부터 이미 구하기가 힘들어지고, 오늘날까지 전해오는 遺例 또한 지극히 희소하여(도1),[02] 여요자기는 거의 신비로운 존재로까지 인식되고 있을 정도이다.

이러한 명성과 평가에 걸맞게, 여요는 이미 20세기초부터 본격적으로 연구되기 시작하여, 1937년에는 Percival David에 의해 "A Commentary on Ju Ware"라는 기념비적인 논문이 발표되었다.[03] 여요 요지가 발견되기 전까지의 여요 연구는 주로 문헌기록과 이른바 전세여

[도1] 汝窯洗, 故宮博物院

[도2a] 汝窯洗, 1986년 이전 淸凉寺窯址 채집, 개인   [도2b] 도2a의 底部

요자기를 중심으로 여요자기의 실체를 규명하는 데 초점이 맞추어져 있었는데, 고고학적 자료의 결여 때문에 일정한 한계를 안고 있을 수밖에 없었다. 1986년 말에 전세여요자기로 알려져 온 실물자료들과 동일한 풍격의 여요자기가 河南省 寶豊縣 淸凉寺窯址에서 채집된 것이 알려지고(도2),[04] 2000~2002년에 이 요지의 御用汝窯瓷器燒造區—청량사여요—를 발굴함으로서(도3) 여요 연구는 새로운 국면을 맞이하였다.[05] 즉 기존의 문헌기록과 전세품, 그리고 고고학적 자료들을 종합적으로 비교·검토할 수 있게 되어, 여요 연구는 그 수준이 한층 높아지고 내용적으로도 더욱 풍부하게 되었다.

하지만 여요의 연구현황을 자세히 살펴보면, 아직도 적지 않은 문제들이 밝혀지지 않았거나 논쟁중임을 알 수 있다. 여요 연구에 있어서 가장 기본적이면서도 핵심적이라고 할 수 있는 여요의 성격에 대한 문제

[도3] 2000년 淸凉寺汝窯址 발굴 현장

도 그 가운데 하나이다. 이 문제 역시 오랜 기간에 걸쳐 논쟁이 이루어졌음에도 불구하고, 그것이 관요라는 견해와[06] 공요라는 견해가[07] 여전히 평행선을 달리고 있으며, 공요로부터 관요로 성격이 변화하였다는 견해도 있다.[08] 그리고 근래에는 이른바 "製樣須索"窯의 성격을 띠고 있었다는 견해도 제출되어,[09] 여요의 성격에 대한 이해는 더욱 복잡한 양상을 띠고 있다. 여요의 성격을 파악하는 데 중요한 단서가 되는 이른바 汝州新窯器에 대한 이해도 마찬가지이다. 많은 연구자들은 그것이 곧 여요자기를 의미한다고 믿고 있지만, 적지 않은 연구자들은 그것이 북송관요자기를 가리킨다는 견해를 견지하고 있다.[10]

이와 같이 여요의 성격과 관련된 문제들에 대한 견해가 갈리게 된 주요한 원인은 이 문제들이 북송관요의 실체나 근래 발굴된 汝州 張公巷窯의 성격 문제 등과 복잡하게 얽혀있다는 점 등에서 찾을 수 있을지도 모른다. 북송관요의 실체나 장공항요의 성격 등을 어떻게 파악하는

가에 따라 여요의 성격과 관련된 문제들에 대한 이해도 달라질 수 있기 때문이다. 하지만 보다 근본적인 원인은 다른 데 있다고 생각한다. 즉, 그것은 무엇보다도 여요 연구의 출발점이라고 할 수 있는 여요와 관련된 송대 문헌기록의 含意를 제대로 파악하지 못하거나 오해한 데 있다는 것이 필자의 기본적인 생각이다. 그러므로 이 장에서는 여요의 성격과 관련된 문제를 송대 문헌기록의 재검토를 중심으로 하여 살펴보고자 한다.

2. "汝窯, 宮中禁燒"의 신해석

여요 연구에 있어서 가장 핵심적인 사료의 하나는 남송중기에 周煇가 편찬한 『淸波雜志』에 나오는 다음의 기록이다. 특히 여요의 성격을 파악하는 데 있어서는 이 기록에 대한 정밀한 분석이 무엇보다도 필요하다.

(A) 又汝窯, 宮中禁燒, 內有瑪瑙末爲油, 唯供御, 揀退方許出賣, 近尤難得.[11]

이 기록의 맨 앞에 보이는 "汝窯"는 여요라는 요장이 아니라, 그곳에서 제작한 자기, 즉 여요자기를 가리킨다고 판단된다. 흔히 "窯"와 "瓷"는 동일한 의미로 쓰이기도 하였거니와, "汝窯"에 뒤이어 나오는 내용이 모두 여요자기와 관련된 것이라는 점에서 그러하다. 특히 "汝窯"를 설명하는 내용 가운데 "供御"에서 낙선한 것들을 일반에 판매하는 것을 허가하였다고 한 점이나, 근래에 더욱 구하기 힘들다고 한 점으로 미루어 이 점에는 의문의 여지가 없다고 생각된다. 판매하거나 구하는 대상이

[도4] 瑪瑙原石, 淸凉寺汝窯址 출토

여요라는 요장이 아니라 여요자기라는 점은 누구나 알 수 있는 일이기 때문이다.

뒤이어 여요자기는 "宮中禁燒"하였다고 하였는데, 이 대목은 여요 연구에 있어서 가장 큰 논란이 되는 내용이다. 그러므로 따로 떼어내 뒤에서 자세히 검토하기로 하겠다.

여요에서 유약의 원료에 瑪瑙의 분말을 첨가하였다는 대목, 즉 "內有瑪瑙末爲油"는 후대, 특히 명·청대의 여요자기 감식가들에게 깊은 영향을 미쳤다.[12] 예컨대 여요자기에 대하여 상당한 감식안을 보유했던 淸乾隆帝는 여요자기를 감식하던 초기에 瑪瑙釉를 여요자기로 판별하는 가장 중요한 기준으로 삼기도 하였다.[13] 즉 그들은 마노가 여요자기의 유색(天靑色)에 직접적인 영향을 미친 것으로 이해하였다. 물론 마노라는 원료가 여요자기의 유약의 색깔에 영향을 미쳤다는 것은 과학적 근거가 없는 것이다. 이 때문에 여요자기의 유약에 마노 분말을 혼용했다는 내용은 허황된 이야기라는 견해가 있어 왔다. 즉 그러한 내용이 여주가 마노의 생산지로 전해오는 사실에 府會되거나, 여요자기의 유색이 靑瑪瑙의 색깔과 흡사하였기 때문에 그렇게 訛傳되었을 것이라는 견해가 그 대표적인 것들이다.[14]

하지만 마노와 여요자기의 유색 사이에 별다른 영향 관계가 없다고 해서, 여요자기의 유약에 마노를 혼용했다는 사실까지 의심할 필요는 없다고 생각한다. 청량사여요지로부터 멀지 않은 곳에 마노광산이 있을 뿐만 아니라, 이 요지에서 마노원석이 출토되었다는 점 등에서 그러하다(도

4).¹⁵ 따라서 『청파잡지』에 보이는 관련 내용, 즉 "內有瑪瑙末爲油"는 사실을 토대로 하여 기술한 것이었을 가능성이 매우 높다고 생각된다. 사실 마노는 그 성분구성에 있어서 석영과 거의 다를 바가 없다. 그럼에도 불구하고 여요의 도공들이 왜 굳이 마노 분말을 혼용했는지를 알려줄 만한 단서를 주휘는 남겨놓지 않았지만, 후대의 여요자기 감식가들이 생각한 것처럼 그들도 그것이 유색에 영향을 미친다고 생각했기 때문이었을 것이다. 즉 그들은 여요자기의 독특한 유색, 즉 천청색을 얻기 위하여 기꺼이 값비싼 마노를 유약에 혼용한 셈이다. 이는 높은 품질의 여요자기를 생산하기 위해서라면 생산비를 아까워하지 않았음을 알려주는 실례로서,¹⁶ 이윤의 추구를 최우선으로 한 일반 민요에서는 찾아보기 힘든 현상이다.

주휘는 이 기록의 후반부에서 여요의 성격과 관련된 매우 중요한 언급을 하였다. 즉 그는 여요자기의 경우 오로지 "供御", 즉 어용자기로 공급하고, 거기에서 탈락한 것들만 일반에 판매하는 것을 하락하였다고 하였다. 이는 곧 일반에게 판매된 여요자기도 본래는 供御를 목적으로 제작된 것들이었음을 의미한다. 그것들은 단지 어용자기로 선정되지 못했을 뿐이다. 즉 모든 여요자기는 본래 供御를 목적으로 제작된 것이었다고 할 수 있다. 여요자기는 기본적으로 일반에 판매할 목적으로는 제작되지 않았던 셈이다. 이 점에서 보면, 『청파잡지』가 편찬된 시점이 여요자기를 생산하던 북송말기로부터 그다지 멀리 떨어지지 않았음에도 불구하고 이미 구하기가 어렵다("近尤難得")고 한 사정도 충분히 이해할 수가 있다. 공어를 목적으로 생산하였기 때문에 전체 생산량 자체가 그다지 많지 않았을 뿐만 아니라, 거기에서 탈락하여 민간의 손에 들어간 수량은 더욱 한정적일 수밖에 없었을 것이기 때문이다.

그런데 이러한 이해의 기반을 송두리째 부정하는 듯한 내용이 이 기록의 전반부에 나온다. 앞서 검토를 보류해놓은 "汝窯, 宮中禁燒"가 그 것이다. 이 대목은 궁중이 여요자기를 소조하는 것을 금지하였다는 의미이거나, 궁궐 안에서 여요자기를 소조하는 것을 금지하였다는 의미일 것이다.[17] 만약 후자의 경우였다면, 그때까지 궁궐 안에서 여요자기를 소성했다는 이야기가 된다. 하지만 실제에 있어서 그러했을 가능성은 거의 없다고 판단된다. 비교적 넓은 장소를 차지하고, 아울러 많은 먼지와 연기가 날 뿐만 아니라, 화재의 위험성이 높게 마련인 요장을 하필 황제가 거주하는 궁중에 설치했을 가능성은 희박하기 때문이다.

결국 "汝窯, 宮中禁燒"는 궁중이 여요자기를 소조하는 것을 금지하였다는 의미로 이해하여야 할 것이다. 그렇다면 그러한 사실—궁중이 여요자기를 소조하는 것을 금지하였다는 점—과 여요에서 마노의 분말을 첨가하여 유약을 만들었다는 사실은 어떻게 조화를 이룰 수 있는 것일까? 그리고 그러한 사실은 과연 어용자기로 선별된 여요자기는 공어하고 그 나머지(落選品)는 일반에 판매하도록 하락하였다는 사실과 양립할 수 있는 것일까?[18] 요컨대 궁중이 여요자기를 소조하는 것을 금지한 상황 하에서 어떻게 마노의 분말을 첨가하여 유약을 만들고, 그것을 공어하며, 더 나아가 낙선품을 일반에 판매하도록 허락하는 일이 일어날 수 있었던 것일까? 그러한 현상은 여요자기의 생산을 전제로 하지 않고서는 도저히 일어날 수 없는 일이 아니겠는가?

이러한 의문점 때문에 이 대목에 대한 이해는 여요 연구 상의 최대의 난제 가운데 하나로 인식되어왔다. 많은 연구자들은 이 대목에 대한 구체적인 해석을 보류하였으며, 일부 연구자들은 필경 『청파잡지』의 저자인 주휘가 착오를 범했거나 그 책이 후대에 전해지는 과정에서 잘못 초록되었을 것이라고 생각하였다.[19] 후자와 같은 생각을 견지한 대표적인 사람으로 『景德鎭圖錄』의 저자인 藍浦를 꼽을 수 있다. 『경덕진도록』에는 해당 기록 가운데 "宮中禁燒"를 "宮禁中燒者"로 초록하였는데,[20] 그는 이렇게 바로잡아야 뜻이 통한다고 판단한 것으로 보인다.[21] 과연 그의 판단은 옳은 것일까?

"宮中禁燒"를 "宮禁中燒者"로 바로잡아야 한다면, "宮禁中燒者"의 내용은 "宮禁中"의 의미를 어떻게 파악하는가에 따라 두 가지 이해가 가능하다. 그 하나는 "宮禁中"을 여요가 설치된 지점으로 이해하는 것이다. 이 경우 "宮禁中燒者"는 여요자기가 宮禁(궁중) 안에서 소조한 것이라는 의미가 될 것이다. 그리고 또 다른 하나는 "宮禁中"을 여요자기를 소조한 주체로 이해하는 것이다. 이 경우 "宮禁中燒者"는 여요자기가 宮禁中(궁중)이 소조한 것이라는 뜻이 될 것이다.

이 가운데 우선 "宮禁中燒者"가 실제적으로 전자의 의미였을 가능성은 희박하다. 무엇보다도, 앞서 지적한 바와 같이, 궁중에 요장을 설치했을 리가 없다고 판단되기 때문이다. 또한, 궁중 안에서 자기를 제작했다면, 그것이 "汝窯", 즉 여요자기로 불렸을 까닭도 없다. 당시의 궁중은 여주가 아니라, 開封府 안에 위치하였기 때문이다.

그렇다면 후자의 가능성만 남는 셈인데, 이렇게 이해하는 데에도 많은 문제가 따른다. 이 경우, 무엇보다도 여요와 관련된 또 다른 중요한 문헌인 『탄재필형』의 내용과 상충된다. 『탄재필형』에는 북송의 조정이 여주에 명하여 靑窯器를 소조하도록 하였다고 되어 있는 것이다.[22] 즉 궁중이 여요자기를 소조하도록 명령한 주체라고 볼 수는 있을지 모르지만, 여요자기를 직접 소조한 주체라고 볼 수 있는 근거는 전혀 찾을 수가 없다.

설사 궁중이 여요자기를 소조한 주체라고 보더라도 문제는 남아 있다. 특히 여요의 성격이 문제가 된다. 궁중이 직접 여요자기를 소조하였다면, 그것의 구체적인 내용은 궁중의 업무를 관장한 內諸司 가운데 어느 관부가 여요자기를 소조했다는 이야기가 될 것이다. 이 경우 누구라도 이 요장의 성격을 기본적으로 관요(御窯)라고 파악할 것이다. 하지만 『탄재필형』에 따르면, 그러한 관요의 시작은 정화연간에 설립된 이른바 북송관요부터였다.[23] 즉 북송관요에 앞서 성립된 여요는 기본적으로 관요가 아니었다는 이야기이다.

이상에서 살펴본 바와 같이, 주휘나 후대의 초록자들이 "宮禁中燒者"를 "宮中禁燒"로 잘못 초록하였다고 볼 경우, 더 큰 문제점들에 부닥치게 된다. 이러한 문제점들이 해결되지 않은 한, "宮中禁燒"를 "宮禁中燒者"로 바로잡아야 한다고 한 藍浦의 견해에는 동의할 수 없다.

한편, 李民擧도 藍浦의 생각과 거의 궤를 같이 하는 견해를 발표하였다. 즉 그는 "宮中禁燒"는 후대에 초록하는 과정에서 착오를 범한 것으로 판단하고, 그 대목을 "(爲)宮禁中燒(者)"로 바로잡아야 한다고 언급하였다.[24] 秦大樹도 李民擧의 주장에 동의하였다.[25] 李民擧의 주장의 핵심도 藍浦의 견해와 마찬가지로 "宮中禁燒"를 "宮禁中燒"로 바로잡아야 한다는 것이다. 이 점에서 앞서 검토한 藍浦의 견해가 내포하고 있는 문제점을 고스란히 가지고 있다고 할 수 있다. 그러므로 李民擧의 주장에도 역시 찬동할 수 없다.

요컨대, "宮中禁燒"가 "宮禁中燒者"나 "(爲)宮禁中燒(者)"의 착오일 것이라는 견해는 성립되기 힘들다고 판단된다. "宮中禁燒"가 주휘의 착오이거나 그 대목이 후대에 전해지는 과정에서 잘못 초록되었다는 점을 입증할 수 있는 결정적인 근거가 제시되지 않는 한, 뜻이 잘 통하지 않는다는 이유만으로 그 원문을 부정하는 것은 사료를 해석하는 데 있어서 올바른 태도라고 할 수 없다. 그렇다면 문제의 "宮中禁燒"는 어떻게 이해되어야 하는 것일까?

"宮中禁燒"를 문자 그대로 해석할 경우, 그것이 여요자기의 소조를 궁중이 금지시켰다는 내용이라는 점을 의심하는 사람은 아마 없을 것이다. 그런데 연구자들은 별 다른 의심 없이 이 대목을 모든 여요자기의 소조를 금지시켰다는 의미로 이해하였다. 이렇게 이해하는 한 『清波雜志』에 보이는 여요 관련 기록은 앞뒤의 내용이 모순이 되어 전혀 뜻이 통하지 않게 된다.

그런데 해당 기록을 엄밀히 살펴보면, 그 어디에서도 "모든" 여요자기의 소조를 금지하였다는 단서는 찾을 수가 없다. 게다가 "宮中禁燒"에 뒤이어 마노 가루를 넣어서 여요자기의 유약을 만들었다는 점과 여요자기를 공어하였다는 점, 그리고 거기에서 탈락한 여요자기를 일반에 판매하는 것을 허락하였다는 점을 언급하였는데, 이러한 사실은 의심의 여지없이 그러한 여요자기가 소조되고 있었다는 점을 전제로 하는 것이다. 그러므로 공어를 목적으로 한 여요자기는 여전히 소조되고 있었다고 보지 않으면 안 된다. 결국 "宮中禁燒"의 대상이 된 여요자기는 "모든" 여요자기가 아니라 공어용을 제외한 나머지 부류라고 보아야 할 것이다.

이렇게 이해하고 보면, 주휘가 언급한 "汝窯, 宮中禁燒"의 실제적인 의미를 분명하게 알아차릴 수가 있다. 즉, 여요자기의 경우, 공어하기 위한 것이 아닌 다른 목적으로 소조하는 것을 궁중에서 금지시켰다는 의미가 될 것이다.[26] 이는 여요자기가 여주의 많은 요장 가운데 공어의 임무를 부여받은 특정한 요장에서만 제작되었음을 시사한다. 현재까지의 조사 및 발굴 결과에 따르면, 그 요장은 청량사여요이다.[27] 그리고 지금까지의 논의에 따른다면 청량사여요의 경우도 당연히 공어 이외의 목적, 예컨대 일반에 판매할 목적 등으로 여요자기를 생산하는 것은 금지되었으리라. 요컨대, "汝窯, 宮中禁燒"는 궁중이 오직 공어를 목적으로 청량사여요에서만 여요자기를 제작하게 하고, 그 밖의 요장에서는 그러한 여요자기를 소조하는 것을 금지시켰음을 의미하는 것으로 이해되는 것이다.

3. "汝州新窯器"에 대한 이해

여요와 관련된 또 다른 핵심적인 기록이 『선화봉사고려도경』에 실려 있다. 이 책은 휘종 선화 5년(1123)에 고려에 사신으로 온 서긍이 이듬해(1124)에 정리하여 펴낸 견문록인데, 특히 여요가 운영되던 당시의 기록이기 때문에 다른 어느 기록보다도 사료적 가치가 높다.

(B) 狻猊出香, 亦翡色也. 上有蹲獸, 下有仰蓮, 以承之. 諸器惟此物最精絶. 其餘, 則越州古秘色·汝州新窯器, 大槩相類.[28]

서긍은 고려의 비색청자 가운데 산예출향을 제외한 나머지가 "越州古秘色이나 汝州新窯器와 대략 비슷하다"고 하였다. 여요의 성격과 관련하여 우리가 각별히 주목해보아야 할 것은 말할 나위도 없이 "汝州新窯器"이다.

여요에 대해서 검토한 연구자 가운데 이 여주신요기에 주목하지 않은 사람은 거의 없다. 그런데 그들 가운데 상당수는 여주신요기 자체보다는 그 자기를 제작한 요장에 더 큰 관심을 기울인 경향이 있다. 그것은 아마도 이 여주신요기의 문제가 당시 어용자기를 생산한 두 요장, 즉 여요와 북송관요의 실체를 밝히는 데 관건이 된다고 믿었기 때문일 것이다. 그러나 이러한 연구 경향은 결과적으로 여주신요기의 실체를 아직까지 베일에 가려져 있게 한 중요한 요인의 하나가 되었다는 것이 필자의 판단이다. 우리가 그것에 앞서 먼저 주의를 기울여야 할 것은 여주신요기 자체와 관련된 문제, 예컨대, 여주신요기가 당시 어떤 의미로 쓰였으며, 그것이 어떠한 풍격과 특징을 가진 자기였는가 하는 점 등이라고 생각한다.

이제까지 많은 연구자들은 명시적이든 암묵적이든 여주신요기의 전제로서 汝州新窯의 존재를 상정하였다. 여주신요기를 여주의 新窯, 즉 여주에 새로 건립된 요장에서 제작한 기물이라는 의미로 이해한 것이다. 그들은 다시 汝州新窯에 대응하는 汝州舊窯의 존재를 상정하고, 그러한 토대 위에서 양자가 각각 구체적으로 어느 요장을 가리키는지에 대하여 다양한 견해를 제출하였다.

하지만 여주신요기를 반드시 여주에 새로 건립된 요장에서 만든 기물이라는 의미로 이해할 필요는 없을 것이다. 당시 窯器는 흔히 瓷器라는 의미로도 쓰였다. 문헌기록을 살펴보면, 오히려 요기가 특정한 지역의 요장에서 만든 기물이라는 의미로 쓰인 예는 그다지 눈에 띄지 않는다. 그 대부분이 자기라는 의미로 쓰인 예들이다. 『탄재필형』에 "드디어 여주에 명하여 靑窯器를 만들도록 하였다(遂命汝州造靑窯器)"라고 한 대목에 보이는 "靑窯器"의 "窯器"가 그 대표적인 예이다.[29] 여기에서의 靑窯器가 靑窯에서 만든 기물이라는 의미일 수는 없다. 그것은 누구나 다 아는 바와 같이, 청색을 띠는 자기라는 의미이다. 문헌기록에 요기가 특정한 요장의 이름을 표시하지 않은 채 단독으로 쓰인 예가 대부분인데, 그것들은 모두 특정한 요장과 관계없이 자기라는 일반명사로 쓰인 것이다.

"汝州新窯器"의 "窯器"를 자기의 의미로 이해하면, 여주신요기는 여주에서 만든 새로운 자기라는 의미가 될 것이다. 이 경우에 新窯, 즉 새로 건립된 요장의 존재를 전제할 필요는 없다. 새로운 자기를 만드는 데 굳이 새로운 요장을 건립해야만 되는 것은 아니기 때문이다. 대략 후한 말기부터 오랫동안 품질이 그다지 높지 않은 청자를 생산하던 월요의 요장에서 9세기경에 접어들어 기술의 혁신을 통하여 전혀 새로운 풍격의 秘色瓷를 생산한 것이 그 좋은 예가 될 것이다.[30]

당시 여주신요기가 여주에 새로 건립된 요장에서 만든 기물이라는 의미로 쓰인 것인지, 아니면 여주에서 만든 새로운 자기라는 의미로 쓰인 것인지는 판별하기가 쉽지 않다. 그러므로 두 가지 가능성을 모두 염두에 두고 논의를 진행해나갈 수밖에 없다.

먼저, 여주신요기가 여주에 새로 건립된 요장에서 만든 기물이라는 의미로 쓰였다고 볼 경우, 그 요장과 관련하여 누구나 떠올릴 수 있는 것은 그것이 당시로부터 그다지 멀지 않은 과거의 시점에 건립되었다는 점일 것이다.[31] 하지만 그러한 시간적인 관점에만 근거하여 그곳에서 만든 자기를 두고 "새로(新)" 건립한 요장에서 만든 자기라고 표현했으리라고는 생각되지 않는다. 설사 새로 건립한 요장이라고 하더라도 거기서 만든 기물이 그 이전의 것들과 별 다를 것이 없었다면, 굳이 그것을 새로 건립한 요장에서 만든 기물이라고 했을 가능성은 희박하다. 요컨대, 그 요장에서 만든 기물을 굳이 새로 건립한 요장에서 만든 기물이라고 칭하였다면, 필경 그것이 그때까지 보지 못한 부류이거나 그 이전의 기물과 확연히 구별되는 점이 있었기 때문이었을 것이다.

이 점은 여주신요기가 여주에서 만든 새로운 자기라는 의미로 쓰였다고 볼 경우에도 마찬가지이다. 즉 그 새로운 자기가 당시로부터 가까운 과거에 만들거나 출현하였을 것임은 분명하지만, 그러한 시간적인 이유만으로 "새로운 자기"라고 했을 가능성은 거의 없다고 생각된다. 그것을 새로운 자기라고 칭하였다면, 그것도 어떤 면에서 그 이전의 자기와 현저하게 다르거나 아예 그 이전에 없던 부류의 자기였기 때문이

[도5] 高麗靑瓷盒, 仁宗長陵(1146) 출토, 국립중앙박물관

었을 것이다.

이러한 견지에서 보면, 여주신요기의 의미를 어떻게 이해하여도, 한 가지 분명한 것은 『선화봉사고려도경』이 쓰여진 1124년보다 약간 이른 시기에 여주에서 그 이전의 자기와 크게 다르거나 전에 보지 못한 새로운 부류의 자기가 제작되기 시작하였다는 점이 될 것이다. 그것을 당시에 여주신요기라고 부른 셈이다. 그러면 그 대상이 된 자기는 어떠한 풍격과 특징을 가진 것이었을까? 앞서 인용한 사료(B)에 보이는, 1123년경의 고려청자가 월주고비색과 여주신요기와 대체로 비슷하다고 한 대목이 이 의문을 푸는 데 중요한 단서를 제공한다.

서긍은 『선화봉사고려도경』에 당시 고려청자의 특징과 관련된 또 다른 중요한 기록을 남겼다. 다음 기록이 그것이다.

(C) 陶器色之靑者, 麗人謂之翡色. 近年已來, 制作工巧, 色澤尤佳.[32]

[도6] 越窯刻花摩羯紋水盂, 북송말기, 寺龍口窯址 출토, 浙江省文物考古硏究所

행하지 않았다는 점이다.[33] 仁宗 長陵(1146)에서 출토된 네 점의 비색청자가 그 대표적인 실례이다(도5).[34]

월주고비색이 구체적으로 어느 시기의 월요청자를 가리키는지는 분명하지 않지만, 그것이 당시 매우 높은 품질을 자랑하던 고려비색청자의 비교대상의 하나로 지목되었다는 점에서 보면, 당시의 월요청자를 가리킬 가능성은 희박하다. 북송말기에 월요는 이미 쇠퇴기에 접어들어 비교적 품질이 낮은 청자를 제작하고 있었기 때문이다(도6).[35] 월주고비색은 아마도 전성기의 월요비색자를 가리킬 가능성이 높다. 월요비색자는 대략 9세기 전반경부터 제작되기 시작하였는데, 그 전성기는 오대시기라고 할 수 있다.[36] 康陵(939) 출토품이 대표적인 실례인데(도7), 고려비색청자와 마찬가지로 정교하게 제작되었고, 유색은 순정한 담청록색 계통이며 유층이 균일하고 釉面 또한 매끄럽다. 그리고 문양이 거의 없다.[37] 이 시기의 비색자가 문양이 거의 없는 반면 유색이 극히 뛰어난 것은

[도7] 越窯唾壺, 康陵(939) 출토, 臨安市文物館

[도8] 臨汝窯靑瓷片, 嚴和店窯址 출토, 河南省文物考古硏究所

당시 월요의 도공들이 문양장식보다는 "釉"를 통하여 비색자의 아름다움을 구현하려 하였기 때문인 것으로 알려져 있다.[38]

결국 월주고비색과 1123년경의 고려비색청자의 가장 중요한 특징은 제작의 정교함과 담청록색 계통의 뛰어난 유색과 문양이 그다지 없다는 점 등이라고 할 수 있을 것이다. 서긍이 이들과 비슷한 부류로 지목한 여주신요기 또한 응당 이러한 특징을 가지고 있었다고 보는 것이 순리일 것이다.

여주에서는 북송대에 접어들어 여러 요장에서 백유자기·흑유자기 등과 더불어 요주요계 청자를 제작하였다.[39] 흔히 임여요청자로 부르는 것이 그것인데, 전체적으로 볼 때, 그다지 정교하게 제작되었다고 보기는 힘들다(도8). 유색은 豆青色·豆綠色·青綠色을 띠며, 순정함과는 거리가 있다. 그리고 흔히 다양한 종류의 각화문과 인화문이 시문되었다. 이러한 여주에서 북송말기에 이르러 기존의 임여요청자와 전혀 다른 풍격의 자기를 제작하기 시작하였는데, 그것이 청량사여요지에서 대량으로 출토된 이른바 천청유자기라는 것은 다 아는 사실이다.[40]

이 시기에 제작된 천청유자기는 고려비색청자 및 월요비색자와 마찬가지로 매우 정교하게 제작되었다. 유색은 넓은 범주에서 담청록색 계통에 속한다고 할 수 있으며, 순정하고 윤택하다(도9). 그리고 문양 또한 그다지 많지 않다. 특히 천청유자기와 고려비색청자의 경우, 상당히 많은 기형, 예컨대, 연화형향로·화형완·매병·화형반·화형탁·紙槌瓶·玉壺春瓶·平底小碟·圓洗·대발 등은 조형적인 측면에서도 구분하기 힘들 정도로 흡사하다(도10·11).[41] 이러한 현상이 후자가 전자를 모방한 결과라는 것은 널리 알려진 사실이다.[42]

이상에서 살펴본 바와 같은, 북송말기에 여주에서 새로 출현한 천청유자기와 고려비색청자 및 월요비색자의 유사성을 중시할 때, 문제의 여주신요기가 곧 천청유자기를 가리킨다고 보는 것은 조금도 이상한 일이 아니리라 믿는다. 게다가 여주에서 시기를 달리하여 출현한 두 부류의 청자, 즉 임여요청자와 천청유자기의 풍격상의 현격한 차이에 주목한다면, 당시 사람들이 새로 출현한 천청유자기를 두고 기존의 임여요청자와 크게 다르거나 전혀 새로운 부류의 자기라는 의미에서 여주신요기로 불렀을 것이라는 점 또한 자연스럽게 이해될 수 있는 일이라 믿는다.[43] 시

[도9] 汝窯天靑釉洗, 淸凉寺汝窯址 출토, 河南省文物考古硏究所

[도10] 汝窯蓮花形香爐, 淸凉寺汝窯址 출토, 河南省文物考古硏究所

[도11] 高麗靑瓷蓮花形香爐, 국립중앙박물관

야를 확대하여 월요자기나 요주요자기 등과 비교하여도 그러하기는 마찬가지이다. 천청유자기가 이들과도 확연히 구별되는 풍격과 특징을 지닌 자기였다는 점은 다 아는 사실이다. 여주신요기에 대응하는 舊窯器를 상정할 수 있다면, 임여요청자와 월요자기 및 요주요자기는 이 범주에 속한다고 할 수 있을 것이다.

이제 여주신요기에 대한 이해를 더욱 심화시키기 위하여 여주신요기, 즉 천청유자기의 출현 이후의 추이를 추적하여보기로 하자. 이러한 검토를 통하여 우리는 여주신요기와 여요자기의 관계에 대해서도 좀 더 구

제2장 여요와 그 성격 문제 117

[도12] 青瓷刻花牡丹紋蓋, 淸凉寺汝窯址 출토,
河南省文物 考古硏究所

체적으로 파악할 수 있게 될 것이다.

청량사여요지의 발굴 결과에 따르면, 이 요장의 경우 이미 "초기단계"부터 천청유자기를 생산하기 시작하였다.[44] 하지만 이 단계에 생산한 청자 가운데 수량의 측면에서 천청유자기가 차지한 비중은 극히 낮다. 그 대부분은 임여요청자였다(도12). 이 요장에 인접한 청량사촌의 또 다른 요장들과 韓庄村의 요장, 그리고 汝州 嚴和店窯, 魯山 段店窯 등 천청유자기가 출토되는 요장들의 경우도 그다지 다르지 않았던 것으로 파악된다.[45] 요컨대, 천청유자기는 출현 초기단계에는 요장에 관계없이 임여요청자 등을 주로 생산하던 요장에서 소량 제작되었을 뿐이었다.

천청유자기를 본격적으로 제작하는 단계에 접어들면서 천청유자기의 생산상황은 요장에 따라 크게 달라졌다. 청량사여요의 경우, 이 단계에 해당하는 "성숙기단계"의 퇴적층에서 출토된 기물들의 거의 대부분은 천청유자기이다(도13).[46] 즉 천청유자기의 생산량이 크게 증가한 것이다. 그 밖의 백유자기나 두청유자기 그리고 흑유자기 등은 고작 1% 정도를 차지할 뿐이다. 이러한 현상은 이 요장이 성숙기단계에 접어들어 갑자기 천청유자기를 전문적으로 생산하는 요장으로 변환하였음을 의미한다. 이 천청유자기가 공어되었다는 점은 다 아는 사실이다.

그런데『탄재필형』에 따르면, 북송의 조정은 한동안 주요 어용자기로 사용하던 정요백자의 芒口現狀을 문제 삼아 어용자기로 부적합하다고 판단하고, 여주에 명령하여 청요기를 제작하도록 하였다.[47] 이 청요기가 바로 우리들이 흔히 말하는 어용여요자기이다. 즉 이 조치로 어용자기의 주류가 정요백자에서 여요자기로 바뀐 것이다. 이에 따라 여요에서의 어용자기의 생산이 크게 늘어났으리라는 것은 당연한 귀결이다.

[도13] 汝窯天靑釉蓋, 淸凉寺汝窯址 출토, 河南省文物考古研究所

이제까지의 논의를 통하여 볼 때, "성숙기단계"에 접어들어 청량사여요가 어용의 천청유자기를 전문적으로 생산하는 요장으로 변화하고 아울러 그러한 천청유자기의 생산량이 크게 늘어난 점과 『탄재필형』에 보이는, 북송의 조정이 여주에 명령하여 靑窯器, 즉 어용여요자기를 생산하도록 하고 그 결과 그 생산량이 크게 늘어났을 것이라는 점이 별개의 사실을 가리킨다고 믿는 사람은 거의 없을 것이다. 즉 청량사여요가 성숙기단계에 접어들어 천청유자기를 전문적으로 생산하는 요장으로 전환하게 된 것은 바로 조정이 여주에 명령하여 어용여요자기를 생산하도록 한 조치에 따른 결과로 이해되는 것이다. 이는 곧 공어용의 여요자기가 곧 "성숙기단계"의 천청유자기였음을 뜻하는 것이기도 하다. 그리고 이렇게 이해한다면, 결과적으로 청량사여요의 "초기단계"에 제작된 자기는, 천청유자기를 포함하여 모두 공어와는 관련이 없었다는 이야기가 되는 셈이다.[48]

그러면 청량사여요 이외의 요장들의 천청유자기 생산 추이는 어떠하였을까? 오랫동안 여주와 그 주변지역의 요장을 발굴·조사한 郭木森과 趙文軍은 이 의문을 해결하는 단서가 될 수 있는 주목할 만한 견해를 제출하였다. 그들 요장에서 출토된 천청유자기가 기형·유색·시유기법·번조기법 등의 측면에서 어용여요자기 초기단계의 풍격을 지니고 있다고 주장한 것이다.[49] 이 견해에 따르면, 이들 요장의 경우 천청유자기를 본격적으로 제작하는 단계, 즉 청량사여요의 성숙기단계에 상응하는 시기에 접어들어서는 오히려 천청유자기를 거의 생산하지 않았다는 이야기가 된다. 이들 요지의 발굴결과도 이러한 사실을 뒷받침한다. 이들 요지의 경우 이 시기의 층위에서 천청유자기가 출토되지 않거나 소량만이 출토될 뿐이다.[50]

이들 요장에서 이 시기에 이르러 하나같이 천청유자기를 전혀 또는 거의 생산하지 않은 것이 각 요장의 자율적인 판단에 따른 것이라고 보기는 힘들다. 같은 시기에 청량사여요에서는 천청유자기의 생산이 급격히 증대하였다는 점과 견주어보면 더욱 그러하다. 이들 요장에서 사실상 천청유자기의 생산을 중단한 것도 어용자기의 조달을 책임지고 있던 조정의 강제에 따른 결과였을 가능성이 높다고 판단되는 것이다. 여기에 생각이 미치고 보면, 우리는 자연스럽게 여요의 성립과 더불어 취한 "汝窯, 宮中禁燒"의 조치, 즉 청량사여요에서만 여요자기를 제작하여 공어하게 하고, 그 밖의 요장에서는 그러한 여요자기를 소조하는 것을 금지하는 조치를 떠올리게 된다. 청량사여요 이외의 요장에서 천청유자기의 생산을 사실상 중단한 것은 바로 "汝窯, 宮中禁燒"의 조치에 따른 결과로 이해되는 것이다.

4. 여요의 성격

여요의 성격을 파악하는 데 있어서 빠뜨릴 수 없는 또 다른 문헌이 있는데, 그것이 곧 『탄재필형』이다. 거기에는 여요에 대하여 다음과 같이 언급되어 있다.

(D) 宋葉寘『坦齋筆衡』云……本朝以定州白磁器有芒, 不堪用, 遂命汝州造靑窯器, 故河北唐·鄧·耀州悉有之, 汝窯爲魁.[51]

위 기록에서 여요의 성격과 관련하여 가장 주목해 보아야 할 대목은 "遂命汝州造靑窯器"이다. 이는 여주에 명을 내려 청요기를 소조하도록 하였다는 내용인데, 이 청요기가 곧 여요자기이다. 이 명을 내린 주체는 당연히 북송의 조정—궁중을 포함하여—이었을 것이다. 그리고 그 명을 받은 것은 "汝州"로 되어 있는데, 그것은 여주 관내의 특정 요장을 의미할 수도 있고, 여주라는 지방행정관부일 수도 있다.

만약 전자의 경우였다면, 조정이 당시 여주에서 요업을 운영하고 있던 특정 요장에 직접 명을 내려 어용의 여요자기를 생산·공급하도록 하였다는 이야기가 된다. 그 요장은 민간요장이었을 것이다. 적어도 조정의 명령이 내려질 때까지 여주에 관요가 설치·운영되었다는 어떠한 근거도 찾을 수 없기 때문이다. 조정은 그 요장으로부터 여요자기를 공급받고 그에 상응하는 경제적 대가를 지불하였을 것이다. 말하자면 조정과 그 요장은 여요자기를 매개로 한 주문자와 생산·공급자의 관계라고 할 수 있다.[52]

만약 후자의 경우였다면, 조정의 명을 받은 지방행정관부로서의 여주가 여요자기를 생산·공급한 방식으로는 대략 다음과 같은 두 가지 가능성을 떠올릴 수 있다. 그 가운데 하나는 여주가 직접 새로운 요장을 설립하여 여요자기를 생산·공급하는 방식이다. 이 경우, 이 요장은 일종의 지방관요로서, 그 운영 및 관리 등은 온전히 여주의 몫이라고 할 수 있다. 또 다른 하나는 조정의 명을 받은 여주가 자신의 관내에서 요업을 운영하던 민간요장에 여요자기의 생산임무를 부과하는 방식이다. 이 경우, 조정이나 여주가 여요자기의 생산 및 供御 등에 관여할 수도 있지만, 그들은 원칙적으로 주문자의 입장이었고, 여요자기를 생산·공급하는 실질적인 주체는 그 요장이라고 할 수 있다. 여요자기를 공급받은 조정은 어떠한 형태로든지 그 요장에 경제적 대가를 지불하였을 것이다.

결국 여요자기는 조정의 명령에 따라 여주 관내에 있던 특정 민간요장이 주문생산방식으로 여요자기를 생산·공급하였거나, 여주가 직접 관요를 설립하여 그것을 생산·공급하였다는 이야기가 되는 셈이다. 과연 실제에 있어서는 어느 쪽이었을까? 여요자기를 생산·공급한 청량사여요 遺址의 발굴결과가 이 의문을 푸는 열쇠를 쥐고 있다.

청량사여요지의 발굴결과에 따르면, 이 요장은 이미 북송중기부터 요업을 운영하기 시작하였는데,[53] 이 요장의 "초기단계"에 제작된 자기의 경우, 그 종류·조형·문양·유색·품질 등의 측면에서 그 주위의 많은 민간요장의 경우와 별 다를 바가 없다.[54] 이 요장도 이 시기에는 주위의 많은 요장과 마찬가지로 일반적인 민요 가운데 하나였을 것이다.[55] 이 요장이 조정의 명령에 따라 전문적으로 어용자기를 생산하기 시작한 것은, 앞서 언급한 바와 같이, 북송말기에 이르러 "성숙기단계"에 접어들었을 때부터였다. 하지만 이 시기에 이 요장이 새로 건립된 흔적은 전혀 찾을 수가 없다. 그러므로 고고학적 자료에 의거하는 한, 여주가 청요기를 소조하라는 조정의 명령을 이행하기 위하여 직접 새로운 요장을 설립하고 여요자기를 생산하기 시작하였을 가능성은 희박하다. 결국 여요는 민요의 토대 위에서 조정의 명령에 따라 여요자기를 생산하여 供御하였다고 판단된다.

청대 이전에 어용자기를 생산하여 공급한 요장은 크게 세 부류로 나눌 수 있다.[56] 그 가운데 하나는 貢窯이다. 공요는 본질적으로 민요로서, 그곳에서 생산한 어용자기는 그 지방의 특산물로서 공납의 명목으로 황제에게 공헌한 것이다(土貢). 그러므로 공납하는 자기

[도14] 汝窯碗(次品), 淸凉寺汝窯址 출토, 河南省文物考古研究所

의 생산과 관련된 사항, 예컨대 기형·크기·문양 등을 결정하는 데에는 주로 생산자나 공납자의 의사가 크게 반영되는 것이 일반적이었다. 당·송대의 월요·형요·요주요 등이 그 대표적인 요장이다. 또 하나의 부류로 "製樣須索"窯가 있다. 제양수색요도 기본적으로 민요이지만, 제양수색 자체가 궁중이나 조정에서 발주하고 특정 요장이 생산·공급하는 일종의 주문생산방식이었기 때문에, 공요와 비교할 때, 궁중이나 조정이 직접 또는 간접적으로 어용자기의 생산과정에 훨씬 더 깊숙이 관여하게 마련이었다. 반대로, 생산자는 궁중이나 조정에서 제공한 견양에 의거하여 어용자기를 제작하였기 때문에 그들이 그 생산과정에서 자신들의 의지를 관철시킬 여지는 그만큼 제한되었다. 마지막으로 관요(어요)를 꼽을 수 있다. 관요가 어용자기를 생산하기 위하여 조정이 직접 설립하고 운영 및 관리한 요장이라는 것은 다 아는 사실이다. 북송관요와 남송관요, 그리고 명·청대의 御器廠과 御窯廠이 여기에 해당한다.

　여요는 적어도 민요의 토대 위에서 운영되었다는 점에서 관요와는 구별되는 존재였다. 결국 여요는 공요나 제양수색요 가운데 어느 한 쪽의 성격을 띠고 있었다는 이야기가 되는 셈인데, 구체적으로 어느 쪽인지를 알아보기 위하여 앞서 살펴본 『청파잡지』의 기록[사료(A)]을 다시 음

[도15] 破棄된 汝窯瓷器殘次品, 淸凉寺汝窯址(C2) 출토, 河南省文物考古硏究所

미해 볼 필요가 있다. 여기에서 각별히 주목해서 살펴보아야 할 것은 여요자기의 경우 어용자기로 선정되지 못한 것들만 일반에 판매하는 것을 허락하였다는 대목("唯供御, 揀退方許出賣")이다. 이 대목은 여요의 성격을 좀 더 구체적으로 파악하는 데 단서가 될 수 있는 두 가지 중요한 사실을 알려준다.

첫째, 원칙적으로 모든 여요자기는 일정한 選品過程을 거쳐야 한다는 점이다. 그 선품의 기준은 구체적으로 언급되어 있지 않지만, 여요자기가 기본적으로 공어를 목적으로 제작되었다는 점에서 보면 그것들이 어용자기로서 합당한가 그렇지 않은가 하는 점이 가장 중요한 기준이었을 것이다(제1차 선품). 청량사여요지에는 그러한 선품의 흔적이 남아 있는데, 그곳에서 출토된 수많은 천청유자기편들이 그것이다. 이 천청유자기편들은 기본적으로 짝을 맞추어 복원이 가능한데, 그 상당량은 품질에 어느 정도 문제가 있을지언정 그릇으로 사용하기에는 별 다른 문제가 없었을 기물들(次品)들이다(도14). 이것은 이 요장에서 매우 엄격한 기준

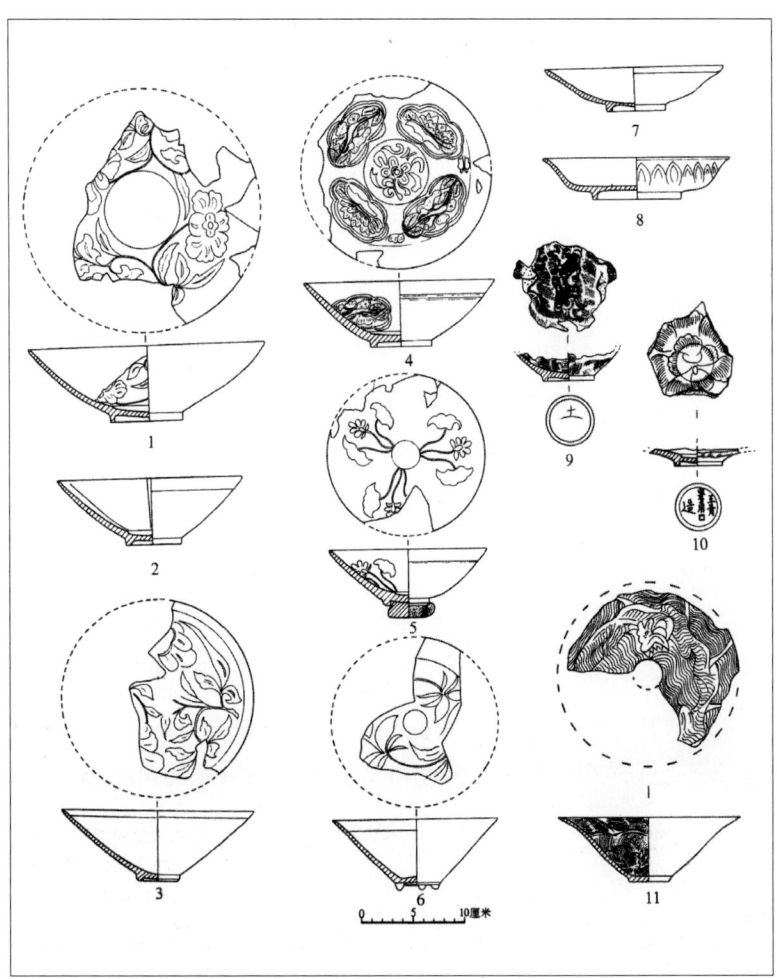

[도16] 淸凉寺汝窯 초기단계의 기물들(碗·盤)

에 의거하여 선품을 하고, 아울러 선품에서 탈락한 殘次品들은 깨뜨려 버렸음을 의미하는데(도15),[57] 그것은 여요자기의 殘次品들이 일반에 유출되는 것을 막기 위한 조치로 이해된다. 이와 같은 엄격한 선품과 잔차품의 처리는 관요에서 일반적으로 채택된 방식이었다. 여요가 관요가 아니었음에도 불구하고 관요와 같이 엄격한 선품 기준을 적용하고 아울러

제2장 여요와 그 성격 문제 125

관요의 잔차품 처리방식을 채택한 것은 여요자기가 기본적으로 공어를 목적으로 제작되었기 때문이었을 것이다. 일반에 판매된 여요자기도 이러한 선품과정을 거친 것들로서, 잔차품과는 전혀 다른 부류였다. 즉, 그러한 선품과정을 거친 여요자기 가운데 우선적으로 선별하여 공어하고 (제2차 선품), 그 나머지를 일반에 판매한 것이다. 이러한 선품은 어용자기를 조달·관리·감독하던 중앙관부의 관리들이나 또는 여요자기의 생산을 관리한 여주의 지방관리들이 맡았을 터인데, 여요자기가 본래 공어를 목적으로 제작되었다는 점을 중시하면, 전자의 가능성이 더 높지 않을까 한다.

둘째, 공어에서 탈락한 여요자기를 일반에 판매할 때도 제약이 있었다는 점이다. 즉 "方許出賣"가 말해주는 바와 같이, 생산자가 낙선품을 자유롭게 판매할 수 있었던 것이 아니고 원칙적으로 허가가 있어야만 가능하였다. 허가한 주체는 분명히 드러나 있지 않지만, 여요자기의 제작을 명령한 조정이나 궁중이었을 것이다. 즉 조정이나 궁중은 여요자기의 판매까지도 사실상 통제한 셈이다. 이 점은 일반에 판매된 여요자기마저도 본래는 供御를 목적으로 제작된 것이었다는 점과 표리관계를 이룬다고 볼 수 있다.

이와 같이 여요자기가 본래 공어를 목적으로 제작되었고, 관리들이 그 자기를 직접 선품하였으며, 아울러 사실상 판매까지도 통제하였다면, 조정이나 궁중은 여요자기의 생산과정에도 관여했을 가능성이 높다. 이 점은 청량사여요지의 발굴결과를 통해서도 어느 정도 확인이 가능하다.

청량사여요지의 발굴결과에 따르면, 청량사여요가 공어용 여요자기를 생산하기 전 단계, 즉 "초기단계"의 생산품과 공어용 여요자기를 생산하던 단계, 즉 "성숙기단계"의 생산품은 품질적인 측면뿐만 아니라 기종과 기형 등의 측면에서도 큰 차이를 보인다. 전자는 그 기종과 기형

[도17] 汝窯圓壺,
淸凉寺汝窯址 출토,
河南省文物考古硏究所

[도18] 陶範(內模),
淸凉寺汝窯址 출토,
河南省文物考古硏究所

이 비교적 단순하다. 즉, 완과 반 등 일상생활용기가 그 대부분을 차지하며 기형도 단조로운 편이다(도16).[58] 반면, 후자는 전자에 비해 그 기종과 기형이 상대적으로 훨씬 다양하다. 일상생활용기뿐만 아니라 三足樽·

제2장 여요와 그 성격 문제 127

三足洗·方壺·圓壺 등과 같이 청동기의 조형을 방제한 기물이나 水仙盆·香爐·甁類·洗類와 같은 陳設器들도 상당량 제작되었다(도17).[59] 이러한 것들은 전자에서는 거의 찾아보기 힘든, 궁정용 자기의 색채가 농후한 기물들이다. 이러한 변화는 여요자기가 공어되기 시작하면서 생긴 것이므로 궁중의 요구에 따른 결과로 이해하는 것이 타당하다. 궁중은 견양을 여요에 제공하고, 여요의 도공들은 그것을 토대로 그러한 기물들을 제작하였을 것으로 판단된다.[60]

한편, 청량사여요지의 "성숙기단계" 퇴적층에서는 상당량의 陶範들이 출토되어(도18), 틀성형이 크게 성행하였음을 알려준다.[61] 그런데 흥미로운 것은 향로와 같이 물레성형이 어려운 기종뿐만 아니라 흔히 물레성형을 하는 완·반·세 등과 같은 원형기들도 틀성형을 한 경우가 매우 많다는 것이다. 이러한 틀성형이 기형과 크기가 균일한 기물을 제작하기 위한 것과 깊은 관련이 있다는 관점에서 볼 때, 그러한 예들은 이 요장이 공어의 단계로 접어들면서 그곳에서 생산하는 여요자기가 규격화되고, 아울러 그것이 매우 엄격하게 준수되었음을 실제적으로 보여주는 것으로 이해된다. 이와 같은 여요자기의 규격화 현상도 청량사여요가 궁중에서 제공한 일정한 견양을 토대로 공어용 여요자기를 제작한 것과 깊은 관련이 있다고 생각한다.[62]

이러한 측면에서 볼 때, 여요는 일단 공요와 제양수색요 가운데 후자의 범주에 포함된다고 할 수 있다. 하지만 여요는 일반적인 제양수색요와는 여러 가지 측면에서 크게 구별되는 존재였다.

(E) 處州龍泉縣……又出靑瓷器, 謂之秘色, 錢氏所貢, 蓋取於此. 宣和中, 禁庭製樣須索, 益加工巧.[63]

위 기록은 남송초기에 莊綽이 저술한 『鷄肋編』에 보이는 용천요에 대한 내용인데, 우리가 각별히 관심을 기울여 보아야 할 곳은 이 기록의 후반부이다. 이에 따르면, 용천요의 "靑瓷器"는 선화연간(1119~1125)에 "禁庭"이 "製樣須索"을 하면서 더욱 공교해졌다고 한다. 이 대목은 "製樣", 즉 견양을 제작하고 "須索", 즉 그 견양에 의거하여 용천요에서 만든 청자를 거두어들인 주체가 "禁庭", 즉 궁중이었음을 분명히 보여준다. 그렇지만 북송말기의 선화연간에 용천요청자가 더욱 공교해졌다는 점에는 의문이 남는다.

(F) 宋葉寘『坦齋筆衡』云……江南則處州龍泉縣, 窯質頗麤厚.[64]

북송말기의 용천요청자의 상황을 보여주는 또 다른 문헌인 『탄재필형』은 당시 용천요청자가 "품질이 자못 투박하다(頗麤厚)"고 평가한 것이다. 고고학적인 측면에서도 이 시기에 용천요 청자의 품질이 전반적으로 크게 높아졌다는 근거는 찾을 수가 없다(도19). 따라서 위의 사료(E)와 (F)의 내용을 종합해보면, 제양수색의 대상이 된 특정한 공어용 청자는 공교해졌겠지만, 그 생산품의

[도19] 龍泉窯刻花垂葉紋盂口壺,
龍泉市秋畈村北宋元豊紀年墓(1078~1085) 출토,
龍泉博物館

[도20] 建窯瓷器片, 福建博物院

대부분을 차지했을 나머지 일반 판매용 청자는 여전히 그다지 품질이 높지 않았다는 결론에 이르게 된다. 이 점은 당시 용천요청자 가운데 제양수색의 대상이 된 것은 극히 한정된 부류였음을 시사한다. 요컨대, 이 시기에 용천요가 제양수색요로 지목되었지만, 여요처럼 전문적으로 어용자기를 제작하였을 가능성은 희박하다. 필경 한정된 수량만이 제양수색의 대상이 되었을 것으로 판단되는 것이다.

그 밖에 정요·경덕진요·건요 등도 제양수색요로 지정되었을 것으로 여겨지지만,[65] 이들의 경우도 한정한 수량의 기물들만이 제양수색의 대상이 되었을 뿐만 아니라, 전체 생산품에서 공어용 자기가 차지하는 비중은 극히 낮았을 것으로 판단된다. 예컨대, 건요의 경우 그 생산품 가운데 극히 일부의 기물들만 그 저부에 "供御"나 "進琖"의 명문이 있는데(도20),[66] 이러한 기물들은 제양수색의 방식으로 공어되었을 것이다.

이상에서 살펴본 바와 같이, 당시의 일반적인 제양수색요의 경우는 민요로서 특정한 기종에 한하여 어용자기를 생산·공급하였다. 반면 여요는 비록 민요였지만, 기본적으로 공어를 목적으로 자기를 제작한, 전문적인 제양수색요였다. 당시 여요를 제외하면 이러한 성격을 가진 요장을 찾을 수가 없다. 이 점에서 여요는 일반적인 제양수색요와는 커다란 차이가 있다. 수행한 임무만을 놓고 볼 경우, 여요는 오히려 관요(어요)와 흡사한 면이 있다. 다 아는 바와 같이, 전문적으로 어용자기를 생산한 대표적인 요장이 곧 관요이기 때문이다. 여요의 경우, 민요의 토대 위에서 운영되고, 그 생산품의 일부가 일반에게 판매되었다는 점이 다를 뿐이다. 이러한 점들을 종합적으로 고려하면, 여요는 어용자기를 생산한 요장의 전개과정에서 볼 때, 일반적인 제양수색요와 관요의 중간적인 성격을 지니고 있었다고 판단된다.[67] 이 점에서 여요의 성립은 곧 북송관요의 출현을 예고하는 일이었다.

5. 나머지말—"供御"와 "出賣"의 의미에 대한 재음미

필자는 이제까지 여요와 관련된 송대 문헌기록의 含意를 제대로 파악하지 못하거나 오해한 대목이 적지 않다는 인식 아래 『청파잡지』·『선화봉사고려도경』·『탄재필형』의 해당 기록을 재해석하고 그것을 주요 토대로 하여 여요의 성격을 추적하였다. 그 결과 여요가 기본적으로 공어를 목적으로 자기를 제작한, 전문적인 제양수색요라는 결론에 이르렀다.

사실 그러한 여요의 성격은 『청파잡지』에 나오는 "供御"와 "出賣"에 함축되어 있다고 할 수 있다. 즉 "供御"가 내포하고 있는 관요적 요소와 "出賣"가 가지고 있는 민요적 요소를 아울러 지니고 있던 요장이 여요인 것이다. 그런데 "供御"와 "出賣"는, 우리가 가지고 있는 어용자기에 대한 일반적인 인식의 토대 위에서 본다면, 서로 조화를 이루기 힘든 요소일지도 모른다. 본래 공어를 목적으로 제작된 여요자기들 가운데 일부—비록 공어에서 탈락된 것들이기는 하지만—를 일반에게 판매하도록 허가한 것은 어떻게 이해되어야 하는 것일까? 게다가 판매가 허가된 상황 아래에서 왜 굳이 엄격한 선품 과정을 통하여 잔차품이 일반에 유출되지 않도록 깨뜨려버린 것일까? 이러한 의문은 이미 제기되었고[68] 아울러 해명이 시도된 바가 있거니와,[69] 필자가 도출해낸 여요의 성격에 대한 결론이 좀 더 신뢰성을 확보하기 위해서도 이 점들을 해명하지 않으면 안 된다. 편의상 두 번째 의문에서부터 해명의 실마리를 풀어나가기로 하자.

상품 판매의 최대의 목적이 이윤의 추구라는 관점에서 보면, 사실 앞서 언급한 여요의 잔차품 처리방식이 쉽게 납득이 되지 않는 것은 당연한 일이다. 품질적인 측면에서는 문제가 있을지 모르지만 그릇으로서의 기능을 잃지 않은 것들은 얼마든지 상품으로서의 가치가 있음에도 불구하고 굳이 깨뜨려버렸다는 이야기가 되기 때문이다. 여기에서 우리가 간과해서는 안 될 점은 여요자기를 판매한 것과 그러한 방식으로 잔차품을 처리한 것이 상충하는 것처럼 보이는 것은 여요자기를 판매한 주체와 그렇게 잔차품을 처리한 주체가 같다는 전제 위에서만 그러하다는 사실이다. 양자가 서로 다르다면 사정은 달라진다.

공어에서 탈락한 여요자기를 판매하여 이익을 취한 주체가 여요—청량사여요—의 窯主였으리라는 점에는 의심이 없다. 그렇지만 殘次品을 깨뜨려버리도록 결정한 주체가 여요의 요주였을 가능성은 희박하다.

이 가운데 次品의 경우는 일반에 판매하여 경제적 이윤을 취할 수 있음에도 불구하고 여요의 요주가 스스로 그러한 결정을 내렸을 까닭이 없다고 판단되기 때문이다. 소성한 여요자기를 합격품과 잔차품으로 구분한 후(제1차 선품), 잔차품을 파기하도록 한 주체는 여요자기의 注文者인 조정―궁중을 포함하여―이었을 것이 분명하다. 여요자기가 본래 공어를 목적으로 제작되었기 때문에 일반에 유통되는 것을 막기 위하여 그러한 잔차품 처리방식을 택하였다고 해서 전혀 이상한 일이 아니라 믿는다. 후대의 관요(어요)에서도 그러한 방식을 택하였다는 것은 다 아는 일이다. 여요의 요주는 필경 次品을 파기하지 않고 일반에 판매하여 좀 더 큰 경제적 이익을 얻고 싶었을 터이지만, 잔차품의 처리방식을 결정하는 권한이 조정에 있었기 때문에, 그로서는 애초부터 次品을 파기하는 것을 막을 길이 없었던 셈이다.

여기에서 앞서 첫 번째 제기한 의문이 대두하게 된다. 여요자기가 일반에 유통되는 것을 막으려 한 조정이 왜 합격품 가운데 공어에서 탈락한 것들은 일반에 판매하도록 허용하였는가 하는 점이 그것이다. 이 점은 여요자기의 생산과 선품 과정을 되돌아보면 어느 정도 이해가 되지 않을까 한다.

여요자기가 본래 조정―궁중을 포함하여―의 주문에 의하여 공어를 목적으로 제작되었다는 점은 앞에서 여러 차례 언급하였다. 일반에 판매할 목적으로 여요자기를 생산하는 것은 원칙적으로 금지되었던 것이다. 그러므로 여요자기의 생산량을 결정하는 것은 여요의 요주나 도공들의 권한 밖의 일이었다고 할 수 있다. 그들은 조정의 주문량에 맞추어 여요자기를 생산할 뿐이었다. 그렇지만 당시의 자기소성조건 아래에서는 통상 적지 않은 잔차품이 나오게 마련이었다. 합격품의 기준이 높은 여요의 경우는 더욱 그러하였을 것이 분명하다. 여요의 도공들은 주문량보다 더 많은 양의 자기를 소성해야 주문량에 맞출 수 있었던 셈이다. 하지만 당시의 소성환경 아래에서 잔차품의 양을 정확하게 예상하는 것은 불가능에 가까운 일이다. 소성환경이 좋지 않아서 잔차품의 양이 많아지면 그에 반비례하여 합격품의 비율이 낮아지게 마련이고, 경우에 따라서 합격품의 양이 주문량에 미달하는 사태도 발생하였을 것이다. 그 반대로 합격품의 비율이 높아지면 상대적으로 합격품의 양이 주문량을 초과하였을 가능성이 높다.

합격품의 양이 주문량과 일치하거나 미달한 경우에는 그것들은 모두 공어되었을 것이다. 그리고 합격품의 양이 주문량을 초과할 경우에는 제2차 선품을 거쳐 우선적으로 주문량만큼 공어하고 나면 필연적으로 초과량만큼의 잉여 합격품이 남게 된다. 이것들은 次品과는 전혀 다른 성격의 것들이었다. 조정은 이 잉여 합격품을 일반에 판매하도록 허가하였던 셈이다. 남송 紹興 21년(1151)에 淸河郡王 張俊이 高宗에게 공헌한 16건의 여요자기는 이 경로로 취득한 것들이었을 가능성이 높다.[70]

여요와 관요(어요)의 가장 큰 차이점 가운데 하나는 바로 이 잉여 합격품의 처리방식이다. 후대의 관요(어요)에서는 그 잉여 합격품들까지 모두 공어하게 하거나 깨뜨려버려서 그것들이 민간에 흘러들어가는 것을 차단하였다. 잉여 합격품의 판매가 여요에 어느 정도의 경제적 이득을 가져다주었는지는 잘 알 수 없다. 하지만 여요자기의 생산량 자체를 결정하는 권한이 조정에 있었기 때문에 그것이 가지는 경제적 의미는 그다지 크다고 생각되지 않는다. 그러므로 여요의 "出賣"의 경제적 의미를 지나치게 강조하는 것은 사실과 부합한다고 보기 힘들다. 요컨대, "供御"와 제한적인 "出賣"가 공존한 것은 관요체제에 진입하기 직전 단계에 성립된 여요에서만 찾아볼 수 있는 매우 독특한 현상이라고 할 수 있겠다.

[이 장은 『역사와 담론』 제64집(2012)에 게재된 「北宋 汝窯와 그 性格 問題—宋代 文獻記錄에 대한 再檢討를 중심으로」의 제목을 고치고 일부 내용을 수정 및 보완한 것이다]

제2장 주석

01 汝窯는 본래 汝州에 있던 요장들을 통칭하거나 그 요장들에서 제작한 자기를 가리키는 개념이다. 하지만 역사적인 의미에서의 여요는 이보다 훨씬 한정적인 의미로 쓰였다. 즉 그것은 여주에 있던 수많은 요장 가운데 조정의 명령에 의해 어용자기를 주로 제작하던 요장이나 그곳에서 제작한 자기를 가리키는 개념으로 쓰인 것이다. 이 연구에서 특정한 의미를 규정하지 않고 여요라고 한 것은 모두 그러한 역사적인 의미에서의 여요를 가리킨다.

02 현재까지 전해오는 여요자기는 70여 점으로 알려져 있다(河南省文物考古研究所, 『寶豊淸凉寺汝窯』, 大象出版社, 2008, 141~144쪽). 그러나 이미 謝明良이 지적한 바와 같이, 사실상 여요자기의 외관에 대한 오늘날의 일반적인 인식의 기반이 된 淸 乾隆帝와 Percival David의 여요자기 감식에 적지 않은 문제점이 있기 때문에(謝明良, 「北宋官窯研究現狀的省思」, 『故宮學術季刊』 제27권 제4기, 2010, 5~15쪽), 그것들이 실제로 모두 여요자기인지에 대해서는 의문이 있다. 필자도 기본적으로 謝明良의 문제제기에 동의한다. 필자는 이른바 전세여요자기 안에 여요자기 뿐만 아니라 북송관요자기와 후대의 倣汝窯瓷器들도 포함되어 있을 가능성이 크다는 생각을 가지고 있다. 李喜寬, 「乾隆帝와 郭葆昌 그리고 Percival David—汝窯瓷器의 실체에 대한 인식의 궤적과 이른바 傳世汝窯瓷器」, 『美術史學』 30, 2015, 55~185쪽 참조.

03 Percival David, "A Commentary on Ju Ware", *Transaction of the Oriental Ceramic Society*, vol. 14, 1937, pp.18~69.

04 汪慶正·范冬靑·周麗麗, 『汝窯的發現』, 上海人民美術出版社, 1987, 3쪽 및 15~31쪽.

05 河南省文物考古研究所, 『寶豊淸凉寺汝窯』, 大象出版社, 2008.

06 Percival David, "A Commentary on Ju Ware", *Transaction of the Oriental Ceramic Society*, vol. 14, 1937, pp.53~54; 劉毅, 「官窯制度的形成及其實質」, 『中原文物』 1994년 제3기, 91~93쪽; 呂成龍, 「汝窯的性質及相關諸問題」, 『中國古陶瓷研究』 제7집, 2001, 39~41쪽; 王光堯, 「汝窯與北宋汴京官窯—從汝窯址考古資料看宋代官窯的出現及官窯制度的形成」, 『故宮博物院刊』 2010년 제5기, 91~97쪽.

07 葉喆民, 「汝窯卄年考察記實」, 『中國陶瓷』 1987년 제6기, 43쪽; 陸明華, 「寶豊

汝窯出土標本及有關問題探討—兼述汝州市文廟窯址的屬性」,『中國古陶瓷研究』제7집, 2001, 131~132쪽; 周麗麗,「關于汝窯窯場性質的討論」,『中國古陶瓷研究』제7집, 2001, 32~33쪽; 沈瓊華,「貢窯·官窯辨」,『2007'中國·越窯高峰論壇論文集』, 文物出版社, 2008, 56~57쪽; 孫新民,「汝窯的發現與研究」,『汝窯與張公巷窯出土瓷器』, 科學出版社, 2009, 157쪽; 小林仁,「汝窯の謎─寶豊淸凉寺汝窯址の發掘と汝窯の位置づけ─」,『北宋汝窯靑磁考古發掘成果展』, 財團法人大阪市美術振興協會, 2009, 243~244쪽.

08 陳萬里,「汝窯的我見」,『文物參攷資料』1951년 제2기:『陳萬里陶瓷考古文集』, 紫禁城出版社, 1997, 150~151쪽; 李剛,「論宋代官窯的形成」,『東南文化』1989년 제6기:『古瓷新探』, 浙江人民出版社, 1990, 98~99쪽; 李輝柄,『宋代官窯瓷器』, 紫禁城出版社, 1992, 15~27쪽; 王團樂,「試析汝窯的性質及相關問題」,『中原文物』2005년 제4기, 78~81쪽.

09 鄭嘉勵,「說"製樣須索"」,『南宋官窯文集』, 文物出版社, 2004, 90~91쪽; 沈岳明,「"官窯"三題」,『故宮博物院院刊』2010년 제5기, 18쪽.

10 "汝州新窯器"의 실체에 관한 여러 견해에 대해서는 伊藤郁太郎,「北宋官窯探訪」,『陶說』620, 2004, 71쪽; 謝明良,「北宋官窯研究現狀的省思」,『故宮學術季刊』제27권 제4기, 2010, 19~20쪽을 참조하라.

11 [宋]周輝 撰(劉永翔 校注),『淸波雜志校注』卷5, 中華書局, 1994, 213쪽.

12 謝明良,「北宋官窯研究現狀的省思」,『故宮學術季刊』제27권 제4기, 2010, 11쪽.

13 이혜심,「乾隆帝의 汝窯瓷器 鑑識 硏究」서울대학교 석사학위논문, 2010, 41~52쪽.

14 尾崎洵盛,「宋元の陶磁」,『陶器講座』24, 1938, 50쪽.

15 河南省文物考古研究所,『寶豊淸凉寺汝窯』, 大象出版社, 2008, 125쪽.

16 傅振倫,「談宋汝窯」,『中國古陶瓷論叢』, 中國廣播電視出版社, 1994, 55쪽; 孫新民,「汝窯瓷器に關する諸問題」,『北宋汝窯靑磁考古發掘成果展』, 財團法人大阪市美術振興協會, 2009, 18~20쪽.

17 "宮中禁燒"의 "禁"은 "금지하다"는 의미 외에도, "宮中"이나 "秘密" 등의 의미도 가지고 있다. 문제의 "禁"을 "宮中"이나 "秘密"로 이해하면, "汝窯, 宮中禁燒"는 궁중이, 혹은 궁중만이 여요자기를 소조하였다는 의미로 파악될 수 있다. 이 경우, 궁중이 여요자기를 소조한 주체가 되고, 아울러 여요의 성격은 관

요(어요)가 되는 셈이다. 그렇지만 여요와 관련된 또 다른 핵심적인 문헌인
『탄재필형』에는 여요자기가 궁중이 소조한 것이 아니라 조정 또는 궁중이 여
주에 명하여 소조하도록 한 것으로 明示되어 있다([元]陶宗儀 撰,『南村輟
耕錄』卷29 窯器, 中華書局點校本, 中華書局, 1959, 362~363쪽). 이러한
『탄재필형』의 기록을 부정할 만한 근거가 없기 때문에 "汝窯, 宮中禁燒"가 실
제적으로 궁중이, 혹은 궁중만이 여요자기를 소조하였다는 의미였을 가능성은
배제하여도 좋다고 생각한다.

18 이러한 의문은 이미 李民擧가 명시적으로 제시한 바가 있다(李民擧,「宋官窯
論稿」,『文物』1994년 제8기, 48쪽).

19 李民擧,「宋官窯論稿」,『文物』1994년 제8기, 48쪽; 秦大樹,「鈞窯三問—論鈞
窯研究中的幾個問題」,『故宮博物院院刊』2002년 제5기, 23쪽.

20 [淸]藍浦 撰,『景德鎭圖錄』卷9 陶說雜編下, 同治九年重刻本,『中國古代陶
瓷文獻輯錄』제2책, 全國圖書館文獻縮微複製中心, 2003, 801쪽.

21 李剛도 "宮中禁燒"를 "宮禁中燒"로 바로잡아야 한다고 주장하였다. 李剛,
「"宋代五大名窯"的是與非」,『東方博物』제42집, 2012, 6쪽.

22 [元]陶宗儀 撰,『南村輟耕錄』卷29 窯器, 中華書局點校本, 中華書局, 1959,
362~363쪽: "本朝以定州白磁器有芒, 不堪用, 遂命汝州造靑窯器, 故河北
唐‧鄧‧耀州悉有之, 汝窯爲魁."

23 [元]陶宗儀 撰,『南村輟耕錄』卷29 窯器, 中華書局點校本, 中華書局, 1959,
362~363쪽: "政和間, 京師自置窯燒造, 名曰官窯."

24 李民擧,「宋官窯論稿」,『文物』1994년 제8기, 48쪽.

25 秦大樹,「鈞窯三問—論鈞窯研究中的幾個問題」,『故宮博物院院刊』2002년
제5기, 23쪽.

26 한편, 愛宕松男은 "宮中禁燒"를 "宮中에 의해서 독점적으로 燒造되었다"는
의미나 "궁중에서 사용하기 위해서만 소조되었다"는 의미로 해석될 수 있지만,
전자의 경우 그렇게 소조된 자기를 여요자기라고 불렀다는 점에서 불합리하기
때문에 후자의 의미일 것이라고 보았다([淸]藍浦(愛宕松男 譯註),『景德鎭圖
錄』2, 平凡社, 1987, 164쪽). 그리고 劉毅는 여요가 관요(御窯)라는 전제로부
터 演繹하여, 여요의 천청유자기는 본래 民用瓷器였지만, 어용자기로 선정된
후 일반 민요에서는 생산하지 못하게 되었는데, 이것이 곧 "宮中禁燒"라고 이
해하였다(劉毅,「官窯制度的形成及其實質」,『中原文物』1994년 제3기, 92

쪽). 그러나 필자는 여요가 관요(御窯)라는 전제 자체에 동의하지 않는다. 이 점에 대해서는 이 장의 제4절에서 자세히 설명할 것이다.

27 하지만 陸明華는 여주의 文廟遺址에서 청량사여요의 생산품과 유사한 자기편들이 출토되었다는 점을 들어, 청량사여요 이외에 또 다른 여요 요장이 있었을 가능성이 있다고 주장하였다(陸明華,「寶豊汝窯出土標本及有關問題探討─兼述汝州市文廟窯址的屬性」, 『中國古陶瓷研究』 제7집, 2001, 132~135쪽). 그리고 孫新民도 魯山 段店窯에서도 天青釉瓷器片들이 출토되었다는 점을 근거로 어용여요자기를 생산한 요장이 한 곳(청량사여요)이 아닐 것이라고 주장하였다(孫新民,「關于汝窯性質問題的探討」, 『故宮博物院八十五華誕宋代官窯及官窯制度國際學術研討會論文集』, 故宮出版社, 2012, 158~160쪽). 하지만 文廟遺址에서는 窯爐나 작업장 등이 발견되지 않아 그곳이 요지인지 분명치 않다. 그리고 段店窯址의 경우 출토된 천청유자기편들이 그다지 많지 않아 그곳이 전문적으로 어용여요자기를 소조한 곳이었을 가능성은 희박하다고 판단된다.

28 [宋]徐兢 撰, 『宣和奉使高麗圖經』 卷32 器皿 3 陶爐, 乾道三年本, 鄭龍石·金鐘潤 譯, 『선화봉사 高麗圖經』, 움직이는 책, 1998, 523쪽: "狻猊出香도 역시 翡色이다. 위에는 쭈그리고 있는 짐승이 있고 아래에는 仰蓮花가 그것을 받치고 있다. 여러 그릇 가운데 오직 이 물건이 가장 정교하고 좋다. 그 나머지는 越州古秘色이나 汝州新窯器와 대략 비슷하다."

29 [元]陶宗儀 撰, 『南村輟耕錄』 卷29 窯器, 中華書局點校本, 中華書局, 1959, 362~363쪽.

30 浙江省文物考古研究所 等(沈岳明 執筆),「慈溪上林湖荷花芯窯址發掘簡報」, 『文物』 2003년 제11기, 24~25쪽; 李喜寬,「越窯 秘色瓷에 대한 새로운 이해」, 『韓國古代史探究』 2, 2009, 170~179쪽.

31 물론 汝州新窯의 개념만을 놓고 보면, 그것이 여주에서 처음으로 건립된 요장이라는 의미로 쓰였을 가능성도 있다. 하지만 여주에는 이미 오래 전부터 여러 요장에서 요업을 운영하고 있었으므로, 실제에 있어서 그러한 의미로 쓰였을 가능성은 배제하여도 좋다. 예컨대, 淸凉寺村과 韓庄村에 있던 요장들의 경우도 이미 북송초기부터 요업을 운영한 것으로 이해되고 있다(河南省文物研究所(孫新民 等 執筆),「寶豊淸凉寺汝窯址第二、三次發掘簡報」, 『華夏考古』 1992년 제3기, 153쪽).

32 [宋]徐兢 撰, 『宣和奉使高麗圖經』 卷32 器皿 3 陶爐, 乾道三年本, 鄭龍石·金

鐘潤 譯, 『선화봉사 高麗圖經』, 움직이는 책, 1998, 523쪽: "陶器의 빛깔이 푸른 것을 高麗人은 翡色이라고 하는데, 近年 이래로 制作이 정교하고 色澤도 더욱 좋아졌다."

33　尹龍二, 「高麗陶瓷의 變遷」, 『澗松文華』 31, 1986: 『韓國陶瓷史硏究』, 文藝出版社, 1993, 118~120쪽; 장남원, 『고려중기 청자 연구』, 혜안, 2006, 321쪽.

34　국립중앙박물관, 『고려 왕실의 도자기』, 통천문화사, 2008, 20~25쪽.

35　慈溪市博物館 編, 『上林湖越窯』, 科學出版社, 2002, 107~110쪽.

36　李喜寬, 「越窯 秘色瓷의 展開와 匣鉢」, 『美術史學』 24, 2010, 135~139쪽.

37　杭州市文物考古所·臨安市文物館(張玉蘭 執筆), 「浙江臨安五代吳越國康陵發掘簡報」, 『文物』 2000년 제2기, 14~19쪽.

38　浙江省文物考古研究所 等, 『寺龍口越窯址』, 文物出版社, 2002, 355쪽.

39　河南省文物考古研究所 等(趙靑雲 等 執筆), 「河南魯山段店窯的新發現」, 『華夏考古』 1988년 제1기, 63쪽; 河南省文物考古研究所(孫新民 等 執筆), 「寶豊淸凉寺汝窯址第二、三次發掘簡報」, 『華夏考古』 1992년 제3기, 141~146쪽 및 153쪽; 河南省文物考古研究所(毛寶亮 等 執筆), 「河南臨汝嚴和店汝窯遺址的發掘」, 『華夏考古』 1995년 제3기, 5~10쪽; 河南省文物考古研究所, 『寶豊淸凉寺汝窯』, 大象出版社, 2008, 14~18쪽.

40　河南省文物考古研究所, 『寶豊淸凉寺汝窯』, 大象出版社, 2008, 140쪽.

41　李喜寬, 「高麗睿宗與北宋徽宗―十二世紀初期的高麗靑瓷與汝窯、北宋官窯」, 『故宮學術季刊』 제31권 제1기, 2013, 72~85쪽.

42　李仲謨, 「汝窯與高麗靑瓷―兼從高麗靑瓷的傳世器物推斷汝窯瓷器的部分造型」, 『文化遺産硏究集刊』 제2집, 2001, 275~281쪽; 小林仁, 「高麗翡色靑磁と汝窯―近年の考古發掘と硏究成果から―」, 『高麗靑磁の誕生―初期高麗靑磁とその展開―』, 財團法人大阪市美術振興協會, 2004, 111~113쪽.

43　한편, 천청유자기가 집중적으로 제작된 청량사요의 경우, 이 요장의 "초기단계"에 이미 천청유자기를 제작하기 시작한 것으로 확인되었다. 그렇지만 이 요장이 천청유자기의 출현을 전후한 시기에 건립된 흔적은 어디에서도 찾을 수 없다. 퇴적층의 상황은 이 요장이 천청유자기가 출현하기 이전에 이미 건립되어 백유자기와 더불어 임여요청자를 제작하고 있었음을 말해주고 있다. 이 요장에 인접한 청량사촌의 또 다른 요장들과 韓庄村의 요장, 그리고 汝州 嚴和店窯, 魯山 段店窯 등의 경우도 그러하기는 마찬가지이다. 이들 요지에서도 천

청유자기가 출토되었지만(郭木森·趙文軍,「試析汝窯及相關問題」,『華夏考古』2000년 제3기, 95쪽; 孫新民,「關于汝窯性質問題的探討」,『故宮博物院八十五華誕宋代官窯及官窯制度國際學術研討會論文集』, 故宮出版社, 2012, 158~160쪽), 임여요청자 등을 소조하던 기존의 요장에서 그것을 소조한 것이 분명하다. 이와 같이 천청유자기, 즉 여주신요기가 새로 건립된 요장에서 소조된 것이 아니었다면, 여주신요기는 여주에 새로 건립된 요장에서 만든 기물이라는 의미가 아니라 단지 여주에서 만든 새로운 자기라는 의미로 쓰였다고 보는 것이 온당할 것이다.

44 河南省文物考古研究所,『寶豊淸凉寺汝窯』, 大象出版社, 2008, 56쪽. 한편, 청량사여요지의 발굴자는 이 요지를 전개과정은 "초기단계"와 "성숙기단계"로 구분하여 이해하였다(河南省文物考古研究所,『寶豊淸凉寺汝窯』, 大象出版社, 2008, 53쪽). 이 연구에서 특별한 설명 없이 청량사여요의 초기단계와 성숙기단계라고 한 것은 모두 청량사여요지의 발굴자가 구분한 바를 따른 것이다.

45 郭木森·趙文軍,「試析汝窯及相關問題」,『華夏考古』2000년 제3기, 95쪽; 孫新民,「關于汝窯性質問題的探討」,『故宮博物院八十五華誕宋代官窯及官窯制度國際學術研討會論文集』, 故宮出版社, 2012, 158~160쪽.

46 河南省文物考古研究所,『寶豊淸凉寺汝窯』, 大象出版社, 2008, 75쪽.

47 [元]陶宗儀 撰,『南村輟耕錄』卷29 窯器, 中華書局點校本, 中華書局, 1959, 362~363쪽.

48 청량사여요지의 발굴자와 王光堯는 "초기단계"의 청자도 供御된 것으로 파악하였다. 河南省文物考古研究所,『寶豊淸凉寺汝窯』, 大象出版社, 2008. 9쪽 및 53쪽; 王光堯,「汝窯與北宋汴京官窯—從汝窯址考古資料看宋代官窯的出現及官窯制度的形成」,『故宮博物院院刊』2010년 제5기, 91~97쪽.

49 郭木森·趙文軍,「試析汝窯及相關問題」,『華夏考古』2000년 제3기, 95쪽.

50 이 점을 가장 잘 보여주는 것이 청량사촌과 韓庄村에 있는 요장들이다. 이 요장들은 총 4차에 걸쳐 발굴되었는데, 출토된 천청유자기편은 제1차 발굴에서의 10여건과 제4차 발굴에서의 200여건이 그 전부이다. 제2·3차 발굴에서는 아예 한 점의 천청유자기편도 출토되지 않았다. 河南省文物考古研究所,『寶豊淸凉寺汝窯』, 大象出版社, 2008, 7~9쪽.

51 [元]陶宗儀 撰,『南村輟耕錄』卷29 窯器, 中華書局點校本, 中華書局, 1959,

362~363쪽: "[宋]葉寘의 『坦齋筆衡』에 말하기를, ……本朝에 定州白磁器가 有芒하여 쓰기에 마땅치 않으므로, 드디어 汝州에 명하여 靑窯器를 만들도록 하였다. 예전에 河北의 唐州·鄧州·耀州에 모두 靑窯器가 있었지만, 汝窯瓷器가 으뜸이다고 하였다."

52 이러한 조정과 요장의 관계는 북송시기의 政府購買制度의 틀 속에서 이해할 필요가 있다. 송대의 정부구매제도에 대해서는 李曉의 뛰어난 연구성과가 있다. 李曉, 『宋朝政府購買制度研究』, 上海人民出版社, 2007.

53 河南省文物考古硏究所, 『寶豊淸凉寺汝窯』, 大象出版社, 2008, 11~18쪽.

54 河南省文物考古硏究所, 『寶豊淸凉寺汝窯』, 大象出版社, 2008, 56~61쪽.

55 王光堯는 청량사여요의 "초기단계"의 요장이 여주라는 지방행정관부가 설립·운영한 지방관요라고 주장하였다. 王光堯, 「汝窯與北宋汴京官窯—從汝窯址考古資料看宋代官窯的出現及官窯制度的形成」, 『故宮博物院院刊』 2010년 제5기, 94~97쪽.

56 沈岳明, 「"官窯"三題」, 『故宮博物院院刊』 2010년 제5기, 16~18쪽.

57 陸明華, 「寶豊汝窯出土標本及有關問題探討—兼述汝州市文廟窯址的屬性」, 『中國古陶瓷硏究』 제7집, 2001, 131~132쪽; 王光堯, 「汝窯與北宋汴京官窯—從汝窯址考古資料看宋代官窯的出現及官窯制度的形成」, 『故宮博物院院刊』 2010년 제5기, 91~93쪽.

58 河南省文物考古硏究所, 『寶豊淸凉寺汝窯』, 大象出版社, 2008, 56~61쪽.

59 河南省文物考古硏究所, 『寶豊淸凉寺汝窯』, 大象出版社, 2008, 75~109쪽.

60 沈岳明, 「"官窯"三題」, 『故宮博物院院刊』 2010년 제5기, 18쪽.

61 河南省文物考古硏究所, 『寶豊淸凉寺汝窯』, 大象出版社, 2008, 70~73쪽.

62 청량사여요에서의 틀성형과 그 의미에 대한 더욱 상세한 내용은 小林仁, 「汝窯の謎—寶豊淸凉寺汝窯址の發掘と汝窯の位置づけ—」, 『北宋汝窯靑磁考古發掘成果展』, 財團法人大阪市美術振興協會, 2009, 241쪽; 秦大樹, 「宋代官窯的主要特點—兼談元汝州靑瓷器」, 『文物』 2009년 제12기, 64~65쪽을 참조하라.

63 [宋]莊綽 撰(蕭魯陽 點校), 『鷄肋編』 卷上, 中華書局, 1983, 5쪽: "處州의 龍泉縣은……또 靑瓷器가 나는데, 秘色이라고 부른다. 錢氏가 進貢한 것은 모두 여기에서 취하였다. 宣和 연간에 禁庭이 製樣須索을 하여 더욱 工巧해졌다."

64 [元]陶宗儀 撰,『南村輟耕錄』卷29 窯器, 中華書局點校本, 中華書局, 1959, 362~363쪽: "[宋]葉寘의『坦齋筆衡』에 말하기를, ……江南에는 處州의 龍泉縣이 있는데, 瓷器의 품질이 자못 투박하다고 하였다."

65 蔡玫芬,「官府與官樣—淺論影響宋代瓷器發展的官方因素」,『千禧年宋代文物大展』, 國立故宮博物院, 2000, 321~332쪽.

66 中國硅酸鹽學會 編,『中國陶瓷史』, 文物出版社, 1982, 278쪽.

67 그렇다고 해서 여요가 북송관요의 설립과 동시에 소멸되었다고 생각되지는 않는다. 여요가 북송관요에 앞서서 성립하였지만, 북송관요가 설립된 이후에도 閉窯되지 않고 북송정권이 붕괴될 때까지 계속 어용자기를 생산하였다고 생각되기 때문이다. 말하자면 북송관요가 설립된 이후 어용자기의 생산체계는 여요와 북송관요로 二元化되었다고 할 수 있다.

68 陸明華,「官窯相關問題再議」,『故宮博物院八十五華誕宋代官窯及官窯制度國際學術研討會論文集』, 故宮出版社, 2012, 90쪽.

69 王光堯,「汝窯與北宋汴京官窯—從汝窯址考古資料看宋代官窯的出現及官窯制度的形成」,『故宮博物院院刊』2010년 제5기, 91~93쪽.

70 [宋]周密 撰,『武林舊事』卷9 高宗幸張府節次畧, 文淵閣四庫全書本,『景印文淵閣史庫全書』제590책, 臺灣商務印書館, 1986, 273쪽.

여요자기의 실체에 대한 인식의 궤적과 이른바 傳世汝窯瓷器

1. 문제의 제기—이른바 전세여요자기에 대한 의문

여요가 체계적으로 연구되기 시작한 것은 사실상 20세기에 접어든 직후부터라고 할 수 있다. 그로부터 한 세기가 넘는 기간 동안 여요 연구가 이루어져 온 셈이다. 그런데 1986년에 여요의 요장이 河南省 寶豊縣 淸凉寺村에 있었다는 점이 밝혀지고, 뒤이어 2000년에 御用汝窯瓷器燒造區, 즉 이른바 淸凉寺汝窯址가 발굴되기까지 여요 연구의 핵심적인 과제는 여요자기의 실체를 파악하는 일이었다고 할 수 있다. 대다수의 연구자들은 거의 예외 없이 이 요지에서 출토된 天靑釉瓷器가 북송말기에 조정이 여주에 명을 내려 제작하게 한, 송대 이후의 많은 문헌에 언급되어 온 그 "여요자기"라고 믿고 있다.

청량사여요지에서 출토된 천청유자기를 여요자기라고 인식하는 데

[도1] 靑瓷三犧尊, 國立故宮博物院　　　　[도2] 靑瓷 "奉華" 銘出戟尊, 國立故宮博物院

있어서 무엇보다도 중요한 근거가 된 것은 전세여요자기로 일컬어온 실물자료들이었다. 현재 전세여요자기로 알려져 있는 것은 70여점에 이르는데, 청량사여요지에서 이러한 실물자료와 같은 유형의 자기편(천청유자기편)이 다량 출토되면서 사람들은 이 천청유자기야말로 오랜 기간 동안 찾아온 문제의 여요자기라고 인식하기에 이른 것이다. 요컨대, 이러한 인식은 이른바 전세여요자기가 북송말기에 여주에 명을 내려 제작하게 한 그 여요자기라는 전제 위에서 성립된 것이라고 할 수 있다.

　과연 이러한 이해에 이르는 데 가장 기본적인 근거가 된 이른바 전세여요자기들은 모두 여요자기인 것일까? 단순하게 생각하면, 많은 연구자들이 이해하고 있는 바와 같이, 그렇게 파악하는 것이 순리인 것처럼 보일지 모르겠다. 하지만 이 문제는 그렇게 간단하게 결론을 내릴 수 있는 성질의 것이 아니다. 다음 몇 가지 점들은 그러한 일반적인 인식에 의문을 품게 하기에 충분하다.

첫째, 오랫동안 전세여요자기로 알려져 온 실물자료 가운데, 적어도 두 점은 후대의 모방품일 가능성이 높은 것으로 여겨지고 있다는 점이다. 臺北 고궁박물원에 소장되어 있는 三犧尊(故瓷017858: 도1)과[01] "奉華"銘出戟尊(故瓷17857: 도2)이[02] 그것이다. 이 점에서 볼 때, 70여점의 이른바 전세여요자기 가운데 또 다른 후대의 모방품이 포함되어 있을 가능성을 완전히 배제할 수 없다고 생각한다.[03]

둘째, 역대 어느 황제보다도 여요자기에 깊은 관심을 기울였던 淸 乾隆帝가 현재 전세여요자기로 알려져 있는 다수의 실물자료들을 관요자기나 균요자기로 인식하였다는 점이다.[04] 현전하는 이른바 전세여요자기 가운데 21점에는 건륭제가 지은 詠瓷詩가 새겨져 있다. 그런데 그 내용을 살펴보면, 흥미롭게도 그는 21점 가운데 고작 7점만을 여요자기로 인식하였을 뿐, 나머지 14점은 관요자기(13점)나 균요자기(1점)로 판별하였음을 알 수 있다.[05] 이러한 사실을 두고, 건륭제의 여요자기에 대한 인식이 오늘날의 수준에 견주어 낮았기 때문이라고 치부하는 것이 일반적인 경향이다.[06] 하지만 오늘날 우리의 여요자기의 실체에 대한 인식은 그의 감식안에 힘입은 바가 크다는 점을 잊어서는 안 된다.[07] 건륭제가 현전하는 다수의 이른바 전세여요자기를 여요자기로 인식하지 않은 것을 단지 수준의 차이로 가볍게 보아 넘기는 것은 성급한 처사가 아닐까?

셋째, Percival David 역시 현재 전세여요자기로 알려져 있는 실물자료 가운데 여러 점을 진정한 의미의 여요자기로 보기 힘들다는 입장을 취하였다. 그 대표적인 예가 대영박물관 소장의 花形洗와 玉壺春甁(도3) 그리고 Percival David 재단 소장의 花形盞托 · 奩式爐 · 細頸甁 등이다.[08] 그는 이 실례들이 어용자기를 제작하던 여요가 아닌 여주와 그 주변의 일반요장에서 제작한 汝窯系(Ju type)의 자기들이라고 주장하였다. 그가 이것들을 여요자기로 판별하지 않은 것은 그것들이 대체적으로

[도3] 青瓷玉壺春甁, 大英博物館

여요자기의 특징을 지니고 있지만 품질이나 유색 등의 측면에서 전형적인 여요자기와는 어느 정도 차이가 있다고 보았기 때문이리라.[09] 그의 견해가 어느 정도 타당한지를 파악하기는 퍽 어려운 일이다. 하지만 그가 20세기 초 여요자기의 실체가 베일에 가려져 있을 때 다양한 문헌과 실물자료의 분석을 통하여 여요자기의 실체를 구체적으로 규명하는 데 크게 기여한 사람이라는 점에서 보면, 건륭제의 경우와 마찬가지로 그의 견해도 가볍게 보아 넘겨서는 안 된다고 판단된다.

요컨대, 오늘날 우리가 전세여요자기로 간주하는 실물자료들이 반드시 여요자기가 아닐 가능성을 배제할 수 없다고 생각한다. 이 점은 여요자기의 실체에 대한 이해의 과정, 좀 더 구체적으로 말하면, 이른바 전세여요자기와 같은 유형의 자기를 여요자기로 인식하게 된 과정을 검토해보면 좀 더 구체적으로 이해할 수 있게 될 것이다.[10] 필자는 각별히 이 과정을 건륭제(1711~1799)와 郭葆昌(1879~1942) 그리고 Percival David(1892~1964)에 초점을 맞추어 추적하려 한다. 이들이 곧 오늘날 우리가 알고 있는 여요자기의 실체를 구체적으로 규명하는 데 가장 큰 공헌을 한 사람들이기 때문이다.

2. 암흑기의 여요자기 실체에 대한 인식

여요가 체계적으로 연구되기 시작한 20세기 초에 제기된 여요자기의 실체와 관련된 대표적인 견해 가운데 하나는 오랫동안 影靑瓷라는 명칭으로 불려온 靑白瓷와 여요자기의 관련성을 지적한 것이다. G. Eumorfopoulos가 그 대표적인 연구자이다.[11] 그는 품질이 매우 높은 것들이 포함된 송대 풍격의 청백자의 대부분이 汝州가 속해 있는 河南 지역에서 제작되었을 것이라는 점과 明代 項元汴의 저작으로 알려진 『歷代名瓷圖譜』를 포함한 송~청대의 문헌들이 전하는 여요자기의 특징—특히 그 釉의 특징—이 청백자와 유사하다는 판단을 토대로, 청백자가 汝窯系(Ju type)의 자기라고 주장하였다. 그가 청백자가 곧 여요자기라고 단정하지 않은 것은 그가 확보하고 있던 자료만으로는 그것을 확신하지 못하였기 때문이리라. 그의 견해는 한동안 특히 유럽에서 널리 받아들여졌다.[12] 그리고 어떤 연구자는 한 걸음 더 나아가 청백자 가운데 가장 품질이 뛰어난 부류가 곧 여요자기라고 주장하기도 하였다.[13]

하지만 오래지 않아서 청백자의 主産地가 하남 지역이 아니라 江西 지역의 景德鎭이라는 것이 밝혀졌다.[14] 그리고 G. Eumorfopoulos가 각별히 중시한 문헌인 『歷代名瓷圖譜』가 僞書일 것이라는 지극히 설득력이 높은 주장까지 제기되었다.[15] 청백자와 여요자기의 관련성을 주장한

이 견해는 그 핵심적인 토대가 송두리째 흔들리게 된 셈이다. 그 후 이 견해가 사실상 폐기된 것은 자연스러운 귀결이었다.

1931년은 여요 연구에 있어서 매우 중요한 의미를 지니는 해이다. 이때부터 문헌 중심에서 벗어나 비로소 고고학적인 측면에서의 여요 연구가 시작되었다고 할 수 있기 때문이다. 처음 汝窯窯址에 대한 조사에 나선 사람은 일본 西本願寺의 승려였던 原田玄訥이었다. 그

[도4] 靑瓷刻花牡丹唐草紋注子, 東京國立博物館

는 송대의 여요가 있던 臨汝縣을 답사하여 총 6곳의 古窯址를 발견하고 다수의 瓷片들을 수습하였다.[16] 수습한 자편의 대부분은 당시 흔히 北方靑瓷로 불리던, 다양한 刻花紋이나 印花紋 등이 施紋된 耀州窯風의 청자편과 鈞窯風의 자편 그리고 白化粧이 된 磁州窯風의 자편들이었는데, 그 주류는 이른바 북방청자였다. 原田玄訥의 조사를 주요 토대로 이후 한동안 일본의 연구자들은 북방청자를 여요자기로 인식하였다(도4).

하지만 原田玄訥의 조사는 체계적인 발굴조사가 아니라 산적들이 불시에 출몰하는 상황 하에서 황급하게 이루어진 지표조사에 불과하였다. 조사 기간도 고작 5일간이었으며, 조사 지역 역시 극히 한정될 수밖에 없었다. 이러한 지극히 제한된 고고학 자료를 토대로 한, 북방청자가 곧 여요자기라는 견해가 당시 일본에서 널리 받아들여진 것이다. 수많은 문헌에서 여요자기가 남송시기에 이미 구하기 힘들 정도로 희소하다고 하

였음에도 불구하고,[17] 당시 일본학계는 어찌하여 여주 지역의 요지에서 흔히 발견되는 북방청자를 여요자기로 인식한 것일까? 참으로 이해하기 힘든 일이다. 북방청자 가운데 일본 연구자들이 여요자기로 지목한 것들은 후에 요주요청자로 밝혀졌다.

다 아는 바와 같이, 요주요청자와 청백자는 자기의 외관적 특징을 결정짓는 중요한 요소인 유색을 포함하여 전체적인 풍격이 서로 크게 다르다. 이 시기에 유럽과 일본의 연구자들이 이와 같이 서로 크게 다른 풍격의 자기를 여요자기로 인식하게 된 것은 당시의 여요 연구의 환경과 밀접한 관련이 있다고 생각한다.

20세기에 접어들어 요지 조사 및 발굴에 따라 많은 자편과 요도구 등이 확보되기 전까지 도자 연구에 있어서 유일한 실물자료는 傳世瓷器였다. 여요의 경우도 여기에서 예외일 수가 없다. 그런데 여요는 북송말기의 짧은 기간 동안 운영되었을 뿐이기 때문에 전체 생산량 자체가 매우 적을 수밖에 없었다. 앞서 지적한 바와 같이, 여요자기는 이미 남송초기에도 구하기 힘들 정도로 희귀한 존재였다. 신료들은 이러한 여요자기를 황제에게 進貢하기도 하였다. 紹興 21년(1151)에 淸海郡王 張俊이 남송의 고종에게 16점의 여요자기를 바친 것은 잘 알려진 일이다.[18] 청대에 이르기까지 황실은 여요자기의 최대 수장처였다.

『內務府造辦處各作成做活計淸檔』에는 淸宮에 소장되어 있던 여요자기와 관련된 기록들이 실려 있는데, 이에 따르면, 雍正時期에는 淸宮에 최소한 40여 점의 여요자기로 분류된 것들이 소장되어 있었던 것으로 추산된다.[19] 물론 이것들이 모두 북송말기에 여요에서 제작된 것인지는 잘 알 수 없다. 남송~청대에 많은 여요자기 倣製品이 생산되었거니와, 다른 요장의 생산품이 여요자기로 오인되었을 가능성도 배제할 수 없기 때문이다. 그렇지만 그 가운데 상당수가 이른바 전세여요자기와 일

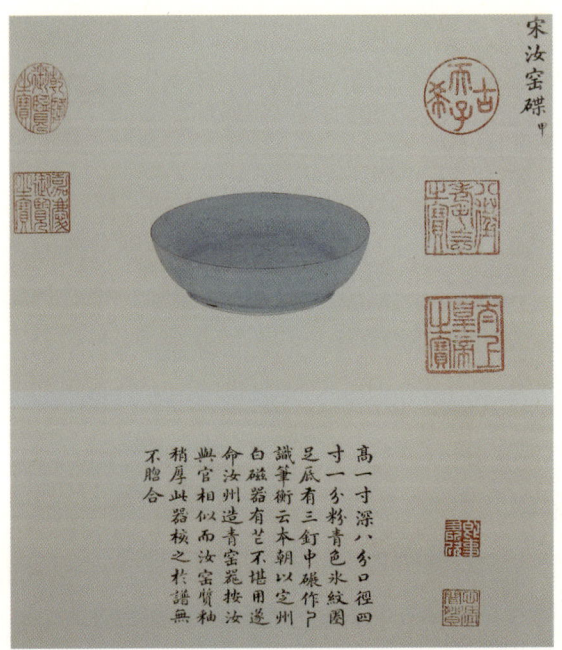

[도5] 『燔功彰色』(부분), 國立故宮博物院

치하는 점으로 미루어 볼 때,[20] 그 가운데 일정 부분이 진정한 여요자기였을 것이라는 점에는 의심이 없다.

옹정제에 뒤이어 帝位에 오른 건륭제는 역대의 어느 황제보다도 名窯瓷器에 관심이 많은 황제였다. 그는 재위기간 동안 수많은 명요자기들을 수집하였는데,[21] 그 가운데 여요자기가 포함되어 있으리라는 것은 짐작하기 어렵지 않다. 앞서 언급한 바와 같이, 그는 역대 어느 황제보다도 여요자기에 큰 관심을 가지고 있었기 때문이다. 이러한 추측이 틀리지 않다면, 민간에 전하는 여요자기가 더욱 희소하졌으리라는 것은 당연한 이치이다. 한편, 건륭제는 명요자기의 수집에 그치지 않고 그 가운데 대표적인 것들의 유물카드를 작성하여 묶어 놓았다.『陶瓷譜册』·『埏埴流光』·『精陶韞古』·『燔功彰色』 등의 圖册들이 그것이다(도5).[22] 여기에는 유물의 제작시기 · 명칭 · 등급 · 크기 · 형태 · 유색 · 裝燒工藝 등을 상세하게 기록하고 아울러 사진을 방불케 하는 유물그림을 첨부하여, 오늘날의 유물카드와 견주어 그다지 손색이 없다. 게다가 그는 그가 소장한 명요자기들을 鑑識―鑑賞을 포함하여―하고 시를 지었으며 그것을 자기에 새겨 넣었다. 건륭제가 여요자기로 감식하고 지은 御製詩는 총 7수이며, 동일한 시를 복수의 자기에 새기기도 하였다. 자신이 여요자기로 감식한 특정한 자기에 대해서 가지고 있던 자신의 지식을 실물과 결합해 둔 것이다.[23] 이러한 방식의 감식 행위는 그 이전 사람들의 그것과 전혀 다른 것이었다. 이로서 당시 가장 풍부한 여요자기 실물자료를 소장하고 있던 건륭제가 구체적으로 어떤 자기를 여요자기로 감식하였는지를 알 수 있게 된 것이다. 이러한 건륭제의 감식의 결과물들은 여요자기의 실체를 파악하는 데 지극히 중요한 토대가 될 수 있는 것들이었다.

하지만 그러한 결과물, 특히 건륭제의 어제시가 새겨진 자기들과 그가 제작한 圖冊 등을 접할 수 있는 사람은 황실의 구성원과 그 소장품들의 관리를 맡고 있던 소수의 관리 등 지극히 한정된 부류였다. 그 밖의 일반인들은 그러한 여요자기와 관련된 고급 정보가 담겨 있는 자료들로부터 사실상 격리되어 있었다. 민간에 전해오던 여요자기 실물자료마저 더욱 찾아보기 힘든 상황 아래에서 그들이 의지할 수 있었던 것은 그 이전 시기에 생산된 문헌기록 뿐이었다고 하여도 과언이 아닐 것이다. 하지만 이 기록들의 대부분은 여요자기의 실체를 파악하는 데 실제적으로 도움이 될 만큼 구체적이지 않거나 심지어 부정확한 내용을 전하는 것들이었다.[24] 이와 같이 열악한 여요 연구의 환경은 20세기에 접어들어서도 한동안 개선되지 않았다. 앞서 G. Eumorfopoulos 등이, 비록 그럴 듯한 내용과 실물그림을 결합해놓았지만 위서일 가능성이 지극히 높은 『歷代名瓷圖譜』에 의지하였다는 점을 언급한 바 있는데, 이러한 착오도 그러한 연구 환경과 무관하지 않을 것이다. 본격적인 여요 연구가 막 시작된 20세기 초기는, 적어도 여요 연구 환경의 측면에서 보면, 일종의 암흑기였다고 보아도 좋을 듯싶다. 이러한 상황에서 여요자기의 실체를 파악하려는 유럽과 일본의 연구자들—중국의 연구자들도 마찬가지였겠지만[25]—이 겪은 혼란은 어쩌면 피하기 힘든 일이었는지도 모르겠다.

3. 郭葆昌이 세운 오늘날 여요자기 실체에 대한 일반적 인식의 토대

1925년 10월 고궁박물원이 설립되고 아울러 1924년 12월~1930년 3월까지 5년여의 기간 동안 故宮物品點查, 즉 청궁에서 소장하고 있던 물품에 대한 전면적인 점검 및 조사가 실시되었다. 이 사업에는 300여명의 點查員이 참여하였으며, 여기에는 수 십 명의 북경대학 교수 및 硏究生들이 포함되어 있었다.[26] 그 點查 대상에는 그때까지 청궁에 남아 있던 이른바 전세여요자기도 포함되어 있었는데, 그들은 이것들을 여요자기로 인식하지 못한 것으로 판단된다. 예컨대, 대표적인 전세여요자기로 알려져 있는 臺北 고궁박물원 소장의 紙槌瓶(故瓷017856: 도6)은 건륭제가 여요자기로 감식하고 저부에 어제시를 새겨 놓았음에도 불구하고 그들은 그것을 仿鈞窯瓷器로 판별하였다.[27] 이 지추병은 Percival David도 1929년에 建福宮에서 처음 보고 직접 조사까지 한 바가 있었다.[28] 그는 1937년에 쓴 논문에서는 이것을 대표적인 여요자기로 소개하였지만, 처음 조사할 당시에 이것을 여요자기로 인식하였다는 흔적은 전혀 없다. 그가 이것을 여요자기로 인식한 것은 그로부터 몇 년 뒤의 일이었을 가능성이 높다.[29] 그렇다면 그 點查員들과 Percival David는 건륭제가 여요

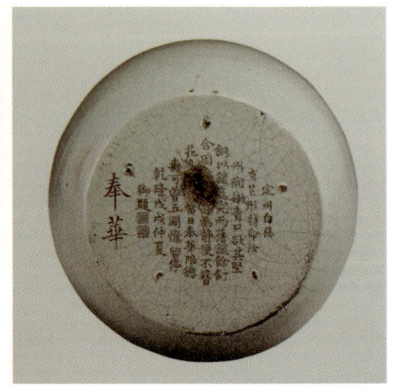

[도6a] 青瓷紙槌瓶, 國立故宮博物院 　　[도6b] 도6a의 底部

자기로 감식하였음을 증명하는 어제시를 이 지추병에 남겨 놓았음에도 불구하고 그것을 여요자기로 인식하지 못한 것일까?[30] 이는 건륭제가 자신의 시를 유물에 새겨 넣은 방식과 깊은 관련이 있다고 생각한다.

건륭제는 이 지추병을 감식하고 「詠汝窯缾」라는 제목으로 시를 지었다. 이 시는 그 제목과 함께 『御製詩四集』 卷55에 실려 있다(도7).

(A) 定州白惡(去聲)有芒形(見『輟耕錄』), 特命汝州陶嫩靑. 口欲其堅銅以鎖, 底完而舊鐵餘釘. 合因點筆意爲靜, 便不簪花鼻亦馨. 當日奉華陪德壽(內府有汝窯盤, 底鐫奉華二字, 考奉華乃宋高宗劉貴妃之號, 善畫每用奉華印. 此缾釉色·製法, 與盤無異, 亦刻奉華二字), 可曾五國憶留停.[( )안은 주석. 이하 같음][31]

그런데 정작 지추병에는 그 제목과 주석을 제외한 채 시의 내용만 새겨 놓았다. 이는 다양한 자기에 어제시를 새길 때 하나같이 적용된 방식이었다. 문제는 지추병에 새겨진 시만 보아서는 건륭제가 이것을 여요자기로 감식하였다는 점을 분명하게 알기 어렵다는 점이다.³² 건륭제의 『御製詩集』에서 이 지추병에 새겨진 시를 찾고 그 제목을 확인하여야 비로소 그가 이 지추병을 여요자기로 감식하였다는 점을 확실히 파악할 수 있는 것이다. 하지만 건륭제가 특정 자기에 새긴 시들이 모두 그의 시집에 실려 있는 것은 아니었다.³³ 설령 문제의 「詠汝窯缾」처럼 그의 시집에 실려 있다고 하더라도, 그 시를 찾아내는 것이 결코 쉬운 일은 아니었으리라. 그 시집에 실려 있는 시가 자그마치 4만수를 훨씬 넘었기 때문이다. 당시 문제의 點查員들과 Percival David가 그러한 문제의식을 가지고 구체적인 확인 작업을 했을 가능성은 배제해도 좋다고 생각한다.³⁴

이 지극히 번거롭고 어려운 일을 처음 실행에 옮긴 사람은 청말~민국 시기의 대수장가이자 최고의 도자감정가로 손꼽히던 郭葆昌이라고 확신한다(도8). 그는 어릴 적에 도자를 포함한 골동 감정에 입문하여 이 방면에 조예가 매우 깊었다. 그리고 당시의 권세가인 袁世凱의 신임을 얻어 사실상 그의 家務를 총관하였는데, 특히 1915~1916년에는 경덕진에

[도7] 『御製詩四集』 卷55 「詠汝窯缾」

제3장 여요자기의 실체에 대한 인식의 궤적과 이른바 傳世汝窯瓷器 155

[도8] 郭葆昌

陶務監督으로 파견되어 이른바 洪憲御瓷, 즉 원세개의 황제 등극 의례에 쓰일 자기를 제작하기도 하였다. 그러나 1916년 원세개가 사거한 뒤에는 그도 은퇴하여 주로 수장가와 감정가로서의 삶을 산 것으로 알려져 있다.[35] 흥미로운 것은 그가 1929년 여름에 건륭제의 어제시 가운데 자기에 대한 것들만 선별하여『淸高宗御製詠瓷詩錄』을 간행하였다는 점이다.[36] 이 책의 서문에서 그는 건륭제의 고증과 감상에 소홀하고 잘못된 경우가 없지 않다고 하였다.[37] 이는 특정 자기에 대한 건륭제의 감식에 문제가 있었다는 점을 지적한 것이다. 이러한 지적은 곽보창이 건륭제가 감식한 특정 자기―거기에 새겨진 어제시를 포함하여―와『어제시집』에 수록된 해당 시를 대조해보았음을 반증한다고 보아도 좋다. 앞서 언급한 바와 같이, 이렇게 양자를 대조해 보지 않을 경우, 건륭제가 특정 자기에 대하여 감식한 내용 자체를 분명하게 파악하기 힘들기 때문이다. 곽보창이 굳이『어제시집』에서 詠瓷詩만을 뽑아낸 것은 필경 그러한 대조작업을 위해서였으리라. 그는 1927년에 청궁 舊藏의 유물들을 감정하는 故物陳列所 감정위원회의 위원으로 위촉되었기 때문에[38] 건륭제가 詠瓷詩를 남긴 청궁의 실물자료를 토대로 그러한 대조 작업을 진행하는 데 그다지 큰 어려움은 없었을 것으로 판단된다.[39]

곽보창이 건륭제가 감식하고 시를 남긴 적지 않은 자기들 가운데 구체적으로 어떤 것들에 새겨진 어제시를『御製詩集』의 그것과 대조해 보앉는지는 파악하기가 쉽지 않다. 하지만 건륭제가 시를 남긴 자기들의 대부분이 이른바 명요자기들이었으므로 곽보창이 대조해본 것들도 그러한 부류였을 것이다. 여요자기도 여기에서 제외되었다고 볼 까닭이 없다. 앞서 살펴본 바와 같이, 당시 여요자기가 많은 연구자들의 관심을 끌고 있었음에도 불구하고, 명요자기들 가운데 관요자기나 정요자기 등과 달리, 그 실체마저도 모호한 상황이었다는 점에 주목하면, 오히려 여요자기에 새겨진 어제시를 우선적으로 대조했을 가능성도 생각할 수 있다.

이러한 과정을 거친 뒤 곽보창의 여요자기 실체에 대한 이해는 어떠하였을까? 1936년에 간행된 『參加倫敦中國藝術國際展覽會出品圖說』 제2책(瓷器篇)(이하『런던예전도설』로 칭함)은 이 점을 파악하는 데 매우 유익한 자료이다.[40]

이 도록에는 1935년 11월 28일~1936년 3월 7일에 런던에서 개최된 中國藝術國際展覽會(이하 런던예전으로 칭함)에 중국측에서 출품한 352점의 자기들이 수록되어 있는데, 모두 고궁박물원 소장품이다. 이들은 여러 차례의 감식 및 조사 과정을 거쳐 부여받은 다양한 명칭을 지니고 있다. 예컨대,『런던예전도설』상의 정식명칭은 런던예전 籌備委員會의 감식을 거쳐 부여한 명칭이다. 이 감식 과정을 주도한 것은 바로 이 위원회의 瓷器 부문 전문위원이자[41]『런던예전도설』의 권두 논문「瓷器槪說」의 저자인 곽보창으로 알려져 있다.[42] 그러므로 이 도록은 사실상 곽보창의 저술이라고 보아도 무방하다. 또한 이들은 모두 이 도록에 수록되기 전에 본래의 명칭을 가지고 있었는데, 이 도록에서 "原名"으로 칭한 것이 그것이다. 이 명칭은, 앞서 언급한 故宮物品點查 과정(1924년 12월~1930년 3월)에서 부여된 것으로 판단된다. 이들 가운데 39점의 자기에는 건륭제의 어제시가 새겨져 있는데, 이것들은 그가 부여한 명칭도 가지고 있다. 이 명칭이『어제시집』에 수록되어 있다는 점은 이미 언급한 바가 있다.

한편, 각각의 명칭에는 각 과정에서 이루어진 감식의 내용, 예컨대, 각각의 자기의 생산 요장, 제작시기, 기형, 기종 등에 대한 내용이 담겨 있다. 이 가운데 각각의 자기의 생산 요장에 대한 판단이 감식의 가장 핵심적인 사항이라는 점은 말할 나위조차 없을 것이다.

이 도록에 실린 352점의 자기들 가운데 정식명칭 상으로 여요자기로 분류되어 있는 것은 총 10점이다. 〈표 1〉은 이 10점의 『런던예전도설』상의 정식명칭, 본래의 명칭(原名) 그리고 『어제시집』상의 명칭을 정리한 것이다.

〈표 1〉 『런던예전도설』에 수록된 여요자기의 명칭

번호	『런던예전도설』 번호	『런던예전도설』의 정식명칭	본래의 명칭(原名)	『어제시집』의 명칭
①	17	宋汝窯粉靑盤	乾隆御題哥窯瓷盤	官窯盤子
②	18	宋汝窯粉靑盤	哥窯盤	官窯盤子
③	19	宋汝窯卵靑碟	秘窯碟	官窯碟子
④	20	宋汝窯粉靑紙槌奉華瓶	仿均窯長頸瓶	汝窯瓶
⑤	21	宋汝窯粉靑奉華尊	乾隆御玩奉華出戟尊	·
⑥	22	宋汝窯天靑窯變米色三犧尊	六足獸形盂	·
⑦	23	宋汝窯卵靑橢圓洗	哥窯洗	·
⑧	24	宋汝窯天靑圓洗	天靑開片瓷盤	官窯盤子
⑨	25	宋汝窯粉靑無紋橢圓水仙盆	冬靑瓷洗	猧食盆(官窯)
⑩	26	宋汝窯粉靑橢圓水仙盆	豆靑水仙瓷花盆	·

〈표1〉에서 먼저 주목해 보아야 할 것은 이것들의 본래의 명칭이다. 이 가운데 여요자기임을 명시한 것은 전혀 없다. 이것들을 가요자기로 인식하거나(①·②·⑦) 秘窯瓷器(③) 또는 방균요자기(④)로 인식하거나 아예 생산 요장을 명기하지 않았다(⑤·⑥·⑧·⑨·⑩). 이는, 오늘날의 관점에서 볼 때, 故宮物品點查 과정(1924년 12월~1930년 3월)에 참여

한 인원들이 여요자기의 실체를 전혀 인식하고 있지 못하였음을 의미한다고 해석된다. 하지만 이것을 이 과정에 참여한 인원들 탓으로 돌리는 것은 공정하지 못하다. 당시 여요의 실체에 대한 인식의 일반적인 상황이 그러하였기 때문이다.

한편, 건륭제는 이 10점의 자기들 가운데 적어도 6점을 감식하고 시를 남겼다. 그는 이 가운데 1점만 여요자기로 감식하였을 뿐이고(④), 그 나머지는 모두 관요자기로 감식하였다(① · ② · ③ · ⑧ · ⑨). 『런던예전도설』에서는 이들 6점을 모두 여요자기로 분류하였다. 이 도록이 사실상 곽보창의 저술이라는 점에서 보면, 그가 그렇게 감식하였다고 보아도 무방할 것이다. 이러한 곽보창의 감식의 가장 큰 특징은 건륭제가 관요자기로 감식한 다수의 자기를 여요자기에 편입시킨 것이다. 이는 곧 곽보창이, 건륭제가 남긴 詠瓷詩와 그것이 새겨진 실물자료들에 의지한 바 있었겠지만, 이미 여요자기의 실체에 대한 독자적인 안목을 갖추고 있었음을 의미한다. 그가 이러한 안목을 갖추게 된 시점은 여요자기에 새겨진 어제시와 『어제시집』의 그것을 대조해보았을 1929년 무렵이거나 그 이전이 될 것이다. 이 점을 염두에 두고 보면, 건륭제가 여요자기로 감식한 貫耳八方壺—건륭제는 이것을 雙耳缾으로 명명하였다—이 『런던예전도설』에서는 거꾸로 여요자기의 범주에서 제외되어 있는 것도 전혀 놀랄 만한 일이 아니다.[43] 그렇게 판단한 사람이 곽보창이었을 터이니 말이다.

곽보창이 여요자기로 감식한 10점은 그 후 반세기가 넘는 오랜 기간 동안 전세여요자기로 인정되었다. 1990년대에 들어 그 가운데 2점(⑤ · ⑥)에 대해서는, 앞서 언급한 바와 같이, 그것들이 여요자기가 아닐 가능성이 높다는 유력한 주장이 제기되고 아울러 많은 연구자들이 이에 동조하고 있지만, 그 나머지 8점은 여전히 여요자기로 인정되고 있다. 그리고 이러한 유형이 여요자기라는 인식이 지금까지 이어져오고 있다. 오늘날 우리가 가지고 있는 여요자기의 실체에 대한 일반적인 이해는 사실상 곽보창의 여요자기에 대한 인식의 토대 위에서 성립된 것이라고 할 수 있다. 이 점에서 오늘날과 같은 여요자기의 실체에 대한 이해에 이르는 데 가장 큰 공헌을 한 사람은 바로 곽보창이라고 생각한다.

하지만 곽보창은 그러한 여요의 실체에 대한 자신의 이해를 토대로 『런던예전도설』에서 여요자기를 분류하였지만, 유감스럽게도 정작 그 도록의 권두논문인 「瓷器槪說」을 포함한 어느 저작에서도 자신의 이해를 구체적으로 피력하지 않았다.44 곽보창이 파악한, 『런던예전도설』에 수록된 10점의 자기와 같은 유형이 여요자기라는 점을 체계적으로 정리·발표한 공로는 Percival David의 몫이었다. 그의 기념비적인 논문 "A Commentary on Ju Ware"가 그것이다.45 그는 이 논문의 전반부에서 역대 문헌에 보이는 여요자기와 관련된 기록들을 거의 빠짐없이 찾아서 정밀하게 검토하였다. 그리고 후반부에서는 여요자기의 실례들을 직접 관찰하고 치밀하게 분석하여 여요자기의 특징을 매우 구체적으로 서술하였다. 그의 이러한 작업은 오늘날까지 도자 연구의 귀감으로 여겨지고 있다. 그런데 한 가지 주목되는 것은 그가 어떻게 그러한 유형의 자기를 여요자기로 파악하게 되었는지에 대한 구체적인 언급이 보이지 않는다는 점이다. 이는 그가 그러한 유형의 자기가 여요자기라는 전제 위에서 이 논문을 서술하였음을 시사한다. G. St. G. M. Gompertz는 그가 그러한 전제를 세우는 데 있어서 명백히 중국 고궁박물원의 권위자들에게 빚을 지었다고 하였다.46 하지만, 앞서 언급한 바와 같이, 그들은 1924년 12월~1930년 3월의 故宮物品點査 과정에서 전혀 여요자기를 인식하지 못하였다. 필자는 Percival David가 빚진 사람은 그들이 아니라 바로 곽보창이라고 확신한다. 그가 이 논문을 집필하기 전에 북경에서 주로 중국의 자기를 매개로 곽보창과 많은 교류를 하였다는 것은 잘 알려진 일이다.[47] 한편, 그가 현재 전세여요자기로 알려져 있는 실물자료 가운데 여러 점을 진정한 의미의 여요자기가 아닌, 여주와 그 주변의 일반 요장에서 제작한 여요계의 자기들이라고 주장하였으며, 그 이유가 그것들이 대체적으로 여요자기의 특징을 지니고 있지만 품질이나 유색 등의 측면에서 전형적인 여요자기와는 어느 정도 차이가 있다고 보았기 때문이리라는 점은 이미 앞서 언급하였다.[48]

Percival David의 논문이 발표되면서 여요자기의 실체에 대한 논쟁은 사실상 종결되었다. 그 이후 누구도 곽보창이 여요자기로 인식한 유형이 바로 여요자기라는 점에 의문을 제기하지 않게 되었다. 이러한 토대 위에서 이른바 전세여요자기의 실물자료들이 점차 집적되어갔다. Percival David가 여요계로 분류한 자기들도 이 과정에서 전세여요자기의 범주에 편입되었다. G. St. G. M. Gompertz의 조사에 의하면, 1958년 당시 전세여요자기의 최대 수장처인 北京과 臺北의 고궁박물원의 소장품을 제외하고서도 전세여요자기로 알려진 자료가 31점에 이르렀다.[49] 이러한 실물자료들로 말미암아 여요 연구의 새로운 지평이 열렸지만, 이제 여요 연구와 관련된 최대의 관심사는 전세여요자기로 알려진 실물자료들과 같은 유형의 자기들을 생산한 요장을 찾는 것이었다. 이 숙원이 2000년 청량사여요지의 발굴로 이루어졌으며, 이 요지에서 그러한 실물자료들과 같은 유형의 자기편(천청유자기편)이 다수 출토되면서 사람들은 이 천청유자기야말로 오랜 기간 동안 찾아온 문제의 여요자기라고 인식하기에 이르렀다는 것은 앞서 언급한 바와 같다.

4. 이른바 전세여요자기는 진정 여요자기인가?

　대다수의 연구자들은 전세여요자기로 알려져 온 실물자료들이 여요자기라는 점은 청량사여요지의 발굴로 이제 의심할 바 없는 사실이 되었다고 믿는다. 필자도 청량사여요가 송대 이후의 많은 문헌에 언급되어 온 그 "여요자기"를 생산한 요장이라는 점에는 의심을 가지고 있지 않다. 그리고 이 요지에서 전세여요자기로 알려진 실물자료와 같은 유형의 천청유자기편들이 출토된 것도 부정할 수 없는 사실이다. 하지만 이러한 사실이 이제까지 전세여요자기로 알려진 실물자료들이 모두 이 요장에서 생산되었다는 점까지 보증하는 것일까? 이제 우리는 이 장의 첫머리에서 제기한 의문으로 돌아간다.
　이 의문과 관련하여, 앞서 언급한 바 있는, 건륭제가 현전하는 이른바 전세여요자기 21점 가운데 7점만을 여요자기로 인식하였을 뿐 그 나머지의 대부분(13점)을 관요자기로 판별하였다는 사실을 상기할 필요가 있다. 오늘날 여요자기의 실체에 대한 일반적인 인식은 이와 같이 건륭제가 감식한 내용의 일부분, 즉 현전하는 이른바 전세여요자기 21점 가운데 7점을 여요자기로 인식한 부분은 수용하고, 또 다른 일부분, 즉 그 나머지의 대부분(13점)을 관요자기로 감식한 부분은 부정한다. 이러한 인식이 곽보창의 여요자기의 실체에 대한 인식에 기초하고 있다는 점은 이미 앞에서 언급하였다.
　연구자들은 흔히 건륭제가 다수의 전세여요자기로 알려진 실물자료들을 관요자기로 감식한 것을 두고, 건륭제가 여요자기와 관요자기를 분별할 수 있는 감식 능력이 그다지 뛰어나지 않았던 탓으로 돌린다. 그런데, 만약 이러한 주장이 타당하려면, 다수의 이른바 전세여요자기를 관요자기로 감식한 것에 걸맞게 적지 않은 수의 관요자기를 여요자기로 감식한 예들이 확인되는 것이 자연스럽다. 여기에서 우리가 한 가지 유의해야 할 것은 명·청대의 문헌에서 "관요자기"로 칭한 것은 흔히 남송관요자기를 가리킨다는 점이다.[50] 그런데 건륭제의 어제시가 새겨진 수 십 점의 남송관요자기 풍격의 실물자료 가운데 여요자기로 감식한 어제시가 새겨져 있는 것은 고작 貫耳八方壺 한 점뿐이다(도9).[51] 게다가 이 경우는 건륭시기에 경덕진 어

[도9] 青瓷貫耳八方壺, 國立故宮博物院

요창에서 만든 倣宋器物에 건륭제가 유희삼아 어제시를 새겨 넣은 것으로 추정되고 있다.[52] 이러한 추정에 기초하여 보면, 이 팔방호는 사실상 건륭제가 감식하였다고 보기도 힘들다. 이 수수께끼와 같은 한 점을 예외로 돌려놓고 보면, 건륭제가 남송관요자기를 여요자기로 오인한 예는 확인되지 않는 셈이다.[53]

건륭제는 역대 문헌에 전해오는 내용과 자신의 경험 등에 기초한 다양한 기준에 의거하여 여요자기와 관요자기를 감식하였다.[54] 예컨대, 북경 고궁박물원 소장의 三足洗(도10)는 그가 오늘날 전세여요자기로 알려져 있는 것을 관요자기로 감식한 예 가운데 하나이다. 이 삼족세에는 다음과 같은 어제시(「詠官窯三足洗」)가 새겨져 있다.

(B) 紫土陶成鐵足三, 寓言得一此中函. 易辭本契退藏理, 宋詔胡誇切事談.[55]

건륭제가 이 삼족세를 관요자기로 감식한 근거는 高濂이 『遵生八箋』

제3장 여요자기의 실체에 대한 인식의 궤적과 이른바 傳世汝窯瓷器 163

[도10a] 青瓷三足洗, 故宮博物院   [도10b] 도10a의 底部

에서 "이른바 관요자기라는 것은 …… 그것을 만드는 흙이 紫色이기 때문에 굽이 철색을 띠는데, 당시 사람들이 그것을 '紫口鐵足'이라고 한다"고 한 대목이었다.[56] 즉 이 대목을 근거로 굽바닥이 철색을 띤 이 삼족세를 관요자기로 감식한 것이다. 명대 이래로 "紫口鐵足"은 관요자기의 주요한 특징으로 여겨져 왔다.

건륭제가 오늘날 전세여요자기로 알려져 있는 것을 관요자기로 감식한 또 다른 예인 臺北 고궁박물원 소장의 盤(故瓷017854: 도 11)에는 다음과 같은 어제시가 새겨져 있다.

(C) 盤子徑五寸, 如規口面圓. 出陶無髻墾, 閱世獨完全. 氷裂紋隱約, 鐵釘 蹟屬連. 底心鐫甲字, 先得此同然.[57]

건륭제가 이 반을 관요자기로 감식한 주요 근거도 앞서 언급한 삼족세의 경우와 같다. 즉 그는 "鐵釘", 즉 저부의 支燒痕이 철색을 띤 것에 주목하여 이 반을 관요자기로 판별하였다. 鐵釘 역시 鐵足과 더불어 관요자기의 특징의 하나로 인식되어 왔다.

건륭제가 이른바 전세여요자기를 관요자기로 감식한, 그 나머지 11점의 경우는 앞서 언급한 삼족세나 반처럼 시의 내용에 감식의 기준이 잘

 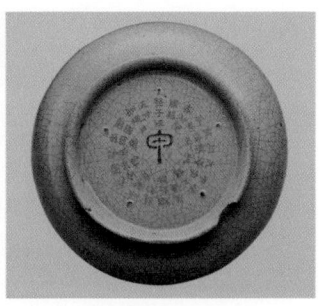

[도11a] 青瓷盤, 國立故宮博物院　　[도11b] 도11a의 底部

드러나 있지 않다. 하지만, 이들도 두 경우와 마찬가지로 특정한 기준에 의거하여 감식하였을 것이라는 점에는 의심이 없다. 결과적으로 건륭제는 그러한 기준에 의거하여 문제의 13점이 여요자기와 차이가 있다고 판단하고 그것들을 관요자기로 감식한 셈이다.

이와 같이 건륭제가 여요자기와 관요자기에 대한 다양한 감식 기준을 가지고 있었고, 아울러 적어도 남송관요자기를 여요자기로 오인하지 않을 정도의 감식안을 가지고 있었다는 점에서 볼 때, 13점의 이른바 전세여요자기를 관요자기로 감식한 것을 두고 단지 건륭제가 여요자기와 관요자기를 분별할 수 있는 감식 능력이 그다지 뛰어나지 않았던 탓으로만 돌리는 것은 온당하지 않다고 생각한다.

하지만, 사실 건륭제가 관요자기로 감식한 13점의 이른바 전세여요자기는 유색, 유의 질감, 광택, 빙렬, 支燒痕 등 외관의 측면에서 보면, 여요자기와 남송관요자기 가운데 상대적으로 전자와 친연성이 강하다. 그럼에도 불구하고 건륭제는 이것들을 여요자기가 아닌 관요자기로 감식한 것이다. 이것은 어떻게 이해될 수 있는 것일까? 필자는 이 의문에 대한 해답의 실마리를 그가 남긴 「詠官窯小方瓶」이란 시에서 찾을 수 있다고 믿는다.

[도12a] 靑瓷圓洗, 國立故宮博物院   [도12b] 도12a의 底部

(D) 中矩折旋畧橢之, 陶成北宋至今眙. 縱微髻墾珍以古, 設使新瓷誰顧其.[58]

이 시에서 각별히 주목해보아야 할 것은 이 官窯小方甁이 북송시기에 제작되어 지금에 이르렀다고 한 대목이다("陶成北宋至今眙"). 이는 의문의 여지없이 건륭제가 이 병을 북송관요자기로 감식했음을 말해준다. 즉 그가 말한 관요자기는 당시의 일반적인 인식과 달리 남송관요자기뿐만 아니라 북송관요자기까지를 아우른 개념이었다.

이 점을 염두에 두고 볼 때, 건륭제가 臺北 고궁박물원 소장의 圓洗(故瓷008284: 도12)를 감식하고 지은 「詠官窯盤子」가 우리의 주목을 끈다. 이 원세는 그가 관요자기로 감식한 13점의 이른바 전세여요자기 가운데 하나이다.

(E) 祇以光芒嫌定州(宋時, 以定州白瓷有芒不堪用, 不入禁中, 京師置窯燒造, 曰官窯. 說見『老學庵筆記』及『留靑日札』中), 官窯秘器作珍留. 獨緣世遠稱稀見, 髻墾仍多八市求.[59]

이 시에서 건륭제는 宋代에 "光芒" 때문에 정요백자를 싫어함으로써

"官窯秘器"를 만들어 귀하게 전해진다고 하였다(祇以光芒嫌定州, 官窯秘器作珍留). 그리고 남송 陸游의 저작인 『老學庵筆記』와 명대에 田藝衡이 찬한 『留青日札』을 인용하여 이 구절에 대한 주석을 달아 놓았다. 주석 가운데 우리가 각별히 주목해 보아야 할 것은 "京師에 요장을 설치하여 소조하고, 官窯라고 칭하였다(京師置窯燒造, 曰官窯)"는 대목이다. 이 대목은 『留青日札』에 나오는 "政和間(1111~1117)에 (조정이) 스스로 京師에 요장을 설치하여 소조하고, 관요라고 칭하였다"고 한 구절을 인용한 것이다.[60] 정화간에 조정이 京師, 즉 汴京(오늘날의 開封市) 설치한 요장이 북송관요라는 것은 다 아는 일이다. 그러므로 이 시에서 언급된 "官窯"는 북송관요일 수밖에 없다.[61] 즉, 건륭제는 이 원세를 북송관요자기로 인식하였다는 이야기이다.

  건륭제가 어떤 기준으로 이 원세를 북송관요자기로 감식하였는지는 분명하지 않다. 그런데 북송관요와 관련된 내용을 언급한 문헌 가운데 가장 신뢰할 수 있는 것은 남송시기에 葉寘가 찬한 『坦齋筆衡』이다. 그 밖의 문헌들은 모두 『탄재필형』이 전하는 내용을 그대로 인용하거나 그것에 의지하여 재생산해낸, 사료적 가치가 그다지 크지 않은 것들이다. 『탄재필형』이 전하는 북송관요와 관련된 핵심적인 내용은 "政和間(1111~1117)에 (조정이) 스스로 京師에 요장을 설치하여 소조하고, 관요라고 칭하였다"는 것이다.[62] 앞서 언급한 『유청일찰』의 북송관요와 관련된 내용은 이 대목을 그대로 옮긴 것이다. 『탄재필형』은 그 밖에 북송관요와 여요와 남송관요의 관계에 대해서도 언급하였는데, 이에 따르면, 북송관요는 여요에 뒤 이어 어용자기를 생산하였으며, 남송관요는 북송관요를 계승한 것이었다.[63] 말하자면, 북송관요는 여요와 남송관요를 연결해준 징검다리와 같은 역할을 하였다고 할 수 있다. 하지만 『탄재필형』에는 북송관요자기의 외관적 특징에 관한 내용이 전혀 없다. 『留青日

札』에는 북송관요자기의 외관적 특징에 관한 언급이 있지만, 지극히 모호한 내용을 전할 뿐이다.[64] 건륭제가 북송관요와 관련하여 참고한 문헌은 『坦齋筆衡』과 『留靑日札』 정도이다.[65] 이와 같이 북송관요자기의 실체에 대한 구체적인 정보가 거의 없는 상황 아래에서 북송관요와 여요와 남송관요의 관계에 대하여 알고 있던 건륭제가 그 실체를 파악하기 위하여 선택할 수 있는 길은 사실상 정해져 있었다고 보아도 무방하지 않을까? 그 길은 여요자기와 남송관요자기와 비교해봄으로써 북송관요자기의 실체를 추론하는 것이었으리라.[66]

이러한 관점에서 보면, 건륭제는 여요자기의 풍격을 가지고 있지만 전형적인 여요자기와 일정한 차이가 있다고 판단한 것들과, 남송관요자기의 풍격을 지니고 있지만 전형적인 남송관요자기와는 일정한 차이가 있다고 판단한 것들을 북송관요자기로 인식했을 공산이 크다. 건륭제가 관요자기로 감식한 13점의 이른바 전세여요자기 가운데 구체적으로 몇 점을 북송관요자기로 인식하였는지는 잘 알 수 없다.[67] 하지만 다 아는 바와 같이 그것들이 여요자기의 풍격을 지니고 있다는 점에서 적어도 그 상당수는 북송관요자기로 감식했을 가능성이 높다는 것이 필자의 생각이다.

앞서 언급한 바와 같이, 이른바 전세여요자기가 모두 진정한 여요자기라는 오늘날의 일반적인 인식은 이와 같이 건륭제가 13점의 이른바 전세여요자기를 관요자기로 감식한 것을 부정한다. 건륭제가 이 가운데 일부를 남송관요자기로 감식했다면, 교단하관요지와 노호동수내사관요지의 발굴결과를 통하여 볼 때, 그것은 오류일 가능성이 높다. 두 요지에서 출토된 남송관요자기가 이른바 전세여요자기와 유사한 풍격을 지녔지만, 釉와 裝燒工藝 등에서 적지 않은 차이를 보이기 때문이다. 하지만 건륭제가 이러한 발굴자료들을 접하지 못하였다는 점을 염두에 두고 보면, 그가 그러한 오류를 범하는 것은 어쩌면 피하기 힘든 일이었을지도 모르겠다.

그렇다면 건륭제가 그 가운데 상당수를 북송관요자기로 감식한 것도 오류일까? 여요자기에 대한 오늘날의 일반적인 인식의 토대 위에서 판단한다면, 당연히 그렇다고 답할 것이다. 그리고 무엇보다도 청량사여요지에서 전세여요자기로 알려진 실물자료와 같은 유형의 천청유자기편들이 다량 출토되었다는 점을 중요한 증거로 제시한다. 만약 그러한 대답이 타당하다면, 이른바 전세여요자기가 진정 여요자기라는 오늘날의 일반적인 인식도 타당한 것이라고 할 수 있다. 과연 청량사여요지의 발굴결과는 건륭제가 이른바 전세여요자기를 북송관요자기로 감식한 것이 오류라는 점을 보증할 수 있는 것일까? 이 의문을 풀기 위해 북송관요 자체에 좀 더 관심을 기울일 필요가 있다.

북송관요는 汴京, 즉 오늘날의 開封市에 있었던 것으로 판단된다.[68] 하지만, 그곳에서 제작한 자기의 면모에 대해서는 구체적으로 알려진 것이 거의 없다. 다만, 북송관요가 여요에 뒤이어 어용자기를 생산했으며 북송관요의 遺製를 이어 남송관요가 설립되었다는 『탄재필형』의 기록과 남송관요에서 여요자기와 유사한 풍격의 청자를 생산하였다는 점 등을 토대로 보면, 북송관요에서도 여요자기와 같은 유형의 청자를 제작하였으리라는 것을 추론하는 것은 어렵지 않다.[69] 하지만 북송관요와 여요는 별개의 요장이었고, 게다가 요장의 성격도 달랐으므로, 두 요장이 요업을 운영해 나가면서 각각의 요장에서 생산한 자기의 풍격에서도 어느 정도의 차이가 생겨났을 가능성은 충분히 생각할 수 있다.[70]

북송관요에서도 여요자기와 같은 유형의 자기를 생산했을 가능성을 완전히 배제할 수 없다는 관점에서 볼 때, 청량사여요지에서 이른바 전세여요자기와 같은 유형의 자기가 출토되었다는 사실을 토대로 건륭제가 이른바 전세여요자기의 일부를 북송관요자기로 감식한 것이 오류라고 주장하는 것은 무리이다. 그 가운데 일부라도 실제로 북송관요에서 생산했을 가능성을 완전히 부정할 길이 없기 때문이다. 바꾸어 말하면, 청량사여요지에서 이른바 전세여요자기와 같은 유형의 자기들이 출토되었다는 점이 곧 전세여요자기로 알려져 온 것들이 모두 이 요장에서 생산되었다는 점까지를 말해주지는 않는다는 것이다. 이른바 전세여요자기에는 북송관요자기가 섞여 있을 가능성이 있다는 뜻이다.

이러한 관점에서 보면, 현재 전세여요자기로 알려져 있는 실물자료 가운데 어용자기를 제작하던 여요가 아닌 여주와 그 주변의 일반요장에서 제작한 여요계의 자기들이 포함되어 있다는 Percival David의 주장 역시 재조명해볼 필요가 있다. 연구자들은 후에 그것들을 여요자기로 분류하였지만, 거기에 구체적인 근거가 제시되어 있지는 않다. 근래 청량사여요 뿐만 아니라 그 주위에 이른바 전세여요자기와 같은 유형의 자기를 제작한 또 다른 요장들이 있었음이 밝혀지고 있다.[71] 魯山 段店窯가 그 대표적인 예이다.[72] 이러한 사실은 Percival David의 주장에 힘을 실어준다. 이른바 전세여요자기에 후대의 방품이 섞여 있을 가능성이 있다는 시각도 재조명해볼 필요가 있기는 마찬가지이다. 남송 중엽 경의 저술로 판단되는 『百寶總珍集』에 따르면, 고종시기에 매우 고가였던 여요자기가 13세기 초 무렵에 가격이 크게 떨어졌다.[73] 이는 이미 이 시기에 방여요자기가 많이 생산되고 있었음을 시사한다.[74]

요컨대, 현재 전세여요자기로 알려진 실물자료에는 여요자기 뿐만 아니라 북송관요자기와 여요계 자기 그리고 후대의 방여요자기가 포함되어 있을 가능성이 상존한다. 이제까지 전세여요자기로 간주해온 것들을 필자가 굳이 "이른바 전세여요자기"라고 칭한 것도 바로 이 때문이다.

5. 나머지말―이른바 전세여요자기와 북송관요자기

송대관요를 연구해오면서 풀리지 않는 몇 가지 수수께끼가 있다. 북송관요자기의 실물자료와 관련된 문제도 그 가운데 하나이다. 한때 이른바 東窯風 자기가 그 실물자료라는 주장이 일본학계에서 제기되었지만 (도13), 그것은 북송초기의 요주요 청자임이 밝혀졌다.[75] 그리고 대영박물관 소장의 이른바 "알렉산더완"과 같은 유형이 그 실물자료가 아닐까 하는 견해도 있었지만(도14),[76] 그것은 그 후 장공항요자기로 판명되었다.[77] 현재까지 북송관요자기의 실물자료는 전혀 알려진 것이 없는 셈이다. 남송관요자기의 경우 적지 않은 실물자료가 臺北과 북경의 고궁박물원을 비롯한 다수의 기관과 개인들이 소장하고 있으며, 거의 같은 시기에 생산된 여요자기의 경우도 70여 점이 전세되어 오고 있는 것으로 알려진 것에 비추어 보면, 그것은 좀처럼 이해하기 힘든 일이다.

그런데 청대까지의 어느 문헌에도 "북송관요"라는 말은 보이지 않는다. "남송관요"라는 말도 그러하기는 마찬가지이다. 이 두 명칭은 20세기 이후에 연구자들이 사용하기 시작한 용어이다. 그 이전에는 그것들은 그저 "관요"라는 이름으로 불렸다. 처음에는 이 "관요"가 "북송관요"와 "남송관요"를 아우른

[도13] 青瓷剔花蓮花紋獅子口注子, 클리블랜드미술관

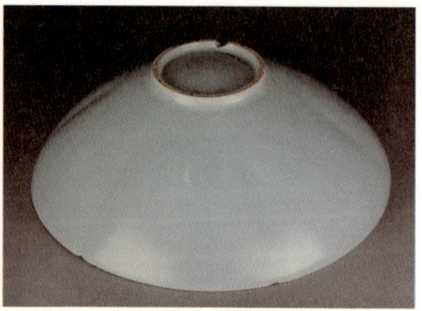

[도14a] 青瓷花形碗("알렉산더완"), 大英博物館   [도14b] 도14a의 底部

개념이었지만,[78] 원·명대를 거치면서 그것은 사실상 남송관요를 가리키는 개념으로 변질되었다. 高濂이 『遵生八箋』에서 "이른바 관요자기라는 것은 修內司 안에서 官家를 위하여 소조한 것이다. 그 요장은 항주의 봉황산 아래에 있다"고 한 것이 이를 대변한다.[79] 이에 따라 북송관요는 사람들의 기억에서 멀어져 가고, 아울러 북송관요자기의 실체에 대한 이해도 모호해져 간 것은 어쩌면 피하기 힘든 일이었는지도 모른다. 이와 같은 과정을 거치면서 북송관요자기의 실물자료들이 다른 자기로 오인되어 오늘에 이르렀을 가능성이 있다는 것이 필자의 기본적인 생각이다.[80]

이 글은 이러한 생각을 검증하기 위한 작업의 하나로 착수한 것이다. 그리고 오늘날 전세여요자기로 알려져 있는 실물자료들 가운데 북송관요자기가 포함되어 있을 가능성이 있다는 결론에 이르렀다.[81] 이제 우리의 다음 작업은 그 가운데 북송관요자기일 가능성이 높은 것들을 검출하는 일이 될 것이다.

[이 장은 『美術史學』 제30호(2015)에 게재된 「乾隆帝와 郭葆昌 그리고 Percival David―汝窯瓷器의 실체에 대한 인식의 궤적과 이른바 傳世汝窯瓷器」의 제목을 고치고 일부 내용을 수정 및 보완한 것이다]

제3장 주석

01 范冬青,「"汝窯三犧尊"析疑」,『上海博物館集刊』제6기, 1992, 286~292쪽; 余佩瑾,「淸仿鈞釉三犧尊」,『北宋汝窯特展』, 國立故宮博物院, 2006, 82~87쪽.

02 羅慧琪,「傳世鈞窯器의 時代問題」,『國立臺灣大學美術史研究集刊』제4기, 1997, 137~140쪽; 李仲謨,「"奉華"銘瓷器硏究」,『上海博物館研究集刊』제9기, 2002, 253쪽; 余佩瑾,「淸仿汝釉"奉華"尊」,『北宋汝窯特展』, 國立故宮博物院, 2006, 88~91쪽.

03 臺北 고궁박물원 소장의 水仙盆(故瓷017851)도 그러한 논란이 있는 실례 가운데 하나이다. Percival David는 이 수선분이 일반적인 여요자기와 달리 氷裂이 없다는 점과 淸 雍正時期에 경덕진에서 그러한 빙렬이 없는 汝窯水仙盆을 倣製하였다는『江西通志』의 내용 등을 근거로, 그것이 옹정시기의 모방품일 가능성을 제기하였다(Percival David, "A Commentary on Ju Ware", Transaction of the Oriental Ceramic Society, vol. 14, 1937, p.33 및 p.51). 사실 이 수선분은 북송말기부터 전세되어 왔다고 보기 힘들 정도로 상태가 지극히 양호하다. 하지만 余佩瑾은『內務府造辦處各作成做活計淸檔』에 옹정시기에 淸宮에 빙렬이 없는 圓筆洗가 있었다는 기록이 있고, 청량사여요지에서도 빙렬이 없는 다양한 기종의 파편들이 출토되었다는 점 등을 토대로 Percival David의 주장에 의문을 제기하였다(余佩瑾,「北宋汝窯獨領風騷」,『故宮文物月刊』286, 2007, 32쪽).

04 건륭제의 여요자기 감식에 대해서는 謝明良,「乾隆的陶瓷鑑賞觀」,『故宮學術季刊』제21권 제2기, 2003;『中國陶瓷史論集』, 允晨文化, 2007, 240~255쪽 및「北宋官窯研究現狀的省思」,『故宮學術季刊』제27권 제4기, 2010;『陶瓷手記』2, 石頭出版, 2012, 198~203쪽; 이혜심,「乾隆帝의 汝窯瓷器 鑑識 硏究」 서울대학교 석사학위논문, 2010, 6~70쪽; 余佩瑾,「從御製詩看乾隆皇帝典藏的汝窯」,『故宮學術季刊』제28권 제3기, 2011, 63~66쪽 참조.

05 謝明良,「北宋官窯研究現狀的省思」,『故宮學術季刊』제27권 제4기, 2010;『陶瓷手記』2, 石頭出版, 2012, 198~203쪽; 余佩瑾,「從御製詩看乾隆皇帝典藏的汝窯」,『故宮學術季刊』제28권 제3기, 2011, 84~94쪽의 附表一:(1)傳世題刻乾隆御製詩의 汝窯瓷器 참조.

06 王光堯,「淸代宮廷對宋官窯瓷器的收集及影響」,『故宮博物院八十五華誕

宋代官窯及官窯制度國際學術硏討會論文集』下, 故宮出版社, 2012, 477 ~481쪽.

07 謝明良,「乾隆的陶瓷鑑賞觀」,『故宮學術季刊』제21권 제2기, 2003;『中國陶瓷史論集』, 允晨文化, 2007, 252~254쪽.

08 Percival David, "A Commentary on Ju Ware", Transaction of the Oriental Ceramic Society, vol. 14, 1937, pp.59~62.

09 R. L. Hobson도 Percival David와 동일한 견해를 피력하였다. 즉 그도 Percival David 재단 소장의 花形盞托을, 품질 또는 유색이 전형적인 여요자기의 그것들과 다르다는 점을 들어 여요계로 분류하였다. R. L. Hobson, A Catalogue of Chinese Pottery and Porcelain in the Collection of Sir. Percival David, London: The Stourton Press, 1934, p.5.

10 20세기 이후 여요자기의 실체에 대한 인식과 그 변천과정에 대한 대표적인 연구로 彭盈眞,「百年尋青—二十世紀汝窯認識論的變遷」,『故宮文物月刊』287, 2007이 있다. 필자는 이 글을 준비하고 작성하는 과정에서 이 논문으로부터 적지 않은 계발을 받았다.

11 G. Eumorfopoulos, "Ying Ch'ing, Ju and Ch'ai Yao", Transactions of the Oriental Ceramic Society, vol. 2, 1923, pp.24~28.

12 그 대표적인 연구자로 A. L. Hetherington과 R. L. Hobson을 꼽을 수 있다. A. L. Hetherington, The Early Ceramic Wares of China, popular and abridged edition, London: Ernest Benn, 1924, pp.87~93; R. L. Hobson, The George Eumorfopoulos Collection Catalogue of the Chinese, Corean and Persian Pottery and Porcelain, vol. 2, London: Ernest Benn, 1926, pp.3~6. 이 두 연구자의 견해는 原文次郎,「影靑器と汝窯とに關する諸說」,『陶磁』제1권 제2호, 1928, 7~26쪽에 자세히 소개되어 있으며, 原文次郎,「汝窯を中心に」,『茶わ』57, 1935, 51~62쪽에는 두 저서의 여요자기와 관련된 부분이 日文으로 번역되어 있다. 한편, 小山富士夫의 글에 따르면, H. Jackson도 이 견해를 지지하였다고 하였으나(小山富士夫,『支那青磁史稿』, 文中堂, 1943, 168쪽), 필자는 그가 쓴 청백자와 관련된 논문 "An Account of the Examination of Some Specimens of Ying Ch'ing Porcelain", Transaction of the Oriental Ceramic Society 1926-27, 1928 등에서 그러한 사실을 확인할 수 없었다.

13 R. P. B. Davis, "Ju Ware", The Burlington Magazine for Connoisseurs, vol.

47, no. 272, 1925, pp.261~262 및 p.265; "Ch'ai Yao, Ju Yao and Ying Ch'ing", *The Burlington Magazine for Connoisseurs*, vol. 54, no. 310, 1929, pp.9~10 및 pp.15~16.

14　大谷光瑞,『支那古陶瓷』, 陶雅會, 1932, 59~61쪽; 小山富士夫,「支那青磁考(一)」,『陶器講座』 2, 1935, 35쪽; Percival David, "A Commentary on Ju Ware", *Transaction of the Oriental Ceramic Society*, vol. 14, 1937, p.40의 註1; 尾崎洵盛,「宋元の陶磁」,『陶器講座』 24, 1938, 117~118쪽; A. D. Brankston, "An excursion to Ching-te-chin and Chi-an-fu in Kiangsi", *Transactions of the Oriental Ceramic Society*, vol. 16, 1939, pp.19~28.

15　Percival David, "Hsiang and His Album", *Transaction of the Oriental Ceramic Society 1933-1934*, 1934, pp.22~47. 한편, 彭盈眞은 청말·민국시기의 저명한 收藏家였던 郭葆昌이『歷代名瓷圖譜』에 수록된 "宋汝窯小圓觚"와 외형이 酷似한 "汝窯觚"를 소장하고 있었다는 점을 들어 그가 이 책을 僞作했을 가능성을 시사하였다(彭盈眞,「百年尋青―二十世紀汝窯認識論的變遷」,『故宮文物』 287, 2007, 51쪽). 하지만 이 책이 세상에 처음 알려진 1885년에 곽보창은 고작 6세의 어린아이였으므로 실제로 그러했을 가능성은 배제해도 좋다고 생각한다. 郭葆昌의 일생에 대해서는 馬常,「一代瓷家郭葆昌」,『海內與海外』 2005년 제6기, 58~59쪽을 참조하고,『歷代名瓷圖譜』의 出現에 대해서는 Percival David, "Hsiang and His Album", *Transaction of the Oriental Ceramic Society 1933-1934*, 1934, p.28을 참조하라.

16　原田玄訥의 여요요지 조사에 대한 구체적인 내용은 小山富士夫,「宋代の青磁」,『世界陶磁全集』 10 宋遼篇, 河出書房, 1955, 181~183쪽 참조.

17　그렇게 언급한 대표적인 문헌으로『淸波雜志』를 꼽을 수 있다. [宋]周煇 撰(劉永翔 校注),『淸波雜志校注』 卷5, 中華書局, 1994, 213쪽: "又汝窯, 宮中禁燒, 內有瑪瑙末爲油, 唯供御, 揀退方許出賣, 近尤難得."

18　[宋]周密 撰,『武林舊事』 卷9 高宗幸張府節次畧, 文淵閣四庫全書本,『景印文淵閣史庫全書』 제590책, 臺灣商務印書館, 1986, 273쪽: "紹興二十一年十月, 高宗幸淸河郡王第, 供進禦筵節次如後. 安民靖難功臣太傅靜江軍武靜海軍節度使醴泉觀使淸海郡王臣張俊進奉……汝窯, 酒瓶一對, 洗一, 香爐一, 香合一, 香球一, 盞四只, 盂子二, 出香一對, 大奩一, 小奩一."

19　『內務府造辦處各作成做活計淸檔』에 보이는 옹정시기 청궁의 여요자기 소장 현황에 대해서는 이혜심,「乾隆帝의 汝窯瓷器 鑑識硏究」서울대학교 석사학위논문,

2010, 6~8쪽 참조.

20 이혜심,「乾隆帝의 汝窯瓷器 鑑識 硏究」서울대학교 석사학위논문, 2010, 6~11쪽.

21 王光堯,「淸代宮廷對宋官窯瓷器的收集及影響」,『故宮博物院八十五華誕宋代官窯及官窯制度國際學術硏討會論文集』下, 故宮出版社, 2012, 474~475쪽 및 483쪽.

22 이 圖冊들에 대해서는 余佩瑾,「品鑑之趣 ― 十八世紀的陶瓷圖冊及其相關的問題」,『故宮學術季刊』제22권 제2기, 2004, 133~166쪽 참조.

23 건륭제의 여요자기 감식의 방식과 그 의미에 대해서는 이혜심,「乾隆帝의 汝窯瓷器 鑑識 硏究」서울대학교 석사학위논문, 2010, 84~90쪽 참조.

24 역대 문헌에 보이는 여요자기와 관련된 기록과 그 사료적 가치에 대해서는 곧「여요자기에 대한 인식의 변화와 여요자기의 流傳」이라는 논문에서 자세히 검토할 예정이다.

25 彭盈眞의 연구에 따르면, 20세기 초기 중국에서도 일반적으로 이른바 북방청자를 여요자기로 인식하였을 가능성이 높다. 彭盈眞,「百年尋靑―二十世紀汝窯認識論的變遷」,『故宮文物』287, 2007, 48~49쪽.

26 1924~1930년의 故宮物品點査와 거기에 참여한 조사원들에 대해서는 黃卉,「北京大學與淸宮物品點査」,『遼寧大學學報(哲學社會科學版)』2012년 제4기, 44~48쪽 참조.

27 『參加倫敦中國藝術國際展覽會出品圖說』제2책(瓷器篇)에는 이 지추병의 "原名"이 "仿均窯長頸甁"으로 되어 있는데, 이 명칭이 바로 그들이 點査하고 난 후 붙인 것으로 판단된다. 參加倫敦中國藝術國際展覽會籌備委員會 編,『參加倫敦中國藝術國際展覽會出品圖說』제2책(瓷器篇), 商務印書館, 1936, 47쪽 참조.

28 Percival David, "A Commentary on Ju Ware", *Transaction of the Oriental Ceramic Society*, vol. 14, 1937, p.56.

29 Percival David는 1933년에 제출한 그의 논문에서 북경 고궁박물원에 소장되어 있는 두 점의 汝窯甁을 알고 있다고 하였다(Percival David, "Hsiang and His Album", *Transaction of the Oriental Ceramic Society 1933-1934*, 1934, p.38). 이것들은 문제의 지추병과 현재 臺北 고궁박물원에 소장되어 있는 또 한 점의 지추병(故瓷4371)이 분명하다(林柏亭 主編,『北宋汝窯特展』,

國立故宮博物院, 2006, 116~123쪽 참조). 즉 그는 1933년에는 문제의 지추병을 여요자기로 인식하였다. 그렇다면 이 지추병을 여요자기로 인식한 시점은 1929~1933년이 될 것이다.

30   R. L. Hobson도 건륭제가 여요자기로 감식하였음을 증명하는 어제시가 새겨져있는 George Eumorfopoulos Collection 소장의 접시를 관요자기가 아닐까 추측하였다. 단, 그는 거기에 새겨진 시가 이 접시가 여요자기라는 내용을 함축하고 있는 것처럼 보이지만, 거기에 어느 정도의 중요성을 부여해야할 지는 판단하기 어렵다고 하였다. R. L. Hobson, *The George Eumorfopoulos Collection Catalogue of the Chinese, Corean and Persian Pottery and Porcelain*, vol. 2, London: Ernest Benn, 1926, p.21.

31   [淸]高宗,「詠汝窯缾」,『御製詩四集』卷55,『淸高宗(乾隆)御製詩文全集』제7책, 中國人民大學出版社, 1993, 154쪽.

32   단, 이 시의 첫머리에 나오는 "定州白惡有芒形, 特命汝州陶嫩靑"이 葉寘가 찬한『坦齋筆衡』의 "本朝以定州白磁器有芒, 不堪用, 遂命汝州造靑窯器"를 옮긴 것이라는 점을 파악할 수 있다면, 건륭제가 이 지추병을 여요자기로 감식하였음을 추론할 수 있을 것이다.

33   高曉然,「乾隆御製詩瓷器考論」,『故宮學刊』제7집, 2011, 295쪽.

34   건륭제가 여요자기로 감식하였음을 증명하는 어제시가 새겨져있는 George Eumorfopoulos Collection 소장의 접시를 소개한 R. L. Hobson도 그러한 확인작업을 하지않았음이 분명하다. R.L. Hobson, *The George Eumorfopoulos Collection Catalogue of the Chinese, Corean and Persian Pottery and Porcelain*, vol. 2, London: Ernest Benn, 1926, p.21.

35   曉平,「『洪憲御瓷』和郭葆昌」,『文史精華』1997년 제4기, 62~63쪽; 馬常,「一代瓷家郭葆昌」,『海內與海外』2005년 제6기, 58~59쪽 참조.

36   [淸]高宗 撰(郭葆昌 編),『淸高宗御製詠瓷詩錄』,『中國古代陶瓷文獻輯錄』3, 全國圖書館文獻縮微復制中心, 2003, 1066쪽.

37   [淸]高宗 撰(郭葆昌 編),『淸高宗御製詠瓷詩錄』,『中國古代陶瓷文獻輯錄』3, 全國圖書館文獻縮微復制中心, 2003, 1066쪽: "其『御製集』中……卽詠瓷一類乃有一百九十九首, 何其多也. 考證鑑賞不無疎誤, 則萬幾之暇餘事及之, 固未可與專家之業較論短長耳."

38   段勇,「古物陳列所的興衰及其歷史地位述評」,『故宮博物院院刊』2004년 제

5기, 29쪽.

39 추측에 불과하지만, 곽보창이 고물진열소의 감정위원으로 활동하면서 청궁 구장의 특정 자기에 새겨진 건륭제의 어제시를 『어제시집』의 그것과 대조해볼 필요성을 느꼈을 가능성도 있다고 생각한다.

40 參加倫敦中國藝術國際展覽會籌備委員會 編, 『參加倫敦中國藝術國際展覽會出品圖說』 제2책(瓷器篇), 商務印書館, 1936.

41 郭卉, 「國寶之旅: 1935~1936年倫敦中國藝術國際展覽會及上海預展」, 『國際博物館(中文版)』 2011년 제1기, 86쪽.

42 彭盈眞, 「百年尋靑―二十世紀汝窯認識論的變遷」, 『故宮文物』 287, 2007, 50쪽.

43 『런던예전도설』에는 이 쌍이병이 교단하관요자기로 분류되어 있다. 參加倫敦中國藝術國際展覽會籌備委員會 編, 『參加倫敦中國藝術國際展覽會出品圖說』 제2책(瓷器篇), 商務印書館, 1936, 94쪽 및 [淸]高宗, 「詠汝窯雙耳餠」, 『御製詩五集』 卷70, 『淸高宗(乾隆)御製詩文全集』 제9책, 中國人民大學出版社, 1993, 438쪽 참조.

44 이것은 아마도 그가 정규교육을 받은 적이 거의 없었다는 점과 일정한 관련이 있을 가능성이 있다고 판단된다. 馬常, 「一代瓷家郭葆昌」, 『海內與海外』 2005년 제6기, 58쪽 참조.

45 이 논문은 1936년 말에 제출되어 그 이듬해에 *Transaction of the Oriental Ceramic Society*, vol. 14에 게재되었다. 이 논문의 의의에 대한 보다 자세한 내용은 Stacey Pierson, "Introduction: Sir Percival David(1982-1964)", *Percival David Foundation of Chinese Art*, London: the School of Oriental and African Studies University of London, 2002(?), pp.15~16 참조.

46 G. St. G. M. Gompertz, *Chinese Celadon Wares*, 2nd edition, London: Faber and Faber, 1980, p.85.

47 Percival David, "A Commentary on Ju Ware", *Transaction of the Oriental Ceramic Society*, vol. 14, 1937, p.19 참조.

48 Percival David의 여요 연구와 관련하여 그가 중시한 한 가지 실물자료에 대하여 약간 언급할 필요가 있다고 생각한다. 그것은 잘 알려져 있는 "大觀元年"銘 輪形火照(Percival David Foundation 소장)이다. 이 화조에는 "大觀元年歲次丁亥三月望日將作小監監設汝州瓷窯務蕭服視合青泑初試火照"라는 명문이

있다. 이를 근거로 Percival David는 여요가 대관원년(1107)에 성립되었다고 주장하였다. 오늘날 대다수의 연구자들은 이것이 위작이라고 믿고 있으며, 심지어는 그것을 위작한 사람이 바로 곽보창이라는 이야기까지 있다. 사실 이 화조에 대해서는 이러 저러한 이유로 의문이 제기되었지만(小山富士夫,『陶器全集』10 唐宋の靑磁, 平凡社, 1957, 15쪽), 대체로 1950년대까지만 하여도 신빙성이 있는 자료로 평가되었다. 이 화조의 釉와 조형이 다른 여요자기와 다르다는 점 등에서 의문이 제기될 수 있지만, 명문의 내용으로 보면 그 신빙성을 부정할 방법이 없다고 G. St. G. M. Gompertz가 1958년에 간행된 자신의 저서 *Chinese Celadon Wares*에서 언급한 것이 당시 이 자료에 대한 인식을 대변한다(G. St. G. M. Gompertz, *Chinese Celadon Wares*, London: Faber and Faber, 1958, p.30). 그런데 그 후 이 화조에 대한 의문이 본격적으로 제기되던 가운데, 小山富士夫는 1971년 이 화조의 위조설과 관련된 매우 주목할 만한 언급을 하였다. 최근에 臺北 고궁박물원장인 蔣復璁으로부터 그것이 곽보창이 경덕진요의 감독관으로 있을 때(1915~1916) 만든 것이라는 이야기를 들었다는 것이다(小山富士夫,『陶器講座』6 中國Ⅱ, 雄山閣, 1971, 231쪽). 이로써 이 화조의 위조설은 사실상 정설로 굳어졌다(G. St. G. M. Gompertz, *Chinese Celadon Wares*, 2nd edition, London: Faber and Faber, 1980, pp.88~90). 필자도 청량사여요지에서 이러한 유형의 화조가 출토된 바가 없다는 점 등에서 볼 때 이 화조가 위조되었을 가능성이 높다고 생각한다. 하지만 이것을 위조한 사람이 蔣復璁의 말대로 곽보창이었을까? 小山富士夫가 蔣復璁으로부터 이 이야기를 들은 1971년경을 기준으로 볼 때, 곽보창이 문제의 화조를 위조했다는 1915~1916년은 이미 반세기가 넘는 오래 전이므로 蔣復璁이 그러한 일을 직접 확인했을 리는 없다. 결국 그도 누구로부터 들었다는 이야기가 되는데, 그 정보의 來源에 대해 전혀 언급한 바가 없으므로, 그 정보는 신뢰할 수가 없다. 아마도 누군가가 그렇게 추측한 것이 蔣復璁과 小山富士夫에게 전해졌을 것으로 판단된다. 이 화조를 위조한 사람을 찾는 것은 사실상 불가능한 일이 된 셈이지만, 그 위조 시기는 어느 정도 추측이 가능하다. 1956년에 간행된 *The Illustrated Guide to the Collection*에 따르면, 이 화조는 본래 청궁 舊藏品이었다(G. St. G. M. Gompertz, *Chinese Celadon Wares*, 2nd edition, London: Faber and Faber, 1980, p.88). 이것이 어떤 경로로 청궁에서 흘러나와 Percival David의 손에 들어간 셈이다. 만약 이것이 건륭제의 눈에 뜨였다면 어떠하였을까? 여요에 대하여 깊은 관심을 가지고 있던 그가 이것에 대하여 언급하지 않았을 리가 없다고 생각한다. 그 명문에는 여요를 설립한 사람과 그 설립 시기 등이 구체적으로 언급되어 있기 때문이다. 이 점에서 이것이 위조되어 청궁에 들어간 것은 건륭시기가 끝난 嘉慶元年(1796) 이후라고 생각한다. Percival David가 이 화조를 입수한 것은 그가 자신의 논문에서 그것에 대하여 언급한 1936년 이전의 어느 때가 분명하므로, 이것의 위조 시기는 결국 1796~1936년으로 귀결된다.

49 G. St. G. M. Gompertz, *Chinese Celadon Wares*, London: Faber and Faber, 1958, p.34.

50 명말의 高濂이 『遵生八牋』에서 관요는 항주의 鳳凰山 아래에 있다고 한 것이 그 대표적인 예이다. [明]高濂 撰, 『遵生八牋』 卷14 論官哥窯器, 文淵閣四庫全書本, 『景印文淵閣四庫全書』 제871책, 臺灣商務印書館, 1986, 711쪽: "所爲官者……窯在杭之鳳凰山下."

51 國立故宮博物院編輯委員會 編, 『宋官窯特展圖錄』, 國立故宮博物院, 1989, 59쪽.

52 謝明良, 「北宋官窯研究現狀的省思」, 『故宮學術季刊』 제27권 제4기, 2010: 『陶瓷手記』 2, 石頭出版, 2012, 200~201쪽.

53 단 謝明良은 건륭시기에 제작된 것으로 추정되는 臺北 국립고궁박물원 소장 『陶瓷圖冊』에 수록된 宋汝窯蟠龍洗가 같은 박물원 소장의 南宋官窯粉青雕龍圓洗(故瓷14111: 學習研究社 編, 『宋瓷名品圖錄』 3 南宋官窯, 學習研究社, 1974, 圖46)를 가리킨다고 추정하고, 이것을 乾隆朝에 관요자기를 여요자기로 오인한 예로 꼽았다(謝明良, 「北宋官窯研究現狀的省思」, 『故宮學術季刊』 제27권 제4기, 2010: 『陶瓷手記』 2, 石頭出版, 2012, 196~198쪽). 만약 문제의 원세를 여요자기로 판별한 것이 건륭제 자신이라면 謝明良의 주장은 타당하다고 볼 수 있다. 그런데 이 원세의 경우 저부에 고리 모양으로 유약이 입혀있지 않은 곳이 鐵色을 띠고 있다. 건륭의 어제시를 살펴보면 그는 이와 같이 유약이 입혀 있지 않은 곳이 철색을 띠는 것을 관요자기의 중요한 특징으로 꼽았다(謝明良, 「北宋官窯研究現狀的省思」, 『故宮學術季刊』 제27권 제4기, 2010: 『陶瓷手記』 2, 石頭出版, 2012, 202쪽). 이 점에서 볼 때, 이 원세를 여요자기로 감식한 사람이 건륭제인지에 대해서는 좀 더 깊이 있는 검토가 필요하다고 생각한다.

54 건륭제의 여요자기 및 관요자기의 감식 기준에 대해서는 謝明良과 이혜심의 정치한 연구가 있다. 謝明良, 「北宋官窯研究現狀的省思」, 『故宮學術季刊』 제27권 제4기, 2010: 『陶瓷手記』 2, 石頭出版, 2012, 198~203쪽; 이혜심, 「乾隆

帝의 汝窯瓷器 鑑識 硏究」서울대학교 석사학위논문, 2010, 6~31쪽 참조.

55 [淸]高宗,「宋官窯三足洗」,『御製詩四集』卷72,『淸高宗(乾隆)御製詩文全集』제7책, 中國人民大學出版社, 1993, 396쪽.

56 [明]高濂 撰,『遵生八箋』卷14 論官哥窯器, 文淵閣四庫全書本,『景印文淵閣四庫全書』제871책, 臺灣商務印書館, 1986, 711쪽: "所謂官者……其土紫, 故足色若鐵. 時云紫口鐵足." "紫口鐵足"이라는 말은 이보다 앞선 曹昭의『格古要論』에도 언급되어 있지만([明]曹昭,『格古要論』卷下 古窯器論, 文淵閣四庫全書本,『景印文淵閣四庫全書』제871책, 臺灣商務印書館, 1986, 106쪽), 이혜심의 견해에 따르면, 건륭제는 이 가운데『遵生八箋』을 참조하였다 (이혜심,「乾隆帝의 汝窯瓷器 鑑識 硏究」서울대학교 석사학위논문, 2010, 30~31쪽).

57 [淸]高宗,「詠官窯盤子」,『御製詩四集』卷11,『淸高宗(乾隆)御製詩文全集』제6책, 中國人民大學出版社, 1993, 399쪽.

58 [淸]高宗,「詠官窯小方缾」,『御製詩四集』卷81,『淸高宗(乾隆)御製詩文全集』제7책, 中國人民大學出版社, 1993, 525쪽.

59 [淸]高宗,「詠官窯盤子」,『御製詩五集』卷23,『淸高宗(乾隆)御製詩文全集』제8책, 中國人民大學出版社, 1993, 611쪽.

60 [明]田藝衡 撰(朱碧蓮 點校),『留靑日札』附錄 1《留留靑》卷六談陶磁, 上海古籍出版社, 1992, 756쪽: "政和間, 京師自置窯燒造曰官窯."

61 한편, 余佩瑾은『留靑日札』에 정요백자의 "有芒" 때문에 여주에 명하여 청요기를 만들도록 하였다고 언급하였으므로([明]田藝衡 撰(朱碧蓮 點校),『留靑日札』附錄 1《留留靑》卷六談陶磁, 上海古籍出版社, 1992, 756쪽: "宋以定州白磁器有芒不堪, 遂命汝州造靑窯器"),「詠官窯盤子」(사료 E)에서 "祇以光芒嫌定州"에 뒤이어 나오는 "官窯祕器作珍留"의 "官窯"는 응당 여요자기를 가리킨다고 주장하였다(余佩瑾,「從御製詩看乾隆皇帝典藏的汝窯」,『故宮學術季刊』제28권 제3기, 2011, 64쪽). 이렇게 본다면, 이 시의 주석에 보이는 "京師置窯燒造, 曰官窯"의 "官窯"도 여요자기를 가리킨다는 이야기가 되는 셈이다. 그런데 "京師置窯燒造, 曰官窯"라는 내용은『留靑日札』에 보이는 "政和間, 京師自置窯燒造, 曰官窯"라는 대목을 인용한 것이다. 그리고『留靑日札』의 이 대목은『坦齋筆衡』에서 "政和間, 京師自置窯燒造, 名曰官窯"라고 한 내용에 의거한 것이다.『坦齋筆衡』의 이 대목에서 언급한 "官窯"가 북송관요라는 것은 다 아는 사실이다. 따라서 "京師置窯燒造, 曰官窯"와 "官窯祕器

作珍留"의 "官窯"도 북송관요자기를 가리키는 것이 분명 하다고 판단된다.
『老學庵筆記』에 정요백자의 "有芒" 때문에 궁중에서 여요 자기를 사용하였다
고 하였지만([宋]陸游(李劍雄·劉德權 點校),『老學庵筆記』卷2, 中華書局,
1979, 23쪽: "古都時, 定器不入禁中, 惟用汝器, 以定器有芒也."), 건륭제가 북
송관요의 설치와 정요백자의 "有芒"을 연결지은 것은, 그가 북송관요도 여요
와 마찬가지로 정요백자의 "有芒"으로 인하여 생겨났다고 믿었기 때문일 것이
다. 이 점에 대해서는 이혜심,「乾隆帝의 汝窯瓷器 鑑識 研究」서울대학교 석
사학위논문, 2010, 27쪽 참조.

62 [元]陶宗儀 撰,『南村輟耕錄』卷29 窯器, 中華書局, 1959, 362~363쪽: "宋葉
寘《坦齋筆衡》云……政和間, 京師自置窯燒造, 名曰官窯."

63 [元]陶宗儀 撰,『南村輟耕錄』卷29 窯器, 中華書局, 1959, 362~363쪽.

64 [明]田藝衡 撰(朱碧蓮 點校),『留青日札』附錄 1《留留青》卷六談陶磁, 上
海古籍出版社, 1992, 756쪽: "官窯……文色上白而薄如紙者, 亞於汝, 其價
亦然."

65 [淸]高宗,「詠汝窯缾」,『御製詩四集』卷55,『淸高宗(乾隆)御製詩文全集』제
7책, 中國人民大學出版社, 1993, 154쪽;「詠官窯盤子」,『御製詩五集』卷23,
『淸高宗(乾隆)御製詩文全集』제8책, 中國人民大學出版社, 1993, 611쪽
참조.

66 이혜심,「乾隆帝의 汝窯瓷器 鑑識 研究」서울대학교 석사학위논문, 2010, 26
쪽 참조.

67 건륭제가 문제의 13점을 모두 북송관요자기로 감식하였다고 여겨지지는 않는
다. 아마도 그 일부는 남송관요자기로 인식했을 가능성이 있다. 臺北 고궁
박물원 소장의 紙槌甁(故瓷004371)과 膽甁(故瓷004372)이 여기에 속할
수 있다. 건륭제는 이 지추병과 담병을 감식하고 지은 시(「題官窯瓶」·「詠官
窯溫壺」)에서 이것들이 章生二가 만들었다고 하였는데[淸]高宗,「題官窯
甁」,『御製詩四集』卷33,『淸高宗(乾隆)御製詩文全集』제6책, 中國人民大學
出版社, 1993, 808쪽;「詠官窯溫壺」,『御製詩四集』卷92,『淸高宗(乾隆)御製
詩文全集』제7책, 中國人民大學出版社, 1993, 692쪽), 그는 장생이가 만든 관
요자기를 남송관요자기나 그와 같은 부류로 인식한 것으로 보인다. 건륭제가
장생이를 언급한 어제시가 남송관요자기를 소재로 삼았을 것이라는 점에 대한
자세한 내용은 이혜심,「乾隆帝의 汝窯瓷器 鑑識 研究」서울대학교 석사학위
논문, 2010, 23~24쪽 참조.

68　북송관요가 汴京에 설치되었다는 점에 대한 자세한 내용은 李喜寬,「北宋官窯 與"京師"及"惟用汝器"—北宋官窯硏究序說」,『故宮博物院院刊』2010년 제5 기 참조.

69　R. L. Hobson에 따르면, P. David는 북송관요의 도공들이 여주로부터 동원되었을 것이라고 주장하였다(R. L. Hobson, *A Catalogue of Chinese Pottery and Porcelain in the Collection of Sir Percival David*, London: the Stourton Press, 1934, p.20). 당시 여요가 가장 수준 높은 청자를 제작했다는 점에서 볼 때, 타당성이 매우 높은 견해라고 생각한다. 이 점에서 보면, 북송관요에서도 여요자기와 같은 유형의 청자를 제작하였을 것이라는 점은 더욱 분명해진다.

70　李喜寬,「高麗睿宗與北宋徽宗—十二世紀初期的高麗靑瓷與汝窯、北宋官窯」,『故宮學術季刊』제31권 제1기, 2013, 91쪽.

71　郭木森·趙文軍,「試析汝窯及相關問題」,『華夏考古』2000년 제3기, 95쪽.

72　孫新民,「關于汝窯性質問題的探討」,『故宮博物院八十五華誕宋代官窯及官窯制度國際學術硏討會論文集』, 故宮出版社, 2012, 158~160쪽.

73　李仲謀,「汝窯史料硏究二則」,『中國古陶瓷硏究』제7집, 2001, 74~76쪽.

74　李仲謀,「汝窯史料硏究二則」,『中國古陶瓷硏究』제7집, 2001, 76쪽. 단 秦大樹는 이때 대량 생산된 방여요자기가 혹 여요자기와 유사한 균요자기가 아니었을까 추측하였다. 秦大樹,「鈞窯三問」,『故宮博物院院刊』2002년 제5기, 22쪽.

75　謝明良,「東窯小記」,『故宮文物月刊』111, 1992:『陶瓷手記』, 石頭出版, 2008, 335~340쪽;「耀州窯址五代靑瓷的年代問題」,『故宮學術季刊』제16권 제2기;『中國陶瓷史論集』, 允晨文化, 2007, 59~67쪽 참조.

76　Regina Krahl, "'Alexander Bowl' and the Question of Northern Guan Ware", *Orientations*, vol. 24 no. 11, 1993, pp.72~75; 陸明華,「兩宋官窯有關問題硏究」,『南宋官窯文集』, 文物出版社, 2004, 145~147쪽.

77　孫新民,「汝州張公巷窯的發現與認識」,『文物』2006년 제7기, 85~87쪽.

78　[元]陶宗儀 撰,『南村輟耕錄』卷29 窯器, 中華書局, 1959, 362~363쪽 참조.

79　[明]高濂 撰,『遵生八牋』卷14 論官哥窯器, 文淵閣四庫全書本,『景印文淵閣四庫全書』제871책, 臺灣商務印書館, 1986, 711쪽: "所爲官者, 燒於修內司中, 爲官家造也. 窯在杭之鳳凰山下."

80 특정한 요장의 자기가 다른 요장의 그것으로 오인되는 것은 드물지 않은 일이었다. 앞서 설명한 바와 같이, 1920년대의 암흑기에 청백자가 여요계의 자기로 오인된 것이라든지, 2004년 張公巷窯址가 발굴되기 전까지 그 요장에서 생산된 자기들이 북송관요자기나 여요자기로 오인된 것이 좋은 예가 될 것이다. 장공항요자기의 경우는 Regina Krahl, "'Alexander Bowl' and the Question of Northern Guan Ware", *Orientations*, vol. 24 no. 11, 1993, pp.72~75; 陸明華, 「兩宋官窯有關問題研究」, 『南宋官窯文集』, 文物出版社, 2004, 145~147쪽; 故宮博物院古陶瓷研究中心 編, 『故宮博物院藏古陶瓷資料選萃』卷1, 紫禁城出版社, 2005, 51~52쪽 참조.

81 謝明良은 북송관요가 汴京에 건립되었다는 견해를 설명하면서, 이 입장에서 보면, 淸宮에 전세되어온, 오늘날 여요자기나 관요자기로 알려져 온 것들 가운데 북송관요자기가 포함되어 있을 가능성을 생각할 수 있다는 견해를 제출하였다(謝明良, 「北宋官窯研究現狀的省思」, 『故宮學術季刊』 제27권 제4기, 2010: 『陶瓷手記』 2, 石頭出版, 2012, 207쪽). 하지만 그는 북송관요가 변경에 있었다는 견해 자체를 지지하지 않는다. 그는 청량사여요가 곧 북송관요라고 믿고 있다(謝明良, 「北宋官窯研究現狀的省思」, 『故宮學術季刊』 제27권 제4기, 2010: 『陶瓷手記』 2, 石頭出版, 2012, 212~213쪽).

제Ⅱ부 관요시대의 개막
: 北宋官窯와 그 주변 문제의 연구

제1장　북송관요와 "京師" 그리고 "惟用汝器"—
　　　　북송관요 연구 서설

제2장　12세기 초기의 고려청자와 여요 및 북송
　　　　관요 — 북송관요자기의 실체를 찾아서

제3장　汝州 張公巷窯의 운영시기와 성격 문제

 제1장 북송관요와 "京師" 그리고 "惟用汝器"
—북송관요 연구 서설

1. 문제의 제기—북송관요에 대한 연구, 무엇이 문제인가

중국 도자사 연구에 있어서 어용자기만을 전문적으로 생산한 御窯의 중요성은 아무리 강조해도 지나치지 않을 것이다. 어요에서 생산된 자기들은 하나같이 매우 높은 품질을 유지하였으며, 일반적인 민요와 달리 그 생산에서 소비에 이르는 전 과정이 조정에 의해서 엄격하게 관리되었다. 그러한 어요의 시작을 알린 것이 북송관요였다. 그렇지만 지금까지 북송관요와 관련하여 확실하게 알려진 사실은 거의 없다. 엄밀하게 말하면, 북송관요가 북송말기의 휘종대에 설립되었다는 점 정도만이 분명히 알려져 있을 뿐이다. 북송관요 문제는 그만큼 짙은 베일에 가려져 있는 셈인데, 이는 북송관요와 관련된 문헌기록 가운데 사료적 가치가 있는 것이 매우 희소할 뿐만 아니라 그 내용 또한 대단히 간략하다는 점과 깊은 관련이 있다.

현전하는 문헌기록 가운데 북송관요의 존재를 가장 먼저 알린 것은 葉寘의 『坦齋筆衡』이다. 이 책은 북송관요가 소멸되고 한동안이 지난 남송중기를 전후한 시기에 저술된 것으로 알려져 있는데,[01] 현재 남아 있지 않고, 그 책에 기록되어 있던 북송관요와 관련된 기록이 원대에 陶宗儀가 편찬한 『南村輟耕錄』에 초록되어 전해오고 있다.

(A) 宋葉寘『坦齋筆衡』云……本朝以定州白磁器有芒, 不堪用, 遂命汝州造青窯器, 故河北唐·鄧·耀州悉有之, 汝窯爲魁. 江南則處州龍泉縣, 窯質頗麤厚. 政和間, 京師自置窯燒造, 名曰官窯.[02]

이와 거의 동일한 내용은 남송말기의 사람인 顧文薦이 편한 『負暄雜錄』에도 실려 있는데, 『탄재필형』의 내용을 거의 그대로 초록한 것으로 판단된다.[03] 元代 이후의 몇몇 문헌에서도 북송관요에 대하여 언급하였지만, 『탄재필형』이나 『부훤잡록』의 내용을 그대로 옮겨 놓거나, 거의 신뢰할 수 없는 내용의 것들이다.[04] 결국 북송관요와 직접적으로 관련된 문헌기록 가운데 신빙성이 있는 것은 위에서 인용한 『탄재필형』에 보이는 것이 전부인 셈이다.

북송관요에 대하여 본격적으로 관심을 기울이기 시작한 것은 20세기에 접어든 이후라고 할 수 있다.[05] 초기의 연구자들은 『탄재필형』과 『부훤잡록』의 기록에 보이는 "京師"가 당시의 京都인 汴京을 가리키는 것으로 이해하고 북송관요가 오늘날의 開封에 있었을 것이라는 점에 의심을 품지 않았다. 북송관요를 흔히 "汴京官窯"라고 칭한 것은 그러한 이해의 결과였다.[06] 그들의 관심은 북송관요자기의 면모가 어떠하였는가 하는 데 쏠려 있었다. 이 시기에 북송관요자기가 여요자기나 남송관요자기와 유사했을 것이라거나, 북송관요에서 여요·정요·자주요 등의 도공

[도1] 이른바 東窯風의 靑瓷注子, 耀州窯, 기메國立東洋美術館

들을 데려다 여러 窯系의 자기를 소조했을 것이라거나, 북송초기에 耀州窯에서 생산된 것으로 여겨지는[07] 이른바 東窯風의 청자가 북송관요자기였을 것이라거나(도1) 하는 다양한 견해가 제출되었지만,[08] 모두 막연한 추측의 범주에 머무는 것들이었다. 북송관요의 요지가 발견되지 않았고, 전세자기 가운데 확실한 북송관요자기의 표본도 없었기 때문에 그것은 어쩌면 피할 수 없는 일이었는지도 모른다. 이러한 상황은 1980년대까지 지속되었다.

1986년 말에 여요자기를 소조한 청량사여요지가 발견되면서[09] 북송관요에 대한 연구도 활기를 띠기 시작하였다. 이 시기에 매우 주목할 만한 견해가 李剛에 의해 제기되었다.

(B) ……"政和間, 京師自置(窯)燒造, 名曰官窯." 이 기록의 의미는 다음과 같다. "정화연간에 조정이 스스로 요를 설치하고 자기를 소조하였는데, 이름하여 "官窯"라고 하였다". 이 구절 가운데 "京師"는 주어로서, 조정을 가리킨다. 문맥상으로 볼 때, 소조지점을 가리키는 것이 아니다. 사람들은 "京師"를 소조지점으로 오해하였기 때문에 "汴京官窯"라는 말이 생겨났으며, 북송관요를 복잡한 베일 속에 가려버리는 결과를 초래하였다. 필자가 생각하기에는, 조정은 먼저 궁정용 자기를 여주의 민요에서

搭燒하다가, 그 수요량이 증가함에 따라 결국 이 요장을 관부요장으로 개편하여 전문적으로 궁정용 자기를 제작하고, 경우에 따라서는 약간의 요장을 증설했을 가능성도 있다고 판단된다. 이렇게 북송관요가 형성된 것이다. 宋人 陸游가 저술한 『老學庵筆記』에는 "古都時에 정요자기가 궁중에 들어가지 못하면서 오직 汝窯瓷器를 사용하였는데, 그것은 정요자기가 "有芒"하였기 때문이다"라는 내용이 있다. 위에서 필자가 언급한 결론은 宋人이 "오직 여요자기를 사용하였다"고 한 내용과도 일치한다. 여요의 고고학적 발견도 능히 이 점을 증명한다.[10]

즉 그는 북송관요가 汴京(오늘날의 開封市)에 있었다는 그때까지의 일반적인 견해를 부정하고 그것이 여주에 있었다고 주장하였다. 그 핵심적인 근거는 크게 두 가지이다. 그 하나는 『탄재필형』에 보이는 "京師"가 변경을 가리키는 지리적 개념이 아니라 조정을 의미한다는 점이다. 그의 주장과 같이 "京師"가 조정을 의미하는 것이라면, 북송관요가 변경에 있었다는 기존의 견해는 가장 중요한 논리적 근거를 잃게 된다. 또 다른 하나는 『老學庵筆記』에 "古都時에 정요자기가 궁중에 들이지 못하면서 오직 여요자기만 사용하였다"고 한 대목이다. 즉 정요자기가 궁중에 들어가지 못하면서 궁중에서 오직 여요자기만 사용하였다고 하였으므로, 이 시기에 궁정용 자기를 생산한 북송관요도 여주에 있었다고 볼 수밖에 없다는 논리이다.

李剛의 견해가 발표된 이후, 북송관요의 소재지 문제는 북송관요의 연구와 관련된 주요 관심사로 부각되었다. 李民擧는 "京師"가 바로 앞 대목, 즉 "故河北唐·鄧·耀州悉有之, 汝窯爲魁. 江南則處州龍泉縣, 窯質頗麁厚"에 보이는 唐·鄧·耀州 및 處州龍泉縣과 같은 지명들과 병렬적으로 사용되었기 때문에, 그것을 구체적인 지명, 즉 변경을 가리키는

[도2a] 青瓷花形碗, 大英博物館

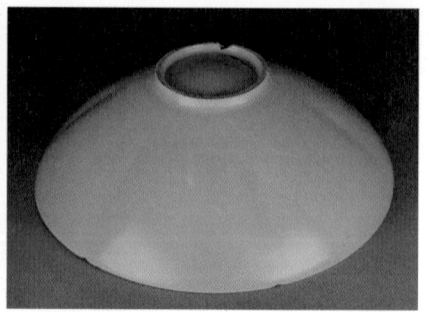
[도2b] 도2a의 底部

것으로 파악해야 한다고 주장하였다.[11] 陸明華도 문제의 "京師"는 앞 구절, 즉 "遂命汝州造靑窯器"에 보이는 "汝州"에 대응하는 지리적 개념이 분명하다는 의견을 피력하였다.[12] 葉喆民도 기본적으로 그들과 생각을 같이하였다. 그는 특히 문제의 북송관요에 대한 내용의 앞 구절인 "本朝以定州白磁器有芒, 不堪用, 遂命汝州造靑窯器. ……"에 나오는 "本朝"에 주목하였다. 이것을 "송의 조정"으로 이해한 그는, 만약 『탄재필형』의 저자가 한 문맥 안에서 조정이라는 동일한 의미를 표현하려고 하였다면, 굳이 "本朝"와 "京師"라는 서로 다른 어휘를 사용하였을 까닭이 없다고 주장하였다. 즉 "京師"는 조정의 의미를 내포하고 있는 것이 아니라, 북송관요가 설치된 지점—汴京—을 의미한다는 것이다.[13]

반면에 李輝柄[14]·沈岳明[15]·呂成龍[16] 등은 기본적으로 李剛의 주장과 궤를 같이 하는 견해를 발표하였다. 특히 李輝柄은 汴京과 그 주위 지역이 瓷土와 연료가 생산되지 않기 때문에 요장을 건립하기에 적합한 자연조건을 갖추고 있지 않다는 점을 강조하고, 더 나아가 송대에 여주의 관내에 포함되어 있던 청량사여요지가 곧 북송관요지라고 주장하였다. 이러한 李輝柄의 주장에 대해서는 劉濤[17]와 施遠·張東[18] 등의 비판이 있다. 즉 그들은 그러한 瓷土와 연료의 문제는 汴京의 편리한 수로를

[도3a] 靑瓷盤片, 上海博物館

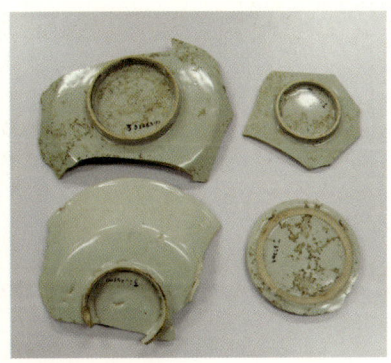

[도3b] 도3a의 底部

[도4] 張公巷窯址(T4)

이용하여 어렵지 않게 해결할 수 있었을 것이라고 주장하고, 북송관요가 汴京에 있었을 것이라는 입장을 견지하였다.

한편, 이 시기에 북송관요자기의 면모에 대한 주목할 만한 견해가 Regina Krahl에 의해 제기되었다.[19] 그녀는 대영박물관에 소장되어 있는 청자화형완—이른바 "알렉산더"완—에 주목하였다(도2).[20] 이 완의 경우, 태토가 매우 치밀하고 백색을 띠고 있으며, 분청색을 띠고 있는 釉는 비교적 두꺼운 편이다. 그리고 이 완의 공예적·화학조성상의 특징이 여요자기와 유사하지만, 전형적인 여요자기와는 차이가 있는 것으로 분석되었다. Regina Krahl는 이 완이 북송관요자기일 가능성이 크다고 주장하였다. 陸明華도 그녀의 견해에 적극적으로 동의하였다.[21] 대영박물관의 "알렉산더"완과 유사한 釉·胎의 특징을 가지고 있는 표본은 상해박물관에도 소장되어 있다. 1950년대에 葉叔重이 기증한 4점의 靑瓷盤片들이 그것이다(도3). 이 표본들은 이미 북송관요의 존재여부 문제와 관련하여 汪慶正에 의해 주목된 바 있는데,[22] 그 후 汪慶正[23]·陸明華[24]·施遠·張東[25]은 보다 깊은 연구를 통하여 이 표본들이 북송관요에서 제작했을 가능성이 있다고 주장하였다. "알렉산더"완과 상해박물관 소장의 표본들은 그 후 汝州 張公巷窯産으로 판명되었다.[26]

2000~2004년에 3차에 걸쳐 여주 시내에서 장공항요지가 발굴되면서 북송관요 연구는 새로운 국면을 맞이하였다(도4). 장공항요지에서는, 발굴면적이 협소하여 窯爐는 발견하지 못하였지만, 청량사여요지에서 출토된 것과 대동소이한 요도구들과 여요자기에 버금가는 높은 품질의 청자편들이 발굴되어 많은 연구자들의 이목을 집중시켰다(도5).[27] 연구자들의 최대의 관심사는 장공항요의 성격과 관련된 것으로, 이 요장이 과연 이제까지 베일에 가려져 있던 북송관요일까 하는 점이었다.

장공항요의 성격과 관련된 최초의 구체적인 견해는 이 요지의 발굴책임자인 郭木森에 의해 제출되었다.[28] 2000년 봄, 장공항요지 제1차 발굴이 끝난 후에 그는 출토된 청자편의 釉·胎와 요도구 및 장소공예상의 특징 등의 분석을 통하여 장공항요가 여요를 계승하였다고 주장하였다. 그리고 이러한 이해를 토대로 하여, 장공항요는 북송관요일 가능성이 매우 높지만, 금·원시기에 여요자기나 관요자기를 방제한 요장이었을 가능성도 완전히 배제할 수는 없다고 결론지었다. 거의 같은 시기에 朱文立과 朱玉峰은 좀 더 적극적으로 장공항요가 북송관요일 것이라고 주장

[도5] 張公巷窯址 出土 瓷器片, 河南省文物考古研究所

하였다.[29]

   2004년 4월, 장공항요지의 제3차 발굴이 끝나고, 같은 해 5월, 鄭州에서 장공항요와 관련된 전문가연구토론회가 개최되었다.[30] 이 회의에서 10여명의 연구자들이 발언을 하였는데, 그 대다수는 기본적으로 장공항요가 북송관요일 것이라는 점에 동의하였다. 그 주요 근거는 출토된 청자의 조형 및 釉·胎의 특징 등으로 미루어 장공항요가 관요의 속성을 가지고 있고, 아울러 이 요의 소조공예의 來源이 청량사여요로 추정된다는 점 등이었다. 다만 그들 가운데 여러 연구자들이 당시까지의 근거가 이 점을 뒷받침하기에 아직 충분하지 않기 때문에, 이러한 결론을 확정짓기 위해서는 좀 더 광범위한 발굴이 필요하다는 의견을 피력하였다. 그러나 秦大樹는 장공항요가 북송관요일 것이라는 점에 반대하는 요지의 발언을 하였다. 그 주요 근거는 발굴된 고고학적 문화층을 통하여 볼 때, 장공항요에서 생산된 기물(청자)이 북송시기가 아닌, 금·원시기에 해당하는 것으로 판단된다는 점이었다. 하지만 장공항요=북송관요설에 반대하는 연구자는 秦大樹를 포함하여 소수에 불과하였다.

이 연구토론회 이후 孫新民[31]·郭木森[32]·伊藤郁太郎[33]·朱文立[34]·陳宏焱[35]·李剛[36] 등은 기본적으로 장공항요=북송관요설을 지지하는 견해를 발표하였다. 그 가운데 가장 대표적인 것이 伊藤郁太郎의 견해라고 할 수 있다.[37] 즉 伊藤郁太郎은 기물의 조형과 제작기술 등의 측면에서 장공항요가 여요를 계승하였다는 점과 장공항요가 관요의 속성을 지니고 있다는 연구자들의 일반적인 인식의 토대 위에서 장공항요의 활동연대를 추적하였다. 장공항요지에서 출토된 기물의 양식과 12세기 전반경에 제작된 고려청자와의 관련, 그리고 휘종의 미의식 등을 종합적으로 검토한 그는 장공항요의 활동연대가 북송말기일 가능성이 높다고 판단하였다.[38] 그의 논지에 따른다면, 이러한 조건을 모두 갖춘 요장은 북송관요 이외의 것일 수가 없다는 결론이 이르게 된다.

장공항요의 활동연대가 금·원시기일 수 있다는 견해는 이 요지가 발견되었을 때부터 있었지만, 보다 구체화된 견해가 최근 王光堯와 秦大樹 등에 의해서 발표되었다. 王光堯는, 장공항요의 기물이 조형적 측면에서 금대후기~원대의 鈞窯 및 哥窯의 그것들과 유사하다는 점, 장소공예의 전개의 측면에서 장공항요는 여요와 단절된 관계에 있었던 것으로 보인다는 점, 釉의 배합관계의 측면에서도 장공항요와 여요 사이에는 상당한 시간적 격차가 있었음이 인정된다는 점 등을 들어, 장공항요가 금대후기 또는 그보다 더 늦은 시기에 여요가 아닌 남송관요를 모방한 관부요장일 것이라고 주장하였다.[39] 秦大樹는 장공항요지의 퇴적층과 灰坑에서 출토된 기물들을 분석한 결과를 토대로 하여, 장공항요에서 청자를 소조한 연대가 북송말기까지 올라갈 가능성은 희박하다고 주장하였다. 그는 더 나아가 광범위한 문헌기록의 검토를 통하여, "장공항요는 북송관요가 아니라, 금·원시기에 여요자기와 유사한 청자를 생산한 요장으로서, 원대 至元年間에 관부를 위하여 禮制性 기물을 생산한 관요가 되었다"고 결론 내렸다.[40] 한편, 王團樂은 북송관요는 청량사여요지에 있었을 것이라는 전제 위에서 장공항요가 금·원시기에 여요자기를 방제한 요장이라고 주장하였다.[41]

근래의 북송관요에 대한 논의는 주로 장공항요를 중심으로 이루어지고 있다고 할 수 있다.[42] 그리고 적지 않은 연구자들이 기본적으로 장공항요가 북송관요일 것이라는 점에 동의하고 있다. 그런데 이들은 명시적이든 그렇지 않든 모두 한 가지 명제를 전제로 하고 있다. 그것은 곧 『탄재필형』에 보이는 "京師"가 지리적 위치가 아니라 조정을 가리킨다는 점이다. "京師"가 지리적 위치, 즉 변경을 가리킨다는 점을 부정하지 않는 한, 여주에 있는 장공항요가 북송관요라는 주장은 설 자리가 없다. 적어도 『탄재필형』에 보이는 북송관요 관련 기록을 신뢰하는 입장에서 보면 그러하다. 문제는 "京師"가 조정을 가리킨다는 명제가 설득력 있게 논증되지 않았다는 점이다. 아직도 많은 연구자들은 "京師"가 변경을 가리킨다고 믿고 있다. 즉, 그 명제는 사실이 아니라 하나의 가설의 단계에 머물러 있다고 할 수 있다. 논리적으로 입증되지 않은 가설에 입각한 연구는, 엄밀하게 말하면, 사상누각에 불과할 수 있다는 것을 우리는 모두 잘 알고 있다.

이러한 비판은 "京師"가 변경을 가리킨다고 믿는 연구자들에게도 적용된다. 京師가 일반적으로 황제가 기거하는 도읍, 즉 경도를 의미하지만, 문제의 "京師"가 조정을 가리키는 것이 아니라는 점 또한 충분히 논증된 것은 아니기 때문이다. 적지 않은 연구자들이 "京師"가 조정을 가리킨다는 입장을 견지하고 있는 것이다. 이러한 토대 위에서 장공항요가 북송관요가 아니라고 주장하는 것도 바람직하지 않기는 마찬가지이다.

이와 같은 관점에서, 현재 북송관요의 연구와 관련하여 무엇보다도 긴요한 것은 과연 북송관요가 변경에 있었는가, 아니면 여주에 있었는가 하는 점을 밝히는 일이라고 생각한다.[43] 장공항요의 성격에 대한 본격적인 논의는 그 뒤에 진행되어도 늦지 않을 것이다.[44] 이를 위하여 『탄재필형』에 보이는 "京師"의 의미를 원점에서 다시 검토할 필요가 있다. 그리고 북송관요가 여주에 있었다고 주장하는 연구자들이 주요한 근거의 하나로 제시한, 『노학암필기』에 보이는 "惟用汝器"의 의미를 재검토하는 것도 빠뜨릴 수 없는 과제이다.[45] 이 장에서의 논의의 목적은 바로 이 두 가지 문제를 철저하게 검토하여 북송관요의 소재지를 분명히 함으로써, 이후의 북송관요 연구의 토대를 보다 굳건하게 하는 것이다.[46]

2. "京師"와 汴京 그리고 朝廷

섭치는 『탄재필형』의 북송관요 관련 구절을 서술하면서, 어떤 내용을 표현하려고 "京師"라는 어휘를 쓴 것일까? 다시 말하면, 섭치가 쓴 "京師"가 함축하고 있는 내용은 무엇일까? 이것을 밝히는 것이 이 절의 과제이다.

이 의문을 밝히기 위해서는 다음 몇 가지 점에 유의할 필요가 있다고 생각한다. 첫째, 京師의 본래의 의미가 무엇이고, 그 어휘가 역사적으로 어떠한 의미로 쓰였는가 하는 점이다. 특히 북송관요가 설립되고 아울러 『탄재필형』이 저술된 송대에 京師가 어떤 의미로 사용되었는지를 추적하는 것이 긴요하다. 둘째, 『탄재필형』에 보이는 북송관요의 설립과 관련된 구절을 독립된 내용으로 이해하지 않고 그것과 관련된 기록의 전체적인 문맥 속에서 파악하는 것이다. 이렇게 함으로써 우리는 해당 구절이 내포하고 있는 실제적인 내용을 보다 정확하게 이해할 수 있다. 셋째, 섭치가 특정한 사실관계를 어떠한 방식으로 기술하였는가 하는 점이다. 특히 특정한 요장의 설립에 관한 대목에 깊은 관심을 기울일 필요가 있다.

경사의 일반적인 의미가 황제가 기거하는 경도라는 것은 누구나 다 아는 사실이다. 경사가 경도의 의미로 쓰이게 된 유래에 대해서 『春秋公羊傳』은 다음과 같이 설명하였다. 경도는 본래 크다(大)는 의미의 京과 많다(衆)는 의미의 師가 결합된 말로서, 天子가 기거하는 곳을 가리키는데, 천자가 기거하는 곳은 반드시 사람이 많고 크기 때문에 그렇게 불리게 되었다는 것이다.[47] 송대를 포함한 고대의 문헌기록에서 경사가 경도의 의미로 쓰인 예는 무수히 찾을 수 있다. 그러므로 『탄재필형』의 북송 관요 관련 구절에 보이는 "京師"를 당시의 경도, 즉 변경을 가리키는 것으로 이해하는 것은, 적어도 경사의 어의 측면에서 볼 때는, 전혀 문제가 없다.

그러면 경사는, 많은 연구자들이 믿고 있는 것과 같이, 조정의 의미도 내포하고 있었을까? 적어도 『춘추공양전』의 내용에 따르면, 경사라는 말이 처음 쓰이기 시작할 당시에는 조정의 의미를 내포하고 있지 않았음이 분명하다. 하지만 어휘는 시간이 흐름에 따라 의미가 변화되거나 새로운 의미가 부가되기도 한다. 경사의 경우도 그러하였을까? 이 점을 밝히기 위해서는 문헌기록에서 경사가 명확하게 경도가 아닌 조정의 의미로 쓰인 예를 찾을 필요가 있다. 그러나, 과문한 탓인지는 모르지만, 필자는 아직까지 그러한 예를 찾지 못하였다.

그런데 최근 李剛은 경사가 조정의 의미로 쓰였음을 보여준다는 예로서 다음 두 기록을 제시하였다.[48] 과연 그가 제시한 예는 적합한 것일까?

(C) 時符堅强盛, 疆場多虞, 諸將敗退相繼……堅後率衆. 號百萬, 次於淮肥, 京師震恐.[49]

(D) 京師置雜物(買)務, 買內所須之物. 而內東門復有字號, 徑下諸行市物, 以供禁中. 凡行鋪供物之後, 往往經歲不給其值, 至于積錢至千萬者. 或云其值尋給, 而句當內門內臣故爲稽滯, 京師甚苦之.[50]

사료(C)에서 주목해 보아야 할 것은 "京師가 震恐하였다"는 대목이다. 李剛은 震恐한 "京師"가 국도(경도)를 가리키는 것일 수는 없기 때문에 그것은 곧 東晋의 조정을 지칭하는 것이 분명하다고 주장하였다.[51] 아마도 그는 지리적 위치 또는 행정구역을 가리키는 경사가 "震恐"의 주체가 될 수는 없다고 생각한 듯하다. 이는 과연 올바른 이해일까? 사료(C)는 동진이 전진의 천왕인 符堅의 공격에 패퇴하던 상황을 전하는 내용이다. 당시 부견이 이끈 백만을 헤아리는 대군은 동진의 경도인 建康의 지척에 있는 淮肥에 주둔하고 있었다. 이러한 상황을 고려하면, 당시 震恐한 "京師"의 의미를 조정으로 한정하는 것은 그다지 자연스럽지 않다. 그러한 상황에 두려움을 느낀 것은 굳이 조정의 신료들만은 아니었을 것이기 때문이다. 오히려 문제의 "京師"는 경도에 살고 있던 사람들을 통칭한 것으로 이해하는 것이 훨씬 더 자연스럽지 않을까? 경사와 같이 본래 지리적 위치 또는 행정구역을 의미하는 말이 그곳에 살고 있는 사람들을 지칭하는 개념으로 쓰인 경우는 얼마든지 찾을 수 있다.[52]

사료(D)는 북송시기의 雜物(買)務의 역할과 폐해를 전하는 내용이다. 여기에는 맨 첫부분과 끝부분의 두 곳에 "京師"라는 말이 사용되었는데, 李剛은 후자는 피해를 입고 있던 경성내의 각 店鋪의 업주를, 전자는 조정을 가리킨다고 주장하였다.[53] 과연 그의 주장과 같이 전자, 즉 "京師置雜物(買)務"에 보이는 "京師"가 조정을 가리키는 것일까? 그는 이 경우도 "京師"를 본래의 의미, 즉 경도의 의미로 이해할 경우 雜物(買)務를 설치한 주체가 될 수 없기 때문이거나, 雜物(買)務를 설치한 주체가 조정이기 때문에 "京師"를 조정의 의미로 이해하는 것이 타당하다고 판단한 것 같다. 하지만 문제는 그렇게 간단하지 않다. 우선 조정에서 특정한 관부를 설치한 내용을 기술할 때는 그 설치의 주체를 명기하지 않는 것이 일반적이다. 그 주체가 조정이라는 것은 누구나 아는 일이기 때문이다. 황제가 詔를 내린 사실을 기술할 때, 특정한 경우를 제외하고서는 그 詔를 내린 주체를 밝히지 않는 것과 같은 이치이다. 詔를 내리는 주체가 황제 한 사람 뿐이라는 것을 모르는 사람이 없기 때문에 그 주체가 황제라고 밝히는 것이 오히려 어색한 일이다. 이러한 관점에서 보면, "京師"를 雜物(買)務를 설치한 주체로 이해하는 것은 부자연스럽다.

그러면 문제의 "京師"는 어떻게 이해되어야 하는 것일까? 다음 기록이 그 해답을 제공할 것이다.

(E) 隋開皇三年, 陝州置常平倉, 京師置常平監.[54]

위 기록의 뒷부분에 보이는 "京師置常平監"은 사료(D)의 맨 첫부분에 보이는 "京師置雜物(買)務"와 동일한 구조와 성격의 문장이다. 常平倉과 常平監의 설치 주체가, 雜物(買)務와 마찬가지로, 조정이라는 것은 누구나 다 아는 사실이다. 그러므로 위 기록에 보이는 "陝州"와 "京師"는 각각 상평창과 상평감의 설치 주체로 볼 수 없다. 그렇지 않으면, 상평창은 "陝州"가, 상평감은 "京師"가 설치했다는, 다시 말하면 양자의 설치 주체가 달랐다는 이야기가 되는데, 이는 상평창과 상평감의 설치 주체가 모두 조정이었다는 사실에 정면으로 배치되기 때문이다. "陝州"

와 "京師"는 각각 상평창과 상평감이 설치된 지리적 위치 또는 행정구역을 가리킨다고 보는 것이 타당할 것이다. 이와 같이 지리적 위치를 나타내는 부사어를 마치 주어처럼 동사의 앞에 위치시키는 경우는 고대한어에서 흔히 볼 수 있다. 이러한 논의에 무리가 없다면, 사료(D)의 첫부분에 보이는 "京師"도 조정의 의미가 아니라 지리적 위치 또는 행정구역을 가리키는 개념으로서, 경도를 의미한다고 보는 것이 온당하다. 당연히 문제의 구절, 즉 "京師置雜物(買)務"도 "조정이 雜物(買)務를 설치하였다"는 의미가 아니라, "京都에 雜物(買)務를 설치하였다"는 의미로 이해하여야 할 것이다.

결국, 위의 사료(C)·(D) 두 기록이 모두 경사가 지리적 위치가 아닌 조정의 의미로 쓰였음을 알려주는 적합한 실례라고 보기 힘들다. 그러므로 경사가 조정의 의미를 가지고 있었음을 증명하려면, 새로운 실례를 제시할 필요가 있다. 이 임무는 온전히 북송관요가 경도(변경)가 아닌 여주에 있었다고 주장하는 연구자들의 몫이다.

이제 『탄재필형』에 보이는 북송관요와 관련된 대목의 전체적인 맥락 속에서 "京師"가 내포하고 있는 의미가 무엇인지 추적해 보기로 하자 [사료(A) 참조].

① 本朝以定州白磁器有芒, 不堪用, 遂命汝州造靑窯器, ② 故河北唐·鄧·耀州悉有之, 汝窯爲魁. ③ 江南則處州龍泉縣, 窯質頗麁厚. ④ 政和間, 京師自置窯燒造, 名曰官窯.

위 기록은 네 개의 구절로 이루어져 있는데, 내용상으로 모두 연결되어 있다고 판단된다. 이 점은 대다수의 연구자들이 인정하는 바이다. 이 가운데 사료②와 ③은 당시 "여요자기가 으뜸이었다(汝窯爲魁)"는 점을 설명하기 위한 부수적인 구절이다. 그러므로 위 기록의 핵심적인 구절은 사료①과 ②가 된다. 그리고 사료①의 내용 가운데에서도 "定州白磁器가 有芒하여 쓰기에 마땅치 않았다(以定州白磁器有芒, 不堪用)"는 내용은 "드디어 여주에 命하여 청요기를 만들도록 하였다(遂命汝州造靑窯器)"는 사실의 원인을 설명한 것이다. 그러므로 이 대목도 전체적인 문장 구조의 측면에서 보면 부수적인 요소이다. 그렇다면 위 기록의 핵심적인 골격은 다음과 같이 정리될 수 있을 것이다.

① 本朝……遂命汝州造靑窯器. ④ 政和間, 京師自置窯燒造, 名曰官窯.

여기에서 주의 깊게 보아야 할 것은 사료①과 ④의 주어, 즉 "命汝州造靑窯器"와 "自置窯燒造"의 주체를 가리키는 말이 무엇인가 하는 점이다. 이와 관련하여 사료①에서 무엇보다도 먼저 주목되는 것은 당연히 "本朝"이다. 본조는 일반적으로 왕조시대에 당시의 조정이나 자신의 나라를 표현할 때 쓰던 말이다.[55] 전자의 의미로 이해할 경우, "本朝"는 말할 것도 없이 송의 조정—더 구체적으로 말하면 북송의 조정—을 가리킨다. 그리고 "本朝"가 곧 "命汝州造靑窯器"의 주체가 될 것이다. 후자의 의미로 파악할 경우, "本朝"는 송—더 구체적으로 말하면 북송—이라는 국가를 가리키는데, 그것은 크게 공간적인 개념과 시간적인 개념으로 나누어 볼 수 있다. 여기서는 공간적인 개념으로 파악하면 문맥이 통하지 않기 때문에, 시간적인 개념으로 이해하는 것이 타당하다고 판단된다. 그렇다면 "本朝"는 송대라는 시간적인 범주를 의미하는 것이 될 것이다. 이 경우에는 당연히 "本朝"가 "命汝州造靑窯器"의 주체가 될 수 없다. 그 주체를 가리키는 말은 생략되어 있다고 보아야 할 것이다. 생략되어 있는 "命汝州造靑窯器"의 주체가 조정이라는 것은 누구나 아는 일일 것이다. 사료①의 "本朝"가 송의 조정과 송대 가운데 어느 쪽의 의미로 쓰였는지는 갑자기 판단하기가 힘들다. 그러므로 두 가지 가능성을 모두 염두에 둘 수밖에 없다.

사료④에서 "自置窯燒造"의 주체와 관련하여 주목되는 것은 당연히 "京師"이다. 그런데, 앞서 언급한 바와 같이, 사료④가 내용상 사료①과 앞뒤로 연결되어 있기 때문에, 이제까지 많은 연구자들이 그렇게 해왔던 것과 같이, 문제의 "京師"는 사료①과의 관련 속에서 이해되어야 할 것이다. 좀 더 구체적으로 말하면, "京師"의 의미는 사료①의 "本朝"와의 관련 속에서 파악할 필요가 있다.

사료④의 "京師"의 의미를 둘러싸고 두 가지 서로 다른 견해가 있다는 것은 이미 여러 차례 언급하였다. 그 하나는 그것이 변경을, 또 다른 하나는 그것이 조정을 가리킨다고 이해하는 것이다. 어느 쪽이 타당한 것일까? 이 문제 해결의 열쇠를 쥐고 있는 것이 바로 사료①의 "本朝"에 대한 이해라고 생각한다. 이 "本朝"가 송의 조정 또는 송대의 의미로 쓰였을 것이라는 점은 이미 앞에서 설명하였다. "本朝"가 송의 조정을 의미한다면, "京師"를 조정의 의미로 파악하는 것은 매우 자연스럽지가 않다. 이미 葉喆民이 지적한 것과 같이, 하나의 이어지는 문맥에서 동일한 조정을 표현하기 위해서 과연 "本朝"와 "京師"라는 서로 다른 말을 썼을까 의문스러운 것이다.[56] 이 경우, 가장 자연스러운 것은 사료④의 주어를 생략하는 것이었으리라. 하나의 문맥에서 동일한 내용의 주어를 반복하여 쓸 이유가 없기 때문이다. 이러한 입장에서, 사료④의 주어, 즉 "自置窯燒造"의 주체―조정―를 지칭하는 말은 생략되어 있을 가능성이 높다고 생각한다.

한편, 사료①의 "本朝"가 송대라는 시간적 범주를 의미하는 것이라면, 사료④의 "京師"는 어떻게 이해되어야 하는 것일까? 이 경우, 사료①의 주어, 즉 "命汝州造靑窯器"의 주체를 가리키는 말이 생략되어 있고, 그 원인이 "命汝州造靑窯器"의 주체가 조정이라는 것은 누구나 다 알고 있었기 때문이라는 점은 이미 앞에서 언급하였다. 그렇다면, 사료④의 경우도, 사료①과 마찬가지로, "自置窯燒造"의 주체를 가리키는 말이 생략되어 있다고 보는 것이 지극히 자연스럽다. 그 주체가 조정이라는 것도 다 아는 사실이기 때문이다. 다 알기 때문에 앞 구절(사료①)에서 드러내지 않은 조정의 존재를 뒤 구절(사료④)에서 새삼스럽게 밝힌다는 것은 도무지 어색하기 짝이 없는 일이 아닐까?

결국, 어떻게 이해한다고 하더라도, 사료④에서 "自置窯燒造"의 주체 —조정—를 가리키는 말은 생략되어 있을 가능성이 높다는 결론에 이르게 된다. 그렇다면 사료④에 보이는 "京師"는 의당 조정이 아닌 다른 의미로 파악하는 것이 자연스럽다. 요컨대, 북송관요의 설립과 관련된 전체적인 문맥 속에서 보아도 사료④의 "京師"가 조정을 의미할 가능성은 매우 희박하다고 할 수 있다. 이는 또한 "京師"가 북송관요가 설치된 지점, 즉 변경을 지칭하는 말이었을 가능성이 그만큼 크다는 점을 알려주는 것이기도 하다.

이제 섭치가 『탄재필형』에서 특정한 사실관계, 특히 특정한 요장의 설립에 관하여 어떠한 방식으로 기술하였는지 살펴보기로 하자. 이러한 검토도 북송관요와 관련하여 등장한 "京師"의 실제적인 의미를 파악하는 데 큰 도움이 된다.

(F) 政和間, 京師自置窯燒造, 名曰官窯.[57]

(G) 中興渡江, 有邵成章提擧後苑, 號邵局, 襲故京遺製, 置窯于修內司, 造靑器, 名內窯, 澄泥爲範, 極其精緻, 油色瑩徹, 爲世所珍.[58]

(H) 後郊壇下別立新窯, 比舊窯大不侔矣.[59]

『남촌철경록』에 초록되어 있는 『탄재필형』의 내용 가운데에는 특정한 요장의 설립에 관한 내용이 세 군데 나온다. 그것은 각각 북송관요[사료(F)]와 이른바 수내사관요[사료(G)]와 교단하관요[사료(H)]의 설립에 관한 것들이다. 이 가운데 수내사관요의 경우가 가장 자세하다[사료(G)]. "中興渡江"은 북송의 조정이 금에 쫓겨 남천하여 남송정권을 수립한 사실을 가리키지만, 여기서는 시간적인 범주로서 남송정권이 성립된 이후의 시기를 의미한다. 이것은 수내사관요의 설립 시기와 관련이 있는데, 이와 같이 그 시기를 비교적 애매하게 언급한 것은 섭치가 그 구체적인 연대를 잘 모르고 있었기 때문이었을 것이다. "有邵成章提擧後苑, 號邵局"은 수내사관요 설립의 주역에 대한 설명이다. 그 주역으로 언급된 邵成章은 邵諤의 착오일 것이라는 견해가 유력하다.[60] "襲故京遺制"·"置窯於修內司"·"造青器"·"名內窯"는 각각 수내사관요의 설립 기준, 설치 지점, 생산품의 종류, 요장의 이름과 관련된 내용이고, "澄泥爲範, 極其精緻, 油色瑩徹, 爲世所珍"은 생산품의 품질 및 그것에 대한 평가를 서술한 것이다.

교단하관요의 경우는 수내사관요에 비해서 그 내용이 소략한 편이다[사료(H)]. 교단하관요의 설립 시기는 비교적 막연하게 수내사관요의 설립 이후라고 하였다. "郊壇下"가 이 요장이 설치된 지점을 가리킨다는 것은 다 아는 사실이다. "別立新窯"의 "新窯"에 대하여 이제까지 많은 연구자들은 그것을 이 요장의 명칭으로 이해해왔다. 그러나 이는 오해라고 생각한다. "新窯"는 단지 "舊窯", 즉 "이전에 설치한 요장"에 대응하는, "새로 설치한 요장"라는 의미일 뿐이다. 교단하관요의 본래 명칭은 수내사관요의 경우와 마찬가지로 "內窯"였을 것으로 생각된다. 즉 남송관요는 그것이 수내사관요든 교단하관요든 그 명칭은 "內窯"였다는 뜻이다. 다만, 수내사관요는 "內窯" 가운데 먼저 설치된 요장이고, 교단하관요는 "內窯" 가운데 나중에 설치된 요장이었을 뿐이다. 남송관요가 "內窯"로 불렸다는 것은 이미 앞 구절[사료(G)]에서 언급하였으므로 여기에서 다시 그 점을 명기하지 않은 것은 지극히 자연스러운 일이다. "比舊窯大不侔矣"는 생산품의 품질 및 평가와 관련된 내용으로 볼 수 있다. 이렇게 볼 때, 섭치는 특정한 요장의 설치와 관련된 내용을 서술할 때, 특히 그 설립 시기, 설치 지점, 요장의 이름 그리고 생산품의 품질과 평가에 대한 내용을 중점적으로 서술했다고 할 수 있다. 특히 설치 지점에 대한 내용이 대단히 구체적이라는 점이 인상 깊다.

북송관요의 경우[사료(F)]도 교단하관요와 마찬가지로 그 설립에 관해 짧게 언급하였지만, 그 내용은 비교적 구체적이다. "政和間"은 북송관요를 설립한 시기를 말하는데, 북송관요·수내사관요·교단하관요의 설립 시기 가운데 가장 구체적이다. "京師"에 대한 이해는, 처음부터 이야기한 바와 같이, 그것이 북송관요가 설치된 지점을 가리킨다는 견해와 북송관요의 설립 주체—조정—를 의미한다는 견해로 첨예하게 갈려 있다. "自置窯燒造"는 북송관요를 설치하였다는 일반적인 내용이고, "名曰官窯"는 그 요장의 명칭에 대한 내용이다. 북송관요의 경우, 수내사관요와 교단하관요의 경우 모두 언급한, 생산품의 품질과 평가에 대한 내용이 빠져 있는데, 이는 섭치가 북송관요자기의 품질에 대한 지식이 없거나, 거의 없었음을 시사한다. 그 원인은 북송관요가 길어야 10여년 남짓한 짧은 기간 동안 운영되어 생산한 자기의 총수량이 매우 적었을 뿐만 아니라, 그것마저 金의 침입에 따른 북송정권의 몰락으로 대부분 소실되어 북송관요자기의 실물 자체가 거의 남아 있지 않았기 때문이 아니었을까 추측된다.

북송관요의 경우, 섭치가 특정한 요장의 설립과 관련된 내용을 서술할 때, 특히 중시한 내용, 즉 그 설립 시기, 설치 지점, 요장의 명칭 그리고 생산품의 품질과 평가에 대한 내용 가운데 그 설립 시기와 요장의 명칭에 대하여 언급한 것은 이미 확인하였다. 그리고 생산품의 품질과 평가에 대한 내용을 언급하지 않은 원인에 대해서도 이미 설명하였다. 아직 확인되지 않은 것은 설치 지점에 대한 내용이다. 섭치가 북송관요의 설치 지점을 모르고 있었을 가능성은 거의 없다고 판단된다.[61] 그의 생존 시기가 북송관요가 설립·운영된 시기로부터 그다지 멀리 떨어지지 않은 남송중기~후기로 추정된다는 점이나,[62] 그가 북송관요의 설립과 관련된 내용을 비교적 구체적으로 알고 있었다는 점 등으로 미루어 볼 때 그러하다. 그렇다면 섭치는 북송관요의 설립에 관한 내용을 서술하면서 그 설치 지점을 밝혔을 터인데, 적어도 그것을 사료(F)에서 찾는다면, "京師" 이외의 것일 수가 없다.

그런데 어떤 연구자는, 만약 "京師"가 북송관요의 설치 지점을 의미한다면 해당 구절은 의당 "京師自置窯燒造"가 아니라 "自置窯京師燒造"로 기록되었을 것으로 파악하고 있는 듯하다.[63] 다시 말하면, 만약 그 경우였다면, "京師"가 동사("置")의 앞이 아니라 뒤에 위치하였을 것이기 때문에 결국 문제의 "京師"는 북송관요의 설치 지점을 가리키는 것으로 보기 힘들다고 이해한 것으로 보인다. 하지만 이러한 이해에는 문제가 있다고 생각한다. "郊壇下別立新窯"[사료(H)]의 예가 보여주는 바와 같이, 특정한 요장의 설치 지점을 의미하는 말("郊壇下")이 동사("立")의 앞에 위치하여도 어법상 전혀 어색하지 않은 것이다.

한편, 적지 않은 연구자들은 사료(F)에 북송관요의 설치 지점에 대한 내용이 명기되어 있지 않다고 믿고 있다. 그들은, 그럼에도 불구하고, 『탄재필형』에 보이는 북송관요의 설립에 관한 내용의 앞에 북송의 조정이 여주에 명을 내려 청요기를 소조하도록 하였다는 기록이 있으므로 북송관요의 설치 지점도 의당 여주로 보아야 한다고 생각한 것으로 파악된다.⁶⁶ 북송관요의 설치 지점이 여주라고 주장하는 연구자들은 기본적으로 그러한 생각을 가지고 있다. 아마도 그들은 사료(F)의 "京師"를 조정으로 이해할 경우 사료(F)에서는 북송관요의 소재지에 관한 내용을 찾을 수 없으므로 그렇게 생각한 것으로 보인다. 과연 그러한 이해는 타당한 것일까?

그들이 『탄재필형』의 북송관요의 설립에 관한 내용과 그 앞에 나오는 여요의 성립에 관한 내용을 연결시켜 이해한 것은 대다수의 연구자들이 동의하는 바이다. 그리고 북송의 조정이 여주에 命하여 궁중에서 사용할 청요기를 소조하게 하였으며, 그 요장이 여주에 있었으리라는 점 또한 명확하다. 하지만 문제가 되는 것은, 그렇다고 하더라도, 북송의 조정이 여주에 명하여 청요기를 제작하도록 하였다는 사실이 곧 북송관요를 설치한 지점이 여주라는 점까지 말해주는 것은 아니라는 점이다. 설령 그들의 주장대로 문제의 "京師"가 북송관요의 설치 지점이 아니라 조정을 가리킨다고 가정하더라도, 이 대목에서 섭치가 피력한 주요 내용은 조정이 먼저 여주에 명을 내려 청요기를 소조하게 하다가, 정화 연간에 이르러 조정이 직접 "官窯"를 설치하여 어용자기를 소조하였다는 점에 국한된다. 이 대목의 어디에도 북송관요의 소재지가 여주였다는 점을 뒷받침해주는 객관적인 증거는 없다. 이 점에서 북송관요의 설치 지점이 여주라는 그들의 주장은 객관적 타당성이 담보된 것으로 보기 힘들다. 이러한 문제점은 사료(F)의 "京師"가 변경이 아니라 조정을 가리킨다고 오해한 데서 비롯되었다는 것이 필자의 생각이다. 요컨대『탄재필형』에서 특정한 요장의 설립에 대하여 섭치가 기술한 방식의 측면에서 보아도, 문제의 "京師"는 북송관요가 설치된 지점, 즉 변경을 지칭하는 말이었을 가능성이 대단히 높다고 판단되는 것이다.

3. "惟用汝器"의 해석

북송관요의 所在地를 검토하는 데 있어서 빠뜨릴 수 없는 또 하나의 문제가 『탄재필형』보다 약간 이른 시기인 남송 淳熙·紹熙 연간 (1174~1194)에 陸游가 찬한 『노학암필기』에 나오는 "惟用汝器"에 대한 해석이다. 이 구절의 해석을 특히 중시하는 것은 북송관요가 여주에 있었다고 주장하는 연구자들인데, 그들은 이 구절이, 『탄재필형』에 나오는 북송관요의 설립과 관련된 기록의 재해석을 통하여 구축한 자신들의 주장을 더욱 뒷받침해준다고 믿고 있다.[65] 이제 그들의 주장이 과연 논리적으로 얼마나 타당성이 있는지를 검토해봄으로써, 북송관요의 소재지 문제에 대한 논의를 더욱 진전시켜 나가기로 하자.

(I) 古都時, 定器不入禁中, 惟用汝器, 以定器有芒也.[66]

그들의 논리는 매우 간단하고도 명쾌하다. 앞서 언급한 바와 같이, 古都時에, 즉 북송시기에 정요자기가 궁중에 들이지 못하고 궁중에서 "오직 여요자기를 사용하였다(惟用汝器)"고 하였으므로, 이 시기에 어용자기를 생산한 북송관요도 여주에 있었다고 볼 수밖에 없다는 논리이다.

이러한 그들의 논리가 타당성을 가지기 위해서는 적어도 다음과 같은 기본적인 전제가 충족되지 않으면 안 된다. 그것은 "惟用汝器"의 "汝器"가 여요자기 뿐만 아니라 북송관요자기까지 아우르는 개념이어야 한다는 점이다. "汝器"가 북송관요자기를 내포하지 않는 개념이라면, "惟用汝器"에 대한 해석을 통하여 북송관요의 소재지를 논의한다는 것 자체가 무의미해진다. 그 경우라면, 『노학암필기』의 "惟用汝器"와 관련된 기록은 사실상 북송관요와는 아무런 관련이 없었다는 이야기가 되기 때문이다.

"汝器"는 여요에서 제작한 자기라는 의미와 여주에서 제작한 자기라는 의미로 해석될 수 있을 것이다. 양자는, 얼핏 보면, 동일한 의미가 아닐까 생각될지도 모르지만, 전혀 다른 개념이다. 당시 여요는 일반적으로 여주에 있던 많은 요장 가운데 어용자기를 주로 제작하던 특정한 요장만을 가리키는 개념이었다.[67] 이른바 청량사여요가 그것이다. 반면 후자는 여주라는 행정구역 안에 있던 모든 요들을 통칭하는 개념이다. "惟用汝器"의 "汝器"를 전자, 즉 여요에서 제작한 자기라는 의미로 해석하면, 앞서 언급한 전제는 성립될 수 없다. 여요는 북송관요와는 전혀 별개의 범주이자 개념이었기 때문이다. 『탄재필형』에 보이는 여요와 북송관요 관련 기록을 눈여겨본다면, 이 점에 의문을 제기할 사람은 없으리라 믿는다. 그러므로 그 전제가 성립되기 위해서는 "汝器"를 후자, 즉 여주에서 제작한 자기라는 의미로 해석할 수밖에 없는 셈이다. 그런데 문제의 "汝器"를 후자의 의미로 해석할 경우, 만약 북송관요가 여주에 있었다면, 북송관요자기도 경우에 따라 여기로 불리기도 했다는 이야기가 된다. 과연 실제에 있어서 그러하였을까?

중국 고대에는 특정한 지역에 있던 요장들을 그 행정구역의 이름을 따서 부르는 것이 일반적이었다. 민요 뿐만 아니라 지방정부가 설립한 관요도 그러하였다. 월요·정요 등이 전자의 예라면, 宣州官窯·潤州官窯 등은 후자의 예이다.[68] 하지만 중앙정부가 설립한 관요는 여기에 해당되지 않았다. 북송시기에 중앙정부가 설립한 관요—북송관요—의 명칭은, 그것이 어느 행정구역에 위치하였는가를 전혀 고려하지 않은 이름, 즉 "官窯"였다.[69] 중앙정부가 설립한 관요의 이름에 그것이 위치한 행정구역의 이름을 드러내지 않은 것은 극히 자연스러운 일이라고 할 수 있다. 그 관요는 그 행정구역을 관할한 지방정부가 아닌, 중앙정부가 설립·운영한 요장이었기 때문이다. 이와 같은 관점에서, 설사 그들의 주장대로 북송관요가 여주에 있었다고 가정하여도, 그곳에서 제작한 관요자기가 경우에 따라 그 관요가 위치한 행정구역의 이름을 따서 "汝器"로 불리기도 했을 가능성은 실제적으로 거의 없다고 생각한다. 결국, "汝器"를 어떠한 의미로 해석하여도, "汝器"가 여요자기 뿐만 아니라 북송관요자기까지 아우르는 개념이라는 전제가 성립될 가능성은 매우 희박하다고 볼 수밖에 없다. 문제의 "汝器"는 북송관요자기와는 무관한, 여요에서 제작한 자기, 즉 여요자기만을 가리키는 개념이었으리라는 것이 필자의 기본적인 생각이다. 그러한 성립 가능성이 희박한 전제 위에서 전개한, 북송관요가 여주에 있었다고 주장하는 연구자들의 논리가 타당성이 빈약하다고 보는 것은 당연한 귀결이다.

그런데 "汝器"를 여요자기만을 가리키는 의미로 이해할 경우 우리는 "惟用汝器"와 관련된 커다란 의문에 봉착하게 된다. 『노학암필기』의 기록을 신뢰한다면, 정요자기가 궁중에 들이지 못하면서 북송의 궁중에서 사용한 자기는 오직 "汝器", 즉 여요자기였다. 그러면 여요에 이어 설립된 북송관요에서 생산한 관요자기의 존재는 어떻게 이해되어야 하는 것일까? 북송관요자기는 어용자기로 채택되지 않았던 것일까? 하지만 이러한 이해는 북송관요의 설립 목적에 정면으로 배치되므로, 북송관요가 설립되고 거기서 관요자기를 생산한 이상, 실제에 있어서 그러하였을 가능성은 희박하다. 그렇다면, 북송관요 자체가 존재하지 않았던 것일까? 『탄재필형』에 보이는 북송관요의 설립에 관한 내용의 신빙성을 부정하지 않는 한, 이러한 이해도 無理이다. 그러면 『노학암필기』의 해당 내용이 허구인 것일까? 특정한 기록에 의문점이 있다고 하더라도, 그것이 허구라는 결정적인 증거가 없는 한, 그것의 사료적 가치를 부정하는 것은 올바른 태도가 아니다. 『노학암필기』의 찬자인 陸游가 북송말기로부터 매우 가까운 남송전기의 사람이었다는 점이나,[70] 『노학암필기』가 고증에 충실했다는 점 등에서 볼 때,[71] 오히려 그와 정반대였을 공산이 크다. 이러한 많은 의문을 내포하고 있는 "惟用汝器"에 대한 이해는 『청파잡지』에 보이는 "汝窯, 宮中禁燒"에 대한 이해와[72] 더불어 아직 해결되지 않은 여요연구상의 최대의 난제라고 할 수 있다.

특정한 고대의 문헌기록이 함축하고 있는 내용을 정확하게 파악하기 위해서는 무엇보다도 독자의 입장을 버리고 그 저자의 입장으로 돌아갈 필요가 있다. 저자는 독자와 처해 있는 시간적·공간적 상황이 서로 달랐기 때문에, 독자의 입장에서 주관적인 시각으로 문헌기록을 바라보면 그 문의를 제대로 이해하지 못하거나 오해하기가 쉽다. 이러한 점에 유의하면서 『노학암필기』의 기록을 다시 검토해 보기로 하자.

이 기록에서의 화제의 중심은 북송말기의 어용자기이다. 그리고 그것과 관련하여 정요자기와 여요자기가 언급되었다. 하지만 북송관요자기에 대한 언급은 전혀 없다. 북송말기에 북송관요가 설립되고 거기에서 생산된 관요자기가 어용자기의 주를 이루었을 것이라는 일반적인 인식의 바탕에서 보면, 이는 확실히 의아한 일이다. 이 의문을 푸는 것이 바로 "惟用汝器"와 관련된 난제를 해결하는 지름길이 될 것이다. 유감스럽게도 육유는 이 의문을 풀 수 있는 어떠한 직접적인 단서도 남겨놓지 않았다. 그렇지만 이 의문과 관련하여 다음과 같은 기본적인 추측이 가능하다. 그 원인이 육유가 북송관요자기에 대하여 모르고 있었거나, 여기에서 그것을 언급할 필요가 있다고 판단하지 않았기 때문일 것이라는 점이다.

육유는 북송관요가 설립·운영된 때로부터 얼마 떨어지지 않은 시기를 산 인물이었다. 그리고 『노학암필기』에는 정요와 여요뿐만 아니라 요주요와 월요에 대해서도 비교적 소상하게 기록되어 있다.[73] 이는 그가

宋代의 여러 요장들에 대해서 적지 않은 지식을 가지고 있었음을 의미한다. 한편, 남송의 조정은 점차 정권이 안정되면서 남송관요를 설립하게 되는데, 이 때 표방한 것이 "故京遺製"를 잇는다는 것이었다.[74] 그것은 곧 북송관요의 맥을 잇는 것을 의미한다. 이는 아직도 적지 않은 사람들이 북송관요의 존재를 알고 있었으리라는 추측을 가능케 한다. 이러한 점들로 미루어 볼 때, 육유도 북송관요에 대해서도 알고 있었을 개연성이 높다. 그러므로 그가 이 기록에서 북송관요자기에 대해서 언급하지 않은 것은, 그가 그럴 필요를 느끼지 못했기 때문이라고 보는 것이 더 타당하다고 판단된다.

육유가 북송말기의 궁정용 자기에 대하여 기술하는 자리에서 북송관요자기에 대하여 언급할 필요를 느끼지 못한 원인은 "惟用汝器" 관련 기록의 서술구조를 잘 살펴보면 어느 정도 알아차릴 수가 있다. 여기서의 논의와 별 관련이 없는 "惟用汝器"의 상황이 전개된 시점을 가리키는 내용("故都時")을 제외하면, 이 구절은 모두 세 개의 구절로 구성되어 있는 셈인데, 북송의 궁중에서 정요자기를 버리고 여요자기를 사용하게 된 사실, 즉 소위 "棄定用汝"의 인과관계를 서술한 것이다. 첫 번째와 두 번째 구절("定器不入禁中, 惟用汝器")은 그 결과에 대한 내용이고, 세 번째 구절("以定器有芒也")은 그 원인에 대한 내용이다. 우리가 각별히 눈여겨보아야 할 것은, 원인과 결과의 순서로 이루어지는 일반적인 文章敍述構造와 달리, 이 경우는 원인을 서술한 내용을 오히려 뒤에 위치시켰다는 점이다. 이는 특정한 사실을 강조할 때 흔히 쓰는 기법(倒置法)이다. 강조하고자 한 것이 원인에 해당하는 내용이라는 것은 말할 나위도 없다. 즉, 이 구절에서 육유가 강조하고자 한 것은 정요자기가 궁중에 들어가지 못하게 되면서 궁중에서 오직 여요자기를 사용하게 되었다는 점이 아니라, 그 원인이 정요자기의 "有芒"이었다는 점이었다. 말하자면 전자는 후자의 결과로서 기록된 것이기 때문에, 내용적으로 후자에 종속된 관계였다고 할 수 있다. 그러므로 정요자기의 "有芒"을 원인으로 하여 야기된 결과가 아니면 전자의 내용에 포함될 수가 없었던 셈이다. 이렇게 보면, 이 기록에서 육유가 북송관요자기에 대하여 언급하지 않은 것은 어쩌면 당연한 일이다. 북송의 궁중에서 북송관요자기를 사용하게 된 것과 정요자기의 "有芒" 사이에는 아무런 직접적인 인과관계도 없었기 때문이다. 다시 말하면, 적어도 육유가 이 대목을 서술하는 데 있어서 정요자기의 "有芒"과 직접적인 인과관계가 없는 북송관요의 성립 이후의 어용자기의 상황은 그의 관심 밖의 문제였던 것이다.

이제까지 많은 연구자들은 "惟用汝器"가 여요가 성립되고 나서부터 북송이 멸망할 때에 이르기까지의 지속적인 상황을 말해주는 것으로 이해하여 왔다. 하지만 이제까지 논의한 바에 따르면, 그것은, 그들의 이해와 달리, 단지 북송관요가 설립되기 이전의 상황을 서술한 것으로 보지 않으면 안 된다. 이 점은 앞서 인용한 바 있는, 『탄재필형』에 보이는 다음 기록을 검토해 보면 더욱 분명해 질 것이다[사료(A) 참조].

　　本朝以定州白磁器有芒, 不堪用, 遂命汝州造青窯器.

이 기록을 一見하면, 그 내용이 『노학암필기』의 "惟用汝器" 관련 기록과 대단히 흡사하다는 점에 놀라게 된다. 『탄재필형』의 "本朝"·"以定州白磁器有芒"·"不堪用"은 그 내용에 있어서 각각 『노학암필기』의 "故都時"·"以定器有芒也"·"定器不入禁中"과 거의 정확하게 일치한다. 다만 어순이 약간 다를 뿐이다. 하지만 남아 있는 『노학암필기』의 "惟用汝器"와 『탄재필형』의 "遂命汝州造青窯器"에 대해서는 약간의 고찰이 필요하다. 우선 양자는 표면적인 내용에 있어서는 어느 정도 차이가 있다. 전자는 여요자기의 사용에 관한 내용인 반면, 후자는 여요자기의 제작에 관한 내용이다. 그렇지만 양자가 함축하고 있는 실제적인 내용은 거의 같다고 판단된다. 비록『노학암필기』에 명기되어 있지는 않지만, "惟用汝器" 이전에 "遂命汝州造靑窯"의 조치가 취해졌다는 것은 잘 알려진 사실이며, "遂命汝州造靑窯"의 조치에 의해서 제작된 여요자기가 어용자기의 주류를 이루었다는 점 또한 다 아는 사실이기 때문이다. 요컨대,『노학암필기』와『탄재필형』의 해당 기록은 거의 동일한 내용을 전하고 있다고 할 수 있다. 이 점에서 볼 때, 양자는 동일한 계통의 자료를 토대로 하여 서술되었을 가능성이 매우 높다.

『노학암필기』는 이 기록으로 마무리되었지만,『탄재필형』에는 또 다른 기록이 이어져 있다. 그것이 곧 북송관요의 설립에 관한 내용이다. 이 점은 앞서 제시한『탄재필형』의 기록의 시간적 범주가 북송관요 설립 이전에 한정된다는 점을 명확히 보여준다. 그렇다면 거의 동일한 내용을 담고 있는『노학암필기』의 "惟用汝器" 관련 기록의 시간적 범주도 당연히 북송관요 설립 이전으로 보아야 할 것임은 더 말할 나위조차 없다.

결론적으로 말하면, 북송관요가 여주에 있었다고 주장하는 연구자들의 "惟用汝器"에 대한 해석도 그다지 논리적 타당성을 갖추고 있다고 보기 힘들다. 그 주된 원인은 "惟用汝器"의 "汝器"가 함축하고 있는 의미와 "惟用汝器"의 시간적 범주를 오해했기 때문이라는 것이 필자의 생각인 것이다.

4. 나머지말

북송관요의 소재지를 밝히는 것이 이 연구의 목적인데, 결과적으로 북송관요가 汴京이 아니라 여주에 있었다는 주장하는 연구자들의 논지를 비판하는 것으로 일관한 셈이 되었다. 그들이 주장하는 바의 핵심적인 토대는 『탄재필형』에 보이는 "京師"와 『노학암필기』에 보이는 "惟用汝器"에 대한 해석이라고 할 수 있는데, 그들의 해석을 자세히 검토해 본 결과 논리적으로 그다지 타당하지 않다는 것이 필자의 생각이다. 필자는 여전히 북송관요가 변경에 있었다고 믿고 있다.

특정한 요장의 실체와 성격을 규명하기 위해서는 문헌적인 검토와 더불어 그 요지의 발굴이 필수적이다. 북송관요의 경우도 여기서 예외일 수가 없다. 하지만 유감스럽게도 금대 이후 몇 차례에 걸친 황하의 범람으로 변경의 광범위한 지역이 두꺼운 황토층 아래에 매몰되었다. 이 때문에 일찍부터 북송관요의 요지를 발견하는 것은 거의 불가능한 일로 간주되었다.[75] 이러한 상황이 북송관요의 소재지와 관련된 연구자들의 시야를 여주로 돌리게 한 요인의 하나가 아닐까? 공교롭게도 1980년대 말에 청량사요지가 발견되고 난 후에는 이 요지가 바로 북송관요지라는 주장이 등장하고, 2000년대 초에 장공항요지가 발견되고 난 후에는 많은 연구자들이 이 요지가 바로 북송관요지라고 믿고 있다. 이후에 여주 지역에서 또 다른 관요풍의 요지가 발견된다면 그때는 어떻게 될까?

가까운 시일 안에, 오늘날의 개봉 지역에서 북송관요지가 발견되기를 기대하는 것은 아마도 어려운 일일 것이다. 이것이 현재 북송관요의 연구에 있어서 가장 큰 난관이라고 할 수 있다. 그러나 그 난관도 언젠가는 해결될 것으로 믿는다. 꼭 10년 전에 陸明華가 한 다음과 같은 말에 필자는 전적으로 동감하는 것이다.

……우리들이 지금 필요한 것은 인내심이다. 시간은 우리들로 하여금 정확한 답안을 얻게 할 것이다. 1950~60년대, 심지어는 1970년대에, 누가 감히 짧은

시간 안에 邢窯·汝窯·鈞窯·修內司官窯 등 중요한 요지의 수수께끼를 해결할 수 있으리라고 기대했겠는가? 지금 모두 발견되지 않았는가? 우리는 마땅히 어느 날인가 북송관요의 진상이 밝혀질 것이라는 믿음을 가질 필요가 있다.[76]

〈補記〉

이 장은 2010년 2월 초에 완성되었다. 그 후 3월 13일~14일에 日本 大阪市立東洋陶磁美術館과 財團法人 大阪市美術振興協會의 주관으로 大阪歷史博物館에서 國際シンポジウム「北宋汝窯靑磁の謎にせまる」가 개최되었는데, 郭木森·王光堯·唐俊杰·伊藤郁太郎 등이 北宋官窯 및 張公巷窯에 대하여 언급하였다(郭木森,「汝州張公巷窯の年代について」, 王光堯,「汝窯と北宋汴京官窯―汝窯址考古資料から見た宋代官窯の出現及び官窯制度の形成」, 唐俊杰,「汝窯、張公巷窯と南宋官窯」, 伊藤郁太郎,「汝州張公巷窯の系譜」. 이 글들은 모두『國際シンポジウム「北宋汝窯靑磁の謎にせまる」』, 大阪市立東洋陶磁美術館·財團法人大阪市美術振興協會, 2010에 수록되어 있다). 특히 王光堯는 북송말기에 두 곳의 중앙관요가 있었다고 주장하였다. 그 하나는 변경에 있던, 이른바 북송관요이고, 또 다른 하나는 "專燒專供" 단계의 보풍청량사여요라는 것이다. 그리고 唐俊杰은 장공항요의 연대가 금의 海陵王(完顔亮)이 변경에 궁실을 조영하고 남천한 貞元元年(1153)~正隆6年(1161)전후이며, 아울러 전세자기 가운데 여요와 남송관요 사이의 조형적 특징을 가지는 黑胎靑瓷가 북송관요자기일 것이라는 주목할 만한 견해를 발표하였다. 이러한 王光堯와 唐俊杰의 견해에 대해서는 이후 보다 깊이 있는 검토가 필요하다고 생각한다.

[이 장은 『故宮博物院院刊』 2010년 제5기에 게재된 「北宋官窯與"京師"及"惟用汝器"—北宋官窯硏究序說」을 번역하고 일부 내용을 수정 및 보완한 것이다]

제1장 주석

01   鄭建華,「關于修內司官窯問題的思考」,『南宋官窯文集』, 文物出版社, 2004, 48~50쪽.

02   [元]陶宗儀 撰,『南村輟耕錄』卷29 窯器, 中華書局點校本, 中華書局, 1959, 362~363쪽: "[宋]葉寘의『坦齋筆衡』에 말하기를, ……本朝에(또는 本朝가) 定州白磁器가 有芒하여 쓰기에 마땅치 않으므로 드디어 汝州에 명하여 靑窯器를 만들도록 하였다. 예전에 河北의 唐州·鄧州·耀州에 모두 靑窯器가 있었지만, 汝窯瓷器가 으뜸이다. 江南에는 處州의 龍泉縣이 있는데, 瓷器의 품질이 자못 투박하다. 政和 연간에 京師에(또는 京師가) 스스로 요장을 설립하여 燒造하였는데, 이름붙이기를 官窯라고 하였다고 하였다."

03   이 책의 서장「송대관요 연구 서설—『坦齋筆衡』과『負暄雜錄』"窯器" 관련 기록의 사료적 검토」참조.

04   북송관요와 관련된 문헌기록에 대해서는 尾崎洵盛이 자세하게 검토한 바 있다(尾崎洵盛,「宋元の陶磁」,『陶器講座』24, 1938, 83~93쪽).

05   북송관요에 대한 研究史는 이미 成彩虹이 간략하게 정리한 바 있다(成彩虹,「兩宋官窯研究槪述」,『文物春秋』2007년 제1기, 46~47쪽).

06   中國硅酸鹽學會 編,『中國陶瓷史』, 文物出版社, 1982, 290~291쪽.

07   耀州窯址의 발굴보고자는 이른바 東窯風의 청자가 요주요에서 오대시기에 제작되었다고 주장하였다(陝西省考古研究所,『五代黃堡窯址』, 文物出版社, 1997, 242~303쪽). 하지만, 謝明良의 精緻한 연구에 따르면, 같은 요장에서 북송초기에 제작되었음이 분명하다고 판단된다(謝明良,「耀州窯遺址五代靑瓷的年代問題—從所謂『柴窯』談起」,『故宮學術季刊』제16권 제2기, 1998:『中國陶瓷史論集』, 允晨出版, 2007, 59~75쪽).

08   북송관요자기의 면모에 관한 초기 연구자들의 견해에 대해서는, 小山富士夫,『支那靑磁史稿』, 文中堂, 1943, 178~189쪽을 참조하라.

09   汪慶正·范多靑·周麗麗,『汝窯的發現』, 上海人民美術出版社, 1987, 3쪽 및 15~31쪽.

10   李剛,「論宋代官窯的形成」,『東南文化』1989년 제6기:『古瓷新探』, 浙江人民出版社, 1990, 99쪽.

11 李民擧,「宋官窯論稿」,『文物』1994년 제8기, 47쪽.
12 陸明華,「兩宋官窯有關問題研究」,『上海博物館集刊』제8기, 2000:『南宋官窯文集』, 文物出版社, 2004, 141~142쪽.
13 葉喆民,『隋唐宋元陶瓷通論』, 紫禁城出版社, 2003, 175쪽.
14 李輝柄,『宋代官窯瓷器』, 紫禁城出版社, 1992, 17~27쪽.
15 沈岳明,「修內司窯的考古學觀察—從低嶺頭談起」,『中國古陶瓷研究』제4집, 1997, 88쪽.
16 呂成龍,「汝窯的性質及相關諸問題」,『中國古陶瓷研究』제7집, 2001, 40~41쪽.
17 劉濤,「宋代官窯的經濟話題」,『史學月刊』1999년 제1기, 31쪽.
18 施遠・張東,「宋代汝、官窯若干問題的研究」,『上海博物館集刊』제8기, 2000, 351쪽.
19 Regina Krahl, "'Alexander Bowl' and the Question of Northern Guan Ware", *Orientations*, vol. 24 no. 11, 1993, pp.72~75.
20 이 "알렉산더"완은 이미 20세기 초에 Hobson에 의해 소개된 바 있다. 그는 이 완이 여요자기일 가능성이 높다고 판단하였다(R. L. Hobson, *Chinese Pottery and Porcelain*, vol. 1, London, New York, Toronto and Melbourne: Cassell and Company, 1915, pp.56~59).
21 陸明華,「兩宋官窯有關問題研究」,『南宋官窯文集』, 文物出版社, 2004, 145~147쪽.
22 汪慶正,「宋官窯研究中存在的問題」,『文物考古論叢』, 敏求精舍・兩木出版社, 1995, 125쪽.
23 汪慶正,「老虎洞南宋修內司官窯遺址的重要發現及其相關諸問題」,『上海博物館集刊』제8기, 2000, 377쪽.
24 陸明華,「兩宋官窯有關問題研究」,『南宋官窯文集』, 文物出版社, 2004, 147~149쪽.
25 施遠・張東,「宋代汝、官窯若干問題的研究」,『上海博物館集刊』제8기, 2000, 351~353쪽.
26 孫新民,「汝州張公巷窯的發現與認識」,『文物』2006년 제7기, 85~86쪽.

27　郭木森,「河南汝州張公巷窯址考古獲重大發現」,『中國文物報』2004年 5月 26日 제1판;「河南汝州張公巷窯址」,『2004中國重要考古發現』, 文物出版社, 2005, 154~158쪽.

28　郭木森,「淺談汝窯、官窯與汝州張公巷窯」,『中國古陶瓷研究』제7집, 2001, 11~12쪽.

29　朱文立·朱玉峰,「汝州城內文廟、張公巷窯址探討」,『'02古陶瓷科學技術國際討論會論文集』, 上海科學技術文獻出版社, 2002, 445~448쪽.

30　이 討論會에서 토의된 내용은 伊藤郁太郎,「北宋官窯探訪」,『陶說』620, 2004, 72~73쪽 및 大阪市立東洋陶磁美術館 編,『汝州張公巷窯シンポジウム資料集』, 大阪市立東洋陶磁美術館, 2007, 20~21쪽에 소개되어 있다.

31　孫新民,「汝州張公巷窯的發現與認識」,『文物』2006년 제7기, 87~89쪽.

32　郭木森,「중국 하남 보풍 청량사 여요와 여주 장공항요 생산품의 비교연구」,『青磁의 色과 形』조선관요박물관 한·중·일 청자학술세미나 발표요지, (재)세계도자기엑스포·조선관요박물관, 2005, 101~102쪽;「河南汝州張公巷窯址考古新發現」,『汝州張公巷窯シンポジウム資料集』, 大阪市立東洋陶磁美術館, 2007, 14~15쪽;「汝州張公巷窯的發堀與初步研究」,『汝窯與張公巷窯出土瓷器』, 科學出版社, 2009, 178쪽.

33　伊藤郁太郎,「北宋官窯探訪」,『陶說』620, 2004, 69~71쪽;「試論汝州張公巷窯的活動年代」,『汝窯與張公巷窯出土瓷器』, 科學出版社, 2009, 219~226쪽.

34　朱文立,「再論張公巷、文廟窯址」,『'05古陶瓷科學技術國際討論會論文集』, 上海科學技術文獻出版社, 2005, 253~254쪽.

35　陳宏焱,「汝瓷博物館藏青瓷與張公巷窯出土標本之新發現」,『東方博物』제14집, 2005, 21쪽.

36　李剛,「宋代官窯續論」,『東方博物』제19집, 2006;『古瓷談薈』, 浙江人民美術出版社, 2008, 152~153쪽.

37　伊藤郁太郎,「試論汝州張公巷窯的活動年代」,『汝窯與張公巷窯出土瓷器』, 科學出版社, 2009, 219~226쪽.

38　단, 伊藤郁太郎은 그 후 자신의 입장을 약간 수정한 것으로 판단된다. 즉 그는 장공항요의 연대와 관련하여, "필자의 입장은 결코 金代說을 부정하는 것은 아니지만, 장공항요의 조형적 특징으로부터 판단하는 한, 어떻게 이해하더라도,

北宋末說을 완전히 포기하는 것은 가능하지 않다는 것이다. 북송말설의 가능성을 머리에서 지워버리는 것이 아니고 그 가능성도 남겨둔 채로, 이후에 조형적 특징의 양식적 분석과 종합을 통하여 고증해나가고 싶다"고 하였다(伊藤郁太郎,「汝州張公巷窯私論」,『北宋汝窯青磁考古發掘成果展』, 大阪市立東洋陶磁美術館, 2009, 250쪽).

39　王光堯,「關于汝窯的幾點新思考」,『河南新出土宋金名窯瓷器特展』, 河南省文物考古研究所·保利藝術博物館, 2009, 18~19쪽.

40　秦大樹,「宋代官窯的主要特點—兼談元汝州青瓷器」,『文物』2009년 제12기, 67~71쪽.

41　王團樂,「試析汝窯的性質及相關問題」,『中原文物』2005년 제4기, 81쪽.

42　장공항요를 중심으로 한 근래의 북송관요의 연구경향과 다른 시각으로 북송관요를 검토한 연구도 있다. 그 대표적인 것이 鄭嘉勵의 연구이다. 그는 북송관요와 관련된 송대의 문헌기록을 분석하여, 북송관요는 汴京에 있었으며, 政和3年(1113) 禮制局이 성립된 후, 禮制局製造所의 관할 하에 도자제기(일용기를 포함하여)를 제조하기 위하여 설립되었으며, 그 도자제기가 이른바 "新成禮器"의 일부분이었다고 주장하였다(鄭嘉勵,「北宋官窯形成的文獻考察」,『故宮博物院院刊』2006년 제6기, 40~44쪽).

43　북송관요가 변경이나 여주가 아닌 제3의 지점에 있었다고 주장하는 견해도 있다. 殷德銘의 견해가 그것인데, 그는『탄재필형』과『부훤잡록』에 보이는 "京師"가 京畿路를 가리킨다고 이해하고, 禹州의 鈞臺窯가 곧 북송관요라고 주장하였다(殷德銘,「北宋京師自置官窯之謎探究」,『2005中國禹州鈞窯學術研討會論文集』, 大象出版社, 2007). 하지만 이른바 鈞臺窯의 "官鈞瓷"의 연대에 대해서는 많은 논란이 있다. 더구나 필자는 鈞臺窯를 官窯(御窯)로 볼 수 있는 근거 자체가 매우 미약하다고 생각하고 있다.

44　陸明華도 근래의 장공항요를 중심으로 한 북송관요연구의 문제점을 지적하고, 특히 장공항요의 성격 문제는 해당 요지에 대한 좀 더 대규모적인 발굴이 이루어진 후에 다시 논의하는 것이 바람직하다는 의견을 피력하였다(陸明華,「歷代青瓷燒造及相關問題」,『中國古陶瓷研究』제12집, 2006, 8쪽).

45　[宋]陸游(李劍雄·劉德權 點校),『老學庵筆記』卷2, 中華書局, 1979, 23쪽.

46　북송관요의 소재지 문제와 관련하여 여러 연구자들이 [宋] 徐兢 撰,『宣和奉使高麗圖經』卷32 陶爐條에 나오는 "汝州新窯器"에 주목하여, 이 "汝州新窯

器"가 곧 북송관요라는 견해를 피력하였다(沈岳明,「修內司窯的考古學觀察 —從低嶺頭談起」,『中國古陶瓷硏究』제4집, 1997, 88쪽; 伊藤郁太郎,「北宋 官窯探訪」,『陶說』620, 2004, 71쪽; 李剛,「宋代官窯續論」,『古瓷談薈』, 浙江 人民美術出版社, 2008, 153쪽). 그러므로 북송관요의 소재지를 밝히는 것을 목적으로 하는 이 연구에서 마땅히 "汝州新窯器"에 대한 문제도 검토의 대상 으로 삼아야 하겠지만, 필자는 이 문제를 여요의 성격 문제와 관련지어 별도 의 논문에서 구체적으로 검토할 계획을 가지고 있다. 따라서 여기에서는 이 문제에 대하여 언급하지 않으려 한다. 다만, 간략하게 "汝州新窯器"에 대한 필자의 생각을 밝히면, 문제의 "汝州新窯器"는 대다수의 연구자들이 이해하 고 있는 바와 같이 "汝州의 新窯에서 생산한 器物"이라는 의미가 아니라, "汝 州에서 생산한 새로운 유형의 瓷器(窯器)"라는 의미로서, 그것이 가리키는 것 은 북송관요자기가 아니라, 청량사여요의 성숙기 단계에서 제작된 여요자기 라고 생각한다. 李喜寬,「北宋 汝窯와 그 性格 問題―」,『역사와 담론』64, 2012, 249~260쪽 참조.

47 [宋]呂本中 撰,『呂氏春秋集解』卷4 桓公 9년 春, 文淵閣四庫全書本,『景印 文淵閣四庫全書』제150책, 臺灣商務印書館, 1986, 73쪽: "紀季姜歸于京 師……公羊傳……京師者何, 天子之居也. 京者何, 大也. 師者何, 衆也. 天子之 居 必以衆大, 辭言之." 그러나 朱子는 京이 본래 높은 언덕(高丘)을 의미하고, 師는 많다(衆)는 의미로서, 京師의 본래 의미는 높은 산에 많은 사람이 거주하 는 곳이라고 하였다. [宋]朱子 撰,『詩經集傳』卷6 大雅3 假樂四章章六句, 文 淵閣四庫全書本,『景印文淵閣四庫全書』제72책, 臺灣商務印書館, 1986, 872 쪽: "京高丘也. 師衆也. 京師高山而衆居也."

48 李剛,「宋代官窯續論」,『古瓷談薈』, 浙江人民美術出版社, 2008, 150~151쪽.

49 [唐]房玄齡 等 撰,『晉書』卷79 謝安傳: "때에 符堅이 强盛하여 戰場에 걱정 거리가 많았으며, 여러 장수가 연이어 패퇴하였다. ……符堅이 후에 무리를 이 끌었는데, 백만을 헤아렸다. 淮肥에 주둔하니, 京師가 震恐하였다."

50 [宋]魏泰,『東軒筆錄』卷之8, 稗海本: "京師에(또는 京師가) 雜物(買)務를 설 치하여, 宮中에서 필요로 하는 물건을 買入하였다. 그런데 內東門司에 다시 字 號가 있고, 그 아래에 여러 店鋪가 물건을 구입하여 禁中에 공급하였다. 무릇 점포가 물건을 공급한 후에 자주 해를 넘겨도 代金을 지급하지 않아 누적된 대 금이 千萬에 이르렀다. 혹 그 대금을 찾아서 지급한다고 말하지만, 句當內門內 臣이 고의로 延滯하니 京師가 심히 고통스러워했다."

51 李剛,「宋代官窯續論」,『古瓷談薈』,浙江人民美術出版社, 2008, 150쪽.

52 사료(C)의 바로 아래에 인용된 사료(D)의 마지막 부분에 나오는 "京師甚苦之"가 그 좋은 예이다. 여기에 보이는 "京師"가 경도를 지칭하는 것이 아니라 경도에 사는 사람들을 가리킨다는 것은 누구나 알 수 있을 것이다.

53 李剛,「宋代官窯續論」,『古瓷談薈』,浙江人民美術出版社, 2008, 150쪽.

54 [宋]王欽若 等 撰,『册府元龜』卷502 邦討部 常平, 中華書局, 1972, 6019쪽: "隋 開皇 3년에, 陝州에 常平倉을 설치하고, 京師에 常平監을 설치하였다."

55 諸橋轍次,『大漢和辭典』(修訂版) 卷6, 大修館書店, 1985, 32쪽.

56 葉喆民,『隋唐宋元陶瓷通論』,紫禁城出版社, 2003, 175쪽.

57 [元]陶宗儀 撰,『南村輟耕錄』卷29 窯器, 中華書局點校本, 中華書局, 1959, 363쪽: "政和 연간에 京師에(또는 京師가) 스스로 요장을 설립하여 燒造하였는데, 이름붙이기를 官窯라고 하였다."

58 [元]陶宗儀 撰,『南村輟耕錄』卷29 窯器, 中華書局點校本, 中華書局, 1959, 363쪽: "宋이 南遷한 후, 邵成章이 提擧後苑이 되어, 邵局으로 칭하였는데, 故京의 遺制를 이어서, 修內司에 窯를 설치하고, 靑器를 제작하여, 內窯라고 이름하였다. 잘 수비한 흙으로 成形하여 극히 精緻하고, 釉色이 瑩徹하여, 세상 사람들이 귀하게 여겼다."

59 [元]陶宗儀 撰,『南村輟耕錄』卷29 窯器, 中華書局點校本, 中華書局, 1959, 363쪽: "후에 郊壇下에 별도로 新窯를 세웠는데, 舊窯에 비하여 크게 떨어진다."

60 李民擧,「宋官窯論稿」,『文物』1994년 제8기, 49쪽.

61 만약 섭치가 북송관요의 소재지를 모르고 있었다면, 그가 저술한『탄재필형』의 기록을 통하여 그 소재지를 밝히는 것은 논리적으로 불가능하다. 그러므로 『탄재필형』의 기록을 토대로 북송관요의 소재지를 탐색하는 모든 연구자는 섭치가 북송관요의 소재지를 알고 있었다는 점을 전제로 하고 있는 셈이다.

62 鄭建華,「關于修內司官窯問題的思考」,『南宋官窯文集』,文物出版社, 2004, 49~50쪽; 劉未,「邵諤、 王晉錫與修內司窯」,『故宮博物院院刊』2010년 제5기, 112~113쪽.

63 李輝柄,『宋代官窯瓷器』,紫禁城出版社, 1992, 18쪽.

64 특히 李輝柄은 "窯(북송관요)를 설치한 지점은 말하지 않아도 당연히 汝

州임을 알 수 있다"고 하였다(李輝柄,『宋代官窯瓷器』, 紫禁城出版社, 1992, 18쪽).

65 李剛,「論宋代官窯的形成」,『古瓷新探』, 浙江人民出版社, 1990, 99쪽; 李輝柄,『宋代官窯瓷器』, 紫禁城出版社, 1992, 19쪽.

66 [宋]陸游(李劍雄·劉德權 點校),『老學庵筆記』卷2, 中華書局, 1979, 23쪽: "古都時에 定窯瓷器를 宮中에 들이지 않고 오로지 汝窯瓷器를 썼는데, 定窯瓷器가 有芒하였기 때문이다."

67 북송말기에 조정이 여주로 하여금 어용자기를 소조하라는 명을 내리기 전에는 여요가 여주에서 제작한 자기를 통칭하는 말이었던 것으로 판단된다.『탄재필형』에 보이는 "汝窯爲魁"의 "汝窯"가 여기에 해당한다고 할 수 있다([元]陶宗儀 撰,『南村輟耕錄』卷29 窯器, 中華書局點校本, 中華書局, 1959, 363쪽). 하지만 그 후에는 여요가 일반적으로 여주에 있던 많은 요장 가운데 어용자기를 주로 제작하던 특정한 요장만을 가리키는 개념으로 변화하였다.『淸波雜志』에 "又汝窯, 宮中禁燒, 內有瑪瑙末爲油, 唯供御揀退, 方許出賣 近尤難得"이라고 한 기록에 보이는 "汝窯"가 그 대표적인 예이다([宋]周煇(劉永翔 校注),『淸波雜志校注』卷5, 中華書局, 1994, 213쪽).

68 宣州官窯와 潤州官窯의 성격에 대해서는 王光堯,「宋代官窯制度初探」,『文物』 2005년 제5기, 75~76쪽 참조.

69 이는 남송시기에도 마찬가지였다. 이 장의 제2절에서 설명한 바와 같이, 남송 관요의 경우도 그것이 위치한 행정구역을 전혀 고려하지 않은 이름, 즉 "內窯"로 불렸다.

70 陸游의 생존연대는 1125~1209년이다.

71 후대인들의『老學庵筆記』에 대한 평가는 李劍雄·劉德權,「前言」,『老學庵筆記』, 中華書局, 1979, 1~2쪽 참조.

72 『청파잡지』에 보이는 "汝窯, 宮中禁燒"에 대한 여러 견해와 문제점에 대해서는 李喜寬,「北宋 汝窯와 그 性格 問題—宋代 文獻記錄에 대한 再檢討를 중심으로—」,『역사와 담론』64, 2012, 240~247쪽 참조.

73 [宋]陸游(李劍雄·劉德權 點校),『老學庵筆記』卷2, 中華書局, 1979, 23쪽: "耀州出靑瓷器, 謂之越器, 似以其類餘姚縣秘色也. 然極麁樸不佳, 惟食肆以其耐久, 多用之."

74 [元]陶宗儀 撰,『南村輟耕錄』卷29 窯器, 中華書局點校本, 中華書局, 1959,

362~363쪽.
75 中國硅酸鹽學會 編,『中國陶瓷史』, 文物出版社, 1982, 290쪽.
76 陸明華,「兩宋官窯有關問題研究」,『上海博物館集刊』제8기, 2000, 335쪽.

제2장 12세기 초기의 고려청자와 여요 및 북송관요
―북송관요자기의 실체를 찾아서

1. 문제의 제기―한중도자사상의 12세기 초기

고려중기―대략 11세기말부터 13세기 중엽까지―는 고려청자의 황금기라고 할 수 있다. 이 시기의 고려청자의 위상을 무엇보다도 실감나게 알려주는 것이 宋의 太平老人이 쓴 『袖中錦』의 天下第一條에 보이는 다음 기록이다.

(A) 監書・內酒・端硯・洛陽花・建州茶・蜀錦・定甆・浙漆・吳紙・晉銅・西馬・東絹・契丹鞍・夏國劍・高麗秘色・興化軍子魚・福州荔眼・溫州掛・臨江黃雀・江陰縣河豚・金山鹹豉・簡寂觀苦筍・東華門把鮓・右兵・福建出秀才・大江以南大夫・江西湖外長老・京師婦人, 皆爲天下第一. 他處雖效之, 終不及.[01]

태평노인은 당시 사람들이 천하제일로 꼽던 것들 28가지를 나열해 놓았는데, 이 가운데 자기로는 "定甆", 즉 정요자기와 "高麗秘色", 즉 고려청자를 언급하였다.[02] 정요자기를 대표하는 것은, 다 아는 바와 같이, 白甆였으므로, 결국 당시 사람들은 백자 가운데에서는 정요백자를, 청자 가운데에서는 고려청자를 천하제일로 꼽은 셈이다. 중국의 여러 요장에서 생산한 높은 품질의 청자들이 있었음에도 불구하고, 중국인들조차 자신의 나라의 것들을 제쳐놓고 고려청자를 가장 높게 평가한 것이다.

그러면 고려청자는 언제부터 그렇게 높은 평가를 받기 시작한 것일까? 다음 기록이 그 시점을 추적하는 데 중요한 단서가 된다.

(B) 陶器色之靑者, 麗人謂之翡色. 近年已來, 制作工巧, 色澤尤佳.[03]

(C) 狻猊出香, 亦翡色也. 上有蹲獸, 下有仰蓮, 以承之. 諸器惟此物最精絶. 其餘, 則越州古秘色·汝州新窯器, 大槩相類.[04]

위의 두 기록은 모두 인종 원년(1123)에 송이 고려에 파견한 使行의 일원이었던 서긍이 저술한 『선화봉사고려도경』에 실려 있는 것이다. 사료(B)에 따르면, 당시 고려 사람들은 푸른 색을 띠는 자기, 즉 고려청자를 翡色이라는 이름으로 불렀다. 같은 시기에 중국인들은 그러한 청자를 秘色으로 칭하였다. 고려 사람들이 자신들이 제작한 고려청자를 秘色으로 부르지 않고 그것과 구별하여 翡色으로 부른 것은 그들이 그만큼 고려청자에 대하여 자부심을 가지고 있었음을 시사한다.[05] 서긍은 그러한 고려청자가 "근년 이래로 제작이 정교하고 색택도 더욱 좋아졌다"고 하였다. 그리고 나아가 그는 그렇게 발전된 고려청자가 "越州古秘色"과 "汝州新窯器"와 비슷하다고 하였다.

높은 품질의 고려청자의 비교대상으로 지목된 "越州古秘色"이 당시에 제작되던 월요청자를 가리킬 가능성은 희박하다. 이 시기에 월요는 이미 쇠퇴기에 접어들어 비교적 조악한 청자를 생산하고 있었기 때문이다. 그것은 이미 역사의 무대에서 사라진("古"), 法門寺 地下宮(874)과 馬氏康陵(939) 등에서 출토된 것과 같은 만당~북송초기의 정품 월요비색자를 의미할 것이다. 이 시기의 월요비색자가 當代 최고의 품질을 자랑하였으며, 많은 문사들이 그것을 칭송하는 시를 남긴 것은 다 아는 사실이다. 한편, "汝州新窯器"의 실체에 대해서는 서로 다른 두 가지 견해가 있다. 그 하나는 그것이 우리가 알고 있는 여요자기를 의미한다는 것이고, 또 다른 하나는 그것이 북송관요자기를 가리킨다는 것이다.[06] 여요는 북송말기에 어용자기를 주로 생산한 요장이고, 북송관요는 그에 뒤이어 어용자기만을 생산할 목적으로 설립한 요장이다. 그러므로 어느 쪽을 따른다고 하더라도, 그것이 그 시기에 가장 높은 품질의 자기였으리라는 점에는 의심이 없다.

이와 같이, 서긍은 고려청자를 최고 수준의 청자인 "越州古秘色"과 "汝州新窯器"에 비견하였으며, 태평노인은 그것을 천하제일로 꼽았다. 서긍이 목격한, "근년 이래로 제작이 정교하고 색택도 더욱 좋아졌다(近年已來, 制作工巧, 色澤尤佳)"는 고려청자는 아마도 많은 사람들이 고려청자 가운데 최고의 걸작으로 꼽는 인종 장릉(1146) 출토 청자과형화병 및 그 일괄품과 같이 조형미가 뛰어나고 정교하게 제작되었으며 유색 또한 균질하고 윤택한 부류였을 것이다.[07]

주목할 만한 사실은 그러한 뛰어난 수준의 고려청자가 "近年 이래로" 비로소 제작되기 시작했다는 점이다. "近年"의 시간적 범주가 약간 애매하기는 하지만, 흔히 지나간 지 몇 년이 안 될 때 쓰는 말이다. 그러므로 문제의 "近年"은 예종(1105~1122년 재위) 치세의 후반기에 해당할 공산이 크며, 설사 이보다 좀 더 이른 시기를 상정한다고 하더라고 예종

치세기를 벗어날 가능성은 높지 않다고 생각된다.[08] 요컨대, 고려청자가 천하제일의 명성을 얻기 시작한 것은 예종대에 접어든 이후의 일이었을 것으로 믿어지는 것이다.

예종대, 즉 12세기 초기의 최고급 청자는 康津窯에서 제작된 것이 분명한데, 그 가운데에서도 주로 沙堂里窯場에서 제작되었을 것으로 판단된다. 하지만 사당리요지의 발굴보고서가 아직 미간이기 때문에 그 구체적인 면모를 파악하기는 힘든 실정이다. 그러나 이 요장과 거의 같은 시기에 요업을 운영한 용운리10호요지의 출토품과 각 유적에서 출토된 고려청자 자료들, 그리고 여러 박물관·미술관 등의 소장품들을 통하여 볼 때, 이 시기에는 품질적인 측면에서의 발전뿐만 아니라 조형이나 번조기법 등에서도 커다란 변화가 있었음을 알 수 있다. 즉, 해무리굽완을 중심으로 한 비교적 단순한 기종과 기형의 청자들을 생산하던 체제에서 벗어나 훨씬 다양한 조형의 청자를 제작하기 시작하였으며, 번조기법에서도 새롭게 支釘支燒法을 사용하기 시작하는 등의 중요한 발전이 있었던 것이다.[09] 그 결과 굽의 접지면에 지저분한 내화토 흔적이 남아 있지 않은 다양한 조형의 고급청자를 소성할 수 있게 되었다.

그렇다면 고려청자가 이 시기에 그와 같이 크게 발전하게 된 배경은 무엇일까? 이와 관련하여 먼저 주목해야 할 점은 이러한 고급청자를 생산하던 강진요가 瓷器所로 편제되어 있었다는 사실이다. 자기소는 고려시기의 특수한 하급지방행정단위인 所의 하나로서, 그 최우선적인 임무는 왕실이나 국가에서 필요로 하는 자기를 안정적으로 제작·공급하는 것이었다.[10] 그러므로 운영이나 관리 등의 측면에서 일반 민요들보다 훨씬 더 강력한 중앙의 지배 아래에 있었다. 고려 조정에서는 常貢이나 別貢의 명목으로 청자를 거두어갔는데, 공납품의 수량과 품질 및 공납기한뿐만 아니라 그 見樣까지도 내려 보낸 것으로 이해되고 있다. 자기소의 도공들은 이 견양에 의거하여 청자를 제작하고 그것들은 일정한 선품 과정을 거쳐 공납하였을 것이다. 이 점에서 고려의 자기소는 중국의 "製樣須索"窯와 비교적 유사한 성격을 지니고 있었다고 생각된다.[11]

이러한 관점에서 볼 때, 이 시기에 강진요에서 커다란 품질의 향상을 이룩하고 아울러 생산 기종과 기형이 크게 다양화된 것은 무엇보다도 고려 조정의 강력한 의지에 따른 결과였을 가능성이 높다. 즉, 예종대에 강진요 고려청자의 품질향상과 기종의 다양화에는 고려 조정의 역할이 무엇보다도 컸다고 여겨지는 것이다. 이 시기에 조정에서 그러한 노력을 기울인 가장 큰 목적은 당연히 품질이 높고 다양한 조형의 어용자기를 공납받기 위해서였을 것이다. 공납청자에서 가장 중요한 부류가 곧 어용자기였기 때문이다.

그런데 예종대에 이루어진 고려청자의 질적인 발전과 관련하여 매우 흥미로운 사실 하나는 거의 같은 시기에 중국에서도 그러한 변화가 있었다는 점이다. 이를 잘 알려주는 것이 남송대에 葉寘가 撰한 『坦齋筆衡』에 보이는 다음 기록이다.

(D) 宋葉寘『坦齋筆衡』云……本朝以定州白磁器有芒, 不堪用, 遂命汝州造靑窯器, 故河北唐·鄧·耀州悉有之, 汝窯爲魁. 江南則處州龍泉縣, 窯質頗麁厚. 政和間, 京師自置窯燒造, 名曰官窯.[12]

이 시기에는 중국도자사상에서 매우 중요한 의미를 가지는 두 가지 사건이 있었다. 그것들은 모두 어용자기와 밀접한 관련이 있었다. 그 하나는 여요의 성립이고, 또 다른 하나는 북송관요의 설립이다. 이때까지 어용자기는 특정한 민요(사요)로부터 공납을 받든지 구매하여 충당하였으나, 이제 북송관요의 설립으로 이 요장에서 전문적으로 어용자기를 제작·공급하였다. 즉 북송관요의 설립으로 관요시대의 막이 오른 것이다. 그리고 그 단초를 연 것이 여요의 성립이었다.

여요의 성립시기에 대해서는, 그것이 북송말기에 성립되었을 것이라는 점에 대다수의 연구자들이 동의하고 있다. 하지만 그 구체적인 시점에 대해서는 신종 원풍연간(1078~1085) 이전,[13] 철종 원우 원년(1086),[14] 휘종 치세 전기(1101~대략 1110),[15] 북송관요의 설립보다 약간 이른 시기(휘종 정화연간?),[16] 휘종 정화 원년(1111)[17] 등 다양한 견해가 있다. 여기에서 이 견해들을 자세히 검토할 여유가 없지만, 李仲謀가 이미 지적한 바와 같이, 여요의 성립시기를 철종 초년이나 그 이전으로 보는 견해는 충분한 논리적 근거를 갖추고 있다고 보기 힘들다.[18] 필자는 기본적으로 여요의 성립시기는 북송관요의 설립보다 약간 이른, 휘종 치세 전반기의 어느 때라는 생각을 가지고 있다.[19] 요컨대, 고려청자가 질적으로 큰 발전을 이룩한 것과 거의 같은 시기에 북송에서는 여요가 성립된 것이다. 다만, 고려청자와 여요의 영향관계를 고려하면, 여요의 성립이 시기적으로 약간 앞설 것이다.

여요는 본래 여주와 그 주변에 있던 요장들과 마찬가지로 품질이 그다지 높지 않은 요주요풍의 이른바 임여요청자와 백유자기 등을 제작하던 민요였다.[20] 그런데 북송말기에 이르러 조정의 명령에 따라 공어용의 천청유자기를 전문적으로 생산하면서 급격한 품질의 향상을 이룩하였다.[21] 이러한 토대 위에서 여요자기는 당시의 많은 요장에서 제작한 청자 가운데 으뜸의 위치를 차지하였다. 즉 그만큼 이 시기의 여요자기가 조형미가 뛰어나고 아울러 품질이 높았다는 이야기이다. 이 이후에 여요자기라고 일컫는 것은 통상 이 시기에 제작된 것을 가리키며, 여요 또한 바로 그러한 여요자기를 제작하던 특정한 요장을 지칭한다. 대다수의 연구자들은 오늘날 보풍현 청량사촌에 있는 이른바 청량사여요가 그것이라고 생각하고 있다.

여요가 성립되고 곧 이어 북송관요가 설립되었다.[22] 북송관요는 여요와 달리 조정에서 직접 설립하고 운영한 관부요장으로, 어용자기만을 생산하였다. 즉, 북송관요는 중국역사상 최초의 御窯였다. 하지만 이곳에서 생산한 자기의 면모에 대해서는 구체적으로 알려진 바가 없다. 고궁박물원에 북송관요자기로 전해오는 실례가 있지만, 그것들이 실제로 북송관요자기였는지는 북송관요지가 발견되기 전에는 알 길이 없다. 다만 북송관요자기가 여요자기 못지않게 정교하게 제작되고 아울러 높은 품질을 유지하였을 것이라는 점은 의심의 여지가 없다. 말하자면 북송관요의 설립은 휘종대에 있었던 어용자기의 품질 향상과 생산체제 확립의 종착점이었다고 할 수 있을 것이다. 그러한 변화를 주도한 것이 북송의 조정이라는 것은 다시 말할 나위가 없다.

거의 같은 시기에 재위한 고려의 예종(1105~1122년 재위)과 북송의 휘종(1100~1125년 재위)의 치세기에 양국의 청자는 커다란 질적 향상을 이룩하였다. 그리고 거기에서 주도적인 역할을 한 것은 각각 양국의 조정이었으며, 그러한 현상은 두 나라 모두 일찍이 그 유례를 찾기 힘든 일이었다. 고려와 북송 두 나라에서 거의 동일한 시기에 일어난 이러한 변화가 단지 우연의 일치일까? 이 연구는 이 의문에서 출발한다.

이제까지 많은 연구자들은 주로 북송의 선진적인 자기제작기술 및 조형의 전파와 고려의 수용이라는 관점에서 이 문제에 접근하였다. 이들이 크게 주목한 것은 고려 성종 12년(993)년부터 사실상 단절되었던 고려와 북송의 외교관계가 문종 25년(1071)에 재개되었다는 점과[23] 이 시기에 새로 출현한 고려청자의 번조기법과 기종 및 기형들이 여요의 그것과 유사하다는 점이었다. 이러한 점들을 토대로, 그들은 이 시기의 고려청자의 질적 향상을 고려와 북송 사이에 외교관계가 복원되면서 고려가

주로 여요의 자기제작기술과 조형 등을 적극적으로 수용한 결과로 파악하였다.[24]

이러한 관점은 기본적으로 타당하다고 생각한다. 무엇보다도 고려청자는 월요의 직접적인 영향으로 출현한 이래 소멸에 이르기까지 제작기술과 조형 등의 측면에서 크고 작은 중국의 영향을 받아왔다는 점에서 그러하다. 하지만 몇 가지 핵심적인 문제는 여전히 의문으로 남아 있다.

먼저, 12세기 초기에 고려에서 수용한 북송의 자기제작기술과 조형 등이 반드시 여요의 그것이었는가 하는 점이다. 물론 이 시기의 고려청자와 여요자기 사이에 제작기술과 조형 등의 측면에서 유사점이 있다는 점은 대다수의 연구자들이 인정하는 바이다. 그러나 고려청자에 새로 출현한 몇몇 기종과 기형은 여요의 영향만으로는 설명되지 않는다. 어떤 것들은 여요에서 전혀 보이지 않고,[25] 어떤 것들은 여요의 그것과는 조형적으로 현저한 차이가 있는 것이다.[26] 이들은 이 시기에 고려청자에 영향을 미친 것으로 이해되고 있는 또 다른 요장인 정요·요주요·자주요·湖田窯(景德鎭) 등의 그것들과도 조형적으로 차이가 있다. 그렇다면 이러한 기종과 기형들은 도대체 어느 요장의 영향에 의한 것일까?

다음으로 고려청자가 북송의 영향을 받아 같은 시기에 그러한 변화가 있었다고 하더라도, 왜 하필 고려의 예종대와 북송의 휘종대라는 특정한 시기에 그러한 변화가 있었을까 하는 본질적인 문제는 여전히 베일에 싸여 있다. 이 문제에 대한 해결의 실마리는, 양국 모두 그러한 변화에 있어서 조정이 중요한 역할을 하였다는 점에서 찾을 수 있지 않을까 싶다. 각별히는 이 시기에 있었던 그러한 변화가 무엇보다도 어용자기의 질적 향상과 다양화를 꾀하려는 양국 조정의 의도에서 비롯되었다는 앞서의 지적을 떠올리면, 거기에 각각 양국 조정의 우두머리인 예종과 휘종의 의지가 어떠한 형태로든지 반영되었으리라고 보는 것이 자연스러운 일일 것이다. 말하자면 우리는 이 의문을 해명하는 데 있어서 예종과 휘종의 역할에 좀 더 주의를 기울일 필요가 있다고 생각한다.

이러한 문제의식 아래 이 장에서는 12세기 초기에 있었던 고려와 북송의 도자사적인 측면에서의 변화의 실상을 파악해보고자 한다. 논의의 초점은 의당 고려청자와 여요 및 북송관요에 맞추어지게 될 것이다.

2. 12세기 초기의 고려청자와 淸凉寺汝窯址出土瓷器의 비교

12세기 초기에 접어들어 고려청자에는 새로운 조형의 기물들이 적지 않게 출현하였는데, 많은 연구자들은 그것을 주로 여요자기의 영향으로 이해하고 있다. 하지만, 앞서 언급한 바와 같이, 그러한 기물들 가운데에는 여요자기에서 전혀 찾아볼 수 없는 것들도 있고, 같은 기형의 여요자기와 조형적으로 차이가 있는 것들도 있다. 그러한 차이는 제작기법적인 측면에서도 간취된다. 그러므로 12세기 초기에 새로 출현한 고려청자와 여요와의 영향관계는 원점에서 다시 검토해 볼 필요가 있다고 생각한다. 이를 위해서 이 장에서는 이 시기에 여요의 영향으로 새로 출현한 것으로 이해되어왔거나 이해될 수 있는 소지가 있는 고려청자의 기물들을 어용여요자기를 소조한 곳으로 알려진 청량사여요지에서 출토된 기물들과 조형 및 제작기법 등의 측면에서 비교·분석하고자 한다.

【蓮花形香爐】12세기 전반경의 고려청자에 보이는 연화형향로는 노신과 대좌 그리고 두 부분을 연결하는 병부로 이루어져 있으며, 장식성이 매우 강한 것이 특징이다. 앙련형의 노신에 복련형의 대좌를 접합한 부류(A형)(도1)와 앙련형의 노신에 연엽형의 대좌를 접합한 부류(B형)로 나뉜다(도2). 이러한 유형의 연화형향로는 사자·원앙·오리·용 등과

[도1] 靑瓷蓮花形香爐(A형), 개인   [도2] 靑瓷蓮花形香爐(B형), 호림박물관

[도3] 汝窯蓮花形香爐(A형), 淸凉寺汝窯址 出土, 河南省文物考古硏究所   [도4] 汝窯蓮花形香爐(B형), 淸凉寺汝窯址 出土, 河南省文物考古硏究所

같은 동물 모양으로 장식된 뚜껑과 짝을 이룬다. 강진군 용운리10호요지(B형),[27] 어용자기를 주로 소성한 것으로 여겨지는 사당리요지(B형),[28] 사당리23호요지(B형),[29] 삼흥리E지구(B형)[30]와 坡州市 惠陰院址(형식 불명),[31] 南原市 實相寺址(형식 불명)[32] 등에서 출토된 예가 있으며, 開城에서 출토된 예가 국립중앙박물관에 소장되어 있다(A형).[33] 그밖에 여러

제2장 12세기 초기의 고려청자와 여요 및 북송관요 237

점의 전세품들이 알려져 있다.

청량사여요지에서도 이러한 A형과(도3) B형의(도4) 연화형향로들이 적지 않게 출토되었는데,[34] 전체적인 기형과 크기 그리고 세부적인 장식 및 번조기법 등의 측면에서 고려청자의 연화형향로와 매우 흡사하여, 동일한 도공이 제작한 것이 아닐까하는 착각이 들 정도이다. 이러한 점에 근거하여 많은 연구자들은 고려청자 연화형향로가 여요의 연화형향로를 모방한 것으로 이해하고 있는데, 적어도 지금까지의 고고학적 조사결과를 토대로 판단할 경우, 충분히 설득력이 있다고 생각한다.[35]

【花形碗】 고려청자의 화형완 가운데 전체적인 기형을 알 수 있는 예들은 모두 10판화형이고, 굽은 直圈足이며 비교적 높은 편이다. 동체 밑부분의 형태에 따라 두 개의 유형으로 나뉘는데, 그 하나는 동체의 밑부분이 꺾이며 좁아든 부류이고(A형)(도5), 또 다른 하나는 활처럼 곡면을 이루며 좁아든 부류이다(B형)(도6). 이러한 유형의 청자화형완편은 강진군 사당리요지에서 출토된 바 있으며,[36] 용인시 서리(中德)요지의 제3기층에서는 백자화형완편이 출토되었다.[37] 그 밖에 여러 점의 전세품이 국립중앙박물관·해강도자미술관·호림박물관[38]·우학문화재단[39]·大阪市立東洋陶磁美術館[40]·록펠러컬렉션[41] 등에 소장되어 있는데, 그 대부분이 A형이다. B형은 해강도자미술관 소장품이 유일하다. 각 실례들은 기형이나 크기 등에서 거의 차이가 없다. 게다가 현재까지 알려진 실례들은 모두 硅石支釘陶枕을 사용하여 支燒하였다(도7). 이 점으로 미루어보면, 화형완은 중국으로부터 유입된 이후 기형이나 번조기법 등의 측면에서 별다른 변화과정을 거치지 않았음을 알 수 있다.

화형완은 청량사여요 외에도 정요·觀台磁州窯·호전요(경덕진)·요주요 등에서 제작된 것이 확인되는데, 內蒙古自治區 遼陳國公主墓(1018)에서 출토된 정요 화형완은 12판화형이며 구경에 비하여 높이가

[도5] 青瓷花形碗(A형), 개인

[도6] 青瓷花形碗(B형), 해강도자미술관

[도7] 青瓷花形碗의 底部

[도8] 汝窯花形碗(B형), 淸凉寺汝窯址 출토, 河南省文物考古硏究所

상대적으로 낮고,[42] 관대자주요지에서 출토된 것은 크기가 훨씬 작고 게다가 7판화형이다.[43] 호전요지에서 출토된 청백자화형완의 경우도 크기가 매우 작고 굽이 밖으로 벌어졌으며 화판수도 9개와 7개이다.[44] 요주요지에서는 10판화형의 화형완이 출토되었는데, 이것들 역시 크기가 현저하게 작다.[45] 요컨대, 정요·관대자주요·호전요·요주요 등에서 제작된 화형완은 고려청자 화형완과 전체적인 기형이나 크기 그리고 화판수 등에서 현저한 차이가 있다. 청량사여요지에서 출토된 화형완은(도8) 북송 말기의 銀器나 漆器의 기형을 모방한 것으로 판단되는데,[46] 고려청자의 그것과 마찬가지로 A형과 B형 모두 10판화형이며, 전체적인 기형이나

[도9] 靑瓷鐵花花卉鳥蟲紋梅甁(B형), 개인

크기 등도 거의 흡사하여 조형적인 측면에서는 차이점을 찾기가 힘들다.[47]

하지만 번조기법에 있어서는 양자 사이에 차이가 있다. 고려청자 화형완의 경우 일관되게 규석지정도침을 받치고 번조한 반면(支燒), 청량사여요지에서는 支燒[48]한 것과 墊燒[49]한 것 두 종류가 모두 출토된 것이다.[50] 수적인 측면에서 볼 때, 오히려 후자가 비중이 크다. 흥미로운 것은 서리(中德)요지에서 출토된 백자화형완의 굽 안바닥에 뾰족한 점 모양의 받침흔적이 있다는 점이다.[51] 이것은 이 요지에서 출토된 바 있는 支釘墊餠을 받치고 번조했음이 분명하다. 이러한 번조방법(支燒)은 중국에서 유입된 것으로, 이 요지의 출토품 가운데 지소를 한 예는 매우 드물다. 그 대부분은 백색의 내화토 빚음을 받치고 점소한 것들이다. 이러한 점에서 볼 때, 이 백자화형완을 지소하였다는 것은 중국의 화형완을 모방할 때 그 번조기법까지도 충실히 모방하였음을 시사한다. 만약 고려의 화형완이 청량사여요의 그것을 모방하였다면, 결국 수적으로 열세인 지소한 화형완만을 선택적으로 모방하였다는 이야기가 되는 셈인데, 실제에 있어서 그러하였다고 보기에는 썩 자연스럽지가 않다.

【梅甁】고려청자 매병은 구부의 형태에 따라 크게 두 유형으로 나눌 수 있다.[52] 그 하나는 구부가 盤口型인 것이고(A형), 또 다른 하나는 구

[도10] 靑瓷梅甁(A형 I 식), 　　　　[도11] 靑瓷梅甁(A형 II 식), 개인
　　　　大阪市立東洋陶磁美術館

연이 수평으로 벌어지거나 수평으로 벌어진 구연의 끝부분이 위로 약간 말린 형태의 것이다(B형)(도9). 고려청자 매병의 주종을 이룬 것은 A형이고, B형은 철화청자매병에서만 약간 보일 뿐이다. 고려청자 매병의 출현 초기에 해당하는 12세기 전기에 제작된 것으로 추정되는 A형 매병에는 두 부류가 있는데, 그 하나는 구경이 저경보다 훨씬 작은 소형의 구부를 가진 매병이다(小口式; I 식)(도10). 이 유형의 매병 가운데 여요의 매병과 같은 무문의 매병은 높이가 40cm에 가까운 대형으로, 그 예가 매우 드물다. 강진군 사당리요지에서 출토된 바 있으며,[53] 大阪市立東洋陶磁美術館에 한 점이 소장되어 있다.[54] 또 다른 하나는 구경이 저경과 거의 비슷한 비교적 큰 구부를 가진 매병인데(大口式; II 식)(도11), 비교적 소형의 매병이다. 해강도자미술관[55]·국립전주박물관[56]·개인[57] 등이 소장하고 있다.

청량사여요지에서 출토된 매병은 모두 A형이다. 이 요지에서는 B형

[도12] 汝窯梅瓶(A형 I 식), 淸凉寺汝窯址 출토, 河南省文物考古硏究所

[도13] 汝窯梅瓶(A형 II 식), 淸凉寺汝窯址 출토, 河南省文物考古硏究所

매병은 출토되지 않았으므로 여요매병과 B형 고려청자 매병 사이의 영향관계는 성립될 수 없다. 이 유형의 고려청자 매병은 기형이나 문양의 측면에서 볼 때, 자주요의 매병을 모방했을 가능성이 높다고 판단된다. 청량사여요지에서는 A형 I 식(도12)과 II 식(도13)의 매병이 모두 출토되었는데, 고려청자의 경우와 마찬가지로 I 식 매병은 대형이고, II 식 매병은 그보다 훨씬 작은 편이다.[58]

A형 I 식 매병의 경우, 고려청자와 청량사여요의 그것은 전체적인 기형은 유사하지만, 동체의 조형에 있어서는 약간의 차이가 있다. 둥근 견부에서 굽에 이르는 부분이 전자의 경우 사선으로 좁아든 반면(斜腹), 후자는 완만한 곡선을 이루며 좁아들었다(斜弧腹). 그 결과 전자는 기물의 무게중심이 견부에 있는 반면 후자는 그보다 아래 부분에 놓여 있어, 조형적 차이를 느끼게 한다.

A형 II 식 매병의 경우, 고려청자와 청량사여요지 출토품은 조형적으

로 적지 않은 차이가 있다. 구부의 경우, 전자는 저경에 비하여 구경이 약간 작은 반면, 후자는 저경에 비하여 구경이 약간 크다. 게다가 전자는 구연이 직립한 반면, 후자는 약간 밖으로 벌어졌다. 경부의 경우도 전자가 후자에 비하여 훨씬 가는 편이다. 동체의 형태에 있어서도 큰 차이가 있는데, 최대동경 : 저경의 比가 전자는 대략 100 : 35인 반면, 후자는 100 : 50 정도이며, 전자가 훨씬 세장하다. 굽의 경우도 전자는 약간 안으로 좁아든 반면, 후자는 오히려 밖으로 약간 벌어졌다. 이러한 차이점을 고려할 때, 고려청자의 Ⅱ식 매병이 청량사여요의 그것을 모방했을 가능성은 희박하다고 판단된다.[59]

A형Ⅱ식 매병은 경덕진지구청백자요에서도 제작되었다. 吳正臣夫婦墓(1087)에서 출토된 청백자매병이 그 대표적인 실례이다.[60] 하지만 이 청백자매병도 구부·경부·복부·굽의 형태가, 청량사여요지 출토품과 마찬가지로, A형Ⅱ식 고려청자 매병과는 큰 차이가 있다. 이 매병은 조형적인 측면에서 오히려 청량사여요지 출토품과 친연성이 있다. 정요와 월요 및 남송관요에서도 A형Ⅱ식 매병을 생산하였으나, 전체적인 기형에서 고려청자 A형Ⅱ식 매병과는 현저한 차이가 있다.[61] 그러므로 이러한 A형Ⅱ식 청백자매병을 고려청자 A형Ⅱ식 매병의 직접적인 祖型으로 보는 것도 무리이다. 현재까지 A형Ⅱ식 매병을 제작한 것으로 알려진 중국의 요장은 청량사여요와 경덕진지구청백자요 그리고 정요·월요·남송관요 정도이다.

【花形접시】 12세기 초기에 출현한 것으로 추정되는 화형접시는 동체와 구연을 꽃 모양으로 장식하였고, 저부는 평저이다. 사당리요지와[62] 개성 일대에서[63] 여러 점이 출토되었다. 이 유형의 화형접시는 화판의 수에 따라 두 부류로 나뉘는데, 그 하나는 10판화형(A형)이고(도14), 또 다른 하나는 12판화형(B형)이다(도15). A형과 B형 모두 전면에 시유한 후, 硅

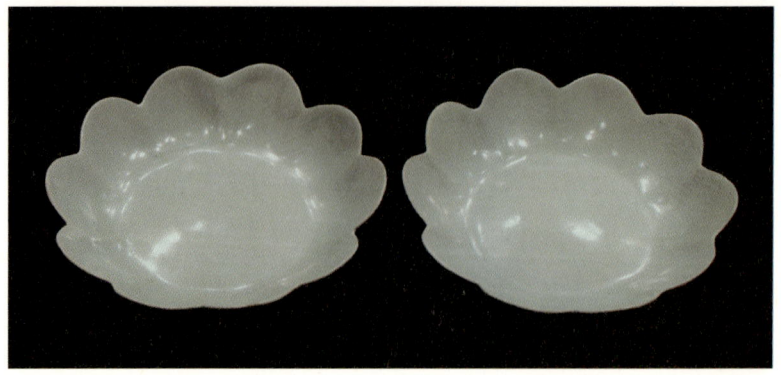

[도14] 靑瓷花形접시(A형), 호림박물관

[도15] 靑瓷花形접시(B형), 국립중앙박물관

石支釘陶枕을 받치고 번조하였는데, 각각 서로 다른 계통의 중국 화형 접시를 모방한 것으로 추정된다.[64] A형 화형접시는 靜嘉堂文庫美術館과 록펠러컬렉션에[65][66] 각각 3점과 2점이 소장되어 있고, 최근 호림박물관 에도 2점이 소장되어 있음을 확인하였다. B형화형접시는 국립중앙박물 관[67]·호림박물관[68]·강진청자박물관[69] 등에 여러 점이 소장되어 있다.

청량사여요지에서도 화형접시가 출토되었는데(도16),[70] 앞서 언급한 화 형완과 마찬가지로, 같은 시기에 유행한 銀器나 漆器를 모방한 것으로 추정된다.[71] 이 요지의 출토품은 모두 10판화형(A형)이며, 전면에 시유한 후, 지정점병나 지정점권을 받치고 번조하였는데, 기형과 크기 그리고 시유 및 번조기법이 고려청자의 A형 화형접시와 거의 동일하다. 요주요에서도 A형 화형접시가 제작되었고,[72] 江西省 彭澤縣 易氏墓(1090)에서도 A형 청백자화형접시가 출토되었지만,[73] 모두 기형·크기·번조기법 등에서 현저한 차이가 있다. 이러한 점들로 미루어 볼 때, 고려청

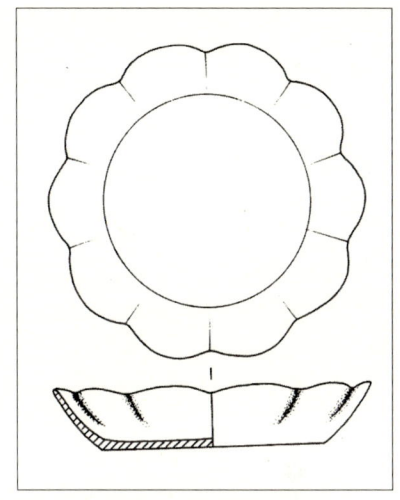

[도16] 汝窯花形접시, 淸凉寺汝窯址 출토

자의 A형 화형접시는 청량사여요의 그것을 모방했을 가능성이 높다고 판단된다.[74]

문제는 B형 화형접시이다. 청량사여요지에서는 B형 화형접시가 전혀 출토되지 않았기 때문에 양자 사이의 영향 관계는 성립되기 힘들다. 그런데 李仲謨는 고려청자의 B형 화형접시가 경덕진요의 그것과 기형 및 제작기법이 유사하다는 점을 들어 전자가 후자를 모방하였을 것이라고 주장하였다.[75] 그렇지만 경덕진 호전요지에서 출토된 B형 화형접시는 고려청자의 그것과 기형·크기 그리고 시유 및 번조방법이 크게 다르다.[76] 현재까지 알려진 이 시기의 경덕진요산 화형접시 가운데 고려청자의 B형 화형접시와 기형적으로 비교적 유사한 것은 아마도 羅啓硏컬렉션 소장품이 아닐까 한다.[77] 하지만 이 실례도 크기와 굽의 형태 그리고 시유 및 번조방법 등에서는 고려청자 B형 화형접시와 분명히 구별된다. 요주요지에서도 B형 화형접시가 출토되었지만, 크기도 훨씬 작고 구연이 밖으로 벌어졌으며, 굽의 형태가 권족이어서 고려청자 B형 화형접시와는

[도17] 靑瓷方形套盒(A형), 국립중앙박물관

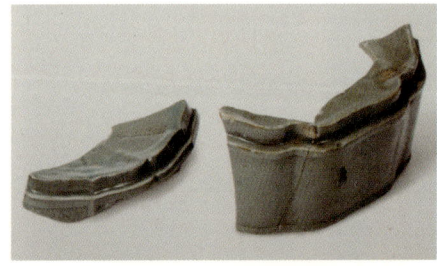

[도18] 靑瓷方形套盒(右; A형 I 식, 左; B형 II식), 沙堂里窯址 출토, 국립중앙박물관

기형적으로 확연히 구분된다.[78] 이제까지의 고고학적 조사 결과에 따르면, 중국에서 고려청자 B형 화형접시와 기형과 크기가 흡사하고 아울러 시유 및 번조방법이 동일한 화형접시가 출토된 요장은 찾을 수가 없다. 그러므로 고려청자 B형 화형접시가 중국의 어느 요장의 그것을 모방한 것이라면, 그 요장은 지금까지 발견되지 않은 것일 가능성이 높다.

【方形套盒】12세기에 접어들어 고려청자에 새로 출현한 기종으로 방형투합이 있다.[79] 이 기종은 이제까지 方形臺로 불려왔으나, 동일한 기물 몇 개를 쌓아올려 사용하는 투합이 분명하다.[80] 고려청자 방형투합은 크게 사방투합(A형)과 육방투합(B형)으로 나뉘는데, 전자의 경우, 물건을 놓는 윗면(盤面)은 비교적 얇은 편이고, 네 측면은 가운데가 약간 우묵하게 들어가 있으며, 네 모서리는 委角으로 처리하였다. 인종 장릉(1146) 출토품이 대표적이며,[81] 이것과 거의 같은 기형과 크기를 가진 또 다른 한 점이 국립중앙박물관에 소장되어 있다(도17). 후자는 여섯 측면의 가운데가 안으로 약간 우묵하게 들어간 부류(I 식)와 밖으로 돌출한 부류(II식)로 나뉘는데, I 식과 II식의 파편들이 강진군 사당리요지에서 출토된 바가 있다(도18).[82] A형과 B형 모두 전면에 시유

를 하고 접지면에 백색의 내
화토빚음을 받치고 번조하
거나(墊燒), 외저면에 硅石
支釘陶枕을 받치고 번조하
였다(支燒). 청량사여요지와
노호동남송관요지에서 적지
않게 출토된 원형투합은 발
견된 바가 없다.

[도19] 汝窯方形套盒(A형), 淸凉寺汝窯址 출토,
河南省文物考古硏究所

청량사여요지에서는 A형
방형투합(도19)과 B형 I 식
방형투합(도20)이 출토되었
다.[83] 이 가운데 A형 방형투
합은 청량사여요지에서 극
소량만 출토되었을 뿐인데,
고려청자의 그것보다 크기
가 훨씬 작고, 盤面이 깊은

[도20] 汝窯方形套盒(B형 I 식), 淸凉寺汝窯址 출토,
河南省文物考古硏究所

편이다. 그리고 고려청자의 A형 방형투합과 달리, 네 측면의 가운데가
우묵하게 들어가 있지 않을 뿐만 아니라 일부 측면에 인화문양이 있다.
이러한 양자 사이의 차이점을 고려할 때, 고려청자의 A형 방형투합이 청
량사여요의 그것을 모방했을 가능성은 희박하다. 오대시기의 월요와 요
주요에서도 A형 방형투합을 제작하였다.[84] 하지만, 이미 李仲謨가 지적
한 바와 같이, 제작시기와 기형·제작공예·장식 등의 특징을 고려할 때,
이들과 고려청자 A형 방형투합 사이에 영향관계가 있었다고 보기는 힘
들다.[85] 이와 반면에 청량사여요지에서 출토된 B형 I 식 방형투합은 고려
청자의 그것과 기형 및 제작기법 등이 흡사하여 후자가 전자를 모방하

[도21] 靑瓷花形托, 개인

[도22] 靑瓷花形托(A형), 大和文華館

[도23] 靑瓷花形托(B형), 국립중앙박물관

였을 가능성이 충분히 있다.[86] 문제는 B형 Ⅱ식 방형투합이다. 이러한 형식의 방형투합은 지금까지 중국의 어느 요장에서도 출토 예가 보고된 바가 없다. 그러므로 만약 이 형식의 방형투합이 중국의 어느 요장의 그것을 방제한 것이라면, 그 요장은 이제까지 발견되지 않은 어떤 요장일 가능성이 높다. 하지만 그것이 비교적 장식성이 강한 점 등으로 미루어 볼 때, 중국에서 유입된 B형 Ⅰ식 방형투합이 시간이 흐르면서 고려 자체 내에서 변용된 결과로 출현하였을 가능성도 배제할 수 없다고 생각한다.

【花形托】 12세기 초기에 출현한 것으로 추정되는 화형탁은 잔 모양의 잔좌와 화판을 표현한 寬沿과 굽으로 이루어졌다(도21). 寬沿의 형태에 따라 크게 두 유형으로 나눌 수 있는데, 그 하나는 寬沿이 5판화형이고(A형)(도22), 또 다른 하나는 6판화형이다(B형)(도23). A형은 일반적으로 잔좌의 밑부분이 뚫려 있는 반면, B형은 뚫려 있는 것과 그렇지 않은

것이 있다. 두 유형은 화판의 장식기법에 따라 다시 각각 세 부류로 나눌 수 있다. 화판의 테두리를 가는 양각선으로 표현한 부류(Ⅰ式)와 비교적 두꺼운 양각선으로 표현한 부류(Ⅱ식) 그리고 두 줄의 음각선으로 표현한 부류(Ⅲ式)가 그것이다.

A형 화형탁은 大和文華館(Ⅰ식)[87]・디 아모레 뮤지엄(Ⅱ식・Ⅲ식)[88]・캠브릿지대학 인류고고학박물관(Ⅱ식)[89]・호놀룰루아카데미미술관(Ⅱ식)[90] 등에 소장되어 있는데, Ⅰ식 단계는 무문이고, Ⅱ식 단계에서 음각 문양이 등장하며, Ⅲ식 단계에서는 음각과 퇴화기법의 문양이 유행하였음을 알 수 있다. 이 점으로 미루어, A형 화형탁의 출현 순서는 Ⅰ식→Ⅱ식→Ⅲ식이었을 것으로 판단된다.

B형 화형탁은 A형 화형탁보다 훨씬 많은 수량이 전해오고 있는데, 필자가 조사한 바에 따르면, 십 여 점에 이른다.[91] 흥미로운 것은 이들 모두가 Ⅱ식이며, 게다가 하나같이 寬沿을 화형으로 장식한 것을 제외하고서는 문양이 없다는 점이다. 하지만 이러한 현상을 A형 화형탁의 전개 과정에 의거하여 이해하는 것은 타당하지 않다고 생각된다. 즉, B형 화형탁이 A형 화형탁 Ⅱ식 단계의 전반기에 출현하여 잠시 유행하다 Ⅱ식 단계 후반기—A형 화형탁에 음각 문양이 등장하는 시기—에 접어들기 전에 소멸한 것으로 파악하는 것은 온당하지 않다는 뜻이다. 이 점은 B형 화형탁의 번조기법을 살펴보면, 쉽게 알 수 있을 것이다. B형 화형탁에는 고려청자가 출현하고부터 대체로 12세기 전반경까지 크게 유행한 백색 내화토빚음을 받치고 점소한 부류와, 그보다 늦게 유행하기 시작한 규석지정도침을 받치고 지소한 부류와, 모래가 섞인 내화토를 받치고 점소한 부류가 있는데, 이 점은 이 유형의 화형탁이 비교적 긴 기간 동안 유행하였음을 의미한다고 여겨지는 것이다. 아마도 그러한 현상은 B형 화형탁이 A형 화형탁과 동일한 전개과정을 밟지 않은 결과이리라.

[도24] 汝窯花形托(A형),
淸凉寺汝窯址 출토,
河南省文物考古硏究所

　청량사여요지에서는 극소수의 화형탁이 출토되었는데, 모두 A형 I 식이다(도24).[92] 같은 형식의 고려청자 화형탁과 비교하여 크기만 약간 작을 뿐 그 밖의 기형이나 장식 및 시유방법 등에서 거의 차이가 없다. 정요에서도 A형 I 식 백자화형탁이 제작되었다. 河北省 靜志寺塔 地下宮(977)에서 출토된 것이 대표적인 예이다.[93] 하지만 기형과 장식의 측면에서 고려청자의 그것과는 큰 차이가 있다. 현재까지 청량사여요와 정요를 제외하면, A형 I 식 화형탁을 제작한 요장은 찾을 수가 없다. 이 점에서 고려청자의 A형 I 식 화형탁이 여요의 그것을 모방했을 것이라는 견해는 설득력이 있다고 할 수 있다.[94] 고려청자의 A형 II · III식 화형탁은 A형 I 식 화형탁의 전개과정에서 변형된 형태라고 할 수 있다.
　그러면 고려청자에 있어서 B형 II 식 화형탁의 출현은 어떻게 이해해야 하는 것일까? 이 문제와 관련하여 B형 II 식 화형탁도, A형 II · III식 화형탁과 마찬가지로, 먼저 출현한 A형 I 식 화형탁에서 변형된 유형이라는 견해가 있다.[95] 화판의 장식의 측면에 초점을 맞추면, 一見 타당해 보일지 모른다. 하지만 B형 화형탁이 A형 화형탁과 동일한 전개과정을 밟지 않았을 것이라는 앞서의 지적과 아울러 이미 북송말기에 A형과 B형의 화형탁이 공존하였다는 점을 염두에 두면,[96] 그렇게 단정짓는 것은 성급한 일이다. B형Ⅰ식 화형탁이 존재했을 가능성을 완전히 배제할 수가 없기 때문이다. 그러나 아직까지 B형Ⅰ식 화형탁이 고고학적으로 확인되지 않았기 때문에 더 이상의 구체적인 논의는 힘들다. 다만 필자는 고려청자의 B형Ⅱ식 화형탁이 A형Ⅰ식 화형탁에서 갈라져 나온 부류가 아닐 가능성이 있다는 점만을 지적하고자 한다.

【紙槌瓶】 고려시대에는 긴 경부와 넓은 구부를 가진 다양한 형태의 紙槌瓶이 제작되었는데, 이 기물이 출현한 초기인 12세기 전반경에 제작된 것으로 추정되는 것들은 구부의 형태에 따라 크게 두 유형으로 나눌 수 있다. 그 하나는 구연이 편평하거나 비스듬하게 위로 올라간, 기본적으로 平口型의 구부를 가진 부류(A형)이고(도25), 또 다른 하나는 구연이 꺾여 올라간 盤口型의 구부를 가진 부류(B형)이다(도26). 두 유형 모두 평저인데, 문양과 시유 및 번조기법의 측면에서도 현저한 차이가 있다. A형이 모두 무문이고 전면에 시유한 후 규석지정도침을 받치고 지소한 반면, B형은 하나같이 동체의 중앙부에 보상화당초문을 음각하였으며, 백색의 내화토빚음을 받치고 점소하였다. A형 지추병은 澗松美術館과[97] 大阪市立東洋陶磁美術館 소장품이[98] 대표적이며, B형 지추병은 戶栗美術館과[99] 大阪市立東洋陶磁美術館 등에[100] 소장되어 있다. 기형이나 문양 등의 측면에서 볼 때, A형이 먼저 출현하고, 뒤이어서 B형이 출현한 것으로 판단된다.

청량사여요지에서 출토된 지추병은 그 대부분이 B형이다(도27). A형은 거의 보이지 않는다(도28). 그리고 모두 평저이고, 문양이 없으며, 전면에 시유한 후 저부에 지정점병이나 지정점권을 받치고 지소하였다.[101] 만약 고려청자의 지추병이 여요의 그것을 모방한 것이라면, 고려청자의

[도25] 青瓷紙槌瓶(A형), 개인　　　　　　[도26] 青瓷陰刻牡丹紋紙槌瓶(B형), 개인

A·B형 지추병은 각각 여요의 A·B형 지추병을 모방한 것으로 보는 것이 순리일 것이다. 하지만 양자 사이에는 크고 작은 차이가 있다. 우선 A형의 경우 고려청자는 하나같이 구경이 저경보다 작은 반면, 청량사여요지 출토품은 오히려 구경이 저경보다 커서 일견하여 기형적 차이를 느끼게 한다. 그리고 견부와 복부 사이의 折曲部가 전자는 꺾인 듯한 곡면을 이루고 있지만 후자는 완만한 곡면을 이루고 있다. 양자는 번조기법에 있어서도 약간의 차이를 보이는데, 전자가 일반적으로 4개의 규석지정으로 이루어진 도침을 받치고 번조한 반면, 후자는 예외 없이 5개의 지정을 가진 점병이나 점권을 받치고 번조하였다. B형의 경우도 고려청자는 복부에 음각문양이 있지만 청량사여요지 출토품은 모두 무문이다. 그리고 전자는 전면에 시유하고 저부의 유약을 깎아낸 후 백색 내화토 빚음을 받치고 점소한 반면, 후자는 저부의 유약을 깎아내지 않고 그곳

[도27] 汝窯紙槌甁(B형), 淸凉寺汝窯址 출토, 河南省文物考古硏究所

[도28] 汝窯紙槌甁(A형), 淸凉寺汝窯址 출토, 河南省文物考古硏究所

에 3개의 支釘을 가진 점병이나 점권을 받치고 지소하였다. 이러한 차이점들을 고려하면, 고려청자 지추병이 여요의 그것을 모방하였을 것이라는 견해는[102] 재고의 여지가 있다고 판단된다.

【玉壺春甁】 고려시대에는 다수의 옥호춘병이 제작되었지만, 12세기 전반경에 제작되었을 것으로 추정되는 것은 적은 편이다. 국립중앙박물관과(도29)[103] 大阪市立東洋陶磁美術館의 소장품(도30)[104] 정도만이 알려져 있을 뿐이다. 두 예 모두 문양이 없으며, 전면에 시유한 후 굽 안바닥에 규석지정도침을 받치고 지소하였다. 그렇지만 이들은 기형에 있어서 약간의 차이가 있다. 복부의 경우, 국립중앙박물관 소장품이 球形인 반면, 大阪市立東洋陶磁美術館 소장품은 원추형에 가깝다. 경부가 상대적으로 가늘고 긴 것도 후자의 특징이다. 이러한 후자의 기형적인 특징은 전자보다 늦은 시기에 제작된 옥호춘병에서 일반적으로 간취되는 현

[도29] 青瓷玉壺春瓶, 국립중앙박물관　　　[도30] 青瓷玉壺春瓶, 大阪市立東洋陶磁美術館

상이다. 즉, 후자는 전자가 변화된 유형이라고 할 수 있다.

청량사여요지에서는 적지 않은 수량의 옥호춘병이 출토되었는데(도 31),[105] 전체적인 기형은 국립중앙박물관 소장의 고려청자 옥호춘병과 비슷하지만, 상대적으로 복부가 좀 더 球形에 가깝고 경부가 긴 편이다. 청량사여요의 옥호춘병은 번조기법에서는 12세기 전반경에 제작된 고려청자 옥호춘병과 확연히 구분된다. 전자가 예외 없이 굽 접지면의 유약을 깎아내고 점소한 반면, 후자는 유약을 깎아내지 않고 규석지정도침을 받치고 지소하였기 때문이다. 이 시기에 고려청자가 중국의 기물을 매우 충실하게 모방하였다는 관점에서 보면, 이러한 번조기법상의 뚜렷한 차이는 고려청자 옥호춘병이 여요의 그것을 모방한 것으로 보는 데 커다란 장애가 된다. 그 밖에 정요·요주요·균요·자주요 등에서도 옥호춘

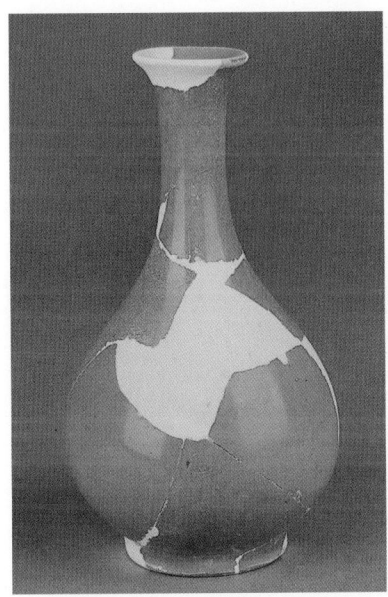 

[도31] 汝窯玉壺春瓶, 淸凉寺汝窯址 출토, 河南省文物考古硏究所
[도32] 靑瓷細頸瓶, 호림박물관

병을 제작하였으나, 기형과 문양 그리고 시유 및 번조기법 등에서 고려청자 옥호춘병과는 커다란 차이가 있다.

【細頸瓶】 호림박물관에는 목이 가늘고 길며 복부가 球形인 고려청자 세경병이 한 점 소장되어 있다(도32).[106] 굽은 비교적 높고 약간 밖으로 벌어졌다. 굽의 접지면에 백색 내화토를 받친 흔적이 있는 것으로 미루어 12세기 전반경에 제작된 것으로 추정된다. 이 예를 제외하면 또 다른 실례를 찾을 수가 없다는 점에서 볼 때, 이 기종은 짧은 기간에 소량만 제작되고 소멸된 것으로 판단된다.

청량사여요지에서도 이러한 유형의 세경병이 출토되었다.[107] 전체적인 기형이 호림박물관 소장의 세경병과 유사하고 번조기법도 동일하지만 (墊燒), 상대적으로 복부가 더 구형이 가깝고 굽이 밖으로 더 벌어졌다는 점 등에서 차이가 있다. 남송교단하관요지에서도 이러한 세경병이 출

[도33] 靑瓷平底小碟, 국립중앙박물관 [도34] 汝窯平底小碟, 淸凉寺汝窯址 출토, 河南省文物考古硏究所

토되었는데,[108] 굽이 直立하고 支燒를 하였다는 점에서 고려청자세경병과는 큰 차이가 있다.

【平底小碟】 12세기 전반경에 새로 출현한 또 다른 기종으로 높이가 낮고 작은 平底小碟이 있다(도33). 출현 초기에 제작된 平底小碟은 구연에서 저부에 이르는 복부가 완만하게 좁아든 것이 특징인데, 규격화되어 있었던 것처럼 크기가 거의 비슷하다. 구경은 10cm 전후이고, 높이는 2cm 전후이다. 내저면의 가장자리에 하나같이 음각선을 둘렀으며, 전면에 시유하고 저부에 3개의 규석지정을 가진 도침을 받치고 번조하였다. 강진군 사당리요지에서 출토된 바가 있다.[109]

이러한 기형의 平底小碟은 청량사여요지에서도 적지 않게 출토되었으며(도34),[110] 요주요와[111] 호전요 등에서도 제작되었다.[112] 하지만 청량사여요지 출토품을 제외하면, 고려청자 평저소접과 기형이나 문양 그리고 시유 및 번조기법 등에서 현저한 차이가 있다. 즉 그러한 측면에서 고려청자 평저소접은 청량사여요지 출토품과 가장 유사하다. 하지만 문양의 측면에서는 차이가 있다. 후자가 무문인 반면, 앞서 언급한 바와 같이, 전자는 모두 내저면의 가장자리에 음각선이 둘려 있다. 이 음각선은 여요의 기형을 수용하는 과정에서 고려의 도공들이 독자적으로 시문하기 시작한 것인지, 본래 음각선이 있던 또 다른 요장의 平底小碟을 모방한

[도35] 靑瓷圓洗, 국립중앙박물관

것인지는 검토의 여지가 있다.

【圓洗】圓洗는 고려청자에서 비교적 드문 기종으로, 12세기 초반경에 출현한 것으로 추정된다(도35). 출현한 초기에 제작된 원세는 모두 평저이고,[113] 문양이 없으며, 기벽이 1.5mm 전후로 매우 얇은 것이 특징이다.[114] 이러한 구조적인 문제 때문에 현전하는 대부분의 예들은 기형이 약간 일그러져 있다. 전면에 시유를 한 후 5개, 또는 3개의 규석지정을 가진 도침을 받치고 번조하였다. 해강도자미술관[115]·大阪市立東洋陶磁美術館[116]·보스턴미술관[117]·하버드대학 퍼그박물관[118] 등에 소장되어 있다.

청량사여요지에서 출토된 원세(도36)는 평저인 것과 매우 낮은 권족을 가진 것의 두 부류가 있는데,[119] 고려청자의 그것과 마찬가지로 문양이 없다. 전체적인 기형과 크기는 고려청자 원세와 유사하지만, 기벽이 3mm 전후로 상대적으로 두꺼운 편이다. 전면에 시유한 후에 5개, 또는 3개의 지정을 가진 점병이나 점권을 받치고 번조하였다. 남송관요에서

[도36] 汝窯圓洗, 淸凉寺汝窯址 출토, 河南省文物考古硏究所

도 원세를 제작하였지만, 기형의 측면에서 고려청자의 원세와는 차이가 있다.[120] 연구자들은 고려청자 원세가 여요의 그것을 모방한 것으로 추정하고 있다.[121] 그렇지만 그렇게 보기에는 석연치 않은 면이 있다. 우리는 고려청자 원세가 여요의 그것에 비해 기벽이 현저하게 얇다는 점에 주의할 필요가 있다. 사실 기벽이 지나치게 얇다는 것은 여러 가지 결함을 초래하는 원인이 된다. 그릇이 깨지기 쉬울 뿐만 아니라, 소성과정에서 일그러질 가능성이 높다. 대부분의 고려청자 원세의 실례들이 일그러진 형태를 가지고 있는 원인이 얇은 기벽과 관계가 있다는 점은 이미 설명하였다. 사실 이 시기에 제작된 고려청자 가운데 원세처럼 기벽이 얇은 기종은 찾아보기 힘들다. 그럼에도 불구하고 초기의 고려청자 원세들의 경우 일관되게 기벽을 얇게 제작한 것은 모방의 대상이 된 중국의 원세의 기벽이 그러하였기 때문은 아닐까? 이러한 관점에서 보면, 고려청자 원세가 여요의 그것을 모방하였을 것이라는 견해도 재고의 여지가 있다고 생각한다.

【蓮瓣紋鉢】大阪市立東洋陶磁美術館에는 12세기 전반경에 제작된

[도37] 青瓷蓮瓣紋鉢, 大阪市立東洋陶磁美術館

것으로 추정되는 고려청자연판문발이 한 점 소장되어 있다(도37).[122] 구경이 25.5cm에 이르는 대발로서, 외측면에는 3중연판문을 양각하고, 내저면에는 보상화문을 음각하였으며, 굽은 안굽(隱圈足)의 형태이다. 특이하게 연판문을 복선으로 처리하였다. 전면에 시유한 후, 굽 가장자리의 유약을 깎아내고 백색의 내화토빚음을 받치고 번조하였다(墊燒).[123] 이러한 번조기법은 대체로 12세기 전반경까지 유행한 것으로 알려져 있다. 이와 같은 유형의 연판문발은 강진요지에서 출토된 바 있다.[124]

청량사여요지에서도 이러한 유형의 연판문발이 적지 않게 출토되었는데(도38),[125] 이제까지의 고고학적 조사 결과에 따르면, 청량사여요를 제외하고서는 복선연판문으로 장식한 이러한 유형의 鉢을 제작한 것으로 알려진 요장은 찾을 수가 없다. 청량사여요지 출토품은 전체적인 기형과 연판문의 형태 등이 고려청자의 그것과 흡사해 보인다. 하지만 자세히 살펴보면 양자 사이에는 크고 작은 차이점이 있음을 발견하게 된다. 첫째, 고려청자의 연판문발의 경우 내저면에 보상화문이 음각되어 있는 반면, 청량사여요지 출토품은 그곳에 문양이 없거나 주로 인화기

[도38] 汝窯蓮瓣紋鉢, 淸凉寺汝窯址 출토, 河南省文物考古硏究所

법으로 용문을 시문하였다. 둘째, 전자의 경우 후자와 비교할 때 상대적으로 구경에 비하여 저경이 훨씬 작다. 그 정도를 보여주는 저경/구경의 값이 전자는 대략 0.35인 반면, 후자는 하나같이 0.50 전후로서 차이가 확연하다. 셋째, 양자는 번조기법에 있어서도 큰 차이가 있다. 전자는 점소한 반면, 후자는 예외 없이 지소를 하여 굽 안바닥에 지소흔이 남아 있다. 이 시기에 고려에서 중국의 기물을 모방할 때 기형과 장식뿐만 아니라 번조기법까지도 충실히 모방하였다는 관점에서 볼 때,[126] 이러한 차이점들은 고려청자의 연판문발이 과연 여요의 그것을 모방한 것일까 하는 의문을 품게 하기에 충분하다.

【蓋碗】고려청자의 蓋碗은 直腹碗과 蓋面이 완만하게 융기하고 그 중앙에 조그만 꼭지가 부착된 뚜껑이 짝을 이룬다.[127] 완의 굽은 모두 直圈足으로, 청량사여요지에서 출토된 밖으로 벌어진 外撇圈足은 보이지 않는다. 뚜껑의 꼭지의 형태에 따라 두 개의 型으로 구분된다. 한 부류는 연꽃봉오리 모양의 꼭지(A형)가(도39), 또 한 부류는 象鼻形, 즉 코끼리의 코 모양의 꼭지가 부착된 것(B형)이다(도40). A형 개완의 대표적인 예

[도39] 青瓷蓋碗(A형), 仁宗長陵(1146) 출토, 국립중앙박물관

[도40] 青瓷蓋碗(B형), 강진청자박물관

로는 인종 장릉(1146) 출토품을 꼽을 수 있는데,[128] 이 예처럼 품질이 높은 개완들은 하나같이 A형이다. 보스턴미술관과[129] 호놀롤루아카데미미술관 소장품이[130] 여기에 속한다. 이들은 시유와 번조기법도 동일하여 완과 뚜껑 모두 전면에 시유한 후 규석지정도침을 받치고 소성하였다. 그 결과 뚜껑의 내면과 완의 저부에 각각 3개의 규석받침 흔적이 남아 있다. 하지만 품질이 이보다 낮은 부류는 A형과 B형이 혼재해 있고, 일반적으로 완과 뚜껑 모두 백색내화토를 받치고 번조하였다. 그리고 저경도 4cm 전후로 비교적 작은 편이며, 경우에 따라서는 뚜껑에 꼭지가 없는 것들도 있다. 아마도 이 부류는 중국으로부터 개완의 조형이 유입된 이후 각 요장의 형편에 맞게 변용된 유형으로 판단된다. 泰安郡 대섬 해저 인양품이 여기에 해당한다.[131]

청량사여요지에서도 直圈足을 가진 A형 개완과(도41) B형 개완의 뚜껑이(도42) 출토되었다. 흥미로운 것은 양자가 서로 다른 층위에서 출토되었다는 점이다. 즉 전자는 청량사여요의 성숙기단계의 퇴적층에서,[132] 후자는 초기단계의 퇴적층에서 출토되었다.[133] 그리고 전자는 모두 무문인 반면, 후자는 모두 각화문양이 새겨져 있다. 이 가운데 A형 개완이 새

[도41a] 汝窯蓋碗(碗), 清凉寺汝窯址 출토,
河南省文物考古硏究所

[도41b] 汝窯蓋碗(뚜껑; A형), 清凉寺汝窯址 출토,
河南省文物考古硏究所

로 출현한 고려청자의 A형 개완과 조형적인 측면에서 흡사하다. 그런데 양자는 번조기법의 측면에서 큰 차이가 있다. 청량사여요지 출토품의 경우, 완은 굽 접지면의 유약을 깎아내고 점소하였다. 뚜껑도 그 대부분이 접지면의 유약을 깎아내고 점소하였으

[도42] 汝窯蓋碗(뚜껑; B형), 清凉寺汝窯址 출토,
河南省文物考古硏究所

며, 극히 일부만이 지정점병이나 지정점권을 받치고 지소하였다. 하지만 인종 장릉 출토품과 같이 품질이 높은 고려청자의 A형 개완은, 앞서 언급한 바와 같이, 하나같이 완과 뚜껑 모두 규석지정도침을 받치고 지소하였다. 이제까지의 고고학적 조사 결과에 따르면, 고려청자와 같이 A형 개완의 완과 뚜껑을 모두 지소한 중국의 요장은 알려진 바가 없다.

　이상에서 12세기 초기에 여요의 영향으로 새로 출현한 것으로 이해되어왔거나 이해될 수 있는 소지가 있는 고려청자의 기물들을 청량사여요지에서 출토된 기물들과 조형 및 제작기법 등의 측면에서 비교·검토하였다. 그 결과 대체로 다음과 같은 두 가지 사실을 알 수 있게 되었다고

생각한다. 그 하나는 앞서 검토한 고려청자의 기종들이 이제까지 알려진 중국의 여러 요장 가운데 조형이나 제작기법 등의 측면 등에서 상대적으로 여요와 깊은 친연성이 있다는 점이다. 특히 연화형향로와 A형 화형접시 등은 조형뿐만 아니라 시유 및 번조기법 등의 측면에서도 구분하기 어려울 정도로 흡사하다. 또 다른 하나는 그럼에도 불구하고 그 가운데 적지 않은 기종의 경우, 세부적인 면에서는 양자 사이에 크고 작은 차이가 있다는 점이다. 예컨대, 고려청자의 A형Ⅱ식 매병이나 A형 방형투합 등은 기형적인 측면에서 여요의 그것들과는 현저한 차이가 있다.

이러한 현상이 생기게 된 원인은 무엇일까? 이것이 다음 절에서 풀어야 할 과제로서, 12세기 초기에 고려가 북송의 자기제작기술과 조형을 구체적으로 어떻게 수용하였는지를 분석해봄으로서 그 해답의 실마리를 찾을 수 있다고 생각한다.

3. 12세기 초기 고려의 북송 자기제작기술과 조형 수용의 실상

앞서 12세기 초기의 고려청자 제작기술의 발전에 대하여 설명하면서, 이 시기에 고려에서 支釘支燒法이 새롭게 등장하였다는 점을 간단히 언급한 바가 있다. 사실 10세기 중엽경 고려청자가 출현한 이후부터 12세기에 접어들기 전까지 고려의 모든 요장에서는 거의 墊燒技法을 사용하였다(도43). 支燒技法은 고려청자의 출현 초기에 白川郡 圓山里窯나 始興市 芳山洞窯 등과 같은 중서부지방의 요장에서 특정한 기물을 번조할 때 제한적으로 사용하였을 뿐이다. 이 시기에 점권을 사용하여 지소한 것이 그것이다(도44).[134] 고려에 청자제작기술을 전파한 월요의 경우 오대시기에 점권지소법이 출현하여 북송초기부터 본격적으로 유행하였지만,[135] 고려의 경우는 오히려 점소기법이 더욱 크게 확산되는 추세가 이어졌으며, 대체로 11세기에 접어들어서 점권지소기법은 아예 자취를 감추고 점소기법만이 사용되었다.[136]

점소기법만을 사용하던 고려에서 12세기 초기에 접어들어 구체적으로 어떻게 지정지소기법을 사용하게 되었는지는 정확히 알기 어렵다. 하지만 그러한 기술의 원류가 중국이라는 점은 대다수의 연구자들이 인정하는 사실이므로 이러한 전제 위에서 우리가 상정할 수 있는 가능성은 대체로 다음 몇 가지 경우가 아닐까 싶다. 첫째는 고려의 도공이 직접 중국의 요장에 가서 그 기술을 습득하였을 가능성, 둘째는 그 반대로 중국의 도공이 고려의 요장에 와서 그 기술을 전수했을 가능성, 셋째는 그러한 기법으로 소성하는 기물의 圖樣을 보고 고려의 도공들이 습득했을 가능성,[137] 그리고 넷째는 그러한 기법으로 소성한 기물이 고려에 전해진 후 고려의 도공이 그것을 직접 보고 고안해냈을 가능성 등이다. 고려의 도공은 과연 실제에 있어서 어느 방법으로 지정지소기법을 손에 넣게 된 것일까?

이 의문을 풀기 위하여 우리는 송과 고려의 요장에서 사용한 지정지소기법의 구체적인 내용을 파악할 필요가 있다. 지정은 기물과 기물의 사이나 기물과 갑발의 사이의 간격을 띄우기 위하여 사용하는 요도구(間隔具)로서, 이것을 사용할 경우 기물의 유약이 다른 기물이나 갑발에 붙지 않고, 아울러 기물의 저부나 굽 접지면에 잡물이 묻지 않아 생산품의 품질을 높일 수 있다. 송대에 사용된 支釘은 모두 내화점토로 만들었으며, 뾰족한 지정을 점병이나 점권 또는 삼각형이나 三叉形의 間隔具에 붙인 형태이다. 요주요의 경우는 이미 당대부터 지정—주로 三叉形 支釘—을 사용하기 시작하였으며, 여요의 경우는 요주요의 지정지소법을 계승한 것으로 보이는데,[138] 여요에서 지소한 기물은 그 저부에 깨알

[도43] 青瓷碗의 墊燒痕,
龍雲里63號窯址 출토

[도44] 芳山洞窯址 출토 墊圈
(左)과 접시편의 支燒
痕(右)

같이 작은 지소흔을 남긴 것이 특징이다(도45). 흔히 "芝麻釘"으로 부르는 것이 그것이다. 남송관요에서도 지정지소법이 유행하였는데, 남송관요자기의 지소흔은 일반적으로 여요의 그것에 비해 크고 원형이다.

    12세기 전반경에 고려의 요장에서 사용한 지정은 그 절대 다수가 원반형이나 원주형의 도침에 규석 알갱이를 박은 형태이다(도46).[139] 이른바 규석지정도침이 그것이다.[140] 청량사여요지에서 다수 출토된 지정점권은 전혀 찾아볼 수 없고, 지정점병도 거의 없다. 이와 같은 고려의 규석지정도침은 중국의 요장에서는 전혀 확인되지 않는다.

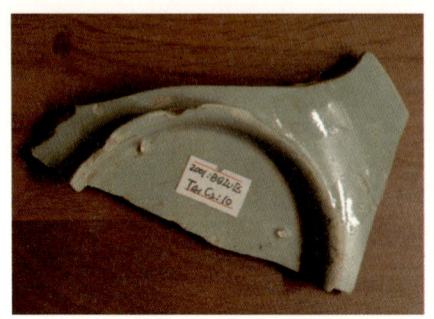

[도45] 淸凉寺汝窯址 출토 盤片의 支燒痕

그런데 규석지정도침을 받치고 번조할 경우 기물의 저부에 여요자기의 "芝麻釘"과 비슷한 모양의 지소흔이 남게 되고(도47) 어느 정도 여요자기와 같은 높은 품질의 자기 제작이 가능하지만, 고려의 규석지정도침은 중국의 지정점병이나 지정점권에 비하면 여러 가지 결함을 가지고 있었다. 그것은 규석을 동일한 크기와 모양으로 깨뜨리기가 쉽지 않다는 점과 관련이 있다. 서로 다른 모양과 크기의 규석 알갱이를 박은 도침을 받치고 번조할 경우, 지소흔이 부정형일 뿐만 아니라 거칠고 크기도 일정하지 않아서 미관을 해치기 쉽다. 이 시기에 최고급 품질을 자랑하던 강진군 사당리요장에서 제작한 청자마저도 여요자기의 경우처럼 크기가 매우 작고 정형화된 지소흔이 남아 있는 경우는 매우 드물다. 심지어는 크기가 서로 다른 규석을 박아서 규석지정이 제 역할을 다하지 못한 경우도 종종 있다. 예컨대 4개의 규석지정이 있는 도침을 받쳤음에도 불구하고 규석지정의 높이가 서로 달라서 결과적으로 기물의 저부에 3개의 지소흔만이 불규칙한 간격으로 남겨져 있는 것이 그것이다(도48).

여기에서 당연히 유추할 수 있는 사실은 만약 고려의 도공이 직접 중국의 요장에 가서 지정지소법을 습득하거나 중국의 도공이 고려의 요장에 와서 그 기술을 전수하였다면 이러한 현상이 발생하기 어려웠을 것이라는 점이다. 전자의 경우라면, 고려의 도공은 支釘支燒法과 관련된 요도구로서 의당 지정점병이나 지정점권과 같이 당시 중국의 요장에서 유행하던 것들을 만드는 법을 배웠을 것이다. 그리고 자신이 중국의 요

[도46] 硅石支釘陶枕, 康津窯址 채집, 강진청자박물관

[도47] 靑瓷鉢의 支燒痕

[도48] 靑瓷紙槌甁의 支燒痕

장에서 습득한 바대로 지정점병이나 지정점권을 받치고 기물을 번조하였을 것이지 굳이 그 방법을 버리고 앞서 지적한 바와 같은 결함이 있는 규석지정도침을 고안해서 사용했을 까닭이 없었을 것이다. 후자의 경우도 사정은 마찬가지이다. 만약 중국의 도공이 기술을 전수했다면, 적어도 그 기술을 전수한 초기에는 중국과 마찬가지로 지정점병이나 지정점권을 사용하여 지소하였을 것이라고 보는 것이 이치에 맞다. 그러나 고려의 요장에서 지정지소법을 채용한 초기부터 줄곧 규석지정도침을 사용했다는 것은 곧 중국의 도공이 그 기술을 전수했을 가능성이 거의 없음을 의미한다고 판단된다. 따라서 적어도 중국의 지정지소법이 고려에 유입되는 과정에서 도공들의 직접적인 인적교류가 있었을 가능성은 배

제해도 좋을 것이다.

   그렇다면 고려의 도공이 중국 기물의 圖樣을 보고 습득했을 가능성은 어떠할까? 중국에서 어용자기를 생산하는 과정을 염두에 두고 볼 때 이 가능성은 충분히 상정할 수가 있다. 즉, 송대에는 여러 가지 방법으로 어용자기를 조달하였는데, 그 가운데 하나는 궁정에서 필요로 하는 기물의 견양을 제작한 후 특정한 요장으로 하여금 그것에 의거하여 자기를 제작·공급하게 하는 것이었다.[141] "제양수색"이 그것이다. 견양(官樣)은 여러 가지 형태로 제작되었는데, 도양도 그 가운데 하나였다. 송대 어용자기의 도양은 현재 남아 있는 실례가 없기 때문에 거기에 어떠한 내용이 포함되었는지 구체적으로 알기 어렵지만, 故宮博物院에 소장되어 있는 청대의 도양(畵樣)을 통하여 어느 정도 추정이 가능하다.[142] 청대의 도양은 두 부분으로 구성되어 있는데, 한 부분은 기물을 그림으로 묘사한 것으로, 전체적인 기형과 문양을 자세하게 그리고 채색하였으며, 또 한 부분은 제작할 기물의 내역을 기술해 놓은 것인데, 기물의 크기·종류·수량 등을 표시하고, 경우에 따라서는 문양기법을 규정해 놓기도 하였다. 중요한 것은 도양에는 번조기법과 관련된 내용은 전혀 언급되어 있지 않고, 그것과 관련된 기물의 저부도 그림으로 묘사되어 있지 않다는 점이다. 따라서 설사 고려의 도공이 중국의 도양을 입수하였다고 하더라도, 그것을 토대로 그들에게 전혀 생소한 지정지소법을 습득했을 가능성은 희박하다고 생각된다.

   이제까지의 추론에 큰 문제가 없다면, 적어도 고려의 도공이 중국의 지정지소법으로 자기를 제작하는 것을 직접 실견하거나 도양 등을 통해서 支釘의 모습을 보았을 가능성은 거의 없다고 보아도 좋을 것이다. 그렇다면 이제 남아 있는 가능성은 고려의 도공들이 고려에 전해진, 지정지소법으로 소성된 북송의 기물을 보고 그러한 번조기법을 고안했을 경

[도49] 仁宗長陵(1146) 출토 靑瓷蓋碗(支燒痕), 국립중앙박물관

우뿐이다. 즉, 그들은 중국 기물의 저부에 남아 있는 지소흔을 보고 그것을 충실히 모방하는 과정에서 규석을 이용한 지정지소법을 고안해내게 되었다고 짐작되는 것이다.

  규석지정도침을 받치고 번조한 초기의 고려청자에 보이는 지소흔은 비교적 작고 약간 길쭉한 것이 특징이다. 인종 장릉 출토의 개완 등에 보이는 지소흔이 그러한 특징을 잘 보여준다(도49). 이러한 형태의 지소흔은 비록 그 모양과 크기가 일정하지 않지만, 여요자기의 그것과 비교적 근사하다. 이 시기에 중국의 다른 요장에서 제작된 자기에서 이러한 특징을 가지는 지소흔을 찾을 수 없다는 점에서 보면, 고려의 규석지정지소법은 여요자기에 보이는 것과 같은 형태의 지소흔을 보고 모방하였을 가능성이 매우 높다.

  여요자기의 특징적인 지소흔―소위 "芝麻釘"―은 내화점토로 만든 뾰족한 지정점권이나 지정점병을 받치고 번조한 결과로서 생긴 것이다(도50). 하지만 그 지소흔만을 보고서는 어떠한 형태의, 그리고 어떤 재질의 지정을 받쳤는지 판별하기가 쉽지 않다. 그러한 지소흔을 처음 접한 고려의 도공들은 더욱 그러하였을 것이다. 이러한 상황 아래서 고려의 도공들은 지정의 재료로 규석을 떠올리고, 아울러 중국의 지정점병이나

[도50] 汝窯의 支釘墊圈과 支釘墊餠, 淸涼寺汝窯址 출토, 河南省文物考古硏究所

지정점권과 전혀 다른 규석지정도침을 고안하게 된 것이 아닐까 여겨진다. 규석은 구하기가 쉬웠을 뿐만 아니라 그들이 태토와 유약을 만들 때 사용하는 재료의 하나였다. 그리고 잘게 깨뜨릴 경우 그 재질적인 특성으로 뾰족한 모양의 알갱이로 만들기가 비교적 쉽다. 그 알갱이를 그들이 이미 사용해오던 여러 가지 형태의 도침에 박은 것이 바로 규석지정도침이었다. 고려의 규석지정지소법은 바로 이러한 과정을 통하여 출현하게 되었다고 생각된다.

12세기 초기 규석지정지소법의 출현은 고려의 도공들이 북송의 기물들을 방제할 때, 기형과 문양 등 조형적인 측면뿐만 아니라 번조기법까지 최대한 충실하게 모방하려고 하였음을 잘 보여주는 예라고 생각한다.[143] 이러한 고려 도공들의 태도는 또 다른 예를 통해서도 확인할 수 있는데, 호림박물관에 소장되어 있는 연화형향로가 그 좋은 예이다.

이 연화형향로는 B형으로, 오리모양의 꼭지가 있는 뚜껑과 한 조를 이루고 있다(도51). 청량사여요지에서도 이러한 유형의 연화형향로와 뚜껑이 출토되었다. 흥미로운 것은 호림박물관 소장품이 청량사여요지의 출토품 T29③:154(도52)와 크기 및 기형, 노신에 시문된 앙련의 형태와 판수, 병부의 문양, 대좌의 형태와 문양 등의 측면에서 판별하기 힘들 정도로 흡사하고, 번조기법도 동일하다는 점이다.[144] 이 연화형향로의 뚜껑의 경우도 청량사여요지의 출토품 C2:840(도53)과 크기와 전체적인 조형, 오리모양 꼭지의 형태와 장식 등이 거의 일치하고, 아울러 번조기법도 동일하다.[145] 이 시기에 강진요에서는 고급품의 경우는 규석지정도침을 받치고 번조하는 것이 일반적이었는데, 굳이 향로와 뚜껑 모두 점소기법으로 번조한 것은 번조기법까지도 여요자기를 충실히 모방하려는 노력의 결과로 이해된다.

더욱 우리의 주목을 끄는 것은 대좌의 저부이다(도54). 이 대좌의 접지면 부근에는 거의 등간격으로 39개의 홈이 방사형으로 파져 있는데, 본래 이 문양은 연잎의 잎맥을 표현한 것이다. 이 문양은 A형 연화형향로의 대좌에는 보이지 않는다. 강진청자박물

[도51] 青瓷蓮花形香爐, 호림박물관

[도52] 汝窯蓮花形香爐(T29③:154), 淸凉寺汝窯址 출토, 河南省文物考古研究所

[도53] 汝窯蓮花形香爐의 뚜껑(C2:840)

[도54] 호림박물관 소장 靑瓷蓮花形香爐의 底部

관에 소장되어 있는 東欣 李龍熙 先生 기증유물에도 강진요지에서 채집한 B형 연화형향로의 대좌편이 포함되어 있는데, 여기에도 동일한 문양이 음각되어 있다(도55). 그런데 연잎의 잎맥을 표현할 경우, 실제의 연잎처럼 연잎의 전면에 길게 음각하는 것이 일반적이다. B형 연화형향로의 대좌 바깥면에는 예외 없이 그러한 방식으로 잎맥이 음각되어 있다. 그렇지만 호림박물관과 강진청자박물관 소장품은, 대좌 안쪽면의 경우 연잎의 가장자리에 해당하는 접지면 부근에만 홈을 파놓은 것이다. 그 원인은 필경 고려의 도공이 모방의 대상으로 삼은 여요의 연화형향로에 그렇게 되어 있었기 때문일 것이다. 청량사여요지의 출토품

T29③:154가 이를 증명한다.[146] 이 경우도 대좌 접지면 부근에만 호림박물관 소장품의 경우와 거의 같은 수량의 홈이 동일한 방식으로 새겨져 있다(도56). 아마도 이 연화형향로를 만든 고려의 도공은 그 홈이 연잎의 잎맥을 의미한다는 사실을 인지하고 있지 못했을 가능성이 높다. 실제의 연잎의 잎맥과 다른 형태로 표현되어 있었기 때문이다. 게다가 B형 연화형향로를 바로 세워 놓을 경우 이 문양은 잘 보이지 않게 되어 문양 효과도 거의 없다.[147] 그럼에도 불구하고, 고려의 도공들이 굳이 대좌 접지면의 부분에 그러한 문양을 새긴 것은 그들이 얼마나 충실하게 여요자

[도55] 康津窯址 채집 靑瓷蓮花形香爐片(底部), 강진청자박물관

[도56] 汝窯蓮花形香爐(T29③:154)의 底部

기를 모방하였는지를 실감나게 보여준다고 생각한다.

그러면 고려의 도공이 그와 같이 충실하게 북송의 기물을 모방하고자 하였음에도 불구하고, 앞장에서 살펴본 바와 같이, 여요자기의 영향으로 출현한 것으로 이해되어왔거나 그렇게 이해될 수 있는 소지가 있는 고려청자 가운데 적지 않은 기종에서 여요자기와의 친연성은 물론 차이점도 함께 간취되는 현상은 어떻게 이해할 것인가? 이 의문과 관련하여 일부 연구자는 그 차이점이 생기게 된 원인을 여요자기를 방제하기 시작

한 이후의 전개과정에서 찾았다. 즉, 그러한 기종들이 고려의 현실과 고려인의 기호에 맞게 변용되면서 그러한 차이점들이 나타나게 되었을 것이라고 본 것이다.[148] 기물의 형태나 제작기법은 시간의 흐름에 따라 변화한다는 일반론적 관점에서 볼 때 충분히 수긍이 가기도 하지만, 그러한 차이점을 보이는 기종 모두를 이렇게 이해할 수 있을 지는 의문이다. 그 좋은 예 가운데 하나가 B형 화형접시이다. 청량사여요지에서는 이 유형의 화형접시가 출토되지 않았을 뿐만 아니라, 이른바 전세여요자기 가운데에서도 보이지 않는다. 그래서 일부 연구자는 고려청자 B형화형접시를 여요의 화형접시를 모방한 고려청자 A형화형접시에서 갈라져 나온 부류로 이해한다. 하지만, 앞서 설명한 바와 같이, 고려청자 B형화형접시의 경우 기형이나 법조기법 등의 측면에서 그 출현시기부터 이후의 전개과정에 이르기까지 거의 변화가 없었다. 그러므로 그것을 여요의 화형접시(A형)가 고려에 유입된 후 그 발전과정에서 변용된 것으로 이해하는 것은 무리이다. 그것은 본래 여요와 다른 계통의 화형접시를 모방한 것으로 보는 것이 타당할 것이다. A형Ⅱ식 매병이나 A형 방형투합 등도 그러하기는 마찬가지라고 생각한다.

그러므로 필자는 여요자기와 친연성과 아울러 일정한 차이점을 가지고 있는 고려청자의 기종들 가운데 적어도 그 일부의 직접적인 원류는 여요가 아닌 또 다른 요장일 가능성이 높다고 생각한다. 이 시기에 고려청자에 영향을 미친 요장으로서는 여요 이외에 정요·요주요·월요·자주요·경덕진요 등이 알려져 있다. 하지만 앞장에서 검토의 대상이 된 기종의 경우, 이들 요장의 제품들은 오히려 여요자기의 경우보다도 고려청자와의 차이가 더욱 현저하였다.[149] 따라서 이들 요장 또한 그 기종들의 직접적인 원류였을 가능성은 희박하다고 생각된다. 결국 우리는 그 직접적인 원류로서 여요를 포함하여 이제까지 거론된 요장들 외에 또 다른 요장을 상정하지 않을 수 없게 된다. 논리적으로 볼 때, 그것은 12세기 초기의 고려청자와 마찬가지로 여요자기와 친연성이 있으면서 아울러 일정한 차이점도 가지고 있는 자기를 생산한 요장이라는 조건을 만족시켜야 할 것이다. 여기에서 자연히 거의 같은 시기에 여요와 함께 북송 어용자기를 생산한 북송관요가 우리의 시야에 들어오게 된다. 과연 북송관요를 그러한 조건을 만족시키는 요장으로 볼 수 있을까?

북송관요는 오늘날의 開封市에 있었다고 판단되지만,[150] 그곳에서 생산된 자기의 구체적인 면모에 대해서는 알려진 바가 거의 없다. 그렇지만 『탄재필형』의 북송관요 관계 기록을 잘 살펴보면, 어느 정도 그 면모를 파악할 수 있다.

(E) 宋葉寘『坦齋筆衡』云……本朝以定州白磁器有芒, 不堪用, 遂命汝州造靑窯器……政和間, 京師自置窯燒造, 名曰官窯. 中興渡江, 有邵成章提擧後苑, 號邵局, 襲故京遺製, 置窯于修內司, 造靑器, 名內窯, 澄泥爲範, 極其精緻, 油色瑩徹, 爲世所珍. 後郊壇下別立新窯, 比舊窯大不侔矣. 餘如烏泥窯·餘杭窯·續窯, 皆非官窯比. 若謂舊越窯, 不復見矣.[151]

위 기록에는 설립된 순서에 따라 여요와 북송관요 그리고 남송관요와 관련된 내용이 언급되어 있다. 여기에서 우리가 먼저 주목해 보아야 할 것은 남송관요의 하나인 "內窯"—남송수내사관요—를 "故京의 遺製에 따라서(襲故京遺製)" 설립하였다는 점이다. "故京의 遺製"는 북송관요를 설립한 것을 이르는 것이다. 즉 남송관요를 설립한 것은 북송관요를 답습한 것이었다. 그러므로 남송관요에서도 북송관요에서 생산하던 것과 같은 풍격의 자기를 생산했을 것임은 충분히 짐작할 수 있는 일이다. 남송관요에서 "靑器"를 제작한 것도 같은 맥락에서 이해될 수 있을 것이다.

그런데 남송관요자기를 살펴보면 조형이나 번조기법 등에서 여요자기와 흡사하다는 점을 쉽게 알 수 있다. 그래서 많은 연구자들은 남송관요가 여요를 계승하였다고 주장한다.[152] 그러나 위의 『탄재필형』의 내용에 따르면, 남송관요가 직접적으로 계승한 것은 여요가 아니라 북송관요였다. 그럼에도 불구하고 남송관요자기가 여요자기와 흡사하다면, 남송관요자기의 직접적인 원류인 북송관요자기 역시 여요자기와 흡사한 풍격의 자기였다고 보는 것이 타당하다.

북송관요가 설립된 이후 어용자기의 생산체계는 여요와 북송관요로 二元化되었다. 그렇지만 두 요장은 汴京과 汝州라는 서로 다른 지역에 위치하였을 뿐만 아니라 성격도 같지 않았다. 북송관요가 여요의 성격을 띤 반면, 여요는 어용자기의 제작을 주목적으로 하였지만 기본적으로 민요의 토대 위에서 운영된 요장이었다.[153] 그러므로 두 요장이 요업을 운영해나가면서 그곳에서 생산한 자기의 조형과 번조기법 등에서 크고 작은 차이가 생겼을 가능성은 얼마든지 있다. 남송시기의 수내사관요자기와 교단하관요자기 사이에도 조형적인 측면 등에서 적지 않은 차이가 있다는 점이 그러한 가능성을 더욱 뒷받침해준다.[154]

따라서 12세기 초기에 여요자기와 친연성이 있으면서 아울러 일정한 차이점도 가지고 있는 자기를 생산한 요장이라는 조건을 충족시킬 수 있는 것은 북송관요뿐이라고 할 수 있다. 그리고 이러한 입장에서 보면, 결국 이제까지 여요의 기종을 모방한 것으로 이해되어 왔거나 이해될 수 있는 소지가 있는 고려청자 가운데 적어도 그 일부는 여요자기가 아닌 북송관요자기를 모방한 것일 수 있다는 결론에 이르게 된다.

하지만 문제는 여전히 남아 있다. 잘 알려진 바와 같이, 여요는 어용자기의 생산을 주목적으로 한 요장이었다. 그러므로 그 생산품은 우선적으로 선별하여 어용자기로 바치고, 그 나머지에 한하여 일반에 판매하도록 하락되었다.[155] 게다가 다른 요장에서 여요자기를 방제하는 것은 엄격히 금지되었다.[156] 여요자기가 그렇게 엄격하게 관리되었다면, 어요인 북송관요에 대한 관리는 그보다 훨씬 더 엄격하였을 것이 분명하다. 그렇다면, 그러한 여요와 북송관요에서 제작된 자기들은 어떻게 고려에 유입되어 도공들에게 전해져서 방제될 수 있었던 것일까? 이 의문에 답하지 않으면 안 된다.

4. 고려에서의 여요와 북송관요자기 倣製의 역사적 배경

여요자기와 북송관요자기가 어떠한 경로를 통하여 고려에 전해졌는지는 분명하지 않다. 다만 그것들이 공적인 경로 또는 사적인 경로를 통하여 고려에 유입되었을 터인데, 앞서 언급한 바와 같이, 여요자기가 민간에 유출되는 것이 조정에 의해 엄격하게 관리되었다는 점에서 보면, 실제적으로 사적인 경로를 통하여 유입되었을 가능성은 높지 않다고 생각된다. 북송관요자기는 더욱 그러하였을 것이다. 후대의 관요자기의 경우로 미루어 볼 때, 북송관요자기도 황제의 하사와 같은 예외적인 경우를 제외하고서는 아예 외부로 유출되는 것이 엄격히 금지되었을 것이기 때문이다.

북송의 황제들은 금은기를 포함한 다양한 기물들을 고려의 국왕에게 하사하였다. 따라서 여요자기와 북송관요자기도 이러한 하사품에 포함되어 있었을 가능성이 높다고 판단된다. 말하자면, 여요자기와 북송관요자기는 고려와 북송 사이의 외교적인 경로를 통하여 유입되었을 것으로 생각되는 것이다. 그러므로 여요자기와 북송관요자기가 휘종대에 고려에 유입되어 방제될 수 있었던 배경은 당시 양국 사이의 외교관계와 관련지어 파악할 필요가 있다.

북송 황제의 하사품은 고려에서 朝貢한 것에 대한 답례품의 성격을 띠고 있었는데, 고려와 북송 사이의 조공관계는 문종 25년(1071; 북송 신종 희녕 4년)에 재개되기까지 오랜 기간 동안 단절되어 있었다. 그러나 외교관계가 재개된 이후에도 고려는 요와도 조공관계를 맺고 있었고, 북송도 요의 눈치를 보아야 하는 처지였기 때문에 양국 사이의 외교관계는 한동안 그다지 활발하지는 못하였다.[157] 숙종 8년(1103; 북송 휘종 숭녕 2년) 휘종이 고려에 사신을 파견하여 국왕을 책봉하고자 하였으나 고려에서 요와의 관계를 고려하여 거절한 것이라든지,[158] 양국의 외교관계가 재개된 지 무려 7년이 지난 문종 32년(1078)에서야 북송이 비로소 정식 사절을 고려에 파견하였을 뿐만 아니라[159] 심지어 禮部尚書 蘇軾이 고려가 入貢하는 것이 무익하다고 주장한 것 등은[160] 이 시기의 양국의 입장을 잘 보여준다.

이러한 고려와 북송의 외교관계가 크게 변화되었음을 알려주는 일이 예종 5년(1110)에 일어났다. 이 해에 북송의 휘종은 兵部尚書 王襄과 中書舍人 張邦昌 등을 고려에 사신으로 파견하면서[161] 親筆御製의 詔書를 가지고 가게 하였다. 王襄과 張邦昌의 말에 따르면, 북송의 황제가 직접 짓고 쓴 조서를 보낸 것은 北朝(遼)와의 외교관계뿐만 아니라 예종 이전의 고려국왕인 문종과 숙종대에도 유례를 찾을 수 없는 일이었다.[162] 그것은 그만큼 파격적인 일로서, 휘종이 외교전례에 있어서 고려를 얼마나 우대했는지를 보여준다.

이때에 이르러 북송의 고려에 대한 태도가 급변하게 된 일차적인 원인은 당시 고려와 북송과 요 사이의 국제관계의 변화 속에서 찾을 수 있겠지만, 아무튼 이때부터 고려와 북송의 관계는 그 전례를 찾을 수 없을 정도로 가까워졌다. 예종은 그 해부터 승하하기 몇 해 전까지 거의 매년 조공사절을 북송에 파견하였다. 그리고 휘종은 예종 12년(1117) 또 다시 친필 조서를 보냈으며,[163] 그 연도는 잘 알 수 없지만, 자신의 글씨와 그림까지 예종에게 보내었다. 이에 화답하여 예종은 특별히 궐내에 天章閣을 지어 휘종의 친필 조서와 그의 서화작품을 보관하게 하고,[164] 예종 13년(1118)에는 그도 자신이 직접 짓고 쓴 表文을 휘종에게 보내기에 이르렀다.[165] 예종이 승하하자, 휘종이 사신을 보내어 제물 및 弔慰禮物과 아울러 자신이 직접 짓고 쓴 弔慰詔書와 제문을 전하였는데, 사신으로 파견된 禮部侍郎 路允迪이 예종의 뒤를 이어 왕위에 오른 인종에게 "이번의 恩禮가 대단히 이례적인 것이다"고 한 것은 단지 외교적인 수사가 아니었다.[166] 그것은 당시 양국의 친밀한 관계를 상징적으로 보여주는 일이었다.

    이러한 고려와 북송의 친밀한 관계 속에서 북송의 많은 선진 문물들이 고려에 유입되었다. 使行이 오고 갈 때마다 수많은 하사품이 고려에 전해졌는데, 예종 11년(1116) 6월 고려의 사신이 돌아갈 때에는 정례적인 하사품 이외에 "別賜"·"密賜"·"特賜"의 명목으로 다양한 물품들이 사여되었다.[167] 그러한 하사품에는 통상 적지 않은 器物들이 포함되게 마련이었다. 이와 관련하여 우리의 주목을 끄는 것이 예종 12년(1117)의 하사품이다. 휘종은 이 해에 고려의 사신이 돌아갈 때 桂香·御酒·龍鳳茗團과 진귀한 과일 그리고 귀중한 그릇 등을 하사하였는데,[168] 그 가운데에는 簠과 豆 각 12점, 簠와 簋 각 4점, 登 1점, 鉶 2점, 鼎 2점, 罍洗 1점, 尊 2점이 포함되어 있었다.[169] 이 예기들은 『三禮圖』에 의거한 종래의 예기를 대체하기 위하여, 휘종의 명령으로 정화연간에 새로 제작한 이른바 "新成禮器"로 판단된다.[170] 이 예기들이 고려에 전해진 것은 당시 북송이 자신들의 문물을 고려에 전수하는 데 인색하지 않았음을 시사한다.[171] 이러한 양국의 외교관계를 염두에 둘 때, 당시 어용자기로 쓰이던 여요자기와 북송관요자기가 외교경로를 통하여 고려에 유입되었을 것은 충분히 상정할 수 있는 일이라고 생각한다.

결국 이렇게 유입된 여요자기와 북송관요자기가 고려의 도공들에게 전해져 방제되었다는 이야기가 되는 셈이다. 그들은, 앞서 언급한 바와 같이, 당시 자기소로 편제되어 어용자기를 생산하던 강진요의 도공들이었다. 그리고 그들에게 전해진 북송의 자기들은 외교경로를 통하여 고려에 들어온 것이므로, 그것들을 도공들에게 전한 주체는 당연히 고려의 조정이었을 것이다. 그리고 그것들이 방제를 목적으로 전해졌을 것이라는 점도 의심의 여지가 없다. 말하자면, 그것들은 견양으로 제공된 것이다. 중국의 경우도 견양으로 실물 자기가 제공되는 것은 드문 일이 아니었다.[172] 그런데 특정한 자기가 유입된 것과 그것을 방제한 것은, 엄밀히 말하면, 별개의 일이다. 유입된 모든 자기들이 방제된 것은 아니기 때문이다. 여기에서 예종대에 유입된 적지 않은 기종의 여요자기와 북송관요자기가 방제되게 된 배경이 궁금해진다. 이 문제는 예종대의 국정운영 전반과의 관련 속에서 이해할 필요가 있다.

12세기 초기의 18년간 재위에 있었던 예종은 매우 안정적으로 국정을 운영한 국왕으로 평가되고 있다.[173] 그는 尹瓘으로 하여금 여진을 정벌하고 9성을 쌓게 하였으며, 북송과 친밀한 외교관계를 토대로 활발한 문물교류를 추진하였다. 그리고 國學에 七齋를 두고 淸燕閣과 寶文閣을 설치하여 문교의 진흥에 힘을 기울였으며, 기층민들의 안정을 위한 다양한 시책을 마련하는 데에도 게을리하지 않았다.

그런데 예종의 국정운영 전반을 통관할 때, 한 가지 두드러진 특징을 발견하게 된다. 그것은 중국의 제도와 시책들을 그의 국정운영의 모범으로 삼았다는 점이다. 이 점은 그 이전의 고려 국왕들의 국정운영에서도 어렵지 않게 찾아볼 수 있는 현상이지만, 예종의 경우는 각별히 두드러졌다. 예종 스스로 자신의 정책과 시책들이 중국의 그것들을 본받지 않은 것이 없다고 말하였을 정도였다.

(F) 越今年丁酉夏四月甲戌有二日, 特召守太傅尙書令帶方公俌·守太傅尙書令太原公侾……同知樞密院使安仁等, 置高會于淸燕閣, 乃從容謂曰, 予顧德不類, 賴天降康, 廟社儲祉, 金革偃於三邊, 文軌同乎中夏. 凡立政造事, 大小云爲, 罔不資稟崇寧·大觀以來施設注措之方. 其於文閣經筵, 求訪儒雅, 遵宣和之制也, 深堂密席, 延見輔臣, 法大淸之宴也. ……[174]

그런데 예종이 모범으로 삼은 것은 중국의 제도와 시책들 가운데에서도 "崇寧·大觀 이래 베풀고 조치한 방책", 즉 북송 휘종대의 그것들이었다. 이것은 곧 예종이 휘종의 국정운영을 본보기로 삼았음을 의미하는 것이다. 이 점을 가장 잘 보여주는 예가 도교정책이라고 생각한다.[175]

북송의 휘종은 도교에 심취하였고, 아울러 국정운영에 있어서 도교를 매우 중시한 황제였다.[176] 예컨대, 그는 중앙에서 지방에 이르기까지 각급 道官과 道職을 두었으며, 아울러 道學을 설치하여 『黃帝內經』·『道德經』·『莊子』·『列子』 등과 같은 도교경전을 수학하게 하였다. 하지만 그가 도교에 얼마나 경도되었는지를 가장 잘 보여주는 것은 아마도 그가 道敎皇帝를 표방하였다는 점일 것이다. 그는 정화 7년(1117)에 "敎主道君皇帝"가 되었으며,[177] 선화 7년(1125) 欽宗에게 嗣位한 뒤에는 "敎主道君太上皇帝"로 칭하여졌다.[178] 말하자면 그는 도교국가의 건립을 지향하였다고 할 수 있다.

국정운영에서 도교를 중시한 점에 있어서는 고려 예종의 경우도 휘종과 거의 다르지 않다. 예종은 왕위에 오르기 전부터 도교에 관심을 가지고 있었지만, 그가 본격적으로 도교정책을 펴게 되는 중요한 계기가 된 것은 예종 5년(1110)에 휘종이 道士 2인을 파견한 것이었다.

(G) 大觀庚寅, 天子眷彼遐方, 願聞妙道, 因遣信使, 以羽流二人從行, 遴擇通達教法者, 以訓導之. 王俁(睿宗:筆者註)篤於信仰, 政和中, 始立福源觀, 以奉高眞道士十餘人.[179]

　福源觀(宮)은 고려시대에 세워진 최초의 道觀이었다. 이곳에는 10여 명의 도사가 있었는데, 이들은 휘종이 파견한 두 명의 북송 도사로부터 교육받은 사람들로서, 복원관에서 도교경전을 강론하고 醮祭와 같은 도교행사를 담당한 것으로 이해되고 있다.[180] 휘종이 두 명의 도사를 파견한 것은 고려의 요청에 따른 것이었다. 이러한 요청은 예종 3년에 북송에 보낸 사신을 통하여 전달되었을 터인데, 누구보다도 도교에 심취한 예종의 의중이 반영된 것이었으리라. 이때부터 고려와 북송의 외교관계가 급속하게 가까워졌다는 점은 이미 앞에서 설명한 바가 있는데, 도교에 심취한 고려 예종과 북송 휘종의 사상적 동질감이 그러한 외교관계에 일정한 영향을 미쳤을 것으로 짐작된다. 이 점에서 보면, 휘종은 예종의 사상적 동지이자 후원자였다고 할 수 있다. 휘종이 御製親筆 조서와 글씨 및 그림을 보내 예종을 우대하고, 예종은 이것들을 天章閣에 걸어 놓고 교훈으로 삼았으며, 반드시 절을 하고 몸가짐을 엄숙히 한 뒤에 바라보는 등 휘종에게 지극한 예를 표한 것은[181] 그러한 두 사람 사이의 관계에 기반을 둔 것이었다고 생각된다.

　이 이후에 예종이 걸은 도교적 행보가 휘종의 그것과 거의 흡사하다는 것은 놀라운 일이 아니다.

(H) 或聞, 俁(睿宗:筆者註)享國日, 有意授道家之籙, 其易胡教, 其志未遂, 若有所待焉.[182]

위 기록에 따르면, 예종이 도교를 보급하려고 한 궁극적인 목표도 휘종의 경우와 마찬가지로 도교국가를 건설하는 것이었다. 그것은 곧 그 자신이 도교국왕이 되는 것을 의미하는 것이기도 하다. 불교를 국교로 신봉하던 고려에서 이러한 예종의 의도는 혁명적인 것이었다. 예종에게 있어서 휘종은 그 선구이자 모범이었다고 할 수 있다. 휘종과 달리 예종은 그 뜻을 이루지 못하였다는 점이 다를 뿐이다.

한편, 앞서 인용한 사료(E)를 통하여 알 수 있는 바와 같이, 여요가 성립되기 전까지 한동안 북송 어용자기의 주류는 정요백자였다. 즉 여요의 성립으로 북송 어용자기의 주류가 백자에서 청자로 변화되었다. 『탄재필형』에서는 그 원인으로 정요백자의 芒口 현상을 들고 있지만, 그것을 근본적인 원인으로 보기에는 석연치 않은 면이 있다. 이 시기 정요백자의 망구는 覆燒法이 그 원인이었는데, 모든 정요백자가 복소된 것도 아니었을 뿐만 아니라, 설사 芒口가 문제가 되었다고 하더라도, 조정에서 정요에 명하여 어용백자를 正燒하도록 하면 쉽게 해결될 수 있는 문제였을 것이기 때문이다.[183] 이러한 견지에서 보면, 청자가 어용자기의 주류로 자리잡은 것이 청색을 숭상하는 도교에 심취된 휘종의 심미관을 반영한 것이었으리라는 견해가 흥미롭다.[184] 도가에서 청색을 숭상한 것은 다 아는 일이다.

우리는 고려의 자기로 으레 청자를 떠올리지만, 11세기에는 청자와 백자가 양립하고 있었다. 한반도의 중서부지방에는 용인 서리요를 중심으로 한 백자요장이, 남서부지방에는 강진요를 중심으로 한 청자요장이 자리잡고 있었다. 말하자면 '南靑北白'의 형국이었다.[185] 이러한 국면은 예종대에 접어들어 크게 변화한 것으로 보인다. 앞서 설명한 바와 같이, 강진요에서는 북송 어용자기의 영향을 받아들여 기종과 기형을 다양화하고, 아울러 품질의 향상을 꾀하여 "天下第一"의 청자를 생산한 반면,

중서부지방의 백자요장은 그와는 전혀 다른 길을 걸을 것으로 판단된다. 중서부지방의 백자요장에서는 이 시기에 새로 유입된 북송 어용자기의 기종과 기형이 별로 눈에 띄지 않을 뿐만 아니라 품질 또한 점점 낮아지는 현상이 간취되는 것이다.[186] 이러한 차이점은 결과적으로 고려 조정의 관심이 주로 강진요의 청자에 집중되었음을 보여주는 것으로 이해되는데, 그것이 예종이 도교에 심취해 있던 것과 관련이 있는지는 잘 알 수 없다. 다만, 이 시기에 고려에 유입된 북송의 어용자기가 청자였으므로 휘종대의 문물과 제도의 수입에 각별히 열중하였던 고려 조정의 관심이 청자에 집중된 것은 어쩌면 자연스러운 일이 아닐까 판단된다.

5. 나머지말

12세기 초기에 세계에서 자기를 생산할 수 있었던 나라는 북송과 고려뿐이었다. 그런데 이 시기에 공교롭게도 두 나라는 청자에 있어서 괄목할만한 질적 발전을 이룩하였다. 그 원인을 추적한 것이 이 연구인데, 12세기 초기의 휘종대에 여요의 성립과 뒤이은 북송관요의 설립으로 북송의 어용자기—청자—가 질적으로 크게 발전하고, 고려 예종대에 고려청자가 그 어용자기—여요자기와 북송관요자기—의 조형과 제작기법을 모방함으로써 아울러 커다란 질적 발전을 이룩하게 되었다는 것이 그 대체적인 결론이다.

고고학적 견지에서 보면, 이 연구에서의 결론은 추론의 범주를 넘어서기 어려운 것인지도 모른다. 그것은 무엇보다도 북송관요와 관련이 있는데, 북송관요지가 고고학적으로 확인되지 않았을 뿐만 아니라 북송관요자기의 면모에 대해서도 구체적으로 알려진 바가 없기 때문이다. 더구나 북송관요가 있던 변경은 유감스럽게도 금대 이후 몇 차례에 걸친 황하의 범람으로 인하여 두꺼운 황토층 아래에 매몰되었기 때문에 가까운 시일 안에 북송관요의 요지를 고고학적으로 확인하는 것은 거의 불가능한 일에 가깝다. 즉 고고학적 관점에서 북송관요 연구의 진전을 기대하기는 힘든 실정이다. 이제 북송관요의 연구에 있어서, 고고학적 지평을 넘어 좀 더 다양한 관점에서 접근을 할 때가 되었다고 생각한다.

필자는 송대관요를 연구해오면서 줄곧 북송관요자기의 면모를 추적할 수 있는 중요한 단서를 바로, 여요자기와 북송관요자기를 충실히 모방한 12세기 초기의 고려청자에서 찾을 수 있을 것이라는 기대를 가지고 있었다.[187] 그러한 기대를 구체화한 것이 이 연구인데, 정작 북송관요의 실체나 북송관요자기의 면모 등에 대해서는 거의 언급조차 하지 못하였다. 이러한 점들은 이후의 과제로 삼고자 한다.

[이 장은 『故宮學術季刊』 제31권 제1기(2013)에 게재된 「高麗睿宗與北宋徽宗―十二世紀初期的高麗青瓷與汝窯、北宋官窯」를 번역한 후 제목을 고치고 일부 내용을 수정 및 보완한 것이다]

제2장 주석

01 [宋]太平老人 撰,『袖中錦』天下第一, [元]陶宗儀 纂,『說郛』卷12下, 文淵閣四庫全書本,『景印文淵閣四庫全書』제876책, 臺灣商務印書館, 1986, 621쪽: "監書·內酒·端硯·洛陽花·建州茶·蜀錦·定甆·浙漆·吳紙·晉銅·西馬·東絹·契丹鞍·夏國劍·高麗秘色·興化軍子魚·福州荔眼·溫州掛·臨江黃雀·江陰縣河豚·金山鹹豉·簡寂觀苦筍·東華門把鮓·右(아마도 京의 誤; 筆者)兵·福建出秀才·大江以南大夫·江西湖外長老·京師婦人은 모두 天下의 第一이다. 다른 곳에서 비록 그것을 본뜨고자 하나 결국 미치지 못한다."

02 秘色은 본래 越窯青瓷 가운데 精品을 가리키는 말이었으나, 송대에 접어든 이후에는 청자 일반을 가리키는 의미로 쓰였다. 李喜寬,「秘色瓷相關宋代文獻記載新思考—宋人對秘色瓷的認識」,『東方博物』제30집, 2009, 50쪽 참조.

03 [宋]徐兢 撰,『宣和奉使高麗圖經』卷32 器皿 3 陶爐, 乾道三年本, 鄭龍石·金鐘潤 譯,『선화봉사 高麗圖經』, 움직이는 책, 1998, 523쪽: "陶器의 빛깔이 푸른 것을 高麗人은 翡色이라고 하는데, 近年 이래로 制作이 정교하고 色澤도 더욱 좋아졌다."

04 [宋]徐兢 撰,『宣和奉使高麗圖經』卷32 器皿 3 陶尊, 乾道三年本, 鄭龍石·金鐘潤 譯,『선화봉사 高麗圖經』, 움직이는 책, 1998, 523쪽: "狻猊出香도 역시 翡色이다. 위에는 쭈그리고 있는 짐승이 있고 아래에는 仰蓮花가 그것을 받치고 있다. 여러 그릇 가운데 오직 이 물건이 가장 정교하고 좋다. 그 나머지는 越州古秘色이나 汝州新窯器와 대략 비슷하다."

05 李喜寬,「高麗 翡色青磁의 出現과 초벌구이(素燒)」,『對外交涉으로 본 高麗青磁』, 강진청자자료박물관, 2003, 17쪽.

06 "汝州新窯器"의 실체에 관한 여러 견해에 대해서는 伊藤郁太郎,「北宋官窯探訪」,『陶說』620, 2004, 71쪽; 謝明良,「北宋官窯研究現狀의 省思」,『故宮學術季刊』제27권 제4기, 2010, 19~20쪽을 참조하라.

07 국립중앙박물관,『고려 왕실의 도자기』, 통천문화사, 2008, 20~25쪽.

08 경우에 따라서는 "近年 이래로"가 단지 막연한 추측성 어구에 지나지 않을 가능성도 생각할 수 있을지 모르겠다. 그렇지만 "近年 이래로"라고 굳이 그 시점을 한정한 것으로 미루어 보면, 일정 정도 사실에 근거한 것이었을 공산이 크

다고 생각한다. 서긍은 아마도 고려청자의 상황에 밝은 어느 고려인의 말을 근거로 그렇게 썼을 것이다. 연구자들 역시 고려청자가 仁宗 長陵 출토품과 같이 정교하게 제작되고 아울러 釉가 균질하고 윤택해진 것은 대체로 12세기 초기에 접어든 이후의 일로 파악하고 있다(尹龍二,「高麗陶瓷의 變遷」,『澗松文華』 31, 1986:『韓國陶瓷史研究』, 文藝出版社, 1993, 116~121쪽). 이와 관련된 보다 구체적인 내용은 이 장의 제2·3·4절을 참조하라.

09 尹龍二,「高麗陶瓷의 變遷」,『澗松文華』 31, 1986:『韓國陶瓷史研究』, 文藝出版社, 1993, 116~121쪽; 장남원,『고려중기 청자 연구』, 혜안, 2006, 318~321쪽.

10 고려시대의 瓷器所의 성격과 기능 등에 대해서는 李喜寬,「高麗時代의 瓷器所와 그 展開」,『史學研究』 77, 2005, 161~202쪽을 참조하라.

11 송대의 "製樣須索"에 대해서는 鄭嘉勵,「說"製樣須索"」,『南宋官窯文集』, 文物出版社, 2004, 88~96쪽과 沈岳明,「"官窯"三題」,『故宮博物院院刊』 2010년 제5기, 18쪽을 참조하라.

12 [元]陶宗儀 撰,『南村輟耕錄』卷29 窯器, 中華書局點校本, 中華書局, 1959, 362~363쪽: "[宋]葉寘의『坦齋筆衡』에 말하기를, ……本朝에 定州白磁器가 有芒하여 쓰기에 마땅치 않으므로 드디어 汝州에 명하여 靑窯器를 만들도록 하였다. 예전에 河北의 唐州·鄧州·耀州에 모두 靑窯器가 있었지만, 汝窯瓷器가 으뜸이다. 江南에는 處州의 龍泉縣이 있는데, 瓷器의 품질이 자못 투박하다. 政和 연간에 京師에 스스로 요장을 설립하여 燒造하였는데, 이름붙이기를 官窯라고 하였다고 하였다."

13 河南省文物考古研究所,『寶豊清凉寺汝窯』, 大象出版社, 2008, 140쪽.

14 陳萬里,「汝窯的我見」,『文物參考資料』 1951년 제2기:『陳萬里陶瓷考古文集』, 紫禁城出版社, 1997, 150쪽.

15 마가렛 메들리(金英媛 譯),『中國陶磁史』, 悅話堂, 1986, 149쪽.

16 陸明華,「兩宋官窯有關問題研究」,『上海博物館集刊』 제8기, 2000:『南宋官窯文集』, 文物出版社, 2004, 141쪽.

17 李輝柄,『宋代官窯瓷器』, 紫禁城出版社, 1992, 38쪽.

18 李仲謨,「汝窯與高麗青瓷—兼從高麗青瓷的傳世器物推斷汝窯瓷器的部分造型」,『文化遺産研究集刊』 제2집, 2001, 265쪽.

19 여요의 성립시기에 대해서는 李喜寬,「汝窯와 휘종 북송—여요의 성립과 그

20 孫新民,「關于宋窯研究的幾個問題」,『中國古陶瓷研究』제7집, 2001, 3~4쪽; 河南省文物考古研究所,『寶豊淸凉寺汝窯』, 大象出版社, 2008, 14~18쪽.

21 여요의 성격과 변화에 대해서는 李喜寬,「北宋 汝窯와 그 性格 問題—宋代 文獻記錄에 대한 再檢討를 중심으로—」,『역사와 담론』 64, 2012를 참조하라.

22 북송관요의 실체에 대해서는 대략 네 가지 견해가 있다. 첫째, 북송관요는 북송의 경사 즉 변경에 설립되었으며 그 요지는 아직 발견되지 않았다는 견해, 둘째, 북송관요가 곧 청량사여요라는 견해, 셋째, 북송관요가 곧 여요이며, 그 요지는 오늘날의 청량사 일대에 있다는 견해, 넷째, 북송관요가 곧 여주장공항요라는 견해가 그것이다(謝明良,「北宋官窯研究現狀的省思」,『故宮學術季刊』제27권 제4기, 2010, 18~20쪽). 필자는 이 가운데 첫 번째 견해를 지지하는데, 그 이유에 대해서는 李喜寬,「北宋官窯與"京師"及"惟用汝器"—北宋官窯研究序說」,『故宮博物院院刊』 2010년 제5기, 62~71쪽을 참조하라.

23 羅鍾宇,「5대 및 송과의 관계」,『한국사』15 고려 전기의 사회와 대외관계, 국사편찬위원회, 1995, 286~288쪽.

24 李仲謀,「汝窯與高麗青瓷—兼從高麗青瓷的傳世器物推斷汝窯瓷器的部分造型」,『文化遺産研究集刊』제2집, 2001, 269~291쪽;「青出於藍—十二世紀高麗青瓷與北宋」,『故宮文物月刊』 286, 2007, 54~65쪽(단 李仲謀의 두 논문은 내용이 크게 다르지 않기 때문에 전자를 주로 인용하였다); 呂成龍,「汝窯的性質及相關諸問題」,『中國古陶瓷研究』제7집, 2001, 45~47쪽; 小林仁,「高麗翡色青磁와 汝窯—近年の考古發掘と硏究成果から—」,『高麗青磁の誕生—初期高麗青磁とその展開—』, 財團法人大阪市美術振興協會, 2004, 111~116쪽; 任眞娥,「高麗青磁에 보이는 北宋·遼代 磁器의 影響」 弘益大學校碩士學位論文, 2005, 92~95쪽; 정신옥,「11세기말-12세기 전반 高麗青瓷에 보이는 中國陶瓷의 영향」,『美術史學』 21, 2007, 58~71쪽; 余佩瑾,「北宋汝窯獨領風騷」,『故宮文物月刊』 286, 2007, 40~42쪽.

25 青瓷火爐形香爐가 그 대표적인 예이다. 고려의 청자화로형향로의 源流에 대해서는 이희관,「대섬 해저 인양 青瓷火爐形香爐와 관련된 몇 가지 문제—청자화로형향로에 대한 보다 진전된 이해를 위하여—」,『해양문화재』 4, 2011, 62~70쪽을 참조하라.

26 이 점은 다음 절에서 상세하게 살펴볼 것이다.

27 鄭良謨・具一會,『康津龍雲里靑磁窯址發掘調査報告書』圖版編, 國立中央博物館, 1996, 176쪽의 도623 및 199쪽의 도786. 단 발굴보고서에는 도623의 표본은 蓋로 분류하였으나(鄭良謨・具一會,『康津龍雲里靑磁窯址發掘調査報告書』本文編, 國立中央博物館, 1997, 175쪽), 이는 연화형향로의 대좌가 분명하다.

28 조은정 등 편,『강진 고려청자 500년―강진 청자요지 발굴유물 특별전―』, 강진청자박물관, 2006, 47쪽의 도72; 국립중앙박물관,『고려 왕실의 도자기』, 통천문화사, 2008, 93쪽의 도104.

29 조은정 등 편,『강진 고려청자 500년―강진 청자요지 발굴유물 특별전―』, 강진청자박물관, 2006, 48쪽의 도73.

30 國立光州博物館 學藝硏究室,『강진 삼흥리요지』Ⅱ, 國立光州博物館 等, 2004, 86쪽.

31 국립중앙박물관,『고려 왕실의 도자기』, 통천문화사, 2008, 52쪽의 도49.

32 國立扶餘文化財硏究所 編,『實相寺』Ⅱ, 國立扶餘文化財硏究所, 2006, 298쪽의 유물번호740.

33 조선관요박물관 편,『靑磁의 色과 形』, (재)세계도자기엑스포, 2005, 圖80; 국립중앙박물관,『고려 왕실의 도자기』, 통천문화사, 2008, 93쪽의 도101.

34 河南省文物考古硏究所,『寶豊淸凉寺汝窯』, 大象出版社, 2008, 104~105쪽.

35 남송교단하관요지에서도 B형의 연화형향로편이 출토되었는데(中國社會科學院考古硏究所 等,『南宋官窯』, 中國大百科全書出版社, 1996, 29쪽 圖25의 6 및 40쪽 圖34의 7), 여요의 영향으로 제작된 것으로 이해되고 있다(劉毅,「從汝官窯到郊壇下官窯的傳遞」,『南宋官窯文集』, 文物出版社, 2004, 124~127쪽). 그러나 남송교단하관요의 연화형향로와 고려청자 연화형향로 사이의 영향관계는 확인되지 않는다.

36 이 청자화형완편은 국립중앙박물관에 소장되어 있다.

37 金載悅 等,『龍仁 西里 高麗白磁窯 發掘報告書』Ⅱ, 湖巖美術館, 2003, 108쪽.

38 湖林博物館 學藝硏究室 編,『호림박물관 신사분관 개관기념 특별전 고려청자』, 成保文化財團, 2009, 32쪽의 圖14.

39 김윤정 편,『흙으로 빚은 우리 역사』, 용인대학교 박물관, 2004, 도13.

40 大阪市立東洋陶磁美術館,『高麗靑磁の誕生―初期高麗靑磁とその展開―』,

41　財團法人大阪市美術振興協會, 2004, 53쪽.

41　Shermen E. Lee, *Asian Art, Part Ⅱ : Selections from the Collection of Mr. and Mrs. John D. Rockefeller 3rd*, New York: The Asia Society, 1975, p.92.

42　內蒙古自治區文物考古研究所 等,『遼陳國公主墓』, 文物出版社, 1993, 54쪽.

43　北京大學考古學系 等,『觀台磁州窯址』, 文物出版社, 1997, 57~59쪽.

44　江西省文物考古研究所 · 景德鎭民窯博物館 編,『景德鎭湖田窯址』, 文物出版社, 2007, 78~79쪽.

45　陝西省考古研究所 · 耀州窯博物館,『宋代耀州窯址』, 文物出版社, 1998, 135~137쪽; 張柏 主編,『中國出土瓷器全集』5, 科學出版社, 2008, 90쪽.

46　江蘇省 無錫市 興竹宋墓에서는 漆器蓮花形碗이 출토되었는데, 청량사여요지에서 출토된 B형 화형완과 기형 및 크기가 거의 흡사하다. 특히 이 완의 굽 안바닥에는 "癸丑陳伯修置"라는 명문이 朱書되어 있어 이 완의 제작시기를 추정하는 데 중요한 근거가 된다. 발굴보고자는 문제의 "癸丑"년을 북송 神宗 熙寧 6년(1073)으로 추정하고 있다. 無錫市博物館(蔡劍鳴 執筆),「江蘇無錫興竹宋墓」,『文物』1990년 제3기, 19~23쪽 참조.

47　河南省文物考古研究所,『寶豊淸凉寺汝窯』, 大象出版社, 2008, 75~76쪽.

48　支燒는 굽의 안쪽 면에 墊圈이나 支釘을 받치고 소성하는 것을 의미한다. 이 경우는 굽다리 바닥에 받침의 흔적이 남지 않는다. 12세기 이후의 고려청자에 흔히 보이는 규석지정도침을 받친 것도 여기에 해당한다.

49　墊燒는 굽다리 바닥의 유약을 닦아내고 그곳에 내화토를 받치고 소성하는 것을 의미한다. 이 경우 소성한 후에 굽다리 바닥에 내화토 자국이 남는다.

50　河南省文物考古研究所,『寶豊淸凉寺汝窯』, 大象出版社, 2008, 75쪽.

51　金載悅 等,『龍仁 西里 高麗白磁窯 發掘報告書』Ⅱ, 湖巖美術館, 2003, 108쪽.

52　고려청자매병에 대한 최근의 종합적인 연구로 李鍾玟,「고려시대 靑磁 梅甁 연구」,『講座 美術史』27, 2006, 157~190쪽; 김태은,「고려시대 매병의 용례와 조형적 특징」,『美術史學硏究』268, 2010, 139~167쪽이 있다.

53　국립중앙박물관,『고려 왕실의 도자기』, 통천문화사, 2008, 97쪽의 도110.

54　大阪市立東洋陶磁美術館,『高麗靑磁の誕生―初期高麗靑磁とその展開―』, 財團法人大阪市美術振興協會, 2004, 51쪽.

55　李鍾玟 編,『高麗陶磁로의 招待』, 海剛陶磁美術館, 2004, 32쪽의 도24.
56　국립전주박물관 편,『불교, 청자, 서화 그리고 전북』, 국립전주박물관, 2009, 35쪽 도24.
57　국립중앙박물관 편,『高麗青磁名品特別展』, 通川文化社, 1989, 16쪽의 圖10.
58　河南省文物考古研究所,『寶豊淸凉寺汝窯』, 大象出版社, 2008, 87~88쪽.
59　경우에 따라서는 청량사여요의 A형Ⅱ식 매병 양식이 고려에 유입된 후에 고려 도공들이 고려청자의 A형Ⅱ식 매병과 같은 기형으로 변용했을 가능성도 생각할 수 있다. 그러나 12세기 초기에 고려에서 여요의 기물을 매우 충실하게 모방하였다는 점에서 보면 실제에 있어서 그러하였을 가능성은 희박하다고 생각한다(이 장의 제3절 참조). 이 점은 이 시기에 여요의 기물을 倣製한 다른 고려청자기물들의 경우도 마찬가지이다. 다시 말하면, 이 시기에 중국의 기물을 방제한 고려청자기물 가운데 여요의 기물과 조형적인 측면에서 일정한 차이가 있는 것들은 다른 요장의 기물을 모방하였을 가능성이 높다고 판단되는 것이다.
60　劉濤,『宋遼金紀年瓷器』, 文物出版社, 2004, 105쪽의 圖7-51.
61　세계도자기엑스포조직위원회 전시부 편,『동북아도자교류전』, 세계도자기엑스포조직위원회, 2001, 圖17; 浙江省文物考古研究所 等,『寺龍口越窯址』, 文物出版社, 2002, 191~192쪽; 中國社會科學院考古研究所 等,『南宋官窯』, 中國大百科全書出版社, 1996, 37~39쪽.
62　국립중앙박물관,『고려 왕실의 도자기』, 통천문화사, 2008, 68쪽의 도71.
63　개성 일대에서 출토된 청자화형접시는 국립중앙박물관에 소장되어 있다.
64　李仲謀도 A형과 B형의 화형접시가 각각 다른 조형의 접시를 모방하였을 것으로 전제하고, 전자는 여요의 그것을, 후자는 경덕진요의 그것을 모방하였을 것으로 판단하였다(李仲謀,「汝窯與高麗青瓷—兼從高麗青瓷的傳世器物推斷汝窯瓷器的部分造型」,『文化遺産研究集刊』제2집, 2001, 284~285쪽).
65　靜嘉堂文庫美術館 編,『靜嘉堂藏朝鮮陶磁と漆藝の名品』, 靜嘉堂文庫美術館, 2011, 20~21쪽의 圖5.
66　The Asia Society, *Handbook of the Mr. and Mrs. John D. Rockefeller 3rd Collection*, The Asia Society, 1981, p.92.
67　국립중앙박물관 편,『高麗青磁名品特別展』, 通川文化社, 1989, 97쪽의 圖

125·126.

68 湖林博物館 學藝研究室 編,『호림박물관 신사분관 개관기념 특별전 고려청자』, 成保文化財團, 2009, 32쪽의 圖13.

69 康津靑磁博物館 學藝研究室 編,『열에서 골라 하나를 얻었네』, 康津靑磁博物館, 2009, 12~14쪽.

70 河南省文物考古研究所,『寶豊淸凉寺汝窯』, 大象出版社, 2008, 80~82쪽.

71 無錫市博物館(蔡劍鳴 執筆),「江蘇無錫興竹宋墓」,『文物』1990년 제3기, 19~23쪽 참조.

72 陝西省考古研究所·耀州窯博物館,『宋代耀州窯址』, 文物出版社, 1998, 235~236쪽.

73 彭適凡·唐昌朴,「江西發現幾座北宋紀年墓」,『文物』1980년 제5기, 28~29쪽; 彭適凡,『宋元紀年靑白瓷』, 莊萬里文化基金會, 1998, 49쪽의 圖21.

74 李仲謨,「汝窯與高麗靑瓷—兼從高麗靑瓷的傳世器物推斷汝窯瓷器的部分造型」,『文化遺産研究集刊』제2집, 2001, 284~285쪽.

75 李仲謨,「汝窯與高麗靑瓷—兼從高麗靑瓷的傳世器物推斷汝窯瓷器的部分造型」,『文化遺産研究集刊』제2집, 2001, 285쪽.

76 경덕진 호전요지에서 출토된 B형, 즉 12판화형접시는 구경이 12cm 전후로, 같은 유형의 고려청자 화형접시—구경이 대략 16cm 전후—보다 훨씬 작다. 그리고 전자가 구연이 약간 밖으로 벌어지고(侈口) 굽이 臥足인 반면, 후자는 구연이 敝口形이고 굽은 평저이다. 게다가 전자는 외저부에 시유를 하지 않고 墊燒한 반면, 후자는 전면에 시유를 하고 支燒하였다. 江西省文物考古研究所 等 編,『景德鎭湖田窯址』, 文物出版社, 2007, 138~139쪽 참조.

77 羅啓硏 編,『如銀似雪』, 雍明堂出版, 1998, 158~159쪽의 圖版37.

78 陝西省考古研究所·耀州窯博物館,『宋代耀州窯址』, 文物出版社, 1998, 235~236쪽.

79 方形套盒을 포함한 고려시대 청자 투합에 관한 종합적인 연구로, 張南原,「고려시대 청자 투합(套盒)의 용도와 조형 계통」,『미술사와 시각문화』9, 2010, 174~198쪽이 있다.

80 李仲謨,「汝窯與高麗靑瓷—兼從高麗靑瓷的傳世器物推斷汝窯瓷器的部分造型」,『文化遺産研究集刊』제2집, 2001, 286쪽.

81　국립중앙박물관,『고려 왕실의 도자기』, 통천문화사, 2008, 22~23쪽의 도15.

82　조선관요박물관 편,『靑磁의 色과 形』, (재)세계도자기엑스포, 2005, 圖419; 국립중앙박물관,『고려 왕실의 도자기』, 통천문화사, 2008, 23쪽의 도16.

83　河南省文物考古硏究所,『寶豊淸凉寺汝窯』, 大象出版社, 2008, 85~87쪽.

84　浙江省博物館 編,『浙江紀年瓷』, 文物出版社, 2000, 圖版183; 陝西省考古硏究所,『五代黃堡窯址』, 文物出版社, 1997, 91~92쪽.

85　李仲謨,「汝窯與高麗靑瓷—兼從高麗靑瓷的傳世器物推斷汝窯瓷器的部分造型」,『文化遺産硏究集刊』제2집, 2001, 286~287쪽.

86　小林仁,「高麗翡色靑磁と汝窯—近年の考古發掘と硏究成果から—」,『高麗靑磁の誕生—初期高麗靑磁とその展開—』, 財團法人大阪市美術振興協會, 2004, 112쪽.

87　長谷部樂爾,『陶磁大系』29 高麗の靑磁, 平凡社, 1977, 圖版37; 大和文華館 編,『大和文華館所藏品圖版目錄—④』, 大和文華館, 1994, 26쪽의 圖版8.

88　문선주 편,『디 아모레 뮤지움 소장품 도록』, 디 아모레 뮤지움, 2005, 234~235쪽.

89　芮庸海 等,『유럽박물관 소장 한국문화재』, 한국국제교류재단, 출판연도 불명, 203쪽의 圖21.

90　김경미 외 편,『미국 호놀롤루아카데미미술관 소장 한국문화재』, 국립문화재연구소, 2010, 103쪽의 도283.

91　국립중앙박물관 편,『高麗靑磁名品特別展』, 通川文化社, 1989, 43쪽의 圖52 및 65쪽의 圖90; 조선관요박물관 편,『靑磁의 色과 形』, (재)세계도자기엑스포, 2005, 圖116 및 圖117; 金光彦 等,『일본소장 한국문화재』③, 한국국제교류재단, 1997, 366쪽의 圖8; 국립문화재연구소 미술공예연구실 編,『미국 보스턴미술관 소장 한국문화재』, 국립문화재연구소, 2004, 132쪽의 도183; 伊藤郁太郞 編,『優艶の色・質朴のかたち—李秉昌コレクション韓國陶磁の美—』, (財)大阪市美術振興協會, 1999, 40쪽의 圖3; 국립문화재연구소 편,『미국 코넬대학교 허버트 F 존슨 미술관 한국문화재』, 국립문화재연구소, 2009, 96쪽의 도137; 芮庸海 等,『미국박물관 소장 한국문화재』, 한국국제문화협회, 1989, 171쪽의 圖31; ジョセフィン・F・ナップ 等 編,『東洋陶磁大觀』10 フリ―ア美術館, 株式會社講談社, 1975, 單色圖版218.

92　河南省文物考古硏究所,『寶豊淸凉寺汝窯』, 大象出版社, 2008, 99~100쪽.

93　張柏 主編,『中國出土瓷器全集』3, 科學出版社, 2008, 89쪽의 圖89.

94　李仲謨,「汝窯與高麗青瓷—兼從高麗青瓷的傳世器物推斷汝窯瓷器的部分造型」,『文化遺産研究集刊』제2집, 上海古籍出版社, 2001, 278~279쪽.

95　李仲謨,「汝窯與高麗青瓷—兼從高麗青瓷的傳世器物推斷汝窯瓷器的部分造型」,『文化遺産研究集刊』제2집, 2001, 278쪽.

96　湖北省文化局文物工作隊(王振行 執筆),「武漢市十里鋪北宋墓出土漆器等文物」,『文物』1966년 제5기, 56~59쪽.

97　崔完秀 等 編,『澗松文華』31 陶藝Ⅵ 青磁, 韓國民族美術研究所, 1986, 8쪽의 圖6.

98　大阪市立東洋陶磁美術館,『高麗青磁の誕生—初期高麗青磁とその展開―』, 財團法人大阪市美術振興協會, 2004, 52쪽.

99　財團法人 戶栗美術館 編,『財團法人戶栗美術館藏品選集 西暦2000年記念圖錄』, 財團法人 戶栗美術館, 2000, 42쪽.

100　林屋晴三,『安宅コレクション東洋陶磁名品圖錄』高麗編, 日本經濟新聞社, 1980, 圖59.

101　河南省文物考古研究所,『寶豊淸凉寺汝窯』, 大象出版社, 2008, 87~89쪽.

102　李仲謨,「汝窯與高麗青瓷—兼從高麗青瓷的傳世器物推斷汝窯瓷器的部分造型」,『文化遺産研究集刊』제2집, 2001, 277~278쪽; 任眞娥,「高麗青磁에 보이는 北宋·遼代 磁器의 影響」弘益大學校碩士學位論文, 2005, 93쪽; 정신옥,「11세기말-12세기 전반 高麗青瓷에 보이는 中國陶瓷의 영향」,『美術史學』21, 2007, 65쪽.

103　국립중앙박물관 편,『高麗青磁名品特別展』, 通川文化社, 1989, 51쪽의 圖64.

104　大阪市立東洋陶磁美術館 編,『美の求道者・安宅英一の眼―安宅コレクション』, 讀賣新聞大阪本社, 2007, 155쪽의 圖128.

105　河南省文物考古研究所,『寶豊淸凉寺汝窯』, 大象出版社, 2008, 87~89쪽.

106　湖林博物館 學藝研究室 編,『호림박물관 신사분관 개관기념 특별전 고려청자』, 成保文化財團, 2009, 24쪽의 圖5.

107　河南省文物考古研究所,『寶豊淸凉寺汝窯』, 大象出版社, 2008, 87쪽.

108　中國社會科學院考古研究所 等,『南宋官窯』, 中國大百科全書出版社, 1996, 32쪽.

109　국립중앙박물관, 『고려 왕실의 도자기』, 통천문화사, 2008, 68쪽의 도71.

110　河南省文物考古硏究所, 『寶豊淸凉寺汝窯』, 大象出版社, 2008, 99~101쪽.

111　陝西省考古硏究所·耀州窯博物館, 『宋代耀州窯址』, 文物出版社, 1998, 214~224쪽.

112　江西省文物考古硏究所·景德鎭民窯博物館 編, 『景德鎭湖田窯址』, 文物出版社, 2007, 138~139쪽.

113　李仲謀는 고려청자 圓洗 가운데 낮은 권족을 가진 것이 있다고 하면서(李仲謀, 「汝窯與高麗靑瓷—兼從高麗靑瓷的傳世器物推斷汝窯瓷器的部分造型」, 『文化遺産硏究集刊』 제2집, 2001, 276쪽), 그 근거로 長谷部樂爾가 소개한 예를 들었으나(長谷部樂爾, 『陶磁大系』 29 高麗の靑磁, 平凡社, 1977, 原色版 圖3), 어디에도 이 圓洗에 낮은 권족이 있다는 언급이 없다.

114　大阪市立東洋陶磁美術館 編, 『高麗靑磁への誘い』, (財)大阪市美術振興協會, 1992, 26쪽의 圖11 및 136쪽의 圖版解說(野村惠子 執筆) 참조.

115　國立中央博物館 編, 『高麗靑磁名品特別展』, 通川文化社, 1989, 85쪽의 圖122.

116　大阪市立東洋陶磁美術館 編, 『高麗靑磁への誘い』, (財)大阪市美術振興協會, 1992, 26쪽의 圖11; 『高麗靑磁の誕生—初期高麗靑磁とその展開—』, 財團法人大阪市美術振興協會, 2004, 54쪽의 圖10.

117　국립문화재연구소 미술공예연구실 編, 『미국 보스턴미술관 소장 한국문화재』, 국립문화재연구소, 2004, 127쪽의 도172.

118　芮庸海 等, 『미국 박물관 소장 한국문화재』, 한국국제문화협회, 1989, 160쪽.

119　발굴보고서에서는 이 요지에서 출토된 圓洗들이 모두 平底라고 하였지만, 圓洗들의 底部를 자세히 살펴보면, 평저인 것뿐만 아니라 매우 낮은 권족이 있는 것도 있다(河南省文物考古硏究所, 『寶豊淸凉寺汝窯』, 大象出版社, 2008, 彩版96~98 참조). 李仲謀도 이 점을 언급한 바가 있다(李仲謀, 「汝窯與高麗靑瓷—兼從高麗靑瓷的傳世器物推斷汝窯瓷器的部分造型」, 『文化遺産硏究集刊』 제2집, 2001, 276쪽).

120　杜正賢 主編, 『杭州老虎洞窯址瓷器精選』, 文物出版社, 2002, 132쪽의 圖102.

121　李仲謀, 「汝窯與高麗靑瓷—兼從高麗靑瓷的傳世器物推斷汝窯瓷器的部分

造型」,『文化遺産研究集刊』제2집, 2001, 276~277쪽; 大阪市立東洋陶磁美術館,『高麗青磁の誕生―初期高麗青磁とその展開―』, 財團法人大阪市美術振興協會, 2004, 74쪽의 圖10에 대한 해설(小林仁 執筆) 참조.

122 伊藤郁太郎 編,『優艶の色・質朴のかたち―李秉昌コレクション韓國陶磁の美―』, (財)大阪市美術振興協會, 1999, 50쪽의 圖9.

123 大阪市立東洋陶磁美術館에는 12세기 전반경에 제작된 또 한 점의 고려청자 大鉢이 소장되어 있는데(大阪市立東洋陶磁美術館 編,『高麗青磁への誘い』, (財)大阪市美術振興協會, 1992, 50쪽의 圖40), 外側面에 연판문만 없을 뿐, 전체적인 기형, 내저면의 문양, 굽의 형태, 시유 및 번조기법이 거의 같은 점으로 미루어 볼 때, 동일한 계통으로 판단된다.

124 조선관요박물관 편,『青磁의 色과 形』, (재)세계도자기엑스포, 2005, 圖413.

125 河南省文物考古研究所,『寶豊清凉寺汝窯』, 大象出版社, 2008, 101~102쪽.

126 小林仁,「高麗翡色青磁와 汝窯―近年의 考古發掘과 研究成果から―」,『高麗青磁の誕生―初期高麗青磁とその展開―』, 財團法人大阪市美術振興協會, 2004, 113~116쪽.

127 한국학계에서는 蓋碗을 흔히 有蓋筒形盞으로 부르는데, 이에 대한 전문적인 연구로, 김윤정,「고려 12세기 青磁有蓋筒形盞의 조형적 특징과 제작 양상」,『해양문화재』2, 2009, 105~154쪽이 있다.

128 국립중앙박물관,『고려 왕실의 도자기』, 통천문화사, 2008, 24쪽의 도17.

129 국립문화재연구소 미술공예연구실 편,『미국 보스턴미술관 소장 한국문화재』, 국립문화재연구소, 2004, 130쪽의 도176.

130 김경미 等 編,『미국 호놀롤루아카데미미술관 소장 한국문화재』, 국립문화재연구소, 2010, 97쪽의 도264.

131 문환석 외,『高麗青磁寶物船―태안 대섬 수중발굴 조사보고서』본문, 문화재청·국립해양문화재연구소, 2009, 312~321쪽.

132 河南省文物考古研究所,『寶豊清凉寺汝窯』, 大象出版社, 2008, 75~76쪽 및 90~92쪽.

133 河南省文物考古研究所,『寶豊清凉寺汝窯』, 大象出版社, 2008, 60~61쪽.

134 崔健 等,『芳山大窯』, 海剛陶磁美術館·京畿道始興市, 2001, 94~95쪽; 李喜寬,「高麗 初期青瓷와 越窯의 關係에 대한 몇 가지 問題」,『史學研究』96,

2009, 10~11쪽.

135 浙江省文物考古硏究所 等,『寺龍口越窯址』, 文物出版社, 2002, 353~355쪽; 路菁, 「越窯寺龍口窯址的裝燒工藝」,『浙江省文物考古硏究所學刊』제5집, 2002, 123~126쪽.

136 李鍾玟,『韓國의 初期靑磁 硏究』弘益大學校博士學位論文, 2002, 183~197쪽.

137 정신옥은 이 시기의 특징한 기물들은 고려의 도공들이 중국의 圖樣을 模本으로 삼아 제작했을 가능성이 있다고 주장하였다(정신옥,「11세기말-12세기 전반 高麗靑瓷에 보이는 中國陶瓷의 영향」,『美術史學』21, 2007, 55~ 56쪽).

138 森達也,「耀州窯の窯構造・工房・窯道具」, 中國中原に華ひらいた名窯―耀州窯』, 朝日新聞社, 1997, 166쪽.

139 海剛陶磁美術館 編,『康津의 靑磁窯址』, 海剛陶磁美術館・康津郡, 1992, 37~41쪽.

140 규석지정도침은 흔히 "硅石받침"으로 부르는데, 그 유형과 사용법 등에 대해서는 海剛陶磁美術館 編,『康津의 靑磁窯址』, 海剛陶磁美術館・康津郡, 1992, 37~41쪽을 참조하라.

141 沈岳明,「"官窯"三題」,『故宮博物院院刊』2010년 제5기, 18쪽; 徐飚,『兩宋物質文化引論』, 江蘇美術出版社, 2007, 56~57쪽.

142 故宮博物院 編,『官樣御瓷―故宮博物院藏淸代製瓷官樣與御窯瓷器』, 紫禁城出版社, 2007.

143 小林仁,「高麗翡色靑磁と汝窯―近年の考古發掘と硏究成果から―」,『高麗靑磁の誕生―初期高麗靑磁とその展開―』, 財團法人大阪市美術振興協會, 2004, 115쪽.

144 河南省文物考古硏究所,『寶豊淸凉寺汝窯』, 大象出版社, 2008, 104~105쪽.

145 河南省文物考古硏究所,『寶豊淸凉寺汝窯』, 大象出版社, 2008, 94~95쪽.

146 河南省文物考古硏究所,『寶豊淸凉寺汝窯』, 大象出版社, 2008, 104~105쪽.

147 이러한 이유 때문에 호림박물관과 강진청자박물관 소장품보다 약간 늦은 시기에 제작된 것으로 판단되는 강진군 삼흥리 E지구와 사당리요지 및 사당리 23호요지 출토품의 경우는 대좌의 접지면에는 이 문양을 새기지 않고 세워 놓았을 때 보이는 면에만 잎맥을 표현하였다. 조은정 등 편,『강진 고려청자 500년

―강진 청자요지 발굴유물 특별전―』, 강진청자박물관, 2006, 47~48쪽의 도 71·72·73 참조.

148　李仲謨, 「汝窯與高麗靑瓷―兼從高麗靑瓷的傳世器物推斷汝窯瓷器的部分 造型」, 『文化遺産硏究集刊』 제2집, 2001, 278쪽.

149　이 장의 제2절 참조.

150　李喜寬, 「北宋官窯與"京師"及"惟用汝器"―北宋官窯硏究序說」, 『故宮博物 院院刊』 2010년 제5기, 62~71쪽.

151　[元]陶宗儀 撰, 『南村輟耕錄』 卷29 窯器, 中華書局點校本, 中華書局, 1959, 362~363쪽: "[宋]葉寘의 『坦齋筆衡』에 말하기를, ……本朝에(또는 本朝가) 定州白磁器가 有芒하여 쓰기에 마땅치 않으므로 드디어 汝州에 명하여 靑窯 器를 만들도록 하였다. ……政和 연간에 京師에(또는 京師가) 스스로 요장을 설립하여 燒造하였는데, 이름붙이기를 官窯라고 하였다. 宋이 南遷한 후, 邵成 章이 提擧後苑이 되어, 邵局으로 칭하였는데, 故京의 遺制를 이어서, 修內 司에 窯를 설치하고, 靑器를 제작하여, 內窯라고 이름하였다. 잘 수비한 흙으 로 成形하여 극히 精緻하고, 釉色이 瑩徹하여, 세상 사람들이 귀하게 여겼다. 후에 郊壇下에 별도로 新窯를 세웠는데, 舊窯에 비하여 크게 떨어진다. 그 밖 에 烏泥窯·餘杭窯·續窯 같은 것들은 모두 官窯에 비할 바가 되지 못한다. 혹 옛 越窯를 일컫지만, 다시는 볼 수 없다고 하였다."

152　孫新民, 「汝窯與老虎洞的對比硏究」, 『南宋官窯與哥窯―杭州南宋官窯老虎 洞窯址國際學術硏討會論文集』, 浙江大學出版社, 2004, 94쪽.

153　李喜寬, 「北宋 汝窯와 그 性格 問題―宋代 文獻記錄에 대한 再檢討를 중심 으로―」, 『역사와 담론』 64, 2012, 260~270쪽.

154　李喜寬, 「南宋前期官窯新探」, 『東方博物』 제35집, 2010, 27~30쪽.

155　[宋]周煇 撰(劉永翔 校注), 『淸波雜志校注』 卷5, 中華書局, 1994, 213쪽: "又 汝窯, 宮中禁燒, 內有瑪瑙末爲油, 唯供御, 揀退方許出賣, 近尤難得."

156　李喜寬, 「北宋 汝窯와 그 性格 問題―宋代 文獻記錄에 대한 再檢討를 중심 으로―」, 『역사와 담론』 64, 2012, 243~248쪽.

157　심지어 全海宗은 이 시기의 고려와 북송의 조공관계가 형식적인 것이었다고 주장하였다. 全海宗, 「對宋外交의 性格」, 『한국사』 4, 국사편찬위원회, 1984, 341~342쪽 참조.

158　鄭麟趾 等 撰, 『高麗史』 卷13 世家 睿宗 5年 7月 戊戌, 延世大學校 東方學硏

究所, 1955, 上冊 266쪽.
159 鄭麟趾 等 撰,『高麗史』卷9 世家 文宗 32年 6月 甲寅, 延世大學校 東方學硏究所, 1955, 上冊 189쪽.
160 [元]脫脫 等 撰,『宋史』卷487 列傳246 高麗 哲宗 元祐 7年, 中華書局點校本, 新華書店上海發行所, 1977, 14048쪽.
161 鄭麟趾 等 撰,『高麗史』卷13 世家 睿宗 5年 6月 辛巳, 延世大學校 東方學硏究所, 1955, 上冊 265쪽.
162 鄭麟趾 等 撰,『高麗史』卷13 世家 睿宗 5年 6月 癸未, 延世大學校 東方學硏究所, 1955, 上冊 266쪽.
163 鄭麟趾 等 撰,『高麗史』卷14 世家 睿宗 12年 5月 丁巳, 延世大學校 東方學硏究所, 1955, 上冊 287쪽.
164 鄭麟趾 等 撰,『高麗史』卷14 世家 睿宗 12年 6月 癸亥, 延世大學校 東方學硏究所, 1955, 上冊 287쪽.
165 鄭麟趾 等 撰,『高麗史』卷14 世家 睿宗 13年 8月 戊午, 延世大學校 東方學硏究所, 1955, 上冊 290쪽.
166 鄭麟趾 等 撰,『高麗史』卷15 世家 仁宗 元年 6月 甲午, 延世大學校 東方學硏究所, 1955, 上冊 300~301쪽.
167 鄭麟趾 等 撰,『高麗史』卷14 世家 睿宗 11年 6月 乙丑, 延世大學校 東方學硏究所, 1955, 上冊 283~284쪽.
168 金緣,「淸燕閣記」,『東文選』卷64, 朝鮮古書刊行會, 1914, 3책, 420쪽.
169 [元]脫脫 等 撰,『宋史』卷119 禮 22 高麗進奉使見辭儀, 中華書局點校本, 新華書店上海發行所, 1977, 2810쪽.
170 휘종 政和年間에 새로 제작된 禮器를 당시에는 "新成禮器"로 칭하였다. [宋] 王應麟 撰,『玉海』卷69 儀禮 紹興禮器·射殿觀郊廟禮器, 文淵閣四庫全書 本,『景印文淵閣四庫全書』제945책, 臺灣商務印書館, 1986, 37쪽: "紹興四年 四月六日, 禮官言……自劉敞著『先秦古器記』, 歐陽修著『集古錄』, 李公麟著 『古器圖』, 呂大臨著『攷古圖』, 親得三代之器, 政和新成禮器制度, 皆出於此. 度江散失無存, 欲並從古器制度爲定."
171 許雅惠,「宋代復古銅器風之域外傳播初探」,『國立臺灣大學美術史硏究集 刊』제32기, 2012, 110~112쪽.

172　王光堯,「從故宮藏淸代製瓷官樣看中國古代官樣制度」,『官樣御瓷—故宮博物院藏淸代製瓷官樣與御窯瓷器』, 紫禁城出版社, 2007, 15~17쪽.

173　예종의 국정운영 전반에 대해서는 민현구,「예종의 국정운영과 궁중생활」,『한국사 시민강좌』39, 2006, 1~24쪽을 참조하라.

174　金緣,「淸燕閣記」,『東文選』卷64, 朝鮮古書刊行會, 1914, 3책, 420쪽:"금년 丁酉年(예종 12년; 1117) 여름 4월 甲戌 2일에 (예종이) 특별히 守太傅尙書令帶方公 俌·守太傅尙書令太原公 佟……同知樞密院使 安仁 등을 淸燕閣에 불러 모으고, 곧 조용히 이르기를, "나는 덕이 부족한 사람이지만, 하늘이 복을 내려주신 덕택으로 종묘사직이 복을 누리었다. 삼면의 국경에는 전쟁이 그쳤고, 문화는 중국과 같게 되었다. 무릇 정책을 세우고 일을 시행하는 것은 대소를 막론하고 崇寧·大觀 이래 베풀고 조치한 방책을 본받지 않은 바가 없었다. 寶文閣의 經筵에서 학자를 초빙하는 것은 宣和殿의 제도를 본받은 것이고, 궁중 깊숙한 전당에서 大臣을 불러 보는 것은 大(太)淸樓의 연회를 본 딴 것이다. ……"고 하였다."

175　예종대의 도교정책에 대해서는 車柱環,『韓國道敎思想硏究』, 韓國文化硏究所, 1978, 184~190쪽; 朴魯㻶,「維鳩曲과 睿宗의 思想的 煩悶」,『韓國學論集』8, 1985, 61~75쪽; 金澈雄,「高麗中期 道敎의 盛行과 그 性格」,『史學志』28, 1995를 참조하라.

176　휘종의 도교정책에 대해서는 盧國龍,「權力與信仰簡單結合的悲劇—漫談宋徽宗"崇道"」,『世界宗敎文化』1995년 1기, 13~16쪽을 참조하라.

177　[元]脫脫 等 撰,『宋史』卷21 本紀 21 徽宗 政和 7年 4月 庚申, 中華書局點校本, 新華書店上海發行所, 1977, 398쪽.

178　[元]脫脫 等 撰,『宋史』卷22 本紀 22 徽宗 宣和 7年 12月 庚申, 中華書局點校本, 新華書店上海發行所, 1977, 417쪽.

179　[宋]徐兢 撰,『宣和奉使高麗圖經』卷18 道敎, 乾道三年本, 鄭龍石·金鐘潤 譯,『선화봉사 高麗圖經』, 움직이는 책, 1998, 467쪽:"大觀 庚寅年(1110)에 天子가 저 멀고 먼 지방에서 현묘한 道를 듣기를 원하자 사신을 보내고 道士 두 사람을 딸려 보내 敎法에 통달한 사람을 가려 가르치고 인도하여 주게 하였다. 예종은 신앙이 돈독하여 政和年間에 비로소 福源觀을 세워 도교를 높이 받들고 학식이 높고 참된 道士 10여인을 받들었다."

180　車柱環,『韓國道敎思想硏究』, 韓國文化硏究所, 1978, 187쪽.

181　金緣,「淸燕閣記」,『東文選』卷64, 朝鮮古書刊行會, 1914, 3책, 420쪽.

182　[宋]徐兢 撰,『宣和奉使高麗圖經』卷18 道敎, 乾道三年本, 鄭龍石・金鐘潤 譯,『선화봉사 高麗圖經』, 움직이는 책, 1998, 467쪽: "간혹 듣기로는, 예종이 나라를 다스릴 때 늘 道家의 圖錄을 보급하는 데 뜻을 두어 기필코 道敎로 佛敎를 바꾸어버릴 생각을 가지고 있었으나 그 뜻을 이루지 못하고 무엇인가 때를 기다리는 듯하였다고 한다."

183　鄭嘉勵,「定窯"尙食局"款瓷器及"有芒不堪用"」,『中國古陶瓷硏究』제11집, 2005, 258쪽.

184　呂成龍,「汝窯的性質及相關諸問題」,『中國古陶瓷硏究』제7집, 2001, 42쪽.

185　李喜寬,「高麗 初期靑瓷와 越窯의 關係에 대한 몇 가지 問題」,『史學硏究』96, 2009, 32쪽의 註58) 참조.

186　용인시 서리요(中德)의 경우 제4기층에서 출토된 백자들에서 질적 하락 현상이 현저하다(金載悅 等,『龍仁 西里 高麗白磁窯 發掘報告書』Ⅱ, 湖巖美術館, 2003, 151쪽). 이 층위의 연대에 대해서는 여러 견해가 있지만, 이 요장 하한이 12세기 중엽~12세기 후반경이라는 견지에서 볼 때(장남원,『고려중기 청자 연구』, 도서출판 혜안, 2006, 323쪽), 그 중심시기는 대략 12세기 전반경으로 추정된다.

187　謝明良도 고려청자의 양식이 북송관요자기의 양식을 복원하는데 중요한 단서가 된다고 주장하였다. 謝明良,「北宋官窯硏究現狀的省思」,『故宮學術季刊』제27권 제4기, 2010, 23쪽.

# 汝州 張公巷窯의 운영시기와 성격 문제

1. 문제의 所在—장공항요 연구의 현상과 문제점

 금세기에 접어들어 장공항요만큼 동양도자사 연구자들의 뜨거운 주목을 받은 窯口도 드물 것이다. 2000년에 처음 발견되고, 2000~2004년에 3차에 걸쳐 이 窯址가 부분 발굴된 직후부터 장공항요와 관련된 학술토론회가 한국과 중국 및 일본에서 수차례 개최되었으며,[01] 여러 차례의 특별전이 열리고,[02] 아울러 여러 권의 도록이 간행된 것은[03] 장공항요에 대한 연구자들의 관심이 얼마나 컸는지를 알려준다.
 장공항요에 연구자들의 관심이 그렇게 집중된 것은 이 시기의 송대 관요 연구의 동향과 깊은 관련이 있다고 생각한다. 송대관요 연구의 역사는 매우 길지만, 그 연구의 진전에 결정적인 계기가 된 것은 1956년, 1985~1986년 및 1988년에 있었던 郊壇下官窯址의 발굴과,[04] 1998년과 1999~2001년에 있었던 老虎洞修內司官窯址의 발굴이었다.[05] 두 요지의 발굴로 다량의 고고학적 실물자료를 확보하게 됨으로써 남송관요 연구는 새로운 전기를 맞이하게 되었다. 그에 반해 최초의 송대관요인 북송관요에 대한 연구는 거의 답보 상태에 머물러 있다고 할 수 있다. 북송관요가 어디에 있었는가 하는 기초적인 문제조차 아직 미해결의 상태로 남아 있는 것이다.[06]

그러나 북송관요의 소재지의 하나로 지목되어온 汝州에서 장공항요지가 발견되고, 뒤이어 淸凉寺汝窯瓷器와 일정한 조형적 유사성이 있는 정세한 청자편들과 요도구들이 발굴되면서, 북송관요의 고고학적 증거의 출현을 고대하던 많은 연구자들의 관심이 장공항요에 집중되었다. 장공항요지의 제3차 발굴이 끝난 직후인 2004년 5월에 개최된 汝州張公巷窯及鞏義黃冶窯考古新發現專家硏討會에 참가한 대다수의 연구자들은 장공항요가 북송관요일 것이라는 점에 기본적으로 동의하였다.[07] 사실상 장공항요가 북송관요일 가능성이 있다는 견해는 이미 2000년 장공항요지의 제1차 발굴이 끝난 직후, 이 요지의 발굴자인 郭木森에 의해서 제기된 바가 있었다.[08]

그렇지만 장공항요가 북송관요라는 점을 입증할 수 있는 구체적인 증거는 적어도 현시점에서는 어디에서도 찾을 수가 없다. 이 견해가 성립되려면 무엇보다도 장공항요의 운영시기가 북송관요가 설립·운영된 북송말기라는 점이 고고학적으로 확인되어야 한다. 그러나 장공항요지를 직접 발굴하고, 아울러 장공항요가 북송관요일 가능성이 있다고 맨 처음 주장한 郭木森조차도 장공항요의 운영시기를 북송말기로 단정하지는 않았다. 그는 장공항요지의 퇴적층의 분석을 토대로, 장공항요가 설립되고 청자를 제작하기 시작한 것은 북송말기이지만, 金代에 접어든 이후에도 여전히 높은 품질의 청자를 생산하였다고 주장하였다.[09] 그의 주장에 입각하면, 엄밀한 의미에서 볼 때, 장공항요가 곧 북송관요라고 주장하는 것은 문제가 있다고 할 수 있다.

그래서인지 郭木森은 설립 초기의 장공항요만을 지칭하여 북송관요라고 주장하였다. 그러나 이 경우에도 문제는 여전히 남아 있다. 『坦齋筆衡』에 따르면 북송관요가 설립된 것은 정화연간(1111~1117)의 일이었다.¹⁰ 그렇지만 북송관요가 설립된 지 10여 년 만에 북송정권은 金의 침공으로 몰락하였다. 북송관요의 운영주체가 북송의 조정이었다는 점을 염두에 두면, 북송정권의 몰락으로 북송관요가 심각한 타격을 받았으리라는 점은 짐작하기 어렵지 않다. 아마도 북송정권과 운명을 같이했거나 적어도 생산품의 질적 하락과 같은 현상을 피하기 힘들었을 것이다. 이 점은 남송관요의 경우로 미루어 보아도 이해할 수 있는 일이다. 교단하관요의 경우 남송정권이 멸망한 후 사실상 와해되고, 한동안 그 요장에서 품질이 낮은 청자를 제작하였을 뿐이라고 알려져 있다.¹¹ 그러나 장공항요지의 경우 그러한 현상을 전혀 발견할 수가 없다. 이 요지의 퇴적층은 장공항요가 설립부터 소멸에 이르기까지 줄곧 품질이 높은 정세한 청자를 제작하였음을 증명한다. 이러한 점은 설립 초기의 장공항요가 북송관요였으리라는 점에 의심을 품게 하기에 충분하다. 의문은 여기에서 그치지 않는다.

설립 초기의 장공항요가 북송관요였으리라는 점을 고고학적으로 뒷받침해주는 근거는 장공항요지의 초기 퇴적층에서 출토된 瓷片들이 북송말기에 제작된 것들로 추정된다는 점이었다.¹² 그러나 최근 秦大樹는 장공항요 설립 초기의 퇴적층에서 출토된 청자들이 그 이후의 퇴적층─郭木森이 金代로 편년한 퇴적층─에서 출토된 청자들과 조형적으로 같다는 점을 들어 설립 초기의 장공항요의 퇴적층을 북송말기로 편년한 데에 의문을 제기하였다.¹³ 그는 이 퇴적층이 금대후기─12세기 후반─의 퇴적층이었을 가능성이 높다고 주장하였다.¹⁴ 말하자면 그는 금대후기에 장공항요가 설립되었을 것으로 판단한 것이다. 王光堯와 唐俊杰도 장공항요지 출토품의 기형과 번조법 등을 검토하여, 王光堯는 금대말기—경우에 따라서는 그보다 더 늦은 시기—에, 唐俊杰은 금대전기에 장공항요가 설립되었을 것이라고 주장하였다.[15] 이들도 결과적으로 장공항요의 초기 퇴적층을 북송말기로 편년한 것을 부정한 셈이다. 더 나아가 王光堯는 장공항요가 금대말기나 그보다 더 늦은 시기에 汝州에 자기를 소조하도록 명한 결과로 설립되었거나, 또는 남송관부요장의 관리방식을 본받아 설립한 관부요장이라고 주장하였다. 唐俊杰은 금의 海陵王이 貞元 元年(1153)에서 正隆 6년(1161)을 전후한 시기에 汴京을 건설하기 위하여 汝州에 명하여 설립한 요장이라는 대담한 견해를 제출하였다.

주로 북송관요와의 관련성 여부 문제에서 촉발된 장공항요의 연대 문제는 그 설립시기가 언제였는가 하는 문제에 국한되지 않는다. 장공항요의 하한 문제도 그 설립시기 문제만큼이나 중요한 의미를 갖는다. 현재까지 제시된 장공항요의 하한과 관련해서도 금대말기, 원대초기, 원대전기 등의 견해가 제출되었다. 흥미로운 것은 이 요지의 발굴자인 郭木森이 처음에는 원대초기설을 제창했으나,[16] 최근에는 자신의 견해를 수정하여 금대말기설을 주장하고 있다는 점이다.[17] 이는 장공항요의 하한 문제가 그 설립시기 문제만큼이나 난제임을 시사한다. 秦大樹도 원대전기설의 입장에서 매우 흥미로운 견해를 발표하였다.[18] 원대전기—至元年間—의 장공항요가 禮制性 기물을 생산한 관요였다는 주장이 그것이다. 그의 견해에 따르면 至元年間의 장공항요는 원대관요였다는 이야기가 되는 셈이다. 이와 같이 장공항요에 대한 다양한 연대관이 제시되면서, 장공항요의 성격에 대한 논의는 새로운 국면에 접어들었다고 할 수 있다. 요컨대 그 핵심에 장공항요의 연대 문제가 자리잡고 있는 셈이다.

장공항요의 연대에 대한 견해가 다양한 것은 무엇보다도 장공항요지의 각 퇴적층과 그곳에서 출토된 유물에 대한 연대관이 다르기 때문이다. 연구자들은 각 퇴적층에서 출토된 유물들을 주로 청량사여요지·남송관요지·균요지·遂寧窖藏 등에서 출토된 유물 및 哥窯瓷器·고려청자 등과 비교하여 장공항요의 연대를 추정하였다. 대다수의 연구자들은 장공항요지 출토품과 청량사여요지 출토품을 비교한 결과 전자가 후자보다 시기적으로 늦다는 점에 동의한다. 하지만 어느 정도 늦은지를 알려줄만한 더 이상의 구체적인 정보를 찾기 힘든 상황에서, 청량사여요지 출토품과의 비교를 통하여 장공항요의 구체적인 연대를 추적하는 데에는 일정한 한계가 있다.

정도의 차이가 있기는 하지만, 그러한 한계가 있기는 남송관요지·균요지·수녕교장 등에서 출토된 유물 및 가요자기·고려청자 등과 비교하는 경우도 마찬가지이다. 비교의 대상이 되는 이들 자체의 연대에 대해서도 많은 논쟁이 있고 아울러 다양한 견해가 제출되어 있으므로, 그 가운데 어느 한 견해에 입각하여 그들과 장공항요지 출토품을 비교하는 것은 신뢰성을 담보하기 힘들다. 장공항요지 출토품의 비교대상이 되는 유물의 연대관에 문제가 제기될 경우, 그에 따라 장공항요의 연대관에 대한 신뢰도도 그만큼 낮아질 수밖에 없기 때문이다.

따라서 장공항요에 대한 좀 더 신뢰도가 높은 연대관을 이끌어내기 위해서는 연대가 좀 더 분명한 유물과 비교·검토할 필요가 있다. 그 결과, 신뢰할만한 장공항요의 운영시기를 도출해낼 수 있다면, 그것은 곧 장공항요가 과연 북송관요인가 하는 문제의 해결을 넘어 장공항요의 성격에 대한 보다 정확한 이해를 향한 새로운 출발점이 될 수 있을 것이다. 지금까지 장공항요의 운영시기와 성격에 대한 다양한 견해가 제출되어 있음에도 불구하고, 이 문제를 원점에서 다시 검토해보려는 이유가 바로 여기에 있다.

2. 장공항요지 퇴적층의 해석

장공항요지는 河南省 汝州市內의 동남부의 張公巷에 위치하고 있으며(도1), 요지 중심지구의 면적은 대략 3600m²에 이르는데,[19] 현재는 모두 가옥이나 도로가 자리 잡고 있다(도2). 주위에는 鐘樓와 文廟 등의 유적이 있다. 발굴된 지점은 모두 네 곳인데(T1·T2·T3·T4), 장공항을 경계로 서쪽에 T1과 T4가, 동쪽에 T2와 T3이 위치하고 있다. T1(10m×2.5m)과 T2(8m×5m)는 각각 2000년(제1차 발굴)과 2001년(제2차 발굴)에 발굴되었으며, T3(8m×8m)과 T4(12m×5m)는 2004년 2~5월(제3차 발굴)에 발굴되었다.[20]

장공항요지에서는 당에서 명·청에 이르는 시기의 퇴적층이 확인되었는데, 퇴적의 양상이 매우 복잡하다. 장공항요와 관련된 유물이 출토되는 퇴적층의 경우가 더욱 그러하다.[21] 네 개의 트렌치 가운데 특히 T4에

[도1] 汝州市 張公巷 全景

[도2] 張公巷窯址 全景

[도3] 張公巷窯址 T4

서 다양하고 많은 장공항요 관련 유물이 출토되었다(도3).[22]

T4에서는 모두 10개의 퇴적층이 확인되었는데(도4), 제1~3층에서는 元代에서 현대에 이르는 시기의 유물, 예컨대 白釉瓷·鈞窯瓷器·元代

[도4] 張公巷窯址 T4의 堆積斷面

의 白地黑花瓷器片 등이 출토되었으며, 장공항요와 관련된 유물은 확인되지 않았다. 제7~10층에서는 당에서 북송에 이르는 시기의 유물, 즉 백유·흑유·豆靑釉瓷器 및 황유·삼채 등이 출토되었다. 이들 층위에서도 장공항요와 관련된 유물은 전혀 출토되지 않았다. 장공항요와 관련된 유물과 유적은 모두 제4~6층에서 확인되었다. 이 층위에서도 다양한 종류의 자기편들이 출토되었는데, 청자를 제외한 나머지 종류는 모두 장공항요와는 직접적인 관련이 없는 것들이다. 장공항요에서는 오직 청자만을 생산하였기 때문이다.

제4층은 장공항요와 직접적으로 관련된 퇴적층 가운데 가장 늦은 시기의 층위이다. 제4층은 다시 제4A층과 제4B층으로 분류되는데, 전자가 후자보다 시기적으로 늦게 형성되었다. 제4A층에서는 백유·두청유·鈞釉·흑유·삼채·白釉紅綠彩 그리고 장공항요에서 생산한 청자 등의 편들이 출토되었는데, 백유자편이 가장 많이 출토되었고(약 60%), 장공항요에서 생산한 청자편은 약 10%를 점한다. 匣鉢·墊餠·墊圈 등 소

[도5] 青瓷印花蓮池魚紋盤, 黃堡鎭耀州窯址 출토, 耀州窯博物館

량의 요도구도 출토되었다. 그런데 2004년 5월에 개최된 汝州張公巷窯及鞏義黃冶窯考古新發現專家硏討會에서 郭木森은 제4A층의 연대를 추정할 수 있는 중요한 발언을 하였다. 제4A층의 아래에서 正隆通寶 1枚가 출토되었다고 보고한 것이다.[23] 정륭통보는 金 海陵王 正隆 2년(1157)에 주조하였으므로,[24] 제4A층의 연대는 正隆 2년 이전으로 올라갈 수가 없다.

 제4B층의 유물의 출토양상과 조형적 특징도 제4A층과 그다지 다르지 않다. 한 가지 주목할 만한 것은 이 층위에서 내저면 주위의 유약을 도넛츠 모양으로 깎아낸 백유자편이 출토되었다는 점이다.[25] 이렇게 깎아낸 흔적은 흔히 澁圈 또는 砂圈이라고 하는데, 기물을 窯爐 안에 적재할 때 층층이 겹쳐 쌓아 생산량을 늘리기 위하여 고안한 번조기술(澁圈[砂圈]摞燒法)이다(도5). 澁圈[砂圈]摞燒法으로 소성한 기년명자료로는 John D. Rockefeller 3rd Collection에 소장되어 있는 "大定壬午(1162)"銘 耀州窯刻花落花流水紋碗 등이 있다.[26] 이 기술은 금대중기 이후에 정요 등 북방요장에서 점차 유행하기 시작한 것으로 알려져 있다.[27] 이 점으로 미루어, 제4B층의 형성시기도 금대중기 이후로 보는 것이 타당할 것이다. 앞서 지적한 것과 같이, 제4A층과 제4B층에서 출토된 유물의 양상과 조형적 특징이 그다지 다르지 않다는 점에서 보면, 두 층위는 거의 같은 시기에 형성되었을 가능성이 높다고 판단된다. 제4B층의 아래에는 장공항요지와 관련된 주요 유적인 濾過池(C1)와 瓷片堆積坑(H88) 등이

[도6] 張公巷窯址 H88

있다.

　H88은 제5층을 파서 만든 타원형의 작은 구덩이이다(도6). 길이는 0.8m, 폭은 0.58m, 깊이는 0.24m이다. 여기서는 많은 유물이 출토되었는데, 그 가운데 장공항요에

[도7] 靑瓷深腹碗, 張公巷窯址 H88 출토, 河南省文物考古硏究所

서 생산한 청자가 99% 이상을 차지한다. 기형으로는 深腹碗·淺腹碗·蓋碗·花口折腹盤·鼓腹盤·折沿盤·四方委角盤·葵口盤·橢圓撇足洗·橢圓平底內凹洗·碟·器蓋 등이 있으며(도7), 그 대부분의 기물은 파편들을 맞추어 복원할 수 있는데, 복원이 가능한 기물이 44건에 이른다.[28] 그 밖의 요장에서 생산한 백유·흑유·柿葉紅釉·鈞釉 등은 1%에도 미치지 못한다. 여기에서도 澀圈이 있는 백유완편이 출토된 점으로

제3장 汝州 張公巷窯의 운영시기와 성격 문제　311

[도8] 張公巷窯址 H101

　미루어 H88의 연대도, 제4B층과 마찬가지로 금대중기 이후로 보는 것이 타당할 것이다. 퇴적의 층위를 고려할 때, H88이 형성된 시기는 장공항요의 전 운영기간 가운데 후반기에 해당할 공산이 크다고 생각한다.

　제5층에서는 비교적 많은 유물이 출토되었는데, 백유가 대략 50%, 장공항요에서 생산한 청자가 30%, 그 밖의 흑유, 임여요계 두청유, 청백자, 백지흑화자기, 삼채 등이 20% 정도를 차지한다. 갑발과 점병과 같은 요도구도 출토되었지만 소량에 불과하다. 郭木森의 보고에 따르면, 이 층위에서도 정륭통보 1매가 출토되었다.[29] 그러므로 이 층위의 연대도, 제4A층과 마찬가지로 정륭 2년(1157) 이후임이 분명하다. 우리의 눈길을 끄는 것은 장공항요에서 생산한 청자편 가운데 연화형향로의 뚜껑의 일부분이 포함되어 있다는 점이다. 이러한 뚜껑과 짝을 이루는 爐身片은 제4B층에서 출토된 바가 있는데, 유색과 태토 등이 유사하다.[30] 그 밖의 유물의 양상이나 조형적 측면에서도 제4B층과 큰 차이를 발견하기 어렵다. 이러한 점 등으로 미루어 제5층과 제4B층 사이에 그다지 시간적 격차가 있었다고 보기는 힘들다. 제5층의 아래에는 장공항요지와 관련된 중요한 유적인 H101이 있다.

H101은 장공항요의 설립 초기에 형성된 것으로 파악되는, 원형에 가까운

[도9] 青瓷板沿盞托, 張公巷窯址 H101 출토, 河南省文物考古硏究所

포대 모양의 구덩이이다(도8). 구경은 2.3m이고, 깊이는 1.4~1.9m이다. 구덩이 안의 퇴적 상황은 비교적 복잡한데, 네 개의 층위로 나눌 수 있다. 제1·2·3층은 비교적 많은 草木灰를 포함하고 있으며, 각 층의 토질과 토색이 다르다. 이 층위에서는 갑발·점병·支釘과 같은 요도구와 초벌구이편들이 주로 출토되었고, 장공항요에서 생산한 청자편들은 많지 않다. 제4층은 장공항요에서 생산한 청자편 퇴적층인데, 출토된 파편이 만 건에 가깝고, 복원이 가능한 기물이 100여건에 이른다(도9). 흑유와 백유자편은 10여片에 불과하다. 출토된 청자는 기형도 다양하여, H88에서 출토된 모든 기형이 출토되었으며, 그 밖에도 敵口折沿碗·葵口板沿盤·紙槌瓶·鵝頸瓶·壺 등이 출토되었다. 이 퇴적층의 형성연대에 대해서는 의견이 첨예하게 대립하고 있다. 郭木森은 H101에서 북송말기 이후의 유물은 발견되지 않으므로 H101의 형성연대는 북송말기보다 늦을 수 없다고 주장하였다.[31] 이에 반해 秦大樹는 H101의 형성연대가 북송시기였다고 볼 수 있는 근거가 매우 박약하다는 입장을 견지하고 있다.[32] 하지만 H101에서 동전과 같이 연대를 추정하는 데 기준이 될 만한 자료가 출토되지 않았을 뿐만 아니라, 두 견해 모두 H101 출토품에 대한 자세한 분석을 토대로 도출된 것이라고 보기 힘든 면이 있기 때

문에, H101의 연대에 대해서는 새로운 각도에서 좀 더 깊이 있는 검토가 요구된다.

제6층은 장공항요에서 생산한 청자가 출토되는 가장 이른 시기의 퇴적층이다. 유물의 출토량은 많지 않다. 백유·흑유·두청유·청백자·황유 등과 더불어 장공항요에서 생산한 극소량의 청자편이 출토되었다. 청자편의 양으로 미루어 볼 때, 이것들은 장공항요가 설립된 직후 극히 짧은 기간 동안에 생산된 것이었을 가능성이 크다. 그렇다면 제6층과 H101의 사이에는 시간적 격차가 거의 없었다고 보는 것이 순리이다. 요컨대, 제6층에서 출토된 청자편과 H101에서 출토된 청자편은 모두 장공항요 설립 초기의 거의 같은 시기에 생산된 것으로 판단된다.

이러한 퇴적층의 양상은 우리에게 장공항요의 연대를 파악하는 데 단서가 될 수 있는 몇 가지 중요한 정보를 알려준다. 첫째, 장공항요의 운영기간에 관한 것이다. 출토된 유물의 양상과 조형적인 측면에서 볼 때, 제4A층과 제4B층이 거의 같은 시기에 형성되었고, 제5층과 제4B층 사이에 그다지 시간적 격차가 있었다고 보기는 힘들다는 점은 이미 앞에서 지적하였다. 그리고 제6층과 제5층에서 출토된 기물들이 조형적인 측면에서 거의 같다는 점은 秦大樹가 언급한 바가 있는데,[33] 이에 따른다면, 제6층과 제5층도 거의 동일한 시기에 형성되었을 공산이 크다. 이러한 점들을 토대로 하여 보면, 여기서 장공항요의 운영기간을 구체적으로 제시하기는 힘들지만, 적어도 그 운영기간이 기물의 조형적 측면에서의 변화를 확연히 인지할 수 있을 정도로 길지는 않았으리라는 점은 충분히 이해할 수 있으리라 믿는다. 이 점은 장공항요의 운영시기를 파악하는 데 중요한 의미를 갖는다. 운영기간이 비교적 짧기 때문에 그 설립 초기의 연대만을 파악하더라도 그 소멸시기를 어느 정도 추정할 수가 있고, 역으로 그 소멸시기만을 파악하더라도 그때로부터 소급하여 그 설립시기를 추정하기가 비교적 용이하기 때문이다.

둘째, 장공항요의 운영시기를 파악하는 데 무엇이 관건이 되는가 하는 점이다. 앞서 서술한 장공항요지의 퇴적상황을 기억한다면, 누구도 제5층 이후의 퇴적층이 금대에 접어든 이후에 형성되었을 것이라는 점에 의문을 제기하지 않을 것이다. 앞서 언급한 바와 같이, 제5층에서 금 정륭 2년(1157)에 주조된 정륭통보가 발견되었기 때문이다. 논란이 되고 있는 것은 장공항요의 설립 초기에 형성된 H101과 제6층의 연대이다. 연구자에 따라 그 연대를 둘러싸고 북송말기설[34]과 금대설[35]로 갈려 첨예하게 대립하고 있는 것이다.

제6층과 H101의 연대관은 장공항요의 설립시기와 직결되는 문제이다. 그런데 제6층에서는 출토된 유물이 적고 또한 장공항요에서 생산한 청자편은 극소량에 불과하기 때문에 이 유물을 분석하여 장공항요의 설립시기를 밝히는 것은 일정한 한계가 있다. 우리가 더욱 주목해 보아야 할 것은 장공항요에서 생산한 다양한 기형의 청자편이 대량으로 출토된 H101일 것이다. H101의 연대를 파악하는 것은 사실상 장공항요의 설립시기를 밝히는 일이 되며, 그 설립시기를 파악할 경우 우리는 그것을 기점으로 장공항요의 소멸시기도 어느 정도 추정할 수 있다. 요컨대, 장공항요의 운영시기를 파악하는 데 있어서 가장 핵심적인 관건은 H101의 연대를 밝히는 일이라고 할 수 있다.

3. 장공항요의 운영시기―H101 출토 청자의 분석을 중심으로

H101에서는 10,000건(편)에 가까운 청자편이 출토되었는데, 모두가 장공항요에서 생산한 것들이다. 기종도 다양하여 복원이 가능한 기형만

[도10] 青瓷敞口折沿碗, 張公巷窯址 H101 출토,
河南省文物考古硏究所

[도11] 建窯黑釉碗, 한국 新安沈沒船 出水,
국립광주박물관

하여도 10여종에 이른다. 이 가운데 우리가 각별히 주목해 보아야할 기형은 敞口折沿碗・葵口板沿盤・紙槌甁・鵝頸甁・撇口圓壺 등이다. 이들 기형은 장공항요의 후반기에 제작된 것으로 추정되는 많은 청자가 출토된 H88에서는 확인되지 않는 것들로서,[36] 초기 장공항요의 기형적 특징을 잘 보여준다.

【敞口折沿碗】 이른바 斗笠碗의 일종인 敞口折沿碗은 몸통이 직선으로 벌어지고 구연이 밖으로 완만하게 말린 형태이다(도10).[37] 굽은 저경이 작은 圈足으로, 비교적 높은 편이다. 청량사여요지의 초기단계의 청자에서도 외형이 이와 유사한 완이 출토되었지만, 굽의 형태가 전혀 다르다.[38] 청량사여요지의 출토품은 굽의 형태가 권족이 아니라 隱圈足이거나 평저이다. 南昌卓刀泉1號墓(武漢M541; 1213年 매장)과 한국의 新安沈沒船(1323년경 침몰)에서도 각각 장공항요의 敞口折沿碗과 유사한 형태의 청백자완과 建窯黑釉碗이 출토되었다(도11).[39] 그러나 전자의 경우는 굽의 크기에서, 후자의 경우는 몸통과 굽의 형태 등에서 약간의 차이가 간취된다. 필자가 생각하기에 장공항요지의 H101에서 출토된 敞口折沿碗과 기형이 가장 흡사한 기물은 四川彭州宋代金銀器窖藏에서 출토된 敞口折沿銀碗이다(도12).[40] 양자는 크기만 약간 차이가 있을 뿐, 전체적인 형태뿐만 아니라, 몸통・구연・굽을 포함한 각 세부의

형태까지 거의 완전하게 일치한다.[41]

【葵口板沿盤】H101에서 출토된 葵口板沿盤은 구연을 8판의 꽃잎 모양으로 장식한 반으로, 구연의 외변을 위로 말아 올렸다(도13). 몸통도 구연과 마찬가지로 8稜으로 구획하고, 굽은 평저이다.[42] 이러한 기형의 반은 일찍부터 금은기에서 유행하였는데, 喀喇沁旗 哈達溝唐代窖藏과 陝西省西安市北郊坑底寨에서 각각 鹿紋·摩羯戲珠紋·獅紋과 雙鳳紋이 새겨진 대형의 葵口板沿銀盤이 출토되었고,[43] 陝西省 西安에서 출토된 당대의 花紋 葵口板沿銀盤이 西安博物院에 소장되어 있다(도14).[44] 모두 구경에 비해서 기물의 높이가

[도12] 敞口折沿銀碗, 四川彭州宋代金銀器窖藏 출토, 彭州市博物館

[도13] 青瓷葵口板沿盤, 張公巷窯址 H101 출토, 河南省文物考古研究所

낮은 편이다. 그리고 이들 유적에서 출토된 葵口板沿銀盤의 구연이 모두 6瓣葵花形인 것으로 미루어 당대에는 주로 6판의 葵口板沿銀盤이 유행한 것으로 판단된다. 금대 이후의 葵口板沿銀盤의 가장 현저한 특징은 구연을 장식한 꽃잎의 수가 늘어나 10판·12판형 등의 구연을 가진 葵口板沿銀盤이 유행한 점이다. 그 대표적인 예가 사천팽주송대금은

[도14] 花紋葵口板沿銀盤, 西安 출토, 西安博物院   [도15] 葵口板沿銀盤, 四川彭州宋代金銀器窖藏 출토, 彭州市博物館

기교장에서 출토된 10건의 葵口板沿銀盤인데, 모두 구연이 10瓣葵花形이다(도15).[45] 그리고 기물의 높이가 당대의 그것에 비해 상대적으로 높은 편이며,[46] 전체적인 조형이 장공항요지 출토품과 흡사하다. 北京 西城區 月壇地區에서도 12瓣葵口形의 板沿金盤이 출토되었는데, 금대에 제작된 것으로 추정되고 있다(도16).[47] 한편, 漣源市石洞村元代窖藏에서는 梅花梢月紋이 새겨진 板沿銀盤이 출토되었는데,[48] 특이하게 당대에 흔히 보이던 6瓣葵口形으로, 기물의 높이가 매우 낮고, 板沿과 내저면 사이에 골이 파여 있어 송·금대의 기형과는 확연히 구분된다(도17).

주로 금은으로 제작되던 葵口板沿盤은, 12세기 초기에 북방의 여러 요장에서 금은기의 영향이 현저해짐에 따라[49] 자기로도 제작되기 시작하였다. 그 대표적인 예로 영국 Percival David 재단 소장의 定窯白瓷印花孔雀牡丹紋葵口板沿盤을 들 수 있다(도18).[50] 이 葵口板沿盤은 장공항요지 H101에서 출토된 葵口板沿盤과 마찬가지로 구연이 8瓣葵花形이지만, 저부에 매우 낮은 권족이 붙어 있어, 평저인 후자와는 일정한 차이를 보인다. 이 반의 연대에 대해서는 금대(12세기)[51]·금대(13세기)[52]·

[도16] 牡丹紋葵口板沿金盤, 北京 西城區 月壇
地區 출토, 北京市文物研究所

[도17] 梅花梢月紋葵口板沿銀盤, 漣源市石洞村
元代窖藏 출토, 漣源市文物管理所

원대(13세기)로[53] 견해가 갈려 있다. 이러한 기형의 定窯葵口板沿盤은 하남성의 鶴壁窯 등에서도 방제되었다(도19).[54] 葵口板沿盤은 원대에 청화자기로도 제작되었는데, 그 실례로 山東省青州市青州糧食中轉庫鐵路西便元代墓에서 출토된 鹿紋葵口板沿盤을 들 수 있다(도20).[55] 이 반은 장공항요지 H101에서 출토된 葵口

[도18] 定窯白瓷印花孔雀牡丹紋葵口板沿盤,
Percival David 재단

板沿盤과 마찬가지로 구연이 8瓣葵花形이지만, 전체적으로 높이가 낮고, 구연 외변의 凸棱이 분명하지 않아 조형적인 측면에서 후자와 차이가 있다. 이렇게 볼 때, 장공항요지 H101에서 출토된 葵口板沿盤은, 비록 구연을 장식한 소재인 葵花의 판수에서 차이가 있지만, 전체적인 조형적 측면에서 사천팽주송대금은기교장에서 출토된 葵口板沿銀盤과

제3장 汝州 張公巷窯의 운영시기와 성격 문제 319

가장 친연성이 있다고 판단된다.

【紙槌瓶】 장공항요지 H101에서 출토된 것과 같은 자기질의 紙槌瓶은[56] 이슬람지역에서 유입된 유리지추병의 영향으로 북송말기부터 제작된 것으로 알려져 있다(도21).[57] 지추병은 장공항요 이외에 여요·정요·교단하관요·노호동수내사관요·용천요·강진요(고려) 등에서도 제작되었는데,[58] 장공항요지 H101 출토 지추병의 제작시기와 관련하여 가장 주목해 보아야 할 것은 청량사여요지와 교단하관요지 및 노호동 수내사관요지에서 출토된 지추병들이다.

청량사여요지에서 출토된 지추병은 언뜻 보면 장공항요지 H101에서 출토된 지추병과 기형이 거의 흡사하다(도22).[59] 하지만 기물의 세부와 번조법 등을 자세히 살펴보면 양자 사이에는 확연

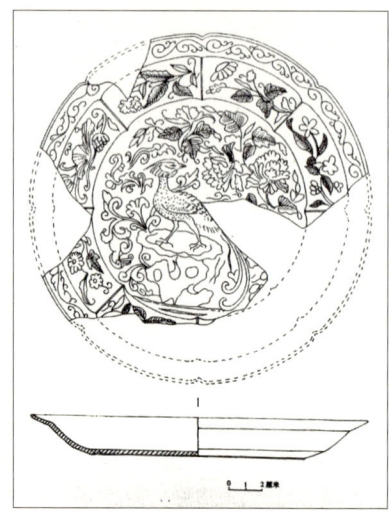

[도19] 鶴壁窯白瓷印花鳳凰牡丹紋葵口板沿盤, 鶴壁集瓷窯址 출토, 鶴壁市博物館

[도20] 青花鹿紋葵口板沿盤, 青州糧食中轉庫鐵路西便元代墓 출토, 青州市博物館

히 구별되는 점들이 있다.[60] 첫째, 전자는 하나같이 구연의 외변을 위로 말아 올린 盤口型인 반면(도23), 후자는 기본적으로 구연의 외변을 말아 올리지 않은 平口型이다(도24). 둘째, 전자는 저부가 평저인 반면(도25),

[도21] 青瓷紙槌甁, 張公巷窯址 H101 출토, 河南省文物考古硏究所

[도22] 青瓷紙槌甁, 淸凉寺汝窯址 출토, 河南省文物考古硏究所

[도23] 淸凉寺汝窯址 출토 青瓷紙槌甁의 口部

[도24] 張公巷窯址 H101 출토 青瓷紙槌甁의 口部

후자는 권족이다(도26). 셋째, 전자는 모두 支釘支燒를 한 반면, 후자는 墊燒를 하였다.

   교단하관요지에서는 복원이 가능한 지추병이 출토되지 않았기 때문에 전체적인 조형은 파악할 수가 없고, 다만 구연의 조형만 파악이 가능한 실정이다. 출토된 자료에 의거하면, 교단하관요 초기단계에는 반구형과 평구형의 구연를 가진 두 유형의 지추병이 공존하였다고 판단된다.[61]

[도25] 淸凉寺汝窯址 출토 靑瓷紙槌甁의 底部   [도26] 張公巷窯址 H101 출토 靑瓷紙槌甁의 底部

즉 여요형의 구연과 장공항요형의 구연을 가진 두 유형의 지추병이 혼재하였던 셈이다. 요컨대, 적어도 구연의 조형적 측면에서 장공항요의 지추병과 교단하관요의 지추병은 일정한 차이가 있었던 것이다.

노호동수내사관요지에서는 두 유형의 지추병이 출토되었다. 한 유형(Ⅰ형)은 견부와 몸통의 경계가 완만한 곡면을 이루고, 몸통의 중앙부가 약간 팽만한 형태이고(微鼓腹)(도27),[62] 다른 한 유형(Ⅱ형)은 견부와 몸통의 경계가 모지고, 몸통이 直筒形에 가까운 형태이다(直腹)(도28).[63] 몸통이 경부에 비해 짧고, 저경이 비교적 큰 것도 후자의 특징이다. 양자 모두 장공항요지 H101 출토의 지추병과 마찬가지로 평구형의 구연을 가지고 있고, 저부가 권족이고, 점소를 하였다. 단, Ⅰ형과 달리, Ⅱ형은 경부와 견부 그리고 몸통의 형태적 측면에서 장공항요지 H101 출토 지추병과는 큰 차이가 있다. Ⅰ형은 노호동수내사관요의 초기단계의 瓷片堆積坑인 H3에서 주로 출토되었고, Ⅱ형은 중기 이후 단계의 자편퇴적갱인 H5와 H22 등에서 출토되었다.

이상의 검토를 통하여 볼 때, 조형 및 번조법 등의 측면에서 장공항요지 H101에서 출토된 지추병과 가장 흡사한 것은 노호동수내사관요 초

[도27] 老虎洞修内司官窯址 H3 출토 靑瓷紙槌甁 (Ⅰ型), 杭州博物館

[도28] 老虎洞修内司官窯址 H22 출토 靑瓷紙槌甁 (Ⅱ型), 杭州博物館

기단계의 지추병이라고 할 수 있다. 다만, 양자를 각각 청량사여요지 출토 지추병과 비교하여 볼 때, 전체적인 기형의 측면에서 노호동수내사관요 초기단계의 지추병에 비해 장공항요지 출토품이 좀 더 청량사여요지 출토품과 유사한데, 이것이 시기적 차이에 기인한 것인지, 지역적 차이에 기인한 것인지는 잘 알 수 없다.

【鵝頸甁】장공항요지 H101에서 출토된 鵝頸甁은 구연의 외변을 말아 올린 盤口型이고, 몸통은 球形에 가까우며, 저부는 권족이다(도29).⁶⁴ 청량사여요지·교단하관요지·노호동수내사관요지 등에서도 아경병이 출토되었지만, 장공항요지 H101에서 출토된 아경병과 같이 반구형의 구연을 가진 것은 보고된 바가 없다. 그러한 형태의 구연을 가진 아경병은 사천팽주송대금은기교장에서 출토된 은기에서 찾을 수가 있다 (도30).⁶⁵ 사천팽주송대금은기교장에서는 장공항요지 H101에서 출토된

[도29] 青瓷鵝頸瓶, 張公巷窯址 H101 출토, 河南省文物考古研究所

[도30] 銀製鵝頸瓶, 四川彭州宋代金銀器窖藏 출토, 彭州市博物館

아경병과 유사한 형태의 아경병이 10건 출토되었는데, 이 가운데(표본 CPJ:56) 이 장공항요지 H101의 아경병과 가장 흡사하다.[66] 장공항요의 아경병은 은제아경병을 방제했을 공산이 크다.

【撇口圓壺】장공항요지 H101 출토 撇口圓壺는 구연이 밖으로 완만하게 벌어지고, 경부는 잘록하며, 몸통은 팽만하였다. 저부는 권족이다 (도31).[67] 청량사여요지에서도 다양한 기형의 호들이 출토되었지만, 모두 장공항요지 출토품과는 기형상의 차이가 분명하다(도32).[68] 교단하관요지와 노호동수내사관요지 등에서도 이러한 기형의 撇口圓壺의 출토예는 보고된 바가 없다. 장공항요지 출토품과 유사한 기형의 撇口圓壺는 銀器와 錫製模型器에서 찾을 수가 있다. 사천팽주송대금은기교장에서는 10건의 銀製撇口圓壺가 출토되었는데, 크기만 약간 작을 뿐, 기형이 장

공항요지 출토 撇口圓壺와 거의 일치한다(도33).⁶⁹ 한편, 錫製撇口圓壺는 江蘇省金壇南宋周瑀墓에서 "淳祐五年(1245)"銘牒文과 함께 출토되었다(도34).⁷⁰ 하지만 이 錫製撇口圓壺는 형태가 細長하고 굽도 매우 높아서 장공항요지 출토품과는 기형에 있어서 확연히 구분된다.

이상에서 장공항요 초기의 기형적 특징을 잘 보여주는 敞口折沿碗·葵口板沿盤·紙槌瓶·鵝頸瓶·撇口圓壺에 대하여 살펴보았다. 그 결과 사천팽주송대금

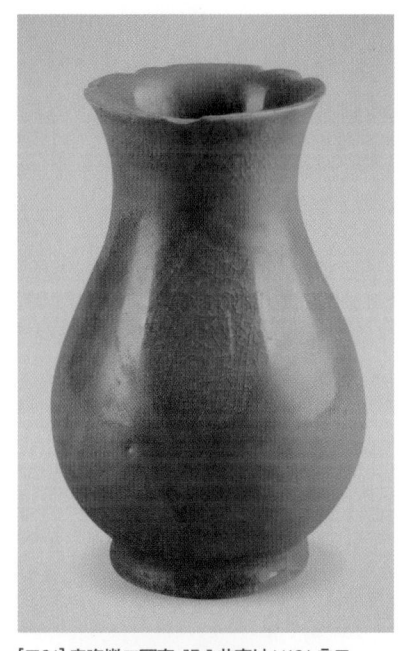

[도31] 青瓷撇口圓壺, 張公巷窯址 H101 출토, 河南省文物考古硏究所

은기교장에서는 출토되지 않아 비교가 불가능한 지추병을 제외한 敞口折沿碗·葵口板沿盤·아경병·撇口圓壺의 경우, 장공항요지 H101 출토품은 사천팽주송대금은기교장 출토 은기들과 기형에 있어서 대단히 흡사하다는 점을 알게 되었다.⁷¹ 송·금대에 자기질 기물이 같은 시기의 은기의 조형과 장식을 모방하는 것은 매우 일반적인 일이었다.⁷² 그러므로 장공항요지 H101 출토품의 연대와 사천팽주송대금은기교장 출토 은기의 연대는 거의 일치한다고 보아도 좋을 것이다. 결국 사천팽주송대금은기교장 출토 은기의 연대는 장공항요지 H101 출토품의 연대를 파악하는 데 관건이 된다고 할 수 있다.⁷³

사천팽주송대금은기교장의 은기의 제작연대를 파악하는 데 중요한 단서를 제공하는 것은 그 기물들에 새겨져 있는 명문들이다.⁷⁴ 그 가운데

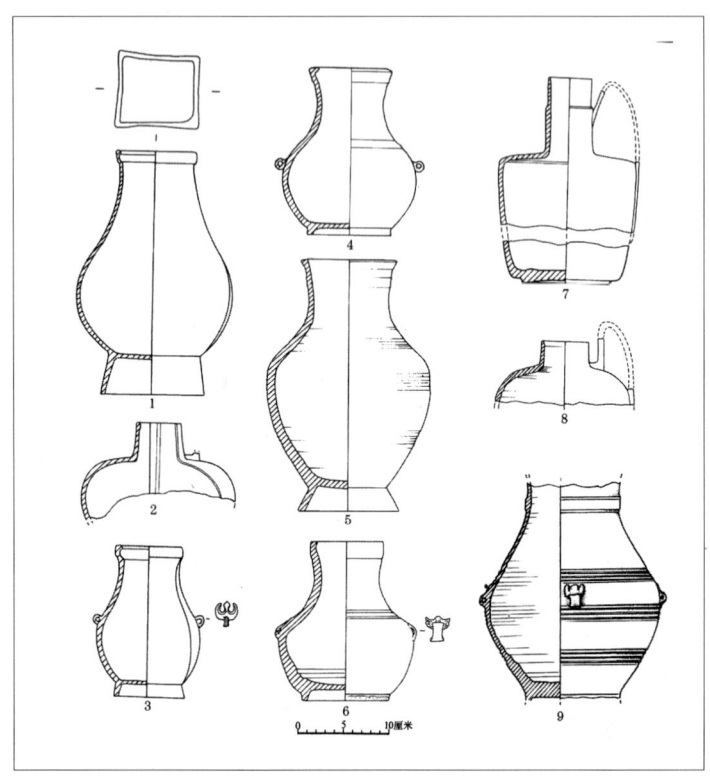

[도32] 清凉寺汝窯址 출토 각종 靑瓷壺

가장 주목되는 것이 금제국화문완(표본 CPJ:1)의 굽 외벽에 새겨져 있는 "紹熙改元舜字號"라는 명문이다. 紹熙는 남송 理宗代의 연호로서, 紹熙로 改元한 해는 紹熙1年, 즉 1190년이다. 이 해가 해당 금제국화문완을 제조한 해인 셈이다. 이곳에서는 그밖에도 "庚子"·"庚午"·"丁卯"·"己未"·"辛丑" 등과 같은 干支銘文이 발견되었는데, 모두 해당 기물을 제작한 해를 가리킨다고 판단된다. 紹熙 1년을 기준연대로 하여 판단컨대, "庚子"·"庚午"·"丁卯"·"己未"·"辛丑"은 각각 1180년·1210년·1207년·1199년·1181년을 가리킨다고 이해되고 있다. 요컨대, 사천팽주송대금은기교장 출토 은기의 제작연대는 1180~1210년 전후라고

[도33] 銀製撇口圓壺, 四川彭州宋代金銀器窖藏
        出土, 彭州市博物館

[도34] 錫製撇口圓壺, 江蘇省金壇南宋周瑀墓
        (1245) 출토

할 수 있다.

이러한 관점에서 보면, 장공항요지 H101도 1180~1210년을 전후한 시기에 형성되었을 가능성이 매우 크다. 즉 이 시기에 장공항요가 설립되었다는 이야기가 되는 셈이다. 이 시기는 금대후기에 해당한다. 그렇다면 장공항요의 소멸 시기는 언제였을까?

우리는 앞에서 장공항요의 운영기간이 비교적 짧았을 것이라고 주장하였다. 이 점에서 보면, 장공항요의 소멸시기도 1180~1210년을 전후한 시기로부터 그다지 멀리 떨어지지 않았을 것이라는 추정이 가능하다. 문제는 일부 연구자가 주장하는 바와 같이, 그 시기가 원대전기까지 내려갈 수 있는가 하는 점이다.

장공항요가 원대전기에도 운영되었다는 주장을 뒷받침하기 위해 제

[도35] 黃綠釉貼花高足香爐, 邛窯古陶瓷博物館   [도36] 靑瓷蓮花形香爐, 淸凉寺汝窯址 출토, 河南省文物考古硏究所

시한 고고학적 근거는 장공항요지에서 출토된 청자들이 금·원대의 풍격을 지니고 있다는 점과, 그 청자들과 함께 출토된 홍록채와 삼채 등의 연대가 원대초기로 편년된다는 점 등이다.[75] 하지만 어느 연구자는 이러한 근거에 의문을 제기하고, 그것들이 모두 금대의 풍격을 지니고 있다고 주장하였다.[76] 장공항요지에서 출토된 홍록채와 삼채 등을 직접 조사하지 못한 필자는 그것들이 과연 원대전기에 생산된 것들인지, 아니면 금대에 제작된 것들인지에 대해서 자신의 의견을 제출할 입장이 못 된다. 다만, 장공항요의 하한과 관련된 고고학적 근거로서 가장 주목해 보아야 할 것은 응당 장공항요의 후기에 제작된 것으로 판단되는 제4층과 H88에서 출토된 청자편들이라는 생각을 견지하고 있을 뿐이다.

이러한 관점에서 볼 때, 먼저 우리의 주목을 끄는 것이 제4B층에서 출토된 몇 건의 연화형향로잔편들이다.[77] 연화형향로는 남북조시대에 博山과 불교의 蓮花가 결합하여 출현한 것으로 이해되고 있는데,[78] 수·당대에는 도자질의 연화형향로가 많이 제작되었다. 邛窯古陶瓷博物館에 소장되어 있는 黃綠釉貼花高足香爐가 그 좋은 예이다(도35).[79] 청량사여요

[도37] 青瓷蓮花形香爐, 黃堡鎭耀州窯址 출토, 耀州窯博物館

[도38] 青瓷蓮花形香爐片, 杭州卷烟廠 출토, 鴻禧美術館

지에서도 이러한 연화형향로가 출토되었는데, 장공항요지에서 출토된 것과는 장식기법과 조형이 다르다(도36).[80] 장공항요의 연화형향로와 조형적으로 보다 친연성이 있는 예는 송대요주요지 출토품(도37)과[81] 杭州 卷烟廠 출토 남송관요자기편(도38)에서 찾을 수 있다.[82] 양자는 모두 장공항요의 출토품과 마찬가지로 貼花技法으로 제작되었으며, 연판의 형태도 청량사여요지 출토품과 비교해 볼 때 장공항요 출토품에 훨씬 더 가깝다. 그렇지만 장공항요지 출토품을 각각 송대요주요지 출토품 및 항주권련창 출토품과 자세히 비교해보면, 전자와는 일정한 조형적 차이가 있음을 간취할 수 있다. 장공항요지 출토품의 경우 비교적 細長한 연판을 네 겹으로 장식한 반면,[83] 송대요주요지 출토품의 경우는 넓은 연판을 두 겹 또는 세 겹으로 장식하였다.[84] 이중 또는 삼중연판은 당·북송대에 제작된 연화형향로의 일반적인 특징이다. 항주권련창에서 출토된 남송 관요자기연화형향로는 장공항요지 출토품과 마찬가지로 細長한 연판을 네 겹으로 장식하였다. 즉 장공항요지 출토 연화형향로와 가장 조형적으

[도39] 青瓷器蓋, 張公巷窯址 T3 제6층 출토,
河南省文物考古研究所

[도40] 青瓷器蓋, 黃堡鎭耀州窯址 출토, 耀州窯博物館

[도41] 青瓷刻花牡丹紋蓋, 清涼寺汝窯址 출토,
河南省文物考古研究所

[도42] 青瓷直腹碗, 張公巷窯址 H101 출토,
河南省文物考古研究所

[도43] 青瓷蓋碗, 고려 仁宗長陵(1145) 출토,
국립중앙박물관

[도44] 定窯白瓷蓋碗, 故宮博物院

로 친연성이 있는 것은 항주권련창 출토 남송관요자기연화형향로라고 할 수 있다. 원대와 그 이후 시기에는 장공항요지 출토품과 같은 조형의 연화형향로를 도무지 찾을 수가 없다.[85]

한편, 장공항요지의 후기단계에 형성된 것으로 판단되는 H88과 T3의 제6층 등에서는 여러 점의 器蓋가 출토되었는데, 장공항요 초기단계부터 후기단계까지 지속적으로 생산된 것으로 이해된다(도39).[86] 蓋面이 완만하게 隆起하고 그 중앙에 코끼리의 코 모양(象鼻形)의 꼭지가 부착되어 있는 것이 장공항요지에서 출토된 器蓋의 특징이다. 송대요주요지와 初期 단계의 청량사여요지 등에서 象鼻形 꼭지를 가진 蓋碗이 출토된 바가 있다(도40·41).[87] 이러한 형태의 器蓋는 흔히 直腹碗과[88] 짝을 이루어 개완이 된다(도42). 장공항요지 출토품과 같은 유형의 개완은 성숙기 단계의 청량사여요지와[89] 노호동수내사관요지[90] 그리고 고려의 仁宗 長陵(1146)(도43)[91] 등에서 출토되었다. 교단하관요지에서는 이러한 개완이 출토되지는 않았지만, 같은 형태의 器蓋가 출토된 것으로 미루어[92] 그러한 개완을 생산했음이 분명하다. 하지만 이들 요지와 長陵에서 출토된 개완들은 꼭지의 형태가 장공항요지 출토품과는 전혀 다르다. 한편, 한국의 開城에서는 象鼻形의 꼭지를 가진 송·금대의 定窯白瓷蓋碗이 출토되었는데(도44), 꼭지의 세부적인 형태가 장공항요 출토품과는 사뭇 다르다.[93] 또한 영국대영박물관에는 象鼻形의 꼭지를 가진 자주요계의 "大定二年(1162)"銘白瓷蓋碗이 소장되어 있지만, 전체적인 기형의 측면에서 장공항요의 蓋碗과는 작지 않은 차이가 있다.[94] 장공항요지 출토품과 기형이 가장 흡사한 蓋碗은 최근 韓國 忠淸南道 泰安郡 대섬 침몰선에서 인양한 高麗青瓷蓋碗들이라고 생각한다.[95] 이들은 전체적인 기형뿐만 아니라 뚜껑의 꼭지의 형태까지 장공항요 출토품과 거의 일치한다.[96] 대섬 인양 개완의 제작시기에 대해서는 12세기 전기에서 13세기 초기까지 다양한 견해가 제시되어 있지만, 어느 연구자도 13세기 초기 이후로 편년하지 않는다.[97] 금이 멸망한 이후 시기에는 장공항요지 출토품과 유사한 기형의 개완은 거의 발견되지 않는다.[98]

연화형향로와 개완의 경우로 미루어 보면, 장공항요의 청자 생산이 금의 멸망 이후에까지 지속되었을 가능성은 희박하다고 판단된다. 물론 발굴보고서가 나오지 않은 상태에서 장공항요의 운영기간에 대한 추정과 연화형향로와 개완만을 구체적인 고고학적 근거로 하여 장공항요의 하한을 추정하는 것은 자칫 위험해 보일지 모른다. 그러나 여기에서 강조하고 싶은 것은 적어도 지금까지 알려진 장공항요지 출토 청자들 가운데 금이 멸망한 이후 시기만의 조형적 특징을 보여주는 예는 거의 찾아 볼 수 없다는 점이다. 필자가 판단하기에 그것들의 대부분은 금대의 조형적 특징을 보여주고 있다. 그러므로 장공항요지가 局部 발굴에 그치고, 아직 보고서도 간행되지 않은 본질적인 한계를 안고 있기는 하지만, 장공항요의 운영시기는 금대후기에 한정되었을 것으로 판단된다. 이러한 판단은 장공항요의 성격에 대한 고찰을 통하여 좀 더 보강될 수 있을 것으로 믿는다.

4. 장공항요의 성격 문제─장공항요는 금대관요였는가

장공항요지가 발굴된 후, 연구자들의 최대 관심사는 그것이 과연 북송관요일까 아닐까 하는 점이었다. 그런데 한 가지 흥미로운 것은 장공항요가 북송관요라는 점에 대한 동의 여부에 상관없이, 대다수의 연구자들은 명시적이든 암묵적이든 이 요장이 관요(어요)[99]의 성격을 지니고 있다는 점에는 거의 이의를 제기하지 않는다는 사실이다. 그들이 장공항요가 관요의 성격을 띠고 있다고 믿은 주된 요인은 이 요장에서 생산한 청자가 대단히 높은 품질을 지니고 있었다는 점과, 이 요장에서 殘次品을 깨뜨려 구덩이에 묻는 독특한 처리 방식을 채택하였다는 점에 있다. 그 중에서도 연구자들이 각별히 중시한 것은 전자였다.

관요(어요) 생산품은 소비처가 궁중이었던 만큼, 조형이 단정·우아하고 제작공예 또한 정세하였다. 남송관요자기가 그러하였고, 명·청대의 御器廠과 御窯廠의 생산품이 또한 그러하였다. 그러나 그러한 높은 품질은 관요자기만의 전유물이 아니었다. 다 아는 바와 같이, 청량사여요지에서도 장공항요지의 출토품에 뒤지지 않을 정도로 조형미와 공예 수준을 갖춘 천청유자기편들이 다수 출토되었다. 역사상 많은 사람들이 중국 역대의 명요를 꼽을 때 여요를 가장 먼저 언급할 정도였다. 그러나 적어도 "又汝窯, 宮中禁燒, 內有瑪瑙末爲油, 唯供御, 揀退方許出賣, 近尤難得"[100]라고 한 『淸波雜志』의 기록을 부정할 수 없는 한, 여요가 관요(어요)라는 논리는 성립될 수 없다.[101] 따라서 높은 품질이 관요자기의 중요한 특징이기는 하겠지만, 그러한 특징을 갖춘 자기를 생산하였다고 해서 곧 그 요장을 관요였다고 보기는 힘들 것이다.

잔차품을 깨뜨려 구덩이에 묻는 방법은 명대의 경덕진 御器廠 유적을 발굴한 이후부터 관요의 독특한 폐기품 처리 방법으로 주목받아 왔다(도45).[102] 그 후 노호동수내사관요지에서도 폐기품을 버린 구덩이가 확인됨으로서 그러한 폐기품 처리방식은 관요의 중요한 특징으로 인식되기에 이르렀다(도46).[103] 그런데 최근 沈岳明은 이러한 이해에 이의를 제기하였다.[104] 잔차품을 깨뜨려 구덩이에 묻는 것은 제도화된 관요의 폐기품 처리방식이 아니라, 매우 예외적인 방법이라는 것이다. 그는 관요도 일반 요장과 마찬가지로 각각의 요장의 형편에 맞는 편리하고 다양한 방식으로 폐기품을 처리했을 것이라고 주장하였다.

[도45] 景德鎭 御器廠 유적의 殘次品堆積坑

사실 수내사관요와 더불어 남송관요의 양 축을 이룬 교단하관요에서는 고의로 구덩이를 파고 잔차품을 깨뜨려 묻은 흔적은 확인되지 않았다.[105] 그리고 경덕진의 御器廠 유적에서도 시기에 따라 다양한 방식으로 폐기품을 처리했음이 밝혀졌다.[106] 깨뜨린 관요자기 잔차품을 버리는 장소도 인공적으로 판 구덩이뿐이 아니었다. 명대 御器廠의 경우 잔차품을 깨뜨린 후 평지나 지세가 낮거나 움푹 파인 곳, 작은 산비탈, 요업폐기물 퇴적 위에 버리거나, 한곳에 쌓아 놓기도 하였다.[107] 노호동수내사관요지의 경우 인공적으로 판 구덩이가 많은 편인데, 그것이 이 요장의 입지조건과 깊은 관련이 있을 것이라는 점은 이미 지적된 바가 있다.[108] 결국 잔차품의 처리방법에 있어서 잔차품의 파편을 어디에 버리는가 하는 점은 그다지 중요한 요소가 아니었다고 할 수 있다. 더욱 중요한 것은 잔차품을 깨뜨려버리는 방식을 취하였다는 사실이다.[109]

그러나 이와 같은 잔차품의 처리방식 역시 관요의 전유물이 아니었다. 청량사여요도 이러한 처리 방식을 택하였다(도47).[110] 즉 청량사여요의 경우도 잔차품을 깨뜨린 후 주로 지세가 낮은 요장의 남쪽에 버려서 이곳의 퇴적은 비교적 두껍고 북쪽의 퇴적은 얇다. 그런데 御器廠 유적이나 노호동수내사관요지 및 청량사여요지에서 출토된 자편들은 기본적으로 짝을 맞추어 복원이 가능한데, 상당량은 품질에 어느 정도 문제가 있을지언정 그릇으로 사용하기에는 별 다른 문제가 없었을 기물들

[도46] 老虎洞內修司官窯址의 殘次品堆積坑

[도47] 淸凉寺汝窯址의 殘次品堆積(T28)

(次品)들이다(도48). 관요의 경우는 조정에서 파견한 관원들이 엄격한 기준에 의거하여 選品을 하였을 것이므로 비록 결함이 없다고 하더라도 품질이 일정한 기준에 도달하지 못한 기물(次品)들을 깨뜨려버린 것을 충분히 이해할 수 있다. 하지만 청량사여요는 경우가 다르다. 생산품 가운데 상당량이 어용자기였지만, 기본적으로 관요와 달리, 민요의 기초 위에서 운영된 요장으로 판단되기 때문이다. 민요의 경우 생산한 기물에 아무리 결함이 있다고 하더라도 상품의 가치가 있는 한 버릴 까닭이 없

[도48] 靑瓷洗(次品), 淸凉寺汝窯址 출토, 河南省文物考古硏究所

다. 1207년 또는 1208년 경에 한국의 서해안에 침몰된 泰安馬島1號船에는 기벽이 일그러지고, 잡물이 부착되어 있는 것은 물론이고, 심지어는 소성 과정에서 균열이 간 기물도 상품—또는 공납품—으로 적재되어 있었다.[111] 그럼에도 불구하고 청량사여요에서도 관요와 마찬가지로 많은 次品들을 깨뜨려버린 것은 그 요장에서의 선품과정이 관요와 크게 다르지 않았음을 시사한다. 요컨대 청량사여요의 경우도 관원들이 직접 선품하거나, 적어도 선품에 깊숙이 관여했을 것으로 판단된다. 次品들을 깨뜨려버린 것이 일반 도공들의 의지와는 관계없이 조정의 권한을 위임받은 선품을 담당한 관원의 뜻에 따른 것이었으리라는 점은 다시 말할 나위도 없다. 앞서 인용한『청파잡지』의 기록에 따르면, 이러한 과정을 통과한 청량사여요의 생산품 가운데 우선적으로 일정량을 어용자기로 공납하고 그 나머지에 한하여 판매가 허락되었던 셈이다.

이상과 같이 보아오고나면, 생산품의 높은 품질과 독특한 잔차품 처리 방식이 관요의 중요한 특징이라는 점은 부인할 수 없지만, 장공항요가 그러한 특징을 가지고 있다고 하여 그 요장을 곧 관요로 단정하기는 힘들다는 결론에 이르게 된다. 그러한 특징적인 면들을 통하여 우리가 알 수 있는 것은 장공항요가 관요나 청량사여요와 마찬가지로 관원들이 선품을 비롯한 요장의 운영에 관여하였으며, 그 생산품의 전부 또는 상당량이 어용자기로 進供되었을 것이라는 점 정도이다. 결국, 장공항요가 관요의 성격을 띤 것일까, 아니면 청량사여요와 같은 성격을 띠고

[도49] 青瓷花形碗, 大英博物館

있었을까 하는 문제는 여전히 해결해야 할 과제로 우리 앞에 놓여 있는 셈이다.

장공항요가 발굴되기 전, 여러 연구자들은 대영박물관에 소장된 이른바 알렉산더완(도49)과 상해박물관에 소장된 4件의 청자반편(도50)을 북송관요자기일 가능성이 높은 대상으로 지목하였다.[112] 여요나 남송관요 및 고려청자와 구별되는 풍격을 지닌 그것들은 모두 조형미가 뛰어나고 유색이 순정하며 제작공예도 대단히 정세하다. 이러한 특징들이 여러 연구자들로 하여금 이 유물들을 보고 북송관요를 연상시킨 것은 전혀 놀라운 일이 아니다. 특히 상해박물관의 청자반편들은 모두 매우 옅은 粉青色을 띠고 있는데, 어떤 연구자는 이 유색을 두고 가장 아름다운 粉青色調로 평가한다.[113] 필자도 2006년 1월에 이 표본을 조사한 바가 있는데, 그의 평가에 동의한다. 장공항요지가 발굴되고 나서 이 유물들은 모두 장공항요산임이 밝혀졌다. 흥미로운 것은 이러한 유색을 가진 청자편들은 모두 장공항요지의 제6층에서 출토되었다는 점이다.[114] 이 점으로 미루어 상해박물관 소장의 청자반편은 장공항요지의 제6층이 형성될 당

[도50] 靑瓷盤片, 上海博物館

[도51] 靑瓷片, 郊壇下官窯址
출토, 浙江省博物館

시에 제작되었을 가능성이 대단히 높다.

　앞서 자세히 언급한 바와 같이, 장공항요지의 제6층은 이 요장을 설립한 초기에 형성된 퇴적층이다. 그러므로 장공항요는 설립 직후부터 상해박물관 소장의 標本과 같이 대단히 높은 품질의 청자를 소성하였다는 이야기가 된다. 이러한 상황은 청량사여요의 경우와는 크게 다르다. 청량사여요의 청자가 품질이 그다지 높지 않은 임여요계 두청유자기를 생산하던 단계로부터 출발하여 두청유자기와 청록유자기 및 소량의 천청유자기를 생산하던 단계(청량사여요의 "초기단계")를 거쳐 전문적으로 천청유자기를 생산하는 단계(청량사여요의 "성숙기단계")에 이르렀음은 잘 알려진 사실이다.[115] 청량사여요는 그 "초기단계"에 이미 주위의 임여요계 요장들보다 품질과 규모 등의 측면에서 상대적으로 우월한 위치에 있었고, 이러한 토대 위에서 다른 임여요계 요장들을 제치고 어용자기를 進供하는 요장으로 선정되었을 것으로 판단된다. 즉 청량사여요의 도공들은 자신들이 설립한 요장에서 스스로 그러한 기술적 발전단계를 거쳐 전문적으로 천청유여요자기를 소조하는 단계에까지 이른 셈이다.

장공항요가 설립 직후부터 대단히 높은 품질의 청자를 제작하기 시작한 상황은 오히려 교단하관요 및 노호동수내사관요의 경우와 유사하다. 교단하관요의 경우, 그 요장을 설립한 곳에는 본래 越窯系의 청자를 제작하던 민요가 있었던 것으로 이해되고 있다. 남송조정은 그 요장을 없애버리고 그 자리에 새롭게 교단하관요를 설립한 후, 그 이전의 월요계 청자와는 전혀 다른 풍격의, 천청유여요자기와 유사한 매우 높은 품질의 청자를 제작하기 시작하였다(도51).[116] 노호동수내사관요지의 경우, H3 및 H2는 이 요장의 설립 초기 단계에 형성된 대표적인 瓷片堆積坑으로 이해되고 있는데, 그곳에서 출토된 청자들은 품질이 매우 높다(도52).[117] 이 점으로 미루어 노호동수내사관요도 설립 직후부터 고급 청자를 생산하였음을 알 수 있다. 교단하관요와 노호동수내사관요가 설립 직후부터 그렇게 높은 품질의 청자를 제작한 것은 그 요장의 설립 단계에 이미 어떤 형태로든지 당시 최고의 청자제작기술을 보유한 陶工들을 확보하였음을 의미한다. 그리고 거기에 고급 자기의 생산에 적합한 요장설비, 많은

[도52] 靑瓷盤, 老虎洞修內司官窯址 H3 출토, 杭州博物館

    노동력, 좋은 원료 등이 뒷받침되었을 것이다. 이러한 모든 요소들은 자금을 필요로 한다. 높은 품질의 자기를 생산하기 위하여 그러한 자금의 투여를 아끼지 않는 것이 관요의 특징으로 알려져 있다.

    장공항요의 경우도 요장을 설립 직후부터 그러한 높은 품질의 청자를 생산하였으므로, 그 당시에 이미 그러한 청자를 소성할 기술을 보유하고 있던 도공을 확보하고 있었다고 보아야 할 것이다. 장공항요가 설립되기 전에는 그곳에 요장이 없었으므로 그 陶工들은 다른 요장에서 招致하였음이 분명하다. 그리고 그러한 토대 위에서 새로이 요장을 설립하고 곧바로 그렇게 높은 품질의 청자를 생산하기 시작한 것이다. 여기에 많은 자금이 소요되었으리라는 것은 쉽게 알 수 있는 일이다. 그렇게 생산한 청자는 관원의 엄격한 선품과정을 거쳐 그 전부 또는 상당량이 어용자기로 進供되었을 것이라는 점은 이미 앞에서 설명한 바 있다. 말하자면, 장공항요는 그러한 특별한 목적을 가지고 새롭게 설립한 요장이었던 셈이다.

    이상에서 살펴본 바와 같이, 장공항요는 청량사여요와 마찬가지로 어용자기를 進供하였을 것으로 판단되지만, 요장의 설립과정 및 어용자기의 제작양상에서 큰 차이가 있었다. 이러한 차이는 두 요장의 성격의 다름에서 비롯된 것으로 판단된다. 잘 아는 바와 같이, 청량사여요는 민요의 토대 위에서 출발한 요장이었다. 그 후 어용자기를 進供하는 요장으로 선정되고나서 요장의 운영과 관리 등의 측면에서 관부의 관여가 있었을 터이지만, 요장의 기본적인 성격―민요―에는 변화가 없었다고 생각된다. 장공항요는 요장의 설립과정 및 어용자기의 제작양상 등의 측면에서 오히려 교단하관요나 노호동수내사관요와 유사하였다. 이러한 유사점은 이들 요장의 성격이 기본적으로 같은 데에서 비롯되었으리라는 것이 필자의 기본적인 생각이다. 요컨대 장공항요는 관요의 성격을 지닌 요장이었을 것으로 판단되는 것이다. 결국 장공항요는 금대후기에 설립된 금대관요라는 이야기가 되는 셈이다. 이러한 성격의 장공항요가 金의 붕궤와 함께 소멸된 것은 매우 자연스러운 일일 것이다.

5. 나머지말

적지 않은 연구자들은 금대의 역사와 문화에 대하여 크고 작은 편견을 가지고 있다. 그 좋은 예를 2004년 5월 鄭州에서 열린 汝州張公巷窯及鞏義黃冶窯考古新發現專家研討會에서 연구자들이 한 발언에서 찾을 수가 있다.[118] 이 硏討會에 참가한 많은 연구자들이 장공항요가 관요의 성격을 가지고 있다는 점에 동의하였지만, 그것이 금대관요였을 것이라고 주장한 연구자는 거의 없었다. 그 주요한 이유 가운데 하나가 장공항요지에서 출토된 것과 같이 지극히 높은 품격을 지닌 청자를 금대에 생산하였을 리가 없다는 점이었다. 그러한 청자는 예술적 소양이 풍부하지 않은 금의 황제보다는 지극히 높은 예술적 취향을 가지고 있던 宋 휘종과 훨씬 잘 어울린다는 것이다.

하지만 이러한 이해는 관요가 내포하고 있는 정치적 속성을 경시한 경향이 짙다. 관요는 오로지 어용자기를 생산하기 위하여 설립된 요장이다. 적어도 明 嘉靖年間까지 관요자기는 원칙적으로 황제와 한정된 그의 일족만이 사용할 수 있었다. 즉 신료들과 민간인은 원칙적으로 관요자기의 사용이 엄금되었다. 관요가 설립되면서 황제와 신료들 사이에는 자기질 기명의 사용에 있어서 명확한 경계가 생기게 된 것이다. 신료들은 원칙적으로 황제의 恩賜를 통해서만 관요자기를 소유할 수 있었다. 말하자면 관요자기는 황제의 권위를 상징하는 물건의 하나가 되었다고 할 수 있다. 이러한 정치적 성격을 지닌 자기를 생산하기 위하여 관요를 설립하는 데 송과 금의 구별이 있었을 리가 없으며, 금대관요에서 장공항요 생산품과 같은 높은 품격의 청자를 생산하였다고 해도 조금도 이상한 일이 아닐 것이다.

필자는 2009년 8월 한국 강진청자박물관에서 행한 강연에서 장공항요가 금대중기 이후에 설립된 금대관요일 것이라는 요지의 간략한 발언을 한 바가 있다.[119] 그 이후 줄곧 금대관요와 관련된 기록을 찾아왔지만 유감스럽게도 별다른 성과가 없었다. 그러므로 금대관요가 존재하였다는 주장은 문헌 기록으로 뒷받침되지 못한 일정한 한계를 지닐 수밖에 없게 되었다. 그러나 기록을 찾지 못하였다고 하여 금대관요의 존재 가능성 자체를 부정하는 것을 올바른 태도라고 생각하지 않는다. 북송관요의 경우도 만약 남송의 섭치가 『탄재필형』에 그것과 관련된 기록을 남기지 않았더라면 영원히 우리 앞에 그 존재를 드러내지 않았을지도 모른다. 이미 선구적인 북송관요와 남송관요에 대한 정보를 가지고 있었을 공산이 큰 금의 조정이 관요를 설립하였을 가능성이 높다고 보는 것이 오히려 자연스러운 일이 아닐까?

[이 장은 『야외고고학』 제15호(2012)에 게재된 「中國 汝州 張公巷窯의 運營時期와 性格 問題」의 제목을 고치고 일부 내용을 수정 및 보완한 것이다]

제3장 주석

01 장공항요와 관련된 연구토론회를 개최된 연대순으로 나열하면 다음과 같다. 汝州張公巷窯及鞏義黃冶窯考古新發現專家硏討會(中國 鄭州, 2004년 5월 20일~22일); 조선관요박물관 한·중·일 청자학술세미나(韓國 利川, 2005년 6월 3일); 汝州張公巷窯シンポジウム(日本 大阪, 2007년 1월 13일); 國際シンポジウム「北宋汝窯靑磁の謎にせまる」(日本 大阪, 2010년 3월 13일~14일); 故宮博物院宋代官窯及官窯制度國際學術硏討會(中國 北京, 2010년 9월 27일~28일).

02 河南新出宋金名窯瓷器特展(中國 保利藝術博物館, 2009년 9월 21일~10월 18일); 國際交流特別展「北宋汝窯靑磁—考古發掘成果展」(日本 大阪市立東洋陶磁美術館, 2009년 12월 5일~2010년 3월 28일).

03 河南省文物考古硏究所 編,『汝窯與張公巷窯出土瓷器』, 科學出版社, 2009; 孫新民 等 主編,『北宋汝官窯與張公巷窯珍賞』, 長城出版社, 2009; 河南省文物考古硏究所·保利藝術博物館 編,『河南新出宋金名窯瓷器特展』, 保利藝術博物館, 2009; 大阪市立東洋陶磁美術館 編,『北宋汝窯靑磁—考古發掘成果展』, 財團法人大阪市美術振興協會, 2009.

04 浙江省博物館,「三十年來浙江文物考古工作」,『文物考古工作三十年』, 文物出版社, 1979, 217~227쪽; 中國社會科學院 等 編,『南宋官窯』, 中國大百科全書出版社, 1996.

05 杭州市文物考古所(杜正賢 執筆),「杭州老虎洞南宋官窯址」,『文物』 2002년 제10기.

06 북송관요의 소재지 문제에 대한 연구의 현황과 그 문제점에 대해서는 李喜寬, 「北宋官窯與"京師"及"惟用汝器"—北宋官窯硏究序說」,『故宮博物院院刊』 2010년 제5기, 55~62쪽을 참조하라.

07 郭木森,「汝州張公巷窯的發掘與初步硏究」,『汝窯與張公巷窯出土瓷器』, 科學出版社, 2009, 173쪽.

08 郭木森,「淺談汝窯、官窯與汝州張公巷窯」,『中國古陶瓷硏究』 第7輯, 2001, 11~12쪽.

09 郭木森,「汝州張公巷窯的發掘與初步硏究」,『汝窯與張公巷窯出土瓷器』, 科學出版社, 2009, 174~175쪽;「汝州張公巷窯の年代について」,『北宋汝窯靑

磁—考古發掘成果展』, 財團法人大阪市美術振興協會, 2009, 22~24쪽.

10 [元]陶宗儀 撰, 『南村輟耕錄』 卷29 窯器, 中華書局點校本, 中華書局, 1959, 362~363쪽.

11 中國社會科學院 等 編, 『南宋官窯』, 中國大百科全書出版社, 1996, 65쪽.

12 郭木森, 「汝州張公巷窯の年代について」, 『北宋汝窯青磁—考古發掘成果展』, 財團法人大阪市美術振興協會, 2009, 24쪽.

13 秦大樹, 「宋代官窯的主要特點—兼談元汝州青瓷器」, 『文物』 2009년 제12기, 68쪽.

14 秦大樹, 「宋代官窯的主要特點—兼談元汝州青瓷器」, 『文物』 2009년 제12기, 70쪽.

15 王光堯, 「關于汝窯的幾點新思考」, 『河南新出宋金名窯瓷器特展』, 保利藝術博物館, 2009, 18~20쪽; 唐俊杰, 「汝窯、張公巷窯與南宋官窯的比較研究—兼論張公巷窯的時代及性質」, 『故宮博物院院刊』 2010년 제5기, 108~110쪽.

16 郭木森, 「河南汝州張公巷窯址考古獲重大發現」, 『中國文物報』 2004년 5월 26일; 「河南汝州張公巷窯址」, 『2004中國重要考古發現』, 文物出版社, 2005, 157쪽.

17 郭木森, 「汝州張公巷窯の年代について」, 『國際シンポジウム「北宋汝窯青磁の謎にせまる」』, 大阪市立東洋陶磁美術館・財團法人大阪市美術振興協會, 2010, 19쪽.

18 秦大樹, 「宋代官窯的主要特點—兼談元汝州青瓷器」, 『文物』 2009년 제12기, 68~71쪽.

19 河南省文物考古研究所 編, 『寶豊清涼寺汝窯』, 大象出版社, 2008, 146쪽.

20 郭木森, 「河南汝州張公巷窯址考古獲重大發現」, 『中國文物報』 2004년 5월 26일.

21 郭木森, 「河南汝州張公巷窯址考古新發現」, 『汝州張公巷窯シンポジウム資料集』, 大阪市立東洋陶磁美術館, 2007, 14쪽.

22 퇴적층의 상황은 郭木森, 「河南汝州張公巷窯址考古獲重大發現」, 『中國文物報』 2004년 5월 26일; 「河南汝州張公巷窯址」, 『2004中國重要考古發現』, 文物出版社, 2005; 「河南汝州張公巷窯址考古新發現」, 『汝州張公巷窯シンポジウム資料集』, 大阪市立東洋陶磁美術館, 2007; 「汝州張公巷窯的發掘與初步

研究」,『汝窯與張公巷窯出土瓷器』, 科學出版社, 2009;「汝州張公巷窯の年代について」,『北宋汝窯青磁―考古發掘成果展』, 財團法人大阪市美術振興協會, 2009;「汝州張公巷窯の年代について」,『國際シンポジウム「北宋汝窯青磁の謎にせまる」』, 大阪市立東洋陶磁美術館·財團法人大阪市美術振興協會, 2010에 의거하여 서술하였다. 이하에서 서술한 퇴적층과 관련된 내용 가운데 특별히 注記하지 않은 것은 모두 이 논문들에 의거한 것이다.

23 大阪市立東洋陶磁美術館 編,「張公巷窯に對する專門家の見解―2004年5月「汝州張公巷窯及鞏義黃冶窯考古新發現專家硏討會」より」,『汝州張公巷窯シンポジウム資料集』, 大阪市立東洋陶磁美術館, 2007, 20쪽.

24 彭信威,『中國貨幣史』, 上海人民出版社, 1965, 549쪽.

25 2010년 3월 13일~14일에 日本 大阪市立東洋陶磁美術館과 財團法人 大阪市美術振興協會의 主管으로 大阪歷史博物館에서 國際シンポジウム「北宋汝窯青磁の謎にせまる」가 개최되었는데, 이 학술회의에서 郭木森은 제4B층에서 출토된 澁圈이 있는 白釉碗片이 포함된 사진 자료를 제시한 바 있다.

26 劉濤,『宋遼金紀年瓷器』, 文物出版社, 2004, 25쪽.

27 劉濤,『宋遼金紀年瓷器』, 文物出版社, 2004, 13쪽 및 25쪽.

28 郭木森,「汝州張公巷的發掘與初步研究」,『汝窯與張公巷窯出土瓷器』, 科學出版社, 2009, 174쪽과「汝州張公巷窯の年代について」,『北宋汝窯青磁―考古發掘成果展』, 財團法人大阪市美術振興協會, 2009, 22쪽에서는 복원이 가능한 유물이 100여건에 이른다고 하였는데, 이것은 착오인 것 같다. 郭木森,「河南汝州張公巷窯址考古獲重大發現」,『中國文物報』2004년 5월 26일;「河南汝州張公巷窯址」,『2004中國重要考古發現』, 文物出版社, 2005, 156쪽에 따르면, 복원이 가능한 100여건의 張公巷窯産 青瓷가 출토된 곳은 H101이다.

29 大阪市立東洋陶磁美術館 編,「張公巷窯に對する專門家の見解―2004年5月「汝州張公巷窯及鞏義黃冶窯考古新發現專家硏討會」より」,『汝州張公巷窯シンポジウム資料集』, 大阪市立東洋陶磁美術館, 2007, 20쪽.

30 國際シンポジウム「北宋汝窯青磁の謎にせまる」(2010년 3월 13일~14일)에서 郭木森은 제5층에서 출토된 연화형향로의 뚜껑과 제4B층에서 출토된 爐身片이 포함된 사진자료를 제시한 바 있다.

31 郭木森,「汝州張公巷窯の年代について」,『北宋汝窯青磁―考古發掘成果展』, 財團法人大阪市美術振興協會, 2009, 22~24쪽.

32 秦大樹, 「宋代官窯的主要特點—兼談元汝州青瓷器」, 『文物』 2009년 제12기, 68쪽.

33 秦大樹, 「宋代官窯的主要特點—兼談元汝州青瓷器」, 『文物』 2009년 제12기, 74쪽의 註[59].

34 郭木森, 「汝州張公巷窯の年代について」, 『北宋汝窯青磁—考古發掘成果展』, 財團法人大阪市美術振興協會, 2009, 22~24쪽.

35 秦大樹, 「宋代官窯的主要特點—兼談元汝州青瓷器」, 『文物』 2009년 제12기, 68쪽.

36 郭木森, 「汝州張公巷窯的發掘與初步研究」, 『汝窯與張公巷窯出土瓷器』, 科學出版社, 2009, 174쪽.

37 河南省文物考古研究所·保利藝術博物館 編, 『河南新出宋金名窯瓷器特展』, 保利藝術博物館, 2009, 96쪽.

38 河南省文物考古研究所 編, 『寶豊清凉寺汝窯』, 大象出版社, 2008, 58쪽.

39 湖北省文物管理委員會, 「武昌卓刀泉兩座南宋墓葬的淸理」, 『考古』 1964년 제5기, 237~241쪽; 김성범 등 편, 『신안선』 청자/흑유편, 문화재청·국립해양유물전시관, 2006, 319~322쪽.

40 成都市文物考古研究所·彭州市博物館 編著, 『四川彭州宋代金銀器窖藏』, 科學出版社, 2003, 36~37쪽.

41 사천팽주송대금은기교장에서 출토된 敞口折沿銀碗의 고·구경·저경은 하나같이 각각 장공항요의 H101에서 출토된 敞口折沿碗의 고·구경·저경의 7/10이다. 즉 전자는 후자를 정확하게 7/10의 크기로 축소한 형태이다.

42 河南省文物考古研究所·保利藝術博物館 編, 『河南新出宋金名窯瓷器特展』, 保利藝術博物館, 2009, 88쪽.

43 于建設 主編, 『赤峰金銀器』, 遠方出版社, 2006, 16~29쪽; 申秦雁 主編, 『陝西歷史博物館珍藏』 金銀器, 陝西人民美術出版社, 2003, 63쪽 및 152쪽.

44 姚建杭, 『絲綢之路—大西北遺珍』, 中國文化藝術出版社, 2010, 174쪽.

45 成都市文物考古研究所·彭州市博物館 編著, 『四川彭州宋代金銀器窖藏』, 科學出版社, 2003, 80~91쪽.

46 喀喇沁旗哈達溝唐代窖藏에서 출토된 鹿紋葵口板沿銀盤의 경우, 구경:높이의 비율이 대략 5:100인 반면(于建設 主編, 『赤峰金銀器』, 遠方出版社, 2006,

208쪽 참조), 四川彭州宋代金銀器窖藏에서 출토된 葵口板沿銀盤의 경우는 구경:높이의 비율이 대략 11:100으로(成都市文物考古研究所·彭州市博物館 編著,『四川彭州宋代金銀器窖藏』, 科學出版社, 2003, 80~88쪽 참조), 후자가 전자에 비해 약 두 배 정도 높이가 높은 편이다.

47 《北京文物精粹大系》編委會·北京市文物局,『北京文物精粹大系』金銀器卷, 北京出版社, 2004, 4쪽.

48 湖南省博物館,『湖南宋元窖藏金銀器發現與研究』, 文物出版社, 2009, 4쪽 및 282쪽; 喩燕姣,『湖南出土金銀器』, 湖南美術出版社, 2009, 73쪽 및 278쪽.

49 マーガレッド·メドレイ,「白磁繡花孔雀牡丹文輪花盤(圖版解說)」,『東洋陶磁大觀』제7권 デイウィッド財團コレクション, 株式會社講談社, 1975, 286쪽.

50 Rosemary Scott, "Catalogue", *Imperial Taste: Chinese Ceramics from the Percival David Foundation*, Los Angeles: Los Angeles Country Museum of Art and Chronicle Books, 1989, pp.28~29.

51 長谷部樂爾,「白磁印花孔雀牡丹紋輪花盤」,『世界陶磁全集』13 遼·金·元, 小學館, 1981, 24쪽.

52 Rosemary Scott, "Catalogue", *Imperial Taste: Chinese Ceramics from the Percival David Foundation*, Los Angeles: Los Angeles Country Museum of Art and Chronicle Books, 1989, pp.28~29; Stacey Pierson, *Percival David Foundation of Chinese Art*, London: School of Oriental and African Studies University of London, 2002, p.99.

53 マーガレッド·メドレイ,「白磁繡花孔雀牡丹文輪花盤(圖版解說)」,『東洋陶磁大觀』제7권 デイウィッド財團コレクション, 株式會社講談社, 1975, 286~287쪽.

54 王文强,「鶴壁窯的倣定白瓷」,『中國古陶瓷研究』제11집, 2005, 280쪽 및 288쪽.

55 北京藝術博物館 等 主編,『元靑花』, 河北教育出版社, 2009, 120쪽.

56 河南省文物考古研究所·保利藝術博物館 編,『河南新出宋金名窯瓷器特展』, 保利藝術博物館, 2009, 92쪽.

57 蔡玫芬,「論「定州白瓷器, 有芒不堪用」句的眞確性及十二世紀官方瓷器之諸問題」,『故宮學術季刊』제15권 제2기, 1997, 76~80쪽; 謝明良,「記院藏兩件汝窯紙槌瓶」,『故宮文物月刊』58, 1988: 同改題「院藏兩件汝窯紙槌瓶及相

關問題」,『陶瓷手記』, 石頭出版, 2008, 9쪽.

58 謝明良,「記院藏兩件汝窯紙槌瓶」,『故宮文物月刊』58, 1988: 同改題「院藏兩件汝窯紙槌瓶及相關問題」,『陶瓷手記』, 石頭出版, 2008, 4~8쪽.

59 河南省文物考古研究所·保利藝術博物館 編,『河南新出宋金名窯瓷器特展』, 保利藝術博物館, 2009, 34쪽.

60 孫新民,「汝州張公巷窯的發現與認識」,『文物』2006년 제7기, 84쪽; 郭木森,「汝州張公巷窯的發掘與初步研究」,『汝窯與張公巷窯出土瓷器』, 科學出版社, 2009, 178쪽; 李喜寬,「南宋前期官窯新探」,『東方博物』제35집, 2010, 29~30쪽.

61 李喜寬,「南宋前期官窯新探」,『東方博物』제35집, 2010, 29쪽.

62 杜正賢 主編,『杭州老虎洞窯址瓷器精選』, 文物出版社, 2002, 53~59쪽.

63 杜正賢 主編,『杭州老虎洞窯址瓷器精選』, 文物出版社, 2002, 60~63쪽.

64 河南省文物考古研究所·保利藝術博物館 編,『河南新出宋金名窯瓷器特展』, 保利藝術博物館, 2009, 93쪽.

65 成都市文物考古研究所·彭州市博物館 編著,『四川彭州宋代金銀器窖藏』, 科學出版社, 2003, 24~28쪽.

66 成都市文物考古研究所·彭州市博物館 編著,『四川彭州宋代金銀器窖藏』, 科學出版社, 2003, 25~26쪽.

67 河南省文物考古研究所·保利藝術博物館 編,『河南新出宋金名窯瓷器特展』, 保利藝術博物館, 2009, 91쪽.

68 河南省文物考古研究所 編,『寶豊淸凉寺汝窯』, 大象出版社, 2008, 101~104쪽.

69 成都市文物考古研究所·彭州市博物館 編著,『四川彭州宋代金銀器窖藏』, 科學出版社, 2003, 19~22쪽.

70 鎭江市博物館 等,「金壇南宋周瑀墓」,『考古學報』1977년 제1기, 107쪽; 佐藤サアラ 編,『金銀器·漆器出土資料集』, 根津美術館, 2004, 188쪽.

71 이러한 관점에서 보면, 우리는 敞口折沿碗·葵口板沿盤·鵝頸瓶·撇口圓壺 이외에 또 다른 기형에서도 장공항요지 H101 출토품과 사천팽주송대금은기 교장 출토 은기 사이의 유사성을 찾을 수 있다. 板沿平底盤이 그것이다(河南省文物考古研究所·保利藝術博物館 編,『河南新出宋金名窯瓷器特展』, 保利

藝術博物館, 2009, 103쪽). 장공항요지 H101에서 출토된 板沿平底盤은 구연이 비교적 넓고 구연의 외변은 약간 위로 말려 있으며, 저부는 평저이다. 표본 T4H101:67의 경우, 구경:높이의 비율은 대략 100:14이다. 사천팽주송대금은기교장에서는 모두 10건의 문양이 없는 板沿平底盤이 출토되었는데, 장공항요지 출토품보다 약간 크다는 점을 제외하면 기형상의 큰 차이가 없다. 반면에 송말·원초나 원대의 窖藏이나 무덤 등에서 출토된 은제나 자기질의 板沿平底盤은 하나 같이 장공항요 출토품보다 기물의 높이가 현저하게 낮아지고(예컨대, 灘溪縣臨渙鎭至正十三年孫氏家族墓에서 출토된 青花白瓷板沿平底盤의 경우 구경:높이의 비율이 대략 100:6이다. 北京藝術博物館 等 主編, 『元青花』, 河北教育出版社, 2009, 123쪽 참조), 구연도 훨씬 좁아져서 장공항요 출토품과의 기형상의 차이가 확연히 드러난다(喻燕姣, 「湖南出土金銀器」, 湖南美術出版社, 2009, 97~106쪽 및 279쪽; 北京藝術博物館 等 主編, 『元青花』, 河北教育出版社, 2009, 123쪽 참조).

72 자기가 은기의 조형과 장식을 모방한 현상에 대한 대표적인 연구로는 杰西卡·羅森(呂成龍 譯), 「中國銀器和瓷器的關係(公元 600—1400年)」, 『故宮博物院院刊』1986년 제4기; 「中國銀器對瓷器發展的影響」, 『中國古代的藝術與文化』, 北京大學出版社, 2002; 袁泉, 「唐宋之際陶瓷工藝對金屬器的借鑑」, 『華夏考古』2008년 제4기를 참조하라.

73 사천팽주송대금은기교장에서는 출토되지 않은 지추병도 장공항요지 H101의 연대를 파악하는 데 중요한 단서가 될 수 있다. 앞서 언급한 바와 같이 H101 출토 지추병은 노호동수내사관요 초기단계의 지추병과 조형적으로 매우 흡사하다. 그러므로 노호동수내사관요 초기단계의 구체적인 연대를 파악할 수 있다면, 이를 토대로 H101의 연대를 추정할 수가 있는 것이다. 이제까지 대다수의 연구자들은 노호동수내사관요가 유일한 수내사관요이고, 아울러 최초로 설립된 남송관요로 이해하여 왔다. 그리고 그 설립시기를 紹興 14년(1144)~26년(1156)경으로 파악하였다(杜正賢, 「杭州老虎洞瓷窯址的考古學研究」, 『南宋官窯與哥窯—杭州南宋官窯老虎洞窯址國際學術研討會論文集』, 浙江大學出版社, 2004, 84쪽; 唐俊杰, 「南宋郊壇下官窯與老虎洞官窯的比較研究」, 『南宋官窯文集』, 文物出版社, 2004, 194쪽; 鄭建華, 「關于修內司官窯問題的思考」, 『南宋官窯文集』, 文物出版社, 2004, 51~54쪽). 그러나 필자가 검토한 바에 따르면, 노호동수내사관요는 유일한 수내사관요도 아니고 아울러 최초의 수내사관요도 아니었던 것으로 판단된다. 최초의 수내사관요는 만송령의 동편에 있던 청평산입구에 자리잡았으며, 그 후 몇 차례 요장을 이전하였는데, 현재

의 노호동으로 이전한 것은 淳熙年間(1174~1189)이었던 것으로 여겨진다. 노호동수내사관요는 그 후 1210년대에 다시 오늘날 望江門 부근의 금차대항으로 이전한 것으로 보이므로, 노호동수내사관요의 초기단계는 이 요장이 설립된 후부터 대략 紹熙年間(1190~1194)에 이르는 기간이 된다. 필자의 논지에 따라 지추병을 근거로 보면, 이 시기, 즉 대략 淳熙·紹熙年間에 장공항요지 H101이 형성되었다는 이야기가 된다. 수내사관요의 이전에 대한 더욱 상세한 내용은 李喜寬,「南宋前期官窯新探」,『東方博物』제35집, 2010;「有關南宋後期官窯的幾個問題」,『故宮博物院院刊』2009년 제3기를 참조하라.

74 四川彭州宋代金銀器窖藏의 금은기의 제작시기에 대해서는 成都市文物考古研究所·彭州市博物館 編著,『四川彭州宋代金銀器窖藏』, 科學出版社, 2003, 192~193쪽 및 226쪽 참조.

75 秦大樹,「宋代官窯的主要特點—兼談元汝州青瓷器」,『文物』2009년 제12기, 68~70쪽. 한편, 秦大樹는 고고학적 자료 이외에도『正德汝州志』를 비롯한 문헌에 보이는 기록의 분석을 통하여 元 至元年間에 여주에서 높은 품질의 청자를 생산하였다는 점을 입증함으로써 자신의 견해를 더욱 보강하려 하였다(秦大樹,「宋代官窯的主要特點—兼談元汝州青瓷器」,『文物』2009년 제12기, 68~71쪽). 이러한 秦大樹의 문헌기록의 분석에 대해서는 陸明華의 비판이 있다(陸明華,「官窯相關問題再議」,『故宮博物院八十伍華誕宋代官窯及官窯制度國際學術硏討會論文集』, 故宮出版社, 2012, 92쪽).

76 陸明華,「官窯相關問題再議」,『故宮博物院八十伍華誕宋代官窯及官窯制度國際學術硏討會論文集』, 故宮出版社, 2012, 92~93쪽.

77 앞서 언급한 바와 같이, 2010년 3월 13일~14일에 日本 大阪市立東洋陶磁美術館과 財團法人 大阪市美術振興協會의 主管으로 大阪歷史博物館에서 國際シンポジウム「北宋汝窯青磁の謎にせまる」가 개최되었는데, 이 학술회의에 서 郭木森이 이 향로의 사진 자료를 제시한 바 있다.

78 揚之水,「蓮花香爐和寶子」,『古詩文名物新證』①, 紫禁城出版社, 2004, 9쪽.

79 耿寶昌 主編,『邛窯古陶瓷硏究』, 中國科學技術大學出版社, 2002, 263쪽.

80 淸凉寺汝窯址에서 출토된 연화형향로는 도범으로 찍어서 제작한 반면(河南省文物考古硏究所 編,『寶豊淸凉寺汝窯』, 大象出版社, 2008, 104~105쪽), 장공항요지에서 출토된 것은 貼花技法으로 제작하였다. 그리고 蓮瓣의 형태도 서로 다르다.

81　陝西省考古研究所·耀州窯博物館,『宋代耀州窯址』,文物出版社, 1998, 326~327쪽.

82　舒佩琦,「宋代官窯青瓷的迷思—由窯址出土的瓷片標本談起」,『陳昌蔚紀念論文集』제3집, 2003, 66쪽;「放大鏡下汝窯與張公巷窯青釉瓷新視野」,『汝窯與張公巷窯出土瓷器』,科學出版社, 2009, 203쪽.

83　郭木森,「汝州張公巷窯的發掘與初步研究」,『汝窯與張公巷窯出土瓷器』,科學出版社, 2009, 177쪽.

84　陝西省考古研究所·耀州窯博物館,『宋代耀州窯址』,文物出版社, 1998, 326~327쪽. 宋代耀州窯址 출토 연화형향로에 대한 더욱 자세한 내용은 趙雅莉,「耀窯宋代薰爐淺析」,『文博』1999년 제4기, 83~92쪽을 참조하라.

85　揚之水,「兩宋香爐源流」,『古詩文名物新證』①, 紫禁城出版社, 2004, 53쪽.

86　河南省文物考古研究所·保利藝術博物館 編,『河南新出宋金名窯瓷器特展』, 保利藝術博物館, 2009, 110~112쪽.

87　陝西省考古研究所·耀州窯博物館,『宋代耀州窯址』,文物出版社, 1998, 356~365쪽; 河南省文物考古研究所 編,『寶豊淸凉寺汝窯』, 大象出版社, 2008, 60~61쪽.

88　河南省文物考古研究所·保利藝術博物館 編,『河南新出宋金名窯瓷器特展』, 保利藝術博物館, 2009, 99쪽.

89　河南省文物考古研究所 編,『寶豊淸凉寺汝窯』, 大象出版社, 2008, 75~76쪽 및 91~92쪽.

90　杜正賢 主編,『杭州老虎洞窯址瓷器精選』,文物出版社, 2002, 119~126쪽.

91　국립중앙박물관,『고려 왕실의 도자기』, 통천문화사, 2008, 24쪽.

92　中國社會科學院 等 編,『南宋官窯』,中國大百科全書出版社, 1996, 39~40쪽.

93　國立中央博物館,『中國陶磁』,圖書出版 藝耕, 2007, 132쪽.

94　劉濤,『宋遼金紀年瓷器』,文物出版社, 2004, 53쪽.

95　문환석 等,『高麗靑磁寶物船—태안 대섬 수중발굴 조사보고서』도판, 문화재청·국립해양문화재연구소, 2009, 344~351쪽.

96　이러한 기형의 高麗靑瓷蓋碗은 康津靑磁博物館에도 한 점이 소장되어 있다(강진청자박물관,『열에서 골라 하나를 얻었네』2009년 구입유물특별전, 예맥, 2009, 16~19쪽).

97 나선화,「태안 대섬 침몰선 청자 인양조사의 성격과 의미」,『高麗靑磁寶物船―태안 대섬 수중발굴 조사보고서』본문, 문화재청·국립해양문화재연구소, 2009, 478쪽; 윤용이,「태안 대섬 해저출토 고려청자의 성격」,『고려청자 보물선』, 국립해양유물전시관, 2009, 192~195쪽; 조은정,「태안 해저인양 청자의 성격과 제작시기」,『고려청자 보물선과 강진』, 국립해양문화재연구소·강진군, 2009, 240~242쪽; 최명지,「泰安 대섬 海底 出水 高麗靑磁의 양상과 제작시기 연구」,『美術史學硏究』279·280, 2013, 47~57쪽.

98 한편, 觀台磁州窯址 발굴보고서에 따르면, 이 요지의 제4기 前段(금대말기~원대전기)으로 편년되는 T4④에서 象鼻形의 꼭지를 가진 器蓋가 출토되었다. 발굴보고자는 이 유물이『世界陶磁全集』에 실려 있는 黑釉鐵銹花蓋鉢의 蓋와 사천수녕금어촌남송교장에서 출토된 청백자개완의 蓋와 조형이 같다고 하였다(北京大學考古學系 等,『觀台磁州窯址』, 文物出版社, 1997, 100~102쪽 및 480~502쪽). 발굴보고자의 견해에 따르면, 象鼻形의 꼭지를 가진 개완이 원대전기에도 제작되었다는 이야기가 되기 때문에, 장공항요지 출토품과 같은 기형의 蓋碗이 원대에도 생산되었을 가능성이 열려 있는 셈이다. 하지만 발굴보고자의 견해를 그대로 따른다고 하더라도, 실제에 있어서 그러했을 가능성은 희박하다고 생각한다. 그것들과 장공항요 출토품을 비교하면, 양자는 전체적인 조형뿐만 아니라 꼭지의 세부적인 형태가 크게 다르기 때문이다(三上次男 編,『世界陶磁全集』13 遼·金·元, 小學館, 1981, 36쪽; 朝日新聞社文化企劃局文化企劃部 編,『封印された南宋陶磁展』, 朝日新聞社, 1998, 92~93쪽 참조).

99 이 연구에서 특정하게 의미를 규정하지 않고 관요라고 한 것은 모두 어용자기를 전문적으로 생산할 목적으로 조정이 설립한 어요를 지칭한다.

100 [宋]周煇(劉永翔 校注),『淸波雜志校注』卷5, 中華書局, 1994, 213쪽.

101 孫新民,「汝窯的發現與硏究」,『汝窯與張公巷窯出土瓷器』, 科學出版社, 2009, 157쪽.

102 權奎山,「江西景德鎭明淸御器(窯)廠落選御用瓷器處理的考察」,『文物』2005년 제5기, 55~60쪽.

103 杭州市文物考古所(杜正賢 執筆),「杭州老虎洞南宋官窯址」,『文物』2002년 제10기, 9~10쪽.

104 沈岳明,「"官窯"三題」,『故宮博物院院刊』2010년 제5기, 19~22쪽.

105 吳曉力,「郊壇下官窯的新思考」,『南宋官窯文集』, 文物出版社, 2004, 20쪽.

106 權奎山,「江西景德鎭明淸御器(窯)廠落選御用瓷器處理的考察」,『文物』2005년 제5기, 55~60쪽.

107 權奎山,「江西景德鎭明淸御器(窯)廠落選御用瓷器處理的考察」,『文物』2005년 제5기, 55~60쪽.

108 唐俊杰,「置窯于修內司—修內司官窯」,『南宋官窯』, 杭州出版社, 2008, 44쪽.

109 이제까지 여러 연구자들은 관요자기가 민간에 유입되는 것을 방지하기 위하여 그 殘次品을 깨뜨려 구덩이에 묻는 처리 방식을 택하였다고 이해하였다(杜正賢,「杭州老虎洞窯址的考古學硏究」,『故宮博物院院刊』2002년 제5기, 6쪽; 河南省文物考古硏究所 編,『寶豊淸凉寺汝窯』, 大象出版社, 2008, 148쪽). 한편, 蔡玟芬은 관용자기를 공납하던 貢窯에서도 이러한 처리 방식이 채택되었다고 주장하였다(蔡玟芬,「官府與官樣—淺論影響宋代瓷器發展的官方因素」,『千禧年宋代文物大展』, 國立故宮博物院, 2000, 330쪽). 하지만 이 방식이 내포하고 있는 의미를 제대로 파악하기 위해서는 이 방식이 두 가지 서로 다른 행위로 구성되었다는 점에 주목하지 않으면 안 된다. 그 하나는 殘次品을 깨뜨리는 행위이고, 또 다른 하나는 구덩이를 파고 그것을 묻는 행위이다. 명대 御器廠에서 제작한 어용자기는 비록 잔차품이라 하더라도 일반에 유통되는 것을 엄격하게 금지하였다(權奎山,「江西景德鎭明淸御器(窯)廠落選御用瓷器處理的考察」,『文物』2005년 제5기, 61~62쪽). 그리고 이러한 목적을 위해서라면, 殘次品을 깨뜨려버리는 것이 가장 손쉽고 효과적인 방법이었을 것이다. 후자의 주된 목적은 잔차품의 파편이 유출되는 것을 막기 위한 것으로 보아야 할 것이다. 단지 잔차품이 민간에 흘러들어가는 것을 막을 목적이었다면 그것을 깨뜨려버리면 되었을 뿐, 굳이 수고롭게 구덩이를 파고 그 파편들을 묻을 필요가 없었을 것이다. 하지만 설사 관요자기라고 하더라도 과연 실제에 있어서 그 파편의 유출까지 금지했을까? 잔차품에 대한 관리가 대단히 엄격하게 이루어졌던 明代 御器廠에서도 잔차품의 파편이 유출되는 것을 막았다는 기록이 없거니와 그러한 흔적도 찾을 수가 없다. 그러하기는 남송관요의 경우도 마찬가지이다. 교단하관요의 경우는 아예 그렇게 잔차품을 깨뜨려 구덩이에 버리는 처리 방식 자체가 채택되지 않은 것으로 보인다. 더구나 잔차품을 깨뜨려 구덩이에 넣은 후 그 위에 흙이나 벽돌 및 瓦片 등으로 덮은 것은 그 파편의 유출을 막기 위한 것이라기보다는, 沈岳明이 주장한 바와 같이, 잔차품을 깨뜨려 구덩이에 버리고 그대로 방치할 경우 요장에서 작업을 하는 데 불편이 있

을 수 있기 때문에 그렇게 하였을 것이라고 보는 것이 훨씬 자연스럽다(沈岳明, "官窯"三題」, 『故宮博物院院刊』 2010년 제5기, 21쪽). 잔차품을 깨뜨려 구덩이에 버린 후, 그 파편들의 유출을 방지하려는 것과는 전혀 다른 목적에서 그 위에 흙 등을 덮은 것이 마치 잔차품을 깨뜨려 구덩이에 묻음으로써 그러한 목적을 달성하려고 한 것처럼 보였을 뿐인 셈이다. 요컨대, 관요에서 잔차품을 깨뜨려 구덩이에 묻은 것으로 알려져 온 처리 방식은, 사실은 잔차품을 깨뜨려 구덩이에 버리는 것을 주된 내용으로 하는 처리 방식이었다고 할 수 있다.

110 河南省文物考古研究所 編, 『寶豊清凉寺汝窯』, 大象出版社, 2008, 148쪽; 王光堯, 「汝窯與北宋汴京官窯—從汝窯址考古資料看宋代官窯的出現及官窯制度的形成」, 『故宮博物院院刊』 2010년 제5기, 91~93쪽.

111 문환석 외, 『태안마도1호선 수중발굴조사 보고서』, 국립해양유물전시관, 2010, 174~175쪽 및 191쪽.

112 Regina Krahl, "'Alexander Bowl' and the Question of Northern Guan Ware", *Orientations* vol. 24, no. 11, 1993, pp.72~75; 汪慶正, 「老虎洞南宋修內司官窯遺址的重要發現及其相關諸問題」, 『上海博物館集刊』 第8期, 2000, 377쪽; 陸明華, 「兩宋官窯有關問題研究」, 『南宋官窯文集』, 文物出版社, 2004, 147~149쪽; 施遠·張東, 「宋代汝、官窯若干問題的研究」, 『上海博物館集刊』 第8기, 2000, 351~353쪽.

113 陸明華, 「兩宋官窯有關問題研究」, 『南宋官窯文集』, 文物出版社, 2004, 147쪽.

114 伊藤郁太郎, 「北宋官窯的譜系—關于汝州張公巷窯的諸多問題」, 『故宮博物院八十五華誕宋代官窯及官窯制度國際學術研討會論文集』 上, 故宮出版社, 2012, 42~43쪽.

115 河南省文物考古研究所 編, 『寶豊清凉寺汝窯』, 大象出版社, 2008.

116 中國社會科學院 等 編, 『南宋官窯』, 中國大百科全書出版社, 1996, 64~65쪽.

117 杭州市文物考古所(杜正賢 執筆), 「杭州老虎洞南宋官窯址」, 『文物』 2002년 제10기, 28쪽.

118 大阪市立東洋陶磁美術館 編, 「張公巷窯に對する專門家の見解—2004年5月「汝州張公巷窯及鞏義黃冶窯考古新發現專家研討會」より」, 『汝州張公巷窯シンポジウム資料集』, 大阪市立東洋陶磁美術館, 2007, 20~21쪽.

119 李喜寬, 『南宋前期의 官窯에 대한 새로운 理解』 강진청자박물관 학술심포지엄 자료집, 강진청자박물관, 2009, 69~70쪽.

제Ⅲ부 송대관요의 중흥
: 南宋官窯 연구

제1장 『百寶總珍集』과 『雲麓漫鈔』에 보이는 남송관요 관련 기록의 재검토

제2장 杭州 老虎洞窯와 남송전기관요

제3장 남송후기관요의 전개

제4장 남송관요의 자기제작기술

 # 제1장 『百寶總珍集』과『雲麓漫鈔』에 보이는 남송관요 관련 기록의 재검토

1. 문제의 제기

많은 연구자들은 남송관요와 관련된 송대의 문헌 가운데 가장 사료적 가치가 높고 아울러 풍부한 내용을 전하는 것으로 葉寘가 撰한 『坦齋筆衡』을 꼽는다. 필자도 그렇게 생각하는 연구자 가운데 하나이다. 이 『탄재필형』은 온전히 남아 있지 않고, 그 내용의 일부가 元末明初에 陶宗儀가 찬한 『說郛』와 『南村輟耕錄』에 採錄되어 전해오고 있다. 남송관요와 관련된 내용은 후자에 실려 있다.

(A) 宋葉寘『坦齋筆衡』云……中興渡江, 有邵成章提擧後苑, 號邵局, 襲故京遺製, 置窯于修內司, 造靑器, 名內窯, 澄泥爲範, 極其精緻, 油色瑩徹, 爲世所珍. 後郊壇下別立新窯, 比舊窯大不侔矣. 餘如烏泥窯·餘杭窯·續窯, 皆非官窯比. 若謂舊越窯, 不復見矣[01]

『탄재필형』에는 남송관요와 관련된 다양한 내용이 서술되어 있는데, 그 설립에 대한 내용이 가장 자세한 편이다. 남송관요의 설립과 관련하여 『탄재필형』이 전하는 내용은 크게 두 가지로 요약할 수 있다.

첫째, 邵成章이 後苑, 즉 邵局을 提擧하고 있을 때 修內司에 요장을 설립하였으며, 그것을 內窯로 불렀다는 점이다. 우리가 흔히 修內司官窯로 부르는 남송관요가 바로 이것이다. 수내사관요의 설립과 관련하여 각별히 소성장과 후원(소국)을 언급한 것은 말할 나위 없이 그와 그가 提擧한 후원이 수내사관요의 설립에 있어서 주도적인 역할을 하였다고 보았기 때문이리라. 수내사에 요장을 설립하였음에도 불구하고 정작 수내사는 그 요장의 설립에 별다른 역할을 한 것으로 보이지 않는다는 점이 주목된다. 대다수의 연구자들은 수내사관요의 설립에 있어서 주도적인 역할을 한 것으로 되어 있는 소성장이 邵諤의 착오라고 믿고 있는데,[02] 소성장과 소악이 동일인일 것이라는 흥미로운 견해도 있다.[03] 수내사관요의 설립에 있어서 소악과 후원의 역할을 인정한다면, 수내사관요의 설립시기는 紹興 32년(1162) 이전이 될 수밖에 없다. 소악은 그 해에 파직당한 후 다시는 관직 자체에 발을 들여놓은 흔적이 보이지 않기 때문이다.[04] 한편, 수내사관요의 위치에 대해서는 여러 가지 견해가 있으나, 『탄재필형』의 기록을 신뢰한다면, 그것은 남송의 도성인 臨安에 있었음이 분명하다. 이 시기에 수내사와 그 관할 아래에 있던 여러 修內司營들이 모두 임안에 있었기 때문이다.[05] 결국 『탄재필형』에 따르면, 남송의 조정은 남송초기에 해당하는 소흥 32년(1162) 이전에 임안에서 남송관요 자기를 생산하기 시작하였다는 이야기가 된다.

둘째, 수내사관요를 설립한 이후에 郊壇下에 또 다른 새로운 남송관요를 설립하였다는 점이다. 이 요장의 본래 명칭은, 수내사관요와 마찬가지로, 內窯였을 것으로 짐작되는데,[06] 오늘날 우리는 이것을 흔히 교단하관요로 부른다. 하지만 수내사관요와 마찬가지로 교단하관요의 설립에 있어서도 소악과 후원이 주도적인 역할을 하였는지는 분명하지 않다.

그런데 『탄재필형』과 거의 동일한 시기에 저술된 『百寶總珍集』에는 이와 相異한 것처럼 보이는 내용이 실려 있다. 이 책의 卷9 青器條가 그것이다.

(B)　　　　汝窯土[07]脉偏滋娟, 高麗新窯皆相類.
　　　　　　高廟在日瞰直錢, 今時押眼看價例.
　　汝窯土脉滋娟, 與高麗器物相類, 有鷄爪紋者認眞, 無紋者尤好. 此物出北地. 新窯, 修內司自燒者. 自後僞者, 皆是龍泉燒造者.[08]

『백보총진집』은 총 100가지의 진귀한 물건들에 대하여 서술하였는데, 모든 항목이 칠언절구 一首와 그 시에 대한 주석으로 구성되어 있다. 그 찬자는 전해지지 않지만, 남송후기에 도성인 임안의 어느 골동상인이 찬술한 것으로 추정되고 있다.[09] 이 青器條(사료B)에서 남송관요와 관련하여 각별히 주목해 보아야 할 대목은 주석에 보이는 "新窯, 修內司自燒者"이다.

이 대목에 주목한 연구자들은 "自燒"를 주요 근거로 하여 "新窯"는 수내사가 직접 운영하고 관리하였다고 주장한다.[10] 실제에 있어서 그러하였다면, 이 요장을 설립한 주체도 응당 수내사였다고 보는 것이 순리일 것이다.[11] 말하자면 "自燒"는 "自置窯燒造"의 의미가 되는 셈이다.[12] "新窯"는 필경 新窯라는 요장에서 소조한 자기를 가리킬 터인데, 여기서 말하는 신요는 『탄재필형』에 보이는 "後郊壇下別立新窯"의 "新窯"와는 의미가 다르다. 전자가 특정한 요장을 가리키는 명칭인 반면,[13] 후자는 특정한 요장을 가리키는 명칭이 아니라 舊窯와 대응되는 의미로서 그저 "새로운 요장"이라는 뜻이다. 『백보총진집』에 보이는 신요자기를 구체적으로 어느 요장에서 제작하였는지에 대해서는 일치된 견해가 없지만, 그것이 남송관요의 범주에 속한 요장이었을 것이라는 점에는 별다른 이견이 없다.[14] 이는 결국, 이제까지의 이해에 따르면, 수내사관요와 교단하관요 가운데 적어도 어느 하나는 수내사가 설립·운영·관리하였다는 이야기가 되는 셈이다. 이러한 결론은 앞서 언급한 『탄재필형』에 보이는 남송관요 관련 기록(사료A)의 분석 결과와 크게 다르다. 『탄재필형』에는 수내사가 단지 수내사관요가 설치된 장소로 언급되어 있을 뿐이다. 그렇다면 『탄재필형』과 『백보총진집』에 보이는 남송관요와 관련된 기록 가운데 어느 한 쪽에 착오가 있는 것일까? 그것이 아니면, 양자 가운데 어느 한 쪽에 대한 연구자들의 이해에 문제가 있는 것일까? 이것이 첫 번째 의문이다.

한편, 『탄재필형』과 거의 같은 시기에 저술된 또 다른 문헌에도 『탄재필형』의 내용과 相馳되는 것처럼 보이는 기록이 실려 있다. 趙彦衛의 著述인 『雲麓漫鈔』에 보이는 다음 기록이 그것인데, 이 책은 開禧 2년(1206)에 成稿되었다.[15]

(C) 靑瓷器, 皆云出自李王, 號祕色, 又曰出錢王, 今處之龍溪出者色粉靑, 越乃艾色. 唐陸龜蒙有進越器詩云, 九秋風露越窯開, 奪得千峰翠色來, 好向中宵盛沆瀣, 共嵇中散鬪傳杯. 則知始於江南及錢王均非也. 近臨安亦自燒之, 殊勝二處.[16]

이 기록은 靑瓷器와 관련된 내용인데, 남송관요와 관련하여 주목해 보아야 할 대목은 "近臨安亦自燒之, 殊勝二處"이다. 사료(C)의 내용을 통하여 볼 때, 이 대목은 근래("近") 임안에서도[17] 청자기를 소조하는데,

그것이 용천요의 粉靑釉瓷器나 월요의 艾色瓷器보다 크게 뛰어나다는 의미이다. 그런데 『운록만초』에서는 임안에서 그러한 청자기를 소조하기 시작한 시점을 막연히 근래("近")라고 하였다. 많은 연구자들은 이 시점을 『운록만초』가 완성된 개희 2년(1206)보다 몇 년 앞선 해로 추정한다.[18] 말하자면, 이 시점부터 임안에서 청자기를 생산하기 시작하였다고 이해한 셈이다. 게다가 이 대목에 주목한 많은 연구자들은 그러한 청자기를 생산한 임안의 요장이 교단하관요라고 주장한다.[19] 이들의 견해에 따르면, 개희 2년(1206)보다 몇 년 앞선 해부터 임안에서 비로소 그렇게 뛰어난 청자기, 즉 관요자기를 제작하기 시작하였으며 그 요장이 교단하관요라는 이야기가 되는 셈이다. 그런데 앞서 살펴본 바와 같이, 『탄재필형』에 따르면, 임안의 수내사관요에서는 이미 교단하관요에 앞서 그보다 뛰어난 청자기를 제작한 것으로 되어 있다(사료A). 그렇다면 이 경우도, 『백보총진집』의 경우와 마찬가지로, 『탄재필형』과 『운록만초』에 보이는 남송관요와 관련된 기록 가운데 어느 한 쪽에 착오가 있는 것일까? 그것이 아니면, 양자 가운데 어느 한 쪽에 대한 연구자들의 이해에 문제가 있는 것일까? 이것이 두 번째 의문이다.

이 두 가지 의문과 그 의문으로부터 파생되는 몇 가지 문제를 검토하고자 하는 것이 이 장에서의 논의의 목적이거니와, 이를 위하여 『백보총진집』과 『운록만초』에 보이는 남송관요와 관련된 기록들을 원점에서 다시 분석해 보려고 한다. 사실 이러한 작업은 전체 남송요 연구의 큰 틀에서 볼 때는 매우 사소한 일로 여겨질지도 모르겠다. 하지만 이러한 의문들이 오랫동안 해명되지 못한 채로 남겨져 있던 상황이 결과적으로 오늘날 남송관요에 대한 이해의 난맥상을 초래한 단초의 하나라는 것이 필자의 기본적인 생각이다.

2. 『백보총진집』 靑器條의 "新窯"와 修內司

『백보총진집』의 靑器條에 주목한 연구자들은 거의 예외 없이 수내사 관요와 교단하관요 가운데 적어도 어느 하나는 수내사가 설립하고 운영·관리하였다고 파악하며, 그 근거가 靑器條에 "新窯, 修內司自燒者"라고 한 대목이라는 점은 이미 설명하였다. 과연 이러한 이해는 타당한 것일까?

이 대목에서 먼저 주목해 보아야 할 것은 "新窯"일 것이다. 이것이 신요에서 소조한 자기를 가리키며, 이 신요가 그저 새로운 요장이라는 의미가 아니라 특정한 요장을 가리키는 명칭(專稱)이라는 점은 이미 앞에서 언급한 바가 있다. "新窯"의 실체에 대하여 최초로 구체적인 견해를 밝힌 것은 아마도 元末明初의 曹昭일 것이다. 그는 『格古要論』卷下 古窯器論條에서 다음과 같이 언급하였다.

(D) 官窯, 宋修內司燒者, 土脉細潤, 色靑帶粉紅, 濃淡不一, 有蟹爪紋, 紫口鐵足, 色好者與汝窯相類. 有黑土者, 謂之烏泥窯. 僞者皆龍泉燒者, 無紋路.[20]

사료(D)의 내용 가운데 일부는 『백보총진집』 靑器條의 그것과 매우 흡사하다. 예컨대, "宋修內司燒者"·"色好者與汝窯相類"·"僞者皆龍泉燒者" 등이 그것들이다. 李仲謨의 정치한 연구에 따르면, 이것들의 來源은 『백보총진집』 靑器條가 분명하다.[21] 『격고요론』의 "宋修內司燒者"는 『백보총진집』의 "修內司自燒者"에 의거하여 서술한 것이라는 이야기가 되는 셈인데, 흥미로운 것은 『백보총진집』에서는 "新窯"가 "修內司自燒者"라고 한 반면, 『격고요론』에는 "官窯"가 "宋修內司燒者"라고 한 점이다. 이는 곧 조소가 문제의 "新窯"를 "官窯"로 파악했음을 의미한다. "官窯"가 남송관요자기일 것이라는 점에는 의문을 제기하는 사람이 없지만,[22] 조소가 무엇을 근거로 하여 "新窯"를 남송관요자기로 파악하였는지는 명확히 드러나 있지 않다. 그리고 그것이 수내사관요자기와 교단하관요자기 모두를 가리키는 것인지, 아니면 그 가운데 어느 한쪽을 가리키는지도 분명하지 않다.

한편, 李仲謨는『탄재필형』에서 "後郊壇下別立新窯"라고 한 대목에 주목하여『백보총진집』에 보이는 "新窯"가 곧 우리가 말하는 교단하관요자기를 가리키는 것이 아닐까 하는 가설을 제출하였다. 즉 "後郊壇下別立新窯"의 "新窯"는 본래 특정한 요장을 가리키는 명칭이 아니라 그저 새로운 요장이라는 의미였지만, 후에 교단하관요를 가리키는 명칭으로 굳어졌을 가능성이 있다고 주장하였다.[23] 흥미로운 견해지만, 실제에 있어서 그러하였으리라고 보기에는 다음과 같은 의문이 남는다.

『백보총진집』의 靑器條에는 고종시기에 여요자기와 고려자기 및 신요자기의 가격이 매우 높았다고 되어 있다("高廟在日瞰直錢"). 이는 당시 이것들이 대표적인 청기로서 매우 귀하고 아울러 사람들에게 높게 평가되었음을 의미한다. 그런데『탄재필형』에 의하면(사료A), 교단하관요자기는 수내사관요자기에 비하여 "大不侔矣", 즉 크게 미치지 못한다고 하였다.[24] 양자에 대한『탄재필형』의 평가가 당시 사람들의 그것과 크게 다르지 않다면, 결국 당시 사람들의 평가에 있어서 교단하관요자기는 수내사관요자기에 미치지 못하였다는 이야기가 되는 셈이다. 그럼에도 불구하고 과연 당시 골동시장의 사정에 밝았을『백보총진집』의 찬자가 실제에 있어서 여요자기나 고려자기와 어깨를 나란히 하는 대표적인 청기로 수내사관요자기를 돌려놓고 교단하관요자기를 꼽았을까? 이는 커다란 의문이 아닐 수 없다.

이러한 관점에서 보면, "新窯"자기를 제작한 요장으로서 수내사관요를 떠올리는 것은 지극히 자연스러운 일이 될 것이다.『탄재필형』에 따르면, 수내사관요의 본래 명칭은 "內窯"였다(사료A). 그러므로 만약 수내사관요가 신요로 불렸다면 그것은 수내사관요의 별칭이 되는 셈이다. 당시 실제에 있어서 수내사관요가 그러한 별칭으로 불렸는지는 구체적으로 확인할 길이 없다. 그렇지만 당시 하나의 요장이 다양한 별칭으로 불리기도 한 것은 흔한 일이었다. 예컨대『탄재필형』에 따르면 문제의 수내사관요의 본래 명칭은 "內窯"였지만, 같은 책에서 그것을 "官窯"로 칭하기도 하였다(사료A).[25] 그리고『咸淳臨安志』에서는 그것을 "靑器窯"라고 칭하였다.[26]

新窯라는 명칭은 舊窯에 대한 상대적인 개념으로 쓰이는 경우가 일반적이다.『탄재필형』에서 시간적으로 먼저 설립된 수내사관요를 "舊窯"로 칭한 반면, 뒤에 설립된 교단하관요를 "新窯"로 칭한 것이나, 많은 연구자들이 흔히『선화봉사고려도경』에 보이는 "汝州新窯器"에 대한 상대적인 개념으로서 여주구요기의 존재를 상정하는 것이 그 좋은 예이다.『탄재필형』에서 수내사관요가 "舊窯"로 칭하여지기도 하였다는 점에서 보면, 이 요장이 신요라는 별칭으로 불리기도 하였을 가능성은 낮다고 생각될지도 모른다. 하지만 이렇게 단정하는 것은 성급한 판단이다. 여기에서 우리는 수내사관요가 "故京遺製"를 계승하여 설립되었다고 한 점에 주목할 필요가 있다[사료(A)].

"故京遺製"는 휘종 정화연간에 "官窯"를 설립·운영한 것을 가리킨다. 우리가 흔히 말하는 북송관요가 그것이다. 따라서 수내사관요가 "故京遺製"를 계승하여 설립되었다는 것은 곧 수내사관요가 북송관요의 맥을 이은 것임을 의미한다. 송대관요의 시간적 선후관계나 계승 관계의 측면에서 볼 때에는, 북송관요는 구요가 되며, 수내사관요는 신요가 되는 셈이다. 이 점을 중시하면, 당시 수내사관요가 신요라는 별칭으로 불렸다고 하더라도 조금도 이상한 일이 아니다. 그리고 이러한 관점에서 볼 때, 『백보총진집』에 보이는 문제의 "新窯"는 수내사관요자기를 가리킬 가능성이 높다고 판단된다. 그렇다면 『백보총진집』의 靑器條에서 "新窯, 修內司自燒者"라고 한 대목은 결국 수내사관요자기가 곧 "修內司自燒者"라는 의미가 될 것이다.

여기에서 "修內司自燒者"는 어떻게 이해되어야 하는 것일까? 이제까지 이 대목에 주목한 연구자들이 거의 예외 없이 "自燒"를 주요 근거로 하여 이 요장을 설립하고 운영·관리한 주체가 바로 수내사라고 주장하였다는 점은 이미 앞에서 언급하였다. 또한 그것이 『탄재필형』의 내용과 상치된다는 점도 지적하였다. 그런데 "自燒"와 修內司의 관계를 좀 더 면밀히 살펴보면, 과연 수내사가 이 요장을 설립하고 운영하였다고 해석할 수 있을 지 의문이다.

"自燒"는 소성하는 주체가 자발적, 즉 자의에 따라 무엇을 소성한다는 의미이다. 예컨대, 수내사가 조정이나 특정 관부의 명령에 따라 소성하였다면, 그 경우에 "自燒"하였다고 하는 것은 지극히 부자연스럽다. 그러므로 만약 수내사가 수내사관요자기를 "自燒"하였다면, 그것은 곧 수내사가 자유 의지에 따라 수내사관요를 설립하고 운영·관리하였음을 의미한다고 보는 것이 타당할 것이다. 과연 실제에 있어서 그러하였을까?

수내사는 궁정의 일을 처리하는 하급관부로서 본래 "皇城內宮省垣宇繕修之事"를 관장하였으며,[27] 비교적 관품이 낮은 內侍들이 그 勾當官으로 임명되었다.[28] 한편, 『함순임안지』에는 수내사관요가 "靑器窯"라는 명칭으로[29] 內諸司條에 동·서·남·북의 4庫와 八作司·敎樂所와 함께 御前內轄司의 아래에 병렬되어 있다.[30] 이는 수내사관요가 특정 요장

임과 아울러 內諸司에 속한 특정 관부였음을 의미한다. 수내사가 수내사관요자기를 "自燒"하였다는 것은 곧 하급관부인 수내사가 자의적으로 內諸司의 특정한 관부인 수내사관요를 설립하였음을 전제로 하는데, 실제에 있어서 이러한 일이 일어났을 가능성은 배제하여도 좋을 것이다. 설사 수내사가 수내사관요의 설립에 관여하였을 가능성을 상정하더라도, 그것은 다만 조정의 명령에 따른 것이었으리라고 보는 것이 타당할 것이다.

또한, 수내사관요를 포함한 남송관요는 조정이나 궁정의 엄격한 관리체제 아래에 있었다. 예컨대, 생산하는 기종과 기형 그리고 그 수량 및 납품기한 등이 조정이나 궁정에 의해서 정해졌으며, 생산하여 選品 과정을 통과한 完成品은 원칙적으로 모두 供御하고 그 과정에서 탈락한 殘次品들은 모두 깨뜨려 일반으로 흘러들어가는 것을 원천적으로 봉쇄하였다.[31] 그러므로 설령 수내사가 수내사관요를 운영하고 관리하였을 경우를 상정하더라도, 그 과정에 수내사가 자의적으로 개입할 수 있는 여지는 매우 한정되었다고 할 수 있다. 즉, 수내사관요의 운영과 관리의 측면에서 보아도, 수내사가 수내사관요자기를 "自燒"하였을 가능성은 희박하다고 할 수 있다.

따라서 "修內司自燒者"를 두고 수내사관요자기를 수내사가 "自燒"하였다는 의미로 파악한 이제까지의 이해에는 동의하기 힘들다. 문제의 "修內司自燒者"를 새롭게 이해할 필요가 있다고 생각하는 것이다.

그런데 앞서 제기한 "修內司自燒者"에 대한 기존의 이해와 관련된 의문과 문제점들은 모두 "修內司自燒者"에서 "修內司"를 "自燒"의 주체로 해석한 데에서 파생되었다고 할 수 있다. 즉 "修內司"를 "自燒"의 주체로 파악하여 수내사라는 관부로 이해하는 한, 수내사관요자기를 수내사가 "自燒"하였다는 결론에 이르는 길은 피할 수가 없다. 그러나 문제의 "修內司"를 반드시 그렇게 파악해야만 되는 것은 아니다. 그것을 지리적 위치를 나타내는 개념으로 파악하여도 전혀 문제가 없다.[32] 이 경우 "修內司自燒者"는 "于修內司自燒者"나 "自燒于修內司者", 즉 수내사에서 자소한 것이라는 의미가 될 것이다. 이와 같이 지리적 위치를 나타내는 말을 동사의 앞에 도치시키는 것은 고대한어에서 흔히 쓰이는 용법이다. 앞서 인용한 사료(B)에서도 이러한 용례를 찾을 수 있다. "新窯, 修內司自燒者"에 바로 뒤 이어 나오는 대목, 즉 "自後僞者, 皆是龍泉燒造者"가 그것이다. 이 대목은 일견하여 앞의 "新窯, 修內司自燒者"와 거의 흡사한 문장 구조로 이루어져 있음을 알 수 있다. "自後僞者"는 "新窯"에, "龍泉"은 "修內司"에, "燒造者"는 "自燒者"에 정확히 대응한다. 이 경우도 "龍泉"이 주어처럼 동사의 앞에 위치하고 있지만, 그것은 지리적 위치를 나타내는 부사적 의미로 해석해야 문맥이 무리 없이 통하게 된다. 즉 "自後僞者, 皆是龍泉燒造者"는 "그 후에 위조한 것들은 모두 龍泉에서 燒造한 것이다"라는 의미로 해석하는 것이 타당하다고 생각되는 것이다. 사료(C)에 보이는 "靑瓷器……近臨安亦自燒之"의 경우도 마찬가지이다. 이 경우도 지리적 위치를 나타내는 부사어인 "臨安"이 동사인 "自燒"의 앞에 도치되었다고 보아야 할 것이다.

"修內司自燒者"의 "修內司"를 지리적 위치를 나타내는 개념으로 파악하여, "修內司自燒者"의 의미를 수내사관요자기가 "修內司에서 自燒한 것이다"라는 의미로 해석하고 나면, 이 대목에 대한 기존의 견해가 안고 있는 적지 않은 의문과 문제점들이 해소되게 된다. 다만 이렇게 해석할 경우 "自燒"의 주체가 누구인지 분명하게 드러나 있지 않은 점이 새로운 의문으로 제기될지 모르겠다. 하지만 "自燒"의 주체가 누구인지 명시하지 않아도 누구나 알 수 있다면, 그것은 굳이 드러내지 않는 편이 더 자연스러운 일이 아닐까? 오로지 어용자기의 생산을 목적으로 수내사관요를 설립하고 운영·관리한 주체가 조정이나 궁정일 것이라는 점은 다 아는 일일 것이다.

이렇게 이해하고 보면, 『백보총진집』 青器條의 수내사관요와 관련된 대목, 즉 "新窯, 修內司自燒者"과 『탄재필형』에 보이는 수내사관요와 관련된 대목, 즉 "置窯于修內司, 造青器, 名內窯"는 내용상 전혀 상치되는 바가 없다고 할 수 있다. "新窯"와 "修內司自燒者"가 각각 "內窯"와 "置窯于修內司, 造青器"에 정확하게 일치한다고 볼 수 있다. 요컨대, 『탄재필형』과 『백보총진집』에 보이는 수내사관요와 관련된 기록은 사실상 거의 동일한 사실을 전하고 있는 셈이다.

이상의 검토에 큰 무리가 없다면, 수내사가 직접 수내사관요를 설립하고 운영 및 관리하였다는 견해는 그 중요한 근거를 상실하게 된 셈이다. 적어도 우리의 관점에서 보면, 비록 수내사관요가 수내사의 관할구역 안에 설립되었지만, 그 설립·운영·관리 등의 측면에서 그다지 깊숙이 관여했다고 보기 힘들다. 『함순임안지』에 수내사관요를 가리키는 "雄武營山上"의 "青器窯"가[33] 수내사가 아닌 御前內轄司에 예속된 것으로 기록되어 있다는 점이 이를 더욱 뒷받침해준다.[34]

3. 『운록만초』에 보이는 "近臨安亦自燒之, 殊勝二處"의 신해석

『운록만초』에 보이는 남송관요와 관련된 대목, 즉 "近臨安亦自燒之, 殊勝二處"는 青瓷器의 來源 등을 설명하는 항목의 마지막 부분에 간단하게 언급되어 있다. 이 대목을 토대로 많은 연구자들이 『운록만초』가 완성된 개희 2년(1206)보다 몇 년 앞선 해부터 임안에서 비로소 "殊勝二處"의 청자기, 즉 관요자기를 생산하기 시작하였으며 그 요장이 교단하관요라고 이해하였다는 점은 이미 앞에서 설명하였다. 이러한 견해에 대한 의문은 다음 두 가지로 요약할 수 있다. 그 하나는 "殊勝二處"의 청자기를 생산한 임안의 요장이 과연 교단하관요일까 하는 점이다. 만약 그 요장이 교단하관요라면, 『탄재필형』에 그보다 앞서 청자기를 생산하기 시작한 것으로 되어 있는 수내사관요는 아예 존재하지 않았거나,[35] 존재하였지만 당시 이미 閉窯되었거나,[36] 임안이 아닌 다른 곳에 있었다는 이야기가 된다.[37] 또 다른 하나는 임안에서 그러한 청자기를 생산하기 시작한 시점이 과연 『운록만초』가 成稿된 개희 2년(1206)보다 몇 년 앞선 해인가 하는 점이다. 이 문제는 이 요장의 설립시기 문제와 직접적으로 맞물려 있다. 먼저 첫 번째 의문부터 살펴보기로 하자.

『운록만초』에 보이는 "近臨安亦自燒之, 殊勝二處"에 주목한 많은 연구자들이 일찍부터 이 요장을 교단하관요로 파악한 것은 주로 금세기에 접어들기 이전까지의 고고학적 근거를 토대로 한 것이었다. 즉 "殊勝二處"의 뛰어난 자기를 소조한 요장은 필경 관요일 터인데, 그때까지 임안, 즉 오늘날의 항주에서 그러한 관요지가 발견된 것은 교단하관요지뿐이었다. 따라서 그들은 기본적으로 임안에 수내사관요가 있었다는 점에 회의적이었다. 이러한 입장에 서 있던 연구자들이 문제의 요장을 교단하관요로 파악하는 것은 어쩌면 당연한 일인지도 모르겠다. 하지만 1996년에 항주의 봉황산에서 노호동요지가 발견되고 아울러 1998~2001년에 두 차례에 걸쳐 정식 발굴됨으로서[38] 그러한 근거는 사실상 기능을 거의 상실하였다고 보아도 좋을 듯하다(도1). 대다수의 연구자들이 이 요지가 곧 수내사관요지라고 믿고 있기 때문이다.[39] 이 요지에서 남송시기에 제작된 것으로 판단되는 "修內司窯置更子年……□□□□匠師造記" 銘의 갓모(蕩箍)가 출토되었기 때문에 이 요지가 수내사관요지라는 것을 부정하기는 어려울 것으로 보인다(도2).[40] 이 명문에 보이는 "更子年"

[도1] 老虎洞窯址 全景

은 淳熙 7년(1180)으로 추정되고 있다.[41]

수내사관요가 임안에 있었음을 부정할 수 없다면, 문제의 "殊勝二處"의 청자기를 소조한 요장에서 수내사관요를 제외할 까닭이 없다. 『탄재필형』에 따르면, 수내사관요에서는 교단하관요에 앞서 그곳에서 제작한 자기보다

[도2] "修內司窯"銘갓모, 老虎洞窯址 출토

뛰어난 자기를 생산한 것으로 되어 있기 때문이다[사료(A)]. 요컨대, 당시 임안에서 "殊勝二處"의 청자기를 생산하던 문제의 요장은 수내사관요와 교단하관요를 모두 아우르는, 즉 남송관요 자체를 의미한다고 보는

것이 타당할 것이다. 이러한 견지에 서면, 많은 연구자들이 『운록만초』에 보이는 "近臨安亦自燒之, 殊勝二處"에 대한 해석을 토대로 그 책이 완성된 개희 2년(1206)보다 몇 년 앞선 해에 임안에서 비로소 관요자기를 생산하기 시작하였을 것이라고 주장한 것은 그 중요한 근거의 하나를 잃어버린 셈이라고 할 수 있다.

적지 않은 연구자들이 개희 2년(1206)보다 몇 년 앞선 해에 임안에서 비로소 관요자기를 생산하기 시작하였을 것이라고 주장하는 또 다른 근거는 『운록만초』의 "近臨安亦自燒之, 殊勝二處"에 보이는 "近"의 시점에 대한 해석이다. 그들은 그 시간적 범주를 이 책이 완성되기 직전의 몇 년간으로 한정한 것이다. 이러한 이해는 타당한 것일까? 이것이 앞서 제기한 두 번째 의문이다.

近은 遠에 상반되는 개념으로, 실제 용례에 있어서는 매우 상대적인 의미로 사용될 수 있다. 예컨대, 100년 전은 현재를 사는 젊은 사람들에게는 遠에 해당할 수 있겠지만, 전체 역사의 측면에서 보면 近에 해당하게 될 것이다. 뿐만 아니라 近은 그 말을 사용하는 사람에 따라서도 그 시간적 범주가 다르게 마련이다. 각 개인의 언어습관이 한결같지 않기 때문이다. 그러므로 『운록만초』에 보이는 이 기록[사료(C)]의 "近"의 의미를 보다 정확히 이해하기 위해서는 그 찬자인 趙彦衛가 문제의 "近"을 어떠한 상황에서 사용하였으며, 그의 近에 대한 언어습관이 어떠하였는지를 살펴보는 것도 도움이 될 듯하다.

『운록만초』의 청자기와 관련된 내용이 쓰여진 구체적인 시점은 알 수 없지만, 이 책이 완성된 연도(개희 2년: 1206)와 이 책을 저술한 조언위의 생몰연도(1140~1206년 이후)[42] 등을 고려해 볼 때, 1206년 이전의 남송 중엽 무렵에 서술되었을 가능성이 높다. 또한 이 청자기와 관련된 내용은 청자기의 出自에 대한 당시 사람들의 일반적 인식, 越州와 당시 龍泉에서 생산한 청자기의 색깔, 唐의 陸龜蒙의 〈進越器〉詩를 통한 청자기의 출자에 대한 고증, 남송관요자기의 출현과 그 우수성 등에 대한 것으로 구성되어 있는데, 이 내용들의 시간적 범주는 당대~남송 중엽이다. 따라서『운록만초』에 보이는 "近"은 조언위가 그러한 시간적 범주 안에서 언급한 것이라고 할 수 있다.

이 점을 염두에 두면, 문제의 "近"을 반드시『운록만초』가 成稿된 개희 2년(1206)보다 몇 년 앞선 해로 단정할 이유는 없다. 당대~남송 중엽의 긴 시간적 범주 안에서 보면, 설사 조언위가 수내사관요가 설립된 남송초기를 "近"으로 표현했다고 하여도 조금도 이상한 일이 아닐 것이다. 이러한 점은『운록만초』에 실려 있는 조언위의 自序에서도 확인할 수 있다.

(E)『擁鑪閒紀』十卷, 近刊於漢東學宮, 頗有索觀者, 無以應其求, 承乏來此, 適有見版, 倂後五卷, 刻諸郡齋. 近有『避暑錄』, 似與之爲對, 易曰雲麓漫鈔云. 開禧二年重陽日, 新安郡守趙彦衛景安書於黃山堂.[43]

조언위는 여기에서 두 차례 "近"字를 사용하였다. "『擁鑪閒紀』十卷, 近刊於漢東學宮"과 "近有『避暑錄』"에 보이는 것이 그것이다. 전자의 경우 漢東學宮에서『擁鑪閒紀』을 간행한 사실을 전하는데, 漢東은 隨州의 舊名이다. 그는 嘉泰 2년(1202)~4년(1204)에 知隨州를 역임했으므로,[44] 이 책은 이 시기에 간행되었을 것이다. 요컨대 이 대목에서 조언위는 개희 2년(1206)의 시점에서 2~4년 전을 "近"으로 표현한 것이다.

그러나 후자의 경우는 조금 사정이 다르다. 후자는『피서록』에 대해서 언급한 것인데,『피서록』은 [宋]葉夢得이 찬한『避暑錄話』를 가리키는 것으로, 흔히『피서록』으로 略稱되었다.[45]『피서록화』에는 소흥 5년

(1135) 6월 11일에 쓴 엽몽득의 自序가 실려 있어 이 해에 찬술된 것으로 여겨지고 있지만, 그보다 몇 년 뒤인 소흥 7~8년경의 작품이라는 견해도 있다.[46] 아무튼 소흥 초년경의 작품인 것만은 분명하다. 그렇다면 조언위는 이 대목에서 대략 70년 전을 "近"으로 표현한 셈이다. 즉 조언위의 언어습관에서 近은 비교적 긴 시간적 범주 안에서 다양한 시점을 표현하는 개념으로 사용되었다. 그러므로 "近臨安亦自燒之, 殊勝二處"에 보이는 "近" 역시 개희 2년(1206)보다 몇 년 앞선 해로 못 박아야 할 이유는 없다.

이상의 검토를 통하여 볼 때, 『운록만초』의 "近臨安亦自燒之, 殊勝二處"를 토대로 하여 임안에서 그러한 "殊勝二處"의 청자기를 생산한 요장이 교단하관요라는 주장이나, 임안에서 그러한 청자기, 즉 관요자기를 생산하기 시작한 시점이 그 책이 찬술된 개희 2년(1206)보다 몇 년 앞선 해일 것이라는 주장은 모두 성립되기 힘들다고 판단된다. 결과적으로 『雲麓漫鈔』의 해당 대목 역시, 『백보총진집』의 靑器條의 경우와 마찬가지로, 임안의 수내사관요에서 소흥 32년(1162) 이전에 이미 관요자기를 제작하기 시작하였음을 알려주는 『탄재필형』의 해당 내용[사료(A)]과 전혀 상치되지 않는다고 할 수 있다. 다만 『운록만초』의 경우, 『탄재필형』의 경우보다 상대적으로 덜 구체적으로 서술하였다는 점이 다를 뿐이다.

4. 나머지말—"自燒" 의미의 재음미

남송 중엽경에 찬술된 『탄재필형』과 『백보총진집』 및 『운록만초』는 남송관요의 연구에 있어서 핵심적인 문헌으로 꼽힌다. 그런데 적지 않은 연구자들은 각각 『백보총진집』과 『운록만초』에 보이는 남송관요와 관련된 내용이 『탄재필형』의 그것과 상치되는 것처럼 이해해왔다. 과연 남송관요가 설립되고 운영되던 시기를 살았던 세 문헌의 찬자들은 실제에 있어서 남송관요와 관련된 상치된 내용을 남긴 것일까? 필자는 남송관요의 연구를 시작한 이래 줄곧 이러한 의문을 품어왔다. 이 연구는 그러한 오래된 의문을 해결할 요량으로 착수한 것이다. 그리고 그 결과 각각 『백보총진집』과 『운록만초』에 보이는 남송관요와 관련된 대목이 『탄재필형』의 그것과 상치되지 않고, 거의 동일한 내용을 전한다는 결론에 이르게 되었다.

그런데 『백보총진집』과 『운록만초』의 해당 기록을 검토하는 과정에서 필자는 한 가지 흥미로운 사실에 주목하게 되었다. 두 기록 모두에 남송관요자기의 소조와 관련하여 굳이 "自燒"라는 말을 사용하였다는 점이다. 그런데 이 두 경우와 유사한 또 다른 예를 찾을 수 있다.

(F) 宋葉寘 『坦齋筆衡』云……政和間, 京師自置窯燒造, 名曰官窯.[47]

사료(F)는 『탄재필형』에 보이는 북송관요와 관련된 내용이다. 이 기록에서 주목해 보아야 할 대목은 "京師自置窯燒造"인데, "京師"가 당시의 도성인 동경(오늘날의 開封市)을 가리키는 부사어라는 점과[48] "自置窯燒造"가 『백보총진집』과 『운록만초』에 보이는 "自燒"와 동일한 의미일 것이라는 점은[49] 이미 언급한 바가 있다. 이렇게 보면, 흥미롭게도 세 문헌 모두에서 사실상 自燒라는 말을 사용한 셈이 된다. 그리고 自燒의 대상이 한결같지는 않지만, 그것들이 모두 관요자기였다는 점에서는 동일하다. 自燒는 관요자기와 어떤 관계가 있는 것일까?

관요자기를 주로 사용하는 곳은 궁중이다. 그런데 궁중에서 어용자기를 조달하는 방식으로는 직접 관요(어요)를 설립하여 소조하는 방식(自燒) 이외에도 다양한 방식이 있었다. 예컨대, 지방의 여러 요장에서 제작한 자기를 공납 받거나(土貢) 구매하거나 注文制의 방식으로 조달하는 것 등이 있었는데, 『운록만초』에 언급된 월요 비색자 등은 土貢의 방식으로, 정요의 경우는 구매의 방식으로, 『백보총진집』 보이는 여요자기 등은 注文制의 방식으로 조달한 대표적인 예들이라고 생각한다.[50] 북송 말기 이전에는 自燒의 방식은 아예 존재하지 않았다. 이 시기의 문헌 등에 어용자기와 관련하여 自燒라는 말이 전혀 등장하지 않는 것은 이러한 이유 때문이다. 휘종 정화연간(1111~1117)에 북송관요가 설립되면서 비로소 새로운 自燒의 방식이 출현하고, 이때부터 어용자기의 조달과 관련하여 自燒라는 말이 사용되기 시작하였던 것이다.

어용자기와 관련된 自燒의 주체는 조정이나 궁중이 될 수밖에 없으며, 이러한 사실은 누구나 알 수 있는 일이다. 세 문헌에 自燒의 주체를 굳이 명시하지 않은 것은 그러한 이유 때문일 것이다. 그리고 이러한 사실은, 적지 않은 연구자들이 이해해온 바와 달리, 각각 『백보총진집』과 『운록만초』와 『탄재필형』에 보이는 "修內司"와 "臨安"과 "京師"가 관요자기의 自燒의 주체가 아님을 다시 한 번 알려주는 것이라고 생각한다.

[이 장은 『美術史學硏究』 285호(2015)에 게재된 「相馳? 相同?―『百寶總珍集』과 『雲麓漫鈔』에 보이는 南宋官窯 관련 기록의 再檢討」의 제목을 고치고 일부 내용을 수정 및 보완한 것이다]

제1장 주석

01 [元]陶宗儀 撰, 『南村輟耕錄』 卷29 窯器, 中華書局點校本, 中華書局, 1959, 362~363쪽: "[宋]葉寘의 『坦齋筆衡』에 말하기를, ……宋이 南遷한 후, 邵成章이 提擧後苑이 되어, 邵局으로 칭하였는데, 故京의 遺制를 이어서, 修內司에 窯를 설치하고, 靑器를 제작하여, 內窯라고 이름하였다. 잘 수비한 흙으로 成形하여 극히 精緻하고, 釉色이 瑩徹하여, 세상 사람들이 귀하게 여겼다. 후에 郊壇下에 별도로 新窯를 세웠는데, 舊窯에 비하여 크게 떨어진다. 그 밖에 烏泥窯·餘杭窯·續窯 같은 것들은 모두 官窯에 비할 바가 되지 못한다. 혹 옛 越窯를 일컫지만, 다시는 볼 수 없다고 하였다."

02 李民擧, 「宋官窯論稿」, 『文物』 1994년 제8기, 49쪽.

03 傅振倫, 『《陶說》譯注』, 輕工業出版社, 1984, 76쪽.

04 邵諤의 관직활동에 대해서는 李民擧, 「宋官窯論稿」, 『文物』 1994년 제8기, 49쪽 참조.

05 남송시기의 수내사와 수내사영의 위치에 대해서는 李喜寬, 「南宋前期官窯新探」, 『東方博物』 제35집, 2010, 30~33쪽; 「有關南宋後期官窯的幾個問題」, 『故宮博物院院刊』 2009년 제3기, 11~20쪽 참조.

06 李喜寬, 「北宋官窯與"京師"及"惟用汝器"—北宋官窯研究序說」, 『故宮博物院院刊』 2010년 제5기, 66쪽.

07 北京大學圖書館藏淸抄本에는 "土"가 "上"으로 되어 있는데([宋]佚名, 『百寶總珍集』 卷9 靑器, 北京大學圖書館藏淸鈔本, 『四庫全書存目叢書』 子部 제78책, 齊魯書社, 1995, 809쪽), 아래의 註釋에 "汝窯土脉滋媚"라고 한 내용 등으로 미루어 볼 때, "土"를 잘못 옮긴 것이 분명하다.

08 [宋]佚名 撰, 『百寶總珍集』 卷9 靑器, 北京大學圖書館藏淸鈔本, 『四庫全書存目叢書』 子部 제78책, 齊魯書社, 1995, 809쪽: "汝窯瓷器는 土質이 매우 좋으며, 高麗瓷器와 新窯瓷器가 모두 같은 부류이다. 高宗代에는 값어치가 매우 높았는데, 지금은 그 가격을 경시한다. (汝窯瓷器는 土質이 좋고, 高麗의 기물과 같은 부류이다. 鷄爪紋이 있는 것은 眞品으로 인정하고, 문양이 없는 것은 더욱 좋다. 이 기물은 北地에서 나온다. 新窯瓷器는 修內司自燒者이다. 이후의 假品은 모두 龍泉에서 燒造한 것이다.) [( )안은 주석]

09 『百寶總珍集』과 그 撰者에 대해서는 李仲謀, 「汝窯史料研究二則」, 『中國古

陶瓷硏究』제7집, 2001, 74~75쪽 참조.
10　李仲謨,「汝窯史料硏究二則」,『中國古陶瓷硏究』제7집, 2001, 76쪽; 劉未, 「邵諤、王晉錫與修內司窯」,『故宮博物院院刊』2010년 제5기, 125쪽.
11　劉未도 그렇게 이해하였다. 劉未,「邵諤、王晉錫與修內司窯」,『故宮博物院院刊』2010년 제5기, 125~127쪽 참조.
12　[元]陶宗儀 撰,『南村輟耕錄』卷29 窯器, 中華書局點校本, 中華書局, 1959, 363쪽: "政和間, 京師自置窯燒造, 名曰官窯."
13　李仲謨,「汝窯史料硏究二則」,『中國古陶瓷硏究』제7집, 2001, 76쪽.
14　단, 張南原은 "高麗新窯皆相類"에 보이는 "高麗新窯"를 "高麗窯와 新窯"가 아니라 "高麗의 新窯"로 파악하고, 그것이 12세기 전반기에 여요의 영향으로 새롭게 제작되기 시작한 품질이 뛰어난 고려청자를 가리킨다고 주장하였다(장남원,『고려중기 청자 연구』, 혜안, 2006, 288~289쪽). 흥미로운 견해라고 생각되지만, 이 詩의 註釋 부분에 "高麗新窯"의 "高麗"와 "新窯"는 각각 "高麗器物"과 "修內司自燒者"를 가리키는 것으로 되어 있다. 즉 양자는 별개의 요장에서 제작한 것이 분명하므로 그렇게 해석하는 것은 무리가 있다고 판단된다.
15　『雲麓漫鈔』에는 開禧 2년(1206)에 쓴 趙彦衛의 自序가 있다([宋]趙彦衛 撰(傅根淸 點校),『雲麓漫鈔』序, 中華書局, 1996, 2쪽).
16　[宋]趙彦衛 撰(傅根淸 點校),『雲麓漫鈔』卷10, 中華書局, 1996, 171쪽: "靑甆器는, 모두 이르기를, "李王에서 비롯되었으며, 秘色으로 칭했다"고 한다. 또는 "錢王에서 비롯되었다"고도 한다. 지금 處州의 龍泉에서 나오는 것은 색이 粉靑이고 越州에서 나온 것은 艾色이다. [唐]陸龜蒙의 進越器詩가 있는데, 거기에 이르기를, "가을 風露 속에 越窯가 열리니, 千峰의 翠色을 빼앗아 온 듯하구나. 그 越器로 깊은 밤 이슬을 받아 稽康과 함께 잔을 나누리라"고 하였다. 그러므로 江南과 錢王에서 시작되었다는 것은 모두 틀린 것이다. 근래 臨安에서도 그것을 自燒하는데, 두 곳을 크게 능가한다."
17　대다수의 연구자들은 이 대목에 보이는 "臨安"이 지리적 위치를 가리키는 것으로 부사어로 이해하고 있다. 다만, 李剛은 그것이 이 대목의 주어로서 남송의 조정을 가리킨다고 주장하였다(李剛,「宋代官窯探索」,『東南文化』1996년 제1기:『古瓷發微』, 浙江人民美術出版社, 1999, 116쪽). 이렇게 본다면, 趙彦衛는 이 대목에서 이 요장의 지리적 위치를 명시하지 않았다는 이야기가 된다

(李剛,「南宋官窯槪論」,『東方博物』제46집, 2013, 57~58쪽). 그렇지만 "臨安"을 그렇게 이해할 수 있을지에 대해서는 의문이 있다. 먼저, 趙彦衛가 과연 실제에 있어서 그 요장의 지리적 위치를 밝히지 않았을까 하는 점이다. 조언위의 생몰연도(1140~1206년 이후) 등을 고려해 볼 때(傅根淸,「前言」, [宋]趙彦衛 撰(傅根淸 點校),『雲麓漫鈔』, 中華書局, 1996, 1쪽) 그는 그 지리적 위치를 알고 있었을 공산이 크거니와, 이 경우 사료C의 성격에 비추어 볼 때 그 위치를 명시하지 않았을 가능성은 매우 낮다고 생각한다. 그리고『운록만초』에는 이 대목 이외에도 20여 차례나 "臨安"을 언급하였는데, 필자가 검토한 바에 따르면, 모두 지리적 위치를 의미할 뿐 남송의 조정을 가리키는 의미로 쓰인 경우는 찾을 수가 없었다. 이러한 견지에서 문제의 "臨安"은 대다수의 연구자들이 파악하고 있는 바와 같이 지리적 위치를 가리키는 부사어로 보는 것이 타당하다고 생각한다.

18 井上健太郎,「南宋修內司官窯の中日(華)見解の相違とその對策」,『陶說』188, 1968, 12쪽; 阮平爾,「南宋官窯新探」,『東南文化』1987년 제2기, 86쪽; 李剛,「論宋代官窯的形成」,『東南文化』1989년 제6기;『古瓷新探』, 浙江人民出版社, 1990, 101~102쪽; 李民擧,「宋官窯論稿」,『文物』1994년 제8기, 50~51쪽; 鄧禾穎,「南宋官窯探微—對南宋官窯若干問題的回顧與思考」,『東南文化』2003년 제5기, 71쪽; 沈岳明,「低嶺頭類型再認識」,『南宋官窯文集』, 文物出版社, 2004, 85쪽. 단 荒井幸雄은 "近"이 어느 때를 가리키는지 분명히 알 수 없다고 하였다(荒井幸雄,「南宋官窯開窯時期に關する一考察」,『東洋陶磁』1, 1974, 51쪽). 그리고 劉毅는 조언위가 사료(C)를 언제 찬술하였는지 정확히 알 수 없다고 주장하였다(劉毅,「從汝官窯到郊壇下官窯的傳遞」,『南宋官窯文集』, 文物出版社, 2004, 130쪽).

19 井上健太郎,「南宋修內司官窯の中日(華)見解の相違とその對策」,『陶說』188, 1968, 12쪽; 阮平爾,「南宋官窯新探」,『東南文化』1987년 제2기, 86쪽; 李剛,「論宋代官窯的形成」,『東南文化』1989년 제6기;『古瓷新探』, 浙江人民出版社, 1990, 101~102쪽; 鄧禾穎,「南宋官窯探微—對南宋官窯若干問題的回顧與思考」,『東南文化』2003년 제5기, 71쪽; 鄭建華,「關于修內司官窯問題的思考」,『南宋官窯文集』, 文物出版社, 2004, 51쪽; 沈岳明,「"官窯"三題」,『故宮博物院院刊』2010년 제5기, 25쪽 참조. 단 李民擧는 이 요장을 郊壇窯의 前期에 해당하는 臨安窯로 파악하였다. 그는 이 임안요가 민요로서 남송초기에 개요하였으며, 남송 중엽인 嘉泰 4년(1204)에 수내사관요를 대체하면서 관요(교단하관요)가 되었다고 주장한다(李民擧,「宋官窯論稿」,『文物』1994년 제

8기, 50~51쪽). 그러나 필자는 수내사관요가 교단하관요로 대체되었다는 가설 자체를 신뢰하지 않기 때문에 그의 견해에 동의하지 않는다. 수내사관요가 교단하관요로 대체되지 않고 두 요장이 남송이 멸망할 때까지 병존하였다는 점에 대한 자세한 내용은 李喜寬, 「南宋前期官窯新探」, 『東方博物』 제35집, 2010, 26~38쪽; 「有關南宋後期官窯的幾個問題」, 『故宮博物院院刊』 2009년 제3기, 6~23쪽을 참조하라.

20 [明]曹昭 撰, 『格古要論』 卷下 古窯器論, 文淵閣四庫全書本, 『景印文淵閣四庫全書』 제871책, 臺灣商務印書館, 1986, 106쪽: "官窯瓷器는 宋修內司燒者이다. 土質이 좋고, 색은 靑色에 粉紅色을 띠는데, 濃淡이 하나같지 않다. 蟹爪紋이 있으며, 口沿은 紫色이고 굽다리는 검은 색이다. 색이 좋은 것은 汝窯瓷器와 같은 부류이다. 胎土가 검은 것이 있는데, 烏泥窯라고 일컫는다. 假品은 모두 龍泉에서 구은 것으로, 빙렬이 없다."

21 李仲謨, 「汝窯史料硏究二則」, 『中國古陶瓷硏究』 제7집, 2001, 73~75쪽.

22 小山富士夫, 「支那靑磁考[二]」, 『陶器講座』 제3권, 1935, 61쪽; 陳萬里, 『中國靑瓷史略』, 上海人民出版社, 1956: 『陳萬里陶瓷考古文集』, 紫禁城出版社, 1997, 133~134쪽; 中國硅酸鹽學會 編, 『中國陶瓷史』, 文物出版社, 1982, 291쪽; 馮先銘 編著, 『中國古陶瓷文獻集釋』, 藝術家出版社, 2000, 115쪽; 熊廖 主編, 『中國陶瓷古籍集成』, 江西科學技術出版社, 2000, 72~74쪽 등 참조.

23 李仲謨, 「汝窯史料硏究二則」, 『中國古陶瓷硏究』 제7집, 2001, 76쪽.

24 "大不侔矣"의 실제적 의미에 대해서는 李喜寬, 「南宋官窯瓷器與「極其精緻」, 「油色瑩徹」—有關南宋官窯瓷器的製作技術的幾個問題」, 『國立臺灣大學美術史硏究集刊』 제30기, 2011, 35~39쪽 참조.

25 사료(A)의 "餘如烏泥窯·餘杭窯·續窯, 皆非官窯比"에 보이는 "官窯"는 사료A의 전체 내용 속에서 파악해 보면, 남송관요, 즉 수내사관요와 교단하관요를 가리키는 것이 분명하다.

26 [宋]潛說友 撰, 『咸淳臨安志』 卷10 靑器窯, 淸道光十年錢塘汪氏振綺堂刊本, 『宋元方志叢刊』 제4책, 中華書局, 1990, 3441쪽 및 李喜寬, 「有關南宋後期官窯的幾個問題」, 『故宮博物院院刊』 2009년 제3기 16~18쪽 참조.

27 [淸]徐松 輯, 『宋會要輯稿』 職官 30之1, 北平圖書館影印本, 中華書局, 1957: "提擧修內司, 領雄武兵士千人, 供皇城內宮省(殿?)垣宇繕修之事."

28 예컨대, 紹興 15년(1145) 당시 從8品의 入內內侍省東頭供奉官의 職에 있던

內侍 王晉錫이 修內司의 최고 책임자인 提擧修內司의 직을 맡고 있었던 점 등으로 미루어, 비교적 下級 內侍들이 修內司의 勾當官에 임명되었음을 알 수 있다. 劉未, 「邵諤、王晉錫與修內司窯」, 『故宮博物院院刊』 2010년 제5기, 114~117쪽; 龔延明 編著, 『宋代官制辭典』, 中華書局, 1997, 369쪽 및 696쪽 참조.

29 『咸淳臨安志』 卷10 靑器窯條에 보이는 "靑器窯" 가운데 "雄武營山上"에 위치한 것이 남송후기의 수내사관요라고 생각한다. 이 점에 대한 자세한 내용은 李喜寬, 「有關南宋後期官窯的幾個問題」, 『故宮博物院院刊』 2009년 제3기를 참조하라.

30 [宋]潛說友 撰, 『咸淳臨安志』 卷10 御前內轄司條, 淸道光十年錢塘汪氏振綺堂刊本, 『宋元方志叢刊』 제4책, 中華書局, 1990, 3441쪽.

31 李輝柄, 『宋代官窯瓷器』, 紫禁城出版社, 1992, 5~6쪽; 沈瓊華, 「貢窯、官窯辨」, 『2007 中國‧越窯高峰論壇論文集』, 文物出版社, 2008, 55~56쪽; 沈岳明, 「"官窯"三題」, 『故宮博物院院刊』 2010년 제5기, 18쪽 참조.

32 수내사가 지리적 위치의 개념으로 쓰일 수 있다는 점에 대해서는 이미 鄭建華가 자세히 언급한 바가 있다. 鄭建華, 「關于修內司官窯問題的思考」, 『南宋官窯文集』, 文物出版社, 2004, 54~57쪽 참조.

33 『咸淳臨安志』 卷10 御前內轄司條에 보이는 "雄武營山上"의 "靑器窯"가 수내사관요라는 점에 대해서는 李喜寬, 「有關南宋後期官窯的幾個問題」, 『故宮博物院院刊』 2009년 제3기 참조.

34 [宋]潛說友 撰, 『咸淳臨安志』 卷10 御前內轄司條, 淸道光十年錢塘汪氏振綺堂刊本, 『宋元方志叢刊』 제4책, 中華書局, 1990, 3441쪽. 단 劉未는 『함순임안지』의 경우와 달리 『夢梁錄』 卷9 內諸司條에는 수내사관요가 포함되어 있는 청기요와 어전내할사가 예속관계를 표시하지 않고 나열되어 있다는 점과 『함순임안지』 卷10 어전내할사조에 修內司敎樂所를 가리키는 敎樂所가 어전내할사에 예속된 것으로 기록되어 있다는 점 등을 근거로 『함순임안지』에 보이는 內諸司 사이의 예속관계에 의문을 표시하고, 아울러 수내사관요가 어전내할사에 예속되어 있었다는 점은 믿을 수 없다고 주장하였다(劉未, 「邵諤、王晉錫與修內司窯」, 『故宮博物院院刊』 2010년 제5기, 130쪽). 劉未가 제시한 첫 번째 근거에는 오해가 있는 것처럼 보인다. 『몽양록』 卷9 內諸司條는, 『함순임안지』 卷10 內諸司條의 경우와 달리, 그저 內諸司를 열거해 놓은 것이지 內諸司들 사이의 예속관계까지 밝혀놓은 것이 아니다([宋]吳自牧 撰, 『夢梁

錄』卷9 內諸司, 文淵閣四庫全書本,『景印文淵閣四庫全書』제590책, 臺灣商務印書館, 1986, 78쪽). 그러므로『몽양록』卷9 內諸司條를 근거로『함순임안지』卷10 內諸司條에 보이는 內諸司들 사이의 예속관계를 비판하는 데에는 무리가 있다고 생각한다. 두 번째 근거는 어느 정도 수긍이 가는 면이 있다. 수내사교악소는 곧 수내사의 교악소로서, 언제인가 교악소가 수내사에 예속되어 있었음을 보여준다. 그런데 흥미로운 것은 교악소가 수내사에 예속되어 있었음을 보여주는 "修內司教樂所"의 경우, 그 대부분이 남송초기 紹興年間(1131~1162)에 있었던 敎坊의 혁파와 관련된 기록에 보인다는 점이다.『몽양록』에 보이는 기록이 대표적인 예이다([宋]吳自牧 撰,『夢梁錄』卷20 伎樂條, 文淵閣四庫全書本,『景印文淵閣四庫全書』제590책, 臺灣商務印書館, 1986, 167쪽: "紹興年間, 廢敎坊職名, 如遇大朝會聖節, 御前排當及駕前導引奏樂, 並撥臨安府衙前樂人, 屬修內司教樂所, 集定姓名, 以奉御前供應."). 교악소가 수내사에 예속되어 있었음을 알려주는 가장 늦은 시기의 기록은 端平 3년(1236)에 趙升이 찬한『朝野類要』에 보이는 그것이다([宋]趙升 撰,『朝野類要』卷1 敎坊, 文淵閣四庫全書本,『景印文淵閣四庫全書』제854책, 臺灣商務印書館, 1986, 107쪽: "今雖有教坊之名, 隸屬修內司教樂所, 然遇大宴等, 每差衙前樂, 權充之. ……"). 그러므로 엄밀하게 말하면, 교악소가 수내사에 예속되어 있었음이 확인되는 것은 단평 3년까지이다. 그런데 교악소와 같은 하위관부들의 경우, 그 예속관계가 변동되는 것은 드문 일이 아니었다. 그러므로 수내사에 예속되어 있던 교악소가 단평 3년 이후의 어느 때에 어전내할사가 설립되면서 그 예속관계가 바뀌었을 가능성이 얼마든지 있다. 공교롭게도 교악소가 어전내할사가 있던 東華門 밖에 있었다는 점도 이러한 가능성을 더욱 높혀준다([宋]潛說友 撰,『咸淳臨安志』卷10 御前內轄司條, 清道光十年錢塘汪氏振綺堂刊本,『宋元方志叢刊』제4책, 中華書局, 1990, 3441쪽). 이러한 점 등에서 볼 때,『함순임안지』에 보이는, 수내사관요가 어전내할사에 예속되어 있었다고 한 점에 의문을 제기한 劉未의 견해에는 동의하기 힘들다.

35 沙孟海,「南宋官窯修內司窯址問題的商榷」,『考古與文物』1985년 제6기, 105~106쪽 및 104쪽; 朱伯謙,「談南宋官窯」,『中國古陶瓷研究』창간호, 1987:『朱伯謙論文集』, 紫禁城出版社, 1990, 210~215쪽.

36 李民擧,「宋官窯論稿」,『文物』1994년 제8기, 50~51쪽.

37 阮平爾,「南宋官窯新探」,『東南文化』1987년 제2기, 86쪽; 李剛,「論宋代官窯的形成」,『東南文化』1989년 제6기:『古瓷新探』, 浙江人民出版社, 1990, 100~101쪽; 沈岳明,「修內司窯的考古學觀察—從低嶺頭談起」,『中國古陶瓷

研究』제4집, 1997, 87~90쪽. 단, 李剛은 후에 자신의 견해를 수정하여 수내사관요를 가리키는 "內窯"가 임안의 만송령 동편 산기슭에 있었을 것이라고 하였다. 李剛, 「內窯、續窯和哥哥洞窯辨析」, 『東方博物』 제23집, 2007: 同改題 「內窯、續窯和哥哥洞窯索隱」, 『古瓷談薈』, 浙江人民美術出版社, 2008, 188~191쪽 참조.

38 杜正賢, 「考古隨筆: 南宋修內司官窯的考古發現」, 『故宮博物院院刊』 2010년 제5기, 132・135쪽.

39 秦大樹, 「杭州老虎洞窯址考古發現專家論證會紀要」, 『文物』 2001년 제8기, 94~95쪽.

40 唐俊杰, 「關于修內司窯的幾個問題」, 『文物』 2008년 제12기, 61~62쪽; 崔劍鋒・吳小紅・唐俊杰, 「杭州老虎洞窯址出土"修內司窯"銘款蕩箍的化學成分分析」, 『文物』 2009년 제12기, 87~91쪽.

41 唐俊杰, 「關于修內司窯的幾個問題」, 『文物』 2008년 제12기, 61~62쪽 참조.

42 傅根清, 「前言」, [宋]趙彦衛 撰(傅根清 點校), 『雲麓漫鈔』, 中華書局, 1996, 1쪽.

43 [宋]趙彦衛 撰(傅根清 點校), 『雲麓漫鈔』序, 中華書局, 1996, 2쪽: "『擁鑪閒紀』 十卷을 近來 漢東學宮에서 간행하였는데, 자못 찾아보는 사람이 있어 그 수요에 응하지 못하였다. 任官하여 지금에 이르러, 마침 눈에 띄는 목관이 있어, 後五卷을 보태서 여러 郡齋에서 板刻하였다. 근래에 『避暑錄』이 있는데, 그것과 짝이 될 만하여 이름을 고쳐 『雲麓漫鈔』라 하였다. 開禧 二年 重陽日에 新安郡守 趙彦衛景安이 黃山堂에서 쓰다."

44 傅根清, 「趙彦衛生平考索」, [宋]趙彦衛 撰(傅根清 點校), 『雲麓漫鈔』, 中華書局, 1996, 227~228쪽.

45 예컨대, 『清波雜志』에서로『避暑錄』으로 약칭하였다. [宋]周煇 撰(劉永翔 校注), 『清波雜志校注』 卷4, 中華書局, 1994, 99쪽.

46 『避暑錄話』와 그 저술연대에 대해서는 方建新, 「《避暑錄話》考略」, 『杭州大學學報』 제21권 제3기, 1991, 61~69쪽; 潘殊閑, 「《避暑錄話》—宋代口述史的經典之作」, 『西華大學學報(哲學社會科學版)』 제31권 제6기, 2012, 45~49쪽을 참조하라.

47 [元]陶宗儀 撰, 『南村輟耕錄』 卷29 窯器, 中華書局點校本, 中華書局, 1959, 362~363쪽: "[宋]葉寘의 『坦齋筆衡』에 말하기를, ……政和 연간에 京師에 스

스로 요장을 설립하여 燒造하였는데, 이름붙이기를 官窯라고 하였다고 하였다."

48 李喜寬, 「北宋官窯與"京師"及"惟用汝器"—北宋官窯硏究序說」, 『故宮博物院院刊』 2010년 제5기, 62~67쪽.

49 이 장의 제1절 참조.

50 송대 어용자기의 조달방식에 대해서는 李喜寬, 「汝窯와 휘종—북송 여요의 성립과 그 의의」, 『야외고고학』 23, 2015, 130~137쪽 참조.

제2장 杭州 老虎洞窯와 남송전기관요

1. 문제의 제기

1998년 5월~12월과 1999년 10월~2001년 3월, 두 차례에 걸쳐 老虎洞窯址가 전면발굴되었다. 많은 연구자들은 남송대 이후의 많은 문헌에 언급된 修內司官窯를 고고학적으로 확인하였다는 것을 이 발굴의 가장 큰 수확으로 꼽는다.[01] 즉 그들은 이 요지의 宋代層이 남송수내사관요지라고 믿고 있다.

남송관요에 대한 사료적 가치가 매우 높은 문헌으로 평가되는 『坦齋筆衡』에는, 남송정권이 성립된 초기에 먼저 修內司에 "內窯"를 설치하고, 그 이후에 별도로 郊壇下에 "新窯"를 설치한 것으로 되어 있다.[02] 노호동요지가 발굴된 이후 이 점에 대하여 의문을 제기하는 연구자는 거의 없다. 우리는 통상 전자를 수내사관요로, 후자를 교단하관요로 부른다. 이 문헌기록에 따르면, 수내사관요가 처음 설립된 남송관요이므로,

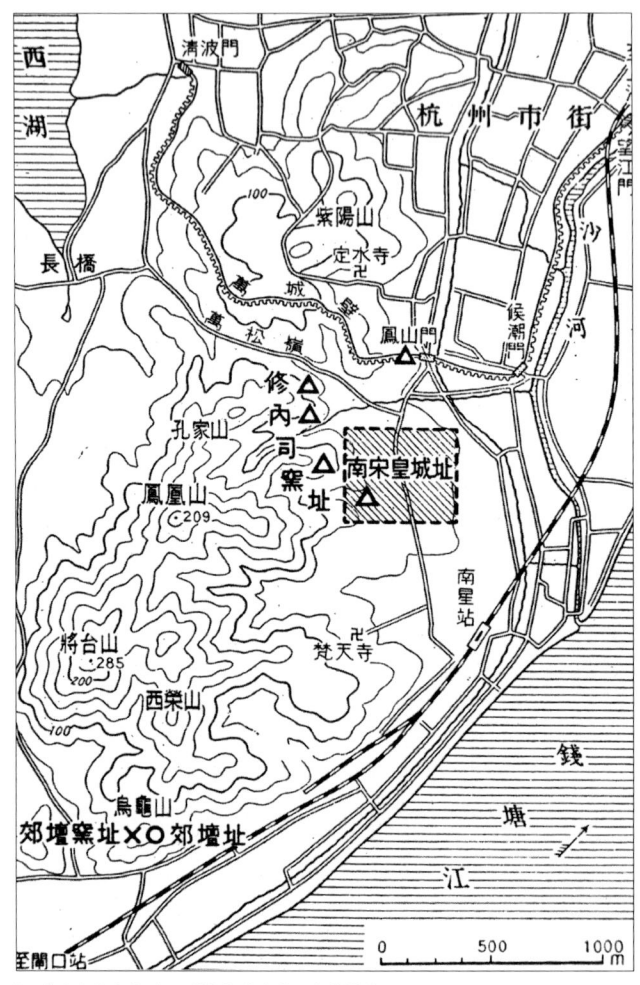

[도1] 米内山庸夫가 주장한 수내사관요지의 위치

노호동요지[03]가 수내사관요지라고 믿는 연구자들은 이 요지를 최초의 남송관요지로 이해하고 있다. 과연 그들이 인식하고 있는 것처럼 최초의 남송관요는 노호동에 있었던 것일까? 본 연구는 이 의문에서부터 출발한다.

사실 이제까지 대부분의 연구자들은 별다른 의심 없이 남송시기에 수내사관요와 교단하관요가 각각 서로 다른 두 곳에서 窯業을 계속하였다는 전제 위에 서 있다. 교단하관요가 烏龜山麓에 있었다는 것은 문헌기록으로나 고고학적으로나 이미 확인되었다.[04] 그러므로 새로 발견된 남송관요지인 노호동요지를 수내사관요지로 이해하고 그것을 최초의 남송관요지로 파악한 것은 그들의 입장에서 보면 어쩌면 당연한 일이었다.

그러나 이미 50여 년 전에 복수의 수내사관요지가 있었을 것이라는 견해가 米內山庸夫에 의해서 제출된 바 있다(도1).[05] 그리고 문헌기록에 의하면, 오늘날의 望江門附近에도 남송후기에 운영된 관요가 있었던 것으로 파악된다.[06] 뿐만 아니라 근래에 들어 항주에서는 여러 곳에서 많은 남송관요형자기편들이 출토되어서 이러한 곳들에도 남송관요가 있었을 가능성을 배제할 수 없다. 中河路高架橋(南星橋段)과 杭州卷烟廠 및 梅花碑가 그 대표적인 곳들이다.[07] 이러한 점들은 이제까지 별 의심 없이 받아들인 남송관요와 관련된 전제, 즉 남송시기에 수내사관요와 교단하관요가 각각 서로 다른 두 곳에서 요업을 계속하였다는 전제 자체에 대한 재검토를 요구한다. 결국 최초의 남송관요가 노호동에 있었는가 여부의 문제는 노호동요에 대한 이해를 넘어서 남송관요의 전체적인 구조에 대한 이해와도 밀접하게 맞물려 있는 셈이다.

이러한 시각에서 이 연구에서는 남송전기의 관요에 대한 몇 가지 의문점들을 검토하려 한다. 첫째, 최초의 남송관요는 노호동에 있었을까, 아니면 그곳이 아닌 다른 곳에 있었을까? 둘째, 만약 실제에 있어서 후자의 경우였다면, 그곳은 어디일까? 셋째, 노호동요는 언제 설립되고 그 설립의 배경은 무엇일까? 이러한 의문들이 이 장에서 구체적으로 검토할 내용이다.

2. 노호동요는 과연 최초의 남송관요인가?
―노호동요지와 교단하관요지 출토품의 조형적 비교

앞서 언급한 바와 같이, 노호동요지가 발굴된 이후 대부분의 연구자들은 이 요지의 송대층을 최초로 설립한 남송관요의 遺址로 파악하고 있다. 이러한 이해에 잘못이 없다면, 이 요장의 초기 생산품은 의당 기종·기형·소성공예 등 전반적인 면에서 교단하관요의 초기 생산품보다 상대적으로 이른 시기적 특징을 가지고 있어야만 한다. 만약 실제에 있어서 그렇지 않다면, 당연히 노호동요가 최초의 남송관요라는 주장은 성립될 수 없다.

노호동요와 교단하관요는 설립시기는 서로 다르지만, 양자 모두 남송 황실 소용의 자기를 제작하는 관요로서 밀접한 관련을 맺고 있었고, 아울러 상당한 기간 동안 竝列的으로 운영되었기 때문에,[08] 양자의 생산품 역시 조형과 소성공예 등의 측면에서 유사한 점이 매우 많다. 또한 두 요지 출토품들의 시간적 선후에 따른 변화과정도 분명하게 드러났다고 보기 힘들다. 그러므로 두 관요지의 출토품을 단순하게 비교하여서는 어느 관요가 앞선 시기에 설립되었는지 판별하기가 쉽지가 않다. 우리는 남송관요보다 시기적으로 앞서는 북송말기의 여요와 북송관요 그리고 남송초기의 이른바 低嶺頭類型 등에까지 비교대상을 확대할 필요가 있다.[09] 하지만 북송관요는 아직 요지가 발견되지도 않았을 뿐만 아니라 그 생산품의 면모도 거의 드러나지 않았기 때문에 사실상 검토의 대상에 올릴 수가 없다. 결국 여요와 저령두유형 등만이 실제적인 비교 대상이 될 수 있다.

여요와 저령두유형이 남송관요에 깊은 영향을 미친 것은 누구도 부인하지 않는다.[10] 그렇다면 노호동요와 교단하관요의 생산품 가운데 어느

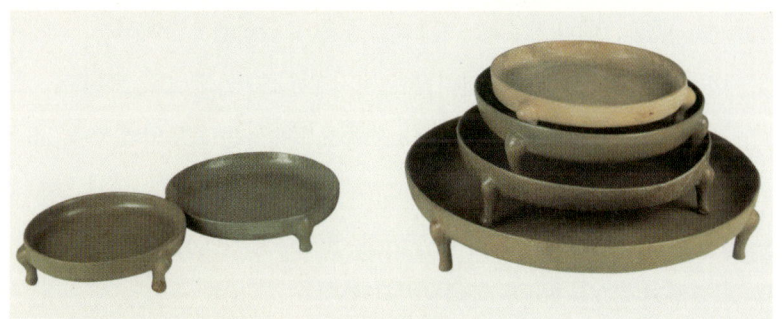

[도2] 南宋官窯三足盤, 郊壇下官窯址 출토, 南宋官窯博物館

쪽이 여요 및 저령두유
형과 조형적·소성공예
적 측면 등에서 친연성
이 더 강한가 하는 점이
양자 가운데 어느 쪽이
앞선 시기에 설립되었
는가 하는 점을 판별하

[도3] 汝窯三足盤, 淸凉寺汝窯址 출토, 河南省文物考古硏究所

는 데 중요한 기준이 될 수 있다. 친연성이 강한 쪽이 시기적으로 앞선다는 것은 다시 말할 나위가 없다. 여기에서는 각별히 조형적인 측면에 주목하고자 한다.[11]

　노호동요의 생산품의 종류는 매우 다양한데, 碗·盤·碟·洗·盒·杯·鉢·盆·花盆·爐·尊·觚·罍·瓶·壺·罐·器座·器蓋·筆山 등을 주요 기종으로 꼽을 수 있다. 그리고 각 기종에는 여러 종류의 유형이 있다. 예컨대, 병에는 梅瓶·紙槌瓶·弦紋瓶·琮式瓶·鵝頸瓶·玉壺春瓶·套瓶·花口瓶 등이 있으며, 크기와 조형도 한결같지 않다. 그런데 노호동요지와 교단하관요지 출토품을 자세히 관찰하면, 양자 사이에 기종의 측면에서 눈에 띄는 차이가 있음을 알 수 있다. 예컨대, 三足盤·

제2장 杭州 老虎洞窯와 남송전기관요　389

細頸瓶·唾壺·蓮花形香爐·花口瓶 등은 교단하관요지에서는 출토되었지만, 노호동요지에서는 전혀 출토되지 않았으며, 반대로, 夾層碗·盞托·套瓶·樽式套爐·筆山 등은 노호동요지에서는 출토되었으나, 교단하관요지에서는 출토되지 않았다.

먼저 교단하관요지에서는 출토되고, 노호동요지에서는 출토되지 않은 기종부터 좀 더 자세히 살펴보기로 하자.

【三足盤】높이가 낮고 밑면이 평평하고 넓은 小盤에 세 개의 獸蹄形 다리를 부착한 모양인데, 교단하관요지에서는 다양한 유형의 삼족반이 출토되었다(도2).[12] 소반의 형태에 따라 여러 형식으로 분류된다. 흥미로운 것은 교단하관요의 경우, 삼족반이 초기단계의 기물에서만 발견된다는 점이다.[13] 삼족반은 청량사여요지에서도 상당량이 출토되었으며(도3),[14] 저령두유형에서도 발견되었다.[15] 청량사여요지에서 출토된 삼족반은 모두 낮은 원통형 몸체에 獸蹄形 다리가 부착된 것이다. 즉 소반의 형태가 극히 단순하다. 이렇게 단순한 유형의 삼족반이 저령두유형을 거쳐 교단하관요의 초기단계에 이르러 조형이 매우 다양화되다가 초기단계가 끝나기 전에 소멸된 것으로 파악된다. 이렇게 보면, 노호동요지에서 삼족반이 전혀 출토되지 않았다는 것은 노호동요의 성립시기와 관련하여 시사하는 바가 크다.

【細頸瓶】몸체가 球形이고, 목이 비교적 가늘고 긴 병이다.[16] 이른바 鵝頸瓶과 아울러 玉壺春瓶으로 불리기도 한다.[17] 그러나 세경병은 경부와 몸체의 형태에서 아경병과는 일정한 조형적 차이가 있어 쉽게 구분된다. 교단하관요의 경우 초기단계부터 제작된 것으로 판단된다(도4).[18] 청량사여요지와 저령두유형요지에서도 유사한 기형의 세경병이 출토되었다(도5).[19]

【唾壺】교단하관요 초기단계 제품의 특징을 지니고 있다.[20] 노호동요

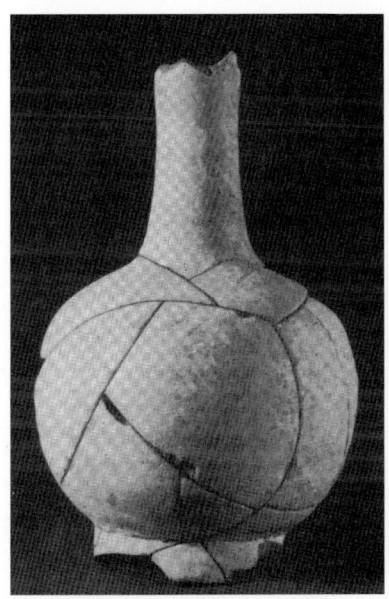 

[도4] 南宋官窯細腰頭瓶(生燒器), 郊壇下官窯址 출토, 南宋官窯博物館

[도5] 汝窯細腰頭瓶, 淸凉寺汝窯址 출토, 河南省文物考古硏究所

지 뿐만 아니라 청량사여요지에서도 출토된 예가 없다. 저령두유형요지에서 비슷한 유형의 天靑釉唾壺가 출토된 점으로 미루어,[21] 교단하관요의 타호는 저령두유형의 영향으로 제작되었을 것으로 판단된다.

【蓮花形香爐】 교단하관요지에서 爐身과 臺座가 분리된 채로 출토되어(도6·7) 각각 罐과 器蓋로 따로 분류되었던 기종으로,[22] 금은기를 모방한 것이다. 이 연화형향로 역시 교단하관요 초기단계의 기물로 분류된다. 청량사여요지에서도 여러 점이 출토되었는데,[23] 일부 유형은 교단하관요지에서 출토된 것과 조형적으로 매우 흡사하다(도8).[24] 저령두유형에서는 아직 보고된 출토 예가 없다. 청량사여요의 영향으로 교단하관요 초기단계에 제작되다가 곧 소멸된 기종으로 파악된다.

【花口瓶】 구부가 화판형이고 목이 짧고 굵은 편이며, 교단하관요 후기단계의 특징을 지닌 기종이다(도9).[25] 노호동요지 뿐만 아니라 청량사여

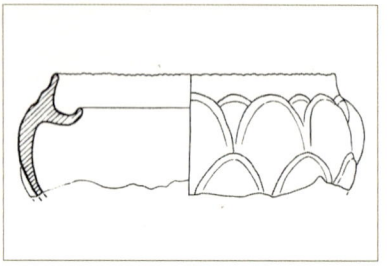
[도6] 南宋官窯蓮花形香爐의 爐身, 郊壇下官窯址 출토

[도7] 南宋官窯蓮花形香爐의 臺座, 郊壇下官窯址 출토, 南宋官窯博物館

[도8] 汝窯蓮花形香爐, 淸凉寺汝窯址 출토, 河南省文物考古硏究所

[도9] 南宋官窯花口瓶, 郊壇下官窯址 출토, 南宋官窯博物館

요지나 저령두유형요지 등에서도 출토된 예가 없어 그 영향관계를 파악하기가 힘들다.

다음으로 노호동요지에서는 출토되고 교단하관요지에서는 출토되지 않는 기종에 대하여 살펴보기로 하자.

【夾層碗】 높낮이가 다르고 구경이 같은 두 개의 완을 포개어 연결한 형태로, 상층완과 하층완의 중간부분은 비어 있으며, 諸葛碗 또는 供碗으로 불리기도 하는 독특한 조형의 기종이다. 북송대부터 월요와 용천요 등에서 제작하기 시작한 것으로 이해되고 있다(도10). 교단하관요지 뿐만 아니라 청량사여요지에서는 출토된 바가 없다. 노호동요지에서는 대

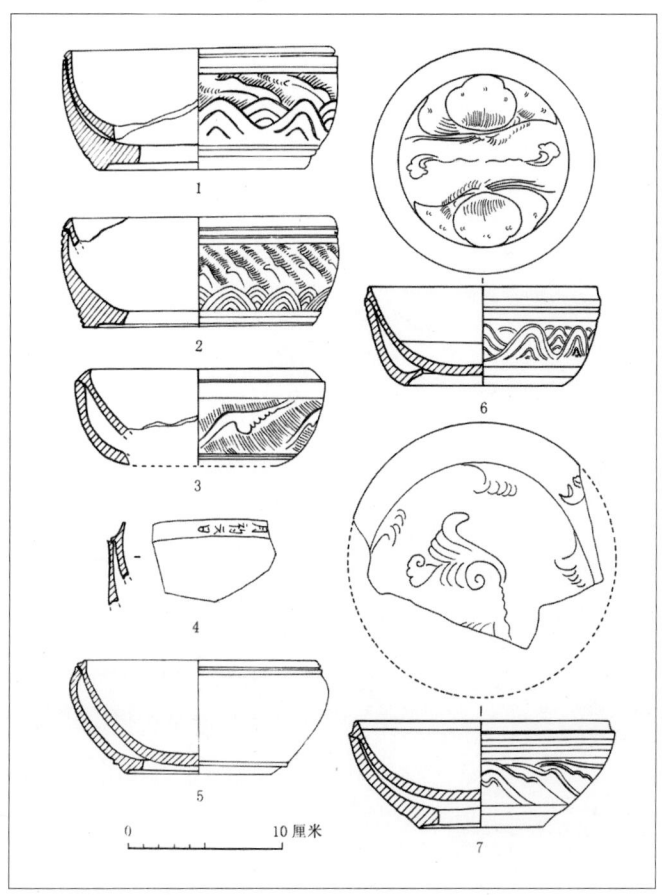

[도10] 越窯夾層碗, 寺龍口窯址 출토

형과 소형 두 부류의 협층완이 출토되었는데, 현재까지 보고된 협층완은 모두 瓷片堆積坑H3에서 출토된 것들이다(도11).[26] 대부분의 연구자들은 H3를 H2와 더불어 대표적인 노호동요 초기단계의 자편퇴적갱으로 파악하고 있다.[27] 이 견해에 따르면, 노호동요의 협층완은 이 요장의 초기단계 제품인 셈이다. 그리고 노호동요의 협층완은 조형적인 측면에서 월요보나는 용천요의 협층완과 훨씬 흡사하다(도12).[28] 이 점으로 미루어 노

[도11] 南宋官窯夾層碗, 老虎洞窯址 출토, 杭州博物館

[도12] 龍泉窯夾層碗, 日本福岡市博多遺址 출토, 福岡市埋藏文化財センタ

호동요의 협층완은 여요 및 저령두유형의 영향과 관계없이 노호동요의 초기단계에 이르러 용천요의 영향으로 제작되기 시작한 것으로 볼 수 있다.

【盞托】 노호동요지에서 다수 출토되었는데, 越窯址나 청량사여요지에서 흔히 출토되는 잔을 올려놓는 부분이 작은 종지나 잔을 엎어놓은 듯한 형태의 것(Ⅰ형: 도13)은 없고, 모두 杯의 형태를 하고 있다(Ⅱ형: 도14)는 특징이 있다.[29] 대부분의 잔탁은 대표적인 노호동요 초기단계의 자편퇴적갱으로 알려진 H3과 H2에서 출토되었다. 저령두유형요지에서는 탁잔이 출토된 바가 없으며,[30] 사룡구월요지의 남송초기층위에서 출토된 잔탁은 노호동요의 잔탁과 조형적으로 전혀 다르다.[31] 그러므로 이들이 노호동요의 잔탁에 영향을 미쳤을 가능성은 희박하다. 청량사여요지에서는 적지 않은 수량의 잔탁이 출토되었으며,[32] 조형적으로 노호동요의 잔탁과 어느 정도 유사한 것들도 있다. 그러나 세부적인 기형과 기형별 출토량

[도13] 越窯盞托(Ⅰ형), 寺龍口窯址 출토,
浙江省文物考古硏究所

[도14] 南宋官窯盞托(Ⅱ형), 老虎洞窯址 출토,
杭州博物館

등에서 노호동요지와는 크게 다르다. 청량사여요지에서 출토된 잔탁의 대부분은 Ⅰ형이다(도15).[33] 앞서 언급한 바와 같이, 노호동요지에서는 이 유형의 잔탁(Ⅰ형)은 전혀 출토되지 않았다. 그리고 Ⅱ형 잔탁도, 청량사여요의 경우

[도15] 汝窯盞托(Ⅰ형), 淸凉寺汝窯址 출토,
河南省文物考古硏究所

는 모두 杯 부분과 저부가 뚫려 있지만,[34] 노호동요의 경우는 뚫려 있는 것과 막혀 있는 것의 두 유형이 있다.[35] 이러한 점들은 여요와 노호동요 사이에 상당한 시간적 격차가 있음을 의미하는 것으로 파악된다.

【套瓶】전체적인 외양이 아경병과 흡사하다.[36] 몸통에는 투각기법의 당초문을 시문하였다. 이러한 투병은 H5와 H22 등에서 출토되었는데 (도16), H5와 H22는 노호동요의 중기 이후 단계에 해당하는 자편퇴적갱으로 파악되고 있다.[37] 청량사여요지에서는 투병이 출토되지 않았다. 저령두유형요지 가운데 하나인 사룡구월요지의 남송초기층위에서 출토된 예가 있어,[38] 노호동요의 투병은 이 요장의 영향으로 노호동요 중기 이후 단계에 제작된 것으로 파악된다. 단 사룡구월요지 출토 투병의 경우, 노

[도16] 南宋官窯套瓶, 老虎洞窯址 출토, 杭州博物館

[도17] 南宋官窯樽式套爐, 老虎洞窯址 출토, 杭州博物館

[도18] 南宋官窯筆山, 老虎洞窯址 출토, 杭州博物館

호동요지 출토의 투병과 달리, 투각기법의 문양과 아울러 견부와 굽 주위에 각각 각획화기법의 모란문과 연판문을 시문한 예도 있고, 투각문양에서도 세부적인 차이를 보이는데, 이는 양자의 시간적 차이를 반영하는 것으로 판단된다.

【樽式套爐】 몸통에 투각기법의 당초문을 두른 점을 제외하면, 노호동요지에서 출토된 동일한 시기의 일반 樽式爐와 외관상으로는 큰 차이가 없다.[39] 이제까지 보고된 樽式套爐는 모두 H5에서 출토되었다(도17). 樽式套爐는 청량사여요지를 비롯하여 교단하관요지 및 사룡구월요지 등에서 출토된 바가 없어 영향관계를 밝히기가 힘들다. 다만, 투각기법이 노호동요 중기 이후 단계에 유행한 점으로 미루어, 이 시기에 투병 등에서 투각기법을 차용한 것이 아닐까 짐작될 뿐이다.

【筆山】箸架로 분류되기도 하는 기종이다(도18).[40] 청량사여요지에서는 출토된 바가 없으며, 저령두유형의 요지에서 출토된 예가 있다.[41] 이 점으로 미루어 노호동요의 필산은 저령두유형의 영향으로 제작된 것으로 파악된다. 그러나 양자는 조형적 차이가 현저하여, 양자 사이에 시간적 차이가 있음을 느끼게 한다. 하지만 필산 자체가 우리의 논의와 관련하여 그다지 중요한 의미를 가지는 기종은 아니다.

이제까지 교단하관요지와 노호동요지 가운데 어느 한 쪽의 요지에서만 출토된 기종들에 대하여 살펴보았다. 그 결과 몇 가지 중요한 점들을 알 수 있게 되었다. 첫째, 교단하관요지에서만 출토된 기종들 가운데 초기단계의 제품의 경우, 그 기종들의 대부분이 청량사여요지나 저령두유형요지에서도 출토되었으며, 조형적으로 상당히 유사하다. 둘째, 노호동요지에서만 출토되는 기종들 가운데 초기단계 제품의 경우, 청량사여요지와 저령두유형요지에서는 출토되지 않은 기종이 교단하관요지와 비교하여 상대적으로 훨씬 많은 편이며, 청량사여요지에서도 출토된 기종이라 하더라도(盞托), 양자 사이에는 세부적인 기형이나 기형별 출토량 등의 측면에서 큰 차이가 있다.

이상의 결과를 놓고 볼 때, 우리는 적어도 조형적인 측면에서 교단하관요의 생산품과 여요 및 저령두유형 제품의 친연성이, 노호동요의 경우와 비교하여 상대적으로 훨씬 강하다고 할 수 있다. 무엇보다도 청량사여요지에서 적지 않게 출토된 삼족반과 세경병 그리고 연화형향로 등이 교단하관요지에서는 출토된 반면, 노호동요지에서는 전혀 출토되지 않았다는 점이 이를 단적으로 말해준다. 우리의 논의에 따르면, 이는 교단하관요의 설립시기가 노호동요의 설립시기보다 빠르다는 것을 의미한다. 이 점은 교단하관요와 노호동요 생산품의 기형적 변천과정을 통해서도 입증할 수 있다고 믿는다.

여요에서 남송관요에 이르는 시기의 기형적 변천과정을 잘 보여주는 기종 가운데 하나는 紙槌甁이다. 이 유형의 병은 흔히 다듬이병(砧形甁)으로도 불리는데, 청량사여요지·저령두유형요지·교단하관요지·노호동요지에서 모두 출토되었다. 이 지추병의 기형적 변천과정은 口部·肩部·굽에서 특징적으로 드러나는데, 구부는 盤口型(Ⅰ형)→平口型(Ⅱ형)으로, 견부는 측면선이 완만한 곡선인 형태(Ⅰ형)→각이 진 형태(Ⅱ형)로, 굽은 平底(Ⅰ형)→圈足(Ⅱ형)으로 변화한 것으로 파악된다.(표 1)

〈표 1〉 지추병의 조형적 특징

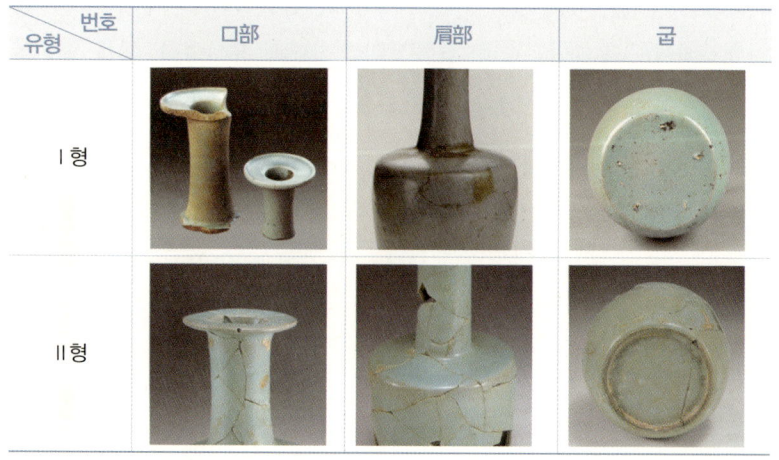

청량사여요지에서는 다량의 지추병이 출토되었는데, 구부는 기본적으로 반구형(Ⅰ형)이고, 견부는 측면선이 완만한 곡선의 형태(Ⅰ형)이며, 굽은 모두 평저(Ⅰ형)이다(도19).[42] 저령두유형요지에서도 지추병이 출토된 것으로 확인되었는데, 구부는 Ⅰ형과 Ⅱ형이 혼재되어 있다.[43] 이 가운데 Ⅰ형의 경우 여요의 경우와 비교하여 상대적으로 높이가 낮은 편인데, 이는 여요의 전형적인 반구형이 평구형으로 이행해가는 과정을

[도19] 汝窯紙槌瓶, 淸涼寺汝窯址 출토, 河南省文物考古硏究所

[도20] 南宋官窯紙槌瓶(肩部Ⅰ형), 老虎洞窯址 출토, 杭州博物館

보여주는 것으로 주목된다. 유감스럽게도 출토된 자료들이 모두 구부편들 뿐이기 때문에 견부와 굽의 형태는 알 수가 없다. 교단하관요지의 경우도 출토된 지추병 자료들 역시 모두 구부편들로, 구부의 형태는 Ⅰ형도 있고, Ⅱ형도 있다.[44] 출토 상황과 출토 자료의 기형이 저령두유형의 경우와 흡사하다. 노호동요지 출토 지추병은 기본적으로 모두 평구형이다.[45] 이는 노호동요 단계에 이르

[도21] 南宋官窯紙槌瓶(肩部Ⅱ형), 老虎洞窯址 출토, 杭州博物館

러 반구형의 구부가 평구형의 구부로 완전히 이행하였음을 보여주는 것으로 해석된다. 견부의 경우, 상대적으로 이른 시기의 것들은 Ⅰ형이고, 늦은 시기의 것들은 Ⅱ형으로, 시기에 따른 조형적 차이가 분명하다(도 20·21).[46] 굽의 형태는 모두 Ⅱ형이다.[47] 이는 평저의 굽이 이 시기에 이미 권족으로 이행되었음을 의미한다.(표 2)

〈표 2〉 各窯址 출토 지추병의 조형 분석

요지 \ 부분	구부	견부	저부
청량사여요지	Ⅰ형	Ⅰ형	Ⅰ형
저령두유형요지	Ⅰ·Ⅱ형	?	?
교단하관요지	Ⅰ·Ⅱ형	?	?
노호동요지	Ⅱ형	Ⅰ·Ⅱ형	Ⅱ형

※ 지추병 각 부분의 변화과정: Ⅰ형→Ⅱ형

출토된 자료에 의거하여 보면, 구부·견부·굽 가운데 지추병의 조형적 변화과정을 가장 잘 보여주는 것은 구부이다. 우리가 각별히 주목해 보아야 할 것은 청량사여요지·저령두유형요지·교단하관요지에서는 모두 반구형(Ⅰ형)의 지추병이 출토된 반면, 노호동요지에서는 평구형(Ⅱ형)의 지추병만 출토되었다는 점이다.[48] 지추병의 구부가 반구형(Ⅰ형)→평구형(Ⅱ형)으로 이행하였다는 관점에서 보면, 이는 의심의 여지 없이 여요 및 저령두유형과의 조형적 친연성에 있어서, 교단하관요가 노호동요에 비하여 상대적으로 훨씬 강하다는 점, 다시 말하면, 전자의 설립시기가 후자에 비하여 상대적으로 빠르다는 점을 의미하는 것이다.

이러한 점은 매병의 경우를 통해서도 확인이 가능하다. 매병의 조형적 차이를 가장 잘 보여주는 것도 구부이다. 청량사여요지에서는 두 종류의 매병이 출토되었는데, 하나는 몸체에 비하여 구부가 매우 작은 小

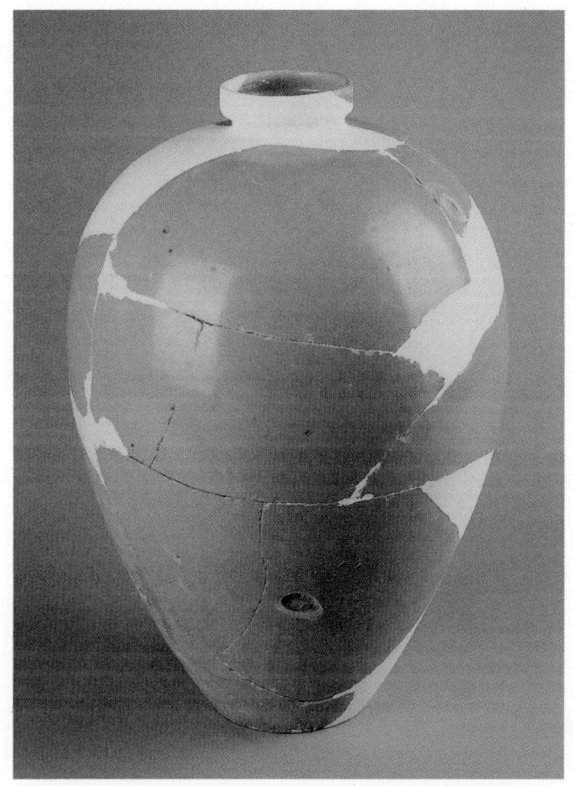

[도22] 汝窯梅瓶(Ⅰ형), 淸凉寺汝窯址 출토, 河南省文物考古硏究所

口型(Ⅰ형)이고(도22), 또 다른 하나는 상대적으로 구부가 훨씬 크고 목도 굵은 大口型(Ⅱ형)이다(도23).⁴⁹ 저령두유형과 관계있는 사룡구월요지 남송초기층위와 교단하관요지에서도 Ⅰ·Ⅱ형의 매병이 모두 출토되었다.⁵⁰ 교단하관요에서도 두 유형의 매병이 출토되었는데, Ⅱ형의 매병은 이 요장의 초기단계에 제작된 것으로 판단된다. 그러나 노호동요에서는 오직 Ⅰ형 매병만 출토되었는데, 현재까지 보고된 것들은 모두 초기단계의 자편퇴적갱으로 알려진 H3과 H2에서 출토되었다(도24).⁵¹ 이러한 현상은 여요에서 교단하관요로 이어지는 시기에 Ⅰ형과 더불어 지속

[도23] 汝窯梅瓶(Ⅱ형), 淸凉寺汝窯址 출토, 河南省文物考古硏究所

[도24] 南宋官窯梅瓶(Ⅰ형), 老虎洞窯址 출토, 杭州博物館

적으로 생산되던 Ⅱ형 매병이 교단하관요 초기단계 이후에서 노호동요 초기단계에 이르는 시기의 어느 때에 소멸되었음을 의미한다고 해석된다.(표 3) 이러한 점 역시 교단하관요의 설립시기가 노호동요의 그것보다 상대적으로 빠르다는 점을 웅변한다.

〈表3〉各窯址 매병의 출토현황

요지 유형	청량사여요지	저령두유형요지 (사룡구요지 남송층 포함)	교단하관요지	노호동요지
Ⅰ형	○	○	○	○
Ⅱ형	○	○	○	×

※ ○ : 출토, × : 미출토. Ⅱ형이 Ⅰ형에 비해 일찍 소멸됨.

이상의 논의에 큰 무리가 없다면, 노호동요가 처음 설립된 남송관요라는 주장은, 적어도 기물의 조형적인 측면에서 볼 때, 성립되기 힘들다.

그렇다고 해서 교단하관요가 최초의 남송관요라는 주장도, 『탄재필형』에 보이는 남송관요 관련 기록의 사료적 가치를 부정할 수 없는 한, 성립될 수 없다. 그렇다면 논리적으로 노호동요와 교단하관요에 앞서 또 다른 남송관요가 있었다고 보아야만 한다. 그것이 최초의 남송관요가 되는 셈이다.

『탄재필형』에 따르면, 남송시기의 관요는 수내사관요와 교단하관요의 二元的 관요체제로 운영되었다. 이 가운데 교단하관요가 설립된 이후 줄곧 烏龜山麓에서 요업을 계속하였다는 것은 고고학적으로나 문헌기록상을 이미 입증되었다. 그러므로 교단하관요지 이외에 확인되는 남송관요지는 모두 수내사관요지로 보지 않으면 안 된다. 노호동요지도 그러한 여러 수내사관요지 가운데 하나였던 셈이다.[52]

그러면 노호동수내사관요에 앞서는 최초의 수내사관요는 어디에 있었던 것일까? 이 의문을 푸는 것이 우리의 다음 과제이다. 이를 통하여, 남송전기 관요의 면모가 더욱 생생하게 드러나고, 아울러 노호동요에 앞서 최초의 수내사관요가 있었다는 점도 더욱 분명해지리라 믿는다.

3. 최초의 수내사관요는 어디에 있었는가?

남송전기의 관요에 관한 한, 가장 풍부한 내용을 담고 있고, 아울러 가장 사료적 신빙성이 높은 문헌으로 평가되는 『탄재필형』은 남송관요에 대하여 다음과 같이 서술하였다.

(A) 宋葉寘『坦齋筆衡』云……中興渡江, 有邵成章提擧後苑, 號邵局, 襲故京遺製, 置窯于修內司, 造青器, 名內窯, 澄泥爲範, 極其精緻, 油色瑩徹, 爲世所珍. 後郊壇下別立新窯, 比舊窯大不侔矣. 餘如烏泥窯·餘杭窯·續窯, 皆非官窯比. 若謂舊越窯, 不復見矣.[53]

위 기록은 "內窯"의 설립과정을 비교적 상세하게 전하고 있는데, 이 "內窯"가 바로 최초의 수내사관요이다. 여기에서 우리가 각별히 주목해 보아야 할 대목은 "置窯于修內司"이다. 이 대목을 구체적으로 어떻게 해석할 것인가를 두고 많은 논란이 있지만, 修內司營內에 요장을 설치하였다는 의미로 이해하는 것이 가장 정확하다고 판단된다.[54] 이러한 관점에서 보면, 수내사관요를 처음 설치할 당시 문제의 수내사영이 어디에 있었는지를 밝히는 것이 곧 최초의 수내사관요의 위치를 밝히는 지름길이 되는 셈이다.

乾道 5년(1169)에 편찬된 『乾道臨安志』에는 남송초기의 수내사영과 그것의 직속상급관부인 수내사의 위치에 대하여 다음과 같이 기록되어있다.

(B) 修內司壯役等指揮(營), 在萬松嶺下.[55]
(C) 入內內侍省……修內司……御酒庫, 右竝在禁中.[56]

위 기록에 따르면, 『건도임안지』가 편찬된 건도 5년(1169) 당시 수내사는 황성 내에 있었으며[사료(C)], 그 예하에는 한 개의 군영이 있었는데, 그것이 "萬松嶺下"에 있던 修內司壯役等指揮營이었다[사료(B)]. 이 수내사장역등지휘영이 곧 문제의 수내사영이다. 결국 최초의 수내사관요는 "萬松嶺下"에 있던 수내사장역등지휘영의 영내에 있었다는 이야기가 되는 셈이다.

그렇지만 "萬松嶺下"라는 말 자체가 그다지 구체적이지 않고, 아울러

[도25] 1930년대의 萬松嶺   [도26] 현재의 萬松嶺

비교적 넓은 지리적 범위를 포괄하는 개념이기 때문에 위의 『건도임안지』의 기록만 가지고, 수내사장역등지휘영의 영내에 있던 최초의 수내사관요의 위치를 더 이상 구체적으로 파악하는 것은 힘들다. 이 문제를 해결하기 위하여 우리는 만송령일대와 수내사의 관계를 좀 더 깊이 살펴 볼 필요가 있다.

만송령과 그 주위는 남송시기 전 기간에 걸쳐 수내사와 깊은 관련이 있던 지역이었다(도25·26). 앞서 본 바와 같이, 남송초기 수내사의 유일한 군영인 수내사장역등지휘영이 이곳에 있었을 뿐만 아니라, 남송후기의 提擧修內司와 두 수내사영이 이곳에 駐札하였다.

(D) 提擧修內司, 在孝仁坊內靑平山口.[57]
(E) 修內司營, 在孝仁坊內石橋頭·萬松嶺·鐵冶嶺·榷貨務東.[58]

즉, 咸淳 4년(1268)에 편찬된 『咸淳臨安志』의 기록에 의하면, 남송후기에 제거수내사는 만송령에 인접한 孝仁坊內의 靑平山入口에 있었으며[사료(D)], 네 곳의 수내사영 가운데 두 곳이 각각 만송령과 그에 인접한 孝仁坊內의 石橋頭에 駐扎하고 있었다[사료(E)]. 즉 남송초기에

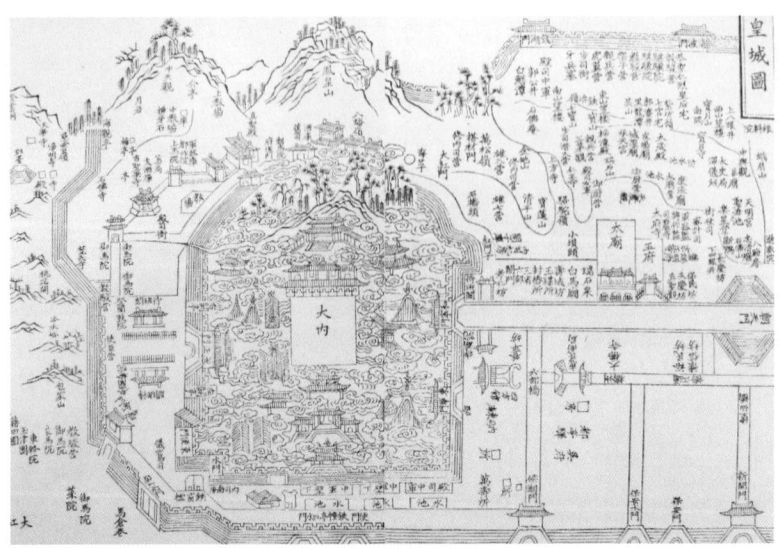

[도27] 「咸淳臨安志」卷1 「皇城圖」(우측이 북쪽방향)

황성 내에 있던 제거수내사—『건도임안지』에 보이는 "修內司"—가 그 후 언제인가 만송령 부근으로 이전하였으며, 증치된 수내사영 가운데 일부가 이곳에 駐扎하고 있었던 것이다. 만송령과 그 주위에서 우리가 찾을 수 있는 수내사와 직접적으로 관련된 곳은 이 세 곳뿐이다. 그러므로 남송초기 수내사장역등지휘영의 구체적인 위치는 이 세 곳, 즉 남송후기의 제거수내사와 두 수내사영이 각각 駐扎하고 있던 세 곳 가운데 어느 한 곳이었을 가능성이 대단히 높다. 그렇다면 최초의 수내사관요도 이 세 곳 가운데 어느 한 곳에 있었다는 이야기가 된다.

『함순임안지』에 첨부되어 있는 「皇城圖」에 따르면(도27), 문제의 두 수내사영은 각각 만송령의 남쪽과 동쪽 인접한 곳에 위치하였다.[59] 『함순임안지』 卷14 수내사영조에서 "萬松嶺"에 있다고 한 수내사영은 전자를, "孝仁坊內의 石橋頭"에 있다고 한 수내사영은 후자를 가리킨다고 판단된다.[60] 그리고 비록 「황성도」에는 표시되어 있지 않지만, 제거수내

[도28] 青平山에서 바라본 九華山(右)과 鳳凰山(左). 두 산 사이에 있는 계곡의 끝부분에 老虎洞窯址가 있다.

사도, 청평산입구에 있었다고 한 점으로 미루어 볼 때, 만송령의 동쪽 인접한 곳에 있었을 것으로 판단된다. 이 가운데 만송령 남쪽의 수내사영이 위치한 곳은 오늘날의 九華山에서 鳳凰山으로 이어지는 산줄기와 그 주위에 해당하는데(도28), 이곳은 만송령보다도 고도가 높은 지역이었다. 그러므로 이곳을 "萬松嶺下"라고 일컬었을 가능성은 희박하다. 당시 "萬松嶺下"는 만송령 자체를 가리키는 것이 아니라, 만송령으로 오르는 동쪽과 서쪽의 비교적 고도가 낮은 초입과 그 주위를 일컫는 지리적 위치개념이었다.[61] 그러므로 만송령에 비해 고도가 상대적으로 높은 만송령의 남쪽과 북쪽 지역은 애초부터 "萬松嶺下"로 불릴 수 없는 곳이었다. 이에 반해, 또 하나의 수내사영이 위치한 "孝仁坊內의 石橋頭"와 제거수내사가 위치한 "孝仁坊內의 青平山入口"는 만송령으로 올라가는 동쪽 초입에 해당하는 지역으로(도29), 모두 "萬松嶺下"로 불러도 무방한 곳이었다. 그렇다면 남송초기 수내사장역등지휘영과 그 영내에 있던

[도29] 현재의 萬松嶺의
동쪽 初入

　최초의 수내사관요의 구체적인 위치는 효인방 내의 석교두와, 같은 방의 청평산입구로 압축되는 셈이다.
　여기에서 남송초기에 황성 내에 있던 수내사가 그 후 황성 밖으로 이전했다는 사실을 상기할 필요가 있다. 남송초기 이후 한정된 면적의 황성 내에 많은 殿闕과 內司들이 증치되면서 수내사는 황성 밖으로 옮기게 된 것으로 판단된다.[62] 우리가 주목해 보아야 할 것은 수내사가 새로 자리 잡은 곳이 "萬松嶺下"의 지리적 범위 안에 있는 "孝仁坊內의 靑平山入口"이라는 점이다[사료(A)]. 공교롭게도 "萬松嶺下"에는 수내사 예하의 유일한 군영인 수내사장역등지휘영이 이미 駐扎하고 있었다. 이 두 가지 사실을 연결하여 생각하면, 황성으로부터 나온 수내사는 수내사장역등지휘영에 자리잡았을 가능성이 매우 크다고 판단된다. 바꾸어 말하면, 수내사장역등지휘영이 駐扎한 "萬松嶺下"의 구체적인 지점은 후에 제거수내사가 자리 잡은 "孝仁坊內의 靑平山入口"였을 가능성이 상당히 크다고 여겨지는 것이다.
　한편, 남송관요는 절강 지역의 전통적인 窯爐構造인 龍窯를 택하였는데, 용요는 15°정도의 경사도가 필요하기 때문에 산기슭이나 낮은 구

[도30] 개간되거나 건물이 들어선 靑平山 기슭

릉에 설치되었다. 남송시기의 문헌기록에 따르면, 청평산은 효인방에 있던 유일한 산이었다. "靑平山入口"는 말 그대로 청평산으로 오르는 초입, 즉 청평산 기슭을 가리킨다. 한편, 효인방의 석교두에 용요를 설치하기에 적합한 구릉이나 산기슭이 있었는지는 잘 알 수가 없다. 만약, 그러한 산기슭이나 구릉이 없었다면 이곳에 용요가 있었을 리가 없고, 그 반대로, 있었다면, 이는 곧 석교두 역시 靑平山 기슭에 있었음을 의미한다. 그러므로 어떻게 보아도 최초의 수내사관요가 효인방의 靑平山 기슭에 있었다는 점에는 변화가 없다.

오늘날의 杭州卷煙廠의 서편에는 능선이 남북 방향으로 이어진 야트막한 산줄기가 자리 잡고 있다. 이 산줄기는 吳山 줄기의 남쪽 끝에 해당하는데, 이 산줄기의 북쪽 부분이 寶蓮山이고, 남쪽 부분이 바로 청평산으로 추정된다. 이 산의 주위는 이미 오래 전부터 밭으로 개간되거나 건물들이 들어서 있다(도30). 그리고 산의 능선부에서도 남송시기의 용천요를 비롯한 많은 窯口의 자기편들이 발견된다(도31). 이 점으로 미루

[도31] 필자가 靑平山 주위에서 채집한 남송시기 瓷器片들

[도32] 南宋官窯型瓷器片들과 窯道具들이 출토된 杭州卷煙廠

어, 이미 남송시기에 청평산의 기슭뿐만 아니라 능선부까지도 많은 사람들이 거주하고 있었음을 알 수 있다. 뿐만 아니라, 그 후대에 이 주위에 성벽이 축조되고 근래에는 항주권련창을 비롯한 많은 건물들이 들어서 남송시기의 관요는 흔적조차 찾을 수가 없다. 아마도 최초의 수내사관요지는 남송시기에 이곳에 많은 사람들이 거주하기 시작하면서 이미 파괴된 것으로 판단된다.

그러므로 최초 수내사관요의 구체적인 고고학적 흔적을 찾는다는 것

[도33] 南宋官窯型瓷器片, 杭州卷烟廠 敷地 출토, 杭州市文物考古所

[도34] 南宋官窯型瓷器片, 杭州卷烟廠 敷地 출토, 鴻禧美術館

은 매우 힘든 일이다. 그런데 1997년 항주권련창 부지에서 대량의 남송 관요형자기편들과 요도구들이 출토되었다(도32). 이곳은 1930년대에 米內山庸夫가 많은 窯跡遺品들을 수습하고 수내사관요지의 하나로 지목한 곳이다.[63] 이 유물들의 대부분이 유물시장을 통하여 밖으로 팔려나갔기 때문에 그 구체적인 특성과 성격을 파악하기 힘들지만, 杭州市文物考古所와 鴻禧美術館에 소장되어 있는 출토품을 필자가 관찰한 바에 따르면, 유색은 전반적으로 분청색 계열이고, 米黃色을 띤 것도 섞여 있으며, 유층의 두께는 비교적 두꺼운 것과 얇은 것의 두 종류가 있다. 태토는 비교적 치밀하고, 회흑색을 띤 것과 회백색을 띤 것 등이 있다(도 33·34). 어느 연구자는 이 유물들이 노호동요지에서 溪流에 의해 쓸려 내려왔을 가능성을 제기하였지만,[64] 그 계류는 유물이 출토된 곳으로부터 남쪽으로 어느 정도 떨어진 곳으로 흘렀을 뿐만 아니라,[65] 문제의 유물이 출토된 지점과 노호동요지는 약 1km 가량이나 떨어져 있기 때문에 실제에 있어서 그러했을 가능성은 희박하다고 생각한다. 노호동요지에서 항주권련창에 이르는 사이의 계곡에서 남송관요자기편은 물론이고 갑발편이나 요도구들마저도 거의 눈에 띠지 않는다는 점이 이를 더욱 뒷받침해준다. 이 유물들 역시, 출토된 지점이 청평산 기슭에 인접해 있다는 측면에서 보면, 최초의 수내사관요지에서 유출된 것들일 가능성이 있다. 하지만 이 제품들이 후대에 남송관요자기를 방제한 것들일 가능성을 배제할 수 없을 뿐만 아니라, 또한 출토품에 대한 전반적인 고찰이 이루어지지 않았기 때문에 그렇게 단정하기는 아직 이르다. 이후 이 점에 대한 깊이 있는 연구가 요구된다.

4. 노호동수내사관요의 성립과 그 배경

노호동요지의 전면발굴이 이루어지고 난 후, 『탄재필형』에 기록된 바와 같이, 남송시기에 수내사관요와 교단하관요의 두 계열의 관요가 있었으며, 노호동요가 수내사관요라는 점은 대부분의 연구자들에 의해 받아들여지는 바가 되었다. 그렇지만 앞서 고찰한 바에 따르면, 노호동요가 수내사관요라는 점은 의심할 바 없는 일이지만, 그것이 남송시기의 유일한 수내사관요는 아니었다. 뿐만 아니라 최초의 수내사관요도 아니었다. 노호동요, 즉 노호동수내사관요는 교단하관요보다도 오히려 늦은 시기에 설립되었다. 그러면 노호동수내사관요는 최초의 수내사관요, 즉 청평산 기슭의 수내사관요(이후 靑平山修內司官窯로 약칭한다)와 어떠한 관계였을까? 그리고 노호동수내사관요는 언제 설립되었으며, 설립된 배경은 무엇일까? 이러한 문제들이 이 절에서 해결해야 할 주요 과제이다.

노호동수내사관요는 봉황산과 구화산 사이의 좁고 비교적 가파른 계

[도35]『咸淳臨安志』卷1「皇城圖」(부분, 우측이 북쪽방향)

곡 서쪽 끝 부분에 자리 잡고 있다. 이곳은 만송령의 남쪽 인접 지역에 해당한다. 그런데『함순임안지』에 첨부되어 있는「황성도」를 보면, 만송령의 남쪽 인접 지역에 한 "修內司營"이 표시되어 있다(도35). 수내사관요가 수내사영 내에 설치되었을 것이라는 점에 대해서는 이미 앞에서 설명하였다. 노호동수내사관요는, 이 요지의 지리적 위치와「황성도」의 내용을 비교·검토해 보면, 만송령 남쪽의 수내사영내에 설치되었음이 분명하다.

앞서의 논의를 통하여 볼 때, 노호동수내사관요는 교단하관요보다 늦은 시기에 설립되었다. 그리고 교단하관요보다 앞선 시기에 최초의 남송관요, 즉 청평산수내사관요가 설립되었다. 청평산수내사관요, 교단하관요, 노호동수내사관요의 순서로 설립된 것이다. 노호동수내사관요가 설치된 이후에도 교단하관요가 수내사관요와 병렬적으로 운영되었음은 문헌기록이나 고고학적으로 이미 확인되었다. 문제는 청평산수내사관요

[도36] 老虎洞窯址 全景

의 향방이다. 노호동수내사관요의 설립과 함께 소멸되었거나, 그것과 관계없이 지속적으로 운영했거나 했을 터인데, 이 시기의 청평산수내사관요에 대한 구체적인 문헌기록이나 고고학적 자료가 없기 때문에 그 향방을 가늠하기가 쉽지 않다. 전자의 경우였다면, 결국 청평산의 수내사관요가 노호동으로 이전하였음을 의미하며, 후자의 경우였다면, 이 시기에는 청평산수내사관요에 더하여 노호동수내사관요를 증치하였음을 의미한다. 그런데 『탄재필형』은 단지 교단하관요의 증치만을 전할 따름이다. 남송관요와 관련된 『탄재필형』의 사료적 가치를 인정한다면, 노호동수내사관요의 설립이 수내사관요의 증치를 의미할 가능성은 희박하다. 요컨대 이 시기에 청평산에 있던 수내사관요가 노호동으로 이전하였다고 판단되는 것이다. 왜 청평산수내사관요를 버리고 새롭게 노호동수내사관요를 설립하게 된 것일까?

노호동수내사관요의 설립에 앞서서, 청평산수내사관요와 별도로 교단하관요를 설립한 것은 황실 소용 관요자기의 생산을 늘려 원활하게 공급하기 위한 조치로 이해되고 있다. 그렇지만 이러한 시각을 노호동수내사관요의 설립에 적용하는 것은 무리이다. 무엇보다도 노호동수내사관요가 자리잡은 곳은 요장을 설치하기에는 상당히 고도가 높을 뿐만 아니라 부지가 대단히 협소하다는 점 등에서 그러하다(도36). 생산량의 증대를 우선적으로 고려하였다면, 이러한 장소에 요장을 설치한 것은 납득하기 어려운 일이다. 이 문제는 청평산수내사관요의 소멸과 결부지어 고찰할 필요가 있다.

요업은 瓷石을 채취하고 빻고 수비하는 일로부터 가마에 불을 지피는 일에 이르기까지 매우 복잡한 공정으로 이루어져 있기 때문에 이 공정을 수행할 비교적 넓은 장소가 필요하다. 그리고 그 과정에서 필연적으로 많은 먼지와 연기가 나고, 아울러 화재의 위험성이 높기 때문에 일반적으로 사람들이 많이 거주하지 않는 외진 곳에 자리 잡게 마련이었다. 최초의 수내사관요를 청평산 기슭에 설립할 때도 이러한 면들을 고려했을 것이다. 그러나 紹興 末年 경부터 이 주위에 많은 관부들이 자리잡기 시작하였다. 더구나 건도 5년(1169) 이후에는 청평산수내사관요가 설치된 수내사영의 직속상급관부인 수내사도 이곳으로 옮겨 자리 잡았다. 수내사관요의 이전은 이러한 배경에서 이루어진 것으로 판단된다.

한편, 2000년 6월 노호동요지 남측 산기슭(T31)의 남송지층에서 방형의 石製 境界碑가 발견되었는데, 碑面에는 楷書로 "邵衙界"라고 음각되어 있다.[66] "邵"는 성을 가리키고, "衙"는 관아를 의미하며, "界"는 말 그대로 경계를 뜻한다. 그러므로 "邵衙界"는 "邵衙"라고 불리는 관아의 경계라는 뜻이 될 것이고, 이 경계비는 이 구역이 "邵衙"의 영역임을 밝히기 위하여 세운 것이 된다. 남송시기에 "邵"라는 성을 따서 칭한 관아는 고송대(1127~1162)에 활약한 邵諤의 성을 딴 "邵局" 밖에는 없

[도37] 老虎洞窯址 原料 採取坑

다. 소국은 "後苑"의 별칭이었으며,[67] 소악은 후원의 최고 책임자를 역임하였다.[68] 말하자면 노호동수내사관요가 자리 잡은 곳은 본래 후원의 영역이었던 셈이다. 후원의 최고 관부인 提擧後苑은 남송시기 내내 황성 내에 있었으므로, 이곳은 후원 예하의 한 作坊이 자리잡고 있었을 것이다. 문제는 이 후원이 수내사관요를 설립하고 운영한 실제적인 주체였다는 점이다. 게다가 비교적 외진 이곳은 남송관요자기의 생산에 소용된 瓷土와 紫金土가 풍부한 곳이었다.[69] 지금도 노호동요지의 남서쪽 귀퉁이에는 당시 자토와 자금토가 혼합된 원료를 채취한 구덩이가 남아 있다(도37). 청평산을 떠난 수내사관요가 노호동에 자리잡는 데에는 무엇보다도 이러한 점들이 우선적으로 영향을 미쳤을 것으로 판단된다.

수내사관요가 노호동으로 이전함에 따라 청평산수내사관요에서 관요자기를 제작하던 후원 소속의 도공들과, 雜役을 제공했을 수내사의 병사들도 그곳으로 자리를 옮겼을 것이다. 수내사 소속 병사들의 군영인 수내사영도 당연히 노호동에 새로운 駐札地를 마련하였을 것이다. 만송령 남쪽에 인접한 수내사영이 그것이다. 결국 청평산수내사관요의 경우와 마찬가지로 노호동수내사관요도 수내사영 내에 자리잡은 셈이다. 이렇게 하여 노호동수내사관요의 시대가 열리게 되었다.

노호동수내사관요의 설립시기와 관련해서는 일단 만송령 남쪽에 수내사영을 설치한 것이 중요한 단서가 된다. 앞서의 논의에 따르면 노호동수내사관요의 설립과 새로운 수내사영의 설치는 거의 같은 시기에 이루어졌기 때문이다. 그렇다면 노호동수내사관요의 설립은 『건도임안지』가 편찬된 건도 5년(1169) 이후의 일이 된다. 이때까지도 수내사영은 청평산 기슭에 한 곳밖에 없었기 때문이다. 노호동수내사관요가 대체로 1210년대를 전후한 시기에 막을 내렸을 것이라는 점은 이미 別稿에서 언급하였다.[70] 이러한 점들과 아울러 노호동수내사관요가 일정 기간 요업을 지속했다는 점을 고려하면, 노호동수내사관요의 설립시기는 일단 12세기 4/4분기를 전후한 시기의 범위 안에 있었을 공산이 크다. 여기에서 이 시기의 요장이 사람들이 많이 거주하지 않는 외진 곳에 설립하는 것이 일반적이었다는 점을 떠올릴 필요가 있다.

(F) (淳熙)七年, 守臣吳淵言, 萬松嶺兩旁古渠, 多被權勢及百司公吏之家造屋侵占. ……[71]

소흥 말년 경부터 청평산수내사관요의 주위에 많은 관부들이 자리 잡기 시작했다는 점은 이미 앞에서 설명하였다. 淳熙 7년(1180)경에는 권세가와 관리들이 만송령 양쪽의 古渠마저 침범하여 집을 짓는 형편이 된 것이다. 이는 이 시기에 이미 청평산 기슭을 포함한 만송령 일대가 유력자들의 거주지로 각광받고 있었음을 의미한다. 이러한 추세가 남송말기까지 이어져『함순임안지』는 당시 만송령의 모습을 "제택과 민거들이 높고 낮게 물고기 비늘과 빗살처럼 빽빽하게 들어차 있다(第宅民居, 高高下下, 鱗次櫛比)"고 표현하였다.[72] 순희 7년(1180)경에 청평산수내사관요가 있던 청평산 기슭은 주위는 더 이상 많은 사람들이 거주하지 않는 한적한 곳이 아니었다. 이러한 점들을 고려할 때, 청평산수내사관요의 시대가 막을 내리고, 노호동수내사관요의 시대가 새롭게 막을 올린 것은 대체로 순희 연간(1174~1189)의 일이었을 것으로 판단된다.

5. 나머지말

최초의 남송관요는 청평산 기슭에 설립된 청평산수내사관요이고, 이것이 순희 연간(1174~1189)에 노호동으로 이전하여 노호동수내사관요가 되었다는 것이 이 연구의 대체적인 줄거리이다. 여기에 남송후기인 1210년대를 전후한 시기에 노호동수내사관요가 다시 望江門內의 金釵袋巷으로 이전하였다는 前考의 주장을 덧붙이면,[73] 결국 남송수내사관요는 청평산수내사관요→노호동수내사관요→금차대항수내사관요의 변천과정을 밟은 셈이 된다. 대부분의 연구자들이 생각해온 것처럼 남송관요가 수내사관요와 교단하관요로 구성되었다는 점에는 변함이 없지만, 그 한 축을 구성한 노호수내사관요가 그다지 간단치 않은 전개과정을 밟았음을 비로소 확인하게 된 것이다.

몇 년 전에 필자는 항주에 가서 남송관요지를 조사하면서 몇몇 연구자들과 저녁식사를 할 기회가 있었다. 그 자리의 주요 화제는 남송관요였는데, 특히 1990년대 이래 항주의 여러 곳에서 출토된 남송관요형자기편들과 요도구들을 둘러싸고 격론이 벌어졌다. 노호동요를 수내사관요로 인식하고 있던 다수의 연구자들은 그것들이 노호동요지나 교단하요지에서 유출된 것이라고 주장하고, 소수의 연구자가 거기에 반대하여 수내사관요가 노호동이 아닌 다른 곳, 예컨대 근래 남송관요형자기편들과 요도구들이 출토된 곳 가운데 어느 한 곳에 있었을 가능성이 있다는 주장을 한 것으로 기억된다. 남송관요를 둘러싼 이러한 의견의 대립은 지면상에서의 논쟁과 그 내용이 크게 다르지 않았다. 그렇지만 당시 필자에게 매우 인상 깊었던 것은, 그들이 주장하는 내용은 달랐지만, 한결같이 수내사관요는 어느 한 곳에 있었음을 암묵적으로 전제하고 있었다는 점이다. 이 점은 한국도자사를 연구한 바 있는 필자에게는 커다란 의문이었다. 고려·조선시대에 여러 가지 원인으로 말미암아 요장을 옮긴 사례를 흔하게 보아왔기 때문이다. 예컨대 조선시대 중기의 관요(分院)는 약 10년을 주기로 요장을 옮기는 것이 보편적인 현상이었다.[74] 이때부터 남송관요 요장의 이전 문제는 남송관요의 연구와 관련하여 필자의 최대의 화두로 자리 잡았다.

이 연구는 그 화두에 대한 조그만 성과물인 셈이다. 하지만 아직도 많은 문제들이 미해결인 채로 남아 있다. 예컨대, 수내사관요의 설립시기 문제, 설립과정문제, 운영체제문제 등은 아예 언급조차 하지 못하였다. 이러한 문제들은 훗날의 과제로 삼고자 한다.

[이 장은 『東方博物』 제35집(2010)에 게재된 「南宋前期官窯新探」을 번역한 후 제목을 고치고 일부 내용을 수정 및 보완한 것이다]

제2장 주석

01　秦大樹,「杭州老虎洞窯址考古發現專家論證會紀要」,『文物』2001년 제8기, 94~95쪽.

02　[元]陶宗儀 撰,『南村輟耕錄』卷29 窯器, 中華書局點校本, 中華書局, 1959, 362~363쪽.

03　이후 송대층과 원대층을 구별하지 않고 단지 노호동요지라고 한 것은 모두 노호동요지 송대층을 가리킨다. 노호동요의 경우도 송대의 노호동요를 가리킨다.

04　[元]陶宗儀 撰,『南村輟耕錄』卷29 窯器, 中華書局點校本, 中華書局, 1959, 362~363쪽; [宋]潛說友 撰,『咸淳臨安志』卷10 青器窯, 清道光十年錢塘汪氏振綺堂刊本,『宋元方志叢刊』제4책, 中華書局, 1990, 3441쪽; 浙江省博物館,「三十年來浙江文物考古工作」,『文物考古工作三十年』, 文物出版社, 1979, 223쪽; 中國社會科學院 等 編,『南宋官窯』, 中國大百科全書出版社, 1996.

05　米內山庸夫,「南宋官窯の研究(中間報告) 11 南宋官窯の窯跡」,『日本美術工藝』174, 1953, 22~23쪽.

06　武佩聖,「對南宋官窯的懷舊與瞻望」,『南宋官窯與哥窯—杭州南宋官窯老虎洞窯址國際學術研討會論文集』, 浙江大學出版社, 2004, 30~31쪽; 李喜寬,「有關南宋後期官窯的幾個問題」,『故宮博物院院刊』2009년 제3기, 11~16쪽.

07　劉毅,「"鳳凰山窯"的發現及相關問題研究」,『南方文物』, 1999년 제2기, 69쪽; 吳戰壘,『圖說中國陶瓷史』, 浙江教育出版社, 2001, 112쪽; 張玉蘭,「關于老虎洞窯的幾個問題」,『東方博物』제14집, 2005, 99쪽.

08　杜正賢,「杭州老虎洞瓷窯址的考古學研究」,『故宮博物院院刊』2002년 제5기, 2002;『南宋官窯與哥窯—杭州南宋官瓷窯老虎洞窯址國際學術研討會論文集』, 浙江大學出版社, 2004, 84~85쪽; 王光堯,「杭州老虎洞窯遺址對研究官、哥窯的啓示」,『故宮博物院院刊』2002년 제5기;『中國古代官窯制度』, 紫禁城出版社, 2004, 92~94쪽; 唐俊杰,「南宋郊壇下官窯與老虎洞官窯的比較研究」,『南宋官窯文集』, 文物出版社, 2004, 188~196쪽; 陳元甫,「對杭州老虎洞南宋官窯的幾點思考」,『南宋官窯與哥窯—杭州南宋官窯老虎洞窯址國際學術研討會論文集』, 浙江大學出版社, 2004, 34~37쪽.

09　저령두유형에 대해서는 각별히 沈岳明,「修內司窯的考古學觀察—從低嶺頭

談起」,『中國古陶瓷硏究』제4집, 1997;「低嶺頭類型再認識」,『南宋官窯文集』, 文物出版社, 2004; 謝純龍,「低嶺頭類型瓷器硏究」,『越窯靑瓷與邢窯白瓷硏究』, 故宮出版社, 2013을 참조하라.

10 劉毅,「從汝官窯到郊壇下官窯的傳遞」,『南宋官窯文集』, 文物出版社, 2004; 孫新民,「汝窯與老虎洞的比較硏究」,『南宋官窯與哥窯—杭州南宋官窯老虎洞窯址國際學術硏討會論文集』, 浙江大學出版社, 2004; 沈岳明,「低嶺頭類型再認識」,『南宋官窯文集』, 文物出版社, 2004.

11 燒成工藝 측면에서의 老虎洞窯와 郊壇下官窯 생산품의 비교는 唐俊杰,「南宋郊壇下官窯與老虎洞官窯的比較硏究」,『南宋官窯文集』, 文物出版社, 2004, 181~188쪽; 張玉蘭,「老虎洞窯瓷片堆積坑出土瓷器製燒工藝初探」,『南宋官窯文集』, 文物出版社, 2004, 200~207쪽을 참조하라.

12 中國社會科學院 等 編,『南宋官窯』, 中國大百科全書出版社, 1996, 22~23쪽.

13 唐俊杰,「南宋郊壇下官窯與老虎洞官窯的比較硏究」,『南宋官窯文集』, 文物出版社, 2004, 189~191쪽.

14 河南省文物考古硏究所,『寶豊淸凉寺汝窯』, 大象出版社, 2008, 84~85쪽.

15 沈岳明,「修內司窯的考古學觀察—從低嶺頭談起」,『中國古陶瓷硏究』제4집, 1997, 85쪽.

16 교단하관요의 Ⅰ형1식병을 가리킨다(中國社會科學院 等 編,『南宋官窯』, 中國大百科全書出版社, 1996, 32쪽).

17 劉毅,「從汝官窯到郊壇下官窯的傳遞」,『南宋官窯文集』, 文物出版社, 2004, 126~127쪽.

18 세경병 가운데 교단하관요 초기 생산품의 중요한 특징인 厚胎薄釉 제품이 발견되는 것으로 미루어(中國社會科學院 等 編,『南宋官窯』, 中國大百科全書出版社, 1996, 32쪽), 이 유형의 병은 교단하관요 초기단계부터 제작된 것으로 파악된다.

19 河南省文物考古硏究所,『寶豊淸凉寺汝窯』, 大象出版社, 2008, 87쪽; 沈岳明,「低嶺頭類型再認識」,『南宋官窯文集』, 文物出版社, 2004, 81쪽.

20 中國社會科學院 等 編,『南宋官窯』, 中國大百科全書出版社, 1996, 32쪽.

21 浙江省文物考古硏究所 等,『寺龍口越窯址』, 文物出版社, 2002, 286쪽.

22 中國社會科學院 等 編,『南宋官窯』, 中國大百科全書出版社, 1996, 28쪽 및

40쪽; 劉毅,「從汝官窯到郊壇下官窯的傳遞」,『南宋官窯文集』, 文物出版社, 2004, 124~126쪽.

23　河南省文物考古研究所,『寶豊淸凉寺汝窯』, 大象出版社, 2008, 104쪽.

24　淸凉寺汝窯 Aa型薰爐는 郊壇下官窯의 蓮花形香爐와 조형적으로 거의 흡사하다(河南省文物考古研究所,『寶豊淸凉寺汝窯』, 大象出版社, 2008, 105쪽의 圖69 및 中國社會科學院 等 編,『南宋官窯』, 中國大百科全書出版社, 1996, 28쪽과 40쪽 참조).

25　郊壇下官窯址에서 출토된 花口瓶은 유층이 두꺼운 厚釉製品인데(中國社會科學院 等 編,『南宋官窯』, 中國大百科全書出版社, 1996, 35쪽), 이는 郊壇下官窯 후기단계 제품의 중요한 특징으로 파악되고 있다(陳元甫,「杭州老虎洞南宋官窯發現的啓示」,『南宋官窯文集』, 文物出版社, 2004, 41~45쪽).

26　杭州市文物考古所(杜正賢 執筆),「杭州老虎洞南宋官窯址」,『文物』 2002년 제10기, 11~12쪽; 杜正賢 主編,『杭州老虎洞窯址瓷器精選』, 文物出版社, 2002, 76~78쪽; 范夢園,「杭州老虎洞窯址南宋遺存分期研究」 北京大學碩士研究生學位論文, 2004, 35~36쪽.

27　단, 張玉蘭은 H3과 H2를 老虎洞窯 후기단계의 瓷片堆積坑으로 파악하고 있다(張玉蘭,「老虎洞窯瓷片堆積坑出土瓷器製燒工藝初探」,『南宋官窯文集』, 文物出版社, 2004, 202쪽;「關于老虎洞窯的幾個問題」,『東方博物』 제14집, 2005, 94~95쪽).

28　사룡구월요지에서도 여러 유형의 협층완이 출토되었지만, 모두 노호동요의 협층완과는 조형적인 측면에서 일정한 차이가 있다(浙江省文物考古研究所 等,『寺龍口越窯址』, 文物出版社, 2002, 76~80쪽). 한편, 日本 福岡市 博多遺蹟에서 용천요 협층완이 출토되었는데, 조형적인 측면에서 노호동요의 협층완과 매우 흡사하다. 다만 전자의 경우 碗의 내면에 연화각화문이 시문되어 있는 반면, 후자의 경우는 문양이 없다는 점이 다르다. 이 유물은 福岡市埋藏文化財센터—에 소장되어 있는데, 田中克子 조사원의 말에 따르면, 남송전기에 해당하는 지층에서 출토되었다고 한다.

29　杭州市文物考古所(杜正賢 執筆),「杭州老虎洞南宋官窯址」,『文物』 2002년 제10기, 10~18쪽; 杜正賢 主編,『杭州老虎洞窯址瓷器精選』, 文物出版社, 2002, 130~134쪽.

30　이 점은 절강성문물고고연구소 沈岳明 연구원의 敎示에 따른 것이다. 이후 저

령두유형과 관련하여 특별한 典據를 밝히지 않은 것은 대부분 沈岳明 연구원의 교시에 따른 것임을 밝혀둔다.

31 浙江省文物考古研究所 等, 『寺龍口越窯址』, 文物出版社, 2002, 161~169쪽.
32 河南省文物考古研究所, 『寶豊淸凉寺汝窯』, 大象出版社, 2008, 99쪽.
33 河南省文物考古研究所, 『寶豊淸凉寺汝窯』, 大象出版社, 2008, 99쪽.
34 河南省文物考古研究所, 『寶豊淸凉寺汝窯』, 大象出版社, 2008, 99쪽.
35 杜正賢 主編, 『杭州老虎洞窯址瓷器精選』, 文物出版社, 130~134쪽.
36 杭州市文物考古所(杜正賢 執筆), 「杭州老虎洞南宋官窯址」, 『文物』 2002년 제10기, 16쪽; 杜正賢 主編, 『杭州老虎洞窯址瓷器精選』, 文物出版社, 2002, 49~50쪽.
37 杭州市文物考古所(杜正賢 執筆), 「杭州老虎洞南宋官窯址」, 『文物』 2002년 제10기, 28~29쪽; 賀世偉, 「南宋官窯分期淺析」, 『南宋官窯與哥窯―杭州南宋官窯老虎洞窯址國際學術硏討會論文集』, 浙江大學出版社, 2004, 145~146쪽; 范夢園, 「杭州老虎洞窯址南宋遺存分期硏究」 北京大學碩士硏究生學位論文, 2004, 38~46쪽.
38 浙江省文物考古研究所 等, 『寺龍口越窯址』, 文物出版社, 2002, 195쪽.
39 杜正賢 主編, 『杭州老虎洞窯址瓷器精選』, 文物出版社, 2002, 104~112쪽.
40 范夢園, 「杭州老虎洞窯址南宋遺存分期硏究」 北京大學碩士硏究生學位論文, 2004, 35쪽.
41 沈岳明, 「修內司窯的考古學觀察―從低嶺頭談起」, 『中國古陶瓷硏究』 제4집, 1997, 85쪽.
42 河南省文物考古研究所, 『寶豊淸凉寺汝窯』, 大象出版社, 2008, 87쪽.
43 이 점은 절강성문물고고연구소의 沈岳明 연구원이 정리해 놓은 저령두요지 출토품의 도면에서 확인한 것이다. 자료를 열람하게 해준 沈 연구원에게 감사드린다.
44 中國社會科學院 等 編, 『南宋官窯』, 中國大百科全書出版社, 1996에 첨부되어 있는 圖版24 참조. 圖版24의 2와 3은 Ⅰ형(반구형)이고 1은 Ⅱ형(평구형)이다.
45 杜正賢 主編, 『杭州老虎洞窯址瓷器精選』, 文物出版社, 2002, 53~63쪽. 단, 杜正賢은 H3:143의 지추병의 구부를 반구형으로 분류하였다(杜正賢 主編,

『杭州老虎洞窯址瓷器精選』, 文物出版社, 2002, 53쪽). 그러나 이 지추병의 경우, 평구형의 구연부가 완만하게 약간 위로 올라간 것으로서, 반구형과는 거리가 멀다.

46　張玉蘭,「老虎洞窯瓷片堆積坑出土瓷器製燒工藝初探」,『南宋官窯文集』, 文物出版社, 2004, 203쪽.

47　杜正賢 主編,『杭州老虎洞窯址瓷器精選』, 文物出版社, 2002, 53~63쪽.

48　杜正賢 主編,『杭州老虎洞窯址瓷器精選』, 文物出版社, 2002, 53~63쪽; 范夢園,「杭州老虎洞窯址南宋遺存分期研究」北京大學碩士研究生學位論文, 2004, 21쪽.

49　河南省文物考古研究所,『寶豊清凉寺汝窯』, 大象出版社, 2008, 87쪽.

50　浙江省文物考古研究所 等,『寺龍口越窯址』, 文物出版社, 2002, 191~192쪽; 中國社會科學院 等 編,『南宋官窯』, 中國大百科全書出版社, 1996, 37쪽.

51　杜正賢 主編,『杭州老虎洞窯址瓷器精選』, 文物出版社, 2002, 41~48쪽.

52　복수의 수내사관요지 문제와 관련하여, 과연 몇 곳의 수내사관요지가 있을까 하는 문제가 관심사로 떠오른다. 이 점에 대해서는 이미 米內山庸夫가 주목할 만한 견해를 제출한 바가 있다. 즉 그는 2~3년간의 조사를 거쳐 남송황성지와 봉황산록, 그리고 청평산부근에서 총 5곳의 수내사관요지를 찾았다고 보고하였다(米內山庸夫,「南宋官窯の硏究(中間報告) 11　南宋官窯の窯跡」,『日本美術工藝』174, 1953, 22~24쪽). 그의 보고에 따르면, 제1요지는 남송황성지에, 제2요지는 봉황산의 동쪽 산록에, 제3요지와 제4요지는 구화산 동쪽 산록에 있는 지장전 주위에, 제5요지는 청평산록에 있는데, 모두 요폐기물과 요도구들이 출토되어 요지일 가능성이 있다고 생각한다. 그가 지목한 5곳의 요지 가운데 제3요지·제4요지·제5요지가 있던 곳은 이미 건물들이 들어서 있어 요지의 흔적을 찾을 수 없다. 그리고 제1요지와 제2요지의 경우도, 필자가 몇 차례에 걸쳐 조사하였으나 찾지 못하였다. 이 5곳의 요지가 과연 수내사관요지였는지를 고고학적으로 확인하는 것은 매우 힘든 상황이다. 그렇지만 이 가운데 제1요지와 제2요지가 위치한 곳은 남송황성 내에 해당한다. 당시 황성 내에 요장을 설치한다는 것은 생각할 수 없다. 그것들이 요지가 분명하다면, 아마도 남송이 멸망한 이후, 즉 원대 이후의 요지였을 것이다. 그리고 제3요지와 제4요지가 있던 곳에는, 米內山庸夫도 인정한 바와 같이, 수내사나 수내사영이 없었다. 그러므로 그것들이 수내사관요지였을 가능성은 높지 않다. 이것들도 원대 이후의 요지였을 공산이 크다. 남송수내사관요지였을 가능성이 있는 것은

단지 제5요지뿐이라고 판단된다. 이 주위에는 남송시기의 제거수내사와 수내사장역등지휘영이 있었다. 그러나 이 요지도 원대 이후의 것이었을 가능성을 배제할 수 없기 때문에 그것을 남송수내사관요지라고 단정하는 것은 성급한 일이다. 필자는 米內山庸夫가 발견한 요지는 남송수내사관요보다는 오히려 원대 이후의 哥窯와 관련하여 더욱 주목할 필요가 있다고 생각한다. 이점에 대해서는 차후 別稿에서 구체적으로 검토할 계획을 가지고 있다.

53 [元]陶宗儀 撰, 『南村輟耕錄』卷29 窯器, 中華書局點校本, 中華書局, 1959, 362~363쪽: "[宋]葉寘의『坦齋筆衡』에 말하기를, ……宋이 南遷한 후, 邵成章이 提擧後苑이 되어, 邵局으로 칭하였는데, 故京의 遺制를 이어서, 修內司에 窯를 설치하고, 靑器를 제작하여, 內窯라고 名하였다. 잘 수비한 흙으로 成形하여 극히 精緻하고, 釉色이 瑩徹하여, 세상 사람들이 귀하게 여겼다. 후에 郊壇下에 별도로 新窯를 세웠는데, 舊窯에 비하여 크게 떨어진다. 그 밖에 烏泥窯·餘杭窯·續窯 같은 것들은 모두 官窯에 비할 바가 되지 못한다. 혹옛 越窯를 일컫지만, 다시는 볼 수 없다고 하였다."

54 "置窯于修內司"의 구체적인 내용에 대해서는 많은 견해가 있는데, 크게 네 가지로 정리할 수 있다. 첫째, 수내사의 예하에 내요를 설치하였다는 의미라는 견해. 이 경우 내요는 단순히 요장만을 뜻하는 것이 아니라, 그 요장과 도공 등까지를 포함한, 수내사가 관할한 예하기구를 의미한다. 둘째, 지리적 개념으로서의 수내사(제거수내사) 관내에 내요를 건립하였다는 의미라는 견해. 셋째, 지리적 개념으로서의 수내사 부근에 내요를 건립하였다는 의미라는 견해. 넷째, 지리적 개념으로서의 수내사영내에 내요를 건립하였다는 의미라는 견해. 이 가운데 첫째 견해는 지금까지도 가장 보편적으로 받아드려지고 있는 견해 가운데 하나이다. 아마도 수내사관요와 수내사를 쉽게 연결시킬 수 있기 때문에 많은 연구자들이 여기에 동의하고 있는 것이 아닐까 추측된다. 그러나 이 견해는 『탄재필형』의 내용에 배치된다고 판단된다. 『탄재필형』에 따르면, 내요를 건립한 주체는 후원(소국)이었다. 후원은 궁정생활수요와 황족의 결혼에 필요한 물품의 공급을 관장하고 있던 관부였다. 반면 수내사는 그것과는 거리가 먼, 황성의 건축과 관계된 일들을 관장하고 있던 관부였다. 그러므로 내요를 관할한 관부는 의당 수내사가 아니라 후원으로 보는 것이 타당하다. 이 점에 대해서는 이미 張東·施遠과 鄭建華가 자세히 검토한 바가 있다(施遠·張東,「宋代汝官窯若干問題的研究」, 『上海博物館集刊』제8기, 2000, 354~355쪽; 鄭建華, 「關于修內司官窯問題的思考」, 『南宋官窯文集』, 文物出版社, 2004, 57~59쪽). 한편, 내요(수내사관요)를 설립할 당시 수내사(제거수내사)는 황성 내에

있었다. 둘째 견해에 따른다면, 황성 내에 요장을 설치하였다는 이야기가 되는 셈인데, 이는 실제적으로 거의 불가능한 일이다. 이 점에서 둘째 견해도 성립될 수 없다고 판단된다. 셋째 견해 역시 둘째 견해의 경우와 마찬가지의 이유로 성립되기 어렵다. 단, 문제의 대목을 "수내사영 주변에 내요를 설치하고"로 해석할 경우는 이러한 문제가 생기지 않는다. 내요가 설치된 남송전기에 수내사영(수내사장역등지휘영)은 황성 밖의 "萬松嶺下"에 있었기 때문이다([宋]周淙 撰, 『乾道臨安志』卷1 軍營條, 淸光緖七年『武林掌故叢編』第一集本, 『宋元方志叢刊』제4책, 中華書局, 1990, 3220쪽). 그러나, 필자가 과문한 탓인지는 모르지만, 특정한 건축물이 그 부근을 가리키는 지리적 개념으로 쓰인 경우는 많지만(예컨대 望江門이 望江門 일대를 가리키는 지리적 개념으로 쓰이는 것처럼), 특정한 관부나 기구가 그 부근을 포함한 장소를 표시한 개념으로 쓰인 경우는 없는 것으로 알고 있다. 즉, 지리적 개념으로서의 "修內司營"은 수내사영 내를 가리키는 개념일 뿐, 그 주위까지를 포함한 지리적 개념으로 쓰인 경우가 없다는 뜻이다. 앞의 세 견해와 달리, 넷째 견해는 별 다른 문제점을 내포하고 있지 않다. 수내사영은 수내사의 예하기구 이므로 그곳에 내요를 설치한 것을 두고 수내사에 내요를 설치하였다고 말하 여도 조금도 이상하지 않은 것이다. 이러한 관점에서 "수내사에 窯를 설치하고(置窯于修內司)"라는 구절의 구체적인 내용은 지리적 개념으로서의 수내사 영내에 내요를 건립하였다는 의미로 해석하는 것이 타당하다고 생각한다.

55 [宋]周淙 撰, 『乾道臨安志』卷1 軍營, 淸光緖七年『武林掌故叢編』第一集本, 『宋元方志叢刊』제4책, 中華書局, 1990, 3220쪽: "修內司壯役等指揮營은 萬松嶺下에 있다." 단, 이 판본에는 "營"자가 결락되어 있는데, 이는 착오임이 분명함으로 바로잡았다.

56 [宋]周淙 撰, 『乾道臨安志』卷1 內諸司, 淸光緖七年『武林掌故叢編』第一集本, 『宋元方志叢刊』제4책, 中華書局, 1990, 3218쪽: "入內內侍省······修內司······御酒庫는 모두 禁中에 있다."

57 [宋]潛說友 撰, 『咸淳臨安志』卷10 提擧修內司, 淸道光十年錢塘汪氏振綺堂刊本, 『宋元方志叢刊』제4책, 中華書局, 1990, 3441쪽: "提擧修內司는 孝仁坊內의 靑平山入口에 있다."

58 [宋]潛說友 撰, 『咸淳臨安志』卷14 修內司營, 淸道光十年錢塘汪氏振綺堂刊本, 『宋元方志叢刊』제4책, 中華書局, 1990, 3493쪽: "修內司營은 孝仁坊內의 石橋頭, 萬松嶺, 鐵冶嶺, 榷貨務의 동쪽에 있다."

59 『함순임안지』에는 당시 도성과 관련된 비교적 상세한 두 개의 지도가 첨부되어 있다. 「皇城圖」와 「京城圖」가 그것이다. 두 지도 모두에 만송령 부근에 있던 두 수내사영의 위치가 표시되어 있는데, 자세히 살펴보면, 두 수내사영의 위치가 지도에 따라 약간 다르게 표시되어 있음을 알 수 있다. 즉 「황성도」에는 두 수내사영이 각각 만송령의 남쪽과 동쪽의 인접한 위치에 표시되어 있는 데 반해서, 「경성도」에는 모두 만송령의 동쪽에 위치한 것으로 표시되어 있다. 그런데 우리는 「경성도」 상에서 한 가지 특이한 점을 발견하게 된다. 도성의 남쪽에 치우쳐 있던 황성 지역이 심하게 왜곡되어 있다는 점이 그것이다. 즉 황성을 남북방향으로 크게 축약하여 그려놓은 것이다. 별도의 「황성도」가 있으므로, 굳이 「경성도」에서 황성을 자세히 그릴 필요가 없다고 생각했기 때문에 그렇게 하였을 것이다. 그렇지만 이는 필연적으로 황성의 동쪽과 서쪽 지역과 그 주위에도 영향을 미쳐, 황성의 서북쪽에 인접한 만송령 부근도 「경성도」 상에서 남북방향으로 크게 축약되어 있다. 그 결과 이곳에 있던 지명이나 관부명·군영명 등을 표시할 공간이 부족하게 되어, 「황성도」에는 기재되어 있던 雄七營·雄八營·石橋頭·搭材門·大紅門 등은 아예 표시 조차 못하였다. 이 점으로 미루어 볼 때, 만송령 부근에 있던 수내사영의 위치에 관한 한, 「경성도」보다 「황성도」가 훨씬 정확하다고 생각된다. 필자의 판단으로는, 본래 만송령의 남쪽에 위치한 한 수내사영을, 표시할 공간의 부족으로 말미암아 방편으로 만송령의 동쪽 인접한 위치에 표시하였을 가능성이 크다고 이해된다.

60 『함순임안지』의 「황성도」를 보면, 만송령 주변의 두 수내사영은 각각 만송령의 남쪽과 동쪽 인접한 곳에 표시되어 있다. 그리고 孝仁坊內의 石橋頭는 두 수내사영의 동쪽 중간 지점에 표시되어 있다. 그러므로 「황성도」만 보아서는 『함순임안지』 卷14 修內司營條에 "萬松嶺"과 "孝仁坊內의 石橋頭"에 있다고 한 두 수내사영이 각각 「황성도」상의 어느 수내사영에 해당하는지 판별하기가 쉽지 않다. 그런데 만송령 남쪽의 수내사영이 위치한 곳은 오늘날의 구화산에서 봉황산으로 이어지는 산줄기와 그 주위의 좁은 계곡에 해당한다. 이곳에 남송시기 대표적인 인구밀집 지역 가운데 하나인 孝仁坊이 있었을 리가 없다. 그러므로 "萬松嶺"에 있다고 한 수내사영이 이 수내사영에 해당한다고 보는 것이 무리가 없다. 자연이 "孝仁坊內의 石橋頭"에 있다고 한 수내사영은 만송령으로 오르는 초입에 있던 만송령 동편의 수내사영에 해당하는 것이 된다.

61 『함순임안지』에서 만송령의 서쪽 초입에 인접해 있던 郭公井을 "萬松嶺下"에 있다고 한 것이 그 좋은 예이다([宋]潛說友 撰, 『咸淳臨安志』 卷37 郭公井, 淸道光十年錢塘汪氏振綺堂刊本, 『宋元方志叢刊』 제4책, 中華書局, 1990,

3687쪽).

62 『乾道臨安志』가 편찬된 乾道 5년(1169) 이후에, 御輦院·御馬院 등이 수내사와 마찬가지로 황성 밖으로 이전하고, 御膳所·御服所·祗候庫·道場庫 등이 황성 내에 설립되었다([宋]周淙 撰, 『乾道臨安志』卷1 內諸司, 淸光緖七年『武林掌故叢編』第一集本, 『宋元方志叢刊』제4책, 中華書局, 1990, 3218쪽; [宋]潛說友 撰, 『咸淳臨安志』卷10 內諸司, 淸道光十年錢塘汪氏振綺堂刊本, 『宋元方志叢刊』제4책, 中華書局, 1990, 3440~3442쪽).

63 米內山庸夫, 「南宋官窯の硏究(中間報告) 11 南宋官窯の窯跡」, 『日本美術工藝』174, 23쪽.

64 鄭建華, 「關于修內司官窯問題的思考」, 『南宋官窯文集』, 文物出版社, 2004, 60쪽.

65 米內山庸夫, 「南宋官窯址の發見」, 『世界陶磁全集』10, 河出書房, 1954, 278쪽의 Fig.227. 南宋官窯古窯址圖(米內山庸夫 作圖) 참조.

66 唐俊杰, 「關于杭州老虎洞南宋窯址性質的探討」, 『南宋官窯與哥窯—杭州南宋官窯老虎洞窯址國際學術硏討會論文集』, 浙江大學出版社, 2004, 22쪽.

67 소국과 후원의 관계에 대해서는, 鄭建華, 「關于修內司官窯問題的思考」, 『南宋官窯文集』, 文物出版社, 2004, 51쪽 참조.

68 [元]陶宗儀 撰, 『南村輟耕錄』卷29 窯器, 中華書局點校本, 中華書局, 1959, 362~363쪽; 李民擧, 「宋官窯論稿」, 『文物』1994년 제8기, 49쪽.

69 周少華 等, 「杭州老虎洞窯靑瓷原料的硏究」, 『南宋官窯與哥窯—杭州南宋官窯老虎洞窯址國際學術硏討會論文集』, 浙江大學出版社, 2004, 197~198쪽.

70 李喜寬, 「有關南宋後期官窯的幾個問題」, 『故宮博物院院刊』2009년 제3기, 20~21쪽.

71 [元]脫脫 等 撰, 『宋史』卷97 河渠志 河渠7 東南諸水(下) 臨安運河, 中華書局點校本, 中華書局, 1977, 2400쪽: "(淳熙) 7年 守臣 吳淵이 말하기를, "萬松嶺 양쪽의 古渠를 權勢家와 百司의 公吏들이 집을 지어 침범하는 경우가 많습니다. ……"라고 하였다."

72 [宋]潛說友 撰, 『咸淳臨安志』卷28 萬松嶺, 淸道光十年錢塘汪氏振綺堂刊本, 『宋元方志叢刊』제4책, 中華書局, 1990, 3625쪽.

73 李喜寬, 「有關南宋後期官窯的幾個問題」, 『故宮博物院院刊』2009년 제3기,

20~21쪽.

74 尹龍二,「朝鮮時代 分院의 成立과 變遷硏究」,『韓國陶瓷史硏究』, 文藝出版社, 1993, 437~440쪽.

제3장 남송후기관요의 전개

1. 머리말

최근 10여 년간 중국도자사 연구에 있어서 남송관요 문제만큼 큰 주목을 받아온 분야도 드물 것이다. 2002년 11월 15일~17일 杭州에서 "2002中國杭州南宋老虎洞窯址國際學術硏討會"가 열리고,[01] 남송관요와 老虎洞窯 관련 전문논문집인『南宋官窯文集』[02]과『南宋官窯與哥窯—杭州南宋官窯老虎洞窯址國際學術硏討會論文集』[03]이 각각 2004년 7월과 11월에 간행되었으며, 그밖에 수많은 논문이 발표되었다. 이러한 남송관요에 대한 연구의 열기는 1998년 5월~12월과 1999년 10월~2001년 3월의 두 차례에 걸친 노호동요지에 대한 전면발굴에 힘입은 바 크다(도1).[04]

노호동요를 중심으로 한 남송관요에 대한 연구는, 노호동요의 성격, 노호동요와 修內司官窯의 관계, 수내사관요의 성립시기, 수내사관요와

[도1] 老虎洞窯址 발굴 현장

郊壇下官窯의 영향관계, 노호동요 생산품의 용도 문제 등에 대하여 광범위하게 이루어졌다.[05] 그런데 대부분의 연구자들이 노호동요가 곧 수내사관요라고 인식하고, 그 가운데 많은 연구자들이 이 요장이 남송후기에 접어들기 이전에 소멸하였다고 믿고 있으므로,[06] 결국 이 시기에는 주로 남송전기의 관요에 연구가 집중되는 경향이 강할 수밖에 없었다. 말하자면 남송후기의 관요는 상대적으로 관심의 대상에서 어느 정도 벗어나 있었던 셈이다. 이러한 경향은 또한 남송후기관요에 대한 단순한 이해와도 깊은 관련이 있다고 생각한다. 남송관요 연구자들은 별다른 논의 없이 남송후기에는 오직 교단하관요만이 운영되었다는 점을 거의 정설로서 받아들여 온 것이다.

그러나 남송후기의 문헌기록에 의거하는 한, 남송후기관요의 실상은 기존의 많은 연구자들이 생각한 것처럼 그렇게 간단하지가 않다. 그들은 문헌기록에 대한 주의 깊은 검토를 빠뜨린 것이다. 이 점에서 볼 때, 근래 몇몇 연구자들이 그러한 획일적이고 단순한 시각에 이의를 제기하고 남송후기관요를 새롭게 해석할 것을 주창한 것은 주목할 만하다.[07] 필자도 기본적으로 이들의 시각에 동의한다. 이러한 입장에서 필자는 이 장에서 기존의 통설을 재검토하고, 아울러 근래 새롭게 제시된 견해가 간과한 남송후기관요에 대한 몇 가지 중요한 문제를 자세히 검토하려고 한다.

2. 『咸淳臨安志』 靑器窯條에 대한 해석

남송관요의 연구와 관련하여 이제까지 크게 중시되어온 문헌기록 가운데 하나는 남송말기인 咸淳 4년(1268)에 편찬된 『咸淳臨安志』卷10 靑器窯條에 보이는 다음 기록이다.

(A) 靑器窯(在雄武營山/上圓壇左右)[08][(   )안은 細註. "/"은 行이 바뀌는 곳을 표시함. 이하 같음]

이 기록은 여러 판본의 『함순임안지』 가운데 文淵閣四庫全書本(이하 四庫全書本으로 약칭)에서 인용한 것이다. 13자에 불과한, 청기요의 위치를 알려주는 간단한 내용이지만, 사실상 남송후기 관요의 연구는 이 청기요조의 내용을 기본적인 토대로 하여 출발하였다고 하여도 과언이 아니다. "靑器窯"가 남송시기에 건립된 관요가 분명하고, 적어도 남송후기의 관요와 관련하여 이것보다 더 생생한 사실을 전하는 기록이 없다는 점에서 그러한 관점은 타당하다.

지금까지 거의 모든 연구자들은 이 기록을 분석하면서, 남송후기에는 한 곳의 관요만 있었을 뿐이라는 전제 위에 서 있었다. 그리고 그 위치가 "雄武營山上圓壇左右"라는 데 조금도 의심하지 않았다. 1930년 大谷光瑞와 小笠原彰眞이 八卦田의 동남쪽에 인접한 烏龜山麓에서 이른바 교단하관요 遺址를 찾는 데 성공한 후,[09] 1930년대에 周子兢(周仁)이 이 요지를 시굴조사하였으며,[10] 周鴻達도 이 요지를 조사하고 『修內司官窯圖解』를 펴냈다.[11] 1956년에는 浙江省文管會에서 국부발굴을 통하여 龍窯 1基(Y1)와 瓷片堆積層을 확인하였으며,[12] 이어 1985~1986년에 中國社會科學院考古研究所 등이 정식발굴하여 용요 1기(Y2)와 작업장 등을 찾아내고, 아울러 수많은 南宋官窯瓷片과 窯具를 수습하였다.[13] 이로써 적어도 남송후기에는 남송관요 가운데 교단하관요 한 곳만이 존재하였고, 그것이 오늘날의 烏龜山麓에 있었다는 점은 거의 정설로 굳어졌다.

그러나 50여 년 전에 米內山庸夫는 『함순임안지』 청기요조에 대한 내용을 전혀 다르게 해석하였다.[14] 즉 그는 문제의 "雄武營山上圓壇左右"가 본래 어느 한 곳의 위치를 표시한 것이 아니라 "雄武營山上"과 "圓壇左右" 두 곳의 위치를 표시한 개념으로 이해한 것이다. 그의 견해는 매우 흥미로운 것임에도 불구하고 그 후 오랫동안 큰 주목을 받지 못하였는데, 근래 몇몇 연구자들이 기본적으로 그의 주장과 일치하는 견해를 발표하면서 다시 우리의 관심을 끌고 있다.[15] 이 시점에서 남송후기에 교단하관요 한 곳만 운영했다는 주장은 재검토해볼 필요가 있다고 생각한다.

과연 남송후기에는 한 곳의 관요만 있었을까, 아니면 두 곳의 관요가 있었을까? 우리는 이 의문에 대한 해답의 실마리를 바로 『함순임안지』 자체에서 찾을 수 있다.

『함순임안지』 卷1~15의 「行在所錄」에는 남송의 수도인 臨安府에 있

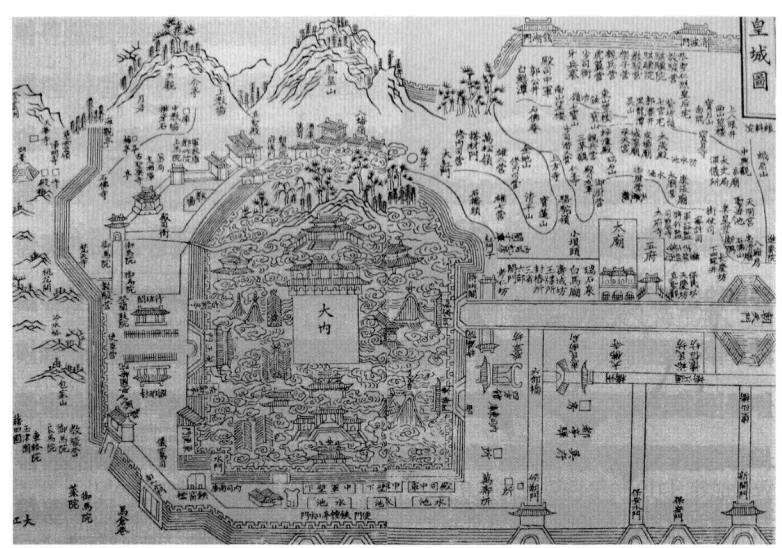

[도2] 『咸淳臨安志』卷1「皇城圖」(우측이 북측방향)

던 많은 관부와 궁궐·군영 등의 건치연혁이나 구성 등과 더불어 위치가 기재되어 있다. 흥미로운 것은 그 대부분의 위치가 예외 없이 本文으로 기록되어 있는 반면, 유독 卷10의 內諸司條의 경우만 細註로 표시되어 있다는 점이다. 그 이유가 무엇인지는 갑자기 잘 알 수 없지만, 한 가지 분명한 것은 세주의 내용만 보아서는 內諸司에 속해 있는 관부나 군영 등이 한 곳이 있었는지, 여러 곳에 있었는지 판별하기가 그다지 쉽지 않다는 점이다. 御馬院의 경우가 그 좋은 예이다.

(B) 御馬院(在麗正門右/嘉會門外)[16]

당시 어마원은 "麗正門右嘉會門外"에 위치한 것으로 되어 있는데, 청기요조에 대한 기존의 이해방식으로 보면, 어마원이 한 곳에 있었다고 판단할 수도 있지만, 실상은 그렇지 않다. 『함순임안지』에 실려 있는 「皇

城圖」에 따르면(도2), 어마
원은 "麗正門右"와 "嘉會
門外"의 두 곳에 있었음이
분명하기 때문이다.[17] 어마
원의 예는 청기요가 두 곳
에 있었을 가능성에 더욱
무게를 실어준다고 할 수
있다.

여기에서 우리의 관심
을 끄는 것은 『함순임안
지』 청기요조의 세주표기
가 판본에 따라 한결같지
않다는 점이다. 예컨대, 앞

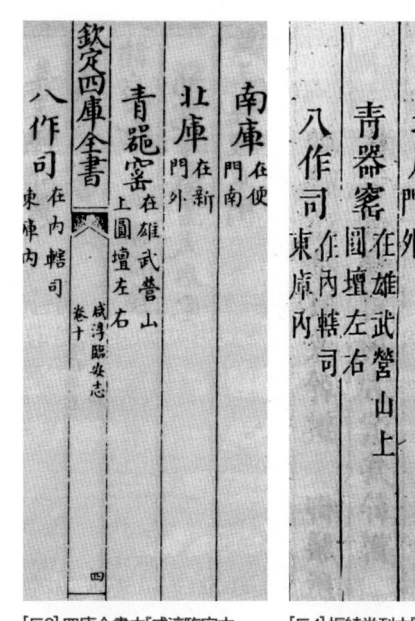

[도3] 四庫全書本『咸淳臨安志』 青器窯條

[도4] 振綺堂刊本『咸淳臨安志』 青器窯條

서 인용한 사고전서본은 "在雄武營山上圓壇左右"의 "山"과 "上"사이
에서 行을 나누었지만(도3),[18] 淸道光十年錢塘汪氏振綺堂刊本(이하 振
綺堂刊本으로 약칭)의 경우는 "上"과 "圓" 사이에서 行을 나누었다(도
4).[19] 그 원인은 위치와 관련된 두 판본의 세주표기방식이 서로 달랐던 데
에서 찾을 수 있다. 사고전서본에서 세주의 표기와 관련하여 가장 중시
한 것은 글자 수의 균형을 맞추는 일이었다. 세주의 글자 수가 짝수일 경
우에는 정확히 반으로 나누어서 두 행에 배열하고, 홀수일 경우에는 오
른쪽 行에 한 글자를 더 배열하였는데, 闕字가 있는 것과 같은 특수한
경우를 제외하고서는 전혀 예외가 없다. 진기당간본도 기본적으로 이 기
준을 따랐지만, 흥미롭게도 두 군데의 예외가 있다. 그 하나가 바로 청기
요조이고, 또 다른 하나가 같은 卷(卷10)에 수록된 敎樂所條이다.[20] 교
악소조의 경우, 세주가 "在東華門外樂器庫在吳山天明宮側"으로 되어

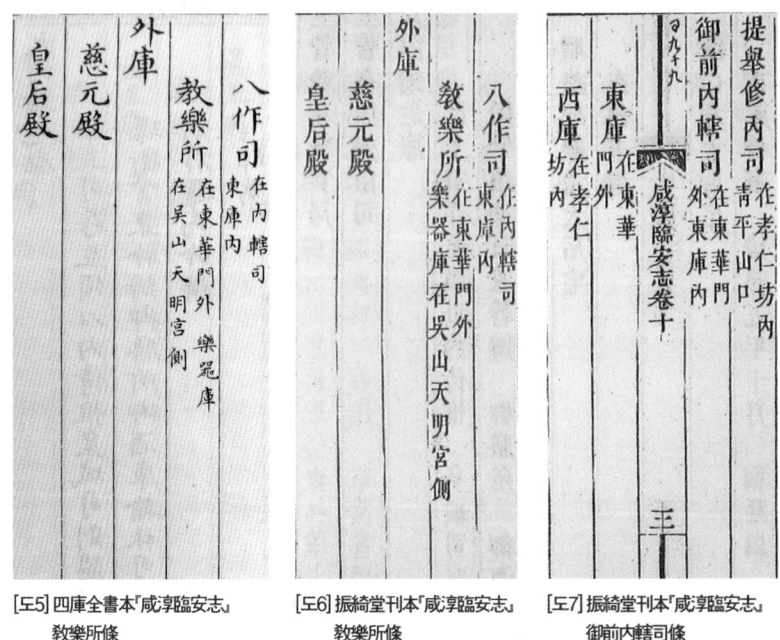

[도5] 四庫全書本「咸湻臨安志」　　[도6] 振綺堂刊本「咸湻臨安志」　　[도7] 振綺堂刊本「咸湻臨安志」
　　　教樂所條　　　　　　　　　　教樂所條　　　　　　　　　　　御前內轄司條

있는데, 사고전서본은 "庫"와 "在" 사이에서 행을 나누어 오른쪽 행에 8자, 왼쪽 행에 7자로 균형을 맞추었다(도5). 반면에 진기당간본은 "外"와 "樂" 사이에서 행을 나누어, 결국 오른쪽 행은 5자, 왼쪽 행은 10자가 되어 글자수의 균형이 깨져버렸다(도6). 그러나 세주의 내용의 측면에서 보면, 진기당간본의 경우처럼 행을 나누는 것이 훨씬 자연스럽다.

　사고전서본이 세주를 표기할 때 앞서 언급한 방식을 엄격히 준수한 것은 비단 『함순임안지』에만 적용된 것이 아니었다. 사고전서에 포함된 그 밖의 책들에도 예외 없이 그와 같은 방식으로 세주를 표기한 것을 보면, 그것은 底本에 어떠한 방식으로 세주를 표기하였는가와 관계없이 사고전서를 편찬할 때 일률적으로 적용된 원칙이었다고 판단된다. 이러한 추론에 큰 문제가 없다면, 원본『함순임안지』청기요조의 세주는 사고전서본보다는 진기당간본의 경우처럼 표기되어 있을 가능성이 훨씬 높다.

한편, 우리는 앞서 진기당간본에서 청기요조·교악소조의 세주와 그 밖의 조의 세주의 표기방식이 서로 다르다는 점은 지적하였다. 양자 사이의 차이점을 가장 분명하게 보여주는 것이 청기요조와 御前內轄司條이다.[21] 청기요조의 세주표기방식의 특징은 이미 설명하였다. 어전내할사조의 세주는 "在東華門/外東庫內"로, "門"과 "外" 사이를 행으로 나누어 기재하였다(도7). 이는 『함순임안지』의 찬자가 "東華門外"와 "東庫內"를 별개의 위치 개념이 아니라 "東華門外"에 있는 "東庫內"라는 하나의 연결된 개념으로 파악하였음을 의미한다고 보아도 좋다. 만약 "東華門外"와 "東庫內"가 별개의 위치 개념이었다면, 세주는 의당 "門"과 "外" 사이에서 행을 나누지 않고, "外"와 "東" 사이에서 나누었을 것이다. 다시 말하면, "在東華門/外東庫內"는 어느 한 곳을 가리키는 개념이라는 뜻이다. 당연히 어전내할사도 "東華門外의 東庫內" 한 곳에 있었다는 이야기가 된다. 『함순임안지』卷10에 어전내할사의 東庫가 바로 "東華門外"에 있었다고 명시한 점이나, 같은 책의 「황성도」에 표기된 동화문과 어전내할사의 東庫, 즉 內司東庫의 위치로 미루어 볼 때,[22] 이와 같은 해석에 의문을 제기할 사람은 없을 줄 안다.

이러한 관점에서 보면, 어전내할사조의 경우와 달리, 글자 수의 균형을 맞추는 세주표기의 일반적인 방식을 지키지 않고, "上"과 "圓" 사이에서 행을 나눔으로써 굳이 "雄武營山上"과 "圓壇左右"를 구분해 놓은 청기요조의 경우는 그 원인을 "雄武營山上"과 "圓壇左右"가 별개의 위치 개념이었던 데에서 찾는 것이 지극히 자연스럽다. 다시 말하면, 청기요가 서로 다른 두 곳, 즉 "雄武營山上"과 "圓壇左右"에 있었기 때문에 그렇게 기록했다고 판단되는 것이다. 진기당간본 『함순임안지』卷10의 청기요조가 교악소조와 세주표기방식이 동일한 반면, 그 밖의 조들과는 분명한 차이점이 있다는 점을 눈여겨본 사람이라면 누구나 이러한 판단에 동의하리라 믿는다.

요컨대, 원본『함순임안지』의 세주표기방식을 충실히 따른 것으로 판단되는 진기당간본『함순임안지』 청기요조에 의거하면, 남송후기의 관요가 "雄武營山上"과 "圓壇左右"의 두 곳에 있었음은 의심할 바 없는 일이라고 생각한다. "圓壇左右"의 남송관요가 이른바 교단하관요라는 것은 이미 그 요지의 발굴을 통하여 분명해졌다. 남아 있는 문제는 과연 "雄武營山上"의 남송관요가 구체적으로 어디에 있었는가 하는 점이다. 이것이 우리가 다음에 검토할 과제로서, 이를 통하여 남송후기 관요의 면모가 더욱 생생하게 드러나고, 더불어 남송후기에 두 곳의 관요가 있었다는 점도 더욱 분명해지리라 믿는다.

3. "雄武營山"과 남송관요

"雄武營山"은『함순임안지』를 제외한, 남송시기의 지리지를 포함한 어느 문헌기록에서도 확인되지 않는다.『함순임안지』에서도 단지 청기요조에서만 찾아볼 수 있을 뿐이다. 이 점으로 미루어 볼 때, 이 산은 당시 임안부에서 널리 알려지지 않은 존재였음은 말할 나위도 없고, "雄武營山"이라는 이름도 특정한 山名이라기보다는 그저 웅무영이 그곳에 있었기 때문에 붙여진 이름일 공산이 크다.[23] 말하자면, 이 산은 사실상 독자적인 자신의 이름이 없는 산이었을 가능성이 높다. 이 산의 이름이 후세에 전하지 않는 것도 그러한 이유 때문일 것이다.

『함순임안지』의「京城圖」에는 도성의 동쪽에 있던 新開門과 保安門 사이의 위치에 "雄武營"이 표시되어 있다(도8).[24] 이곳은 오늘날의 望江

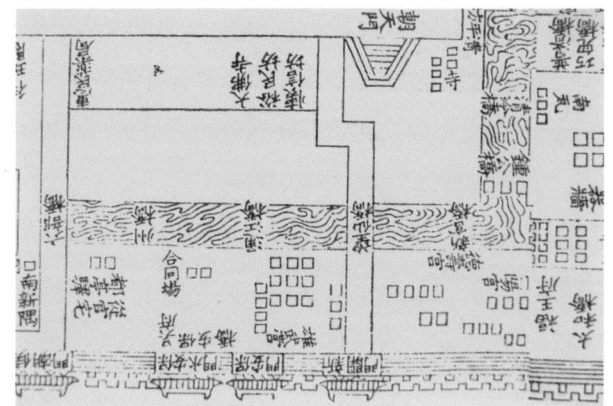

[도8] 『咸淳臨安志』 卷1 「京城圖」(부분, 우측이 북쪽방향)

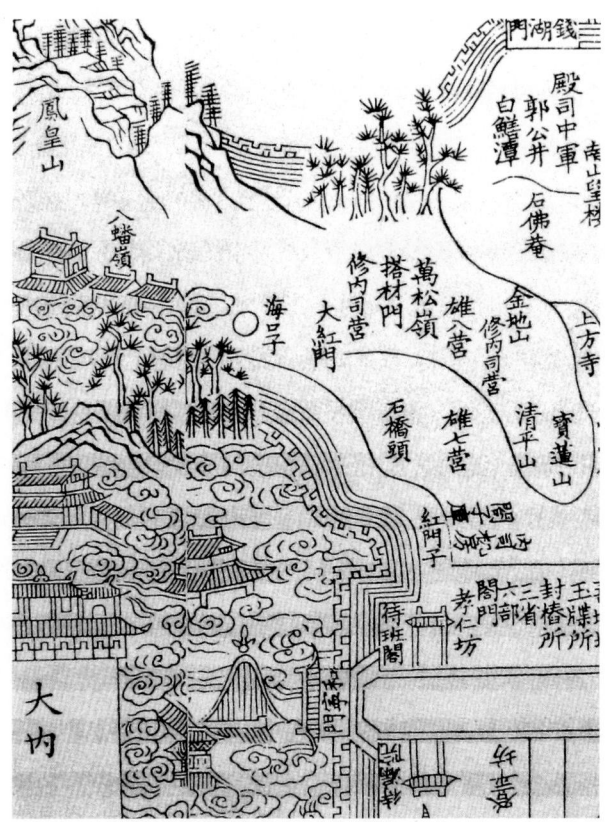

[도9] 『咸淳臨安志』 卷1 「皇城圖」(부분, 우측이 북쪽방향)

門 부근, 즉 望江路의 남쪽, 江城路의 서쪽, 中河南路의 동쪽, 撫寧巷의 북쪽에 있는 金釵袋巷 일대에 해당한다. 그리고 같은 책의 「황성도」에는 萬松嶺에 "雄七營"과 "雄八營"이 있었던 것으로 되어 있으며(도9), 이 "雄七營"과 "雄八營"의 남쪽 인접지역에 남송관요지의 하나인 노호동요지가 있다. 이러한 현재까지의 考古學 자료와 문헌기록을 근거로 볼 때, "雄武營山"과 "雄武營山"남송관요는 오늘날의 금차대항이나 만송령의 두 곳 가운데 어느 한 곳에 있었을 가능성이 매우 높다.[25] 문헌기록의 측면에서 보면, 전자의 가능성이 높고, 고고학적 발굴자료의 측면에서 보면, 후자의 가능성이 높다고 할 수 있다. 과연 "雄武營山上"의 남송관요는 두 곳 가운데 어느 쪽에 있었을까? 우리는 이 문제 해결의 관건이 되는, 『함순임안지』의 「경성도」에 보이는 "雄武營"과 같은 책의 「황성도」에 보이는 "雄七營"과 "雄八營"에 대하여 좀 더 자세히 살펴볼 필요가 있다.

송대에 "雄武"는 中央禁軍의 番號(部隊名稱) 가운데 하나로서, 雄武軍은 乾德 3년(964)에 창설되어, 侍衛親軍步軍司에 속해 있었다.[26] 북송대에는 雄武弩手·牀(床)子弩雄武·揀中雄武·飛山雄武·揀中歸明雄武 등이 있었으나,[27] 남송초기에는 이 가운데 비산웅무와 상자노웅무만이 확인된다.[28] 남송후기의 중앙금군의 편제상황을 상세하게 전하고 있는『함순임안지』에서도 步軍司 소속의 牀子弩寨(營)과 飛山寨(營)의 존재만이 확인되는 점으로 미루어,[29] 남송시기에는 보군사 소속의 雄武軍 가운데 비산웅무군과 상자노웅무군만이 남아 있었다고 판단된다.

그렇지만 비산웅무군과 상자노웅무군의 군영은 통상 웅무영으로 불리지 않고, 각각 飛山寨(營)와 牀子弩寨(營)로 칭하여졌다. 이는 이미『함순임안지』의 기록을 통하여 확인한 바이다. 또한 지리적인 측면에서 보아도 이들 보군사 소속 웅무군은 우리가 관심을 가지고 있는,『함순임안지』의 「경성도」에 보이는 "雄武營"이나 같은 책의 「황성도」에 보이는 "雄七營"·"雄八營"과는 전혀 관련이 없는 존재였다. "雄武營"과 "雄七營"·"雄八營"이 각각 오늘날의 금차대항과 만송령에 위치하였던 데 반해서,[30] 飛山營와 牀子弩營은 그들과는 거리가 먼 "錢塘門外王家橋"에 있었기 때문이다.[31] 요컨대 「경성도」의 "雄武營"과 「황성도」의 "雄七營"·"雄八營"은 중앙금군인 보군사에 편제되어 있던 웅무군의 군영들과는 완전히 별개의 존재였다.

그렇다면 『함순임안지』의 「경성도」에 보이는 "雄武營"은 무엇일까? 우리는 다음 『宋會要輯稿』의 기록에서 이 의문에 대한 해결의 실마리를 찾을 수 있다.

(C) 提擧修內司, 領雄武兵士千人, 供皇城內宮省垣宇繕修之事.[32]

위 기록은 提擧修內司의 직무를 알려주고 있는데, 『宋史』에도 비슷한 내용의 기록이 있지만, 거기에는 "領雄武兵士千人"에 대한 언급이 없다.[33] 제거수내사가 거느린 "雄武兵士"는 기본적으로 보군사의 웅무군에서 충원된 자들이었을 것이다. 한편, 위 기록에는 제거수내사가 거느린 웅무병이 1000명으로 되어 있지만, 적어도 남송시기에는 그보다 훨씬 많은 수의 웅무병을 거느리고 있었다.

(D) (紹興)三十年正月十五日, 詔, 宣("修"의 誤記)內司潛火人兵共一千五百人, 可減五百人, 撥赴部("步"의 誤記)軍司, 充塡雇募使喚.[34]

(E) (隆興元年)八月十三日, 宰執進呈內外諸司官吏減省員數. 上曰, 內諸司兵卒頗多, 修內司尤甚, 可減三百人, 餘間有闕額去處並住招塡. 宰臣陳康伯等稱贊而退, (樞)密院降指揮減罷人數, 仍撥下一等軍分收管.[35]

(F) (淳熙十六年)二月十日, 樞密院言, 提擧修內司承受鄧境申, 本司額管潛火雄武七百人, 內事故九人, 外近承重華宮指揮于修內司差撥雄武兵級二百二十六人……³⁶

위의『송회요집고』기록들은 紹興 30년(1160)~淳熙 16년(1189) 사이의 수내사 소속 병사들의 軍額의 변동 상황을 보여주고 있다. 다만, 그 병사들을 사료(D)에서는 "潛火人兵"으로, 사료(E)에서는 "兵卒"로, 사료(F)에서는 "潛火雄武"로, 서로 다르게 일컬었지만, 세 기록의 내용을 비교해보면, 그들이 수내사의 통령 아래에 있던 전혀 같은 부류의 사람들이라는 것을 쉽게 알 수 있다. 적어도 남송시기의 제거수내사는 본래의 웅무병 1000명 이외에도 700~1500명의 潛火雄武兵을 거느리고 있었던 것이다.

한편, 건도 5년(1169)에 편찬된『건도임안지』에 따르면, 당시 수내사(제거수내사)에 속해 있던 군영은 "萬松嶺下"에 있던 修內司壯役等指揮營 한 곳 뿐이었다.³⁷ 修內司雄武兵은 당연히 이곳에 駐扎하고 있었을 것이다. 그리고 이 군영은 "壯役等指揮"라고 한 것으로 보아 "壯役"을 비롯한 적어도 두 개 이상의 指揮로 구성되어 있었음을 알 수 있다. 흥미로운 것은 이 가운데 한 指揮가 德壽宮과 깊은 관련이 있었다는 점이다.

(G) (紹興三十二年八月)二十二日, 入內內侍省東頭供奉官睿思殿祗應德壽宮提轄造作任訴奏, 入內內侍省侍殿頭王楫差充德壽宮監造官申請下項. ……一 修內司撥隸本宮雄武壯役·工匠·搭材共三百八十七人, 卽未有立定額數, 軍分指揮令, 乞以五百人爲額, 並撥充雄武指揮 其請給關所屬依雄武見請卽例批勘. ……從之.³⁸

[도10] 현재의 金釵袋巷

(H) (乾道七年)六月十六日, 詔, 雄武指揮軍兵應奉德壽宮年勞推賞綠, 昨步軍司申請上件人兵作工役, 禁軍於副都頭已上每兩資作一資補轉, 其逐人爲係德壽宮祗應, 今該恩賞可, 將副頭已上之人每資特作一資轉行.[39]

위 기록에 따르면, 덕수궁에는 壯役·工匠·搭材兵으로 구성된 수내사의 한 指揮가 예속되어 있었다. 그 指揮가 바로 "雄武指揮"였다[사료(G)].[40] 이들의 군영은 당연히 "修內司雄武指揮營"으로 불리었을 것이다. 그들의 임무는 덕수궁을 "應奉"하는 것이었는데, 그 "應奉"의 주된 내용은 덕수궁의 繕修를 위한 공역이었다[사료(H)].

금에게 패퇴하여 강남의 여러 곳을 전전하다 임안부에 定都한 남송 정권의 초기에는 관부와 예하의 기구들이 아직 제대로 정비되지 못하였다. 수내사를 비롯한 內諸司의 군영의 경우도 마찬가지였다. 한 곳의 군영에 몇 개의 指揮가 함께 駐扎하는 경우가 적지 않았다. 말하자면 內諸司의 군영들이 아직 미분화된 상태였다고 할 수 있다. 그렇지만 남송정권이 안정되어 가면서 새로운 군영들이 增置되고, 분화된 많은 指揮들이 독자적인 군영을 확보하게 되었다. 남송초기에 편찬된 『건도임안지』에는 보이지 않던 수많은 새로운 군영들이 남송말기에 편찬된 『함순임안지』에 등장한 것이 이를 말해준다. 물론 수내사장역등지휘영도 그러한 길을 걸었음은 남송후기의 수내사영이 6곳으로 늘어난 사실이 말해준다.

남송후기의 웅무영의 대상으로서 보군사 소속의 飛山營 · 牀子弩營과 수내사의 웅무지휘영 이외에는 떠올릴 수 있는 것이 없다. 그런데 전자가 "雄武營"과 별개의 존재였다는 것은 이미 앞에서 설명하였다. 그렇다면 『함순임안지』의 「경성도」에 보이는 "雄武營"은 바로 이러한 과정에서 수내사장역등지휘영에서 분립한 "修內司雄武指揮營"이라고 보는 것이 지극히 타당하다.

「경성도」 상의 "雄武營"은, 앞서 지적한 것과 같이, 오늘날의 금차대항 일대에 있었는데(도10), 이곳은 덕수궁과 매우 가까운 위치였다. 덕수궁의 "應奉"을 맡은 "雄武指揮"의 군영, 즉 "雄武營"이 덕수궁으로부터 비교적 멀리 떨어진 "萬松嶺下"에 있던 수내사장역등지휘영으로부터 분립하여 덕수궁과 가까운 곳에 자리 잡은 것은 매우 자연스러운 일이다.

그러면 "雄七營"과 "雄八營"은 어떻게 이해해야 하는 것일까? 이들의 존재는 오직 『함순임안지』의 「황성도」에서만 확인될 뿐이기 때문에 그 성격을 파악하기가 쉽지 않다. "雄武營山"의 위치와 관련하여, 만송령에 있던 "雄七營"과 "雄八營"을 최초로 주목한 연구자는 米內山庸夫

였다. 즉 그는 이 두 군영이 곧 웅무영이며, 그 주변에서 자신이 발견한 두 곳의 요지가 바로 "雄武營山上"의 남송관요지라고 주장하였다.[41] 그러나 그는 『함순임안지』의 「경성도」에 보이는 "雄武營"의 존재를 미처 인식하지 못하였던 것으로 보이며, 또한 그가 발견하였다는 요지도 과연 남송시기의 관요지였는지 분명하지 않기 때문에 그의 견해는 적지 않은 문제를 안고 있다고 판단된다.

한편, 또 다른 일부 연구자들은 『함순임안지』의 「경성도」에 보이는 "雄武營"의 존재를 인식했음에도 불구하고, 웅무영의 대상으로서 그것을 돌려놓고 굳이 "雄七營"과 "雄八營"을 주목하였는데, 이는 그들의 노호동요에 대한 이해와 불가분의 관계가 있다. 그들은 노호동요가 이른바 수내사관요이고, 아울러 『함순임안지』에 보이는 "雄武營山上"의 청기요라고 확신하고 있다. 그러므로 그들의 논리에 따르면, 웅무영은 의당 만송령 일대에 있었다는 이야기가 됨으로, 『함순임안지』의 「황성도」에서 웅무영과 명칭이 유사한 雄七營과 雄八營에 주목하여, 그것들이 곧 "雄武營山上"에 보이는 웅무영을 가리킨다고 주장한 것이다.[42] 그러나 이러한 이해에는 다음과 같은 문제가 있다.

『함순임안지』의 「황성도」를 보면, 雄七營과 雄八營은 만송령의 북쪽, 金地山과 淸平山의 남쪽에 위치하고 있다.[43] 그러므로 만약 雄七營과 雄八營이 문제의 웅무영이었다고 가정하면, "雄武營山"은 의당 만송령과 금지산·청평산의 중간 지점에 있었다고 보아야 된다. 그러나 그들이 "雄武營山上"의 청기요라고 주장한 노호동요는 실제에 있어서는 만송령을 기준으로 이곳과 정반대인 남쪽방향에 위치하였다. 노호동요가 수내사관요였다는 관점에서 보면, 노호동요가 있던 곳은 당시 搭材門과 大紅門 사이에 위치한 수내사영의 영내였을 공산이 크다. 노호동요는 雄七營 및 雄八營과는 서로 다른 곳에 위치하였던 것이다. 그러므로 노

[도11] 杭州 望江門高架橋 건설 부지에서 수습한
남송관요형자기편과 요도구

호동요와 "雄武營山上"의 청기요(관요)도 별개의 존재였다고 보지 않으면 안 된다. 이는 그들의 가장 중요한 전제 자체에 문제가 있음을 뜻하고, 아울러 雄七營과 雄八營을 웅무영과 관련지어 이해할 근거가 박약함을 의미하는 것이다. 요컨대, 雄七營과 雄八營의 실체가 구체적으로 무엇인지를 밝히는 것은 여전히 과제로 남아 있지만, 적어도 노호동요가 "雄武營山上"의 청기요(관요)라는 전제 위에서 그 두 군영이 곧 웅무영을 가리킨다는 그들의 논리는 성립될 수 없다고 생각한다.

이와 같은 견지에서 "雄武營山"과 "雄武營山上"의 관요는 "雄武營"이 있었던 금차대항 일대에 위치하고 있었다고 생각한다. 지금은 이곳이 평지로 되어 있지만, 民國時期까지도 이곳에 구릉이 있었다는 점은 이미 武佩聖이 지적하였다.[44] 청 同治 3년(1864)에 그린「浙江省垣城廂總圖」(中國 國家圖書館 所藏)에도 이 구릉이 표시되어 있다.[45] 이 구릉은 해발 67.3m로, 봉황산 동편의 饅頭山(해발 79.2m)보다 약간 낮은 편이었다.[46] 이러한 작은 구릉이 자신의 독자적인 이름을 가지고 있었을 리가 없다. 이곳에 駐扎하고 있던 웅무영의 이름을 빌어 "雄武營山"으로 칭하여지고, 아울러『함순임안지』청기요조를 제외한 어느 곳에도 자신의 존재를 드러내지 못한 것은 바로 그러한 이유 때문이었을 것이다.

유감스러운 것은 이후에 이곳에서 남송관요의 遺址가 발견될 가능성이 전혀 없다는 점이다. 민국시기 이후 항주의 개발이 진행되는 과정에서 "雄武營山" 자체가 흔적도 없이 사라져버렸기 때문이다. 다행히 한 수장가가 2003년 望江門高架橋 건설 부지에서 약간의 자기편과 요도구 등을 수습하였음을 보고하였다(도11).[47] 유물들이 발견된 곳은 바로 "雄武營山上" 남송관요지로 추정되는 금차대항 부근이다. 자기편들은 모두 관요형으로 파악되며, 사용 후에 폐기된 것이 아닌 殘次品들이다. 어떤 자기편들은 불에 그을린 채 가마벽체와 엉겨 붙어 있다. 이러한 유물들은 요지에서 예외 없이 발견되는 것들이다. 이것들이 외부로부터 유입되었을 가능성은 희박하므로, 이는 그 부근에 요장이 있었음을 의미한다. 필자는 이 유물들이 "雄武營山上" 남송관요가 남긴, 작지만 매우 의미 있는 흔적이라고 생각한다.[48] "雄武營山"에서 파낸 흙 등을 어디에 폐기하였는지를 알아낼 수 있다면, 우리는 거기에서 더 많은 "雄武營山上" 남송관요의 흔적들을 찾을 수 있을 것이다. 필자는 그것이, 시간이 문제가 될지언정, 전혀 불가능한 일은 아니라고 확신한다.

4. "雄武營山上" 관요와 수내사관요 및 교단하관요

남송관요의 실상에 대하여 가장 상세하고 명확한 사실을 전하고 있는 기록은 남송시기에 葉寘가 편찬한 『탄재필형』과 이보다 약간 늦은 시기에 顧文薦에 의해 편찬된 『負暄雜錄』이다. 하지만 후자는 전자의 내용을 거의 그대로 옮겨놓은 것이기 때문에 사료적 가치가 높다고 볼 수 없다.[49] 『탄재필형』은 남송관요에 대하여 다음과 같이 기록하였다.

(1) 宋葉寘『坦齋筆衡』云……中興渡江, 有邵成章提擧後苑, 號邵局, 襲故京遺製, 置窯于修內司, 造青器, 名內窯, 澄泥爲範, 極其精緻, 油色瑩徹, 爲世所珍. 後郊壇下別立新窯, 比舊窯大不侔矣. 餘如烏泥窯・餘杭窯・續窯, 皆非官窯比. 若謂舊越窯, 不復見矣.[50]

위 기록에는 남송정부가 성립된 이후에 邵成章이 修內司에 "內窯"를 설치한 것으로 되어 있다. "邵成章"이 "邵諤"의 착오일 것이라는 견해가 유력하다.[51] 그리고 뒤이어 교단하에 "新窯"를 "別立"한 것으로 되어 있는데, 신요를 설립한 주체가 내요의 경우와 마찬가지로 소악이었는지는 분명하지 않다. 우리는 흔히 "內窯"를 수내사관요, "新窯"를 교단하관요로 일컫는다. 그리고 두 관요의 존재는 고고학적 발굴을 통하여 거의 증명되었다고 할 수 있다. 즉 오귀산에서 발굴된 관요가 교단하관요라는 점에 의심을 품는 연구자는 아무도 없으며, 근래에 발굴된 노호동요의 宋代層이 수내사관요의 遺址라는 점에 대부분의 연구자들이 동의하고 있다.[52] 남송시기에 두 곳의 관요, 즉 수내사관요와 교단하관요가 운영되었다는 점은 과학적으로 증명되었다고 보아도 무방하다.

그러나 이러한 사실은, 엄밀히 말하면, 단지 『탄재필형』이 편찬될 당시까지의 사정만을 말해주는 것일 뿐이다. 『탄재필형』은 대략 寧宗 嘉定 5년(1212)을 전후한 시기에 편찬된 것으로 믿어짐으로,[53] 이 책은 대체로 남송중엽까지의 남송관요에 대한 사실만을 알려주는 셈이다. 요컨대 수내사관요와 교단하관요의 두 곳의 관요가 운영되었다고 분명하게 말할 수 있는 것은 남송중엽까지이다.

남송후기의 관요의 실상을 상세하게 알려주는 것은 우리가 앞에서 집중적으로 검토한 『함순임안지』 청기요조인 것이다. 이에 따르면, 남송후기에는 교단하관요와 금차대항에 위치한 "雄武營山上"관요가 운영되었다. 즉 교단하관요와 수내사관요를 운영하던 체제가 남송후기의 어느 때에 이르러 교단하관요와 "雄武營山上"관요를 운영하는 체제로 변화한 것이다. 이 변화의 핵심은 노호동에 있던 수내사관요의 소멸과 "雄武營山上"관요의 설립이라고 할 수 있다. 이 두 가지 사건 사이에는 무슨 관계가 있는 것일까? 이 점을 좀 더 깊이 알아보기 위하여 두 관요, 즉 수내사관요와 "雄武營山上"관요의 운영체제에 관심을 기울일 필요가 있다.

수내사관요는 말 그대로 이 요장이 수내사에 설치되었기 때문에 얻은 이름이다. 『탄재필형』은 이를 두고 "置窯于修內司"라고 하였다. 남송전기에 수내사는 황성 내에 있었다.[54] 그리고 예하에 수내사장역등지휘영이 있었는데, "萬松嶺下"에 駐扎하고 있었다.[55] 황성 내에 요장을 설치했을 리는 없다. 그러므로 "置窯于修內司"는 수내사장역등지휘영(수내사영)의 營內에 요장을 설치했다는 의미로 이해해야 할 것이다. 한편, 요장을 운영하는 데에는 도공 이외에 그보다 훨씬 많은 수의 잡역부가 필요한 법이다. 도공들이 자기를 성형하고 소성한 반면, 자토를 운반하여 분쇄하고 淘洗하거나, 柴木을 마련하고 운반하거나, 그 밖의 자기 생산과 관련하여 특별한 기술을 필요로 하지 않는 번잡한 일들은 잡역부들의 몫이었다. 앞서 살펴본 바와 같이, 남송전기에 수내사에는 잡역부로 동원할 수 있는 많은 병사들이 있었다. 수내사영내에 관요를 설치한 것은 무엇보다도 이 점을 고려한 결과라고 생각한다. 이 점을 중시하면, "雄武營山上"관요도 웅무영의 營內에 설치되었을 가능성이 높다.[56]

한편, 웅무영이 修內司雄武指揮의 군영이라는 점은 이미 앞에서 설명하였다. 즉 이 군영은 수내사에 下屬되어 있었다. 그러나 수내사에 下屬되어 있던 군영의 상황을 가장 상세하게 전하고 있는 『함순임안지』卷14 內諸司幷宮觀兵士條의 어디에도 웅무영의 존재를 언급하고 있지 않다. 그것이 단순한 기록의 누락일까, 아니면 또 다른 원인이 있었던

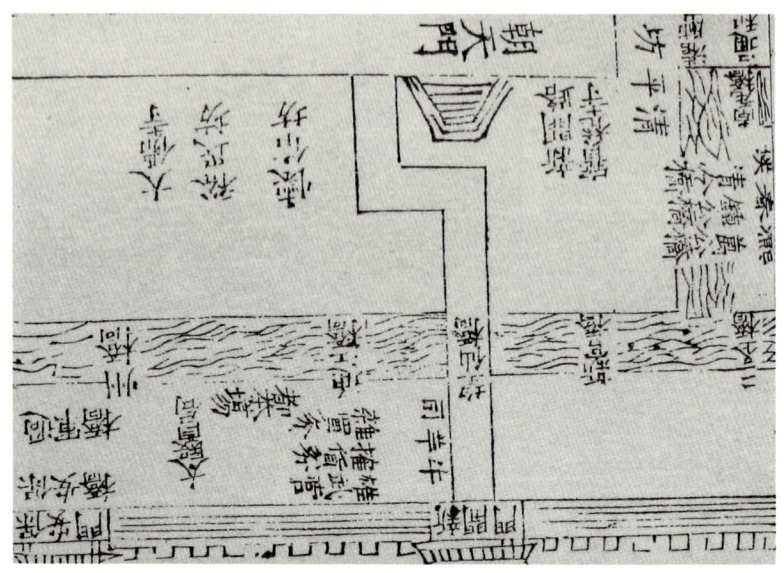

[도12] 『西湖遊覽志』「宋朝京城圖」(부분, 우측이 북쪽방향)

것일까?

웅무영의 정식 명칭은 "修內司雄武指揮營"이었다. 즉 "雄武營"은 약칭이었던 셈이다. 이와 같이 군영명을 약칭한 것을 『함순임안지』에서 찾는 것은 어렵지 않다. 예컨대, 『함순임안지』 卷14에 보이는 "修內司綱兵營"과 "樞密院親兵營"을 같은 책 「경성도」에서는 각각 "修內司營"과 "親兵營"으로 표기하였다.[57] 흥미로운 것은, 이미 鄭建華가 지적한 바와 같이, 웅무영이 있던 바로 그 위치에 수내사영이 있었다는 점이다.[58] 『함순임안지』 卷14에 따르면, 네 곳의 수내사영 가운데 한 곳이 "權貨務東"에 위치한 것으로 되어 있는데, 이곳이 바로 웅무영이 있던 위치이다. 『함순임안지』의 「황성도」와 「경성도」에는 이 수내사영과 權貨務가 표시되어 있지 않고, 「경성도」에 웅무영만 표시되어 있지만, 『西湖遊覽志』의 「宋朝京城圖」에는 정확히 수내사영이 있었던 權貨務의 동쪽 지점에 웅무영이 있었음이 명시되어 있는 것이다(도12).⁵⁹ 이는 "權貨務東"의 수내사영과 웅무영이 사실상 같은 영이었음을 의미한다. 요컨대 "修內司雄武指揮營"을 경우에 따라 "雄武營"과 "修內司營"으로 달리 약칭하였다고 판단되는 것이다. 『함순임안지』卷14에서는 "修內司營"으로, 같은 책의 「경성도」에서는 "雄武營"으로 칭한 셈이다.

이상의 논의에 큰 무리가 없다면, 결국 "雄武營山上"관요도 수내사영 내에 있었다는 이야기가 된다. 물론 수내사영(웅무영)의 병사들은 여전히 잡역을 제공했을 것이다. 노호동에 있던 수내사관요의 시대가 막을 내림에 따라 그곳의 도공들은 새로 설립된 "雄武營山上"관요에서 관요자기의 생산을 계속했을 것으로 판단된다. 결국 "雄武營山上"관요는 노호동의 수내사관요와 지리적인 위치는 달랐지만, 그와 마찬가지로 수내사영 내에 있었으며, 도공과 잡역부의 구성도 그와 다를 바가 없었다는 결론에 이르게 된다. 이 점에서 "雄武營山上"관요도 수내사관요로 부를 수 있다. 말하자면 "雄武營山上"관요는 남송후기의 수내사관요였던 셈이다. 노호동 소재 수내사관요의 소멸과 "雄武營山上"관요의 설립도 별개의 사건으로 이해할 수 없다. 결국 이 두 사건의 핵심적인 내용은 수내사관요가 남송후기의 어느 때에 노호동에서 금차대항으로 그 요장을 이전하였다는 것으로 결론지을 수 있다.

그러면 남송후기의 수내사관요("雄武營山上"관요)와 또 다른 하나의 남송관요인 교단하관요는 어떻게 운영된 것일까? 이 점을 명확히 함으로서 우리는 남송후기 관요의 실상을 보다 분명하게 알 수 있게 될 것이다.

『함순임안지』卷10 內諸司條에는 入內內侍省을 비롯한 많은 內司들이 기록되어 있는데, 청기요는 東庫·西庫·南庫·北庫·八作司·教樂所와 함께 어선내할사의 밑에 열거되어 있다. 이는 청기요, 즉 교단하관요와 수내사관요("雄武營山上"관요)가 어전내할사의 예하기구였음을 말해준다. 두 관요의 핵심구성원인 도공들 역시 어전내할사에 예속되어 있었다고 보아야 할 것이다.

　수내사영 내에 설치된 남송후기의 수내사관요가 제거수내사가 아닌 어전내할사의 예하에 있었다는 것이 흥미롭다. 제거수내사가 수내사관요의 직속상급기구가 아닌 이상 수내사관요의 운영은 원칙적으로 제거수내사의 책임 밖의 일이었다. 그것은 어전내할사의 몫이었다. 하지만 수내사관요가 수내사영 내에 있었을 뿐만 아니라, 많은 수내사의 병사들이 잡역을 제공하였으므로, 제거수내사도 어떠한 형태로든지 수내사관요의 운영에 관여하였을 것이 분명하다. 문제는,『함순임안지』卷10 內諸司條에 어전내할사와 제거수내사가 병렬되어 있는 것에서 알 수 있듯이, 양자가 상호간에 아무런 예속관계가 없는 동등한 관계였다는 점이다. 이러한 점에서 볼 때, 수내사관요의 운영을 둘러싸고 두 관부 사이에서 벌어질 수 있는 여러 가지 마찰을 예상할 수 있는데, 그러한 상황은 內諸司의 최고관부인 입내내시성 등에서 통제하고 조정하였을 것으로 판단된다. 남송후기 수내사관요의 운영체제가 이와 같이 다소 복잡하고 체계적이지 않았던 것은 이미 남송초기에 입내내시성의 최고책임자인 소악이 주도적으로 수내사관요를 설립할 때부터 어느 정도 예상된 일이었다는 것이 필자의 생각이다.[60]

　교단하관요는 설립된 이후 줄곧 "郊壇下" 한 곳에서 요업을 운영하였다. 하지만 남송후기에 그곳에는 수내사영이 없었으므로, 수내사 소속 병사들이 잡역을 제공했을 가능성은 희박하다. 결국 교단하관요는 수내사관요의 경우와는 다른 부류의 잡역을 이용했다는 이야기가 되는 셈인데, 이와 관련하여 수내사와 성격이 유사한 관부인 八作司에 주목할 필요가 있다.

팔작사는 경성내외의 "繕修之事"를 맡은 관부로서,[61] 많은 作坊을 두고, 아울러 수많은 공장과 잡역을 담당한 병사들을 거느리고 있었다.[62] 뿐만 아니라, 본래 요업과 일정한 관련이 있었다. 그 作坊 가운데 瓦作이나 靑窯作이 포함되어 있었다는 점이 이를 말해준다. 남송후기에도 이러한 作坊이 운영되었는지는 잘 알 수 없지만, 팔작사가 본래 그러한 일들과 관련이 있었다는 점 자체가 중요하다. 이러한 점들은 팔작사의 병사들이 교단하관요의 잡역에 동원되었을 가능성을 그만큼 높여준다.

지리적인 면에서도 팔작사와 교단하관요 사이에서 일정한 관련성을 찾을 수 있다.

(J) 靑器窯, 在雄武營山上·圓壇左右.[63]
(K) 圓壇, 在嘉會門外以南四里, 三歲一郊天.[64]
(L) 南則有玉津園, 在嘉會門外南四里.[65]
(M) 八作司營, 在玉津園前·崇新門外.[66]

"圓壇左右"에 있던 청기요가 교단하관요를 가리키는 것은 다 아는 일이다[사료(J)]. 圓壇은 도성의 남쪽에 위치한 嘉會門의 남쪽 4里 지점에 있었으며[사료(K)], 거의 인접한 곳에 玉津園이 있었다[사료(L)]. 그 옥진원의 앞(前)에 팔작사 예하의 팔작사영이 있었는데[사료(M)], 방향을 명시하지 않고 막연히 앞(前)에 있었다고 했기 때문에 구체적으로 어느 위치에 있었는지 가늠하기가 쉽지 않지만, 옥진원으로부터 가까운 곳에 있었을 것이라는 점만은 인정하여도 좋다. 의당 팔작사영은 원단 및 교단하관요와도 인접해 있었다고 보는 것이 자연스럽다.

게다가 남송후기에 팔작사는 청기요와 함께 어전내할사의 예하기구였으며, 게다가 어전내할사와 팔작사는 함께 "東華門外東庫內"에 있었다.[67] 이러한 점들은 두 관부의 밀접한 관련성을 말해준다. 그러므로 어전내할사가 교단하관요의 운영을 위하여 팔작사영의 병사들을 동원하였다고 하여도 전혀 이상한 일이 아니다. 오히려 어전내할사의 직속예하 기구가 아닌 수내사영의 병사를 동원한 수내사관요의 경우보다 훨씬 자연스럽다. 요컨대, 남송후기의 수내사관요와 교단하관요 및 그 핵심구성원인 도공들은 모두 어전내할사에 예속되어 있었으며, 수내사관요는 수내사영 병사들의 잡역을, 교단하관요은 팔작사영 병사들의 잡역을 이용하여 요업을 운영하였다고 할 수 있다.

5. 남송후기의 수내사관요―그 성립시기와 성립원인

남송후기에 있었던 관요와 관련된 가장 중요한 변화는 노호동수내사관요의 시대가 막을 내리고, 새롭게 "雄武營山上"수내사관요의 시대가 열렸다는 점일 것이다.[68] 우리의 가장 큰 관심사의 하나는 과연 남송후기의 수내사관요―"雄武營山上"의 수내사관요―가 언제 성립되었을까 하는 문제이다. 이 문제는 단지 남송후기 수내사관요의 성립시기문제에만 국한되지 않고, 노호동수내사관요의 소멸시기문제와도 직접적으로 관련되어 있다는 점에서 그 중요성이 더욱 크다.

우리는 앞에서 남송후기의 수내사관요가 오늘날의 금차대항에 있던 수내사영(웅무영)의 營內에 설치되었다고 주장하였다. 이에 따르면, 남송후기의 수내사관요는 그곳에 수내사영이 駐扎하기 시작한 이후에 성립되었다고 보아야 할 것이다. 그런데『함순임안지』의 기록에 의거하면, 이 수내사영은 수내사장역등지휘영에서 분립한 이후 곧바로 금차대항에 駐扎하지 않고 한동안 다른 곳에 駐扎하였다.

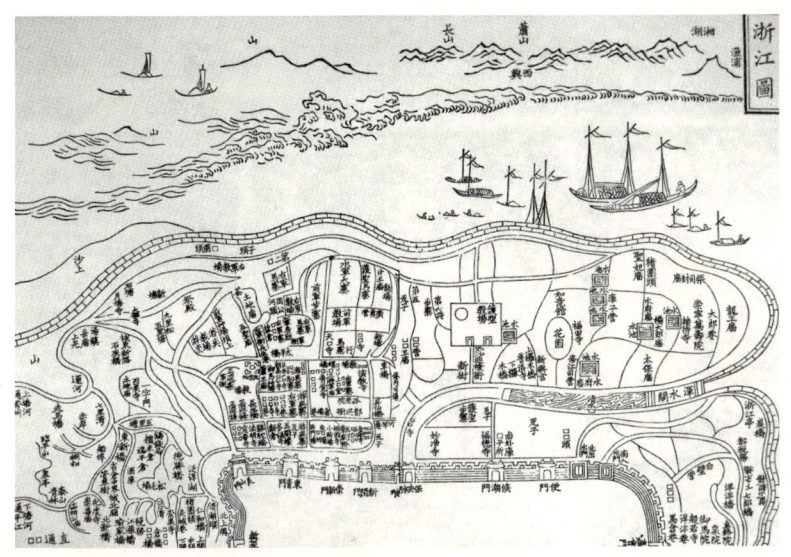

[도13] 『咸淳臨安志』 卷1 「浙江圖」(좌측이 북쪽방향)

(N) 景隆觀, 在新門外, 舊爲通元菴, 嘉定十四年, 旨許建觀以舊修內司營地界之, 羽士陳永年出力剏造.[69]

즉 景隆觀(舊通元菴)은 寧宗의 허락을 받아 새롭게 觀을 건립하였는데, 그곳이 "舊修內司營地"로서, 新門(新開門) 밖에 있었다. 본래 이곳에 있던 수내사영은 만송령 일대와 鐵冶嶺에 있던 다른 수내사영들과 달리 덕수궁과 상당히 가까운 거리에 있었다. 이 점으로 미루어 이 수내사영은 덕수궁의 "應奉"을 임무로 한 "修內司雄武指揮"가 수내사장역등지휘영에서 분립하여 처음 駐扎한 군영이었다고 보는 것이 타당하다. 『乾道臨安志』가 편찬된 건도 5년(1169)경에는 수내사에 예속된 군영이 수내사장역등지휘영 한 곳뿐이었으므로, "修內司雄武指揮"가 이곳에 자리잡은 것은 당연히 그 이후가 될 것이다. 이 수내사영이 다시 금차대항으로 駐扎地를 옮기고, 嘉定 14년(1221) 그 지리에 景隆觀이 건립된 것이다. 따라서 이 수내사영이 금차대항으로 이전한 것은 嘉定 14년 이전이 된다.

『함순임안지』의 「浙江圖」를 보면(도13), "舊修內司營地"가 위치한 곳은 비록 도성 밖이었지만, 상당히 번화한 곳이었음을 알 수 있다. 주위에는 많은 坊과 거리, 그리고 사찰·宮觀·군영·瓦子 등이 밀집하여 있었다.[70] 이러한 점을 염두에 두고 볼 때, 수내사영이 駐扎地를 옮긴 이후, 그 舊地가 그다지 오랫동안 방치되었을 것으로 생각되지는 않는다. 다시 말하면, 수내사영이 이전한 것과 그 舊地에 景隆觀을 건립한 것 사이의 시간적 격차가 그다지 크지 않았을 것이라는 뜻이다. 이와 같은 견지에서 新開門 밖에 있던 수내사영이 금차대항으로 이전한 것은 대체로 1210년대 무렵으로 파악된다.

"舊修內司營地"와 금차대항의 新修內司營地는 新開門을 사이에 두고 가까운 거리에 있었다. 그럼에도 불구하고 "舊修內司營地"에 자리를 잡은 지 얼마 되지 않아서 다시 新駐扎地로 이전하였다. 이러한 점들과 아울러 새로 이전한 수내사영 내에 남송후기의 새로운 수내사관요가 설치되었다는 점을 종합적으로 고려하면, 수내사영의 재이전과 새로운 수내사관요의 설치는 떼어놓고 생각할 수 없다. 즉 금차대항으로의 수내사영의 이전은 그곳에 새로운 관요—수내사관요—를 설치할 것을 염두에 둔 조치였을 가능성이 높다고 판단되는 것이다. 그러므로 금차대항의 수내사관요도 수내사영이 그곳에 이전한 이후 곧이어 설치되었으리라고 보는 것이 자연스럽다. 요컨대 남송후기의 새로운 수내사관요도 1210년대를 전후한 시기에 설립되었을 것으로 생각한다. 당연히 노호동의 수내사관요가 소멸한 것도 이 시기의 일이 될 것이다.

그러면 남송후기에 접어들어 금차대항에 새로운 수내사관요를 설립한 원인은 무엇일까? 이 문제는 노호동수내사관요의 소멸과의 관련 속

[도14] 老虎洞修內司官窯址 전경

에서 고찰해야 한다. 양자는 서로 표리관계를 이루고 있기 때문이다.

노호동수내사관요는 봉황산과 구화산 사이의 좁고 비교적 가파른 계곡 서쪽 끝 부분의 좁은 분지에 자리잡고 있는데, 해발 90m 가량으로, 요장을 설치하기에는 상당히 높은 곳이다.[71] 게다가 요장이 들어서기에는 대단히 장소가 협소할 뿐만 아니라, 서·남·북쪽이 비교적 경사가 급한 산자락으로 막혀 있고, 동쪽은 급한 계곡이 이어져 있어서 요장을 넓히는 것도 거의 불가능하다(도14). 일반적인 관점에서 보면 이곳은 지속적으로 요업을 운영하기에는 매우 부적합한 장소였다고 할 수 있다. 수내사관요지를 찾으려는 많은 연구자들이 오랜 기간 동안 수내사관요지로 이곳을 주목하지 않은 것은 주로 이러한 원인 때문이었다. 이와 같은 취약한 지리적 조건도 금차대항의 넓은 지역으로 수내사관요를 이전하게 한 중요한 원인의 하나가 되었을 것으로 판단된다.

한편, 노호동수내사관요는 남송 황성의 북쪽 성벽과 100m도 떨어져 있지 않다.[72] 이러한 지리적 위치 때문에 여러 연구자들이 노호동수내사 관요로 인한 화재의 위험성에 대하여 언급하였다. 요업이 기본적으로 불 (火)과 관련된 것이고, 그 요장이 황제의 거주지인 황성과 지근거리에 있었다는 점만으로도 그러한 지적은 타당하다.

남송시기의 도성인 임안부는 화재가 많이 났던 것으로 유명하다.[73] 남송후기의 새로운 수내사관요가 설립된 1210년대를 전후한 시기, 대략 嘉定年間에는 크고 작은 화재가 특히 많이 발생하였다. 『宋史』五行志에 기록된 화재만 하여도 7차례에 이른다.[74] 황성의 동북쪽에 인접해있는 만송령은 특히 화제에 취약한 지역이었다. 이 지역은 남송시기에 도성에서도 인구밀도가 매우 높았을 뿐만 아니라, 주위에 하천이 없고, 산으로 뒤덮여 있어서, 특히 봄과 가을에 수목이 말라 있을 때에는 한번 화재가 발생하면 좀처럼 진압하기가 쉽지 않았다. 嘉定 元年(1208) 3월에 화재가 발생했을 때에는 4일 동안이나 불길을 잡지 못하였다.[75] 이 지역에서도 황성과 극히 인접한 곳에 노호동수내사관요가 있었다.

한편, 노호동수내사관요는 龍窯를 택하였는데, 항주를 포함한 越州 지역에서는 전통적으로 연료로 쓰는 柴木이 건조해지면서 화력이 좋아지는 가을 이후에 가마에 불을 지피는 것이 일반적이었다. 당대 시인 陸龜蒙이 그의 시 「秘色越器」에서 "9월에 가을바람이 불고 이슬이 내리면 越窯에 불을 지핀다(九秋風露越窯開)"는 유명한 구절을 남긴 것은 다 아는 사실이다.[76] 문제는 이 시기가 화재로부터 가장 취약한 때라는 점이다. 嘉定年間에 임안부에서 난 7건의 화재 가운데 6건이 이 시기에 발생하였다. 요컨대 노호동수내사관요는 지리적인 측면에서 뿐만 아니라 燒爐, 즉 窯爐에 불을 지피는 계절적 측면에서도 화재의 커다란 위험성을 안고 있었다.

노호동수내사관요에서 실제로 화재가 발생하고 그것이 황성을 위협

했는지는 확인할 길이 없다. 그렇지만 이 관요가 그럴 수 있는 가능성이 매우 높았다는 점만으로도 커다란 잠재적 화재위험요소로 인식되었을 공산이 크다.

만송령 지역과 달리, 남송후기의 수내사관요가 있던 금차대항 일대는 상대적으로 화재의 발생빈도가 낮고 아울러 화재로 인한 피해도 적었던 것으로 파악되는데,[77] 그것은 이 지역의 인문지리적 특성과 깊은 관련이 있다. 이 지역에는 산이 거의 없으며, 남북으로 市河와 鹽橋運河가, 동서로 茆山河가 흐르고 있었는데, 이들은 淸湖河와 더불어 "城內四河"로 불리던 도성 내의 주류하천들이었다.[78] 그리고 이 지역은 만송령 지역에 비하여 상대적으로 인구밀도가 낮은 지역이었던 것으로 파악된다. 남송후기의 새로운 수내사관요는 바로 이 지역의 新開門과 保安門의 중간 지점에 자리잡고 있었다.

새로운 수내사관요는 노호동수내사관요에 비해 황성으로부터 훨씬 멀리 떨어져 있었으며, 남쪽과 서쪽에 각각 市河와 鹽橋運河가 흐르고, 동쪽은 都城의 성벽으로 가로 막혀 있었다. 그러므로 설사 이 수내사관요에서 화재가 발생한다고 하여도 황성에까지 영향을 미칠 가능성은 거의 없었다. 다만 북쪽에 인접하여 있던 덕수궁에 위험이 미칠 가능성을 생각할 수 있을지 모르겠다. 하지만 새로운 수내사관요와 덕수궁도 望仙橋에서 新開門으로 이어지는 넓은 도로로 어느 정도 분리되어 있었다. 이 지역에서 화재가 발생하여 덕수궁은 위협한 경우는 확인되지 않는다. 적어도 남송후기 수내사영이 있었던 네 곳, 즉 만송령·孝仁坊內石頭橋·鐵冶嶺·権貨務東 가운데 새로운 수내사관요가 자리잡은 権貨務東(금차대항 일대)이 화재 위험성의 측면에서 가장 안전했다는 점은 인정하여도 좋다고 생각한다. 이 점이 노호동수내사관요를 버리고 금차대항의 수내사영에 새로운 수내사관요를 설립하게 된 무엇보다도 중요한 원인이었다고 생각한다.

6. 나머지말—남은 과제

 남송시기에는 수내사관요와 교단하관요가 시기를 달리하여 설립되어 각각 남송이 멸망할 때까지 운영되었으며, 남송후기 1210년대 무렵에 노호동의 수내사관요가 望江門 부근의 금차대항으로 이전하였다는 것이 이 연구의 대략적인 줄거리이다. 교단하관요가 설치되어 소멸할 때까지 오귀산록에서 요업을 계속하였다는 것은 문헌기록이나 고고학적으로 이미 입증되었다. 하지만 노호동의 수내사관요가 남송후기에 금차대항으로 이전하였다는 것은 주로 문헌기록에 의거하여 추론한 사실이다.
 필자는 금차대항에 있던 남송후기 수내사관요의 고고학적 흔적을 찾기 위하여 몇 차례에 걸쳐 望江門 부근의 금차대항과 撫寧巷 주위를 조사하였지만, 그 곳에는 이미 金獅苑을 비롯한 많은 아파트와 민가·학교 및 정부기관 등이 들어서 있어 그 흔적을 찾는 것은 불가능하였다. 그리고 그곳에 오래 거주한 노인들에게 요지의 존재를 탐문하였지만, 그들은 그곳에 요지는 물론 조그만 산—"雄武營山"—이 있었다는 사실조차 기억하지 못하고 있었다.
 남송후기 수내사관요의 흔적을 찾는 것은 지극히 어려운 일이 되었지만, 앞서 언급한 바와 같이, 그것이 전혀 불가능한 일만은 아니라고 확신한다. 근래 항주에서는 여러 곳에서 많은 관요자기편들이 출토되었다. 中河路高架橋(南星橋段)과 항주권련창 및 梅花碑가 그 대표적인 곳들이다.[79] 특히 中河路高架橋(南星橋段)에서는 관요자기의 殘次品과 더불어 요도구가 발견되었다.[80] 그러나 이곳은 남송의 황궁에 속하는 곳이었으므로, 거기에 요장이 있었을 가능성은 희박하다. 그렇다면 이곳의 유물들은 어느 요지에서 옮겨진 것이었을 가능성이 크다고 볼 수 있다. 물론, 현재 이곳에서 출토된 유물들에 대한 자세한 보고가 이루어지지 않은 상태에서, 이 유물들이 남송후기의 수내사관요와 직접적인 관계가 있다고 말할 수는 없는 일이다. 그러나 항주의 여러 곳에서 출토된 관요자기편들 및 요도구들과 노호동수내사관요 및 郊壇下官窯 출토품들에 대한 비교연구가 진행될 경우, 남송후기 수내사관요의 존재가 문헌기록의 측면에서 뿐만 아니라 고고학적인 측면에서 확인되는 것도 그다지 먼 훗날의 일은 아니라고 생각한다.

[이 장은 『故宮博物院院刊』 2009년 제3기에 게재된 「有關南宋後期官窯的幾個問題」를 번역한 후 제목을 고치고 일부 내용을 수정 및 보완한 것이다]

제3장 주석

01 唐俊杰·范夢園,「2002中國杭州南宋官窯老虎洞窯址國際學術研討會紀要」,『南宋官窯與哥窯—杭州南宋官窯老虎洞窯址國際學術研討會論文集』, 浙江大學出版社, 2004.

02 杭州南宋官窯博物館 編,『南宋官窯文集』, 文物出版社, 2004.

03 秦大樹·杜正賢 主編,『南宋官窯與哥窯—杭州南宋官窯老虎洞窯址國際學術研討會論文集』, 浙江大學出版社, 2004.

04 노호동요지의 발굴성과는 杭州文物考古所 編(杜正賢 執筆),「杭州老虎洞南宋官窯址」,『文物』2002년 제10기 및 杜正賢,「杭州老虎洞窯址的考古學研究」,『故宮博物院院刊』2002년 제5기 참조.

05 남송관요에 대한 2000년대 초반까지의 연구성과는 范夢園,「南宋官窯研究綜述」,『南宋官窯與哥窯—杭州南宋官窯老虎洞窯址國際學術研討會論文集』, 浙江大學出版社, 2004 참조.

06 이러한 입장을 견지한 대표적인 견해로, 王光堯,「杭州老虎洞瓷窯遺址對研究官、哥窯的啓示」,『故宮博物院院刊』2002년 제5기;『中國古代官窯制度』, 紫禁城出版社, 2004, 92~94쪽; 唐俊杰,「南宋郊壇下官窯與老虎洞官窯的比較研究」,『南宋官窯文集』, 文物出版社, 2004, 195쪽 등을 꼽을 수 있다.

07 陸明華,「兩宋官窯有關問題研究」,『上海博物館集刊』제8기, 2000;『南宋官窯文集』, 文物出版社, 2004; 施遠·張東,「宋代汝、官窯若干問題的研究」,『上海博物館集刊』제8기, 2000; 武佩聖,「對南宋官窯的懷舊與瞻望」,『南宋官窯與哥窯—杭州南宋官窯老虎洞窯址國際學術研討會論文集』, 浙江大學出版社, 2004.

08 [宋]潛說友 撰,『咸淳臨安志』卷10 青器窯, 文淵閣四庫全書本,『景印文淵閣四庫全書』제490책, 臺灣商務印書館, 1986, 109쪽.

09 米內山庸夫,「南宋官窯の研究(中間報告) 10 窯跡の發見」,『日本美術工藝』173, 1953, 19~20쪽 및「南宋官窯址の發見」,『世界陶磁全集』10, 河出書房, 1954, 280쪽.

10 周子兢(周仁),「發掘南宋官窯報告書」,『國立中央研究院總報告』제4책(民國20年度), 中國科學圖書儀器公司, 출판연도미상.

11 周鴻達, 『修內司官窯圖解』, 杭州周鴻達賓鴻堂, 1937.

12 浙江省博物館, 「三十年來浙江文物考古工作」, 『文物考古工作三十年』, 文物出版社, 1979, 223쪽.

13 中國社會科學院 等 編, 『南宋官窯』, 中國大百科全書出版社, 1996.

14 米內山庸夫, 「南宋官窯の研究(中間報告) 9 南宋官窯の開設」, 『日本美術工藝』 172, 1953, 19~20쪽.

15 陸明華, 「兩宋官窯有關問題研究」, 『南宋官窯文集』, 文物出版社, 2004, 150~152쪽; 施遠・張東, 「宋代汝、官窯若干問題的研究」, 『上海博物館集刊』 제8기, 2000, 355~356쪽; 武佩聖, 「對南宋官窯的懷舊與瞻望」, 『南宋官窯與哥窯―杭州南宋官窯老虎洞窯址國際學術硏討會論文集』, 浙江大學出版社, 2004, 30쪽.

16 [宋]潛說友 撰, 『咸淳臨安志』 卷10 御馬院, 文淵閣四庫全書本, 『景印文淵閣四庫全書』 제490책, 臺灣商務印書館, 1986, 109쪽.

17 [宋]潛說友 撰, 『咸淳臨安志』 卷1 「皇城圖」, 清道光十年錢塘汪氏振綺堂刊本, 『宋元方志叢刊』 제4책, 中華書局, 1990, 3354쪽.

18 [宋]潛說友 撰, 『咸淳臨安志』 卷10 青器窯, 文淵閣四庫全書本, 『景印文淵閣四庫全書』 제490책, 臺灣商務印書館, 1986, 109쪽.

19 [宋]潛說友 撰, 『咸淳臨安志』 卷10 青器窯, 清道光十年錢塘汪氏振綺堂刊本, 『宋元方志叢刊』 제4책, 中華書局, 1990, 3441쪽.

20 [宋]潛說友 撰, 『咸淳臨安志』 卷10 青器窯 및 敎樂所, 清道光十年錢塘汪氏振綺堂刊本, 『宋元方志叢刊』 제4책, 中華書局, 1990, 3441쪽.

21 [宋]潛說友 撰, 『咸淳臨安志』 卷10 青器窯 및 御前內轄司, 清道光十年錢塘汪氏振綺堂刊本, 『宋元方志叢刊』 제4책, 中華書局, 1990, 3441쪽.

22 [宋]潛說友 撰, 『咸淳臨安志』 卷1 「皇城圖」, 清道光十年錢塘汪氏振綺堂刊本, 『宋元方志叢刊』 제4책, 中華書局, 1990, 3354쪽.

23 施遠・張東, 「宋代汝、官窯若干問題的研究」, 『上海博物館集刊』 제8기, 2000, 355쪽.

24 [宋]潛說友 撰, 『咸淳臨安志』 卷1 「京城圖」, 清道光十年錢塘汪氏振綺堂刊本, 『宋元方志叢刊』 제4책, 中華書局, 1990, 3354쪽.

25 "雄武營山"과 "雄武營川"남송관요의 구체적인 위치로, 武佩聖은 望江路 以

南의 胡雪岩故居와 杭州第五中學 부근을 꼽았는데(武佩聖,「對南宋官窯的懷舊與瞻望」,『南宋官窯與哥窯―杭州南宋官窯老虎洞窯址國際學術硏討會論文集』, 浙江大學出版社, 2004, 30~31쪽), 이곳이 곧 金釵袋巷 일대에 해당한다. 반면, 米內山庸夫·陸明華·施遠·張東은 만송령을 지목하였다(米內山庸夫,「南宋官窯の硏究(中間報告) 9 南宋官窯の開設」,『日本美術工藝』172, 1953, 19~20쪽; 陸明華,「兩宋官窯有關問題硏究」,『南宋官窯文集』, 文物出版社, 2004, 150~152쪽; 施遠·張東,「宋代汝、官窯若干問題的硏究」,『上海博物館集刊』제8기, 2000, 355~356쪽).

26 [元]脫脫 等 撰,『宋史』卷187 兵志 兵1 禁軍 上 太祖 乾德 3년 9월 및 卷188 兵志 兵2 禁軍 下 熙寧以後之制 侍衛司, 中華書局點校本, 中華書局, 1977, 4571쪽 및 4619~4620쪽.

27 [元]脫脫 等 撰,『宋史』卷187 兵志 兵1 禁軍 上 建隆以來之制 侍衛司, 中華書局點校本, 中華書局, 1977, 4595쪽.

28 [元]脫脫 等 撰,『宋史』卷193 兵志 兵7 召募之制 孝宗 隆興 元年, 中華書局點校本, 中華書局, 1977, 4820쪽.

29 [宋]潛說友 撰,『咸淳臨安志』卷14 牀子弩·飛山, 淸道光十年錢塘汪氏振綺堂刊本,『宋元方志叢刊』제4책, 中華書局, 1990, 3496쪽.

30 [宋]潛說友 撰,『咸淳臨安志』卷1「皇城圖」및「京城圖」, 淸道光十年錢塘汪氏振綺堂刊本,『宋元方志叢刊』제4책, 中華書局, 1990, 3354쪽.

31 [宋]潛說友 撰,『咸淳臨安志』卷14 牀子弩·飛山, 淸道光十年錢塘汪氏振綺堂刊本,『宋元方志叢刊』제4책, 中華書局, 1990, 3496쪽.

32 [淸]徐松 輯,『宋會要輯稿』職官 30之1, 北平圖書館影印本, 中華書局, 1957:"提擧修內司는 雄武兵士 1000人을 거느리고, 皇城內宮의 垣宇繕修之事를 관장한다."

33 [元]脫脫 等 撰,『宋史』卷165 職官志 職官5 將作監, 中華書局點校本, 中華書局, 1977, 3919쪽.

34 [淸]徐松 輯,『宋會要輯稿』職官 30之3, 北平圖書館影印本, 中華書局, 1957:"(紹興) 30년 正月 15일 詔하기를,"宣("修"의 誤記)內司潛火人兵은 모두 1500人인데, 可히 500人을 감할 수 있으니, 部("步"의 誤記)軍司에 내려 보내, 모자란 인원을 뽑는데 充塡하라"고 하였다."

35 [淸]徐松 輯,『宋會要輯稿』職官 30之3, 北平圖書館影印本, 中華書局, 1957:

"(隆興 元年) 8월 13日, 宰執이 內外諸司官吏 가운데 減員할 人員數를 올리니, 황제가 말하기를, "內諸司의 兵卒이 자못 많다. 修內司가 더욱 심하여 가히 300人을 감할 만하다. 餘間에 闕額이 생기면, 한곳에 주둔시켰다가 뽑아서 채우도록 하라"고 하였다."

36 [淸]徐松 輯, 『宋會要輯稿』 職官 30之5, 北平圖書館影印本, 中華書局, 1957: "(淳熙 16년) 2월 10일, 樞密院에서 말하기를, "提擧修內司承受鄧境이 올린 바에 의하면, 本司額管의 潛火雄武兵은 700人인데, 그 가운데 내부의 事故가 9人이고, 밖으로 最近 重華宮指揮를 받아 修內司에서 차출한 雄武兵級이 226人입니다. ……"라고 하였다."

37 [宋]周淙 撰, 『乾道臨安志』卷1 軍營, 淸光緒七年 『武林掌故叢編』第一集本, 『宋元方志叢刊』제4책, 中華書局, 1990, 3220쪽.

38 [淸]徐松 輯, 『宋會要輯稿』 職官 54之21~22, 中華書局, 1957: "(紹興 32년 8월) 22日, 入內內侍省東頭供奉官·睿思殿祗應·德壽宮提轄造作任訴가 入內內侍省侍殿頭王楫을 德壽宮監造官으로 差充하는 것을 奏하고, 다음 項目을 申請하였다. ……一, 修內司가 本宮에 분속시킨 雄武壯役·工匠·搭材兵이 모두 387人인데, 아직 정해진 額數가 없고, 軍의 指揮令도 나뉘어 있습니다. 바라건대, 500인을 定額으로 하여 雄武指揮를 채우도록 하십시오. ……라고 하니, 황제가 그 말을 따랐다."

39 [淸]徐松 輯, 『宋會要輯稿』 職官 54之24, 北平圖書館影印本, 中華書局, 1957: "(乾道 7년) 6월 16日, 詔하기를, "雄武指揮軍兵이 德壽宮을 應奉하느라 여러 해 수고로웠으므로, 賞을 내린다. 전에 步軍司가 申請한 上件의 사람들은 工役을 하였으므로, 禁軍은 副都頭已上에게 每兩資에 一資를 補轉케 하고, 그 따르는 사람들도 德壽宮을 받드는 데 이바지하여 지금 마땅히 賞을 내리는 것이 가하므로, 副頭已上에게 每資에 특별히 一資를 補轉토록 행하라"고 하였다."

40 이 雄武指揮에 소속되어 있던 웅무병들에 대한 소속과 명령계통을 다소 복잡하다. 이들은 보군사의 웅무군에서 충원된 병사로서 제거수내사의 통령하에 있었지만, 소속은 여전히 보군사로 되어 있었던 것으로 이해된다. 이렇게 보아야만, 비로소 乾道 7년(1171) 6월 16일 덕수궁을 "應奉"하는 데 공로가 있던 웅무지휘군병들에 대한 포상을 수내사가 아니라 보군사가 신청한 사정을 이해할 수 있다([淸]徐松 輯, 『宋會要輯稿』 職官 54之24, 北平圖書館影印本, 中華書局, 1957). 말하자면 수내사의 웅무병은 보군사 소속의 병사로서 수내사에 배

속되어 있었던 것으로 볼 수 있다.

41 米內山庸夫,「南宋官窯の硏究(中間報告) 9 南宋官窯の開設」,『日本美術工藝』172, 1953, 19쪽;「南宋官窯の硏究(中間報告) 11 南宋官窯の窯跡」,『日本美術工藝』174, 1953, 22~23쪽.

42 陸明華,「兩宋官窯有關問題硏究」,『南宋官窯文集』, 文物出版社, 2004, 150~152쪽; 施遠·張東,「宋代汝、官窯若干問題的硏究」,『上海博物館集刊』제8기, 2000, 355~356쪽.

43 [宋]潛說友 撰,『咸淳臨安志』卷1「皇城圖」, 淸道光十年錢塘汪氏振綺堂刊本,『宋元方志叢刊』제4책, 中華書局, 1990, 3354쪽.

44 武佩聖,「對南宋官窯的懷舊與瞻望」,『南宋官窯與哥窯―杭州南宋官窯老虎洞窯址國際學術硏討會論文集』, 浙江大學出版社, 2004, 31쪽.

45 曹婉如 等 編,『中國古代地圖集』(淸代), 文物出版社, 1997, 圖194·195.

46 周子兢(周仁),「發掘杭州南宋官窯報告書」,『國立中央硏究院總報告』제4책 民國20年度(1931), 中國科學圖書儀器公司, 出版年度未詳에 첨부되어 있는「杭州南宋官窯遺址圖」참조.

47 馬亦超,『南宋杭州修內司官窯硏究』, 中國美術學院出版社, 2006, 15쪽 및 303쪽.

48 한편, 최근 금차대항의 서편에 위치한 建蘭中學 재건축 부지에서도 다량의 남송관요형자기편들이 출토되었는데, 그 가운데에는 소성온도가 높지 않아 제대로 소성되지 않았거나(生燒器), 소성온도가 너무 높아 기물이 일그러진 것들이 포함되어 있다(宋丹妮,「南宋"臨安窯"的硏究」浙江大學碩士學位論文, 2011, 22~24쪽). 이것들도 사용되지 않은 채로 요장에서 폐기된 잔차품으로서, 이곳에 요장이 있었음을 확인시켜준다. 이곳에서 출토된 자료들에 대해서는 남송관요박물관 鄧禾穎 관장이 2011년에 북경 고궁박물원에서 행한 강연에서 소개한 바 있다.

49 成彩虹·劉冬梅,『五大名窯史話』, 百花文藝出版社, 2007, 126~127쪽.

50 [元]陶宗儀 撰,『南村輟耕錄』卷29 窯器, 中華書局點校本, 中華書局, 1959, 362~363쪽: "[宋]葉寘의『坦齋筆衡』에 말하기를, ……宋이 南遷한 후, 邵成章이 提擧後苑이 되어, 邵局으로 칭하였는데, 故京의 遺制를 답습하여, 修內司에 窯를 설치하고, 靑器를 제작하여, 內窯라고 名하였다. 수비하여 틀로 찍어 극히 精緻하고, 釉色이 瑩徹하여, 세상 사람들이 귀하게 여겼다. 후에 郊壇

下에 별도로 新窯를 세웠는데, 舊窯에 비하여 크게 떨어진다. 그 밖에 烏泥窯·餘杭窯·續窯 같은 것들은 모두 官窯에 비할 바가 되지 못한다. 혹 옛 越窯를 일컫지만, 다시는 볼 수 없다고 하였다."

51 李民擧, 「宋官窯論稿」, 『文物』 1994년 제8기, 49쪽.

52 秦大樹, 「杭州老虎洞窯址考古發現專家論證會紀要」, 『文物』 2001년 제8기, 94~95쪽.

53 鄭建華, 「關于修內司官窯問題的思考」, 『南宋官窯文集』, 文物出版社, 2004, 49~50쪽.

54 [宋]周淙 撰, 『乾道臨安志』 卷1 內諸司, 淸光緖七年 『武林掌故叢編』 第一集本, 『宋元方志叢刊』 제4책, 中華書局, 1990, 3218쪽.

55 [宋]周淙 撰, 『乾道臨安志』 卷1 軍營, 淸光緖七年 『武林掌故叢編』 第一集本, 『宋元方志叢刊』 제4책, 中華書局, 1990, 3220쪽.

56 李民擧, 「宋官窯論稿」, 『文物』 1994년 제8기, 52쪽.

57 [宋]潛說友 撰, 『咸淳臨安志』 卷14 修內司綱兵營 및 樞密院親兵營 및 卷1 「京城圖」, 淸道光十年錢塘汪氏振綺堂刊本, 『宋元方志叢刊』 제4책, 中華書局, 1990, 3493쪽·3497쪽·3354쪽.

58 鄭建華, 「關于修內司官窯問題的思考」, 『南宋官窯文集』, 文物出版社, 2004, 55쪽.

59 [明]田汝成 撰, 『西湖遊覽志』附 「宋朝京城圖」, 『杭州古舊地圖集』, 浙江古籍出版社, 2006, 圖4.

60 修內司官窯("內窯")의 설치시기에 대해서는 아직 정설이 없지만, 많은 연구자들이 대략 高宗 紹興 14년(1144)~26년(1156)일 것으로 추측하고 있다. 필자도 대체로 여기에 동의하는데, 이 시기에 邵諤은 入內內侍省의 최고장관인 入內內侍省都知로서, 提擧後苑職을 겸하고 있었다([李民擧, 「宋官窯論稿」, 『文物』 1994년 제8기, 49쪽 및 [元]陶宗儀 撰, 『南村輟耕錄』 卷29 窯器, 中華書局點校本, 中華書局, 1959, 362~363쪽). 말하자면 그는 內侍 가운데 가장 높은 관직에 있으면서 수내사관요의 설립을 주도하였던 것이다. 그가 후원—남송후기에는 어전내할사—이 관장하는 관요("內窯")를 수내사영에 설치할 수 있었던 것도 그러한 이유 때문이었다고 판단된다. 수내사영을 관장한 제거수내사 역시 內侍가 맡고 있었는데(龔延明 編著, 『宋代官制辭典』, 中華書局, 1997, 369쪽), 그도 入內內侍省都知의 아래에 있었던 것이다. 수내사관요의

다소 복잡하고 체계적이지 않은 운영체제는 이러한 상황 속에서 잉태되었다고 생각한다.

61　[元]脫脫 等 撰,『宋史』卷165 職官志 職官5 將作監, 中華書局點校本, 中華書局, 1977, 3919쪽.

62　[淸]徐松 輯,『宋會要輯稿』職官 30之7, 北平圖書館影印本, 中華書局, 1957.

63　[宋]潛說友 撰,『咸淳臨安志』卷10 靑器窯條, 淸道光十年錢塘汪氏振綺堂刊本,『宋元方志叢刊』제4책, 中華書局, 1990, 3441쪽: "靑器窯는 雄武營山上·圓壇左右에 있다."

64　[宋]周淙 撰,『乾道臨安志』卷1 郊社, 淸光緖七年『武林掌故叢編』第一集本,『宋元方志叢刊』제4책, 中華書局, 1990, 3215쪽: "圓壇은 嘉會門 밖 남쪽 四里에 있으며, 3년에 한 번씩 하늘에 제사를 지낸다."

65　[宋]吳自牧 撰,『夢梁錄』卷19 園囿, 文淵閣四庫全書本,『景印文淵閣四庫全書』제590책, 臺灣商務印書館, 1986, 157쪽: "南에는 玉津園이 있는데, 嘉會門 밖 남쪽 四里에 있다."

66　[宋]潛說友 撰,『咸淳臨安志』卷14 八作司營條, 淸道光十年錢塘汪氏振綺堂刊本,『宋元方志叢刊』제4책, 中華書局, 1990, 3493쪽: "八作司營은 玉津園前·崇新門外에 있다."

67　[宋]潛說友 撰,『咸淳臨安志』卷10 御前內轄司, 淸道光十年錢塘汪氏振綺堂刊本,『宋元方志叢刊』제4책, 中華書局, 1990, 3441쪽.

68　노호동수내사관요가 남송전기의 수내사관요라고 하였지만, 이것이 노호동수내사관요가 남송전기의 유일한 수내사관요임을 뜻하는 것은 아니다. 필자는 노호동수내사관요 이전에 또 하나의 수내사관요가 청평산부근에 있었으며, 이것이 남송 최초의 수내사관요라고 믿고 있다. 다시 말하면 남송 수내사관요는 청평산부근 → 노호동 → 望江門內의 금차대항으로 요장을 옮기며 운영했다고 생각하는 것이다. 李喜寬,「南宋前期官窯新探」,『東方博物』제35집, 2010, 35쪽 참조.

69　[宋]潛說友 撰,『咸淳臨安志』卷75 景隆觀條, 淸道光十年錢塘汪氏振綺堂刊本,『宋元方志叢刊』제4책, 中華書局, 1990, 4031쪽: "景隆觀은 新門 밖에 있는데, 이전의 通元菴이다. 嘉定 14년, 황제가 敎旨를 내려 觀을 건립하는 것을 허락하고, 舊修內司營地를 내렸다. 羽士 陳永年이 힘써 건립하였다."

70　[宋]潛說友 撰,『咸淳臨安志』卷1「浙江圖」, 淸道光十年錢塘汪氏振綺堂刊本,『宋元方志叢刊』제4책, 中華書局, 1990, 3355쪽 참조.

71　杜正賢·周少華,『南宋官窯瓷鑑定與鑑賞』, 江西美術出版社, 2003, 47쪽.
72　杜正賢·周少華,『南宋官窯瓷鑑定與鑑賞』, 江西美術出版社, 2003, 47~48쪽.
73　邱雲飛·孫良玉,「宋代的城市消防制度」,『湖南工程學院學報』제15권 제3기, 2005, 80쪽.
74　[宋]脫脫 等 撰,『宋史』卷63 五行 2上 火, 中華書局點校本, 中華書局, 1977, 1382~1384쪽.
75　[宋]脫脫 等 撰,『宋史』卷63 五行 2上 火 嘉定 元年 3월 戊寅, 中華書局點校本, 中華書局, 1977, 1382쪽.
76　[唐]陸龜蒙 撰,『甫里集』卷12 秘色越器,『欽定四庫全書薈要』제367책, 世界書局, 1986, 79쪽.
77　이 주위에서 난 화재는 隆興 2년(1164) 6월 및 開禧 2년(1206) 2월의 壽慈宮(舊 덕수궁) 화재와 紹熙 2년 4월의 傳法寺 화재 정도인데, 별다른 피해가 기록되어 있지 않은 것으로 미루어 일찍 진화된 것으로 보인다([淸]徐松 輯,『宋會要輯稿』瑞異 2之36, 北平圖書館影印本, 中華書局, 1957; [宋]脫脫 等 撰,『宋史』卷63 五行 2上 火 寧宗 開禧 2년 2월 癸丑 및 光宗 紹熙 2년 4월, 中華書局點校本, 中華書局, 1977, 1383쪽 및 1382쪽).
78　[宋]施諤 撰,『淳祐臨安志』卷10 城內四河, 淸光緒九年『武林掌故叢編』第四集本,『宋元方志叢刊』제4책, 中華書局, 1990, 3325~3326쪽.
79　劉毅,「"鳳凰山窯"的發現及相關問題研究」,『南方文物』1999년 제2기, 69쪽; 吳戰壘,『圖說中國陶瓷史』, 浙江敎育出版社, 2001, 112쪽; 張玉蘭,「關于老虎洞窯的幾個問題」,『東方博物』제14집, 2005, 99쪽.
80　張玉蘭,「關于老虎洞窯的幾個問題」,『東方博物』제14집, 2005, 99쪽.

제4장 남송관요의 자기제작기술

1. 문제의 제기—『탄재필형』에 보이는 남송관요자기와 관련된 기록의 분석

남송관요자기는 중국 역사를 통틀어 가장 환영받아온 자기의 한 부류였다. 남송대 이후에 저술된 수많은 도자기 관련 기록에서 거의 빠짐없이 남송관요자기를 언급하였으며, 특히 많은 名品 자기에 題한 淸 乾隆帝의 御製詩에도 남송관요자기에 題한 것들이 다수 남아 있다.[01] 뿐만 아니라 남송관요자기의 명성은 남송시기부터 널리 알려져, 이미 당대에 龍泉窯에서 남송관요자기를 倣製하기 시작하였으며,[02] 이러한 경향은 청대에 이르기까지 계속되었다.[03] 사람들은 남송관요자기의 어떠한 측면에 그렇게 매료된 것일까? 그리고 그러한 남송관요자기의 매력은 어떠한 기술적 토대 위에서 성취된 것일까? 이 연구는 이러한 의문에서 출발한다.

송대의 관요와 관련하여 가장 사료적 가치가 높은 저술로서, 남송의 문인인 葉寘가 撰한 『坦齋筆衡』에는 남송관요에 대하여 다음과 같이 기록하고 있다.

(A) 宋葉寘『坦齋筆衡』云……中興渡江, 有邵成章提擧後苑, 號邵局, 襲故京遺製, 置窯于修內司, 造靑器, 名內窯, 澄泥爲範, 極其精緻, 油色瑩徹, 爲世所珍. 後郊壇下別立新窯, 比舊窯大不侔矣.[04]

섭치는 이 저술에서 남송관요의 양대 축을 이룬 이른바 수내사관요와 교단하관요의 설립에 대하여 구체적으로 서술하였다. 그리고 남송관요 자기의 품질과 그것에 대한 평가 등에 대해서도 언급하였다. 특히 그는 수내사관요자기에 대해서는 "극히 精緻하고(極其精緻) 釉色이 瑩徹하여(油色瑩徹) 세상 사람들이 진귀하게 여긴다"고 서술하였다. 즉 수내사관요자기의 주요한 특징은 정치함과 형철한 유색이었으며,[05] 당시 사람들은 거기에 매료되었음을 알 수 있다.

반면, 섭치는 교단하관요자기에 대해서는 "比舊窯大不侔矣", 즉 "舊窯(修內司官窯)瓷器와 비교하여 크게 다르다"고 모호하게 서술하였다. 이러한 언급만으로는 교단하관요자기의 특징이 무엇이고 아울러 당시 사람들의 평가가 어떠하였는지 선뜻 파악하기가 힘들다. 실제로 이 구절에 대한 이해는 남송관요를 연구하는 데 있어서 난제의 하나로 꼽혀왔다.

이제까지 연구자들은 별 다른 논증 없이, 막연히 이 대목을 교단하관요와 수내사관요에서 생산한 자기의 특징이 서로 다르다는 의미로 간주하여 왔다. 그리고 그러한 인식의 토대 위에서 양자의 특징과 제작기술적 측면 등에서의 차이점을 찾으려는 노력을 기울였다. 문제는 두 요장에서 생산된 자기들은 비록 약간의 차이는 있을지언정 "大不侔矣"하다고 할 만한 차이는 찾을 수 없다는 점이다. 노호동수내사관요지와 교단하관요지에서 출토된 자기편들을 관찰하면, 조형적인 측면 등에서 약간의 차이는 있지만, 현저한 차이점을 발견하기는 힘들다. 많은 傳世官窯 瓷器를 두고 그것이 수내사관요산인지 교단하관요산인지 논란이 끊이지 않고 있는 것도, 수내사관요자기와 교단하관요자기가 서로 구별하기 힘들 정도로 흡사한 특징을 가지고 있음을 웅변한다.[06] 이 점에서 볼 때, "比舊窯大不侔矣"라고 한 대목에 대한 이제까지의 이해에 문제가 있다는 沈岳明의 지적은 기본적으로 타당하다.[07] 그렇다면 이 대목은 어떻게 이해하여야 할까?

여기에서 각별히 주목해 보아야 할 것은 교단하관요자기가 舊窯, 즉 수내사관요자기와 "비교하여(比)" "크게 다르다(大不侔矣)"고 한 점이다. "A가 B와 비교하여 크게 다르다"는 말은 일반적으로 A가 B보다 어떤 측면에서 크게 뒤질 때 사용된다. 이와 유사한 표현으로 A가 B와 "비교가 되지 않는다(A非B比)"는 말이 있다. 다음 기록에 주목해보자.

(B) 餘如烏泥窯·餘杭窯·續窯, 皆非官窯比.

이 기록은 앞서 인용한 『탄재필형』의 기록[사료(A)]에 바로 뒤 이어 나오는 대목이다. 여기에서 섭치는 烏泥窯·餘杭窯·續窯가 관요와 비교가 되지 않는다고 하였는데, 이것은, 구체적으로 말하면, 오니요·여항요·속요에서 생산한 자기가 관요자기와 비교가 되지 않는다는 의미이다. 비교가 되지 않는다는 말은, 잘 아는 바와 같이, 어느 한쪽이 다른 한쪽보다 열세에 놓여 있을 때 쓰는 말이다. 요컨대 이 대목의 내용은 오니요·여항요·속요의 자기가 어떠한 측면에서 관요자기에 뒤진다는 의미이다.

교단하관요자기가 수내사관요자기와 비교하여 크게 다르다고 한 것과 오니요·여항요·속요의 자기가 관요자기와 비교가 되지 않는다고 한 것은 사실상 비교의 대상만 다를 뿐 동일한 내용을 담고 있다고 볼 수 있다. 전자의 의미는 당연히 교단하관요자기가 수내사관요자기와 비교하여 크게 뒤진다는 의미일 것이다. 교단하관요자기가 어떤 측면에서 뒤지는지는 명시하지 않았다. 하지만 바로 앞에 남송관요자기가 "극히 정치하고 유색이 형철하여 세상 사람들이 진귀하게 여긴다"는 내용이 나오므로, 그것은 일단 두 요장에서 생산된 자기의 품질적인 측면이나, 그것에 대한 당시 사람들의 평가의 측면, 또는 두 가지 모두의 측면에서 그러하였다는 의미일 공산이 크다.

1956년과 1985년 10월~1986년 1월 그리고 1988년 겨울에 교단하관요지가 발굴되고, 아울러 1998년 5월~12월과 1999년 10월~2001년 3월에 수내사관요지의 하나인 노호동요지가 발굴됨으로써, 수내사관요자기와 교단하관요자기의 과학적인 비교가 가능하게 되었다. 두 요지에서 출토된 자기편들을 객관적인 시각으로 관찰할 경우, 교단하관요자기가 수내사관요자기보다 품질적인 측면에서 뒤진다고 말하기는 힘들다. 더구나 "大不侔矣"에서 유추할 수 있는 바와 같이, "크게" 뒤진다고 믿는 사람은 아무도 없으리라 믿는다. 어느 연구자는 교단하관요의 자기편들이 노호동수내사관요의 자기편들보다 오히려 품질이 뛰어나다고 주장하기도 하는 실정이다.[08] 이러한 점에서 볼 때, 섭치가 교단하관요자기가 품질적인 측면에서 수내사관요자기보다 크게 뒤진다고 하였을 가능성은 희박하다고 생각한다. 즉 섭치가 교단하관요자기가 수내사관요자기보다 크게 뒤진다고 한 것은 실제적인 품질의 측면이 아닌, 당시 사람들의 평가의 측면에서 그러하였다는 의미였을 것으로 판단되는 것이다.

[도1] 老虎洞修內司官窯址 전경

[도2] 老虎洞修內司官窯址의 瓷片堆積坑

    품질의 측면에서 우열을 구분하기가 어려운 수내사관요자기와 교단하관요자기를 두고 당시 사람들은 왜 전자는 높게 평가하고 후자는 그보다 훨씬 낮게 평가한 것일까? 우리는 이 의문에 대한 해답의 실마리를 두 요장의 발굴 결과에서 찾을 수 있다. 두 요장에서 간취할 수 있는 무엇보다도 분명하게 드러나는 차이점은 요장의 규모이다. 노호동수내사관요지의 경우 鳳凰山과 九華山 사이의 좁고 비교적 가파른 계곡 서쪽

[도3] 郊壇下官窯址(현재의 南宋官窯博物館)

끝 부분의 좁은 분지에 자리 잡고 있는데, 요장이 들어서기에는 장소가 대단히 협소할 뿐만 아니라, 서·남·북쪽이 비교적 경사가 급한 산자락으로 막혀 있고, 동쪽은 급한 계곡이어서 窯場을 넓히는 것도 거의 불가능하다(도1).[09] 窯爐도 소규모여서 길이가 약 15m에 불과하다.[10] 瓷片 퇴적의 규모도 매우 작은 편이다(도2). 반면에 교단하관요지는 烏龜山麓의 비교적 넓은 개활지에 자리잡고 있다. 그리고, 요장의 전 지역을 발굴한 것은 아니지만, 노호동수내사관요지보다는 훨씬 넓고(도3), 요로도 노호동수내사관요의 경우보다 훨씬 대규모여서 Y2는 길이가 37.5m에 이르고(도4),[11] 규모가 작은 Y1도 23m에 이른다.[12] 이러한 요장의 규모로 미루어 쉽게 파악할 수 있는 것은 교단하관요의 생산량이 노호동수내사관요보다 훨씬 많았을 것이라는 점이다.

당시 사람들이 수내사관요자기에 대하여 높이 평가한 것은 그것이 진귀하였기 때문이었다. 그렇다면 그들이 수내사관요자기에 비해서 교단하관요자기를 낮게 평가한 무엇보다도 중요한 이유는 그것보다 덜 진귀

제4장 남송관요의 자기제작기술 475

[도4] 郊壇下官窯의 窯爐(Y2)

했기 때문이라고 보는 것이 타당하다. 진귀한 자기는 기본적으로 높은 품질을 전제로 한다. 하지만 품질이 높다고 해서 모두 진귀한 자기로 간주하지는 않는다. 그 수량이 많아서 쉽게 손에 넣을 수 있다면, 우리는 그것을 진귀하다고 하지 않는다. 이렇게 보면, 당시 사람들이, 수내서관요자기와 교단하관요자기가 비슷한 품질을 가지고 있었음에도 불구하고, 전자를 높게 평가한 반면 후자는 그보다 훨씬 낮게 평가한 배경을 어느 정도 알아차릴 수가 있을 것이다. 전자가 생산량 자체가 적어서 당시 사람들이 손에 넣기가 매우 힘들었던 반면, 후자는 전자에 비해 생산량이 훨씬 많아 상대적으로 손에 넣기가 덜 힘들었을 가능성이 높기 때문이다.

이상의 논의에 큰 무리가 없다면, 『탄재필형』에 보이는, 교단하관요자기가 수내사관요자가와 비교하여 크게 다르다("大不侔矣")한 기록을 근거로 하여 교단하관요자기와 수내사관요자기가 서로 다른 특징을 가지고 있었다거나, 서로 다른 제작기술을 토대로 하였을 것이라는 주장은 성립될 수 없다. 이는, 앞서 언급한 바와 같이, 교단하관요지와 노호동수내사관요지의 발굴결과가 증명하는 것이기도 하거니와, 전자가 후자를 계승하여 성립하였다는 점에서 보면 어쩌면 당연한 歸結이기도 하다.

요컨대, "極其精緻"와 "油色瑩徹", 즉 극히 정치하고 유색이 형철하다는 특징은 수내사관요자기만이 아니라 교단하관요자기에도 해당되는 것이라고 할 수 있다. 다시 말하면, "極其精緻"와 "油色瑩徹"은 남송관요자기의 일반적인 특징이 되는 셈이다. 남송관요자기의 이와 같은 특징은 어떠한 기술적 토대 위에서 성취된 것일까? 남송관요자기의 이러한 특징을 가능하게 한 자기제작기술의 구체적인 내용을 밝히는 것이 바로 이 장에서의 논의의 목적이다.

2. "澄泥爲範 極其精緻"에 대한 새로운 이해

1) "澄泥爲範"에 대한 의문

『탄재필형』에 보이는 "澄泥爲範, 極其精緻, 油色瑩徹"은 수내사관요자기의 특징을 언급한 대목이다.[13] 그리고 이러한 특징 때문에 세상 사람들이 진귀하게 여겼다고 되어 있다. 여기에서 "極其精緻"의 바로 앞에 있는 "澄泥爲範"이라는 구절이 눈에 띤다. "澄泥"는 흙(泥土)을 水飛한다는 의미이거나 또는 수비한 흙 자체를 가리킨다. 그러므로 "澄泥爲範"은 흙을 수비하여—또는 수비한 흙으로—"範"을 만든다는 의미가 된다. 남송관요자기의 중요한 특징 가운데 하나인 "極其精緻"를 언급하면서 왜 그 바로 앞에 그러한 자기제작기술과 관련된 내용, 즉 "澄泥爲範"을 특기한 것일까?

"澄泥爲範"과 "極其精緻"의 관계에 대해서는 두 가지 가능성을 떠올릴 수 있다. 하나는 양자가 각각 서로 다른 대상에 대하여 서술하였을 가능성이고, 다른 하나는 양자가 하나의 대상에 대하여 언급한 것이었을 가능성이다. 그런데 만약 전자의 경우라면 "極其精緻"의 해석이 상당히 모호해진다. 무엇에 대하여 서술한 것인지 그 대상을 잘 알 수 없기 때문이다.[14] 이것은 뒤에 나오는 "油色瑩徹"의 경우 그 서술 대상이 "油色"이라는 것을 쉽게 알 수 있는 것과 대조적이다.

그러나 후자의 경우, 즉 "澄泥爲範"과 "極其精緻"가 모두 하나의 대상을 서술한 것으로 볼 경우는 사정이 다르다. 말하자면 두 구절이 모두 "範"에 대하여 서술한 것으로 해석하는 것인데, 이 경우 "澄泥爲範 極其精緻"는 흙을 수비하여—또는 수비한 흙으로—"範"을 만들었는데, 그 "範"이 극히 정치하다는 의미가 될 것이다. 사실 이러한 해석은 이미 明 말기의 학자 王世貞에 의해서 이루어진 바가 있다. 즉 그는『弇州四部稿』에서 해당 대목을 "模範이 극히 정치하다(模範極精)"는 의미로 파악한 것이다.[15] 그 후 많은 학자들이 그의 견해에 기본적으로 동의했으며,[16] 필자도 역시 그의 해석에 동의한다. 요컨대, "澄泥爲範"과 "極其精緻"는 모두 "範"과 관련된 내용으로 파악하는 것이 타당하다고 생각하는 것이다.

"澄泥爲範"과 "極其精緻"가 이러한 관계라면, 결국 "極其精緻"의 기술적 토대는 바로 "澄泥爲範"이라는 이야기가 된다. 즉 남송관요자기의 중요한 특징 가운데 하나인 "極其精緻"를 가능하게 한 자기제작기술의 구체적인 내용을 파악하기 위해서는 "澄泥爲範"에 대한 이해가 무엇보다도 긴요하다고 할 수 있다.

이제까지 많은 연구자들은 "澄泥爲範"의 "範"이 陶範을 의미하는 것으로 이해하였다(도5).[17] 그리고 도범을 사용하여 성형하는 것, 즉 陶範成形이 남송관요자기, 특히 수내사관요자기의 제작기술상의 중요한 특징으로 꼽았다. 과연 이러한 이해는 타당한 것일까?

이 의문을 풀기 위하여 우리는 먼저 "澄泥爲範, 極其精緻, 油色瑩徹"이 수내사관요자기의 특징을 언급한 대목이며, 이러한 특징 때문에 세상 사람들이 진귀하게 여겼다는 점을 상기할 필요가 있다. 만약 "範"을 陶

[도5] 陶範(外模), 郊壇下官窯址 출토, 南宋官窯博物館

[도6] 陶範(外模), 老虎洞修內司官窯址 출토, 杭州博物館

範으로 이해한다면, 결국 정치한 도범을 사용한 것은 형철한 유색과 더불어 수내사관요자기의 가장 중요한 특징이 되는 셈이다. 그러나 "澄泥爲範"과 관련된 『탄재필형』의 기록과 이 내용을 인용하거나 초록한 문헌을 제외하고 보면, 남송관요자기의 특징으로 도범을 사용한 것을 언급한 문헌 기록은 찾을 수가 없는 것이다. 실제에 있어서 도범을 사용하여 성형한 것이 남송관요자기의 중요한 특징이었다면, 과연 이러한 현상이 일어날 수 있었을까?

사실, 남송관요자기의 특징을 언급하는 자리에서 남송관요자기 자체가 아닌, 성형도구인 도범에 대하여 이와 같이 자세히 언급한다는 것은 매우 이상한 일이다. 더구나 수비한 흙으로 만든 도범을 사용하여 성형하는 것이 남송관요자기의 품질을 높이는 것과 밀접한 관련이 있는 것도 아니었다. 어차피 도범으로 성형한 기물은 手工으로 다듬는 과정을 거치게 마련이었기 때문이다.[18] 그럼에도 불구하고 과연 실제에 있어서 섭치가 남송관요자기의 특징으로서 도범과 관련된 내용을 특기한 것일까?

남송관요, 특히 수내사관요에서 도범성형이 일반적으로 채택되었다

[도7] 老虎洞修內司官窯址 출토 鵝頭瓶의 底部. 몸체와 굽을 따로 성형하여 붙인 흔적이 보인다.

[도8] 瓶片(內底面), 郊壇下官窯址 출토, 浙江省文物考古硏究所

면, 당연히 그 흔적을 남겼을 것이다. 하지만 노호동수내사관요지의 경우, 현재까지 알려진 도범의 출토례는 고작 한 점에 불과하다.[19] T76에서 출토된 화판형 뚜껑의 바깥 도범(外模)이 그것이다(도6). 실제에 있어서 수내사관요에서 도범성형이 일반적으로 채택되었다면, 이러한 발굴 결과는 어떻게 이해될 수 있는 것일까?[20]

그럼에도 불구하고 어느 연구자는 노호동수내사관요의 기물은 그 대부분이 몸체와 굽을 따로 성형하여 붙여서 완성하였는데, 이러한 현상은 곧 이 요장에서 대부분의 기물을 도범성형하였음을 알려주는 것이라고 주장하였다(도7).[21] 이 요장에서 기물의 몸체와 굽을 따로 성형하여 붙여서 완성하는 것이 얼마나 보편적이었는지 필자는 잘 알 수 없지만, 설사 보편적이었다고 하더라도, 그러한 현상이 곧 도범성형이 일반적으로 채택되었음을 말해주는 것은 아니다. 물레성형한 몸체와 굽을 붙였을 수도 있고, 물레성형한 몸체에 도범성형한 굽을 붙였을 가능성도 있기 때문이다. 수내사관요자기와 제작기술상에 있어서 큰 차이가 없었다고 판단되는 교단하관요자기의 경우 물레성형한 흔적이 있는 기물의 몸체를 쉽게 발견할 수 있다.[22] 예컨대, 성형방법을 쉽게 판별할 수 있는 병의 경우, 기벽의 안쪽 면에 물레를 돌려 성형할 때 생긴 흔적이 남아 있는 예를 얼마든지 발견할 수가 있는 것이다(도8).

또 다른 연구자는 완과 盤 등 몸체와 굽을 따로 만들어 붙인 기물의 경우(도9) 그 대부분이 조형과 크기가 같다는 점에 주목하여, 물레성형으로는 이렇게 제작하기가 매우 어렵기 때문에 당연히 도범성형을 했을 것으로 파악하고, 아울러 이러한 현상은 곧 문헌기록의 "澄泥爲範"과 서로

[도9] 盤, 老虎洞修內司官窯址 출토, 杭州博物館

부합하는 것이라고 주장하였다.[23] 하지만 다음의 예는 이러한 주장에 의문을 갖게 한다. 2007~2008년 韓國 忠淸南道 泰安 앞바다의 침몰선에서 23,000여점의 고려청자가 발굴되었다.[24] 이 청자들은 12세기 중반경의 짧은 기간 안에 康津窯에서 생산된 것으로 판단되는데,[25] 특정한 유형의 기물은 조형과 크기가 거의 동일하다. 그 대표적인 예가 연판문대접이다.[26] 이 유형의 대접은 모두 물레성형을 한 것이 분명하다. 내저면의 원각의 직경과 형태가 일정하지 않을 뿐만 아니라, 내면에 미세하게 물레성형한 흔적이 남아 있다는 점이 이를 방증한다. 또한 오늘날 강진에서 고려청자를 방제하고 있는데, 조형적으로 물레성형이 힘든 일부 기종만 도범성형할 뿐 그 나머지 대부분은 물레성형한다. 그럼에도 불구하

제4장 남송관요의 자기제작기술 481

고 동일한 유형의 기물은 조형과 크기가 거의 동일하다. 숙련된 도공의 경우, 물레를 이용하여 동일한 조형과 크기의 기물을 성형하는 것은 그다지 어려운 일이 아니라고 한다.[27] 남송관요의 도공들이 당시 최고 수준의 성형기술을 지니고 있었을 것이라는 점을 염두에 두면, 노호동수내사관요지에서 출토된 기물의 조형과 크기가 같다는 점을 근거로 그것들을 도범성형하였을 것이라고 주장하기는 더욱 힘들다.

이상에서 살펴본 바와 같이, 도범성형이 남송관요자기의 보편적이고 중요한 특징이라고 보는 데에는 많은 의문이 따른다. 이러한 의문들이 해소되지 않는 한, 그러한 견해를 따를 수가 없다. 그런데 이러한 많은 의문들은 "澄泥爲範"에 대한 해석, 더 구체적으로 말하면, "範"을 도범으로 파악한 데에서 비롯되었다. 그러므로 "澄泥爲範"의 의미를 원점에서 재해석할 필요가 있다고 생각한다.

2) "澄泥爲範"의 신해석

『탄재필형』에 보이는 "澄泥爲範"의 의미를 제대로 해석하는 데 있어서 가장 관건이 되는 것은 섭치가 언급한 "範"이 구체적으로 무엇을 가리키는지를 파악하는 것이다. 範은 笵 및 范과 뜻이 통하는데, 笵은 본래 기물 등을 鑄造할 때 사용하는 틀(거푸집)의 일종이었다.

(C) 『通俗文』, 規模曰笵, 以土曰型, 以金曰鎔, 以木曰模, 以竹曰笵, 今模範作模範.[28]

즉, 기물 등을 주조할 때 여러 가지 재질의 틀을 사용하였는데, 그 가운데 대나무로 만든 것을 笵으로 칭하였다. 이밖에 型·鎔·模도 재질만 달랐을 뿐 같은 기능을 하였기 때문에, 이들 글자들은 종종 동일한 의미로서 서로 혼용되었다. 그리고 두 글자를 합하여 동일한 의미를 나타내기도 하였다. 模範·範模·鎔範·型範·模型 등이 그 예이다.

본래 주조와 관련된 의미를 담고 있던 範·型·鎔·模 가운데 範과 模는 자기의 제작과 관련된 기록에도 등장한다. 範의 경우는 『탄재필형』의 남송관요자기 관련 기록에 등장하였음은 이미 다 아는 사실이다. 模의 경우는 越窯瓷器의 제작과 관련된 기록에 보인다.

(D) 作竃長如丘, 取土深于塹, 蹻輪飛爲模, 覆灰色乃紺, 力疲手足病, 欲憩不敢暫, 發窯火以堅, 百裁一二占, 里中售高價, 鬪合漸收斂……[29]

위 기록은 북송 慶歷年間(1041~1048)에 餘姚縣令을 지낸 謝景初가 월요에서 원료채취부터 시유와 소성 등을 거쳐 판매에 이르는 과정 등을 읊은 시이다.[30] 우리가 각별히 주목해 보아야 할 대목은 "模"가 언급된 "蹻輪飛爲模"이다. 이 대목에서 謝景初가 언급한 "模"는 구체적으로 무엇을 의미하는 것일까?

이 의문과 관련하여, 먼저 한 가지 분명하다고 생각되는 것은 이 대목의 "模"가 도범을 가리킬 가능성은 매우 희박하다는 점이다. 그 근거는 다음 세 가지이다.

첫째, "取土深于塹"부터 "發窯火以堅"는 월요자기의 제작과 관련된 주요 공정을 차례대로 묘사한 내용이다. "取土深于塹"은 원료의 채취 공정을, "覆灰色乃紺"은 시유 공정을, "發窯火以堅"은 소성 공정을 묘사한 것이다. 만약 이 대목의 "模"를 도범으로 이해한다면, "蹻輪飛爲模"는 도범의 제작 공정을 묘사한 것이 된다. 문제는 도범의 제작 자체가 월요자기의 제작과정에서 주요한 공정이 아니었다는 점이다. 필자는 월요에서 도범성형이 유행하였다는 이야기를 들어본 적이 없다.[31] 이러한 점을 염두에 둘 때, 謝景初가 이 대목에서 도범의 제작에 대하여 언급했을 가능성은 희박하다.

둘째, 이 대목이 월요자기의 주요 제작공정을 순서대로 묘사하였다는 점에서 보면, "蹴輪飛爲模"는 원료채취공정과 시유공정의 사이에 이루어지는 주요 공정이었음이 분명하다. 만약 "模"를 도범으로 이해한다면, 도범의 제작은 원료의 채취와 시유의 공정 사이에 이루어지는 주요 공정이었다는 이야기가 된다. 그러나 도범의 제작은 반드시 원료채취공정과 시유공정의 사이에 이루어져야 하는 공정이 아니었다. 자기의 제작공정과 관계없이 도공의 편의에 따라 제작해도 문제될 것이 없었다. 뿐만 아니라, 매번 자기를 제작할 때마다 그 공정이 필요한 것도 아니었다. 한번 제작된 도범은 오랜 기간에 걸쳐 사용되었기 때문이다. 이 점에서 보아도 "範"을 도범으로 파악하는 것은 어색하기 짝이 없다.

셋째, "取土深于塹, 蹴輪飛爲模, 覆灰色乃紺"은 "模"와 직접적으로 관련된 내용이다. 즉, 만약 "模"가 도범을 가리키는 것으로 이해한다면, 이 시의 맥락에서 볼 때, 원료의 채취("取土深于塹")도 주로 도범을 제작하기 위해서 이루어지고, 시유된("覆灰色乃紺") 대상도 도범이었다는 이야기가 된다. 그런데 "取土深于塹"은 채취한 원료가 매우 대규모였음을 시사한다. 이렇게 많은 양의 원료가 주로 도범을 제작하는 데 소용되었을까? 더구나 도범에 시유를 한 것은, 필자가 아는 한, 그 실례가 없다.[32] 도범에 시유를 하면 도범의 흡수력이 매우 낮아져 성형한 기물(坯體)이 건조하는 데 많은 시간이 걸릴 뿐만 아니라, 도범에 접착되어 쉽게 분리되지 않는다고 한다. 그래서 이전에는 시유를 하지 않은 채로 초벌구이만 한 도범을 사용했으며, 오늘날은 흡수력이 좋은 石膏質 도범을 주로 사용한다.[33] 결국 이러한 측면에서 보아도, "模"가 도범을 가리키는 것이었을 가능성은 희박하다고 판단된다.

그러면 문제의 "模"는 무엇을 의미하는 것으로 이해되어야 하는 것일까? 이 의문을 풀기 위해서 우리는 월요에서 원료의 채취와 시유의 공정 사이에 어떠한 주요 공정이 있었는지 살펴볼 필요가 있다. "踏輪飛爲模"의 공정은 원료의 채취와 시유의 공정 사이에 언급되어 있기 때문에, 이 공정은 분명히 그러한 공정들 가운데 하나였을 것이 분명하다. 원료의 채취와 시유의 공정 사이에는 통상 水飛와 練土, 그리고 성형 과정을 거친다.[34] 요장에 따라 수비와 연토 가운데 어느 하나를 생략하는 경우도 있었겠지만, 월요와 같은 名窯에서는 적어도 이 시의 배경이 된 북송 시기에는 이 세 공정을 모두 거쳤을 가능성이 높다. 그렇다면 "踏輪飛爲模"의 공정은 이 세 공정 가운데 어느 하나였을 것이라는 이야기가 되는 셈이다. 그런데 "踏輪飛爲模"의 "踏輪"이 말해주는 바와 같이, 이 공정은 물레를 이용하는 공정이었다. 수비와 연토, 그리고 성형 가운데 물레를 이용한 것은 성형공정 뿐이다. 그러므로 "踏輪飛爲模"는 바로 월요의 성형공정을 묘사한 것이라는 결론에 이르게 된다.[35]

물레를 이용한 성형 과정을 묘사한 대목에 본래 도범성형과 관련이 있는 "模"가 등장한 것은 매우 흥미롭다. 다음 기록이 이 점에 대한 해답을 제공할 것이다.

(E) 『孔疏』, 鑄冶之家, 將作器, 必制其模, 謂之爲型. 型形也.[36]
(F) 又如馬陵之道萬弩發, 矢下雨如無魏甲. 斧形鷄卵見自昔, 異狀奇模此其匹.[37]

사료(E)에 보이는 "模"는 模의 본래의 의미로서, 기물 등을 주조할 때 사용하는 틀을 가리킨다. 이 경우의 模는 型과 의미가 통하고, 또한 型은 形과 뜻이 통한다. 그러면 결국 模는 形과도 의미가 통한다는 이야기가 된다. 사료(F)의 "異狀奇模"에 보이는 "模"는 사료(E)의 "模"와는 다른 의미를 내포하고 있다. 이 경우의 "模"는 같은 구절에 보이는 "狀"과 같은 의미로서, 어떠한 사물의 형체를 가리킨다. 바로 앞에서 살펴본 바와 같이, 模는 形과 뜻이 통하므로, 模가 그러한 의미로 쓰였다고 해서 전혀 이상한 일이 아니다.

이상의 추론에 큰 무리가 없다면, "蹴輪飛爲模"의 내용은 "급히 물레를 밟아 (기물의) 형체를 만든다"는 의미로 해석될 수 있을 것이다. "爲"는 成과 같은 의미이고, "模"는 形과 의미가 상통하므로, 결국 이 구절의 "爲模"는 곧 "成形"을 가리킨다고 할 수 있다.

이와 같은 模에 대한 이해는 문제의 "澄泥爲範"의 구체적인 의미를 파악하는 데 결정적인 실마리를 제공한다. 앞서 자세히 설명한 바와 같이, 範과 模는 서로 의미가 통하기 때문이다. 그렇다면, "爲範"은 곧 "爲模"와 같은 의미이므로, "爲範"도 "成形"의 의미로 해석될 수 있다.

한편, 範은 기물 등을 주조할 때 사용하는 틀의 의미 이외에도 法(規範)의 의미를 내포하고 있다.[38] 고대의 문헌기록에서 範이 그러한 의미로 쓰인 예는 흔히 발견할 수 있다. 만약 섭치가 "澄泥爲範"의 "範"을 그러한 의미로 사용했다면, "澄泥爲範"은 곧 "澄泥爲法", 즉 흙을 수비하는 것을 법으로 삼았다는 의미가 될 것이다. 이 경우, 자기의 제작 공정에서 수비 공정을 그만큼 중시하였고, 그것이 정치한 남송관요자기를 생산하는 데 중요한 토대가 되었다는 이야기가 된다.

"澄泥爲範"을, 흙을 수비하여—또는 수비한 흙으로— 성형하였다는 의미로 파악하는 것이 타당할지, 흙을 수비하는 것을 법으로 삼았다는 의미로 이해하는 것이 타당할지는 갑자기 판단이 서지 않는다. 하지만 "澄泥爲範"을 뒤이어 나오는 "極其精緻"와 연결시켜 이해하면, 양자는 실제적으로 거의 같은 의미를 내포하고 있다고 할 수 있다. 후자의 경우,

흙을 수비하는 것을 법으로 삼아서 남송관요자기가 극히 정치하게 되었다는 의미가 되는데, 이는 사실상 그렇게 수비한 흙으로 성형하여 남송관요자기가 극히 정치하게 되었다는 의미와 그다지 다를 바 없기 때문이다. 요컨대, "澄泥爲範, 極其精緻"는 섭치가 남송관요에서의 수비와 기물의 성형 공정을 염두에 두고 한 말이었다고 생각되는 것이다.

3) "澄泥爲範"을 토대로 한 "極其精緻"의 실현

"澄泥爲範, 極其精緻"의 실제적인 의미가, 흙을 수비하여—또는 수비한 흙으로—성형하여 남송관요자기가 정치하게 되었다는 내용이라면, 결국 정치한 남송관요자기의 생산을 가능하게 한 제1차적인 기술적 토대는 태토의 수비 공정이라고 할 수 있다. 자기를 만들기 위하여 수비를 한 것이 남송관요만의 일이 아님에도 불구하고 섭치는 왜 남송관요자기의 제작과 관련하여 태토의 수비 공정을 특별히 언급한 것일까? 다시 말하면, 수비 공정이 어떻게 정치한 남송관요자기의 생산을 가능하게 한 것일까? 이 의문을 푸는 것이 이 절의 목적이다.

수비는 태토의 원료에서 굵은 광물 입자나 잡물질 등을 걸러내는 공정으로서, 정밀한 수비공정을 거칠수록 태토의 입자는 고와지게 마련이다. 높은 품질의 자기들은 일반적으로 정밀한 수비과정을 거친 태토를 사용하는 경우가 많다. 예컨대, 당·송시기에 고급자기의 상징과도 같았던 越窯秘色瓷의 경우도, 胎의 단면을 관찰하면 그 대부분이 매우 치밀하다(도10). 중국에서도 명성이 높았던 12~13세기경 고려의 康津窯와 扶安窯에서 제작된 翡色靑瓷의 경우도, 정도의 차이가 있기는 하지만, 그러하기는 마찬가지이다(도11). 이들 기물의 胎가 치밀한 것은 연토(練泥) 공정에 많은 힘을 기울이거나 소성과정에서 잘 燒結된 탓도 있겠지만, 기본적으로 입자가 고운 태토를 사용하였기 때문에 가능하였을 것으로

[도10] 北宋時期 越窯 秘色瓷碗의 胎의 단면

[도11] 12세기 高麗 翡色靑瓷碗의 胎의 단면

[도12] 南宋官窯(老虎洞修內司官窯)瓷器의 胎의 단면

[도13] 南宋官窯(郊壇下官窯)瓷器 釉胎의 단면 (薄胎·黑胎)

판단된다.[39]

  이러한 관점에서 보면, 남송관요자기의 胎도 매우 치밀할 것이라고 예상하는 것은 조금도 이상한 일이 아니다. 하지만 실제로 남송관요자기의 胎의 단면을 관찰해보면, 우리는 그러한 예상과 크게 어긋나는 결과를 발견하게 된다. 대부분의 남송관요자기의 胎에는 비교적 많은 모래입자 등이 포함되어 있을 뿐만 아니라 광물질 입자의 크기도 균일하지 않다(도12). 다시 말하면, 남송관요자기의 胎는 적어도 당송시기의 秘色瓷나 12~13세기경 고려의 康津窯와 扶安窯에서 제작된 翡色靑瓷의 경우 등과 비교하여 상대적으로 거친 편이라고 할 수 있다. 이러한 현상이 벌어지게 된 일차적인 원인은 전자의 태토가 후자의 그것에 비해 거칠었기 때문이라고 보는 것이 온당할 것이다.

만약 남송관요에서 수비공정을 거친 것이 단지 입자가 고운 태토를 얻을 목적이었다면, 이러한 현상은 쉽게 이해가 되지 않는다. 실제에 있어서 그러하였다면, 아마도 남송관요자기는 후자에 못지않게 치밀한 胎를 가지고 있어야 자연스럽다. 요컨대 남송관요의 수비공정에 입자가 고운 태토를 얻는 본래의 목적 이외에 또 다른 목적이 있었다고 보는 것이 타당할 것이다. 그 또 다른 목적이란 무엇일까? 이 문제를 풀기 위해서 우리는 남송관요자기의 胎·釉의 구조적 특성과 수비공정의 관련성에 주목할 필요가 있다.

섭치가 『탄재필형』의 저술할 당시인, 남송중기에 제작된 남송관요자기의 특징은 여러 가지 점들을 꼽을 수 있지만, 胎의 측면에서 볼 때는 薄胎와 黑胎라고 할 수 있다(도13). 이 시기에 제작된 정치한 남송관요자기는 경우에 따라 胎의 두께가 고작 1mm 전후인 것도 있으며, 유층보다도 얇은 것들도 흔히 볼 수 있다. 그리고 胎의 색깔은, 농담의 차이가 있기는 있지만, 그 상당부분이 기본적으로 흑색 계통이다.

한편, 玉을 연상시키는 남송관요자기의 釉의 질감은 기본적으로 유약을 두껍게 입히는 것으로부터 얻어진 것이다. 유층이 胎보다도 훨씬 두꺼운 경우도 흔히 볼 수 있다. 하지만 남송관요자기 이전의 자기들의 경우와 같이 비교적 두꺼운 胎에 두꺼운 유약을 입힐 경우, 기벽이 그만큼 두껍게 되어 기물이 둔중해질 뿐만 아니라 조형적으로도 정치함과는 그만큼 거리가 멀어지게 마련이었다. 두껍게 유약을 입히면서도 둔중하지 않고 정치한 조형의 기물을 생산할 수 있는 매우 효과적인 방법 가운데 하나가 바로 胎를 얇게 성형하는 것이었다. 즉 玉質感을 얻기 위해 유약을 두껍게 입히면서도 조형적인 정치함을 잃지 않은 자기를 생산하기 위하여 남송관요의 장인들이 선택한 것이 곧 薄胎였다.

하지만 절강지역을 포함한 남방에서 전통적으로 사용해온 자토는 북방의 그것에 비해 SiO_2의 함량이 높고(약 70~80%) Al_2O_3의 함량이 낮아서(약 12~18%),[40] 비교적 낮은 온도에서 소성되고[41] 아울러 소성시 기물의 抗變形力이 그다지 높지 않다.[42] 이러한 태토로 성형할 경우, 고온소성시에 기물의 형태에 변형이 일어날 가능성이 상대적으로 높기 때문에 정치한 기물을 성형하는 데 장애가 된다. 이 점에서 보면, 태토의 두께가 더욱 얇으면서도 정치한 자기를 제작하기 위해서는 고온소성시의 항변형력이 높은 태토, 즉 절강지역의 전통적인 태토보다 상대적으로 SiO_2의 함량이 낮고 Al_2O_3의 함량이 높은 태토를 개발하는 것이 무엇보다도 중요한 선결 과제였다고 할 수 있다. 남송관요의 도공들은 자토에 Al_2O_3의 함량이 비교적 높은 紫金土를 첨가하여 이 문제를 해결한 것으로 알려져 있다. 많은 남송관요자기의 胎가 흑색 계통(黑胎)인 것이 자금토에 다량으로 포함되어 있던 Fe_2O_3의 영향이라는 것은 잘 알려진 사실이다. 하지만 이 방법만으로는 관요자기를 제작하는 데 필요한 함량의 Al_2O_3가 포함된 태토를 얻기 힘들었다는 데 문제가 있다.

〈표 1〉 교단하관요의 자토와 자금토의 성분 구성[43]

번호	산화물의 함량(%)								
	SiO_2	Al_2O_3	CaO	MgO	K_2O	Na_2O	Fe_2O_3	TiO_2	MnO	P_2O_5
050 瓷石	78.97	13.30	0.04	0.14	4.00	0.17	0.65	0.07	0.02	0.09
037 紫金土	56.19	24.61	0.09	0.07	0.98	0.34	9.17	0.92	0.01	0.29
038 紫金土	58.85	22.40	0.27	0.49	3.16	0.22	7.04	0.76	0.03	0.23
039 紫金土	61.10	17.44	0.10	0.18	1.06	0.23	13.44	0.76	0.01	0.19

교단하관요의 자토(050자석)과 자금토(037·038·039자금토)를 수비를 하지 않은 채로 50:50의 비율로 혼합할 경우, Al_2O_3의 함량은 15.37~19.0%가 된다. 하지만 교단하관요자기의 경우, 그 胎의 Al_2O_3 함량이 20~29% 정도이다.[44] 즉 교단하관요자기의 상당량은 그 胎의 Al_2O_3

함량이 오히려 자금토의 그것보다도 높다. 이는 자토에 자금토를 혼합하는 것과 더불어 Al_2O_3의 함량을 높이는 또 다른 공정을 거쳤음을 의미한다. 여기에서 주목되는 것이 바로 수비공정이다.

우리는 흔히 태토의 원료에서 굵은 광물 입자나 잡물질 등을 걸러내기 위하여 수비공정을 거치는 것으로 생각하지만, 수비공정은 이러한 기능 이외에 태토를 구성하고 있는 산화물의 함량비율을 조정할 수 있는 또 다른 중요한 기능을 가지고 있었다. 다음의 실험 결과는 이 점을 잘 알려준다.

〈표 2〉 교단하관요 자토의 水飛率과 산화물의 함량[45]

水飛率(%)	산화물의 함량(%)				
	SiO_2	Al_2O_3	K_2O	Fe_2O_3	기타 산화물
0	78.97	13.30	4.00	0.65	0.53
20	73.04	20.36	2.11	2.61	1.88
45	68.55	21.87	3.76	2.98	2.84
50	67.22	24.85	3.95	2.09	1.88
55	63.26	28.08	4.04	2.31	2.30
60	64.77	25.32	4.81	2.82	2.28

위 표는 교단하관요에서 사용한 것으로 추정되는 자토의 수비율과 그것을 구성하고 있는 산화물의 함량의 관계를 보여준다. 이 자토는 교단하관요지의 작업장의 서편에서 채집한 것인데,[46] SiO_2가 78.97%이고 Al_2O_3가 13.30%로서, SiO_2의 함량이 높고 Al_2O_3의 함량이 낮은, 전형적인 절강지역의 자토의 특성을 보여준다. 이 자토를 서로 다른 정도의 수비공정을 거쳐 얻은 각각의 태토는 그것을 구성하는 산화물의 함량(%)에 작지 않은 변화가 생겼음을 알 수 있다. 가장 큰 변화는 수비율 20%의 태토에서 간취된다. SiO_2의 함량이 5.93% 감소한 반면, Al_2O_3의 함량은 무려 7.06% 증가한 것이다. 여기에서 우리가 각별히 잊지 말아야 할

것은 후자, 즉 Al_2O_3의 함량의 급격한 증가 현상이다. 그 후 수비율을 높일수록 SiO_2의 함량의 감소와 Al_2O_3의 함량의 증가는 지속되지만, 그 변화의 정도는 20%의 수비율에서 보인 그것이 비해서는 크게 완만한 편이며, 수비율 60%에 이르러서는 오히려 SiO_2의 함량이 증가하고, Al_2O_3의 함량이 감소하는 현상이 일어난다. 이와 같은 산화물의 함량의 변화는 수비율에 따라 태토를 구성하고 있는 광물질, 즉 石英·絹雲母·高嶺石 등의 함량이 변화된 것에 따른 현상이다.

이와 같은 수비율에 따른 산화물의 함량의 변화가 일반적인 현상이었다면,[47] 우리는 여기에서 교단하관요의 태토의 수비율과 Al_2O_3의 함량의 변화와 관련된 중요한 사실을 알 수가 있다. 그것은 일정한 단계까지는 태토의 수비율을 높일수록 Al_2O_3의 함량이 증가한다는 점이다. 이는 곧 수비율이 높은 태토일수록 고온소성시에 항변형력이 높아짐을 의미하는 것이다. 남송관요의 도공들이 경험적으로 이 점을 깨달았다면, 그들은 의당 거기에 수비공정의 초점을 맞추었을 것이다. 정치한 자기를 생산해야했던 그들에게 그러한 특성을 갖춘 태토를 확보하는 것만큼 절실한 문제는 있었을 성싶지 않기 때문이다. 문제는 그 수비율에 도달한 이후에는 오히려 Al_2O_3의 함량이 감소하면서 고온소성시의 항변형력도 감소한다는 점이다. 그들이 경험을 통하여 이 점을 알았다면, 그 단계 이상의 수비를 하지 않았을 것임도 당연한 일이다. 이러한 점을 염두에 두면, 남송관요자기의 胎가 비교적 거친 현상도 어느 정도 이해할 수 있는 일이 아닐까?

결국 〈표 1〉과 〈표 2〉의 분석에 따르면, 수비공정을 거친 또 다른 목적은 Al_2O_3의 함량을 높여 고온소성시 항변형력이 높은 태토를 생산하기 위한 것이었을 가능성이 높다고 판단된다. 하지만 이는 교단하관요지에서 채취한 태토 원료만을 대상으로 한 실험 결과에 의거한 결론일 뿐이다. 그러므로 이 결론을 수내사관요를 포함한 남송관요 전체에 그대로 적용하는 것은 위험한 일이다. 과연 수내사관요의 경우는 어떠하였을까?

노호동수내사관요지에서는 1998년 발굴 당시에 자토와 자금토의 존재가 확인되었다. 그리고 그 이듬해에는 특이하게 자토와 자금토가 자연적으로 혼합되어 있는 원료를 채취한 구덩이가 발견되었다.[48] 〈표 3〉은 이 요지에서 채취한 자토·자금토·혼합토와 수습한 자기편의 성분 구성을 나타낸 것이다.

〈표 3〉 노호동수내사관요의 태토 원료와 瓷片의 성분 구성[49]

구분	표본 번호	산화물의 함량(%)								비고
		SiO_2	Al_2O_3	CaO	MgO	K_2O	Na_2O	TiO_2	Fe_2O_3	
자금토	H1-zi01	63.87	22.91	0.08	0.44	2.88	0.35	0.88	7.86	
	H1-zi02	64.18	23.66	0.18	0.53	3.12	0.18	1.18	6.42	
자토	H1-ct01	66.40	23.63	1.02	0.57	3.48	0.13	1.97	1.99	
혼합토	H1-ht01	66.65	24.05	0.30	0.71	3.48	0.24	1.12	3.39	
	H1-ht02	64.28	24.20	0.78	0.77	3.13	0.62	1.16	3.68	
瓷片(胎)	H1-su01	66.48	25.12	0.31	0.70	4.57	0.17	1.30	1.10	素燒器
	H1-sp01	62.83	21.08	0.93	0.91	4.40	0.34	2.25	6.54	生燒器
	H1w-908	65.65	23.76	0.06	2.08	2.45		2.69	2.71	
	H1w-902	63.77	23.48	0.17	1.94	4.54		2.56	2.99	
	H1w-903	65.50	21.95	0.38	1.69	4.29		2.22	3.36	

이 表에서 가장 먼저 관심을 끄는 것은 혼합토이다. 이 혼합토는 65% 전후의 SiO_2와 24% 정도의 Al_2O_3을 함유하고 있다. 이러한 성분 구성을 가진 원료는 그 자체만으로도 고온소성시 항변형력이 높은 태토로 가공할 수 있다. 교단하관요지에서는 이러한 혼합토의 존재가 아직까지 알려져 있지 않다. 한편, 또 한 가지 흥미로운 점은 자토를 구성한 산화물의 함량이 전통적인 절강지역의 자토의 그것과는 크게 다르다는 점이다.[50]

전자는 후자에 비해 현저하게 SiO_2의 함량이 낮고 Al_2O_3의 함량이 높은 편으로, 오히려 자금토의 그것과 흡사하다. 이 자토 역시 자금토와 적당한 비율로 배합하면 특정한 공정을 거치지 않고서도 관요자기의 태토로 가공하는 데 별 문제가 없었을 것으로 판단된다. 周少華 등은 노호동수내사관요의 경우 처음에는 혼합토만으로 태토를 만들다가, 후에 자토에 자금토를 첨가하여 태토로 가공하는 방법을 채용하였을 것으로 추정하였다.[51]

그런데 이 태토 원료들—자토·자금토·혼합토—과 瓷片(胎)을 구성하고 있는 산화물 가운데 함량의 측면에서 현저한 차이를 보이는 것이 있다. K_2O가 그것이다. 각각의 원료들은 그 함량이 하나같이 3% 전후(평균함량 3.08%)인 반면, 자편(胎)의 경우는 그 표본의 대부분이 4%를 상회한다(평균함량 4.05%). 〈표 3〉의 데이터를 신뢰한다면,[52] 그것은 태토 원료를 태토로 가공하는 과정에서 K_2O의 함량(%)이 그만큼 증가하였음을 의미한다. 그런데 앞의 〈표 2〉를 보면, 일단 수비공정을 거친 태토의 경우 수비율이 높을수록 K_2O의 함량이 증가하는 경향이 있음을 알 수 있다. 그것은, K_2O가 瓷石이나 長石 등에 포함되어 있으므로,[53] 수비율에 따라 태토를 구성하는 광물질의 함량이 변화한 것에 따른 결과로 이해된다. 이 점에 주목하면, 노호동수내사관요의 경우도 일정한 수비과정을 거쳤다고 보는 것이 타당할 것이다. 하지만 그 주목적이, 교단하관요의 경우처럼 Al_2O_3의 함량을 높이기 위한 것이라고 보기는 힘들다. 태토의 원료와 瓷片(胎)에 함유되어 있는 Al_2O_3의 함량 사이에 별다른 차이가 없기 때문이다.[54] 노호동수내사관요의 경우는, 적어도 〈표 3〉의 데이터에 의거하는 한, 태토의 원료에서 굵은 광물 입자나 잡물질 등을 걸러내기 위하여 수비공정을 거친 것으로 볼 수밖에 없을 듯하다. 이렇게 볼 경우, 그럼에도 불구하고 노호동수내사관요지에서 출토된 자기

편의 태토가 비교적 거친 원인이 무엇인가 하는 점이 의문으로 남는다.[55]

 이상의 논의는 한정된 표본에 대한 실험 결과를 토대로 한 것이다. 여기에서 문제가 되고 있는 Al_2O_3의 함량만 놓고 볼 때, 교단하관요지의 경우만 하여도, 그 함량이 13.30%와 17.02%의 자토가 있었는가 하면, 22.92%의 자토도 보고된 바가 있다. 실험기기와 실험조건의 차이에 따라 데이터 상의 오차가 있을 수 있는 가능성을 감안하더라도,[56] 교단하관요의 경우 Al_2O_3의 함량이 서로 다른 다양한 자토가 사용되었을 것으로 보는 것이 타당할 것이다. 노호동수내사관요의 경우도 현재까지 그 함량이 23.63%인 자토만이 보고되었지만, 그 함량이 서로 다른 다양한 자토가 사용되었을 가능성도 배제할 수 없다. 남송관요의 도공들은 혼합토를 사용하거나 Al_2O_3의 함량이 서로 다른 자토에 자금토를 첨가하여 태토로 가공하였을 터인데, 그들이 각각의 원료에 함유되어 있는 Al_2O_3의 함량을 파악하고 있었을 까닭이 없다. 그럼에도 불구하고 남송관요자기의 胎에 함유되어 있는 Al_2O_3의 함량은 거의 모두 20%를 상회한다. 이는 곧 그들이 관요자기를 제작하기에 충분한 Al_2O_3의 함량을 가진 태토를 가공하는 방법을 경험적으로 알고 있었음을 시사한다. 그것이 곧 수비공정이라는 것이 필자의 기본적인 생각이다. 즉 〈표 3〉에 보이는 것들과 같은, Al_2O_3의 함량이 기본적으로 충족된 원료들은 적당한 수비과정을 거쳐 굵은 광물 입자나 잡물질 등을 제거한 후 단독(혼합토)으로, 또는 두 가지 원료를 배합하여(자토 + 자금토) 태토로 사용하면 되었을 것이다. 그리고 〈표 1〉에 보이는 것과 같이 Al_2O_3의 함량이 낮은 자토는 일정한 수비공정을 거쳐 Al_2O_3의 함량을 높인 후 자금토를 첨가하여 태토로 사용하면 되었을 것이다. 말하자면, 남송관요의 원료들은, Al_2O_3의 함량과 관계없이, 일정한 수비공정을 거치면 정치한 관요자기를 성형하기에 적당한 태토로 가공할 수 있었다고 판단된다. 말하자면 기본적으로 굵은 광물 입자나 잡물질 등을 제거하는 수비공정이 남송관요의 경우는 Al_2O_3의 함량이 높은 태토의 생산을 보장하는 장치이기도 했던 셈이다. "澄泥爲範"의 "澄泥"가 내포하고 있는 진정한 도자공예적 의미는 바로 여기서 찾을 수 있다고 생각한다.

3. "油色瑩徹"의 도자공예적 기초―釉와 초벌구이의 관계에 대한 검토

1) 多次施釉와 초벌구이 문제

섭치는 남송관요자기의 특징으로 "極其精緻"와 더불어 "油色瑩徹"을 지적하였다. "瑩徹"한 유색이 구체적으로 어떠한 유색을 가리키는지는 다소 애매한데, 『遵生八牋』의 저자인 高濂은 남송관요자기의 유색에 대하여 언급하면서 粉靑色을 가장 높게, 淡白色을 중간으로, 油灰色을 가장 낮게 평하였다.[57] 오늘날도 많은 사람들이 분청색의 남송관요자기를 가장 높게 評하고 있으며, 전세되어 오는 남송관요자기의 명품 가

[도14] 南宋官窯瓷器碗, 北京故宮博物院

운데 상당수가 이 유색을 띠고 있다(도14). 남송대 이후에 남송관요자기의 유색에 대한 평가에 커다란 변화가 없었다면, 섭치가 말한 "瑩徹"한 유색은 주로 이 분청색을 가리킨

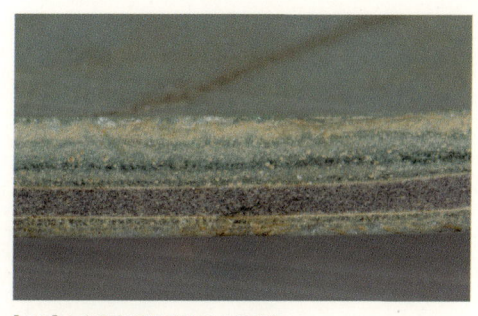

[도15] 南宋官窯瓷器의 釉의 分層現象

다고 보는 것이 온당할 것이다.

그런데 이러한 계통의 유색을 가지고 있는 남송관요자기는 일반적으로 玉質感의 失透性 釉가 비교적 두껍게 입혀져 있다. 그러한 두꺼운 釉가 다차시유와 깊은 관련이 있었다는 것은 다 아는 사실이다. 즉 "瑩徹"한 유색은 다차시유와 밀접한 관련이 있었다. 다차시유는 남송초기에 慈溪市 低嶺頭窯 등에서 시작된 것으로 알려져 왔는데,[58] 최근에는 그보다 이른 북송말기의 청량사여요에서 이미 2차시유를 시작했을 가능성이 제기되었다.[59]

한편, 다차시유의 방법과 관련해서는 일찍부터 초벌구이와 시유를 반복하는 방법으로 다차시유를 했을 것이라는 견해가 지배적이었다.[60] 예컨대, 3차시유의 경우, 성형한 기물을 1차 초벌구이 → 1차시유 → 2차 초벌구이 → 2차시유 → 3차 초벌구이 → 3차시유 → 본벌구이의 순서로 공정이 이루어졌을 것이라고 주장하였다. 이러한 견해의 주요 근거로는 크게 두 가지를 꼽을 수 있는데, 그 하나는 다차시유를 한 청자의 釉의 단면에서 분명하게 分層 현상이 관찰된다는 점이다(도15). 즉 이러한 현상을 시유를 하고난 후에 다시 초벌구이를 거쳐 시유를 하였기 때문에 생긴 것으로 파악한 것이다.[61] 또 다른 하나는 1960년대 이전의 용천요에서 그러한 방식으로 다차시유를 하였다는 점이다.[62]

[도16] 老虎洞修内司官窯址 초벌구이窯(馬蹄形窯) 주위의 초벌구이片들

이러한 근거에 대하여 의문을 제기한 연구자는 沈岳明이었다.[63] 그는 釉의 分層 현상과 번갈아 초벌구이와 시유를 반복하는 방법 사이에는 절대적 인과관계가 없다고 주장하였다. 그리고 1960년대 이전의 용천요에서 그러한 방식으로 다차시유를 하였다는 것은 어디까지나 현대의 상황을 알려주는 것일 뿐, 고대의 용천요에서도 그러한 방식으로 다차시유를 했음을 말해주는 것은 아님을 강조하였다. 이러한 비판의 토대 위에서 그는 이제까지 알려져 온 방식과 다른 방식으로 다차시유를 했을 가능성을 제시하였다. 초벌구이를 한 기물에 1차시유를 한 후 2차 초벌구이를 거치지 않고 바로 건조과정을 거쳐 2차시유를 하고, 다시 건조과정을 거쳐 3차시유를 하는 방식으로 다차시유를 하였을 가능성이 그것이다. 그는 여러 차례의 초벌구이를 거쳐 多次施釉를 할 경우, 기물이 손상을 입을 위험성이 높아질 뿐만 아니라, 시간과 노동력과 연료 등의 절약의 원칙에도 위배된다는 점과 더불어 중요한 두 가지 고고학적 근거

를 제시하였다.

첫째, 용천요나 남송관요의 기물 가운데 굽의 접지면က 釉를 깎아낸 부분에서 명확하게 分層 현상을 확인할 수 있는 것들이 있는데, 여러 차례 유약을 모두 입힌 후에 한 번에 釉를 깎아낸 것이 분명하다는 점이다. 즉 번갈아 초벌구이와 시유를 반복했다면, 釉의 경도가 높아져 그렇게 한 번에 굽 접지면의 유약을 깎아낼 수 없었을 것이라고 파악한 것이다. 그의 말에 따르면, 요즈음 용천요에서는 厚釉製品의 경우 모두 초벌구이를 한 기물에 1차시유를 한 후 2차 초벌구이를 거치지 않고 바로 건조과정을 거쳐 2차 또는 3차시유를 한다고 한다.

둘째, 남송관요지에서 초벌구이를 한 기물에 시유를 한 후 다시 초벌구이 과정을 거쳐 시유를 한 확실한 고고학적 증거가 발견되지 않았다는 점이다. 그는 특히 노호동요지의 발굴과정에서 초벌구이요의 窯床과 窯爐의 주변에서 대량의 초벌구이편들이 발견되었는데(도16), 하나같이 施釉의 흔적이 없다는 점을 중시하였다. 즉 그는 초벌구이를 한 기물에 시유를 한 후 다시 초벌구이 과정을 거쳐 시유를 하였다면, 당연히 많은 초벌구이편들 사이에 그러한 흔적을 가진 편들이 포함되어 있었으리라고 파악한 것으로 보인다.

沈岳明의 문제 제기는 확실히 예리하고 치밀하며, 아울러 남송관요의 자기제작기술 문제와 관련하여 매우 중요한 의미를 지닌다고 생각한다. 그러므로 그의 문제 제기를 중심으로 다차시유의 방법에 대한 문제를 원점에서 다시 검토할 필요가 있다. 과연 남송관요의 다차시유 공정은 여러 차례의 초벌구이로 이루어진 것일까, 아니면 한 차례의 초벌구이만을 통하여 이루어진 것일까? 이 문제를 해결할 수 있는 열쇠를 쥐고 있는 것은 沈岳明이 제시한 두 가지 고고학적 근거와 다차시유한 기물의 釉層에서 확인되는 분층 현상에 대한 이해라고 할 수 있다.

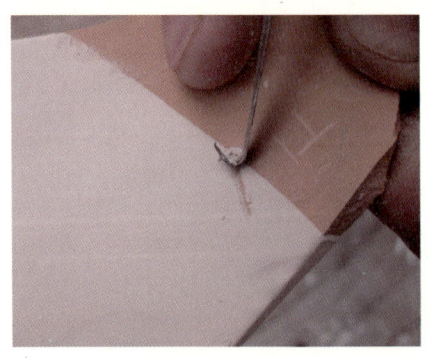
[도17] 초벌구이 한 試片의 釉를 깎은 모습

沈岳明이 제시한 첫 번째 근거에서 관건이 되는 것은 과연 여러 차례의 초벌구이를 거친 기물의 굽 부분의 釉를 쉽게 깎아낼 수 있는가 하는 점이다. 沈岳明은 그것이 결코 쉽지 않은 일이라고 이해하였는데, 그것은 주로 오늘날 용천요에서 청자를 제작하는 도공들의 敎示에 의지한 것이었다. 그들의 말에 따르면, 500℃ 이상의 온도에서 燒成을 하면 胎나 釉 모두 일정한 경도를 갖추기 때문에 釉를 깎아내기가 쉽지 않다는 것이다.[64]

이 점을 확인하기 위하여, 필자는 초벌구이를 한 기물에 청자 유약을 입히고 850℃ 정도의 온도에서 다시 초벌구이를 하였다.[65] 그러고 나서 釉를 깎아내는 칼로 釉를 깎아 보았다. 그 결과 별 다른 힘을 들이지 않고 쉽게 釉가 깎인다는 사실을 확인할 수 있었다(도17). 반면에 胎는 좀처럼 깎아내기가 힘들었다. 이는 동일한 온도에서 초벌구이를 하여도 胎와 釉 사이에 경도에 있어서 큰 차이가 발생한다는 사실을 말해준다. 그 원인이 무엇인지 단정지어 말할 수는 없지만, 아마도 초벌구이 온도에서도 胎는 어느 정도 燒結이 이루어지지만, 釉는 거의 燒結되지 않기 때문이 아닐까 추측된다. 이 점에서 용천요의 도공들이 초벌구이를 거친 釉를 깎아내기가 쉽지 않다고 말한 것은 쉽게 납득하기 어렵다. 혹시 실제적인 경험에 의지한 것이기보다는 胎의 경우로 미루어 그렇게 짐작한 것은 아닐까? 그들이 오늘날 厚釉製品을 제작할 때 모두 초벌구이를 한 기물에 1차시유를 한 후 초벌구이를 거치지 않고 바로 건조과정을 거쳐 2次 또는 3차시유를 하고 있다는 점을 떠올리면, 그러한 가능성을 배제할 수 없다고 생각한다.

沈岳明이 제시한 두 번째 근거를 확인하는 것은, 노호동수내사관요지에서 출토된 초벌구이片들을 광범위하게 조사한 바가 없는 필자로서는 매우 힘든 일이다. 그런데 이 요지의 발굴자 가운데 한 사람인 唐俊杰은 최근 이 문제 해결의 단서가 될 만한 중요한 사실을 언급하였다. 즉, 성형한 기물을 건조하던 공간이 아니었을까 짐작되는 F8의 지면에서 다차시유를 한 많은 초벌구이편들이 발견되었는데, 胎는 초벌구이 과정을 거친 것이 분명하지만, 유층에서는 자연건조를 한 흔적이 보였다는 것이다.[66] 그가 이 초벌구이편들을 다차시유를 한 것으로 판단한 것은 유층이 비교적 두껍게 남아 있었기 때문이었을 것이다. 그런데 유약을 입혀 자연 건조하였을 경우, 그 釉는 내구성이 매우 약하기 때문에 외부의 충격이나 마찰에 쉽게 부스러질 뿐만 아니라, 특히 수분을 흡수하면 곧 겔(Gel) 상태가 되기 때문에 원형을 유지하기가 힘들다. 그 釉가 수백 년 동안 지하에서 수분과 접촉하였을 것임에도 불구하고 두꺼운 유층을 유지하고 있었다면, 그것은 초벌구이를 거친 것이었을 가능성이 매우 높다는 것이 필자의 기본적인 생각이다. 초벌구이를 거친 釉가 자연 건조된 釉보다 상대적으로 내구성이 강하다는 것은 다 아는 사실이다. 교단하관요지의 경우도 성형한 기물을 다듬거나(修坯), 시유를 하던 작업장이었을 것으로 추정되는 F4에서 한 차례 또는 두 차례 시유를 한 많은 초벌구이편들이 발견되었다고 보고되었는데,[67] 필자의 관점에서 보면, 이 경우 역시 초벌구이를 거친 것들이었을 가능성이 높다고 판단된다.

한편, 기물의 유층에서 확인되는 분층 현상은 이제까지 대다수의 연구자들이 번갈아 초벌구이와 시유를 반복하는 방법으로 다차시유를 하였을 것이라고 파악한 주요 근거 가운데 하나였다. 하지만, 이미 沈岳明이 지적한 바와 같이, 양자 사이에 절대적 인과관계가 있다는 점은 아직

[도18] 자연건조를 거쳐 施釉하여 소성한 試片의 釉層

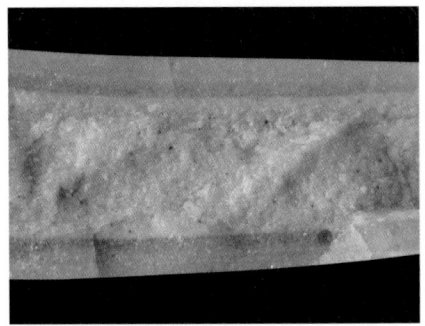

[도19] 施釉할 때마다 초벌구이 과정을 거쳐 소성한 試片의 釉層

증명되었다고 보기 힘들다. 양자 사이의 인과관계를 도자 과학기술적인 측면에서 증명하는 것은 필자의 능력을 넘어서는 일이다. 그래서 필자는 지금까지 알려진 두 가지 다차시유 방법으로 시유를 한 표본을 소성하여 보았다. 즉 초벌구이를 한 두 종류의 표본에 동일한 조건 아래에서 각각 초벌구이와 자연건조의 방법으로 3차에 걸쳐 청자 유약을 입힌 후, 分室龍窯 안의 동일한 위치에서 정상적인 용융 온도보다 약간 낮은 온도에서 소성하였다(微生燒). 잘 용융된 유층에서는 분층 현상이 거의 나타나지 않기 때문이다. 소성된 두 개의 표본은 모두 정상적인 온도에서 소성된 기물들보다 실투성이 훨씬 강하고 광택이 약한 편이었는데, 흥미롭게도 자연건조를 거쳐 시유한 표본의 유층에서는 전혀 분층 현상이 나타나지 않은 반면(도18), 시유할 때마다 초벌구이 과정을 거친 표본의 유층에서는 분명하지는 않지만 분층 현상이 확인되었다(도19). 이것이 우연한 결과가 아니라면, 유층의 분층 현상과 시유할 때마다 초벌구이 과정을 거치는 방법 사이의 인과관계는 어느 정도 인정될 수 있는 것이 아닐까?

이와 같은 관점에서 보면, 남송관요자기의 다차시유는 시유할 때마다 초벌구이 과정을 거치는 방법으로 이루어졌을 가능성이 높다는 결론에 도달하게 된다. 이를 바꾸어 말하면, 남송관요자기가 "瑩徹"한 유색을 갖게 된 데 중요한 기술적 토대가 된 다차시유는 바로 여러 차례의 초벌구이를 통하여 실현되었을 것이라는 이야기로 귀결된다. 이것이 남송관요에 있어서 초벌구이 공정이 가지는 중요한 의의 가운데 하나라고 생각한다.

2) 厚釉와 초벌구이의 관계

우리는 누구나 남송관요에서 厚釉瓷器를 제작한 것과 다차시유가 밀접한 관련이 있었다는 점을 알고 있다. 그리고 이와 관련된 문제를 이미 앞 절에서 충분히 검토하였다. 그런데 여기에서 우리가 쉽게 간과하는 문제가 있다. 그것은 기술적 측면에서 남송관요 후유자기의 제작을 단지 다차시유만으로는 충분히 설명하기 힘들다는 점이다. 이 점은 남송관요 후유자기의 유층을 관찰하면 쉽게 알 수 있다. 남송관요 후유자기의 유층의 두께는 시유를 한 회수에 따라 다르고, 또한 기물의 지점에 따라 일정하지 않지만, 1.5~2mm 정도의 두께를 가진 유층을 흔히 볼 수 있다.[68] 그리고 여러 층으로 이루어진 유층 가운데 한 층의 두께는 일반적으로 0.5~0.7mm 정도이다. 절강지역의 전통적인 월요청자의 경우 모두 1차 시유만 하였으며, 유층의 두께는 0.1~0.2mm 정도이고 0.3mm를 넘는 경우는 매우 드물다. 즉 남송관요자기의 경우, 월요청자와 비교하여 한 차례의 시유에 의한 유층의 두께가 훨씬 두꺼워진 것이다. 말하자면 남송관요자기의 후유는 한 차례의 시유로 얻어지는 釉, 즉 단층유의 두께를 더욱 두껍게 하고 그러한 시유를 여러 차례 반복하여 성취된 것이라고 할 수 있다.

단층유의 두께를 두껍게 만드는 기술적 토대와 관련하여 대다수의 연구자들은 새로운 유약의 개발을 지적하였다. 남송시기에 접어들기 이전의 월요에서는 CaO의 함량이 비교적 높고 K_2O의 함량이 낮은 석회유(Lime glazes)를 사용하였다.[69] 이러한 석회유는 용융온도가 낮고 (1150~1250°C), 고온소성시 粘力이 낮아 유약이 흘러내리기 쉽고 아울러 유층이 얇다.[70] 이와 같은 문제점을 개선한 것이 이른바 석회알카리유(Lime-alkali glazes, 石灰堿釉)인데, 일반적으로 석회유에 비해 CaO의 함량이 낮고 K_2O의 함량이 높은 것이 특징으로, 용융온도가 높고 (1200~1300°C),[71] 고온소성시 粘力이 높아 유약이 잘 흘러내리지 않고 유층도 두껍다.[72] 통상 K_2O/CaO의 값이 0.2 이상이면 석회알카리유로, 그 이하이면 석회유로 분류하는데,[73] 이러한 관점에서 보면, 남송관요의 유약은 석회알카리유의 범주에 든다고 할 수 있다. 즉 그들은 기본적으로 남송관요에서 석회알카리유를 사용하였기 때문에 단층유의 두께가 두꺼워진 것으로 파악하고 있는 것이다.

하지만 이러한 방법으로 단층유의 두께를 두껍게 하는 데에는 한계가 있다. 시유 단계에서 두껍게 시유하지 않으면 아무리 K_2O/CaO의 값이 높은 석회알카리유를 사용하더라도 시유 단계의 釉보다 두꺼운 釉는 근본적으로 얻을 수 없기 때문이다. 결국 두꺼운 단층유를 얻는 第一步는 유약을 두껍게 입히는 일이었다고 할 수 있다. 유약을 두껍게 입히는 것은 유약의 종류, 즉 그 유약이 석회유인가, 석회알카리유인가 하는 점과는 큰 관련이 없다. 이것과 직접적으로 관련이 있는 것은 유약의 농도와 胎의 상태이다.[74] 유약의 농도를 높인다는 것은 유약에 포함되어 있는 수분의 비율을 상대적으로 낮추는 것을 의미한다. 하지만 유약에 수분의 양이 충분하지 않으면, 유약이 胎에 제대로 흡착되지 않아 소성시에 유약이 박락되거나 흘러내릴 위험성이 높다.[75] 그러므로 유약의 농도를 높이는 것도 일정한 한계가 있다고 할 수 있다. 결국 유약을 두껍게 입히는 것은 무엇보다도 胎의 상태와 밀접한 관련이 있다는 이야기가 되는 셈이다.

유약은 石英·絹雲母·高嶺石 등과 같은 특정한 광물질을 미립자 상태로 만들어 물에 섞은 일종의 겔 상태의 용액이다. 시유는 胎로 하여

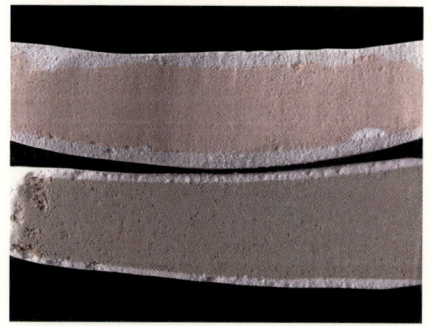

[도20] (上) 초벌구이를 거친 試片, (下) 초벌구이를 거치지 않은 試片

금 유약의 수분을 흡수하는 과정을 통하여 그러한 광물질 미립자를 자신의 표면에 흡착시키게 하는 과정이다. 胎의 흡수력이 높을수록 더 많은 양의 광물질 미립자들을 자신의 표면에 흡착시켜 유층을 두껍게 하게 마련이다. 그러므로 유약을 두껍게 입히는 데 있어서의 가장 중요한 관건은 胎의 흡수력을 높이는 일이었다고 할 수 있다. 胎의 흡수력을 높이는 방법과 관련하여 주목되는 것이 바로 초벌구이이다.

필자는 초벌구이가 흡수력의 제고를 통하여 유약을 두껍게 입히는 데 어떠한 영향을 미치는지 알아보기 위하여 두 개의 표본, 즉 초벌구이를 거친 胎와 거치지 않은 胎에 동일한 농도의 유약을 동일한 시간 동안 동일한 방법(浸釉法)으로 시유하였다. 그리고 그 표본들을 건조시킨 후 각각의 유층의 두께를 측정하였다. 그 결과, 초벌구이를 거친 표본과 거치지 않은 표본의 유층의 두께가 각각 0.6~0.7mm와 0.3~0.4mm로 확연히 차이가 났다(도20). 이러한 차이는 초벌구이가 유약을 두껍게 입히는 데 어떠한 영향을 미치는지를 잘 보여준다.

초벌구이를 할 경우 흡수력이 높아지는 원인으로는 다음 두 가지 가능성을 제시할 수 있다. 그 하나는 초벌구이를 한 胎가 그렇지 않은 胎보다 乾燥度가 높기 때문이었을 가능성이다. 건조도가 높을수록 흡수력

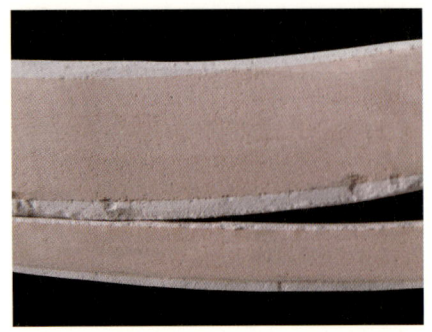

[도21] (上) 胎의 두께가 7.5mm인 試片, (下) 胎의 두께가 3mm인 試片

이 높아진다는 것은 다 아는 사실이다. 그리고 또 다른 하나는 초벌구이를 거친 胎가 그렇지 않은 胎보다 保水를 할 수 있는 공간이 더 넓었을 가능성이다. 保水를 할 수 있는 공간이 넓을수록 흡수력이 높아진다는 사실은 굳이 설명하지 않더라도 쉽게 알 수 있는 사실이다.

초벌구이가 유약을 두껍게 입히는 데 중요한 기능을 하였음은 이미 확인되었지만, 남송관요자기의 경우는 유약을 두껍게 입히는 데 또 다른 장애가 있었다. 薄胎가 그것이다. 태토가 얇을 경우 초벌구이를 거치더라도 흡수력의 제고에 일정한 한계가 있었는데, 이는 다음 실험으로 잘 드러난다. 필자는 胎의 두께가 각각 7.5mm와 3mm인 두 표본을 택하여 동일한 온도에서 초벌구이를 한 후에 동일한 농도의 유약을 동일한 시간 동안 동일한 방법(浸釉法)으로 시유하였다. 두 표본을 건조시켜 유층의 두께를 측정한 결과, 전자는 0.8mm인 반면 후자는 0.5mm에 불과하였다(도21). 동일한 조건에서 초벌구이를 하고 아울러 동일한 조건에서 시유를 하였으므로 그와 같이 유층의 두께에서 차이가 나게 된 원인은 두 표본의 胎의 두께가 서로 다른 점에서 찾을 수밖에 없다. 즉 그로 말미암아 두 표본이 吸水力에서 차이가 나게 되고 그에 따라 유층의 두께도 달라지게 되었다고 파악된다.

胎의 흡수력이 그것의 건조도와 더불어 保水할 수 있는 공간의 넓이와 관련이 있었을 것이라는 점은 이미 앞에서 언급하였다. 하지만 두 표본은 동일한 조건에서 초벌구이를 하였으므로 건조도에 있어서는 거의 차이가 없었을 것이다. 그러므로 양자의 흡수력의 차이는 保水할 수 있는 공간의 넓이의 차이에서 비롯되었다고 보는 것이 타당할 것이다. 胎가 얇아질수록 保水할 수 있는 공간이 좁아지고, 그에 따라 흡수력도 떨어졌을 것이라

[도22] 汝窯瓷器의 釉胎의 斷面

는 것은 당연한 논리적 귀결이다. 그럼에도 불구하고 남송관요에서는 어떻게 박태에 비교적 두꺼운 유약을 입힐 수 있었던 것일까?

이 의문과 관련하여 주목해 보아야 할 것은 남송관요의 박태의 단면이 비교적 거칠다는 점이다. 그 기본적인 원인이 태토를 구성하고 있던 광물질 입자들이 비교적 굵은 편이고 아울러 크기도 고르지 않았기 때문이라는 점은 이미 앞에서 지적하였다. 이러한 태토로 성형한 기물이, 적어도 그보다 고운 입자로 이루어진 태토로 성형한 기물에 비해 입자와 입자 사이에 생기는 保水할 수 있는 공간이 상대적으로 넓으리라는 점은 누구나 알 수 있는 일이다. 그리고 그것이 흡수력의 증가로 이어진다는 점도 이미 확인하였다. 남송관요의 도공들도 경험적으로 이러한 성질을 파악하고 있었던 것은 아닐까? 이 점을 확인할 길은 없지만, 결과론적으로 볼 때, 그와 같이 성긴 胎가 유약을 두껍게 입히는 데 기여하였다는 점은 충분히 인정될 수 있는 일이 아닐까 한다. 흥미로운 것은 남송관요의 자기제작기술이 큰 영향을 미친 여요의 경우도 그와 비슷한 현상이 확인된다는 점이다. 청량사여요지에서 출토된 자기편들의 경우도 비교적 胎가 얇고 성긴 편인데,[76] 유층이 제법 두껍다(도22).

한편, 우리는 앞 절에서 초벌구이와 시유를 번갈아 하는 방식으로 다

[도23] 초벌구이를 한 胎에 施釉를 하고 충분히 건조 시킨 후에 다시 施釉를 한 試片(총3차 施釉)   [도24] 초벌구이를 한 胎에 施釉를 한 후 釉藥이 덜 건조된 상태에서 다시 施釉를 한 試片(총3차 施釉)

차시유를 하였을 것이라고 주장하였다. 그런데 沈岳明이 지적한 바와 같이, 번거롭게 시유할 때마다 초벌구이를 하지 않더라도 다차시유를 할 수가 있었다. 즉 초벌구이를 한 기물에 1차시유를 한 후 초벌구이를 거치지 않고 바로 자연 건조 과정을 거쳐 2차 또는 3차시유를 할 수 있는 방법이 있었으며, 오늘날 용천요에서 이러한 방식으로 다차시유를 한다는 것은 이미 앞에서 소개한 바가 있다. 그럼에도 불구하고 남송관요에서는 왜 그와 같은 간편한 방법을 택하지 않고 보다 복잡한 방식으로 다차시유를 한 것일까?

자연 건조 방식으로 다차시유를 할 경우에는 한 가지 주의할 사항이 있다. 초벌구이를 한 태토에 시유를 하고 충분히 건조시킨 후에 다시 2차 혹은 3차 시유를 하면 문제가 발생한다는 점이다. 필자가 실험한 바에 따르면, 이렇게 시유를 한 표본의 경우 유층과 유층 사이에 있던 기포가 빠져 나오면서 유면에 凹凸 현상을 일으킬 뿐만 아니라 균열이 심하게 생겼다(도23). 그리고 이 표본을 소성해본 결과 釉의 박락과 흐름 현상이 심하게 일어났다. 그러므로 이 방식으로 시유를 할 경우에는, 시유를 한 후 유약이 덜 건조된 상태에서, 즉 유약에 아직 수분이 남아 있는 상태에서 다음 차례의 시유를 하여야 앞서와 같은 결함이 생기지 않는다

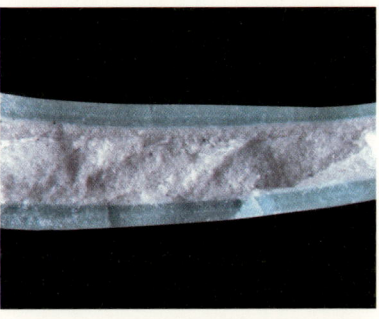

[도25] 초벌구이를 한 胎에 施釉를 한 후 釉藥이 덜 건조된 상태에서 다시 施釉(총3차 施釉)를 한 試片을 소성한 후의 釉胎의 斷面. 유층의 두께 0.6~0.7mm.

[도26] 초벌구이를 한 胎에 施釉를 하고 다시 초벌구이를 하고 施釉를 하는 방식으로 총3차 施釉를 한 試片을 소성한 후의 釉胎의 단면. 유층의 두께 1.2~1.4mm.

(도24). 하지만 이 경우에 생기는 또 다른 문제점은 유약을 두껍게 입히기가 힘들다는 점이다. 胎와 유약이 채 건조하지 않아 필연적으로 건조도가 떨어지고 그에 따라 흡수력이 낮아짐으로 유약이 얇게 입혀지는 것은 피할 수 없는 일이다. 이러한 방식으로 3차례

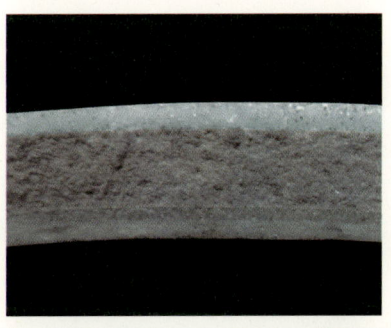

[도27] 南宋官窯瓷器의 釉의 分層現象. 아래쪽 釉의 경우, 첫 번째 釉層보다 두 번째 釉層이 더 두껍다.

에 걸쳐 시유를 한 다음 소성한 표본의 유층의 두께는 고작 0.6~0.7mm에 불과하였다(도25).

이러한 문제점을 해결할 수 있는 무엇보다도 효과적인 방법이 바로 시유와 시유의 중간에 초벌구이 공정을 거치는 것이다. 이 방식으로 시유를 해본 결과 유면의 凹凸 현상과 균열이 전혀 생기지 않았다. 그리고 이 방식으로 3차례에 걸쳐 시유를 한 표본을 소성해본 결과 유의 박락과 흐름 현상이 전혀 발생하지 않았을 뿐만 아니라, 유층의 두께가 무려 1.2~1.4mm에 달하였다(도26). 이와 같이 유층이 두꺼워지는 원리에 대

해서는 이미 앞에서 설명하였으므로 여기서 다시 언급할 필요를 느끼지 않는다.

그런데 다차시유를 한 남송관요자기편들을 관찰해 보면, 매우 흥미로운 또 다른 사실을 발견하게 된다. 그것은 분층 현상이 관찰되는 유층의 경우, 일반적으로 처음 입힌 釉의 두께가 가장 얇고, 두 번째 및 세 번째의 유층으로 갈수록 그 두께가 점점 두꺼워진다는 점이다(도27). 이러한 현상도 초벌구이와 깊은 관련을 가지고 있다고 판단된다. 그렇게 판단하는 근거는 다음과 같다. 초벌구이를 한 기물에 유약을 입힐 경우, 유층의 두께는 胎의 흡수력과 깊은 관련이 있다는 점은 이미 언급하였다. 1차 시유를 할 때의 흡수력은 胎의 흡수력에 국한된다. 하지만 1차 시유를 하고 초벌구이 과정을 거친 후 2차 시유를 할 때의 흡수력은 그보다 증가하게 마련이다. 胎의 흡수력에 1차 유층의 흡수력이 더해졌기 때문이다. 즉 2차 시유할 때의 總吸水力은 胎의 흡수력 + 1차 유층의 흡수력이 된다. 2차 시유를 하고 다시 초벌구이를 한 후 3차 시유를 할 때의 총흡수력은 그보다 더 증가하여 胎의 흡수력 + 1차 유층의 흡수력 + 2차 유층의 흡수력이 된다. 이와 같이 시유의 회수를 늘릴수록 흡수력이 증가함에 따라 유약도 두껍게 입혀지므로 소성된 후의 유층에서 그러한 현상이 관찰되는 것은 매우 자연스러운 일이라고 할 수 있다.

초벌구이의 주목적은 흔히 성형한 기물의 강도를 높여 장식 등 가공과정에 편리하게 하고 파손율을 낮추는 것으로 알려져 왔다. 하지만 남송관요의 경우는 초벌구이가 무엇보다도 후유와 깊은 관련이 있었음을 알 수 있게 되었다. 그리고 그러한 후유는 남송관요자기 특유의 "瑩徹"한 유색의 토대가 되었다. 이 점에서 볼 때, 남송관요의 자기제작기술과 관련하여 초벌구이의 중요성은 아무리 강조해도 지나치지 않다고 생각한다.

4. 맺음말

　남송관요자기와 관련된 當代의 기록인 『탄재필형』에 보이는 "澄泥爲範"을 토대로 많은 연구자들은 남송관요자기, 특히 수내사관요자기가 주로 도범성형되었을 것이라는 점에 거의 의심을 품지 않아 왔다. 그러나 1999년부터 2001년에 걸친 노호동수내사관요지의 발굴 결과는 그러한 인식에 회의를 가지게 하기에 충분하였다. 그러한 인식을 고고학적으로 입증해줄 수 있는 도범이 거의 발견되지 않은 것이다. 이때부터 "澄泥爲範"에 대한 일반적인 이해에 문제가 있는 것이 아닐까 하는 생각이 늘 필자의 뇌리를 떠나지 않았다.

　한편, 2005년 상반기에는 남송관요자기와 관련된 중요한 전시가 朝鮮官窯博物館(現 京畿陶磁博物館)에서 열렸다. 〈青磁의 色과 形〉展이 그것이다. 이 전시에는 교단하관요지와 노호동수내사관요지에서 출토된 많은 자편과 요도구들이 전시되었는데, 박물관 측의 배려로 이 유물들을 자세히 조사할 기회를 얻을 수 있었다. 이때 필자가 가장 관심 있게 조사한 것은 자편의 胎와 釉였는데, 흑색 계통의 비교적 거칠고 얇은 胎와 분층 현상이 뚜렷하게 보이는 두꺼운 釉가 퍽 인상적이었다. 이러한 남송관요자기의 胎와 釉의 특성은 이미 잘 알려진 사실이지만, 필자가 정작 궁금하게 생각한 것은 그러한 특징을 가진 胎와 釉가 자기제작기술 상에서 어떠한 관련이 있었을까 하는 점이었다. 물론 양자가 밀접한 관련이 있었을 것이라는 심증은 가지고 있었지만, 이 문제를 구체적으로 밝히는 것은 당시로서는 필자의 능력을 넘어서는 일이었다. 이때부터 남송관요자기의 胎와 釉의 관계에 대한 문제도 남송관요의 자기제작기술과 관련된 또 다른 숙제로 자리 잡았다.

　이 연구는 이러한 남송관요자기의 제작기술과 관련된 해묵은 의문과 과제를 해결하기 위하여 착수한 것이다. 그런데, 앞서 자세히 소개한 바 있는, 다차시유와 관련된 沈岳明의 의미심장한 문제제기가 없었더라면, 이 의문과 과제는 아직도 필자의 생각 속에 머물러 있었을 것이다. 즉 이 논고는 沈岳明의 문제제기에 계발되어 착수된 셈이다. 이것이 필자가 이 논고를 맺으면서 그에게 고마움을 표하는 所以然이다.

〈致謝〉

자기제작기술은 필자가 전문적으로 연구해온 분야도, 깊이 있게 천착해온 분야도 아니다. 그럼에도 불구하고 남송관요자기의 제작기술과 관련된 문제를 검토할 용기를 낼 수 있었던 것은 필자의 친구이자 경기도 이천시 소재 松月窯의 대표인 金聖泰 선생의 도움에 힘입은 바 크다. 金 선생은 본 연구와 관련된 많은 실험을 수행하여 주었으며, 아울러 자기제작기술과 관련된 문제에 대한 많은 조언을 해 주었다. 金 선생의 도움이 없었다면, 이 연구는 수행되기 어려웠을 것이다. 金 선생에게 충심으로 감사의 뜻을 표한다.

[이 장은 『國立臺灣大學美術史研究集刊』 제30기(2011)에 게재된 「南宋官窯瓷器與「極其精緻」、「油色瑩徹」—有關南宋官窯瓷器的製作技術的幾個問題」를 번역한 후 제목을 고치고 일부 내용을 수정 및 보완한 것이다]

제4장 주석

01 남송관요자기와 관련된 乾隆帝의 御題詩에 대해서는, 謝明良, 「乾隆的陶瓷鑑賞觀」, 『故宮學術季刊』 제21권 제2기, 2003; 『中國陶瓷史論集』, 允晟文化, 2006 및 이혜심, 「淸 乾隆帝의 汝窯 감식 연구」 서울대학교 석사학위논문, 2010을 참고하라.

02 이미 남송시기에 용천요에서 남송관요자기를 방제한 사실은 [宋]逸名, 『百寶總珍集』卷9에 실려 있는 「靑器」라는 시의 附註에 "新窯, 修內司自燒者. 自後僞者皆是龍泉燒者" 언급되어 있는 점으로부터 알 수 있다. 이 점에 대한 보다 자세한 내용은 李仲謀, 「汝窯史料硏究二則」, 『中國古陶瓷硏究』 제7집, 2001, 73~76쪽 참조.

03 명·청대의 남송관요자기의 방제에 대해서는 呂成龍, 「試論明淸倣宋官窯瓷器」, 『南宋官窯文集』, 文物出版社, 2004를 참조하라.

04 [元]陶宗儀 撰, 『南村輟耕錄』卷29 窯器, 中華書局點校本, 中華書局, 1959, 362~363쪽: "[宋]葉寘의 『坦齋筆衡』에 말하기를, ……宋이 南遷한 후, 邵成章이 提擧後苑이 되어, 邵局으로 칭하였는데, 故京의 遺制를 이어서, 修內司에 窯를 설치하고, 靑器를 제작하여, 內窯라고 이름하였다. 잘 수비한 흙으로 成形하여 극히 精緻하고, 釉色이 瑩徹하여, 세상 사람들이 귀하게 여겼다. 후에 郊壇下에 별도로 新窯를 세웠는데, 舊窯에 비하여 크게 떨어진다. 그 밖에 烏泥窯·餘杭窯·續窯 같은 것들은 모두 官窯에 비할 바가 되지 못한다. 혹 옛 越窯를 일컫지만, 다시는 볼 수 없다고 하였다."

05 많은 연구자들은 "澄泥爲範, 極其精緻"에 보이는 "範"을 陶範으로 파악하고 있다. 그런데 "範"을 도범으로 파악할 경우 "極其精緻"는 수내사관요자기가 아니라, 수내사관요의 도범의 특징을 언급한 것으로 보아야 한다. 그러나 이러한 이해에는 커다란 문제가 있다. 뒤에서 자세히 살펴보겠지만, 여기서의 "範"은 도범이 아니라, 성형한 수내사관요자기의 형체를 가리킨다고 판단되기 때문이다. 이러한 새로운 관점에서 보면, "極其精緻"도 수내사관요자기의 특징을 언급한 내용이 되는 셈이다.

06 그 대표적인 예가 일본 동경국립박물관 소장의 靑磁輪花鉢이다. 일본의 연구자들은 흔히 이 鉢을 교단하관요산으로 이해하여 왔는데, 최근 三笠景子는 이러한 전통적인 이해에 의문을 제기하고, 이 발의 釉調·氷裂과 기물의 두께·

重量 및 그 밖의 특징을 치밀하게 검토한 결과 등을 토대로, 이 발이 오히려 수내사관요산일 가능성이 더 높다고 주장하였다(三笠景子, 「南宋官窯靑磁再考—東京國立博物館所藏重要文化財《靑磁輪花鉢》の位置づけをめぐって—」, 『MUSEUM』 608, 2007).

07 沈岳明, 「修內司窯的考古學觀察—從低嶺頭談起」, 『中國古陶瓷硏究』 제4집, 1997, 88쪽.

08 張玉蘭, 「老虎洞窯瓷片堆積坑出土瓷器製燒工藝初探」, 『南宋官窯文集』, 文物出版社, 2004, 206쪽.

09 杜正賢·周少華, 『南宋官窯瓷鑑定與鑑賞』, 江西美術出版社, 2003, 47쪽.

10 唐俊杰, 「南宋郊壇下官窯與老虎洞官窯的比較硏究」, 『南宋官窯文集』, 文物出版社, 2004, 173쪽.

11 中國社會科學院 等 編, 『南宋官窯』, 中國大百科全書出版社, 1996, 22~23쪽.

12 浙江省博物館, 「三十年來浙江文物考古工作」, 『文物考古工作三十年』, 文物出版社, 1979, 223쪽.

13 교단하관요자기도 이러한 특징을 가지고 있었음은 이미 앞절에서 설명하였다.

14 혹 "澄泥爲範"의 "範"이 도범을 가리키는 것으로 파악하여 이 구절은 도범에 대하여 언급한 것이고, "極其精緻"는 남송관요자기 자체에 대하여 서술한 것으로 이해할 수 있을지도 모르겠다. 즉 "澄泥爲範, 極其精緻"를, 흙을 수비하여—또는 수비한 흙으로— 도범을 만들고, 그러한 도범으로 성형하였기 때문에 남송관요자기가 극히 정치하다는 의미로 파악하는 것이다. 하지만 수비한, 즉 정제된 흙으로 만든 도범을 사용하는 것과 정치한 자기를 생산하는 것과는 그다지 필연적인 관계가 없다. 도범으로 성형한 기물은 유약을 입히기 전에 수공으로 다듬는 과정을 거치기 때문에, 다소 거친 도범으로 성형한 기물이라고 하더라도 그다지 크게 문제될 것이 없다. 그러므로 실제에 있어서 "澄泥爲範, 極其精緻"가 그러한 의미였을 가능성은 희박하다고 생각한다.

15 [明]王世貞 撰, 『弇州四部稿』卷170 說部 宛委餘編14, 文淵閣四庫全書本, 『景印文淵閣四庫全書』 제1281책, 臺灣商務印書館, 1986, 698쪽: "……中興渡江, 有邵成章提擧, 號邵局, 於修內司, 造靑器, 名內窯, 模範極精, 油色瑩徹, 爲世所珍."

16 예컨대, [明]顧起元 撰, 『說略』卷23 工考 下, 文淵閣四庫全書本, 『景印文淵閣四庫全書』 제964책, 臺灣商務印書館, 1986, 768쪽; [明]徐應秋 撰, 『玉芝堂

談薈』卷28 柴窯秘色, 文淵閣四庫全書本,『景印文淵閣四庫全書』제883책, 臺灣商務印書館, 1986, 674쪽; [淸]沈翼機 等 編纂,『浙江通志』卷101 物産1 窯器, 文淵閣四庫全書本,『景印文淵閣四庫全書』제521책, 臺灣商務印書館, 1986, 583쪽 참조.

17 그 대표적인 연구자로 秦大樹·唐俊杰·小林仁 등을 들 수 있다(秦大樹,「老虎洞窯官窯性質芻議」,『南宋官窯與哥窯—杭州南宋官窯老虎洞窯址國際學術硏討會論文集』, 浙江大學出版社, 2004, 75~77쪽 및「宋代官窯的主要特點」,『文物』2009년 제12기, 63~65쪽; 唐俊杰,「南宋郊壇下官窯與老虎洞官窯的比較研究」,『南宋官窯文集』, 文物出版社, 2004, 190쪽; 小林仁,「"澄泥爲範"說汝窯」,『故宮博物院院刊』2010년 제5기, 81~85쪽). 그러나 일부 연구자들은 "澄泥爲範"의 "範"이 도범을 가리킨다는 견해에 동의하지 않는다. 그 대표적인 연구자가 謝明良이다. 그는 "『坦齋筆衡』은 修內司에 설치하고 內窯로 稱한 남송관요청자의 外觀特徵을「澄泥爲範, 極其精緻, 油色瑩徹」라고 하였다. 비록 葉寘가 남송관요자기가 "澄泥"와 같은 精細한 胎質과 瑩徹한 靑釉를 갖추고 있었다고 명확하게 지적하였지만……"이라고 언급하였다(謝明良,「晚明時期的宋官窯鑑賞與「碎器」的流行」,『經濟史、都市文化與物質文化』中央研究院三屆國際漢學會議論文集, 中央研究院歷史言語研究所, 2002:『貿易陶瓷與文化史』, 允晨出版, 2005, 361쪽). 즉 그는 "澄泥爲範"의 "範"이 도범이 아니라 남송관요자기의 태토와 관련이 있는 것으로 이해하였다. 필자는 기본적으로 謝明良의 견해에 동의한다.

18 李家治 主編,『中國科學技術史』陶瓷卷, 科學出版社, 1998, 309쪽.

19 小林仁,「汝窯の謎―"澄泥爲範"の系譜」,『國際シンポジウム「北宋汝窯靑磁の謎にせまる」』, 大阪市立東洋陶磁美術館·財團法人大阪市美術振興協會, 2010, 94쪽.

20 한편, 노호동수내사관요지에서 도범이 거의 발견되지 않는 원인과 관련하여, 唐俊杰은 도범이 깨지기 쉽고, 또 도범을 분쇄한 후 다시 원료로 사용했기 때문이었을 가능성을 제시하였다(唐俊杰,「關于杭州老虎洞南宋窯址性質的探討」,『南宋官窯與哥窯—杭州南宋官窯老虎洞窯址國際學術硏討會論文集』, 浙江大學出版社, 2004, 20쪽). 흥미로운 견해지만, 이러한 이해에는 몇 가지 의문이 있다. 첫째, 도범이 깨지기 쉬운 것은 사실이지만, 그것이 도범이 거의 발견되지 않는 원인이 될 수는 없다. 모든 도범이 다 깨졌을 리도 없었을 것이거니와, 설사 깨졌다고 하더라도 그 도범편들이 발견되는 것이 순리이다. 도범

성형이 성행한 청량사여요지에서 다량의 도범편들이 발굴된 것은 이 점과 관련하여 시사하는 바가 크다(河南省文物考古研究所, 『寶豊淸凉寺汝窯』, 大象出版社, 2008, 70~73쪽). 둘째, 노호동수내사관요에서 폐기된 도범을 분쇄하여 다시 원료로 사용했는지는 전혀 확인할 길이 없다. 단 노호동수내사관요에서 원료가 매우 부족했다면, 그러한 가능성을 상정할 수 있을지 모르겠다. 하지만 이 요지 주위의 여러 곳에서는 자토와 자금토 그리고 자토와 자금토가 자연적으로 혼합된 원료를 채취한 갱들이 발견되었다(周少華 等, 「杭州老虎洞窯靑瓷原料的硏究」, 『南宋官窯與哥窯—杭州南宋官窯老虎洞窯址國際學術硏討會論文集』, 浙江大學出版社, 2004, 198쪽). 이것은 오히려 노호동수내사관요에서 원료가 비교적 풍부했음을 알려주는 증거로 볼 수 있다. 그러므로 실제에 있어서 그러했을 가능성은 희박하다고 판단된다. 발굴 당시 말굽형 초벌구이요(98LSY1)의 窯床 및 窯爐 주위에 도범과 같이 원료로 재사용할 수 있는 대량의 시유되지 않은 초벌구이편들이 재사용되지 않은 채 그대로 방치되어 있었다는 점도(沈岳明, 「素燒與多次上釉小議」, 『中國古陶瓷硏究』 제12집, 2006, 209쪽) 이를 더욱 뒷받침해준다.

21 秦大樹, 「老虎洞窯官窯性質芻議」, 『南宋官窯與哥窯—杭州南宋官窯老虎洞窯址國際學術硏討會論文集』, 浙江大學出版社, 2004, 75~76쪽.

22 李德金의 견해에 따르면, 교단하관요의 경우, 일반 원형의 기물들은 모두 물레성형을 하고 특수한 기형의 기물이나 기물의 장식 등의 경우만 틀성형을 하거나 手製成形을 하였다. 李德金, 「烏龜山南宋官窯出土的産品及燒製工藝」, 『慶祝蘇秉琦考古五十五年論文集』, 文物出版社, 1989, 543쪽 참조.

23 唐俊杰, 「南宋郊壇下官窯與老虎洞官窯的比較硏究」, 『南宋官窯文集』, 文物出版社, 2004, 190쪽.

24 문환석 等, 『高麗靑磁寶物船—태안 대섬 수중발굴 조사보고서』, 문화재청·국립해양문화재연구소, 2009.

25 조은정, 「태안 해저인양 청자의 성격과 제작시기」, 『고려청자 보물선과 강진』, 국립해양문화재연구소·강진군, 2009, 240~242쪽.

26 문환석 等, 『高麗靑磁寶物船—태안 대섬 수중발굴 조사보고서』 도판, 문화재청·국립해양문화재연구소, 2009, 74~81쪽.

27 이 점은 康津에서 오랜 기간 동안 고려청자를 재현해 온 李龍熙 선생의 敎示에 따른 것이다.

28 [明]周祈 撰,『名義考』卷12 物部 模范, 文淵閣四庫全書本,『景印文淵閣四庫全書』제856책, 臺灣商務印書館, 1986, 444쪽: "『通俗文』(에 말하기를), "틀(規模)은 范이라고 하는데, 흙으로 만든 것은 型, 금속으로 만든 것은 鎔, 나무로 만든 것은 模, 대나무로 만든 것은 笵으로 일컫는다. 지금은 模笵을 模範이라고 쓴다"고 하였다."

29 [宋]謝景初,「觀上林垍器」, [宋]孔延之 撰,『會稽掇英總集』卷13, 文淵閣四庫全書本,『景印文淵閣四庫全書』제1345책, 臺灣商務印書館, 1986, 99쪽: "가마를 지으니 길이가 구릉 같고, 흙을 파낸 곳이 구덩이보다도 깊다. 물레를 빨리 돌려 "模"를 만들고, 잿물을 입히니 紺色이 된다. 힘들어 손이 아프고 다리가 병날 지경인데, 감히 쉴 틈이 없다. 가마에 불을 지펴 소성하지만, 백 가운데 한 둘 건질 뿐이다. 동네에서 高價로 파는데, 다투어야 겨우 손에 넣을 수 있다. ……"

30 厲祖浩,「珍貴的越窯史料—謝景初《觀上林垍器》」,『中國文物報』2001년 12월 26일.

31 上林湖越窯의 조사보고서와 寺龍口窯址의 발굴보고서에도 도범성형을 입증하는 도범의 수습 및 발굴 예가 전혀 언급되어 있지 않다. 慈溪市博物館 編,『上林湖越窯』, 科學出版社, 2002 및 浙江省文物考古研究所 等,『寺龍口越窯址』, 文物出版社, 2002 참조.

32 많은 도범이 출토된 청량사여요지의 경우도 시유를 한 도범의 예는 한 건도 보고되지 않았다. 모두 초벌구이만을 하여 제작한 것들이다(河南省文物考古研究所,『寶豊清凉寺汝窯』, 大象出版社, 2008, 70~73쪽).

33 이 점은 李龍熙 선생의 교시에 따른 것이다.

34 李家治 主編,『中國科學技術史』陶瓷卷, 科學出版社, 1998, 309쪽.

35 熊蓼도 별 다른 설명 없이 "蹴輪飛爲模"이 성형공정을 묘사한 것으로 이해하였다(熊蓼,「陸羽《茶經》與越窯」,『中國古陶瓷研究中若干「懸案」的新證』, 上海三聯書店, 2008, 66쪽).

36 [清]張尙瑗 撰,『左傳折諸』卷21 昭公 形民之力, 文淵閣四庫全書本,『景印文淵閣四庫全書』제177책, 臺灣商務印書館, 1986, 414쪽: "『孔疏』(에 말하기를), "鑄物을 하는 사람이 장차 기물을 만들려면 반드시 그 틀을 만들어야 하는데, 그것을 일러 型이라고 한다"고 하였다. 型은 곧 形이다."

37 [元]王惲 撰,『秋澗集』卷6 大雹行, 文淵閣四庫全書本,『景印文淵閣四庫全

書』제1200책, 臺灣商務印書館, 1986, 67쪽: "또 馬陵道처럼 수많은 활을 쏴, 화살이 비 오듯 하는데 魏兵을 보이지 않네. 예전에 도끼 모양의 계란을 보았는데, 형상이 기이하기가 이것이 필적할 만하네."

38 諸橋轍次, 『大漢和辭典』(修訂版) 卷8, 大修館書店, 1985, 824쪽.

39 胎의 치밀도를 결정하는 중요한 요소로는 水飛·練土·燒成溫度 등을 꼽을 수 있다. 즉 잘 수비하고 반복적으로 연토한 태토로 성형하여 적당히 높은 온도에서 잘 소성할 경우 胎의 치밀도는 높아지게 된다(張福康 等, 「汝官窯的釉色、質感及魚鱗紋」, 『中國古陶瓷硏究』 제7집, 2001, 84~85쪽 참조).

40 李家治 主編, 『中國科學技術史』 陶瓷卷, 科學出版社, 1998, 116쪽.

41 張福康, 『中國古陶瓷的科學』, 上海人民美術出版社, 2000, 2쪽.

42 沈岳明, 「低嶺頭類型再認識」, 『南宋官窯文集』, 文物出版社, 2004, 83쪽.

43 이 表는 郭演儀 等, 「烏龜山南宋官窯遺址發掘的原料和窯具」, 『'02古陶瓷科学技术国际讨论会论文集』, 上海科学技术文献出版社, 2002, 225쪽의 〈表1〉을 토대로 작성한 것이다.

44 李家治 等, 「杭州鳳凰山麓老虎洞窯出土瓷片的工藝硏究」, 『南宋官窯與哥窯—杭州南宋官窯老虎洞窯址國際學術硏討會論文集』, 浙江大學出版社, 2004, 232쪽의 〈續表1〉 참조.

45 이 表는 郭演儀 等, 「烏龜山南宋官窯遺址發掘的原料和窯具」, 『'02古陶瓷科学技术国际讨论会论文集』, 上海科学技术文献出版社, 2002, 225쪽의 〈表1〉과 227쪽의 〈表4〉를 토대로 작성한 것이다.

46 郭演儀 等, 「烏龜山南宋官窯遺址發掘的原料和窯具」, 『'02古陶瓷科学技术国际讨论会论文集』, 上海科学技术文献出版社, 2002, 224쪽.

47 이 점은 또 다른 실험에서도 확인된 사실이다. 周少華와 陳全慶의 실험 결과에 따르면, 교단하관요지에서 채취한 粘土原鑛(瓷土)을 250目의 체로 수비한 태토의 경우 SiO_2의 함량은 11.67% 감소한 반면, Al_2O_3의 함량은 3.87% 증가하였다. 그들은 粘土原鑛에 游離石英顆粒이 비교적 많은 것을 원인으로 꼽았다. 즉 수비공정을 통하여 그러한 석영과립을 걸러냄으로써 SiO_2의 함량이 감소하고, 상대적으로 Al_2O_3의 함량이 증가하게 되었다고 파악하였다(周少華·陳全慶, 「杭州南宋郊壇下官窯原料의 硏究」, 『中國陶瓷』 1994년 제2기, 56~58쪽).

48 周少華 等,「杭州老虎洞窯靑瓷原料的硏究」,『南宋官窯與哥窯—杭州南宋官窯老虎洞窯址國際學術硏討會論文集』, 浙江大學出版社, 2004, 198쪽.

49 이 表는 周少華 等,「杭州老虎洞窯靑瓷原料的硏究」,『南宋官窯與哥窯—杭州南宋官窯老虎洞窯址國際學術硏討會論文集』, 浙江大學出版社, 2004, 200쪽의 〈表二〉를 토대로 작성한 것이다. 단 모든 數値는 소수점 이하 세 자리에서 반올림하였다.

50 周少華 等,「杭州老虎洞窯靑瓷原料的硏究」,『南宋官窯與哥窯—杭州南宋官窯老虎洞窯址國際學術硏討會論文集』, 浙江大學出版社, 2004, 201쪽.

51 周少華 等,「杭州老虎洞窯靑瓷原料的硏究」,『南宋官窯與哥窯—杭州南宋官窯老虎洞窯址國際學術硏討會論文集』, 浙江大學出版社, 2004, 202쪽.

52 李家治는 〈表3〉의 데이터 가운데 일부에 오류가 있을 가능성이 있다고 지적하였다(李家治,『簡論官哥二窯』, 科學出版社, 2007, 152쪽). 하지만 필자로서는 어느 데이터에 오류가 있는지 잘 알 수가 없다.

53 張福康,『中國古陶瓷的科學』, 上海人民美術出版社, 2000, 2쪽.

54 노호동수내사관요에서 태토 원료를 수비공정을 거쳐서 태토로 가공하였다고 볼 경우, 그럼에도 불구하고 교단하관요의 경우처럼 Al_2O_3의 함량이 더 높아지지 않은 점이 의문으로 제기될 수 있다. 현재 노호동수내사관요의 태토의 수비율과 산화물 함량의 관계나, 수비율과 태토를 구성하고 있는 광물질, 즉 石英·絹雲母·高嶺石 등의 함량의 관계 등에 대한 실험 데이터가 없기 때문에 이 점에 대하여 구체적으로 말하기는 어려운 실정이다. 하지만 추측컨대, 그 주요한 원인은 노호동수내사관요의 瓷土를 구성하고 있는 각 광물질의 함량이 교단하관요의 경우와 달랐던 점과 밀접한 관련이 있었던 것이 아닐까 하는 생각을 가지고 있다.

55 이 점은 다음 절에서 구체적으로 검토하게 될 것이다.

56 周少華 等,「杭州老虎洞窯靑瓷原料的硏究」,『南宋官窯與哥窯—杭州南宋官窯老虎洞窯址國際學術硏討會論文集』, 浙江大學出版社, 2004, 202쪽.

57 [明]高濂 撰,『遵生八牋』卷14 燕閒淸賞牋上 論官哥窯器, 文淵閣四庫全書本,『景印文淵閣四庫全書』제871책, 臺灣商務印書館, 1986, 710쪽: "高子曰……官窯品格, 大率與哥窯相同, 色取粉靑爲上, 淡白次之, 油灰色色之下也. ……"

58 沈岳明,「修內司窯的考古學觀察—從低嶺頭談起」,『中國古陶瓷硏究』제4집,

1997, 85쪽.

59 河南省文物考古硏究所, 『寶豊淸凉寺汝窯』, 大象出版社, 2008, 125쪽.

60 대표적인 견해로 朱伯謙, 「龍泉靑瓷簡史」, 『龍泉靑瓷硏究』, 文物出版社, 1989, 14~15쪽 및 葉宏明 等, 「龍泉靑瓷生産工藝總結」, 『龍泉靑瓷硏究』, 文物出版社, 1989, 189쪽 및 206쪽 참조.

61 朱伯謙, 「龍泉靑瓷簡史」, 『龍泉靑瓷硏究』, 文物出版社, 1989, 14~15쪽 및 周少華, 「從黑胎靑瓷的工藝學硏究入手討"南宋官窯"與浙江地區的"類官窯"關係」, 『南宋官窯與哥窯—杭州南宋官窯老虎洞窯址國際學術硏討會論文集』, 浙江大學出版社, 2004, 211쪽.

62 葉宏明 等, 「龍泉靑瓷生産工藝總結」, 『龍泉靑瓷硏究』, 文物出版社, 1989, 172쪽 및 206쪽.

63 沈岳明, 「素燒與多次上釉小議」, 『中國古陶瓷硏究』 제12집, 2006.

64 沈岳明, 「素燒與多次上釉小議」, 『中國古陶瓷硏究』 제12집, 2006, 208쪽.

65 이 실험은 2010년 4월에, 수십 년간에 걸쳐 고려청자를 재현해오고 있는 경기도 이천시 소재 松月窯에서 이 요장의 대표인 金聖泰 선생과 공동으로 행하였다. 이하의 실험도 모두 마찬가지이다.

66 唐俊杰, 「不懈的探索—南宋官窯的科技硏究」, 『南宋官窯』, 杭州出版社, 2008, 99쪽.

67 中國社會科學院 等 編, 『南宋官窯』, 中國大百科全書出版社, 1996, 66쪽.

68 李德金, 「烏龜山南宋官窯出土的産品及燒製工藝」, 『慶祝蘇秉琦考古五十五年論文集』, 文物出版社, 1989, 543쪽 참조.

69 李家治 主編, 『中國科學技術史』 陶瓷卷, 科學出版社, 1998, 116~123쪽.

70 張福康, 『中國古陶瓷的科學』, 上海人民美術出版社, 2000, 3쪽 및 49쪽.

71 張福康, 『中國古陶瓷的科學』, 上海人民美術出版社, 2000, 3쪽.

72 李家治 主編, 『中國科學技術史』 陶瓷卷, 科學出版社, 1998, 299쪽.

73 周少華, 「浙江慈溪寺龍口窯址越窯原料及瓷片的X螢光分析與工藝硏究」, 『浙江省文物考古硏究所學刊』 제5집, 2002, 271쪽.

74 단 이 점은 유약을 입히는 시간이 동일하다는 점을 전제로 한다.

75 이 점은 金聖泰 선생의 교시에 따른 것이다.

76 張福康 等,「汝官窯的釉色、質感及魚鱗紋」,『中國古陶瓷研究』제7집, 2001, 84~85쪽; 河南省文物考古硏究所, 『寶豊淸涼寺汝窯』, 大象出版社, 2008, 125쪽.

결론

　송대에는 중국도자사상에서 주목할 만한 여러 가지 일들이 있었다. 그 가운데 무엇보다도 중요한 의미를 지니는 것은 관요(어요)의 설립이라고 판단된다. 관요가 설립되기 이전에 어용자기는 민간요장에서 생산한 자기를 여러 가지 방식으로 조달하여 충당하였다. 그러나 송대에 접어들어 관요가 설립되면서 이러한 체제는 크게 변화하였다. 어용자기만을 전문적으로 생산한 관요가 어용자기 공급의 중심 요장으로 자리잡았으며, 이러한 체제는 기본적으로 청대에까지 이어졌다. 송대에 관요의 설립을 시작으로 관요시대의 막이 오르게 된 것이다. 본 연구는 여러 문헌기록과 요지 및 유적의 발굴자료 그리고 전세실물자료 등을 토대로 송대의 관요와 관련된 여러 가지 문제를 규명하는 것을 목적으로 하였다.
　본 연구에서는 송대관요에 대하여 본격적으로 규명하기에 앞서 서장에서 그 토대가 되는 사료와 관련된 문제를 검토하였다. 말하자면 이 작업은 송대관요 연구를 위한 예비적 검토인 셈이다.

이제까지의 송대관요 연구는, 방법론적인 측면에서 볼 때, 대체로 문헌기록의 분석을 토대로 얻어진 송대관요와 관련된 내용들을 고고학적으로 확인하고 아울러 구체화시키는 방식으로 이루어져 왔다고 볼 수 있다. 말하자면 문헌기록을 송대관요 연구의 가장 기본적인 토대로 삼은 셈인데, 이러한 시각은 기본적으로 타당하다고 생각한다. 송대관요와 관련된 가장 풍부한 내용을 전하는 기록은 남송시기에 찬술된 葉寘의 『坦齋筆衡』과 顧文薦의 『負暄雜錄』의 "窯器" 관련 기록으로 알려져 있다. 하지만 유감스럽게도 『탄재필형』과 『부훤잡록』의 원본은 전해지지 않는다. 두 문헌의 "窯器" 관련 기록은 각각 元末에 陶宗儀가 찬한 『南村輟耕錄』과 『說郛』에 실려 오늘날까지 전해지고 있을 뿐이다. 두 기록은 동일한 계통의 것으로서 어느 한 쪽이 다른 한 쪽을 초록한 것이다. 연구자들 가운데 한 부류는 고문천이 섭치의 기록을 초록하였다고 주장한다. 이 경우 『탄재필형』의 "窯器" 관련 기록이 原文이라는 이야기가 되는 셈이다. 하지만 다른 한 부류의 연구자들은 도종의의 『남촌철경록』에 인용된 "窯器" 관련 기록이 사실은 『부훤잡록』에서 옮긴 것이라고 주장한다. 이 경우에는 『부훤잡록』의 "窯器" 관련 기록이 원문이라는 이야기가 되는 셈이다. 그런데 문제의 "窯器" 관련 기록처럼 상호 초록 관계에 있는 고대 문헌기록의 경우, 초록의 대상이 된 쪽과 초록한 쪽을 비교해 보면, 字句上에서 크고 작은 차이가 있는 경우를 흔히 발견할 수 있는데, 양자의 차이를 면밀하게 분석해 보면 경우에 따라 어느 쪽이 초록의 대상(原文)이고 어느 쪽이 그것을 초록한 쪽인지를 판별할 수 있는 실마리를 찾을 수가 있다. 이러한 견지에서 두 기록의 차이를 분석할 경우, 고문천이 섭치의 기록을 초록하였을 가능성이 지극히 높다. 게다가 그는 초록 과정에서 원문을 훼손하는 잘못을 범하기까지 하였다고 판단된다. 이러한 입장에서 볼 때, 『단재필형』의 "窯器" 관련 기록은 사료적 가치가 매우 높은 반면, 『부훤잡록』의 그것은 사료적 가치가 거의 없다고 할 수 있을 것이다. 송대관요를 연구하는 데 있어서 우리가 중시해야 할 사료가 전자라는 것은 다시 말할 나위조차 없다.

제 I 부의 연구 주제는 여요이다. 최초의 어요인 북송관요가 여요의 토대 위에서 설립되었다는 것은 다 아는 일이다. 여기에서는 여요의 성립 및 성격 및 이른바 전세여요자기와 관련된 문제들을 주로 검토하였다.

『坦齋筆衡』과 『老學庵筆記』에서는 여요 성립의 계기로 정요백자의 "有芒"을 꼽았다. "有芒"의 "芒"의 의미에 대해서는 그것이 芒口를 가리킨다는 견해와 光芒을 가리킨다는 견해가 있는데, 두 문헌의 기록을 자세히 검토해본 결과 전자가 타당하다고 판단된다. 그리고 적지 않은 연구자들이 망구가 여요 성립의 계기가 되었다는 것이 역사적 사실에 부합하지 않는다고 주장하지만, 그다지 타당성이 높지 않다고 생각된다. 즉 여요 성립의 직접적인 계기가 된 것은 정요백자의 망구였다. 여요의 성립시기에 대해서는 다양한 견해가 제시되었지만, 문헌 기록과 고고학적 자료에 의거하여 판단하면, 휘종 대관연간(1107~1110)에서 정화연간의 전반기(1111~1114)일 가능성이 높다. 그리고 여요의 성립으로 어용자기의 주류가 정요백자에서 여요자기로 바뀌었을 뿐만 아니라 그 주요 조달방식도 구매의 방식에서 주문제의 일종인 製樣須索의 방식으로 변화하였다. 한편, 여요의 성립은 휘종대의 예제개혁의 큰 틀 안에서 이루어졌다. 여요가 성립되기 전에는 황실이나 신료 및 민간인들이 동일한 요장의 자기를 공유하였지만, 여요의 성립을 계기로 그러한 시대는 막을 내리기 시작하였다. 즉 황실과 신료·민간인 사이에 瓷質器皿의 사용에 있어서 명확한 경계가 생기기 시작한 것이다. 이러한 의미에서 여요의 성립은 적어도 어용자기의 전개과정에서 볼 때 空前의 개혁이었다. 이

개혁을 주도한 사람은 휘종이었으며, 그는 강력한 정치권력을 바탕으로 그러한 개혁을 성공적으로 마무리하였다.

여요의 성격을 파악하는 데 있어서 가장 핵심적인 기록의 하나는 남송 중기에 周煇가 찬한 『淸波雜志』에 보이는 "汝窯, 宮中禁燒"이다. 이 대목에 대한 이해는 여요 연구상의 최대의 난제 가운데 하나로서, 많은 연구자들은 그 대목에 대한 구체적인 해석을 보류하거나, 심지어 그 대목이 잘못 초록되었다는 견해까지 제출되었다. 하지만 이 대목이 잘못 초록되었다는 근거는 찾을 수 없다. 이 대목은 궁중이 오직 "供御"를 목적으로 청량사여요에서만 여요자기를 제작하게 하고, 그 밖의 요장에서는 그러한 여요자기를 소조하는 것을 금지하였음을 의미한다. 한편, 북송 말기에 서긍이 찬한 『선화봉사고려도경』에 보이는 "汝州新窯器"는 흔히 당시 여주의 新窯에서 만든 기물이라는 의미로 해석해왔지만, 반드시 그렇게 이해할 필요는 없다. 그것은 당시 여주에서 만든 새로운 자기라는 의미로 파악할 수도 있다. 그것은 당시 여주에서 새로 출현한 天靑釉瓷器를 가리킨다. 이러한 『청파잡지』와 『선화봉사고려도경』에 보이는 해당 기록에 대한 이해를 토대로, 남송의 섭치가 찬한 『탄재필형』에 보이는 여요와 관련된 기록("遂命汝州造靑窯器")을 자세히 분석해 볼 때, 여요는 어용자기를 생산한 요장의 전개과정에서 당시의 일반적인 製樣須索窯와 관요의 중간적인 성격을 지니고 있었다고 판단된다. 이 점에서 여요의 성립은 곧 최초의 관요인 북송관요의 출현을 예고하는 일이었다.

한편, 현재까지 70여 점의 여요자기가 전해오는 것으로 알려져 있다. 그런데 여요자기에 대한 연구가 체계적으로 이루어지기 시작한 20세기 초에는 청백자(影靑瓷)가 汝窯系라거나, 오늘날 耀州窯産으로 알려진 이른바 북방청자로 여요자기로 인식하였다. 이러한 착오는 연구자들이 여요자기의 실물자료로부터 거의 차단되어 있던 시기, 즉 여요연구의 암흑기의 산물이었다. 오늘날의 여요자기 인식론의 토대를 구축한 사람은 郭葆昌이라고 생각한다. 그는 건륭제가 특정 자기에 남긴 詠瓷詩를 『御製詩集』에서 찾아 대조하여 건륭제가 어떠한 부류의 자기를 여요자기로 감식하였는지를 확인하였다. 이러한 바탕 위에서 그는 오늘날 전세여요자기로 알려져 있는 부류의 자기를 여요자기로 파악하였다. 이와 같은 인식은 Percival David에 의해 체계적으로 정리되었다. 대다수의 연구자들은 전세여요자기로 알려져 온 실물자료들이 여요자기라는 점은 청량사여요지의 발굴로 이제 의심할 바 없는 사실이 되었다고 믿는다. 하지만 청량사여요지에서 전세여요자기와 같은 풍격의 천청유자기가 출토되었다는 사실이 이제까지 전세여요자기로 알려진 실물자료들이 모두 진정 여요자기라는 점까지 보증하는 것은 아니다. 건륭제의 詠瓷詩와 그 밖의 문헌들에 대한 분석을 통하여 볼 때, 거기에는 여요자기뿐만 아니라 북송관요자기와 후대의 방여요자기까지 포함되어 있다고 생각한다.

제Ⅱ부의 주제는 관요시대의 개막을 알린 북송관요이다. 하지만 아직까지 북송관요지가 발견되지 않았을 뿐만 아니라 북송관요자기의 면모에 대해서도 구체적으로 알려진 바가 사실상 전무하기 때문에 북송관요를 본격적으로 연구하는 데에는 커다란 한계가 있다. 그래서 본 연구에서도 북송관요와 관련된 지극히 기본적인 문제인 북송관요의 소재지 문제와, 북송관요와 여요 및 12세기 고려청자와의 관계 문제 그리고 적지 않은 연구자들이 북송관요로 파악하고 있는 여주 장공항요의 운영시기와 성격 문제 등 북송관요와 관련된 주변적인 문제들을 검토하였다.

북송관요는 중국 최초의 어요이다. 이제까지 많은 연구자들은 『탄재필형』에 "政和間, 京師自置窯燒造, 名曰官窯"라고 한 기록을 토대로 북송관요가 "京師", 즉 汴京(오늘날의 開封市)에 있었다고 이해해왔다. 하지만 1986년 청량사여요지가 발견되면서 적지 않은 연구자들이 북송관요가 汝州에 있었다고 주장하였다. 그들은 문제의 "京師"를 북송관요의 소재지가 아닌 朝廷이라는 의미로 이해한다. 그리고 남송시기에 陸游가 『老學庵筆記』에서 "古都時, 定器不入禁中, 惟用汝器, 以定器有芒也"라고 한 기록에 보이는 "惟用汝器"에 주목하여 이 대목이 북송관요가 여주에 있었음을 더욱 뒷받침한다고 주장한다. 게다가 금세기에 접어들어 여주에서 여요자기와 비견할 만한 품질의 청자를 생산한 장공항요의 遺址가 발견되면서 적지 않은 연구자들이 이 여주의 장공항요가 곧 북송관요라고 믿고 있다. 이러한 연구 현황을 통하여 볼 때, 북송관요의 실체를 규명하기 위해서 무엇보다도 먼저 해결해야 할 문제는 과연 북송관요가 어디에 있었는가 하는 점일 것이다. 이 문제를 해결하는 데 있어서 최대의 관건이 되는 것은 『탄재필형』에 보이는 "京師"와 『노학암필기』에 보이는 "惟用汝器"를 어떻게 해석할 것인가 하는 점이다. 그런데 북송관요가 여주에 있었다고 하는 연구자들의 주장을 면밀하게 분석해 볼 때, 문제의 "京師"를 조정으로 파악한 것은 오해라고 판단된다. 송대에 京師가 어떤 의미로 사용되었는지를 추적하고, 아울러 『탄재필형』에 보이는 북송관요의 설립과 관련된 구절을 "窯器" 관련 기록의 전체적인 문맥 속에서 파악하고, 나아가 섭치가 특정한 요장의 설립에 관한 대목을 서술하는 방식 등을 추적해 볼 때, 문제의 "京師"는 북송관요의 소재지를 가리키는 것이 분명하다. 그리고 북송관요가 여주에 있었다고 주장하는 연구자들의 "惟用汝器"에 대한 해석도 그다지 논리적 타당성을 갖추고 있다고 보기 힘들다. 그 주된 원인은 "惟用汝器"의 "汝器"가 함축하고 있는 의미와 "惟用汝器"의 시간적 범주를 오해했기 때문이다.

12세기 초기인 고려 예종대와 북송의 휘종대에 두 나라는 공교롭게도 모두 청자에 있어서 괄목할만한 질적 발전을 이룩하였다. 이 시기부터 고려에서는 "天下第一"로 평가되던 翡色靑瓷를 생산하기 시작하였다. 그리고 북송에서는 이 시기에 여요가 성립되고 아울러 수준 높은 天靑釉瓷器를 생산하기 시작하였으며 곧 뒤이어 북송관요가 설립되면서 관요시대에 접어들었다. 이제까지 많은 연구자들은 북송 휘종대에 어용자기로 여요자기를 택하게 됨으로써 청자가 질적으로 크게 발전하고, 고려가 그 여요의 자기제작기술과 조형을 받아들여 역시 청자의 질적 발전을 이룩한 것으로 파악하였다. 이 시기에 새로 출현한 기형이 여요자기와 친연성이 있다는 점은 부인할 수 없다. 하지만 그 가운데 상당수의 기형은 여요자기와 크고 작은 차이점이 있다. 당시 고려의 도공들이 중국 자기의 조형뿐만 아니라 번조기법까지 매우 충실하게 모방하였다는 점에서 보면, 그러한 현상은 여요자기의 영향만으로는 설명하기 어렵다. 필자가 검토한 바에 따르면, 당시 고려가 수용한 것은 여요의 자기제작기술과 조형뿐이 아니었다. 북송관요의 그것들도 함께 수용되었다. 요컨대, 고려 예종대에 당시 높은 품질을 자랑하던 여요자기와 북송관요자기의 조형과 제작기술을 수용함으로써 아울러 고려청자의 높은 질적 발전을 이룩하게 되었다는 것이다. 이러한 관점에서 보면, 12세기 초기에 새롭게 출현한 고려청자의 기형을 자세히 분석할 경우, 현재 베일에 가려 있는 북송관요자기의 조형적 면모를 복원하는 데 어느 정도 다가설 수 있게 되지 않을까 기대된다.

여주 장공항요는 금세기에 접어든 후 연구자들의 가장 큰 관심을 끌어온 요장 가운데 하나이다. 장공항요지의 발굴보고자에 따르면, 이 요지에서 장공항요와 관련된 유물이 가장 다양하고 많은 유물이 출토된 T4의 경우, 모두 10개의 퇴적층이 확인되었는데, 이 가운데 장공항요와 직접적으로 관련된 것들은 4~6층이다. 제6층이 장공항요지의 가장 이른 시기에 형성된 것이고 제4층이 가장 늦은 시기에 형성된 것이다. 특히 제6층을 파서 만든 H101은 장공항요 초기의 청자표본들이 다량으로 출토되어 장공항요의 설립시기를 파악하는 데 매우 중요한 단서를 제공한다. H101에서는 장공항요의 후기 층위에서는 출토되지 않는 여러 기종이 출토되었는데, 敞口折沿碗·葵口板沿盤·紙槌甁·鵝頸甁·撇口圓壺 등이 그것들이다. 이 기종들의 기형을 자세히 관찰한 결과, 四川彭州宋代金銀器窖藏 출토 銀器들과 가장 흡사하다. 이 은기들은 1180~1210년경에 제작되었으므로, 장공항요는 금대후기에 설립되었다고 할 수 있다. 그리고 이 요지의 가장 늦은 시기의 퇴적층인 제4층과 H88 등에서 출토된 기종들의 조형적 특징을 통하여 볼 때, 장공항요는 金의 멸망과 함께 소멸된 것으로 판단된다. 한편, 장공항요에서 생산한 청자는 여요자기에 버금갈 정도로 품질이 높다. 그리고 품질이 일정한 기준에 미치지 못한 殘次品은 모두 깨뜨려버렸다. 이러한 현상들은 당시 어용자기를 생산하던 요장에서 흔히 관찰된다. 이 시기에 어용자기를 생산한 대표적인 요장으로 북송의 여요와 남송관요를 꼽을 수 있는데, 장공항요의 설립과정 및 어용자기의 제작양상은 여요보다는 남송관요와 훨씬 더 유사하다. 이상의 검토를 통하여 볼 때, 장공항요는, 비록 문헌기록에서는 확인되지 않지만, 금대 후기에 설립된 금대관요라고 판단된다.

 제Ⅲ부의 주제는 남송관요이다. 남송시기는 송대관요의 중흥기이다. 1127년 북송정권이 붕괴되었지만, 남송정부는 임안에 定都한 후에 북송관요의 "遺製"를 이어 남송관요를 설립하였다. 남송관요와 관련해서는, 『百寶總珍集』과 『雲麓漫鈔』에 보이는 남송관요 관련 기록에 관한 문제, 노호동요와 남송전기관요의 관련 문제, 남송후기관요의 전개 문제, 남송관요의 자기제작기술 문제 등을 검토하였다.

많은 연구자들은 남송관요와 관련된 송대의 문헌 가운데 가장 사료적 가치가 높고 아울러 풍부한 내용을 전하는 것으로『탄재필형』을 꼽는다. 우리는 이 문헌을 토대로 남송관요와 관련된 몇 가지 핵심적인 사실들을 추론할 수 있다. 남송 소흥 32년(1162) 이전에 임안의 수내사영 내에 "內窯"(수내사관요)를 설치하였으며 그것을 주도한 관부가 後苑(邵局)이었다는 점과 수내사관요에 뒤이어 교단하관요를 설치하였다는 점 등이 그것이다. 그런데 일부 연구자들은 남송중기에 쓰여진 것으로 여겨지는『백보총진집』卷9 青器條에 "新窯, 修內司自燒者"라고 한 대목을 근거로 남송관요 또는 교단하관요를 설립·운영한 관부가 수내사라고 주장한다. 그리고 또 다른 연구자들은 거의 같은 시기에 趙彦衛가 찬한『운록만초』에 "青甕器,……近臨安亦自燒之"라고 한 대목에 보이는 "近"에 주목하여 임안에 관요를 설립한 것이『운록만초』가 완성된 1206년보다 몇 년 앞선 때라고 주장한다. 이들의 견해에 따르면, 수내사관요의 설립을 주도한 관부가 후원(소국)이라는 점도, 1162년 이전에 임안에 관요가 설립되었다는 점도 부정될 수밖에 없게 된다. 하지만 그들의 주장은『백보총진집』과『운록만초』의 해당 대목의 의미를 오해한 데에서 비롯되었다고 판단된다. 즉,『백보총진집』의 해당 대목은 그들이 이해한 것과 같이 남송관요자기가 수내사가 "自燒"하였다는 의미가 아니라, 그것이 수내사(영)에서 "自燒"하였다는 의미이다. 그리고『운록만초』의 "近"은, 近의 본래적인 의미와 조언위가 사용한 "近"의 용법 등을 통하여 볼 때, 1206년보다 몇 년 앞선 때를 한정하는 것이 아니라 그보다 훨씬 긴 시간적 범주를 의미한다. 이러한 관점에서 볼 때,『백보총진집』과『운록만초』에 보이는 해당 대목은『탄재필형』의 남송관요 관련 기록과 거의 동일한 사실은 전하고 있다고 할 수 있다. 그러므로 우리는『백보총진집』과『운록만초』에 근거하여『탄재필형』에 보이는 남송관요 관련 기록의 신빙성을 의심할 까닭이 없다.

『탄재필형』에 따르면, 남송시기에 접어들어 수내사관요를 설립하고 뒤이어 별도로 교단하관요를 설립함으로서 二元的인 관요체제가 성립되었다. 대다수의 연구자들은 만송령의 남쪽에 인접한 계곡에 있던 노호동요가 곧 수내사관요라고 이해하고 있다. 이러한 이해에 따르면, 노호동요가 곧 최초로 설립된 남송관요라는 이야기가 되는 셈이다. 그런데 노호동요의 초기단계 생산품과 교단하관요의 그것을 청량사여요의 생산품이나 저령두유형과 비교해보면, 적어도 조형적인 측면에서 교단하관요의 생산품과 여요 및 저령두유형 제품의 친연성이, 노호동요의 생산품과 그것들과의 친연성에 비하여 상대적으로 훨씬 강하다고 할 수 있다. 남송관요가 여요나 저령두유형의 토대 위에서 출현하였을 것이라는 측면에서 보면, 이러한 현상은 교단하관요의 설립시기가 노호동요의 설립시기보다 빠르다는 것을 의미한다. 즉, 노호동요가 처음 설립된 남송관요라는 주장은, 적어도 기물의 조형적인 측면에서 볼 때, 성립되기 힘들다. 그렇다고 해서 교단하관요가 최초의 남송관요라는 주장도, 『탄재필형』에 보이는 남송관요 관련 기록의 사료적 가치를 부정할 수 없는 한, 성립될 수 없다. 그렇다면 논리적으로 노호동요와 교단하관요에 앞서 또 다른 남송관요가 있었다고 보아야만 한다. 그것이 최초의 남송관요가 되는 셈이다. 『탄재필형』과 『乾道臨安志』 및 『咸淳臨安志』 등 남송시기의 문헌 기록에 의거하면, 최초의 남송관요는 만송령 동편 青平山入口에 있었을 가능성이 높다. 이것이 최초의 남송관요인 청평산수내사관요이다. 하지만 황궁에 있던 많은 관부들이 이곳으로 이전해오면서 淳熙 연간(1174~1189)에 노호동으로 이전한 것으로 판단된다. 이것이 노호동수내사관요이다.

남송후기의 관요와 관련하여 크게 논란이 되어온 문제 가운데 하나는 이 시기에 몇 곳의 관요가 운영되었을까 하는 점이다. 咸淳 4년(1268)에 편찬된『함순임안지』卷10 青器窯條에는 이 시기에 관요(청기요)가 "雄武營山上圓壇左右"에 있다고 되어 있다. 많은 연구자들은 이 기록을 근거로 남송후기에는 관요가 웅무영산상의 원단 부근에 있었다고 이해하여 왔다. 이 견해에 따르면 이 시기에는 한 곳의 관요가 운영되었다는 이야기가 된다. 하지만 일부 연구자들은 이러한 견해에 동의하지 않는다. 그들은 남송후기에 웅무영산상과 원단 부근의 두 곳에 관요가 있었다고 주장한다. 필자가 四庫全書本과 振綺堂刊本『함순임안지』의 청기요조의 내용을 면밀하게 비교·검토한 바에 따르면, 남송후기에는 웅무영산상과 원단 부근의 두 곳에서 관요가 운영되었음이 확실하다. 원단 부근에 있던 관요는 교단하관요이다. 그리고 웅무영은 수내사영의 또 다른 이름이므로 웅무영산상에 있던 관요는 곧 수내사관요가 되는 셈이다. 이곳은 望江橋의 동남편에 있는, 오늘날의 金釵袋巷에 해당한다. 이곳에서 관요가 운영되기 전에는 수내사관요가 노호동에 있었는데, 노호동이 황궁에 인접해 있던 관계로 황궁이 화재의 위험성에 노출되어 있었기 때문에 1210년대를 전후한 시기에 이곳으로 수내사관요를 이전한 것으로 판단된다.

남송시기의 문헌인『탄재필형』에는 남송관요와 관련하여 수내사관요자기는 극히 정치하고 유색이 뛰어나서 사람들이 매우 귀하게 여기지만, 교단하관요자기는 그렇지 않다고 언급하였다. 이제까지 많은 연구자들은 이 기록을 토대로 하여 교단하관요자기가 수내사관요자기에 비해 품질이 떨어진다고 이해하였다. 하지만 이러한 이해는『탄재필형』의 해당 내용에 대한 오해에서 비롯된 것이다. 극히 정치하고 아울러 유색이 뛰어난 것은 수내사관요자기와 교단하관요자기 모두에 해당되는 특징이었다. 한편, 많은 연구자들은 陶範을 사용하여 그릇의 형태를 만드는 것을 남송관요자기의 제작기술상의 중요한 특징이며, 이러한 기술적 토대 위에서 정치한 남송관요자기를 제작할 수 있었다고 주장하였다. 하지만 이러한 주장도 『탄재필형』의 내용을 오해한 데에서 비롯된 것이다. 정치한 남송관요자기 생산의 기술적 토대가 된 것은, 태토를 水飛하여 Al_2O_3의 함량(%)을 높임으로써 고온소성시 抗變形力이 높은 태토를 가공하는 것이었다. 남송관요자기의 또 하나의 특징인 뛰어난 유색은 기본적으로 厚釉, 즉 유약을 두껍게 입히는 것과 깊은 관련이 있었다. 이 후유는 유약을 비교적 두껍게 여러 차례 입힘으로서 얻어졌다. 그리고 유약을 두껍게 입히는 것과 여러 차례 입히는 것은 모두 초벌구이를 함으로써 가능하였다. 즉 남송관요에서는 초벌구이를 한 그릇에 유약을 입히는 것과 초벌구이를 몇 차례 반복한 뒤 본벌구이를 하여 유층을 두껍게 함으로써 뛰어난 유색을 얻을 수 있게 되었다.

이상이 이 연구에서 도달한 대체적인 결론이다.

이 책의 첫머리에서 필자는 이 연구를 진행하면서 두 가지 점에 특히 유의할 것을 천명하였다. 그 하나는 인간 중심의 도자사를 추구하는 것이고, 또 다른 하나는 실물자료와 문헌자료에 대한 균형 잡힌 시각을 견지하는 것이었다. 스스로 판단하기에, 후자의 경우는 어느 정도 성과를 거두었다고 생각한다. 하지만 전자의 측면에서 볼 때, 몇 가지 주제를 검토하지 못한 것이 아쉽다.

그 하나는 여요자기의 流傳에 관한 것이다. 이른바 전세여요자기는 오랜 시간에 걸쳐 많은 인간들의 눈과 손을 거쳐 오늘에 이르렀다. 이것들이 건륭제에 의해 집대성되고 재정리되어 오늘날에 이른 대체적인 과정은 이 책에서 검토하였다. 하지만 그것들이 북송말기에 만들어져 건륭 시기까지 유전되는 과정은 언급하지 못하였다. 이로 말미암아 결과적으로 이 기간 동안 여요자기에 얽혀있는 많은 인간들에 대한 이야기를 지나쳐버린 셈이다. 또 다른 하나는 남송관요의 설립에 대한 것이다. 남송관요는 고종시기에 설립된 것이 분명하다. 고종은 휘종시기의 북송관요의 遺製를 이어서 남송관요를 설립하였다. 아직 정치적으로 어수선하던 시기임에도 불구하고 남송관요의 설립을 서두른 고종은 당시 무슨 생각을 가지고 있었을까? 혹 자신의 아버지인 휘종 시기의 제도와 문물을 회복하여 땅에 떨어진 황제의 권위를 다시 세우려한 것은 아닐까?

송대관요와 관련된 허다한 문제들이 검토를 기다리고 있다. 이러한 문제들은 더욱 많은 자료들이 축적되고 아울러 그것들을 다양한 시각에서 보다 정치하게 분석함으로써 해결될 수 있게 될 것이다. 이 점에서 볼 때, 이 연구는 필자에게 있어서 송대관요 연구의 매듭이 아니라 또 하나의 출발점이 되는 셈이다.

中文提要

皇帝与瓷器——宋代官窑研究

在中国陶瓷史上，宋代时期发生了值得关注的几件大事，作者判断，其中最引人关注的可能是官窑(御窑)的设立。在官窑设立之前，宫廷以各种方式取得民间窑场生产的瓷器作为御用瓷器。而官窑设立之后，原有御用瓷器调拨体制发生了重大变化。官窑专门生产御用瓷器，成为御用瓷器的主要生产基地，该体制基本上延续至清代。宋代官窑的设立拉开了官窑时代的大幕。本研究是以文献资料、窑址与遗址出土资料以及传世品等为基础，探讨宋代官窑相关问题为目的。

在正式研究宋代官窑相关问题之前，先简单探讨史料相关几点问题。也就是说，这算是宋代官窑研究的预备性讨论。

迄今为止，宋代官窑的研究大体是以文献资料分析为基础，结合考古学的方法确认的方式进行。这意味着，在进行宋代官窑相关研究过程中文献记载成为其研究基础，笔者同意该研究方法。南宋文人叶寘的《坦斋笔衡》和顾文荐的《负暄杂录》被认为是迄今已知的最详细记载宋官窑相关内容的宋代著作，但都已失传。《坦斋笔衡》和《负暄杂录》中有关"窑器"的内容，收录于元末明初文人陶宗仪撰写的《说郛》及《南村辍耕录》并相传至今。叶寘和顾文荐二人关于南宋官窑的记述很雷同，肯定为一方抄录另一方完成的。一些研究者主张顾文荐抄录叶寘的《坦斋笔衡》，在这种情况下"坦斋笔衡"记叙的"窑器"相关记录才算是原文。而另一些研究者认为陶宗仪的《南村辍耕录》中引用的"窑器"相关记载来自《负暄杂录》，在这种情况下《负暄杂录》记述的"窑器"相关记录才算是原文。在研究古代文献过程中，通过其字句的分析，能够判断抄录与被抄录的对象。由此分析可知，顾文荐抄录叶寘所著《坦斋笔衡》的可能性极大，并且在抄录过程中还犯了误写的错误。总之，《坦斋笔衡》中"窑器"相关记载具有很高的史料价值，而《负暄杂录》中"窑器"相关记载却没有太大史料价值。因此，在研究宋代官窑过程中我们该重视的应为《坦斋笔衡》。

第一篇的研究主题是汝窑。众所周知，中国历史上最初御窑即北宋官窑是在汝窑基础上建立的。本篇主要探讨汝窑的成立和性质以及所谓传世汝窑瓷器相关问题。

《坦斋笔衡》和《老学庵笔记》均将定窑白瓷的"有芒"指为汝窑成立的契机。对于"芒"的含义，有人认为是"芒口"，也有人指出是"光芒"。笔者仔细研究两个文献的记载后得出的结论是，前者更为合理。另外，有不少研究者主张，定窑白瓷的芒口现象成为汝窑成立的契机这一说法不符合历史事实。但是，笔者认为这种主张并不合理。即汝窑成立的直接契机是定窑白瓷的芒口现象。有关汝窑的成立时间，有多种见解，根据文献记载和考古学资料可以判断，其成立时间有可能是徽宗大观年间(1107～1110)至政和年间前期(1111～1114)。另外,自从汝窑成立之后,主要御用瓷器从定窑白瓷转变成了汝窑瓷器。不仅如此,调拨御用瓷器的主要方式也从采购方式转变成了一种订购方式—"制样须索"方式。汝窑是在徽宗时期礼制改革的框架之内成立的。汝窑成立之前,皇室与臣僚、百姓在使用瓷器的方面没有本质的差别,都使用相同窑场生产的瓷器。但是,自从汝窑成立之后,这种情况就逐渐落幕。即在使用瓷质器皿的方面,皇室与臣僚、百姓之间开始出现明确划分。从这一点来看,汝窑成立在御用瓷器展开方面,可算是一种空前的改革。主导这种改革的人物就是徽宗,他以强有力的政治权力为基础,成功完成了这一场改革。

在探讨汝窑性质相关问题时最核心的文献记载是南宋中期周辉所编《清波杂志》中的"汝窑,宫中禁烧"一句,对此句的解释是汝窑研究上的最大难题之一。很多研究者保留了对于该句子的具体解释,甚至有研究者认为该句是误抄录原文所致的,但却找不到误抄录的根据。我认为,该记载正确含义应为宫廷只允许清凉寺汝窑以"供御"为目的生产汝窑瓷器,而禁止其他窑场烧造汝窑瓷器。另外,有关北宋末期徐兢撰写的《宣和奉使高丽图经》中的"汝州新窑器"的含义,之前一般被认为是指在汝州新窑烧造的器物,但这种解释也有所偏颇。"汝州新窑器"可被理解为当时在汝州烧造的新瓷器,即当时汝州新出现的天青釉瓷器。如上所述,《清波杂志》和《宣和奉使高丽图经》中所见记载为基础,仔细分析南宋文人叶寘所著的《坦斋笔衡》中汝窑相关记录—"遂命汝州造青窑器",判断汝窑是普通制样须索窑与官窑之间的专门制样须索窑。由此可知,汝窑的成立预示北宋官窑的出现。

近来研究者一般认为,现存汝窑传世品有70多件。这些就是所谓传世汝窑瓷器。20世纪初,对汝窑瓷器的系统研究才逐渐开展时,青白瓷(影青瓷)被误认为属汝窑系,或者日本研究者主张所谓"北方青瓷"就是汝窑瓷器，造成这种错误认识的原因在于当时研究者基本没有机会接触到汝窑实物资料。最先把我们所知的天青釉瓷器划归为汝窑瓷器的是郭葆昌。他把乾隆帝在特定瓷器留下的咏瓷诗从乾隆《御制诗集》中找出并对照，才确认乾隆帝把哪些瓷器鉴定为汝窑瓷器。在此基础上他认为，目前被认为是传世汝窑瓷就是汝窑瓷器。这种认识由Percival David详细整理出来。通过清凉寺汝窑址的发掘，大多数研究者认为所谓传世汝窑瓷器确实为汝窑瓷器是毋庸置疑的事实，但这并不能保证所有被认为是传世汝窑瓷器的实物资料确定为汝窑瓷器。通过乾隆帝的咏瓷诗及其他文献记载的分析可知，其中不仅包含汝窑瓷器，还有北宋官窑瓷器与后来的仿汝窑瓷器。

第二篇的研究主题是拉开官窑时代序幕的北宋官窑。遗憾的是，北宋官窑至今没有找到其窑址，而且也没有详细的文献记载，这对研究北宋官窑带来很大麻烦。本篇简单探讨与北宋官窑相关的几个基本问题，如北宋官窑所在地问题，北宋官窑、汝窑与12世纪高丽青瓷间关系，被不少研究者认为是北宋官窑的汝州张公巷窑的运营时期与性质等问题。

北宋官窑是最初御窑。迄今为止，很多研究者根据《坦斋笔衡》中的"政和间，京师自置窑烧制，名曰官窑"的记录，认为北宋官窑设立于"京师"，即汴京（今天的开封市）。可是1986年发现清凉寺汝窑址以后，不少研究者却认为北宋官窑位于汝州，他们主张《坦斋笔衡》中的"京师"指朝廷，而不是指北宋官窑所在地。南宋时期陆游所著的《老学庵笔记》中说："古都时，定器不入禁中，惟用汝器，以定器有芒也"，有研究者根据上述文献中的"惟用汝器"，主张北宋官窑位于汝州。进入本世纪以后，随着张公巷窑址的发现，不少研究者认为汝州张公巷窑才是北宋官窑。由此可知，要探讨北宋官窑的面貌必先了解北宋官窑所处位置。解决该问题的关键在于应如何理解《坦斋笔衡》中的"京师"与《老学庵笔记》中的"惟用汝器"。如上所述，有研究者认为北宋官窑位于汝州，依据是把文献中的"京师"当成朝廷,但这并不正确。如果仔细探讨"京师"相关几个问题,例如确认宋代时期"京师"一词所包含的内容、从《坦斋笔衡》中有关北宋官窑的全面脉络中追踪"京师"的内涵、分析叶寘对特定窑场设立相关内容的叙述方式等,可以判断"京师"确实是指北宋官窑的所在地。此外,一些主张北宋官窑位于汝州的研究者对"惟用汝器"的解释也不太合理,其原因是他们误解了"惟用汝器"中"汝器"所包含的内容与"惟用汝器"的时间范畴。

十二世纪初期,即高丽睿宗和北宋徽宗在位时期,两国巧合在青瓷烧造方面同时取得了空前的发展。这时期,高丽开始烧造被评为"天下第一"的翡色青瓷,北宋成立汝窑,开始烧造水平极高的天青釉瓷器,继而设立北宋官窑进入官窑时代。迄今为止,很多研究者认为徽宗时期汝窑瓷器作为御用瓷器促进了青瓷的巨大发展,而高丽吸收了汝窑的瓷器制作技术和造形,得以实现高丽青瓷的飞跃。不可否认,该时期新出现的高丽青瓷器物与汝窑瓷器有着亲缘性,但是其中也有不少器物与汝窑瓷器存在着一定差异。当时,高丽陶工在模仿中国瓷器时,不仅模仿其器形,而且完全模仿其装烧工艺。考虑到这一点,对于这一现象的产生原因,若仅从汝窑影响高丽青瓷这一个因素来说明是片面的。根据我考察,当时高丽吸纳瓷器制作技术与造形的源头不仅来自汝窑,还包括北宋官窑。总之,高丽睿宗时期同时吸收了当时最高品质的汝窑和北宋官窑的瓷器制作技术和形制,从而实现了高丽青瓷的巨大发展。因此,如果仔细分析十二世纪初期新出现的高丽青瓷,我们也许能够推测北宋官窑瓷器的造形面貌。

进入本世纪以后,汝州张公巷窑是最受研究者关注的窑口之一。根据张公巷窑址发掘报告可知,相关遗物出土最为丰富的T4中共确认10个堆积层,其中与张公巷窑有直接关系的是4~6层,第6层最早形成,第4层最晚形成。H101是挖第6层而形成的,其中出土了大量张公巷窑初期青瓷片,这为探讨张公巷窑创烧时期提供重要依据。H101中出土张公巷窑后期地层未发现的器形，包括有敞口折沿碗、葵口板沿盘、纸槌瓶、鹅颈瓶、撇口圆壶等。通过仔细观察可知，上述器形都与四川彭州宋代金银器窖藏出土的银器非常相似，这些银器制作于1180～1210年间，由此可推测张公巷窑创烧于金代后期。通过该窑址晚期地层，即第4层与H88出土器物的造形特点分析，可推测张公巷窑随着金朝的消亡而消失。另外，张公巷窑烧制的青瓷质量上乘，与汝窑瓷相媲美，但品质没有达到一定标准的残次品都被砸碎处理，这种现象经常发现于生产御用瓷的窑场。宋金时期，生产御用瓷的具有代表性的窑场有汝窑与南宋官窑，张公巷窑设立过程以及御用瓷的制作方法等更趋向于南宋官窑。通过以上探讨可知，虽然在文献记载中未被确认，但张公巷窑应为金代后期创烧的金代官窑。

第三篇的主题是南宋官窑。南宋时期是宋代官窑的中兴期。1127年北宋灭亡，南宋王朝在临安定都后"袭故京遗制"设立南宋官窑。为了解南宋官窑，本篇主要探讨了《百宝总珍集》与《云麓漫钞》中所见南宋官窑相关记录问题、老虎洞窑与南宋前期官窑相关问题、南宋后期官窑的发展问题以及南宋官窑的瓷器制作技术问题等。

研究者一般认为记载南宋官窑相关内容的宋代文献中最有价值的是南宋叶寘所著的《坦斋笔衡》一书。以该文献为基础，我们可以推测几点核心内容。如，南宋绍兴32年(1162)以前在临安修内司营建造"内窑"并由后苑(邵局)来管理，建造修内司官窑之后又建立郊坛下官窑等。但，一些研究者根据南宋中叶所撰《百宝总珍集》卷9"青器"条中的"新窑，修内司自烧者"，认为建造及运营郊坛下官窑的官府为修内司。而另一些研究者则根据同期赵彦卫所撰《云麓漫钞》的"青瓷器……近临安亦自烧之"中"近"字，主张在临安建造官窑的时期比《云麓漫钞》成书的1206年早几年。如果要遵从他们的意见则必须否认主导建造修内司官窑的官府为后苑、1162年以前在临安建官窑的事实。不过他们的主张均来自于对《百宝总珍集》与《云麓漫钞》的误读。《百宝总珍集》中的记录并非像他们所理解一样南宋官窑瓷器就是由修内司"自烧者",而指南宋官窑瓷器是在修内司(营)自烧的瓷器。另外,通过分析赵彦卫对"近"的用法可知《云麓漫钞》中的"近"并不限定于比1206年早几年的时期,而是指更长的时间范畴。从上述观点来看,《百宝总珍集》与《云麓漫钞》中的相应句子与《坦斋笔衡》中有关南宋官窑相关记录几乎传出同样的事实。因此,我们根据上述两部文献没有理由怀疑《坦斋笔衡》中的南宋官窑相关记录。

据《坦斋笔衡》记载,南宋时期先后设立修内司官窑与郊坛下官窑,从而形成二元官窑体制。大多数研究者认为杭州临万松岭南边山谷的老虎洞窑就是修内司官窑。在上述假设下,老虎洞窑就是最初设立的南宋官窑。可是,把老虎洞窑与郊坛下官窑的初期产品与清凉寺汝窑产品和低岭头类型做比较,可判断郊坛下官窑与老虎洞窑生产的器物之中,前者比后者在种类、造形方面与清凉寺汝窑以及低岭头类型器物更接近。假如南宋官窑在汝窑或低领头类型的基础上设立,那么上述现象说明郊坛下官窑早于老虎洞窑设立。因此,通过器形研究确认老虎洞窑为最初设立的南宋官窑的主张不能成立。在不否认《坦斋笔衡》中南宋官窑相关记录的史料价值的情况下,郊坛下官窑为最初南宋官窑的主张也不能成立。那么,理论上老虎洞窑与郊坛下官窑之前有另一座南宋官窑,那才是最初的南宋官窑。据《坦斋笔衡》,《乾道临安志》以及《咸淳临安志》等南宋时期文献记录,最初的南宋官窑很有可能位于万松岭东边的青平山入口,就是青平山修内司官窑。但随着约从绍兴末年开始,青平山修内司官窑的周围增设较多官府,淳熙年间(1174~1189)其转移至老虎洞,这就是老虎洞修内司官窑。

关于南宋后期官窑的众多课题中，还有当时运营几处官窑的问题。咸淳4年(1268)编撰的《咸淳临安志》卷十"青器窑"条记载，该时期官窑(青器窑)位于"雄武营山上圆坛左右"。许多研究者以该记载为据，认为南宋后期官窑位于雄武营山上的圆坛附近。按照上述观点，该时期就只存在一处官窑。但一些研究者并不认同这种观点，他们主张南宋后期在雄武营山上与圆坛附近有两处官窑。我对四库全书本与振绮堂刊本的《咸淳临安志》"青器窑"条相关内容仔细分析，判断南宋后期在雄武营山上和圆坛附近确实存在两处官窑。圆坛附近的官窑是郊坛下官窑，而雄武营为修内司营的别名，位于雄武营山上的官窑就是修内司官窑。雄武营山上的修内司官窑位于望江桥的东南边，即今天的金钗袋巷。在此处设立官窑之前，修内司官窑位于老虎洞，但由于老虎洞紧挨着皇宫，为防止火灾，南宋朝廷于十三世纪10年代前后把它转移至这里。

据南宋文献《坦斋笔衡》记载，修内司官窑瓷器"极其精致，油色莹彻，为世所珍"，而郊坛下官窑瓷器与修内司官窑瓷器相比"大不侔矣"。迄今为止，大多数研究者根据上述记载认为郊坛下官窑瓷器质量大不如修内司官窑瓷器，但这是对《坦斋笔衡》相关内容的误读。"极其精致、油色莹彻"为修内司官窑瓷器与郊坛下官窑瓷器的共同特征。很多研究者主张模制成形是南宋官窑制瓷技术的重要特点，在该技术基础上才得以制作精致的南宋官窑瓷器，可是这也是对《坦斋笔衡》的误读。成为其基础的是，通过淘洗工序，提高Al_2O_3的含量(％)，加工出高温烧成时抗变形力较高的坯料。南宋官窑瓷器的另一大特点是"莹彻"的釉色，这与施厚釉的加工方法有较为密切的关联。多次施较厚的单层釉，可以制作出这种厚釉，而较厚的单层釉和多次施釉，都需要经过素烧过程。也就是说，南宋官窑在素烧的器物进行几次施釉与素烧以后，还会进行入窑正烧，以使釉层变厚、釉色"莹彻"。

도판출처

제 I 부

제1장

[도1] 芒口된 定窯白瓷雙鳳紋盤, 定州市博物館(北京藝術博物館 編,『中國定窯』, 中國華僑出版社, 2012, 178쪽)

[도2] 元德李后陵(1000) 출토 定窯白瓷(1)(河南省文物考古研究所 編,『北宋皇陵』, 中州古籍出版社, 1997, 324쪽)

[도3] 元德李后陵(1000) 출토 定窯白瓷(2)(河南省文物考古研究所 編,『北宋皇陵』, 中州古籍出版社, 1997, 325쪽)

[도4] 定窯白瓷托盞, 定州市靜志寺塔(977) 출토, 定州市博物館(北京藝術博物館 編,『中國定窯』, 中國華僑出版社, 2012, 94쪽)

[도5a] "喬位"銘定窯白瓷碟, 개인(胡雲法)(필자 촬영)

[도5b] 도5a의 底部(필자 촬영)

[도6] 定窯白瓷刻花蓮花紋碗, 東京國立博物館(필자 촬영)

[도7] 定窯白瓷刻花蓮花紋蓋碗(碗), 曲陽縣定窯窯址 출토, 河北省文物研究所(北京藝術博物館 編,『中國定窯』, 中國華僑出版社, 2012, 179쪽)

[도8] 龍泉窯蓮瓣紋蓋碗(碗), 遂寧金魚村南宋窖藏 출토, 四川宋瓷博物館(成都文物考古研究所·遂寧市博物館 編著,『遂寧金魚村南宋窖藏』下冊, 文物出版社, 2012, 圖版72)

[도9] 汝窯蓋碗(碗), 淸凉寺汝窯址 출토, 河南省文物考古研究所(河南省文物考古研究所,『寶豊淸凉寺汝窯』, 大象出版社, 2008, 彩版67-1)

[도10] 高麗靑瓷蓋碗(碗), 泰安 대섬 出水, 國立海洋文化財研究所(필자 촬영)

[도11] 南宋官窯蓋碗(碗), 老虎洞南宋官窯址 출토, 杭州博物館(杜正賢 主編,『杭州老虎洞窯址瓷器精選』, 文物出版社, 2002, 121쪽)

[도12] 碗形支圈, 曲陽縣定窯窯址 출토, 河北省文物硏究所(필자 촬영)

[도13] 定窯白瓷六瓣平底小碟, 天津薊縣獨樂寺塔(1058) 출토, 天津博物館(張栢 主編,『中國出土瓷器全集』2, 科學出版社, 2008, 7쪽)

[도14] 定窯白瓷碗(1·2) 및 盤(3), 敖漢旗羊山2號墓(劉祜墓)(1099) 출토(邵國田,「敖漢旗羊山1~3號遼墓淸理簡報」,『內蒙古文物考古』1999년 제1기, 9쪽)

[도15] 天靑釉汝窯瓷器片, 淸凉寺汝窯址 출토, 河南省文物考古硏究所(필자 촬영)

[도16] "德壽苑"銘定窯白瓷片, 南宋官窯博物館(필자 촬영)

[도17] "供御"銘建盞片, 福建博物院(필자 촬영)

[도18] 定窯白瓷"尙藥局"銘盒, 曲陽縣定窯窯址 출토, 定窯遺址文物保管所(北京藝術博物館 編,『中國定窯』, 中國華僑出版社, 2012, 106쪽)

[도19] 定窯白瓷"尙食局"銘碗, 曲陽縣定窯窯址 출토, 河北省文物硏究所(北京藝術博物館 編,『中國定窯』, 中國華僑出版社, 2012, 86쪽)

[도20] 徽宗 宣和 3년(1116)에 三代의 鼎을 倣製한 宣和三年山尊, 故宮博物院(中國國家博物館 編,『宋韻—四川窖藏文物輯粹』, 中國社會科學出版社, 2006, 294쪽)

[도21] 金屬貨幣各種(탁본), 淸凉寺汝窯址 출토(河南省文物考古硏究所,『寶豊淸凉寺汝窯』, 大象出版社, 2008, 120쪽)

제2장

[도1] 汝窯洗, 故宮博物院(李輝柄 主編,『兩宋瓷器』上, 商務印書館, 1996, 11쪽)

[도2a] 汝窯洗, 개인(王留現)(汪慶正 等,『汝窯的發現』, 上海人民美術出版社, 1987, 62쪽)

[도2b] 도2a의 底部(汪慶正 等,『汝窯的發現』,上海人民美術出版社, 1987, 62쪽)

[도3] 2000년 淸凉寺汝窯址 발굴 현장(陳浩 主編,『澄泥爲範—河南新出宋金名窯瓷器展』,浙江省博物館·河南省文物考古硏究所 , 2013, 8쪽)

[도4] 瑪瑙原石, 淸凉寺汝窯址 출토(河南省文物考古硏究所,『寶豊淸凉寺汝窯』, 大象出版社, 2008, 彩版191-2)

[도5] 高麗靑瓷盒, 仁宗長陵(1146) 출토, 국립중앙박물관(필자 촬영)

[도6] 越窯刻花摩羯紋水盂, 북송말기, 寺龍口窯址 출토, 浙江省文物考古硏究所(浙江省文物考古硏究所 等,『寺龍口越窯址』,文物出版社, 2002, 107쪽)

[도7] 越窯唾壺, 康陵(939) 출토, 臨安市文物館(조선관요박물관 편,『靑磁의 色과 形』, (재)세계도자기엑스포, 2005, 도281)

[도8] 臨汝窯靑瓷片, 嚴和店窯址 출토, 河南省文物考古硏究所(孫新民 等,『河南古代瓷窯』, 國立歷史博物館, 2002, 185쪽)

[도9] 汝窯天靑釉洗, 淸凉寺汝窯址 출토, 河南省文物考古硏究所(河南省文物考古硏究所 編,『汝窯與張公巷窯出土瓷器』,科學出版社, 2009, 53쪽)

[도10] 汝窯蓮花形香爐, 淸凉寺汝窯址 출토, 河南省文物考古硏究所(河南省文物考古硏究所,『寶豊淸凉寺汝窯』, 大象出版社, 2008, 彩版164-1)

[도11] 高麗靑瓷蓮花形香爐, 국립중앙박물관(필자 촬영)

[도12] 靑瓷刻花牡丹紋蓋, 淸凉寺汝窯址 출토, 河南省文物考古硏究所(河南省文物考古硏究所,『寶豊淸凉寺汝窯』, 大象出版社, 2008, 彩版34-1)

[도13] 汝窯天靑釉蓋, 淸凉寺汝窯址 출토, 河南省文物考古硏究所(河南省文物考古硏究所,『寶豊淸凉寺汝窯』, 大象出版社, 2008, 彩版119-1)

[도14] 汝窯碗(次品), 淸凉寺汝窯址 출토, 河南省文物考古硏究所(河南省文物考古硏究所,『寶豊淸凉寺汝窯』, 大象出版社, 2008, 彩版66-1)

[도15] 破棄된 汝窯瓷器殘次品, 淸凉寺汝窯址(C2) 출토, 河南省文物考古硏究所(河南省文物考古硏究所,『寶豊淸凉寺汝窯』, 大象出版社, 2008, 彩版190-2)

[도16] 淸凉寺汝窯 초기단계의 기물들(碗·盤)(河南省文物考古研究所,『寶豊淸凉寺汝窯』, 大象出版社, 2008, 57쪽)

[도17] 汝窯圓壺, 淸凉寺汝窯址 출토, 河南省文物考古研究所(河南省文物考古研究所,『寶豊淸凉寺汝窯』, 大象出版社, 2008, 彩版162-1)

[도18] 陶範(內模), 淸凉寺汝窯址 출토, 河南省文物考古研究所(郭木森 제공)

[도19] 龍泉窯刻花垂葉紋盃口壺, 龍泉市秋畈村北宋元豊紀年墓(1078~1085) 출토, 龍泉博物館(朱伯謙 主編,『龍泉窯青瓷』, 藝術家出版社, 1998, 104쪽)

[도20] 建窯瓷器片, 福建博物院(杭州南宋官窯博物館 編,『淸·雅—南宋瓷器精品』, 中華書局, 2010, 149쪽)

제3장

[도1] 靑瓷三犧尊, 國立故宮博物院(林柏亭 主編,『北宋汝窯特展』, 國立故宮博物院, 2006, 82쪽)

[도2] 靑瓷"奉華"銘出戟尊, 國立故宮博物院(林柏亭 主編,『北宋汝窯特展』, 國立故宮博物院, 2006, 88쪽)

[도3] 靑瓷玉壺春瓶, 大英博物館(필자 촬영)

[도4] 靑瓷刻花牡丹唐草紋注子, 東京國立博物館(大阪市立東洋陶磁美術館 編,『—中國中原에華ひらいた名窯—耀州窯』, 朝日新聞社, 1997, 28쪽)

[도5]『燔功彰色』(부분), 國立故宮博物院(林柏亭 主編,『北宋汝窯特展』, 國立故宮博物院, 2006, 172쪽)

[도6a] 靑瓷紙槌瓶, 國立故宮博物院(林柏亭 主編,『北宋汝窯特展』, 國立故宮博物院, 2006, 118쪽)

[도6b] 도6a의 底部(林柏亭 主編,『北宋汝窯特展』, 國立故宮博物院, 2006, 123쪽)

[도7]『御製詩四集』卷55「詠汝窯缾」(필자 촬영)

[도8] 郭葆昌(馬常,「一代瓷家郭葆昌」,『海內與海外』2005년 제6기, 58쪽)

[도9] 靑瓷貫耳八方壺, 國立故宮博物院(國立故宮博物院編輯委員會 編,『宋官窯特展』, 國立故宮博物院, 1989, 59쪽)

[도10a] 靑瓷三足洗, 故宮博物院(李輝炳 主編,『兩宋瓷器』, 商務印書館, 1996, 3쪽)

[도10b] 도10a의 底部(필자 촬영)

[도11a] 靑瓷盤, 國立故宮博物院(林柏亭 主編,『北宋汝窯特展』, 國立故宮博物院, 2006, 32쪽)

[도11b] 도11a의 底部(林柏亭 主編,『北宋汝窯特展』, 國立故宮博物院, 2006, 36쪽)

[도12a] 靑瓷圓洗, 國立故宮博物院(林柏亭 主編,『北宋汝窯特展』, 國立故宮博物院, 2006, 48쪽)

[도12b] 도12a의 底部(林柏亭 主編,『北宋汝窯特展』, 國立故宮博物院, 2006, 50쪽)

[도13] 靑瓷剔花蓮花紋獅子口注子, 클리블랜드미술관(大阪市立東洋陶磁美術館 等 編,『宋磁』, 朝日新聞社, 1999, 48쪽)

[도14a] 靑瓷花形碗("알렉산더완"), 大英博物館(Regina Krahl, "'Alexander Bowl' and the Question of Northern Guan Ware", *Orientations* vol. 24 no. 11, 1993, p.72)

[도14b] 도14a의 底部(Regina Krahl, "'Alexander Bowl' and the Question of Northern Guan Ware", *Orientations* vol. 24 no. 11, 1993, p.72)

제II부

제1장

[도1] 이른바 東窯風의 靑瓷注子, 耀州窯, 개인(조선관요박물관 편, 『靑磁의 色과 形』, (재)세계도자기엑스포, 2005, 도27)

[도2a] 靑瓷花形碗, 大英博物館(Regina Krahl, "'Alexander Bowl' and the Question of Northern Guan Ware", *Orientations* vol. 24 no. 11, 1993, p.72)

[도2b] 도2a의 底部(Regina Krahl, "'Alexander Bowl' and the Question of Northern Guan Ware", *Orientations* vol. 24 no. 11, 1993, p.72)

[도3a] 靑瓷盤片, 上海博物館(필자 촬영)

[도3b] 도3a의 底部(필자 촬영)

[도4] 張公巷窯址(T4)(필자 촬영)

[도5] 張公巷窯址 出土 瓷器片, 河南省文物考古研究所(필자 촬영)

제2장

[도1] 靑瓷蓮花形香爐(A형), 개인(조선관요박물관 편, 『靑磁의 色과 形』, (재)세계도자기엑스포, 2005, 도77)

[도2] 靑瓷蓮花形香爐(B형), 호림박물관(호림박물관 제공)

[도3] 汝窯蓮花形香爐(A형), 淸凉寺汝窯址 출토, 河南省文物考古研究所(河南省文物考古研究所 等 編, 『河南新出宋金名窯瓷器特展』, 保利藝術博物館, 2009, 81쪽)

[도4] 汝窯蓮花形香爐(B형), 淸凉寺汝窯址 출토, 河南省文物考古研究所(조선관요박물관 편, 『靑磁의 色과 形』, (재)세계도자기엑스포, 2005, 도78)

[도5] 靑瓷花形碗(A형), 개인(조선관요박물관 편, 『靑磁의 色과 形』, (재)세계도자기엑스포, 2005, 도187)

[도6] 靑瓷花形碗(B형), 해강도자미술관(해강도자미술관 제공)

[도7] 靑瓷花形碗의 底部(조선관요박물관 편, 『靑磁의 色과 形』, (재)세계도자기엑스포, 2005, 참고도판(27))

[도8] 汝窯花形碗(B형), 淸凉寺汝窯址 출토, 河南省文物考古硏究所(河南省文物考古硏究所, 『寶豊淸凉寺汝窯』, 大象出版社, 2008, 彩版63-1)

[도9] 靑瓷鐵花花卉鳥蟲紋梅甁(B형), 개인(국립중앙박물관 편, 『高麗靑磁名品特別展』, 通川文化社, 1989, 186쪽)

[도10] 靑瓷梅甁(A형Ⅰ식), 大阪市立東洋陶磁美術館(大阪市立東洋陶磁美術館, 『高麗靑磁の誕生―初期高麗靑磁とその展開―』, 財團法人大阪市美術振興協會, 2004, 51쪽)

[도11] 靑瓷梅甁(A형Ⅱ식), 개인(국립중앙박물관 편, 『高麗靑磁名品特別展』, 通川文化社, 1989, 16쪽)

[도12] 汝窯梅甁(A형Ⅰ식), 淸凉寺汝窯址 출토, 河南省文物考古硏究所(河南省文物考古硏究所, 『寶豊淸凉寺汝窯』, 大象出版社, 2008, 彩版109-1)

[도13] 汝窯梅甁(A형Ⅱ식), 淸凉寺汝窯址 출토, 河南省文物考古硏究所(河南省文物考古硏究所, 『寶豊淸凉寺汝窯』, 大象出版社, 2008, 彩版110-1)

[도14] 靑瓷花形접시(A형), 호림박물관(필자 촬영)

[도15] 靑瓷花形접시(B형), 국립중앙박물관(필자 촬영)

[도16] 汝窯花形접시, 淸凉寺汝窯址 출토(河南省文物考古硏究所, 『寶豊淸凉寺汝窯』, 大象出版社, 2008, 82쪽)

[도17] 靑瓷方形套盒(A형), 국립중앙박물관(필자 촬영)

[도18] 靑瓷方形套盒(右; A형Ⅰ식, 左; B형Ⅱ식), 沙堂里窯址 출토, 국립중앙박물관(국립중앙박물관, 『고려 왕실의 도자기』, 통천문화사, 2008, 23쪽)

[도19] 汝窯方形套盒(A형), 淸凉寺汝窯址 출토, 河南省文物考古硏究所(河南省文物考古硏究所 編, 『汝窯與張公巷窯出土瓷器』, 科學出版社, 2009, 41쪽)

[도20] 汝窯方形套盒(B형 I 식), 淸凉寺汝窯址 출토, 河南省文物考古研究所(河南省文物考古研究所,『寶豊淸凉寺汝窯』, 大象出版社, 2008, 彩版105-1)

[도21] 靑瓷花形托, 개인(조선관요박물관 편,『靑磁의 色과 形』, (재)세계도자기엑스포, 2005, 도117)

[도22] 靑瓷花形托(A형), 大和文華館(長谷部樂爾,『陶磁大系』29 高麗の靑磁, 平凡社, 1977, 圖版37)

[도23] 靑瓷花形托(B형), 국립중앙박물관(필자 촬영)

[도24] 汝窯花形托(A형), 淸凉寺汝窯址 출토, 河南省文物考古研究所(河南省文物考古研究所,『寶豊淸凉寺汝窯』, 大象出版社, 2008, 彩版147-2)

[도25] 靑瓷紙槌甁(A형), 개인(조선관요박물관 편,『靑磁의 色과 形』, (재)세계도자기엑스포, 2005, 도101)

[도26] 靑瓷陰刻牡丹紋紙槌甁(B형), 개인(조선관요박물관 편,『靑磁의 色과 形』, (재)세계도자기엑스포, 2005, 도102)

[도27] 汝窯紙槌甁(B형), 淸凉寺汝窯址 출토, 河南省文物考古研究所(河南省文物考古研究所 等 編,『河南新出宋金名窯瓷器特展』, 保利藝術博物館, 2009, 55쪽)

[도28] 汝窯紙槌甁(A형), 淸凉寺汝窯址 출토, 河南省文物考古研究所(河南省文物考古研究所 編,『汝窯與張公巷窯出土瓷器』, 科學出版社, 2009, 118쪽)

[도29] 靑瓷玉壺春甁, 국립중앙박물관(국립중앙박물관 편,『高麗靑磁名品特別展』, 通川文化社, 1989, 51쪽)

[도30] 靑瓷玉壺春甁, 大阪市立東洋陶磁美術館(大阪市立東洋陶磁美術館 編,『美の求道者・安宅英一の眼—安宅コレクション』, 讀賣新聞大阪本社, 2007, 155쪽)

[도31] 汝窯玉壺春甁, 淸凉寺汝窯址 출토, 河南省文物考古研究所(河南省文物考古研究所,『寶豊淸凉寺汝窯』, 大象出版社, 2008, 彩版112-1)

[도32] 靑瓷細頸甁, 호림박물관(湖林博物館 學藝硏究室 編, 『호림박물관 신사분
관 개관기념 특별전 고려청자』, 成保文化財團, 2009, 24쪽)

[도33] 靑瓷平底小碟, 국립중앙박물관(필자 촬영)

[도34] 汝窯平底小碟, 淸凉寺汝窯址 출토, 河南省文物考古硏究所(河南省文物考
古硏究所, 『寶豊淸凉寺汝窯』, 大象出版社, 2008, 彩版149-1)

[도35] 靑瓷圓洗, 국립중앙박물관(필자 촬영)

[도36] 汝窯圓洗, 淸凉寺汝窯址 출토, 河南省文物考古硏究所(河南省文物考古硏
究所 編, 『汝窯與張公巷窯出土瓷器』, 科學出版社, 2009, 57쪽)

[도37] 靑瓷蓮瓣紋鉢, 大阪市立東洋陶磁美術館(伊藤郁太郎 編, 『優艷の色・質朴
のかたち―李秉昌コレクション韓國陶磁の美―』, (財)大阪市美術振興協會,
1999, 50쪽)

[도38] 汝窯蓮瓣紋鉢, 淸凉寺汝窯址 출토, 河南省文物考古硏究所(河南省文物考
古硏究所 編, 『汝窯與張公巷窯出土瓷器』, 科學出版社, 2009, 35쪽)

[도39] 靑瓷蓋碗(A형), 仁宗長陵(1146) 출토, 국립중앙박물관(필자 촬영)

[도40] 靑瓷蓋碗(B형), 강진청자박물관(강진청자박물관 학예연구실 편, 『열에서 골
라 하나를 얻었네』, 강진청자박물관, 2009, 16쪽)

[도41a] 汝窯蓋碗(碗), 淸凉寺汝窯址 출토, 河南省文物考古硏究所(河南省文物考
古硏究所 編, 『汝窯與張公巷窯出土瓷器』, 科學出版社, 2009, 8쪽)

[도41b] 汝窯蓋碗(뚜껑; A형), 淸凉寺汝窯址 출토, 河南省文物考古硏究所(河南省
文物考古硏究所, 『寶豊淸凉寺汝窯』, 大象出版社, 2008, 彩版119-1)

[도42] 汝窯蓋碗(뚜껑; B형), 淸凉寺汝窯址 출토, 河南省文物考古硏究所(河南省
文物考古硏究所, 『寶豊淸凉寺汝窯』, 大象出版社, 2008, 彩版34-1)

[도43] 靑瓷碗의 墊燒痕, 龍雲里63號窯址 출토(필자 촬영)

[도44] 芳山洞窯址 출토 墊圈(左)과 접시편의 支燒痕(右)(필자 촬영)

[도45] 淸凉寺汝窯址 출토 盤片(支燒痕)(필자 촬영)

[도46] 硅石支釘陶枕, 康津窯址 채집, 강진청자박물관(필자 촬영)

[도47] 靑瓷鉢의 支燒痕(필자 촬영)

[도48] 靑瓷紙槌甁의 支燒痕(조선관요박물관 편,『靑磁의 色과 形』, (재)세계도자기엑스포, 2005, 도101)

[도49] 仁宗長陵(1146) 출토 靑瓷蓋碗(支燒痕), 국립중앙박물관(필자 촬영)

[도50] 汝窯의 支釘墊圈과 支釘墊餠, 淸凉寺汝窯址 출토, 河南省文物考古硏究所 (郭木森 제공)

[도51] 靑瓷蓮花形香爐, 호림박물관(호림박물관 제공)

[도52] 汝窯蓮花形香爐(T29③:154), 淸凉寺汝窯址 출토, 河南省文物考古硏究所 (河南省文物考古硏究所 編,『汝窯與張公巷窯出土瓷器』, 科學出版社, 2009, 79쪽)

[도53] 汝窯蓮花形香爐의 뚜껑(C2:840)(河南省文物考古硏究所,『寶豊淸凉寺汝窯』, 大象出版社, 2008, 94쪽)

[도54] 호림박물관 소장 靑瓷蓮花形香爐의 底部(호림박물관 제공)

[도55] 康津窯址 채집 靑瓷蓮花形香爐片(底部), 강진청자박물관(필자 촬영)

[도56] 汝窯蓮花形香爐(T29③:154)의 底部(河南省文物考古硏究所,『寶豊淸凉寺汝窯』, 大象出版社, 2008, 彩版163-2)

제3장

[도1] 汝州市 張公巷 全景(필자 촬영)

[도2] 張公巷窯址 全景(郭木森 제공)

[도3] 張公巷窯址 T4(郭木森 제공)

[도4] 張公巷窯址 T4의 堆積斷面(필자 촬영)

[도5] 靑瓷印花蓮池魚紋盤, 黃堡鎭耀州窯址 출토, 耀州窯博物館(필자 촬영)

[도6] 張公巷窯址 H88(郭木森 제공)

[도7] 靑瓷深腹碗, 張公巷窯址 H88 출토, 河南省文物考古研究所(河南省文物考古研究所 編,『汝窯與張公巷窯出土瓷器』, 科學出版社, 2009, 103쪽)

[도8] 張公巷窯址 H101(郭木森 제공)

[도9] 靑瓷板沿盞托, 張公巷窯址 H101 출토, 河南省文物考古研究所(河南省文物考古研究所·保利藝術博物館 編,『河南新出宋金名窯瓷器特展』, 保利藝術博物館, 2009, 86쪽)

[도10] 靑瓷敞口折沿碗, 張公巷窯址 H101 출토, 河南省文物考古研究所(河南省文物考古研究所·保利藝術博物館 編,『河南新出宋金名窯瓷器特展』, 保利藝術博物館, 2009, 96쪽)

[도11] 建窯黑釉碗, 한국 新安沈沒船 出水, 국립광주박물관(김성범 등 편,『신안선』청자/흑유편, 문화재청·국립해양유물전시관, 2006, 319쪽)

[도12] 敞口折沿銀碗, 四川彭州宋代金銀器窖藏 출토, 彭州市博物館(成都市文物考古研究所·彭州市博物館 編著,『四川彭州宋代金銀器窖藏』, 科學出版社, 2003, 彩版12-1)

[도13] 靑瓷葵口板沿盤, 張公巷窯址 H101 출토, 河南省文物考古研究所(필자 촬영)

[도14] 花紋葵口板沿銀盤, 西安 출토, 西安博物院(姚建杭,『絲綢之路—大西北遺珍』, 中國文化藝術出版社, 2010, 174쪽)

[도15] 葵口板沿銀盤, 四川彭州宋代金銀器窖藏 출토, 彭州市博物館(成都市文物考古研究所·彭州市博物館 編著,『四川彭州宋代金銀器窖藏』, 科學出版社, 2003, 彩版25)

[도16] 牡丹紋葵口板沿金盤, 北京 西城區 月壇地區 출토, 北京市文物研究所(《北京文物精粹大系》編委會·北京市文物局,『北京文物精粹大系』金銀器卷, 北京出版社, 2004, 4쪽)

[도17] 梅花梢月紋葵口板沿銀盤, 漣源市石洞村元代窖藏 출토, 漣源市文物管理

所(喩燕姣, 『湖南出土金銀器』, 湖南美術出版社, 2009, 278쪽)

[도18] 定窯白瓷印花孔雀牡丹紋葵口板沿盤, Percival David 재단(マ_ガレッド・メドレイ 編, 『東洋陶磁大觀』 제7권 デイウィッド財團コレクション, 株式會社講談社, 1975, 圖27)

[도19] 鶴壁窯白瓷印花鳳凰牡丹紋葵口板沿盤, 鶴壁集瓷窯址 출토, 鶴壁市博物館(王文强, 「鶴壁窯的倣定白瓷」, 『中國古陶瓷研究』 제11집, 2005, 288쪽)

[도20] 青花鹿紋葵口板沿盤, 青州糧食中轉庫鐵路西便元代墓 출토, 青州市博物館(北京藝術博物館 等 主編, 『元青花』, 河北教育出版社, 2009, 120쪽)

[도21] 青瓷紙槌瓶, 張公巷窯址 H101 출토, 河南省文物考古研究所(河南省文物考古研究所·保利藝術博物館 編, 『河南新出宋金名窯瓷器特展』, 保利藝術博物館, 2009, 85쪽)

[도22] 青瓷紙槌瓶, 清凉寺汝窯址 출토, 河南省文物考古研究所(조선관요박물관 편, 『青磁의 色과 形』, (재)세계도자기엑스포, 2005, 도100)

[도23] 清凉寺汝窯址 출토 青瓷紙槌瓶의 口部(조선관요박물관 편, 『青磁의 色과 形』, (재)세계도자기엑스포, 2005, 圖100)

[도24] 張公巷窯址 H101 출토 青瓷紙槌瓶의 口部(필자 촬영)

[도25] 清凉寺汝窯址 출토 青瓷紙槌瓶의 底部(조선관요박물관 편, 『青磁의 色과 形』, (재)세계도자기엑스포, 2005, 圖100)

[도26] 張公巷窯址 H101 출토 青瓷紙槌瓶의 底部(필자 촬영)

[도27] 老虎洞修內司官窯址 H3 출토 青瓷紙槌瓶(Ⅰ型), 杭州博物館(杜正賢 主編, 『杭州老虎洞窯址瓷器精選』, 文物出版社, 55쪽)

[도28] 老虎洞修內司官窯址 H22 출토 青瓷紙槌瓶(Ⅱ型), 杭州博物館(杜正賢 主編, 『杭州老虎洞窯址瓷器精選』, 文物出版社, 61쪽)

[도29] 青瓷鵝頸瓶, 張公巷窯址 H101 출토, 河南省文物考古研究所(河南省文物考古研究所 編, 『汝窯與張公巷窯出土瓷器』, 科學出版社, 2009, 132쪽)

[도30] 銀製鵝頸瓶, 四川彭州宋代金銀器窖藏 출토, 彭州市博物館(成都市文物
考古研究所·彭州市博物館 編著, 『四川彭州宋代金銀器窖藏』, 科學出版社,
2003, 彩版11-1)

[도31] 靑瓷撇口圓壺, 張公巷窯址 H101 출토, 河南省文物考古硏究所(河南省文
物考古硏究所 編, 『汝窯與張公巷窯出土瓷器』, 科學出版社, 2009, 129쪽)

[도32] 淸凉寺汝窯址 출토 각종 靑瓷壺(河南省文物考古硏究所 編, 『寶豊淸凉寺
汝窯』, 大象出版社, 2008, 103쪽)

[도33] 銀製撇口圓壺, 四川彭州宋代金銀器窖藏 출토, 彭州市博物館(成都市文物
考古研究所·彭州市博物館 編著, 『四川彭州宋代金銀器窖藏』, 科學出版社,
2003, 彩版10-2)

[도34] 錫製撇口圓壺, 江蘇省金壇南宋周瑀墓(1245) 출토, 鎭江市博物館 等, 「金壇
南宋周瑀墓」, 『考古學報』1977년 제1기, 圖版3-2)

[도35] 黃綠釉貼花高足香爐, 邛窯古陶瓷博物館(耿寶昌 主編, 『邛窯古陶瓷硏究』,
中國科學技術大學出版社, 2002, 263쪽)

[도36] 靑瓷蓮花形香爐, 淸凉寺汝窯址 출토, 河南省文物考古硏究所(조선관요박
물관 편, 『靑磁의 色과 形』, (재)세계도자기엑스포, 2005, 도78)

[도37] 靑瓷蓮花形香爐, 黃堡鎭耀州窯址 출토, 耀州窯博物館(陝西省考古硏究
所·耀州窯博物館, 『宋代耀州窯址』, 文物出版社, 1998, 彩板10)

[도38] 靑瓷蓮花形香爐片, 杭州卷烟廠 출토, 鴻禧美術館(舒佩琦, 「放大鏡下汝窯
與張公巷窯靑釉瓷新視野」, 『汝窯與張公巷窯出土瓷器』, 科學出版社, 2009,
203쪽)

[도39] 靑瓷器蓋, 張公巷窯址 T3 제6층 출토, 河南省文物考古硏究所(河南省文物
考古硏究所·保利藝術博物館 編, 『河南新出宋金名窯瓷器特展』, 保利藝術博
物館, 2009, 112쪽)

[도40] 靑瓷器蓋, 黃堡鎭耀州窯址 출토, 耀州窯博物館(필자 촬영)

[도41] 青瓷刻花牡丹紋蓋, 淸凉寺汝窯址 출토, 河南省文物考古硏究所(河南省文物考古硏究所 編,『寶豊淸凉寺汝窯』, 大象出版社, 2008, 彩版34-1)

[도42] 青瓷直腹碗, 張公巷窯址 H101 출토, 河南省文物考古硏究所(河南省文物考古硏究所·保利藝術博物館 編,『河南新出宋金名窯瓷器特展』, 保利藝術博物館, 2009, 99쪽)

[도43] 青瓷蓋碗, 고려 仁宗長陵(1145) 출토, 국립중앙박물관(국립중앙박물관,『고려 왕실의 도자기』, 통천문화사, 2008, 24쪽)

[도44] 定窯白瓷蓋碗, 故宮博物院(필자 촬영)

[도45] 景德鎭 御器廠 유적의 殘次品堆積坑(北京大學考古文博學院 等 編著,『景德鎭出土明代御窯瓷器』, 文物出版社, 2009, 14쪽)

[도46] 老虎洞修內司官窯址의 殘次品堆積坑(杜正賢 제공)

[도47] 淸凉寺汝窯址의 殘次品堆積(T28)(河南省文物考古硏究所 編,『寶豊淸凉寺汝窯』, 大象出版社, 2008, 彩版6-3)

[도48] 青瓷洗(次品), 淸凉寺汝窯址 출토, 河南省文物考古硏究所(河南省文物考古硏究所 編,『寶豊淸凉寺汝窯』, 大象出版社, 2008, 彩版95-1)

[도49] 青瓷花形碗, 大英博物館(Regina Krahl, "'Alexander Bowl' and the Question of Northern Guan Ware", *Orientations* vol. 24, no. 11, 1993, 72쪽)

[도50] 青瓷盤片, 上海博物館(필자 촬영)

[도51] 青瓷片, 郊壇下官窯址 출토, 浙江省博物館(필자 촬영)

[도52] 青瓷盤, 老虎洞修內司官窯址 H3 출토, 杭州博物館(杜正賢 主編,『杭州老虎洞窯址瓷器精選』, 文物出版社, 139쪽)

제Ⅲ부

제1장

[도1] 老虎洞窯址 全景(필자 촬영)

[도2] "修內司窯"銘갓모, 老虎洞窯址 출토(필자 촬영)

제2장

[도1] 米內山庸夫가 주장한 수내사관요지의 위치(米內山庸夫, 「南宋官窯古窯址の發見」, 『世界陶磁全集』 10, 河出書房, 1954, 278쪽)

[도2] 南宋官窯三足盤, 郊壇下官窯址 출토, 南宋官窯博物館(鄧禾穎 主編, 『南宋官窯』, 浙江撮影出版社, 2009, 41쪽)

[도3] 汝窯三足盤, 淸凉寺汝窯址 출토, 河南省文物考古硏究所(河南省文物考古硏究所, 『寶豊淸凉寺汝窯』, 大象出版社, 2008, 彩版101-1)

[도4] 南宋官窯細頸甁(生素器), 郊壇下官窯址 출토, 南宋官窯博物館(中國社會科學院 等 編, 『南宋官窯』, 中國大百科全書出版社, 1996, 圖版22-2)

[도5] 汝窯細頸甁, 淸凉寺汝窯址 출토, 河南省文物考古硏究所(조선관요박물관 편, 『靑磁의 色과 形』, (재)세계도자기엑스포, 2005, 도61)

[도6] 南宋官窯蓮花形香爐의 爐身, 郊壇下官窯址 출토, 南宋官窯博物館(中國社會科學院 等 編, 『南宋官窯』, 中國大百科全書出版社, 1996, 29쪽)

[도7] 南宋官窯蓮花形香爐의 臺座, 郊壇下官窯址 출토, 南宋官窯博物館(鄧禾穎 主編, 『南宋官窯』, 浙江撮影出版社, 2009, 25쪽)

[도8] 汝窯蓮花形香爐, 淸凉寺汝窯址 출토, 河南省文物考古硏究所(조선관요박물관 편, 『靑磁의 色과 形』, (재)세계도자기엑스포, 2005, 도78)

[도9] 南宋官窯花口甁, 郊壇下官窯址 출토, 南宋官窯博物館(中國社會科學院 等 編, 『南宋官窯』, 中國大百科全書出版社, 1996, 彩版3)

[도10] 越窯夾層碗, 寺龍口窯址 출토(浙江省文物考古硏究所 等, 『寺龍口越窯址』, 文物出版社, 2002, 78쪽)

[도11] 南宋官窯夾層碗, 老虎洞窯址 출토, 杭州博物館(杜正賢 主編, 『杭州老虎洞窯址瓷器精選』, 文物出版社, 2002, 78쪽)

[도12] 龍泉窯夾層碗, 日本福岡市博多遺址 출토, 福岡市埋藏文化財センタ(필자 촬영)

[도13] 越窯盞托(Ⅰ형), 寺龍口窯址 출토, 浙江省文物考古硏究所(浙江省文物考古硏究所 等, 『寺龍口越窯址』, 文物出版社, 2002, 167쪽)

[도14] 南宋官窯盞托(Ⅱ형), 老虎洞窯址 출토, 杭州博物館(杜正賢 主編, 『杭州老虎洞窯址瓷器精選』, 文物出版社, 2002, 130쪽)

[도15] 汝窯盞托(Ⅰ형), 淸凉寺汝窯址 출토, 河南省文物考古硏究所(河南省文物考古硏究所, 『寶豊淸凉寺汝窯』, 大象出版社, 2008, 彩版144-1)

[도16] 南宋官窯套瓶, 老虎洞窯址 출토, 杭州博物館(杜正賢 主編, 『杭州老虎洞窯址瓷器精選』, 文物出版社, 2002, 49쪽)

[도17] 南宋官窯樽式套爐, 老虎洞窯址 출토, 杭州博物館(杜正賢 主編, 『杭州老虎洞窯址瓷器精選』, 文物出版社, 2002, 111쪽)

[도18] 南宋官窯筆山, 老虎洞窯址 출토, 杭州博物館(杜正賢 主編, 『杭州老虎洞窯址瓷器精選』, 文物出版社, 2002, 138쪽)

[도19] 汝窯紙槌瓶, 淸凉寺汝窯址 출토, 河南省文物考古硏究所(大阪市立東洋陶磁美術館 編, 『北宋汝窯靑磁考古發掘成果展』, 財團法人大阪市美術振興協會, 2009, 118쪽)

[도20] 南宋官窯紙槌瓶(肩部Ⅰ형), 老虎洞窯址 출토, 杭州博物館(杜正賢 主編, 『杭州老虎洞窯址瓷器精選』, 文物出版社, 2002, 55쪽)

[도21] 南宋官窯紙槌瓶(肩部Ⅱ형), 老虎洞窯址 출토, 杭州博物館(杜正賢 主編, 『杭州老虎洞窯址瓷器精選』, 文物出版社, 2002, 63쪽)

[도22] 汝窯梅甁(Ⅰ형), 淸凉寺汝窯址 출토, 河南省文物考古硏究所(河南省文物
考古硏究所, 『寶豊淸凉寺汝窯』, 大象出版社, 2008, 彩版109-1)

[도23] 汝窯梅甁(Ⅱ형), 淸凉寺汝窯址 출토, 河南省文物考古硏究所(河南省文物
考古硏究所, 『寶豊淸凉寺汝窯』, 大象出版社, 2008, 彩版110-1)

[도24] 南宋官窯梅甁(Ⅰ형), 老虎洞窯址 출토, 杭州博物館(杜正賢 主編, 『杭州老
虎洞窯址瓷器精選』, 文物出版社, 2002, 47쪽)

[도25] 1930년대의 萬松嶺(米內山庸夫, 「南宋官窯古窯址の發見」, 『世界陶磁全
集』 10, 河出書房, 1954, 279쪽)

[도26] 현재의 萬松嶺(필자 촬영)

[도27] 『咸淳臨安志』卷1 「皇城圖」(中華書局編輯部 編, 『宋元方志叢刊』 제4책, 中
華書局, 1990, 3354쪽)

[도28] 靑平山에서 바라본 九華山(右)과 鳳凰山(左). 두 산 사이에 있는 계곡의 끝
부분에 老虎洞窯址가 있다.(필자 촬영)

[도29] 현재의 萬松嶺의 동쪽 初入(필자 촬영)

[도30] 개간되거나 건물이 들어선 靑平山 기슭(필자 촬영)

[도31] 필자가 靑平山 주위에서 채집한 남송시기 瓷器片들(필자 촬영)

[도32] 南宋官窯型瓷器片들과 窯道具들이 출토된 杭州卷煙廠(필자 촬영)

[도33] 南宋官窯型瓷器片, 杭州卷烟廠 敷地 출토, 杭州市文物考古所(필자 촬영)

[도34] 南宋官窯型瓷器片, 杭州卷烟廠 敷地 출토, 鴻禧美術館(필자 촬영)

[도35] 『咸淳臨安志』卷1 「皇城圖」(부분)(中華書局編輯部 編, 『宋元方志叢刊』 제
4책, 中華書局, 1990, 3354쪽)

[도36] 老虎洞窯址 全景(필자 촬영)

[도37] 老虎洞窯址 原料 採取坑(필자 촬영)

제3장

[도1] 老虎洞窯址 발굴 현장(杭州文物考古所(杜正賢 執筆), 「杭州老虎洞南宋官窯址」, 『文物』 2002년 제10기, 17쪽)

[도2] 『咸淳臨安志』 卷1 「皇城圖」(中華書局編輯部 編, 『宋元方志叢刊』 제4책, 中華書局, 1990, 3354쪽)

[도3] 四庫全書本 『咸淳臨安志』 靑器窯條(臺灣商務印書館 編, 『景印文淵閣四庫全書』 제490책, 臺灣商務印書館, 1986, 109쪽)

[도4] 振綺堂刊本 『咸淳臨安志』 靑器窯條(中華書局編輯部 編, 『宋元方志叢刊』 제4책, 中華書局, 1990, 3441쪽)

[도5] 四庫全書本 『咸淳臨安志』 敎樂所條(臺灣商務印書館 編, 『景印文淵閣四庫全書』 제490책, 臺灣商務印書館, 1986, 109쪽)

[도6] 振綺堂刊本 『咸淳臨安志』 敎樂所條(中華書局編輯部 編, 『宋元方志叢刊』 제4책, 中華[書局, 1990, 3441쪽)

[도7] 振綺堂刊本 『咸淳臨安志』 御前內轄司條(中華書局編輯部 編, 『宋元方志叢刊』 제4책, 中華書局, 1990, 3441쪽)

[도8] 『咸淳臨安志』 卷1 「京城圖」(부분)(中華書局編輯部 編, 『宋元方志叢刊』 제4책, 中華書局, 1990, 3354쪽)

[도9] 『咸淳臨安志』 卷1 「皇城圖」(부분)(中華書局編輯部 編, 『宋元方志叢刊』 제4책, 中華書局, 1990, 3354쪽)

[도10] 현재의 金釵袋巷(필자 촬영)

[도11] 杭州 望江門高架橋 건설 부지에서 수습한 남송관요형자기편과 요도구(馬亦超, 『南宋杭州修內司官窯研究』, 中國美術學院出版社, 2006, 303쪽)

[도12] 『西湖遊覽志』 「宋朝京城圖」(부분)(杭州市檔案館 編, 『杭州古舊地圖集』, 浙江古籍出版社, 2006, 圖4)

[도13] 『咸淳臨安志』 卷1 「浙江圖」(부분)(中華書局編輯部 編, 『宋元方志叢刊』 제

4책, 中華書局, 1990, 3355쪽)

[도14] 老虎洞修內司官窯址 全景(필자 촬영)

제4장

[도1] 老虎洞修內司官窯址 전경(필자 촬영)

[도2] 老虎洞修內司官窯址의 瓷片堆積坑(杜正賢 제공)

[도3] 郊壇下官窯址(현재의 南宋官窯博物館)(필자 촬영)

[도4] 郊壇下官窯의 窯爐(Y2)(필자 촬영)

[도5] 陶範(外模), 郊壇下官窯址 出土, 南宋官窯博物館(鄧禾穎 主編, 『南宋官窯』, 浙江撮影出版社, 2009, 28쪽)

[도6] 陶範(外模), 老虎洞修內司官窯址 出土, 杭州博物館(杜正賢 主編, 『杭州老虎洞窯址瓷器精選』, 文物出版社, 2002, 173쪽)

[도7] 老虎洞修內司官窯址 出土 鵝頸甁의 底部(필자 촬영)

[도8] 甁片(內底面), 郊壇下官窯址 出土, 浙江省文物考古研究所(필자 촬영)

[도9] 盤, 老虎洞修內司官窯址 出土, 杭州博物館(杜正賢 主編, 『杭州老虎洞窯址瓷器精選』, 文物出版社, 2002, 144쪽)

[도10] 北宋時期 越窯 秘色瓷碗의 胎의 단면(金光燮 촬영)

[도11] 12세기 高麗 翡色靑瓷碗의 胎의 단면(金光燮 촬영)

[도12] 南宋官窯(老虎洞修內司官窯)瓷器의 胎의 단면(金光燮 촬영)

[도13] 南宋官窯(郊壇下官窯)瓷器 釉胎의 단면(薄胎·黑胎)(필자 촬영)

[도14] 南宋官窯瓷器碗, 北京故宮博物院(金光燮 촬영)

[도15] 南宋官窯瓷器의 釉의 分層現象(金光燮 촬영)

[도16] 老虎洞修內司官窯址 초벌구이窯(馬蹄形窯) 주위의 초벌구이片들(필자 촬영)

[도17] 초벌구이 한 試片의 釉를 깎은 모습(필자 촬영)

[도18] 자연건조를 거쳐 施釉하여 소성한 試片의 釉層(필자 촬영)

[도19] 施釉할 때마다 초벌구이 과정을 거쳐 소성한 試片의 釉層(필자 촬영)

[도20] (上) 초벌구이를 거친 試片, (下) 초벌구이를 거치지 않은 試片(필자 촬영)

[도21] (上) 胎의 두께가 7.5mm인 試片, (下) 胎의 두께가 3mm인 試片(필자 촬영)

[도22] 汝窯瓷器의 釉胎의 단면(金光燮 촬영)

[도23] 초벌구이를 한 胎에 施釉를 하고 충분히 건조시킨 후에 다시 施釉를 한 試片(총3차 施釉)(필자 촬영)

[도24] 초벌구이를 한 胎에 施釉를 한 후 釉藥이 덜 건조된 상태에서 다시 施釉를 한 試片(총3차 施釉)(필자 촬영)

[도25] 초벌구이를 한 胎에 施釉를 한 후 釉藥이 덜 건조된 상태에서 다시 施釉(총3차 施釉)를 한 試片을 소성한 후의 釉胎의 斷面(필자 촬영)

[도26] 초벌구이를 한 胎에 施釉를 하고 다시 초벌구이를 하고 施釉를 하는 방식으로 총3차 施釉를 한 試片을 소성한 후의 釉胎의 단면(필자 촬영)

[도27] 南宋官窯瓷器의 釉의 分層現象(필자 촬영)

참고문헌

※ 각각의 참고문헌은 原典·도록·보고서·저서·논문으로 구분하였으며, 國文·中文·日文 논저는 한글 자모음 순으로, 英文 논저는 알파벳 순으로 배열하였다.

原典

徐居正 等 編, 『東文選』, 朝鮮古書刊行會, 1914.

鄭麟趾 等 撰, 『高麗史』, 延世大學校 東方學硏究所, 1955.

[明]顧起元 撰, 『說略』, 文淵閣四庫全書本, 『景印文淵閣四庫全書』 제964책, 臺灣商務印書館, 1986.

[明]高濂 撰, 『遵生八牋』, 文淵閣四庫全書本, 『景印文淵閣四庫全書』 제871책, 臺灣商務印書館, 1986.

[宋]顧文薦 撰, 『負暄雜錄』, [元]陶宗儀 纂, 『說郛』 卷18(제10책), 涵芬樓本, 商務印書館, 1927.

[淸]高宗 撰, 『淸高宗(乾隆)御製詩文全集』, 中國人民大學出版社, 1993.

[淸]高宗 撰(郭葆昌 編), 『淸高宗御製詠瓷詩錄』, 『中國古代陶瓷文獻輯錄』 제3책, 全國圖書館文獻縮微複制中心, 2003.

[淸]藍浦 撰, 『景德鎭圖錄』, 同治九年重刻本, 『中國古代陶瓷文獻輯錄』 제2책, 全國圖書館文獻縮微複製中心, 2003.

[元]陶宗儀 撰, 『南村輟耕錄』, 中華書局點校本, 中華書局, 1959.

[元]陶宗儀 撰, 『南村輟耕錄』, 四部叢刊本, 臺灣商務印書館, 1966.

[元]陶宗儀 纂, 『說郛』, 涵芬樓本, 商務印書館, 1927.

[唐]房玄齡 等 撰, 『晉書』, 中華書局點校本, 新華書店上海發行所, 1977.

[宋]謝景初,「觀上林垍器」, [宋]孔延之 撰,『會稽掇英總集』卷13, 文淵閣四庫全書本,『景印文淵閣四庫全書』제1345책, 臺灣商務印書館, 1986.

[宋]徐兢 撰,『宣和奉使高麗圖經』, 乾道三年本, 鄭龍石・金鐘潤 譯,『선화봉사 高麗圖經』, 움직이는 책, 1998.

[淸]徐松 輯,『宋會要輯稿』, 中華書局, 1957.

[宋]禮部太常寺 纂修・[淸]徐松 輯,『中興禮書』, 續修四庫全書本,『續修四庫全書』제822・823책, 上海古籍出版社, 1998.

[明]徐應秋 撰,『玉芝堂談薈』, 文淵閣四庫全書本,『景印文淵閣四庫全書』제883책, 臺灣商務印書館, 1986.

[宋]葉寘 撰,『坦齋筆衡』, [元]陶宗儀 纂,『說郛』卷18(제10책), 涵芬樓本, 商務印書館, 1927.

[宋]施諤 撰,『淳祐臨安志』, 淸光緖九年『武林掌故叢編』第四集本,『宋元方志叢刊』제4책, 中華書局, 1990.

[淸]沈翼機 等 編纂,『浙江通志』, 文淵閣四庫全書本,『景印文淵閣四庫全書』제521책, 臺灣商務印書館, 1986.

[宋]呂本中 撰,『呂氏春秋集解』, 文淵閣四庫全書本,『景印文淵閣四庫全書』제150책, 臺灣商務印書館, 1986.

[宋]吳自牧 撰,『夢梁錄』, 文淵閣四庫全書本,『景印文淵閣四庫全書』제590책, 臺灣商務印書館, 1986.

[明]王世貞 撰,『弇州四部稿』, 文淵閣四庫全書本,『景印文淵閣四庫全書』제1281책, 臺灣商務印書館, 1986.

[宋]王應麟 撰,『玉海』, 文淵閣四庫全書本,『景印文淵閣四庫全書』제945책, 臺灣商務印書館, 1986.

[宋]王存 撰(王文楚・魏嵩山 點校),『元豊九域志』, 中華書局, 1984.

[元]王惲 撰,『秋澗集』, 文淵閣四庫全書本,『景印文淵閣四庫全書』제1200책, 臺

灣商務印書館, 1986.

[宋]王欽若 等 撰, 『册府元龜』, 中華書局, 1972.

[唐]陸龜蒙 撰, 『甫里集』, 『欽定四庫全書薈要』제367책, 世界書局, 1986.

[宋]陸游(李劍雄・劉德權 點校), 『老學庵筆記』, 中華書局, 1979.

[宋]李心傳 撰, 『建炎以來繫年要錄』, 中華書局點校本, 中華書局, 1988.

[宋]李心傳 撰(徐規 點校), 『建炎以來朝野雜記』, 中華書局, 2000.

[宋]佚名, 『百寶總珍集』, 北京大學圖書館藏淸鈔本, 『四庫全書存目叢書』子部 제78책, 齊魯書社, 1995.

[宋]潛說友 撰, 『咸淳臨安志』, 文淵閣四庫全書本, 『景印文淵閣四庫全書』제490책, 臺灣商務印書館, 1986

[宋]潛說友 撰, 『咸淳臨安志』, 淸道光十年錢塘汪氏振綺堂刊本, 『宋元方志叢刊』 제4책, 中華書局, 1990.

[宋]莊綽 撰(蕭魯陽 點校), 『鷄肋編』, 中華書局, 1983.

[淸]張尙瑗 撰, 『左傳折諸』, 文淵閣四庫全書本, 『景印文淵閣四庫全書』제177책, 臺灣商務印書館, 1986.

[明]田藝衡 撰(朱碧蓮 點校), 『留青日札』, 上海古籍出版社, 1992.

[明]曹昭 撰, 『格古要論』, 文淵閣四庫全書本, 『景印文淵閣四庫全書』제871책, 臺灣商務印書館, 1986.

[宋]趙升 撰, 『朝野類要』, 文淵閣四庫全書本, 『景印文淵閣四庫全書』제854책, 臺灣商務印書館, 1986.

[宋]趙彦衛 撰(傅根淸 點校), 『雲麓漫鈔』, 中華書局, 1996.

[明]周祈 撰, 『名義考』, 文淵閣四庫全書本, 『景印文淵閣四庫全書』제856책, 臺灣商務印書館, 1986.

[宋]周密 撰, 『武林舊事』, 文淵閣四庫全書本, 『景印文淵閣史庫全書』제590책, 臺灣商務印書館, 1986.

[淸]朱琰 撰(傅振倫 譯註),『《陶說》譯注』, 輕工業出版社, 1984.

[宋]朱子 撰,『詩經集傳』, 文淵閣四庫全書本,『景印文淵閣四庫全書』제72책, 臺灣商務印書館, 1986.

[宋]周淙 撰,『乾道臨安志』, 淸光緖七年『武林掌故叢編』第一集本,『宋元方志叢刊』제4책, 中華書局, 1990.

[宋]周煇 撰(劉永翔 校注),『淸波雜志校注』, 中華書局, 1994.

[元]脫脫 等 撰,『宋史』, 中華書局點校本, 新華書店上海發行所, 1977.

[元]湯垕 撰,『畫鑒』, [元]陶宗儀 纂,『說郛』卷13(제8책), 涵芬樓本, 商務印書館, 1927.

[元]湯垕 撰,『畫鑒』, 文淵閣四庫全書本,『景印文淵閣四庫全書』제814책, 臺灣商務印書館, 1986.

[宋]太平老人,『袖中錦』, [元]陶宗儀 纂,『說郛』卷12下, 文淵閣四庫全書本,『景印文淵閣四庫全書』제876책, 臺灣商務印書館, 1986.

도록

國文

강진청자박물관 학예연구실 편,『열에서 골라 하나를 얻었네』, 강진청자박물관, 2009.

국립문화재연구소 편,『미국 코넬대학교 허버트 F 존슨 미술관 한국문화재』, 국립문화재연구소, 2009.

국립문화재연구소 미술공예연구실 編,『미국 보스턴미술관 소장 한국문화재』, 국립문화재연구소, 2004.

국립전주박물관 편,『불교, 청자, 서화 그리고 전북』, 국립전주박물관, 2009.

국립중앙박물관 편,『高麗靑磁名品特別展』, 通川文化社, 1989.

國立中央博物館,『中國陶磁』, 圖書出版 藝耕, 2007.

국립중앙박물관,『고려 왕실의 도자기』, 통천문화사, 2008.

김경미 외 편,『미국 호놀롤루아카데미미술관 소장 한국문화재』, 국립문화재연구소, 2010.

金光彦 等,『일본소장 한국문화재』③, 한국국제교류재단, 1997.

김성범 등 편,『신안선』청자/흑유편, 문화재청·국립해양유물전시관, 2006.

김윤정 편,『흙으로 빚은 우리 역사』, 용인대학교 박물관, 2004.

문선주 편,『디 아모레 뮤지움 소장품 도록』, 디 아모레 뮤지움, 2005.

박해훈 등 편,『天下第一 翡色靑磁』, 국립중앙박물관, 2012.

세계도자기엑스포조직위원회 전시부 편,『동북아도자교류전』, 세계도자기엑스포조직위원회, 2001.

芮庸海 等,『미국박물관 소장 한국문화재』, 한국국제문화협회, 1989.

芮庸海 等,『유럽박물관 소장 한국문화재』, 한국국제교류재단, 출판연도 불명.

李鍾玟 編,『高麗陶磁로의 招待』, 海剛陶磁美術館, 2004.

조선관요박물관 편,『靑磁의 色과 形』, (재)세계도자기엑스포, 2005.

조은정 등 편,『강진 고려청자 500년―강진 청자요지 발굴유물 특별전―』, 강진청자박물관, 2006.

崔完秀 等 編,『澗松文華』31 陶藝Ⅵ 靑磁, 韓國民族美術硏究所, 1986.

湖林博物館 學藝硏究室 編,『호림박물관 신사분관 개관기념 특별전 고려청자』, 成保文化財團, 2009.

湖巖美術館 編,『大高麗國寶展』, 三星文化財團, 1995.

中文

故宮博物院 編,『官樣御瓷―故宮博物院藏淸代製瓷官樣與御窯瓷器』, 紫禁城出版社, 2007.

故宮博物院 編,『定瓷雅集: 故宮博物院珍藏及出土定窯瓷器薈萃』, 故宮出版社, 2012.

故宮博物院古陶瓷研究中心 編,『故宮博物院藏古陶瓷資料選萃』卷1, 紫禁城出版社, 2005.

耿寶昌 主編,『邛窯古陶瓷研究』, 中國科學技術大學出版社, 2002.

國立故宮博物院編輯委員會 編,『定窯白瓷特展圖錄』, 國立故宮博物院, 1987.

國立故宮博物院編輯委員會 編,『千禧年宋代文物大展』, 國立故宮博物院, 2000.

羅啓硏 編,『如銀似雪』, 雍明堂出版, 1998.

杜正賢 主編,『杭州老虎洞窯址瓷器精選』, 文物出版社, 2002.

鄧禾穎 主編,『南宋官窯』, 浙江撮影出版社, 2009.

馬亦超,『南宋杭州修內司官窯研究』, 中國美術學院出版社, 2006.

姚建杭,『絲綢之路—大西北遺珍』, 中國文化藝術出版社, 2010.

《北京文物精粹大系》編委會 · 北京市文物局,『北京文物精粹大系』金銀器卷, 北京出版社, 2004.

北京大學考古文博學院 等 編著,『景德鎭出土明代御窯瓷器』, 文物出版社, 2009.

北京藝術博物館 等 主編,『元青花』, 河北敎育出版社, 2009.

北京藝術博物館 編,『中國定窯』, 中國華僑出版社, 2012.

孫新民 等,『河南古代瓷窯』, 國立歷史博物館, 2002.

孫新民 等 主編,『北宋汝官窯與張公巷窯珍賞』, 長城出版社, 2009.

申秦雁 主編,『陝西歷史博物館珍藏』金銀器, 陝西人民美術出版社, 2003.

葉喆民 主編,『汝窯聚珍』, 北京出版社, 2002.

姚建杭,『絲綢之路—大西北遺珍』, 中國文化藝術出版社, 2010.

于建設 主編,『赤峰金銀器』, 遠方出版社, 2006.

喩燕姣,『湖南出土金銀器』, 湖南美術出版社, 2009.

林柏亭 主編,『大觀―北宋繪畫特展』, 國立故宮博物院, 2006.

林柏亭 主編,『大觀―北宋汝窯特展』, 國立故宮博物院, 2006.

張栢 主編,『中國出土瓷器全集』, 科學出版社, 2008.

浙江省博物館 編,『浙江紀年瓷』, 文物出版社, 2000.

浙江省博物館 編,『窯火遺韻』, 浙江古籍出版社, 2009.

曹婉如 等 編,『中國古代地圖集』(清代), 文物出版社, 1997.

朱伯謙 主編,『龍泉窯青瓷』, 藝術家出版社, 1998.

中國國家博物館 編,『宋韻―四川窖藏文物輯粹』, 中國社會出版社, 2006.

陳浩 主編,『澄泥爲範―河南新出宋金名窯瓷器展』, 浙江省博物館·河南省文物考古研究所, 2013.

參加倫敦中國藝術國際展覽會籌備委員會 編,『參加倫敦中國藝術國際展覽會出品圖說』제2책(瓷器篇), 商務印書館, 1936.

蔡玫芬 主編,『文藝紹興―南宋藝術與文化』瓷器卷, 國立故宮博物院, 2010.

蔡玫芬 主編,『定州花瓷―院藏定窯系白瓷特展』, 國立故宮博物院, 2014.

彭適凡,『宋元紀年青白瓷』, 莊萬里文化基金會, 1998.

河南省文物考古研究所,『汝窯與張公巷窯出土瓷器』, 科學出版社, 2009.

河南省文物考古研究所·保利藝術博物館 編,『河南新出宋金名窯瓷器特展』, 保利藝術博物館, 2009.

杭州南宋官窯博物館 編,『清·雅―南宋瓷器精品』, 中華書局, 2010.

杭州市檔案館 編,『杭州古舊地圖集』, 浙江古籍出版社, 2006.

湖南省博物館,『湖南宋元窖藏金銀器發現與研究』, 文物出版社, 2009.

日文

根津美術館學藝部 編,『唐宋の青磁―宙をうつすうつわ』, 根津美術館, 2010.

大阪市立東洋陶磁美術館 編,『高麗青磁への誘い』, (財)大阪市美術振興協會,

1992.

大阪市立東洋陶磁美術館 編, 『耀州窯―中國中原に華ひらいた名窯―』, 朝日新聞社, 1997.

大阪市立東洋陶磁美術館 編, 『東洋陶磁の展開』, 財團法人 大阪市美術振興協會, 1999.

大阪市立東洋陶磁美術館 等 編, 『宋磁―神品とよばれたやきもの―』, 朝日新聞社, 1999.

大阪市立東洋陶磁美術館, 『高麗青磁の誕生―初期高麗青磁とその展開―』, 財團法人大阪市美術振興協會, 2004.

大阪市立東洋陶磁美術館 編, 『美の求道者・安宅英一の眼―安宅コレクション』, 讀賣新聞大阪本社, 2007.

大阪市立東洋陶磁美術館 編, 『北宋汝窯青磁―考古發掘成果展』, 財團法人大阪市美術振興協會, 2009.

大阪市立東洋陶磁美術館 編, 『幻の名窯 南宋修內司官窯―杭州老虎洞窯址發掘成果展』, 財團法人大阪博物館協會, 2010.

大阪市立東洋陶磁美術館 編, 『定窯・優雅なる白の世界―窯址發掘成果展』, 株式會社アサヒワールド, 2013.

大和文華館 編, 『大和文華館所藏品圖版目錄―④』, 大和文華館, 1994.

マーガレッド・メドレイ, 『東洋陶磁大觀』 제7권 デイウィッド財團コレクション, 株式會社講談社, 1975.

三上次男 編, 『世界陶磁全集』 13 遼・金・元, 小學館, 1981.

小山富士夫, 『陶器全集』 10 唐宋の青磁, 平凡社, 1957.

伊藤郁太郎 編, 『優艶の色・質朴のかたち―李秉昌コレクション韓國陶磁の美―』, (財)大阪市美術振興協會, 1999.

林屋晴三, 『安宅コレクション東洋陶磁名品圖錄』 高麗編, 日本經濟新聞社, 1980.

長谷部樂爾,『陶磁大系』29 高麗の靑磁, 平凡社, 1977.

長谷部樂爾 編,『世界陶磁全集』12 宋, 小學館, 1977.

財團法人 戶栗美術館 編,『財團法人戶栗美術館藏品選集 西曆2000年記念圖錄』, 財團法人 戶栗美術館, 2000.

靜嘉堂文庫美術館 編,『靜嘉堂藏朝鮮陶磁と漆藝の名品』, 靜嘉堂文庫美術館, 2011.

ジョセフィン・F・ナップ 等 編,『東洋陶磁大觀』10 フリーア美術館, 株式會社講談社, 1975.

佐藤サアラ 編,『金銀器·漆器出土資料集』, 根津美術館, 2004.

座右寶刊行會 編,『世界陶磁全集』10 宋遼篇, 河出書房, 1954.

朝日新聞社文化企劃局文化企劃部 編,『封印された南宋陶磁展』, 朝日新聞社, 1998.

出光美術館 編,『地下宮殿の遺寶 中國河北省定州北宋塔基出土文物展』, 出光美術館, 1997.

學習硏究社 編,『宋瓷名品圖錄』南宋官窯, 學習硏究社, 1974.

學習硏究社 編,『宋瓷名品圖錄』汝窯·官窯·鈞窯, 學習硏究社, 1974.

海のシルクロードの出發點"福建"展開催實行委員會 編,『東アジアの海とシルクロードの據點福建』, 海のシルクロードの出發點"福建"展開催實行委員會, 2008.

英文

R. L. Hobson, *The George Eumorfopoulos Collection Catalogue of the Chinese, Corean and Persian Pottery and Porcelain*, vol. 2, London: Ernest Benn, 1926.

R. L. Hobson, *A Catalogue of Chinese Pottery and Porcelain in the*

Collection of Sir. Percival David, London: The Stourton Press, 1934.

Shermen E. Lee, *Asian Art, Part II: Selections from the Collection of Mr. and Mrs. John D. Rockefeller 3rd*, New York: The Asia Society, 1975.

Stacey Pierson, *Percival David Foundation of Chinese Art*, London: School of Oriental and African Studies University of London, 2002.

Suzanne Kotz ed., *Imperial Taste: Chinese Ceramics from the Percival David Foundation*, Los Angeles: Los Angeles Country Museum of Art and Chronicle Books, 1989.

The Asia Society, *Handbook of the Mr. and Mrs. John D. Rockefeller 3rd Collection*, New York: The Asia Society, 1981.

보고서

國文

國立光州博物館 學藝研究室,『강진 삼흥리요지』II, 國立光州博物館 等, 2004.

國立扶餘文化財研究所 編,『實相寺』II, 國立扶餘文化財研究所, 2006.

金載悅 等,『龍仁 西里 高麗白磁窯 發掘報告書』II, 湖巖美術館, 2003.

문환석 등,『高麗青磁寶物船—태안 대섬 수중발굴 조사보고서』, 문화재청·국립해양문화재연구소, 2009.

문환석 등,『태안마도1호선 수중발굴조사 보고서』, 국립해양유물전시관, 2010.

鄭良謨·具一會,『康津龍雲里青磁窯址發掘調查報告書』, 國立中央博物館, 1996.

崔健 等,『芳山大窯』, 海剛陶磁美術館·京畿道始興市, 2001.

海剛陶磁美術館 編,『康津의 青磁窯址』, 海剛陶磁美術館·康津郡, 1992.

中文

江西省文物考古硏究所・景德鎭民窯博物館 編,『景德鎭湖田窯址』, 文物出版社, 2007.

內蒙古自治區文物考古硏究所 等,『遼陳國公主墓』, 文物出版社, 1993.

北京大學考古學系 等,『觀台磁州窯址』, 文物出版社, 1997.

陝西省考古硏究所,『五代黃堡窯址』, 文物出版社, 1997.

陝西省考古硏究所・耀州窯博物館,『宋代耀州窯址』, 文物出版社, 1998.

成都市文物考古硏究所・彭州市博物館 編著,『四川彭州宋代金銀器窖藏』, 科學出版社, 2003.

成都文物考古硏究所・遂寧市博物館 編著,『遂寧金魚村南宋窖藏』, 文物出版社, 2012.

王健群・陳相偉,『庫倫遼代壁畵墓』, 文物出版社, 1989.

汪慶正・范冬靑・周麗麗,『汝窯的發現』, 上海人民美術出版社, 1987.

慈溪市博物館 編,『上林湖越窯』, 科學出版社, 2002.

浙江省文物考古硏究所 等,『寺龍口越窯址』, 文物出版社, 2002.

中國社會科學院考古硏究所 等,『南宋官窯』, 中國大百科全書出版社, 1996.

河南省文物考古硏究所 編,『北宋皇陵』, 中州古籍出版社, 1997.

河南省文物考古硏究所,『寶豊淸凉寺汝窯』, 大象出版社, 2008.

杭州市文物考古所,『南宋太廟遺址』, 文物出版社, 2007.

杭州市文物考古所,『南宋恭聖仁烈皇后宅遺址』, 文物出版社, 2008.

저서

國文

강경숙,『한국 도자기 가마터 연구』, 시공사, 2005.

姜景仁 等,『高麗陶瓷新論』, 學硏文化社, 2009.

마가렛 메들리(金英媛 譯),『中國陶磁史』, 悅話堂, 1986.

방병선,『중국도자사 연구』, 景仁文化社, 2012.

尹龍二,『韓國陶瓷史硏究』, 文藝出版社, 1993.

李鍾玟,「韓國의 初期靑磁 硏究」弘益大學校博士學位論文, 2002.

李喜寬,「南宋前期의 官窯에 대한 새로운 理解」강진청자박물관 학술심포지엄 자료집, 강진청자박물관, 2009.

장남원,『고려중기 청자 연구』, 혜안, 2006.

鄭良謨,『韓國의 陶磁器』, 文藝出版社, 1991.

車柱環,『韓國道敎思想硏究』, 韓國文化硏究所, 1978.

中文

龔延明 編著,『宋代官制辭典』, 中華書局, 1997.

羅森(孫心菲 等 譯),『中國古代的藝術與文化』, 北京大學出版社, 2002.

唐俊杰·杜正賢,『南宋臨安城考古』, 杭州出版社, 2008.

杜正賢·周少華,『南宋官窯瓷鑑定與鑑賞』, 江西美術出版社, 2003.

鄧禾穎·唐俊杰,『南宋官窯』, 杭州出版社, 2008.

鄧禾穎·方憶,『南宋陶瓷史』, 上海古籍出版社, 2013.

穆青,『定窯藝術』, 河北敎育出版社, 2002.

傅振倫,『中國古陶瓷論叢』, 中國廣播電視出版社, 1994.

謝明良,『貿易陶瓷與文化史』, 允晨文化, 2005.

謝明良, 『中國古陶瓷論集』, 允晨文化, 2007.

謝明良, 『陶瓷手記』, 石頭出版, 2008.

謝明良, 『陶瓷手記』 2, 石頭出版, 2012.

徐吉軍, 『南宋都城臨安』, 杭州出版社, 2008.

徐飈, 『兩宋物質文化引論』, 江蘇美術出版社, 2007.

成彩虹·劉冬梅, 『五大名窯史話』, 百花文藝出版社, 2007.

揚之水, 『古詩文名物新證』①, 紫禁城出版社, 2004.

葉喆民, 『隋唐宋元陶瓷通論』, 紫禁城出版社, 2003.

吳戰壘, 『圖說中國陶瓷史』, 浙江教育出版社, 2001.

汪慶正, 『中國陶瓷研究』, 上海人民出版社, 2008.

王光堯, 『中國古代官窯制度』, 紫禁城出版社, 2004.

汪聖鐸, 『兩宋財政史』, 中華書局, 1995.

熊寥 主編, 『中國陶瓷古籍集成』, 江西科學技術出版社, 2000.

劉濤, 『宋遼金紀年瓷器』, 文物出版社, 2004.

劉淼, 『金代定窯瓷器的研究』 南開大學博士學位論文, 2006.

李家治 主編, 『中國科學技術史』 陶瓷卷, 科學出版社, 1998.

李家治, 『簡論官哥二窯』, 科學出版社, 2007.

李剛, 『古瓷新探』, 浙江人民出版社, 1990.

李剛, 『古瓷發微』, 浙江人民美術出版社, 1999.

李剛, 『古瓷談薈』, 浙江人民美術出版社, 2008.

李曉, 『宋朝政府購買制度研究』, 上海人民出版社, 2007.

李毅華 編, 『馮先銘中國古陶瓷論文集』, 紫禁城出版社·兩木出版社, 1987.

李輝柄, 『宋代官窯瓷器』, 紫禁城出版社, 1992.

張福康, 『中國古陶瓷的科學』, 上海人民美術出版社, 2000.

張邦煒, 『宋代政治文化史論』, 人民出版社, 2005.

朱伯謙, 『朱伯謙論文集』, 紫禁城出版社, 1990.

周鴻達, 『修內司官窯圖解』, 杭州周鴻達賓鴻堂, 1937.

中國硅酸鹽學會 編, 『中國陶瓷史』, 文物出版社, 1982.

紫禁城出版社 編, 『陳萬里陶瓷考古文集』, 紫禁城出版社, 1997.

秦大樹, 『宋元明考古』, 文物出版社, 2004.

陳文平, 『中國古陶瓷鑑賞』, 上海科學普及出版社, 1990.

昌彼得, 『說郛考』, 文史哲出版社, 1979.

彭信威, 『中國貨幣史』, 上海人民出版社, 1958.

馮先銘 編著, 『中國古陶瓷文獻集釋』, 藝術家出版社, 2000.

日文

今井敦 編著, 『中國の陶磁』 4 青磁, 平凡社, 1997.

金澤陽, 『明代窯業史研究―官民窯業の構造と展開―』, 中央公論美術出版, 2010.

[淸]藍浦(愛宕松男 譯註), 『景德鎭圖錄』, 平凡社, 1987.

內藤匡, 『新訂古陶磁の科學』, 雄山閣出版株式會社, 1986.

大谷光瑞, 『支那古陶瓷』, 陶雅會, 1932.

大阪市立東洋陶磁美術館 編, 『汝州張公巷窯シンポジウム資料集』, 大阪市立東洋陶磁美術館, 2007.

東洋陶磁學會 編, 『東洋陶磁史―その研究の現在―』, 東洋陶磁學會, 2002.

小山富士夫, 『支那靑磁史稿』, 文中堂, 1943.

小山富士夫, 『陶器講座』 6 中國 Ⅱ, 雄山閣, 1971.

愛宕松男, 『中國陶瓷産業史』, 三一書房, 1987.

長谷部樂爾, 『東洋陶瓷史硏究』, 中央公論美術出版, 2006.

諸橋轍次, 『大漢和辭典』(修訂版), 大修館書店, 1985.

英文

A. L. Hetherington, *The Early Ceramic Wares of China*, popular and abridged edition, London: Ernest Benn, 1924.

A. L. Hetherington, *Chinese Ceramics Glazes*, London: Cambridge University Press, 1937.

G. St. G. M. Gompertz, *Chinese Celadon Wares*, London: Faber and Faber, 1958.

G. St. G. M. Gompertz, *Chinese Celadon Wares*, 2nd edition, London: Faber and Faber, 1980.

R. L. Hobson, *Chinese Pottery and Porcelain*, vol. 1, London, New York, Toronto and Melbourne: Cassell and Company, 1915.

Rose Kerr, *Song Dynasty Ceramics*, London: V&A Publications, 2004.

논문

國文

郭木森,「중국 하남 보풍 청량사 여요와 여주 장공항요 생산품의 비교연구」,『靑磁의 色과 形』조선관요박물관 한·중·일 청자학술세미나 발표요지, (재)세계도자기엑스포·조선관요박물관, 2005.

김윤정,「고려 12세기 靑磁有蓋筒形盞의 조형적 특징과 제작 양상」,『해양문화재』 2, 2009.

金澈雄,「高麗中期 道敎의 盛行과 그 性格」,『史學志』28, 1995.

김태은,「고려시대 매병의 용례와 조형적 특징」,『美術史學硏究』268, 2010.

나선화,「태안 대섬 침몰선 청자 인양조사의 성격과 의미」,『高麗靑磁寶物船―태안 대섬 수중발굴 조사보고서』 본문, 문화재청·국립해양문화재연구소, 2009.
羅鍾宇,「5대 및 송과의 관계」,『한국사』 15 고려 전기의 사회와 대외관계, 국사편찬위원회, 1995.
민현구,「예종의 국정운영과 궁중생활」,『한국사 시민강좌』 39, 2006.
朴魯埻,「維鳩曲과 睿宗의 思想의 煩悶」,『韓國學論集』 8, 1985.
尹龍二,「高麗陶瓷의 變遷」,『澗松文華』 31, 1986:『韓國陶瓷史硏究』, 文藝出版社, 1993.
尹龍二,「朝鮮時代 分院의 成立과 變遷硏究」,『韓國陶瓷史硏究』, 文藝出版社, 1993.
윤용이,「태안 대섬 해저출토 고려청자의 성격」,『고려청자 보물선』, 국립해양유물전시관, 2009.
李鍾玟,「고려시대 靑磁 梅甁 연구」,『講座 美術史』 27, 2006.
이혜심,「乾隆帝의 汝窯瓷器 鑑識 硏究」서울대학교 석사학위논문, 2010.
李喜寬,「高麗 翡色靑磁의 出現과 초벌구이(素燒)」,『對外交涉으로 본 高麗靑磁』, 강진청자자료박물관, 2003.
李喜寬,「高麗時代의 瓷器所와 그 展開」,『史學硏究』 77, 2005.
李喜寬,「高麗 初期靑瓷와 越窯의 關係에 대한 몇 가지 問題」,『史學硏究』 96, 2009.
李喜寬,「越窯 秘色瓷에 대한 새로운 理解」,『韓國古代史探究』 2, 2009.
李喜寬,「越窯 秘色瓷의 展開와 匣鉢」,『美術史學』 24, 2010.
이희관,「대섬 해저 인양 靑瓷火爐形香爐와 관련된 몇 가지 문제―청자화로형향로에 대한 보다 진전된 이해를 위하여―」,『해양문화재』 4, 2011.
李喜寬,「北宋 汝窯와 그 性格 問題―宋代 文獻記錄에 대한 再檢討를 중심으로―」,『역사와 담론』 64, 2012.
李喜寬,「中國 汝州 張公巷窯의 運營時期와 性格 問題」,『야외고고학』 15, 2012.

이희관,「相馳? 相同?―『百寶總珍集』과『雲麓漫鈔』에 보이는 南宋官窯 관련 기록의 再檢討」,『美術史學硏究』285, 2015.

李喜寬,「汝窯와 휘종―북송 여요의 성립과 그 의의」,『야외고고학』23, 2015.

李喜寬,「乾隆帝와 郭葆昌 그리고 Percival David―汝窯瓷器의 실체에 대한 인식의 궤적과 이른바 傳世汝窯瓷器」,『美術史學』30, 2015.

李喜寬,「송대관요 연구 서설―『坦齋筆衡』과『負暄雜錄』"窯器" 관련 기록의 사료적 검토」,『美術資料』88, 2015.

이희관,「고려 예종과 북송 휘종―12세기 초기의 고려청자와 여요 및 북송관요」,『해양문화재』8, 2015.

任眞娥,「高麗靑磁에 보이는 北宋·遼代 磁器의 影響」弘益大學校碩士學位論文, 2005.

張南原,「고려시대 청자 투합(套盒)의 용도와 조형 계통」,『미술사와 시각문화』9, 2010.

全海宗,「對宋外交의 性格」,『한국사』4, 국사편찬위원회, 1984.

정신옥,「11세기말-12세기 전반 高麗靑瓷에 보이는 中國陶瓷의 영향」,『美術史學』21, 2007.

조은정,「태안 해저인양 청자의 성격과 제작시기」,『고려청자 보물선과 강진』, 국립해양문화재연구소·강진군, 2009.

최명지,「泰安 대섬 海底 出水 高麗靑磁의 양상과 제작시기 연구」,『美術史學硏究』279·280, 2013.

中文

杰西卡·羅森(呂成龍 譯),「中國銀器和瓷器的關係(公元 600―1400年)」,『故宮博物院院刊』1986년 제4기.

杰西卡·羅森(鄭善萍 譯),「中國銀器對瓷器發展的影響」,『中國古代的藝術與文化』, 北京大學出版社, 2002.

高曉然,「乾隆御製詩瓷器考論」,『故宮學刊』제7집, 2011.

郭木森,「淺談汝窯、官窯與汝州張公巷窯」,『中國古陶瓷研究』제7집, 2001.

郭木森,「河南汝州張公巷窯址考古獲重大發現」,『中國文物報』2004年 5月 26日 제1판.

郭木森,「河南汝州張公巷窯址」,『2004中國重要考古發現』, 文物出版社, 2005.

郭木森,「河南汝州張公巷窯址考古新發現」,『汝州張公巷窯シンポジウム資料集』, 大阪市立東洋陶磁美術館, 2007.

郭木森,「汝州張公巷窯的發掘與初步研究」,『汝窯與張公巷窯出土瓷器』, 科學出版社, 2009.

郭木森·趙文軍,「試析汝窯及相關問題」,『華夏考古』2000년 제3기.

郭演儀 等,「烏龜山南宋官窯遺址發掘的原料和窯具」,『'02古陶瓷科学技术国际讨论会论文集』, 上海科学技术文献出版社, 2002.

郭卉,「國寶之旅: 1935—1936年倫敦中國藝術國際展覽會及上海預展」,『國際博物館(中文版)』2011년 제1기.

邱雲飛·孫良玉,「宋代的城市消防制度」,『湖南工程學院學報』제15권 제3기, 2005.

權奎山,「江西景德鎭明淸御器(窯)廠落選御用瓷器處理的考察」,『文物』2005년 제5기.

靳青萬,「宋徽宗《文會圖》中所繪瓷器辨析」,『漳州師範學院學報(哲學社會科學版)』2007년 제4기.

吉林省博物館 等(陳相偉·王健群 執筆),「吉林哲里木盟庫倫旗一號遼墓發掘簡報」,『文物』1973년 제8기.

顧文璧,「建窯"供御"、"進琖"的年代《宣和遺事》"建溪異毫琖"正誤」,『東南文化』1986년 제1기.

羅慧琪,「傳世鈞窯器的時代問題」,『國立臺灣大學美術史研究集刊』제4기, 1997.

盧國龍,「權力與信仰簡單結合的悲劇―漫談宋徽宗"崇道"」,『世界宗教文化』 1995년 1기.

路菁,「越窯寺龍口窯地的裝燒工藝」,『浙江省文物考古研究所學刊』, 제5집, 2002.

單鵬,「宋代土貢初探」河北大學碩士學位論文, 2006.

單鵬,「宋代土貢制度考略―以常貢爲中心」,『江蘇科技大學學報(社會科學版)』, 제7권 제3기, 2007.

單鵬,「述宋代土貢之特點―以"元豊貢"、"紹興貢"爲中心」,『大慶師範學院學報』 제29권 제1기, 2009.

段勇,「古物陳列所的興衰及其歷史地位述評」,『故宮博物院院刊』 2004년 제5기.

唐俊杰,「南宋郊壇下官窯與老虎洞官窯的比較研究」,『南宋官窯文集』, 文物出版社, 2004.

唐俊杰,「關于杭州老虎洞南宋窯址性質的探討」,『南宋官窯與哥窯―杭州南宋官窯老虎洞窯址國際學術硏討會論文集』, 浙江大學出版社, 2004.

唐俊杰,「置窯于修內司―修內司官窯」,『南宋官窯』, 杭州出版社, 2008.

唐俊杰,「關于修內司窯的幾個問題」,『文物』 2008년 제12기.

唐俊杰,「汝窯、張公巷窯與南宋官窯的比較研究―兼論張公巷窯的時代及性質」, 『故宮博物院院刊』 2010년 제5기.

唐俊杰·范夢園,「2002中國杭州南宋官窯老虎洞窯址國際學術硏討會紀要」,『南宋官窯與哥窯―杭州南宋官窯老虎洞窯址國際學術硏討會論文集』, 浙江大學出版社, 2004.

杜正賢,「杭州老虎洞瓷窯址的考古學研究」,『南宋官窯與哥窯―杭州南宋官窯老虎洞窯址國際學術硏討會論文集』, 浙江大學出版社, 2004.

杜正賢,「考古隨筆: 南宋修內司官窯的考古發現」,『故宮博物院院刊』 2010년 제5기.

鄧禾穎,「南宋官窯探微—對南宋官窯若干問題的回顧與思考」,『東南文化』2003
　　년 제5기.

馬常,「一代瓷家郭葆昌」,『海內與海外』2005년 제6기.

妙濟浩·薛增福,「河北曲陽北鎮發現定窯瓷器」,『文物』1984년 제5기.

無錫市博物館(蔡劍鳴 執筆),「江蘇無錫興竹宋墓」,『文物』1990년 제3기.

武佩聖,「對南宋官窯的懷舊與瞻望」,『南宋官窯與哥窯—杭州南宋官窯老虎洞窯
　　址國際學術研討會論文集』, 浙江大學出版社, 2004.

潘殊閑,「《避暑錄話》—宋代口述史的經典之作」,『西華大學學報(哲學社會科學
　　版)』, 제31권 제6기, 2012.

方建新,「《避暑錄話》考略」,『杭州大學學報』제21권 제3기, 1991.

方龍驤,「《坦齋筆衡》解讀」,『歷史文物月刊』제14권 제4기, 2004.

范多青,「"汝窯三犧尊"析疑」,『上海博物館集刊』제6기, 1992.

范夢園,「杭州老虎洞窯址南宋遺存分期研究」北京大學碩士研究生學位論文,
　　2004.

范鳳妹,「記江西出土的北方名窯瓷器」,『江西歷史文物』1986년 제2기.

傅根淸,「前言」, [宋]趙彥衛 撰(傅根淸 點校),『雲麓漫鈔』, 中華書局, 1996.

傅根淸,「趙彥衛生平考索」, [宋]趙彥衛 撰(傅根淸 點校),『雲麓漫鈔』, 中華書局,
　　1996.

傅振倫,「談宋汝窯」,『中國古陶瓷論叢』, 中國廣播電視出版社, 1994.

沙孟海,「南宋官窯修內司窯址問題的商榷」,『考古與文物』1985년 제6기.

謝明良,「金銀扣瓷器及其有關問題」,『故宮文物月刊』38, 國立故宮博物院, 1986:
　　同改題「金銀釦陶瓷及其有關問題」,『陶瓷手記』, 石頭出版, 2008.

謝明良,「定窯白瓷概說」,『定窯白瓷特展圖錄』, 國立故宮博物院, 1987.

謝明良,「記院藏兩件汝窯紙槌瓶」,『故宮文物月刊』58, 1988: 同改題「院藏兩件
　　汝窯紙槌瓶及相關問題」,『陶瓷手記』, 石頭出版, 2008.

謝明良,「東窯小記」,『故宮文物月刊』111, 1992: 『陶瓷手記』, 石頭出版, 2008.

謝明良,「耀州窯遺址五代靑瓷的年代問題—從所謂"柴窯"談起」,『故宮學術季刊』제16권 제2기, 1998: 『中國陶瓷史論集』, 允晨出版, 2007.

謝明良,「晚明時期的宋官窯鑑賞與"碎器"的流行」,『經濟史、都市文化與物質文化』中央研究院三屆國際漢學會議論文集, 中央研究院歷史言語研究所, 2002: 『貿易陶瓷與文化史』, 允晨出版, 2005.

謝明良,「乾隆的陶瓷鑑賞觀」,『故宮學術季刊』제21권 제2기, 2003: 『中國陶瓷史論集』, 允晨文化, 2006.

謝明良,「北宋官窯研究現狀的省思」,『故宮學術季刊』제27권 제4기, 2010: 『陶瓷手記』2, 石頭出版, 2012.

謝純龍,「低嶺頭類型瓷器研究」,『越窯靑瓷與邢窯白瓷研究』, 故宮出版社, 2013.

森達也,「汝窯與南宋官窯—燒造技術和器種的比較」,『故宮博物院八十五華誕宋代官窯及官窯制度國際學術研討會論文集』上, 故宮出版社, 2012.

森達也,「宋代定窯白瓷的歷史定位—與汝窯、南宋官窯之比較視點」,『故宮文物月刊』369, 2014.

舒佩琦,「宋代官窯靑瓷的迷思—由窯址出土的瓷片標本談起」,『陳昌蔚紀念論文集』제3집, 2003, 66쪽.

舒佩琦,「放大鏡下汝窯與張公巷窯靑釉瓷新視野」,『汝窯與張公巷窯出土瓷器』, 科學出版社, 2009.

石方平,「"定瓷有芒"指光芒」,『中國文物報』2001년 8월 22일 제5판.

成彩虹,「兩宋官窯研究槪述」,『文物春秋』2007년 제1기.

邵國田,「敖漢旗羊山1—3號遼墓淸理簡報」,『內蒙古文物考古』1999년 제1기.

小林仁,「"澄泥爲範"說汝窯」,『故宮博物院院刊』2010년 제5기.

孫新民,「宋陵出土的定窯貢瓷試析」,『文物春秋』1994년 제3기.

孫新民,「關于宋窯研究的幾個問題」,『中國古陶瓷硏究』제/집, 2001.

孫新民,「汝窯與老虎洞的對比研究」,『南宋官窯與哥窯—杭州南宋官窯老虎洞窯址國際學術研討會論文集』, 浙江大學出版社, 2004.

孫新民,「汝州張公巷窯的發現與認識」,『文物』2006년 제7기.

孫新民,「汝窯的發現與研究」,『汝窯與張公巷窯出土瓷器』, 科學出版社, 2009.

孫新民,「關于汝窯性質問題的探討」,『故宮博物院八十五華誕宋代官窯及官窯制度國際學術研討會論文集』, 故宮出版社, 2012.

宋丹妮,「南宋"臨安窯"的研究」浙江大學碩士學位論文, 2011.

施遠·張東,「宋代汝、官窯若干問題的研究」,『上海博物館集刊』제8기, 2000.

沈瓊華,「貢窯、官窯辨」,『2007'中國·越窯高峰論壇論文集』, 文物出版社, 2008.

沈岳明,「修內司窯的考古學觀察—從低嶺頭談起」,『中國古陶瓷研究』제4집, 1997.

沈岳明,「低嶺頭類型再認識」,『南宋官窯文集』, 文物出版社, 2004.

沈岳明,「素燒與多次上釉小議」,『中國古陶瓷研究』제12집, 2006.

沈岳明,「"官窯"三題」,『故宮博物院院刊』2010년 제5기.

沈一東,「南宋官窯陶質祭器探索」,『東方博物』제24집, 2007.

沈一東,「南宋官窯陶質祭器物屬性探析」,『東方博物』제34집, 2010.

揚之水,「兩宋香爐源流」,『古詩文名物新證』①, 紫禁城出版社, 2004.

揚之水,「蓮花香爐和寶子」,『古詩文名物新證』①, 紫禁城出版社, 2004.

呂成龍,「汝窯的性質及相關諸問題」,『中國古陶瓷研究』제7집, 2001.

呂成龍,「試論明清倣宋官窯瓷器」,『南宋官窯文集』, 文物出版社, 2004.

厲祖浩,「珍貴的越窯史料—謝景初《觀上林垺器》」,『中國文物報』2001년 12월 26일.

余佩瑾,「品鑑之趣—十八世紀的陶瓷圖册及其相關的問題」,『故宮學術季刊』제22권 제2기, 2004.

余佩瑾,「清仿鈞釉三犧尊」,『北宋汝窯特展』, 國立故宮博物院, 2006.

余佩瑾,「清仿汝釉「奉華」尊」,『北宋汝窯特展』, 國立故宮博物院, 2006.

余佩瑾,「北宋汝窯獨領風騷」,『故宮文物月刊』286, 2007.

余佩瑾,「從御製詩看乾隆皇帝典藏的汝窯」,『故宮學術季刊』제28권 제3기, 2011.

葉宏明,「浙江古代黑釉瓷器—兼論我國黑釉瓷器的起源」,『中國陶瓷』1982년 제1기.

葉宏明 等,「龍泉青瓷生産工藝總結」,『龍泉青瓷研究』, 文物出版社, 1989.

葉喆民,「汝窯廿年考察記實」,『中國陶瓷』1987년 제6기.

吳曉力,「郊壇下官窯的新思考」,『南宋官窯文集』, 文物出版社, 2004.

王建保,「宋徽宗"棄定用汝"的背景因素探討—以定窯爲中心」,『中國定窯』, 中國華僑出版社, 2012.

汪慶正,「宋官窯研究中存在的問題」,『文物考古論叢—敏求精舍三十周年紀念論文集』, 敏求精舍·兩木出版社, 1995:『中國陶瓷研究』, 上海人民出版社, 2008.

汪慶正,「老虎洞南宋修內司官窯遺址的重要發現及其相關諸問題」,『上海博物館集刊』제8기, 2000.

王光堯,「杭州老虎洞瓷窯遺址對研究官、哥窯的啓示」,『故宮博物院院刊』2002년 제5기:『中國古代官窯制度』, 紫禁城出版社, 2004.

王光堯,「從故宮藏清代製瓷官樣看中國古代官樣制度」,『官樣御瓷—故宮博物院藏清代製瓷官樣與御窯瓷器』, 紫禁城出版社, 2007.

王光堯,「關于汝窯的幾點新思考」,『河南新出土宋金名窯瓷器特展』, 河南省文物考古研究所·保利藝術博物館, 2009.

王光堯,「汝窯與北宋汴京官窯—從汝窯址考古資料看宋代官窯的出現及官窯制度的形成」,『故宮博物院院刊』2010년 제5기.

王光堯,「清代宮廷對宋官窯瓷器的收集及影響」,『故宮博物院八十五華誕宋代官窯及官窯制度國際學術研討會論文集』, 故宮出版社, 2012.

王團樂,「試析汝窯的性質及相關問題」,『中原文物』2005년 제4기.

王文强,「鶴壁窯的倣定白瓷」,『中國古陶瓷研究』제11집, 2005.

王屹峰,「近年發現南宋官窯陶質祭器的初步整理」,『故宮博物院八十五華誕宋代官窯及官窯制度國際學術研討會論文集』下, 故宮出版社, 2012.

袁泉,「唐宋之際陶瓷工藝對金屬器的借鑑」,『華夏考古』2008년 제4기.

熊寥,「陸羽《茶經》與越窯」,『中國古陶瓷研究中若干『懸案』的新證』, 上海三聯書店, 2008.

劉建華·徐建忠,「懷安縣西坪山發現遼代窖藏瓷器」,『文物春秋』1990년 제3기.

劉濤,「宋代官窯的經濟話題」,『史學月刊』1999년 제1기.

劉未,「邵諤、王晉錫與修內司窯」,『故宮博物院院刊』2010년 제5기.

喩珊,「出土定窯瓷器研究」北京大學碩士學位論文, 2010.

俞永柄,「宋遼金紀年墓葬和塔基出土的瓷器」,『考古』1994년 제1기.

劉毅,「官窯制度的形成及其實質」,『中原文物』1994년 제3기.

劉毅,「"鳳凰山窯"的發現及相關問題研究」,『南方文物』, 1999년 제2기.

劉毅,「從汝官窯到郊壇下官窯的傳遞」,『南宋官窯文集』, 文物出版社, 2004.

劉靜貞,「法古? 復古? 自我作古?─宋徽宗文化政策的歷史觀照」,『開創典範：北宋的藝術與文化研討會論文集』, 國立故宮博物院, 2008.

劉倩,「楊維楨生平述略」,『淮北煤炭師範學院學報(哲學社會科學版)』제28권 제2기, 2007.

陸明華,「兩宋官窯有關問題研究」,『上海博物館集刊』제8기, 2000;『南宋官窯文集』, 文物出版社, 2004.

陸明華,「寶豊汝窯出土標本及有關問題探討─兼述汝州市文廟窯址的屬性」,『中國古陶瓷研究』제7집, 2001.

陸明華,「官窯相關問題再議」,『故宮博物院八十五華誕宋代官窯及官窯制度國際學術研討會論文集』, 故宮出版社, 2012.

殷德銘,「北宋京師自置官窯之謎探究」,『2005中國禹州鈞窯學術研討會論文集』, 大象出版社, 2007.

李家治 等,「杭州鳳凰山麓老虎洞窯出土瓷片的工藝研究」,『南宋官窯與哥窯―杭州南宋官窯老虎洞窯址國際學術研討會論文集』, 浙江大學出版社, 2004.

李剛,「論宋代官窯的形成」,『東南文化』1989년 제6기:『古瓷新探』, 浙江人民出版社, 1990.

李剛,「宋代官窯探索」,『東南文化』1996년 제1기:『古瓷發微』, 浙江人民美術出版社, 1999.

李剛,「宋代官窯續論」,『東方博物』제19집, 2006;『古瓷談薈』, 浙江人民美術出版社, 2008.

李剛,「內窯、續窯和哥哥洞窯辨析」,『東方博物』제23집, 2007: 同改題「內窯、續窯和哥哥洞窯索隱」,『古瓷談薈』, 浙江人民美術出版社, 2008.

李剛,「"宋代五大名窯"的是與非」,『東方博物』제42집, 2012.

李剛,「南宋官窯概論」,『東方博物』제46집, 2013.

李劍雄・劉德權,「前言」,『老學庵筆記』, 中華書局, 1979.

李德金,「烏龜山南宋官窯出土的産品及燒製工藝」,『慶祝蘇秉琦考古五十五年論文集』, 文物出版社, 1989.

伊藤郁太郎,「試論汝州張公巷窯的活動年代」,『汝窯與張公巷窯出土瓷器』, 科學出版社, 2009.

伊藤郁太郎,「北宋官窯的譜系―關於汝州張公巷窯的諸多問題」,『故宮博物院八十五華誕宋代官窯及官窯制度國際學術研討會論文集』上, 故宮出版社, 2012.

李民擧,「宋官窯論稿」,『文物』1994년 제8기.

李仲謀,「汝窯與高麗青瓷―兼從高麗青瓷的傳世器物推斷汝窯瓷器的部分造型」,『文化遺産研究集刊』제2집, 2001.

李仲謨,「汝窯史料研究二則」,『中國古陶瓷研究』제7집, 2001.

李仲謨,「"奉華"銘瓷器研究」,『上海博物館研究集刊』제9기, 2002.

李仲謨,「上海博物館藏宋金定窯白瓷及相關問題」,『中國古代白瓷國際學術研討會論文集』,上海書畫出版社, 2005.

李仲謨,「青出於藍—十二世紀高麗青瓷與北宋」,『故宮文物月刊』286, 2007.

李曉,「王安石市易法與政府購買制度」,『歷史研究』2004년 제6기.

李曉·姜雪燕,「宋朝政府購買制度中的承包制」,『學術研究』2006년 제11기.

李鑫,「定窯分期研究」北京大學碩士研究生學位論文, 2012.

李鑫,「作爲古董的定窯瓷器—定窯鑑藏史小議」,『故宮文物月刊』369, 國立故宮博物院, 2014.

李喜寬,「秘色瓷相關宋代文獻記載新思考—宋人對秘色瓷的認識」,『東方博物』제30집, 2009.

李喜寬,「有關南宋後期官窯的幾個問題」,『故宮博物院院刊』2009년 제3기.

李喜寬,「南宋前期官窯新探」,『東方博物』제35집, 2010.

李喜寬,「北宋官窯與"京師"及"惟用汝器"—北宋官窯研究序說」,『故宮博物院院刊』2010년 제5기.

李喜寬,「南宋官窯瓷器與「極其精緻」、「油色瑩徹」—有關南宋官窯瓷器的製作技術的幾個問題」,『國立臺灣大學美術史研究集刊』제30기, 2011.

李喜寬,「汝州張公巷窯的年代與性質問題探析」,『故宮博物院院刊』2013년 제3기.

李喜寬,「高麗睿宗與北宋徽宗—十二世紀初期的高麗青瓷與汝窯、北宋官窯」,『故宮學術季刊』제31권 제1기, 2013.

李喜寬,「汝窯及其性質問題—以宋代文獻記載爲中心」,『東方博物』제47집, 2013.

張邦煒,「宋徽宗角色錯位的來由」,『四川師範大學學報』2002년 제1기;『宋代政治

文化史論』, 人民出版社, 2005.

張福康 等, 「汝官窯的釉色、質感及魚鱗紋」, 『中國古陶瓷研究』제7집, 2001.

張玉蘭, 「老虎洞窯瓷片堆積坑出土瓷器製燒工藝初探」, 『南宋官窯文集』, 文物出版社, 2004.

張玉蘭, 「關于老虎洞窯的幾個問題」, 『東方博物』제14집, 2005.

張增午·李銀錄, 「河南林州市北宋墓葬出土陶瓷器考略」, 『中國古陶瓷研究』제8집, 2002.

浙江省文物考古研究所 等(沈岳明 執筆), 「慈溪上林湖荷花芯窯址發掘簡報」, 『文物』2003년 제11기.

浙江省博物館, 「三十年來浙江文物考古工作」, 『文物考古工作三十年』, 文物出版社, 1979.

鄭嘉勵, 「說"製樣須索"」, 『南宋官窯文集』, 文物出版社, 2004.

鄭嘉勵, 「定窯"尙食局"款瓷器及"有芒不堪用"」, 『中國古陶瓷研究』제11집, 2005.

鄭嘉勵, 「北宋官窯形成的文獻考察」, 『故宮博物院院刊』2006년 제6기.

鄭建華, 「越窯貢瓷與相關問題」, 『紀念浙江省文物考古研究所建所二十周年論文集』, 西泠印社, 1999.

鄭建華, 「關于修內司官窯問題的思考」, 『南宋官窯文集』, 文物出版社, 2004.

鄭隆, 「昭烏達盟遼尙暐符墓淸理簡報」, 『文物』1961년 제9기.

趙雅莉, 「耀窯宋代薰爐淺析」, 『文博』1999년 제4기.

周麗麗, 「關于汝窯窯場性質的討論」, 『中國古陶瓷研究』제7집, 2001.

朱文立, 「再論張公巷、文廟窯址」, 『'05古陶瓷科學技術國際討論會論文集』, 上海科學技術文獻出版社, 2005.

朱文立·朱玉峰, 「汝州城內文廟、張公巷窯址探討」, 『'02古陶瓷科學技術國際討論會論文集』, 上海科學技術文獻出版社, 2002.

朱伯謙, 「龍泉靑瓷簡史」, 『龍泉靑瓷研究』, 文物出版社, 1989.

朱伯謙,「談南宋官窯」,『中國古陶瓷研究』창간호, 1987:『朱伯謙論文集』, 紫禁城出版社, 1990.

周少華,「浙江慈溪寺龍口窯址越窯原料及瓷片的X螢光分析與工藝研究」,『浙江省文物考古研究所學刊』제5집, 2002.

周少華,「從黑胎青瓷的工藝學研究入手討"南宋官窯"與浙江地區的"類官窯"關係」,『南宋官窯與哥窯―杭州南宋官窯老虎洞窯址國際學術研討會論文集』, 浙江大學出版社, 2004.

周少華 等,「杭州老虎洞窯青瓷原料的研究」,『南宋官窯與哥窯―杭州南宋官窯老虎洞窯址國際學術研討會論文集』, 浙江大學出版社, 2004.

周少華・陳全慶,「杭州南宋郊壇下官窯原料的研究」,『中國陶瓷』1994년 제2기.

周子兢(周仁),「發掘南宋官窯報告書」,『國立中央研究院總報告』제4책(民國 20年度), 中國科學圖書儀器公司, 출판연도미상.

鎭江市博物館 等,「金壇南宋周瑀墓」,『考古學報』1977년 제1기.

陳宏焱,「汝瓷博物館藏青瓷與張公巷窯出土標本之新發現」,『東方博物』제14집, 2005.

秦大樹,「杭州老虎洞窯址考古發現專家論證會紀要」,『文物』2001년 제8기.

秦大樹,「鈞窯三問―論鈞窯研究中的幾個問題」,『故宮博物院院刊』2002년 제5기.

秦大樹,「老虎洞窯官窯性質芻議」,『南宋官窯與哥窯―杭州南宋官窯老虎洞窯址國際學術研討會論文集』, 浙江大學出版社, 2004.

秦大樹,「宋代官窯的主要特點―兼談元汝州青瓷器」,『文物』2009년 제12기.

秦大樹,「定窯的歷史地位及考古工作」,『中國定窯』, 中國華僑出版社, 2012.

陳萬里,「汝窯的我見」,『文物參攷資料』1951년 제2기:『陳萬里陶瓷考古文集』, 紫禁城出版社, 1997.

陳芳妹,「宋古器物學的興起與宋仿古銅器」,『國立臺灣大學美術史研究集刊』제

10기, 2001.

陳元甫,「對杭州老虎洞南宋官窯的幾點思考」,『南宋官窯與哥窯―杭州南宋官窯老虎洞窯址國際學術研討會論文集』, 浙江大學出版社, 2004.

阮平爾,「南宋官窯新探」,『東南文化』1987년 제2기.

蔡玟芬,「定窯瓷器之研究」國立臺灣大學歷史研究所(藝術史組) 碩士論文, 1977.

蔡玟芬,「論「定州白瓷器,有芒不堪用」句的眞確性及十二世紀官方瓷器之諸問題」,『故宮學術季刊』제15권 제2기, 1997.

蔡玟芬,「官府與官樣―淺論影響宋代瓷器發展的官方因素」,『千禧年宋代文物大展』, 國立故宮博物院, 2000.

蔡玟芬,「白色的華麗―定州花瓷展前言」,『故宮文物月刊』369, 2013.

蔡玟芬,「自然與規範―宋、金定窯白瓷的風格」,『定州花瓷―院藏定窯系白瓷特展』, 國立故宮博物院, 2014.

崔劍鋒·吳小紅·唐俊杰,「杭州老虎洞窯址出土"修內司窯"銘款蕩箍的化學成分分析」,『文物』2009년 제12기.

天津市歷史博物館考古隊 等(紀烈敏 執筆),「天津薊縣獨樂寺塔」,『考古學報』1989년 제1기.

肖發標,「再論"張昂監造"貢瓷的燒造年代」,『故宮博物院院刊』2006년 제6기.

彭善國,「定窯瓷器分期新探―以遼墓、遼塔出土資料爲中心」,『內蒙古文物考古』2008년 제2기.

彭盈眞,「百年尋青―二十世紀汝窯認識論的變遷」,『故宮文物』287, 2007.

彭適凡·唐昌朴,「江西發現幾座北宋紀年墓」,『文物』1990년 제5기.

馮永謙,「遼寧法庫前山遼肖袍魯墓」,『考古』1983년 제7기.

河南省文物考古研究所 等(趙青雲 等 執筆),「河南魯山段店窯的新發現」,『華夏考古』1988년 제1기.

河南省文物研究所(孫新民 等 執筆),「寶豊清凉寺汝窯址第二、三次發掘簡報」,

『華夏考古』1992년 제3기.

河南省文物考古硏究所(毛寶亮 等 執筆),「河南臨汝嚴和店汝窯遺址的發掘」,『華夏考古』1995년 제3기.

河北省文物管理處(石永土 執筆),「河北易縣淨覺寺舍利塔地宮淸理記」,『文物』1986년 제9기.

賀世偉,「南宋官窯分期淺析」,『南宋官窯與哥窯—杭州南宋官窯老虎洞窯址國際學術硏討會論文集』, 浙江大學出版社, 2004.

韓巍,「宋代仿古製作的"樣本"問題」,『宋韻—四川窖藏文物輯粹』, 中國社會科學出版社, 2006.

項坤鵬,「亂花漸欲迷人眼—淺析記載宋官窯的古文獻」,『故宮博物院八十五華誕宋代官窯及官窯制度國際學術硏討會論文集』下, 故宮出版社, 2012.

杭州市文物考古所·臨安市文物館(張玉蘭 執筆),「浙江臨安五代吳越國康陵發掘簡報」,『文物』2000년 제2기.

杭州市文物考古所(杜正賢 執筆),「杭州老虎洞南宋官窯址」,『文物』2002年 제10기.

許雅惠,「宋代復古銅器風之域外傳播初探」,『國立臺灣大學美術史硏究集刊』제32기, 2012.

湖北省文物管理委員會,「武昌卓刀泉兩座南宋墓葬的淸理」,『考古』1964년 제5기.

湖北省文化局文物工作隊(王振行 執筆),「武漢市十里鋪北宋墓出土漆器等文物」,『文物』1966년 제5기.

胡雲法·金志偉,「定窯白瓷銘文與南宋宮廷用瓷之我見」,『中國古代白瓷國際學術硏討會論文集』, 上海書畵出版社, 2005.

胡志剛,「對北京出土邢、定、龍泉務窯白瓷的幾點認識」,『中國古代白瓷國際學術硏討會論文集』, 上海書畵出版社, 2005.

黃卉,「北京大學與淸宮物品點查」,『遼寧大學學報(哲學社會科學版)』2012년 제4기.

曉平,「『洪憲御瓷』和郭葆昌」,『文史精華』1997년 제4기.

日文

郭木森,「汝州張公巷窯の年代について」,『北宋汝窯靑磁—考古發掘成果展』, 財團法人大阪市美術振興協會, 2009.

今井敦,「南宋官窯研究の現在と米內山陶片」,『常盤山文庫東洋陶磁研究會會報』 4, 2011.

大阪市立東洋陶磁美術館 編,「張公巷窯に對する專門家の見解—2004年5月「汝州張公巷窯及鞏義黃冶窯考古新發現專家硏討會」より」,『汝州張公巷窯シンポジウム資料集』, 大阪市立東洋陶磁美術館, 2007.

渡邊幸三,「說郟攽」,『東方學報』9, 1938.

尾崎洵盛,「宋元の陶磁」,『陶器講座』24, 1938.

尾崎洵盛,「汝窯考」,『大和文華』16, 1955.

米內山庸夫,「南宋官窯の研究(中間報告) 9 南宋官窯の開設」,『日本美術工藝』 172, 1953.

米內山庸夫,「南宋官窯の研究(中間報告) 10 窯跡の發見」,『日本美術工藝』173, 1953.

米內山庸夫,「南宋官窯の研究(中間報告) 11 南宋官窯の窯跡」,『日本美術工藝』 174, 1953.

米內山庸夫,「南宋官窯址の發見」,『世界陶磁全集』10, 河出書房, 1956.

森達也,「耀州窯の窯構造・工房・窯道具」,『—中國中原に華ひらいた名窯—耀州窯』, 朝日新聞社, 1997.

森達也,「杭州・老虎洞窯出土靑磁の編年について」,『愛知縣陶磁資料館硏究紀要』15, 2010.

三笠景子, 「南宋官窯靑磁再考―東京國立博物館所藏重要文化財《靑磁輪花鉢》の位置づけをめぐって―」, 『MUSEUM』 608, 2007.

小林仁, 「高麗翡色靑磁と汝窯―近年の考古發掘と硏究成果から―」, 『高麗靑磁の誕生―初期高麗靑磁とその展開―』, 財團法人大阪市美術振興協會, 2004.

小林仁, 「汝窯の謎―寶豊淸凉寺汝窯址の發掘と汝窯の位置づけ―」, 『北宋汝窯靑磁考古發掘成果展』, 財團法人大阪市美術振興協會, 2009.

小林仁, 「汝窯の謎―"澄泥爲範"の系譜」, 『國際シンポジウム「北宋汝窯靑磁の謎にせまる」』, 大阪市立東洋陶磁美術館・財團法人大阪市美術振興協會, 2010.

小山富士夫, 「支那靑磁考[二]」, 『陶器講座』 제3권, 1935.

小山富士夫, 「宋代の靑磁」, 『世界陶磁全集』 10 宋遼篇, 河出書房, 1955.

孫新民, 「汝窯瓷器に關する諸問題」, 『北宋汝窯靑磁考古發掘成果展』, 財團法人大阪市美術振興協會, 2009.

原文次郎, 「影靑器と汝窯とに關する諸說」, 『陶磁』 제1권 제2호, 1928.

伊藤郁太郎, 「北宋官窯探訪」, 『陶說』 620, 2004.

伊藤郁太郎, 「汝州張公巷窯私論」, 『北宋汝窯靑磁考古發掘成果展』, 大阪市立東洋陶磁美術館, 2009.

長谷部樂爾, 「北宋時代の靑磁と硏究」, 『常盤山文庫東洋陶磁硏究會會報』 5, 2013.

佐藤サアラ, 「米內山陶片と南宋官窯」, 『常盤山文庫東洋陶磁硏究會會報』 2, 2009.

佐藤サアラ, 「米內山陶片から見た南宋官窯」, 『常盤山文庫東洋陶磁硏究會會報』 4, 2011.

井上健太郎,「南宋修內司官窯の中日(華)見解の相違とその對策」,『陶說』188, 1968.

中尾萬三,「南宋代に於ける陶磁の記文の略解 輟耕錄揭出「窯器」解」,『陶磁』제3권 제6호, 1931.

秦大樹・李鑫・高美京,「定窯の歷史的位置づけと考古發掘の新たな成果」,『定窯・優雅なる白の世界―窯址發掘成果展』, 株式會社アサヒワ―ルド, 2013.

荒井幸雄,「南宋官窯開窯時期に關する一考察」,『東洋陶磁』1, 1974.

英文

A. D. Brankston, "An excursion to Ching-te-chin and Chi-an-fu in Kiangsi", *Transactions of the Oriental Ceramic Society*, vol. 16, 1939.

G. Eumorfopoulos, "Ying Ch'ing, Ju and Ch'ai Yao", *Transactions of the Oriental Ceramic Society*, vol. 2, 1923.

H. Jackson, "An Account of the Examination of Some Specimens of Ying Ch'ing Porcelain", *Transaction of the Oriental Ceramic Society 1926-27*, 1928.

Percival David, "Hsiang and His Album", *Transaction of the Oriental Ceramic Society 1933-1934*, 1934.

Percival David, "A Commentary on Ju Ware", *Transaction of the Oriental Ceramic Society*, vol. 14, 1937.

Regina Krahl, "'Alexander Bowl' and the Question of Northern Guan Ware", *Orientations*, vol. 24, no. 11, 1993.

R. P. B. Davis, "Ju Ware", *The Burlington Magazine for Connoisseurs*, vol. 47, no. 272, 1925.

R. P. B. Davis, "Ch'ai Yao, Ju Yao and Ying Ch'ing", *The Burlington Magazine for Connoisseurs*, vol. 54, no. 310, 1929.

Rosemary Scott, "Catalogue", *Imperial Taste: Chinese Ceramics from the Percival David Foundation*, Los Angeles: Los Angeles Country Museum of Art and Chronicle Books, 1989.

Stacey Pierson, "Introduction: Sir Percival David(1982-1964)", *Percival David Foundation of Chinese Art*, London: School of Oriental and African Studies university of London, 2002(?).

　2008년 9월 14일은 송대관요를 연구해 오면서 꿈에서조차 잊을 수 없는 날이다. 2년여에 걸친 북경에서의 유학 생활이 그 끝을 향해 가던 이 날 늦은 오후 필자는 아내와 함께, 지금은 문을 닫았지만, 中關村과 蘇州路의 중간쯤에 있던 第三極이라는 서점에 갔다. 이 서점의 인문사회과학 코너에서 이 책 저 책을 뒤적이다가 우연히 『宋元方志叢刊』이라는 여러 책으로 이루어진 지방지를 발견하였다. 이 총간의 제4책에는 振綺堂刊本『咸淳臨安志』가 실려 있었다. 당시는 남송후기관요의 위치를 찾는 데에 온 정신이 팔려 있던 때여서, 매일『함순임안지』를 옆에 끼고 살았는데, 필자가 보고 있던 것은 四庫全書本이었다. 거기에는 남송후기의 관요("青器窯")의 위치가 "在雄武營山/上圓壇左右"("/"은 行이 바뀌는 곳을 표시함. 이하 같음)로 표시되어 있어, 이 시기의 관요가 웅무영산상의 원단좌우 한 곳에 있었는지, 웅무영산상과 원단좌우의 두 곳에 있었는지 도무지 알 수가 없었다. 그런데 진기당간본『함순임안지』에

는 남송관요의 위치가 "在雄武營山上/圓壇左右"로 표시되어 있는 것이 아닌가. 남송후기의 관요가 웅무영산상과 원단좌우의 두 곳에 있었음을 알리는 것이었다. 그 순간 너무 흥분하여 숨이 멎을 지경이었다. 송대관요에 대하여 연구하기 위해 북경에 왔건만, 별다른 소득도 없이 귀국할 날만 하루하루 다가오고 있던 때여서 그 흥분감은 극에 달할 수밖에 없었다. 이 일은 필자가 송대관요를 연구하는 데 가장 중요한 전환점이 되었다.

이 이후 시간이 날 때마다 절강성의 항주와 자계 그리고 하남성의 보풍과 여주에 가서 송대관요와 관련된 요지와 그곳에서 출토된 표본들을 조사하였다. 특히 항주의 경우, 남송시기의 항주의 지도인 『함순임안지』의 「皇城圖」와 「京城圖」를 토대로, 남송관요가 있었거나 있었을 가능성이 높은 봉황산·오귀산·만송령·中河·望江門 일대를 집중적으로 實査하였다. 이와 더불어 송대관요와 관련된 문헌기록의 재검토에 착수하였다. 이러한 과정을 거쳐 송대관요에 대한 대체적인 이해의 골격을 세울 수 있게 되었다.

2009년 2월 귀국한 후 송대관요에 대한 연구서를 쓰기로 마음먹고, 15개의 주제를 선정하였다. 하지만 이 주제들을 모두 다룬다는 것이 얼마나 어려운 일인지를 깨닫기까지는 그다지 오랜 시간이 걸리지 않았다. 궁여지책으로 15개의 주제 가운데 책을 꾸리는 데 빠뜨릴 수 없다고 판단한 몇 개를 고르고 거기에 새롭게 몇 개의 주제를 더하여 검토한 후 그것들을 세 부류로 나누어 엮은 것이 이 책이다. 워낙 깨우침이 더디고 부지런하지 못한 탓에 이 작업을 마치는 데 꼬박 6년이 걸렸다.

시작할 때의 생각과 달리 누더기 같은 연구서가 되고 말았지만, 이 책을 세상에 선보이기까지 많은 분들에게 은혜를 입었다. 필자가 송대관요를 공부해야겠다고 마음먹은 것은 꼭 10년 전 일본 오사카시립동양도자미술관 관장(당시) 伊藤郁太郎 선생님으로부터 張公巷窯에 관한 견해를 듣고 난 후였다. 당시 장공항요가 우리가 그렇게도 찾던 북송관요라고 필자에게 역설하시던 선생님의 모습이 눈에 선하다. 선생님의 확신에 찬 주장을 듣고 북송관요를 포함한 송대관요가 오랜 시간 공들여 연구해볼 가치가 있는 주제라는 생각을 하게 되었다. 지금은 장공항窯의 성격에 대해서 선생님과 다른 견해를 가지고 있지만, 그때 필자를 송대관요 연구의 길로 이끈 선생님께 충심으로 감사드린다.

그로부터 2년 후 필자는 송대관요를 좀 더 집중적으로 연구하기 위해서 20년 가까이 몸담았던 호림박물관을 사직하고 북경으로 향하였다. 2년여에 걸친 북경 유학 기간에 북경대학에서 權奎山 선생님과 秦大樹 교수의 강의를 듣고 아울러 그들과 가졌던 학술적 교류는 필자의 연구에 커다란 자양분이 되었다. 권 선생님이 한참 연구에 전념할 시기에 세상을 등지신 것이 참으로 안타깝다.

절강성문물고고연구소의 沈岳明 연구원, 북경 고궁박물원의 王光堯 연구원, 하남성문물고고연구소의 郭木森·孫新民 연구원, 상해박물관의 陸明華 연구원, 절강성박물관의 沈瓊華·王屹峰 연구원, 항주시문물보호관리소의 杜正賢 연구원, 항주문물고고소의 唐俊杰 연구원, 자계시박물관의 厲祖浩·謝純龍 연구원, 중국인민대학의 劉未 교수, 국립대만대학의 謝明良·施靜菲·許雅惠 교수, 臺北 국립고궁박물원의 余佩瑾 연구원, 홍희미술관의 舒佩琦 연구원, 오키나와현립미술대학의 森達也 교수, 오사카시립동양도자미술관의 小林仁 연구원, 出光美術館의 金澤陽 연구원 등과의 학술 교류는 송대관요를 연구하는 필자에게는 커다란 행운이었다. 학문적 동지인 이들의 도움이 없었더라면, 이 책이 세상에 나오기까지 훨씬 더 오랜 기간을 기다려야 했을 것이다.

용인대학교의 김윤정 교수, 강진청자박물관의 조은정 연구사, 오사카시립동양도자미술관의 정은진 학예원, 충북대학교의 김세진 강사, 문화재청의 최명지 연구원, UCLA대학 박사과정의 이혜심 선생, 호림박물관의 유진현 연구원, 국립중앙박물관의 김현정 학예연구사, 이화여자대학교박물관의 김태은 연구원, 고려대학교 박사과정의 김은경·이정민·김남희 선생, 중국사회과학원의 신준 연구원, 북경대학의 고미경 박사, 런던대학의 윤희나 박사 등은 이 책의 원고를 읽고 유익한 의견을 제시해주거나 자료를 수집하는 데 많은 도움을 주었다. 이 연구를 진행하면서 이들의 도움에 의지한 바가 매우 크다.

이렇게 많은 연구자들의 커다란 도움을 입었지만, 이 책에서 범한 오류가 있다면 그것은 전적으로 그들의 도움을 소화하지 못한 필자의 책임이다. 하지만 이 책이 학계에 조금이라도 기여하는 바가 있다면, 적어도 그 공로의 절반은 그들의 몫이다.

고려대학교 방병선 교수는 변변치 않은 이 책이 출판될 수 있도록 크게 도와주셨다. 경인문화사의 한정희 사장님과 신학태 부장님은 상품성이 보이지 않는 이 책의 출판을 선뜻 수락해주었으며, 편집부 관계 직원들은 너저분한 원고를 깔끔하게 편집하여 주었다. 그리고 필자의 외우인 그라픽네트 강석주 실장은 거친 도판 사진들을 하나하나 보정하여주고 아울러 이 책의 출판과 관련된 많은 조언을 해주었다. 진심으로 감사드린다.

2015년 7월 14일
필자